石竹山新誌

庚子年春月 李光富

福建省福清市石竹山道院
福清市道教协会
编

图书在版编目（CIP）数据

石竹山新志 / 福建省福清市石竹山道院，福清市道教协会编 .-- 北京：宗教文化出版社，2023.11

ISBN 978-7-5188-1466-4

Ⅰ. ①石… Ⅱ. ①福… ②福… Ⅲ. ①道教—宗教文化—福清 Ⅳ. ① B958

中国国家版本馆 CIP 数据核字（2023）第 222787 号

石竹山新志

福建省福清市石竹山道院
福清市道教协会 编

出版发行： 宗教文化出版社
地　　址： 北京市西城区后海北沿 44 号（100009）
电　　话： 64095215（发行部）13621175961（编辑部）
责任编辑： 王鸣明
版式设计： 贺　兵
印　　刷： 河北信瑞彩印刷有限公司

版权专有　侵权必究

版本记录： 787 毫米 ×1092 毫米　16 开　40.5 印张　800 千字
2023 年 11 月第 1 版　2023 年 11 月第 1 次印刷
书　　号： ISBN 978-7-5188-1466-4
定　　价： 498.00 元

《石竹山新志》编委会

顾　　问：（排名不分先后）

李光富　李祖可　张金涛　袁志鸿　詹石窗

丁常云　黄信阳　梁德华　吴炳志　张荣珍

早岛妙听　王钦辉

主　　任：谢荣增

副 主 任：黄书康

主　　编：俞达珠

执行主编：郑敬平

编　　委：（以姓氏笔画为序）

丁常云　王　宁　王钦辉　冯晓星　早岛妙听

许滔滔　李平洲　李光富　李祖可　吴自贵

吴炳志　张凤林　张金涛　张荣珍　陈声光

陈登平　林章贵　周辉林　郑代兴　郑敬平

俞达珠　俞韩恩　袁志鸿　郭克平　郭道安

黄凤荣　黄书康　黄信阳　梁德华　谢荣增

詹石窗　樊兵策

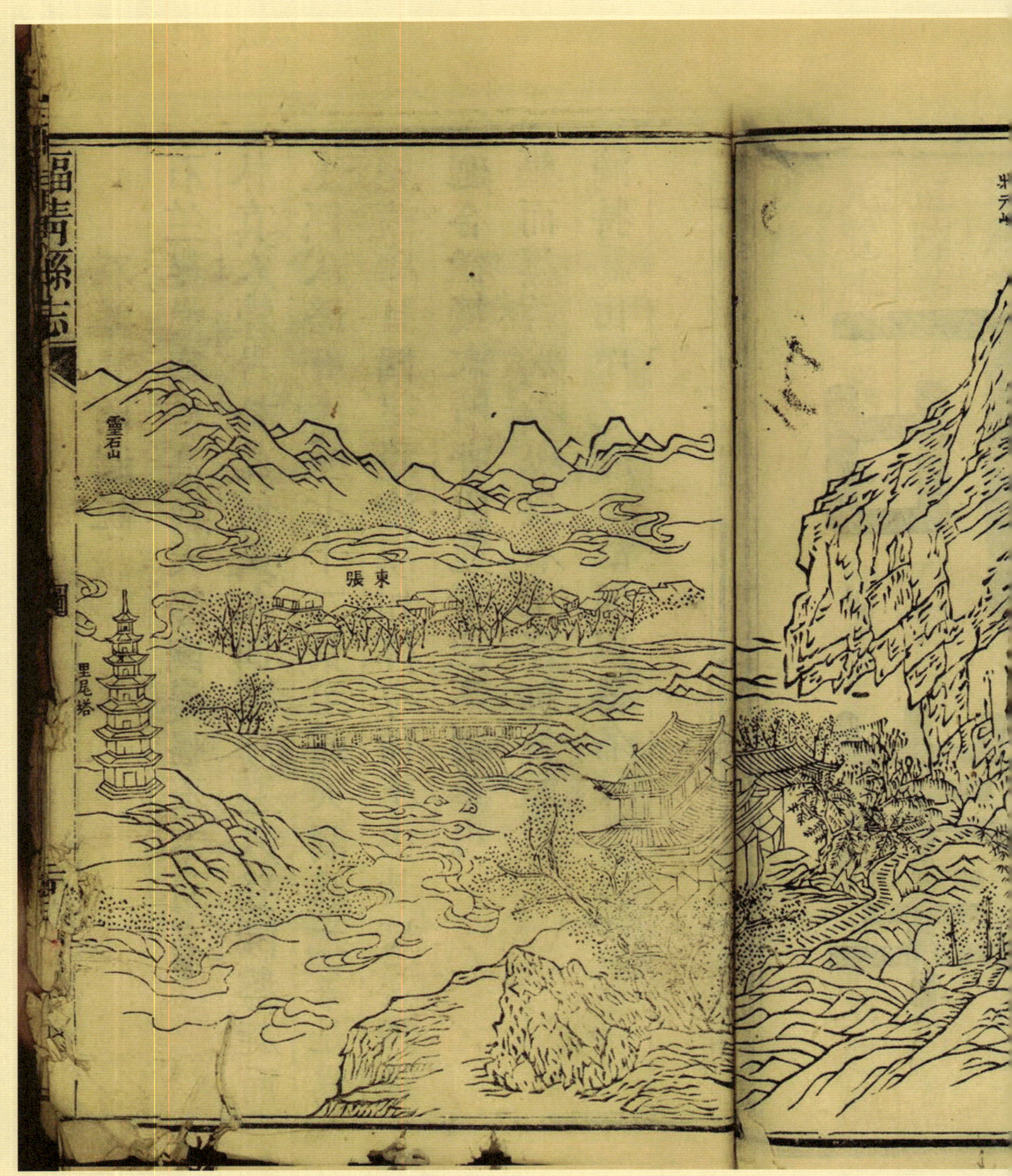
靈石山
東張
里尾塔

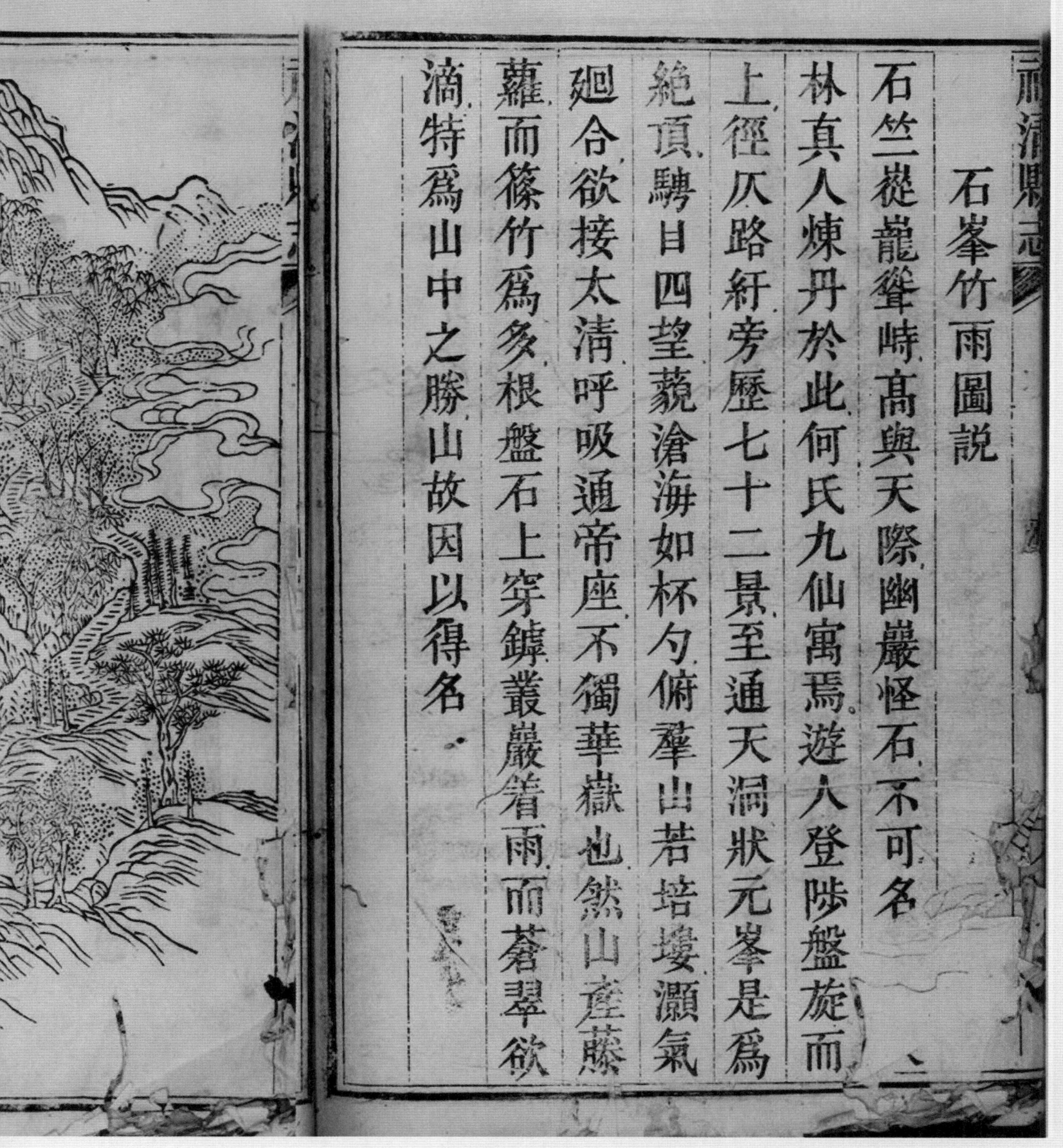
福清縣志

石峯竹雨圖說

石竺一樅巃聳峙高與天際幽巖怪石不可名林真人煉丹於此何氏九仙寓焉遊人登陟盤旋而上徑仄路紆旁歷七十二景至通天洞狀元峯是爲絕頂騁目四望藐滄海如杯勺俯羣山若培塿灝氣廻合欲接太清呼吸通帝座不獨華嶽也然山產藤蘿而篠竹爲多根盤石上穿罅叢巖着雨而蒼翠欲滴特爲山中之勝山故因以得名

乾隆版《福清县志》之《石峰竹雨》图说

公元前110年——公元2020年（道历2587年——4717年）

汉武帝元封元年（公元前110年），汉武帝灭了闽越国，并把闽越贵族、官僚和军队迁到江淮，致使八闽再度陷入蛮荒之地。相传，此时何氏九仙已得道升天，听到这个消息，便向天尊请命，来到石竹山显圣，以托梦的形式，为百姓排忧解难、释疑解惑。因此，石竹山成为梦乡仙山距今已有2130年的历史。

全国政协常委、中国道教协会会长李光富 题辞

全国政协常委、中国道教协会会长李光富 题辞

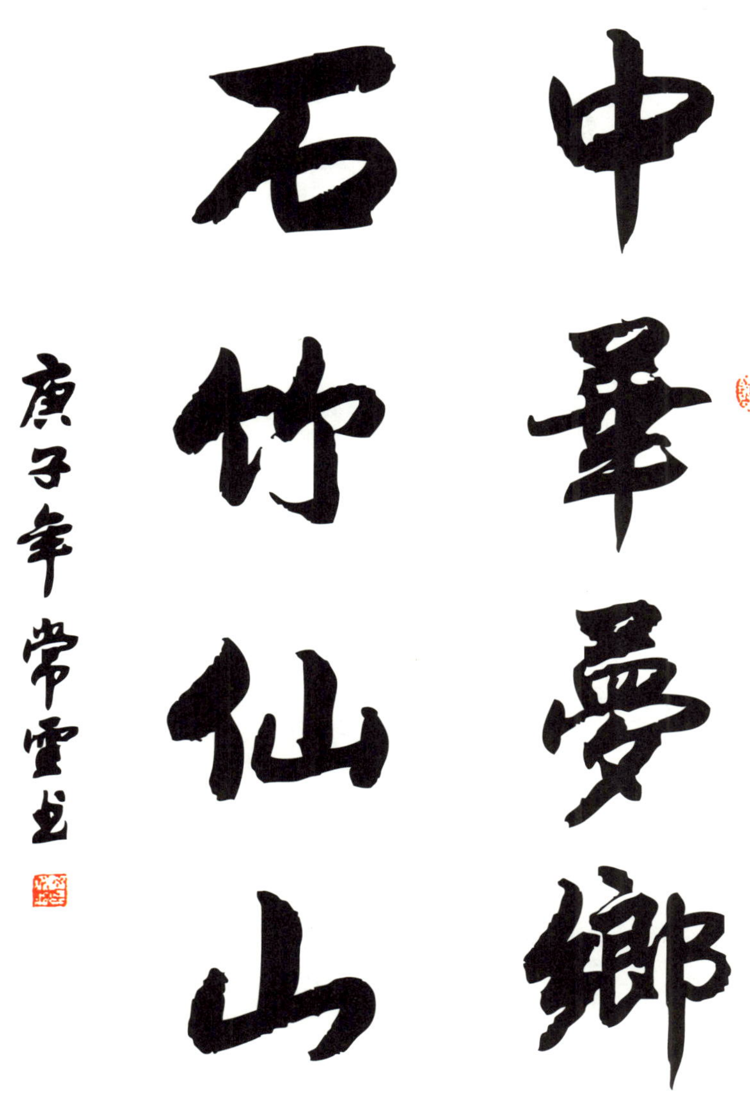

中国道教协会咨议委员会副主席丁常云 题辞

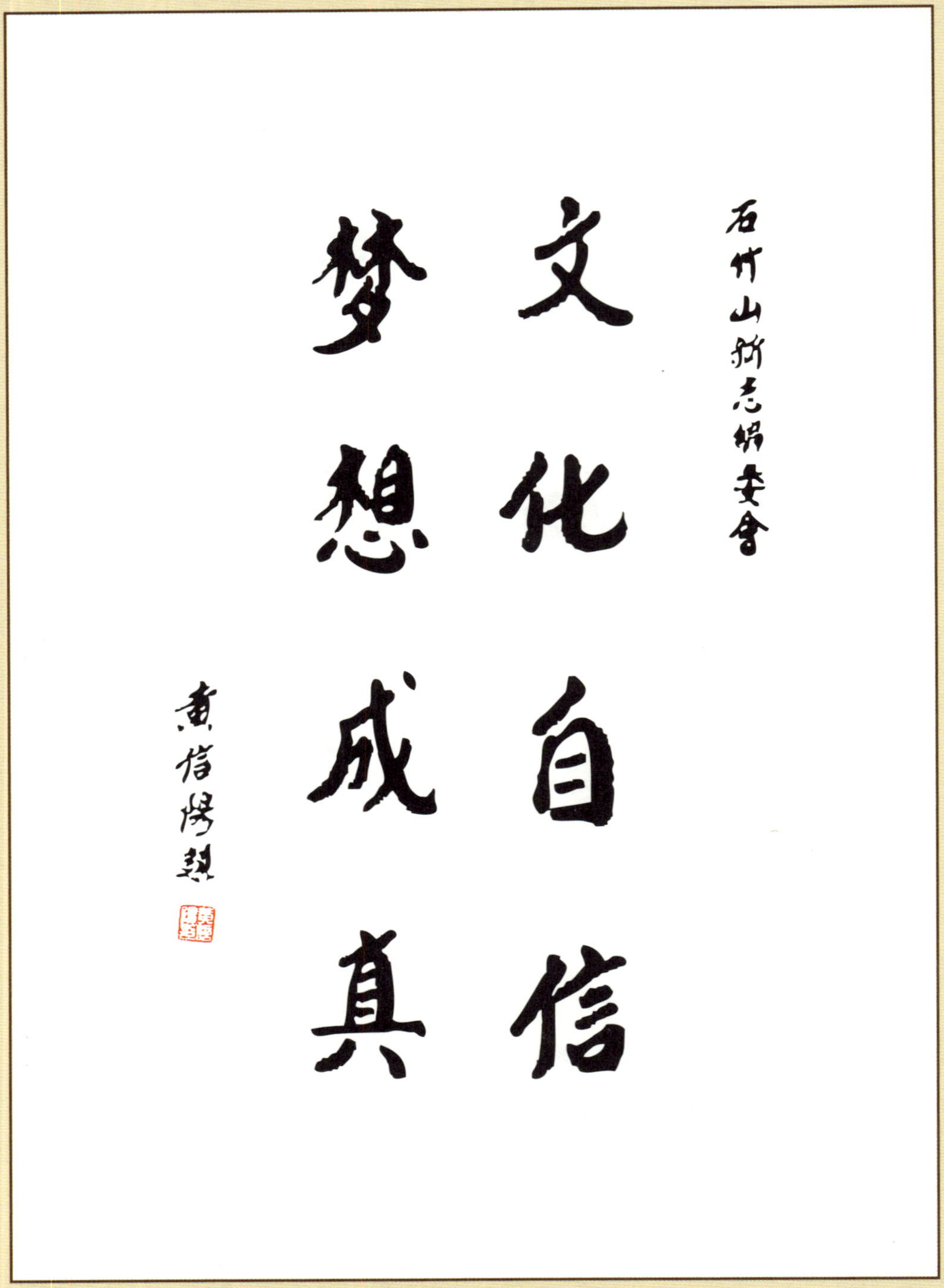

石竹山新志编委会

文化自信

梦想成真

黄信阳题

全国政协委员、中国道教协会副会长黄信阳 题辞

恭贺《石竹山新志》出版志庆

石竹灵山有蓬瀛
梦想成真赖修持

香港道教联合会
主席梁德华 梁德華 MH 敬贺

香港道教联合会主席梁德华 题辞

恭賀《石竹山新誌》出版誌慶

新誌載道

善念永傳

澳門道教協會

會長吳炳鋕

敬賀

澳门道教协会会长吴炳志 题辞

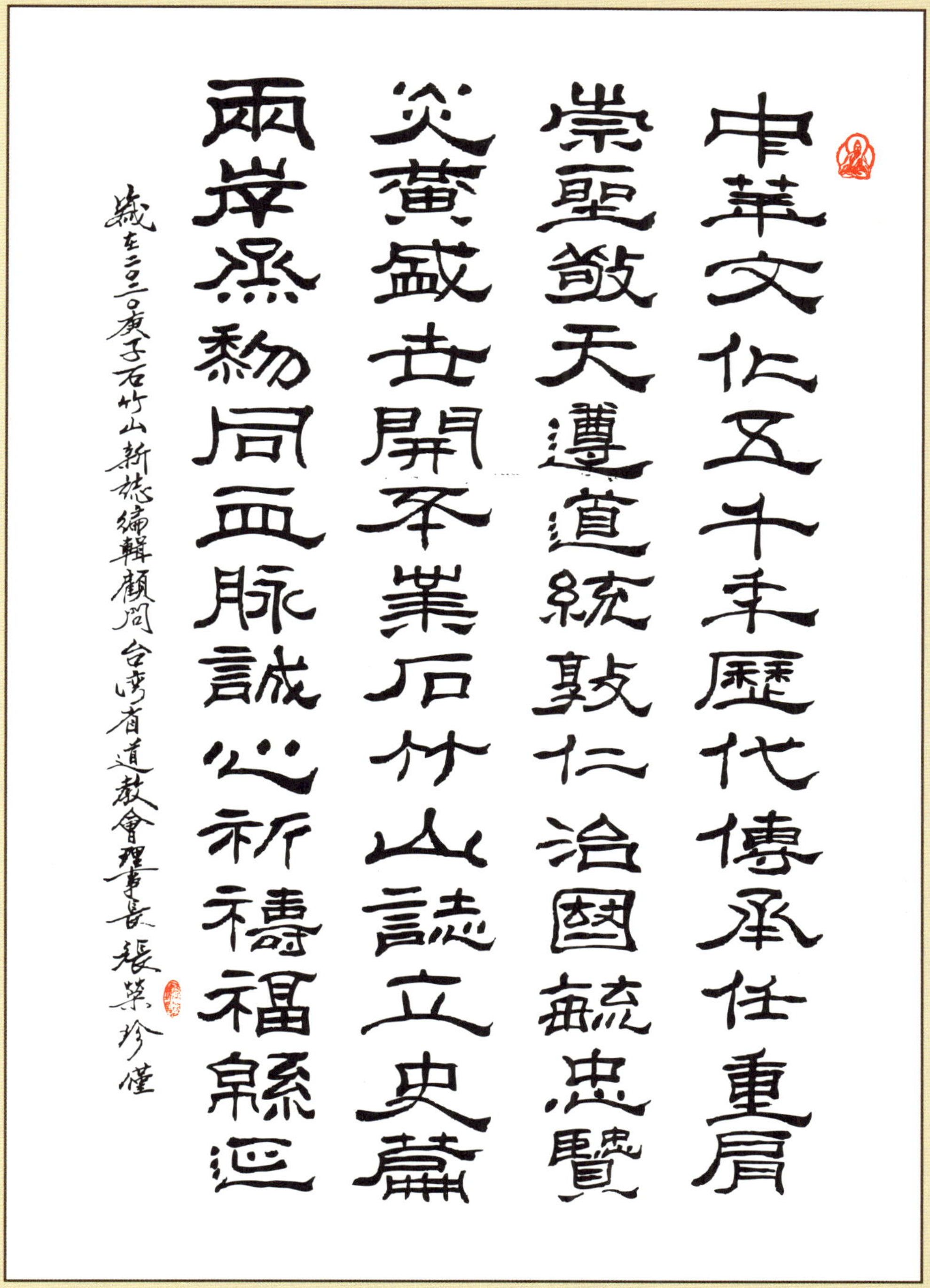

中華文化五千年歷代傳承任重肩
崇聖敬天遵道統敦仁治國毓忠賢
炎黃盛世開新業石竹山誌立史篇
兩岸炁緣同血脈誠心祈禱福緜延

歲在二〇二〇庚子石竹山新志編輯顧問 台湾省道教會理事長 張榮珍 謹

台湾省道教会理事长张荣珍 题辞

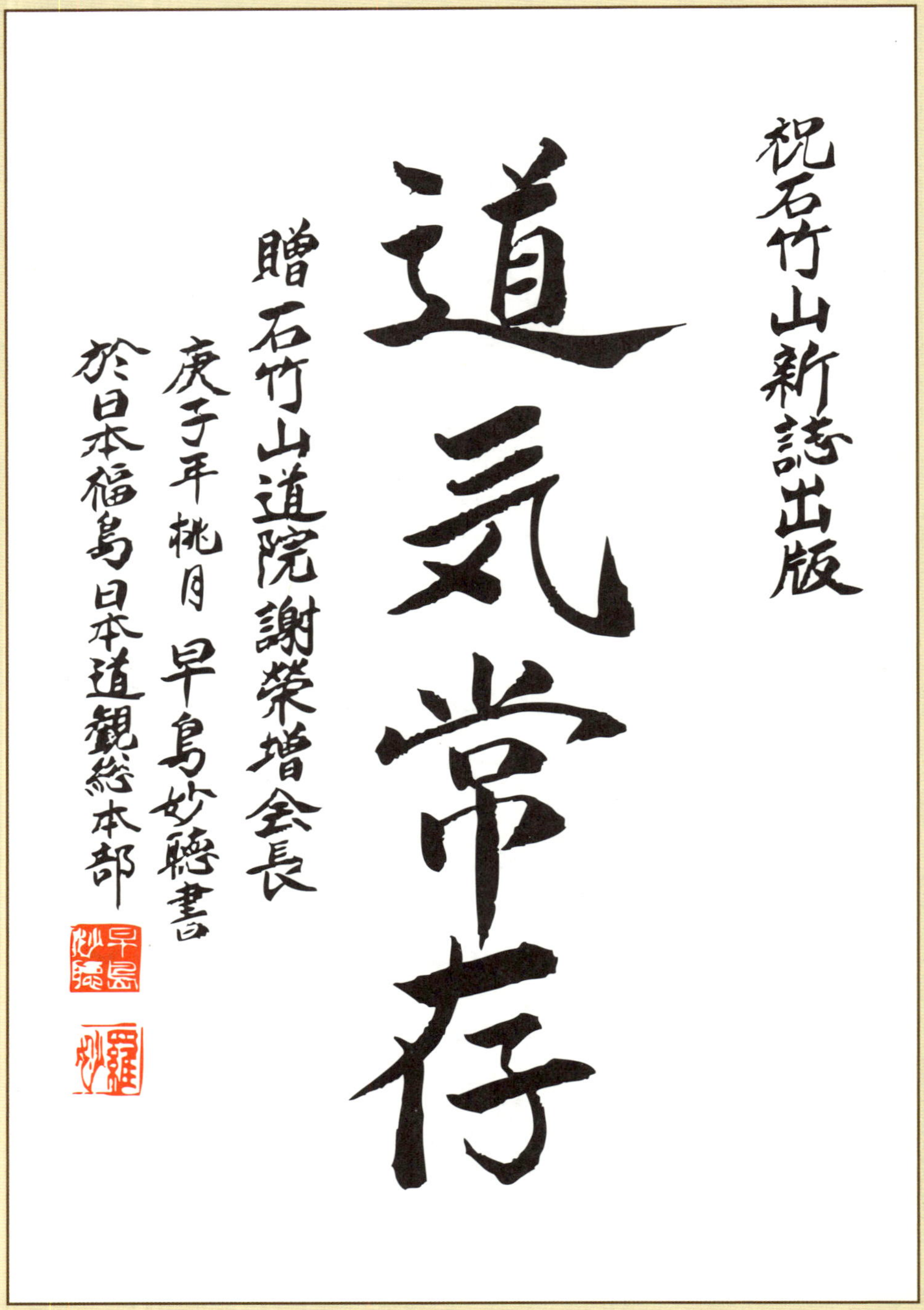

祝石竹山新誌出版

道氣常存

贈石竹山道院謝榮增会長

庚子年桃月　早島妙聽書

於日本福島日本道観総本部

早島妙聽

日本道教协会会长、日本道观住持早岛妙听 题辞

贺石竹山新志编著出版

仙山夏樓千秋福地
文以載道萬世傳名

全印尼三教廟宇聯合會
總主席 王欽輝 敬題

王欽輝印

印尼三教庙宇联合会主席王钦辉 题辞

目录

序　一 …… 谢荣增 1

序　二 …… 詹石窗 3

序　三 …… 袁志鸿 6

重修《石竹山新志》缘记（代前言） …… 俞达珠 10

编者说明 …… 12

第一章　仙山概说 …… 1

第一节　石竹山 …… 1

第二节　发现殷商文化遗址 …… 4

第三节　无患溪·鲤鱼山·东张水库·鲤鱼岛 …… 8

第四节　自然景观 …… 10

本章附录 …… 20

第二章　建置沿革 …… 25

第一节　灵宝观—灵宝道观—石竹寺—石竹山道院 …… 25

第二节 神殿设置与供奉的神尊 …… 27
第三节 楼阁·山门·石塔·亭台 …… 75
第四节 石竹山道教建筑文化特征初探 …… 88
第五节 石竹山法派 …… 93
第六节 “石竹山道院文丛”简介 …… 99
第七节 石竹山道院规制 …… 102
第八节 石竹山主神何氏九仙君分炉供奉 …… 120
第九节 海峡道教学院 …… 129
第十节 石竹山道院与印尼交流概况 …… 132
本章附录 …… 140

第三章 石竹山梦文化 …… 162

第一节 石竹山梦文化研究 …… 162
第二节 石竹山祈梦·圆梦·解梦 …… 181
第三节 祈梦故事 …… 195
第四节 石竹山签谱探秘 …… 206

第四章 游记趣闻 …… 221

第一节 游 记 …… 221
第二节 传 说 …… 227
第三节 艺 文 …… 238
第四节 趣 闻 …… 239

第五章 古今诗词选 …… 243

第一节 古代诗词 …… 243
第二节 近现代诗词 …… 256

第六章 联语·墨宝·题刻 …… 280
第一节 联 语 …… 280
第二节 墨 宝 …… 307
第三节 题 刻 …… 312
第七章 石竹山梦文化节及其影响 …… 320
第一节 新闻链接·石竹山梦文化节动态 …… 320
第二节 一至六届“石竹山梦文化节”概况 …… 321
第三节 梦文化节的效应 …… 332
第四节 石竹山道家“梦”文化对日本政治经济与文化的影响 …… 350
第八章 接春活动 …… 356
第一节 接春溯源 …… 356
第二节 道院接春天下第一家 …… 359
第三节 拜太岁 …… 364
第九章 捐缘碑文 …… 368
第一节 古 代 …… 368
第二节 当 代 …… 376
总 附 录 …… 588

序　一

石竹山是古老的。它屹立千万年的身姿，始终不改伟岸雄奇。“石能留影常来鹤，竹欲摩空尽作龙”，这是石竹仙境千古写照。

石竹山是道家的。这里有五代林玄晃（又说叫林炫光，还有说叫林汝光）修真遗址，更有何氏九仙君和鲤鱼公主美丽的传说，历经千年不衰，与天、地、人的和谐传承，支撑着一代又一代民众的信仰。

石竹山是梦境的。古往今来，这里的祈梦故事几天几夜也说不完，明代大旅行家徐霞客，于泰昌元年（1602）六月游毕仙游九鲤湖返回省城路过福清渔溪听说石竹山“亦为九仙祈梦所”，便毅然决定游一回石竹山。明代首辅叶向高在他居家孝廉时到石竹山祈梦，“仙告以腰系白玉带”，美梦成真，于万历丁巳（1616）陪友人重游石竹山时赋诗刻于牛蹄洞口左侧岩壁上。还有清末太子太师陈宝琛于同治庚午（1873）三月赠予石竹山道院一副木刻对联：“虽痴人可与说梦，惟至诚为能先知”，诉说他祈梦与解梦的传奇故事。许多祈梦故事诠释了石竹山自古传下来的祈梦谶言：“有奇雅想即是梦，无清净心莫求仙”，这是道教“因果”的俗说，揭示了石竹山梦文化的核心思想：梦中有道，道在行善，善念不止，妙音永传——好人有好梦。

石竹山是春天的使者，春意最浓。这里传承着千年接春习俗，是保留最为完整的一年一度于立春日举行隆重而传统的迎春纳福、平安祈禳拜太岁民间习俗。

石竹山是人文的。古往今来，名士荟萃，有朱熹、叶向高、徐霞客、隐元、陈宝琛、萨镇冰等留下足迹……石竹山的种种，积淀成厚重而悠远独特的祖国传统道家文化。

历史上，不论刀兵战火朝代更迭，还是人民迁徙宗教纷争，都是在华夏文明架构下的动荡和调整。比如，南宋乾道九年（1173）把原来的“灵宝道观”改名为“石竹寺”。据考证，此时全国同时存在三个朝代：南宋、辽、金。南宋乾道九年（1173）同时是

辽代第十三个皇帝仁宗（仁孝）第四个年号乾祐四年；金代第五位皇帝世宗（完颜雍）大定十一年。史传，辽代皇帝视道教如洪水猛兽，大举杀戮。消息传到南宋各郡县，许多道士逃离道观，遁入民间改称“道代”（代道士的意思）。于是石竹寺形成了所奉以道为主，住持以僧为多的特殊寺院。但是，这里的祈梦习俗从未间断过。作为扎根本土，兼容并蓄的石竹山梦文化，总是能够随物赋形，天道酬勤，厚德载物。823年后，1996年，福清市民族与宗教事务局批准，“石竹寺”恢复道教活动场所，正式更名为“石竹山道院”。

2018年，中国道教协会副会长、福建省道教协会会长、福建石竹山道院住持谢荣增道长在福清石竹山梦文化节开幕式上致辞。

石竹山梦文化传承了将近两千年，穿越了千年风雨，虽然一路坎坷，却总能蜿蜒前行。

特别是喜逢改革开放之机缘，各方辐辏，信众乐施，凿石运丸，大展新颜：亭台与楼阁绿荫掩映，石阶与天街遥遥相望。倚靠华表，仰望山腰间绿荫中忽隐忽现的天街，恍如悬浮在云端的天宫琼台；侧身漫步在天街回廊，俯瞰碧波绿水，鲤鱼岛便灵动起来，很容易激起人们了解关于石竹山与鲤鱼岛美丽传说的欲望。1987年，石竹山被评为以宗教文化为特色的首批省级风景名胜区；2003年11月，石竹山被国家旅游局评为以梦文化为特色的国家4A级风景区；2004年1月，石竹山被誉为“中华梦乡”；2009年6月，石竹山祈梦习俗入选第三批福建省非物质文化遗产名录。

中华文化，源远流长；道教文化，博大精深；石竹仙山，梦通大道。道家道教与梦文化结缘甚早，道教思想与梦文化间有着千丝万缕的联系。为了总结古往今来对石竹山梦文化与道教关系的挖掘研究成果，再次组织编委会，采集资料，运用新观点，编纂此《志》。因1993年8月，由福清市宗教局等单位主持，俞达珠先生主编的《石竹山志》已由厦门大学出版社出版。故本《志》称之《石竹山新志》。

是为序。

谢荣增

2020年1月

序 二

经过几年努力，《石竹山新志》初稿终于完成。这是石竹山道院长期规划的一项文化建设成果，既反映了石竹山道教传承的历史文脉，也展示了新时代石竹山道教恢复、发展的崭新面貌。看到这部新稿，不禁回忆起许多往事。

我与石竹山结缘已有三十多年了。1986年夏天，我于四川大学研究生毕业，到了福建师范大学中文系工作。课余之暇，我就到学校附近的苍山、于山、乌石山做课外的研习工作。在这些地方，我开始了解到九仙信仰的由来与传承线索。当时，我正参加业师卿希泰先生主持的国家“六五”规划重点项目《中国道教史》多卷本的编纂工作。卿先生要我多注意福建省道教的历史与现实资料。由于这个机缘，我开始查找学校收藏的线装书，发现唐宋以来的不少著名文人留下歌咏石竹山的诗词，尤其是那些与梦文化有关的史料更使我感兴趣。

20世纪80年代末，我在福建师范大学中文系开设了“道教与中国文化”课程。与此同时，开始撰写《道教文学史》。专业工作的需要，促使我更多地注意有关九仙信仰的传播与文化积淀情况。一个偶然的机会，我接触了《石竹山灵签》。记得一个炎热的夏天，老朋友刘用亚先生来访。茶叙之后，他了解到我正在开展的学术研究与教学工作，就说要为我提供一个重要资料。我问他是什么资料？刘先生没有挑明，只讲“带来了你就知道”。过了几天，刘用亚先生又来访。这次见面，他果然带来了他认定的重要资料。打开一看，原来是《石竹山九仙君灵签》。他说，这部灵签或许对我撰写《道教文学史》有帮助，请我在使用资料过程中也加以整理，以便求签者理解。说实在的，早先我对灵签的文化价值并没有很透彻的认知，所以刘用亚先生送来《石竹山九仙君灵签》开初，并未让我特别兴奋。不过，当我翻开那发黄的纸本一读，眼睛就亮了。因为每一首签诗不仅内容别具一格，而且特别讲究韵律格式，具有深邃的思想内涵与艺术价值，例如第一签《狄仁杰状元衣锦归》云：“天开文运选英豪，万里鹏程志气高。

詹石窗教授在石门逸迩书院
开展学术讲座

一跳龙门身变化，布衣换却紫罗袍。”签诗以唐代狄仁杰的生平事迹为原本，提炼出能够扣人心弦的细节，造就了一种激励人奋进的力量，让我爱不释手。我一首一首读过，每读一首，就记录学习感受，有不明白的历史典故就到图书馆查阅。经过几个月努力，终于把所有典故都查考一遍，并且按照实用要求加上《附注》，交给了刘用亚先生，转递石竹山。至今石竹山道院正在使用的签诗，就是经过我整理校注的。

亲手整理了《石竹山九仙君灵签》，不仅加深了自己对何氏九仙事迹以及社会影响的认识，而且在精神上也得到了熏陶。正是沿着这个路径，我撰写了《试论道教与梦幻诗歌的关系》《论道教拟兆》等一系列学术论文，完成了国家社会科学基金项目《道教文学史》的写作任务；也正因为如此，我与石竹山的联系愈发密切了。

20世纪90年代初期，随着改革开放步伐的加快，道教宫观的文化建设更加受到重视，石竹山道院也迎来了勃勃生机。在中国道教协会副会长、福建省道教协会会长谢荣增住持的大力推动下，石竹山道院着力发掘梦文化资源，建设网站，定期举办“中华梦乡——福清石竹山梦文化节”多届，配合民俗活动出版相关著作。

作为新时代的一位道教领袖，谢荣增道长不仅具有强烈的弘道使命感，而且具有深厚的文化情怀。他善于凝聚力量、共襄盛举。记得我刚从福建师范大学调到厦门大学不久，谢会长就计划出版“石竹山道院文丛”。为了保证工作的开展，谢会长带了几个徒弟到厦门大学找我，我们畅谈甚久，就实施方案做了详细规划。那次相见，谢会长特别运送了台式电脑到我家装备起来，大大方便了我的工作。从这件事，我感受到谢会长做事是很讲究落实的。

对于石竹山以外的学术研究工作，谢荣增会长也是非常热心支持的。1998年元月，我从厦门大学调往四川大学。为了推进工作，我向学校主管部门提出成立老子研究院。按照当时的规定，需要有一笔经费，才可以成立新的机构。由于缺少项目，我当时可以说是一筹莫展。我先联系了上海社会科学院宗教研究所前所长陈耀庭先生，紧接着又与老朋友谢荣增道长说起心中的这个愿望。很庆幸的是，陈耀庭先生告知上海城隍庙吉宏忠住持愿意帮助，而谢荣增道长也爽快答应支持，两家各提供百万，为四川大学老子研究院的成立铺平了道路，也为后来申请教育部重大攻关项目《百年道学精华集成》的前期工作提供了保障。这件事，我一直记在心里。十多年过去了，每每回忆起这件事，总是心怀感激，也希望自己能够为道教文化建设尽一点微薄之力。眼下，《石竹山新志》完稿，我特别高兴。看到俞达珠老人和执行主编郑敬平先生为此书耗费了大量心血，我特别感动，心怀敬意。

编志书，这是中华民族沿袭已久的文化传统。随着文化的复兴，全国许多名山宫观都重编志书。在这样的文化环境下，《石竹山新志》应运而生。它的问世，既传承了历史，也为后人提供了独特文化滋养。相信这部新志，一定会再焕发出经久的文化魅力。

是为序。

詹石窗

2020年2月23日于厦门童蒙斋

序 三

中国道教协会副会长袁志鸿在
道教文化和北京精神研究会上发言

福建省道教协会谢荣增会长，也是中国道教协会副会长，他还是福建福清石竹山道院的住持。我和谢会长是老兄弟、老朋友了，我们相识结缘是在20世纪90年代初的时间里。现在大家一批老兄弟、老朋友虽然均已年过甲子，但都是道教界随着祖国四十多年改革开放，在党和政府的培养下不断地一步步成长起来的新一代道教人士。要说我的起步，大家都知道，自然是江苏那座神圣的茅山，但是中途因为道教事业的需要我离开了，被中国道教协会调到本部主持教务部的工作，2008年初因北京市道教事业的需要又到了北京东岳庙。谢荣增会长比我有韧性，他的起步是那座神圣的石竹山，现在这个程度了，他的根还牢牢地扎在神圣石竹山岩石中的土壤里，所以我心里真的还是佩服他比我接地气！我与谢荣增会长最初的相识，是因福建道教教务推动的因缘。这是当年中国道教协会教务部工作的任务范畴，时任中国道教协会教务部主任的我不断地往返福建。当年的谢荣增会长正全身心地在推动福建福清石竹山道教场所的建设和正常开放。他的入道是因为他的父亲那时身患重病，求医无门才以己身之质入道石竹山，后来老父亲病竟自然而然地好了。谢会长遂矢志不渝地在石竹山中从义工做起而到今天的位置。首先我是赞扬谢荣增会长当年的孝道初心，孝感动天，这符合中国传统的伦理、符合中国文化的精神。其次是谢荣增会长在为道过程中的勤奋和努力，他在服务信教群众方面有许多积极的践行；试想一个义工身份的入道者没有比其中任何人十倍百倍的努力，如何会获得大家的认同和支持，成为今天石竹山道教场所的住持，从而成为福建省道教协会会长，又被选举为中国道教协会的副会长。这其中，谢荣增会长自身能力强是肯定的了！因为这篇文字主要是因为《石竹山新志》，所以我还是要围绕石竹山道教去说一些话。

福清石竹山梦文化是道教九仙祈梦的信仰文化，《三教源流搜神大全》《列仙全传》和《福建通志·列仙传》中，均有汉代何氏九兄弟修神仙的记载。据称：汉武帝时福州太守何氏有九子，品格超凡，兄弟间情谊深厚，性喜清静，所以向父母提出要归隐山林修神仙之道。何太守难拂其意，依了九兄弟所求，派出家人为他们兄弟在福州于山鳌峰顶，按修道规矩结茅庵营建栖修场所。九兄弟到于山鳌峰之后，经过三年内外兼修的努力，据说外丹炼就，内丹修炼却尚欠火候，需要再寻灵山胜地继续修持深造养道。在与父母说明情况获得允许后，九兄弟选胜来到福州近旁的福清石竹山，顿觉山中石竹似青龙峙空，又感山中溢出隐隐之仙风祥瑞，甚觉大家与此山有缘。遂隐入山中修持内炼，道功日进。一日，众兄弟均感神功将成。掐指一算，竟是修道时日将满，应是试丹验道之期。原先人见九兄弟整天闭着眼睛，都认为他们先天眼疾目盲，这一天九兄弟终于将平日紧闭的双眼陡然间睁了开来，长兄双目精气闪现，他环顾众兄弟后说："我兄弟心如明镜，何尝一日目盲。茫茫红尘，庸俗过甚！兄弟众人是不愿睁目观看啊！"他说出了兄弟众人的心声。兄长接着又说："眼乃心之窗，打开窗户，难免浊气渗入，有污我等之心境也！故道功未备众兄弟不愿睁目。今我兄弟道功将成，即日就将选胜验道了。"那何氏九兄弟不一日来到山下无患溪边（即今东张水库石竹湖），各自掏出金丹一粒，即有九尾鲜灵灵的鲤鱼跃出水面。九兄弟各将金丹抛向湖水的上空，即有九条鲤鱼跃出水面接金丹口中，九条获丹鲤鱼顷刻间化为九条蛟龙横空而起，九兄弟跃身而上，乘龙驾升。何氏九兄弟修道福州于山，继隐居精修于福清石竹山中，再往今称之谓仙游县九鲤湖证道，灵验济世足迹遍布省内外。后人遂在仙灵所至之处，均设庙观奉祀。

福建福清石竹山之九仙官有以上神话，历来更有祈梦文化的特色传承，一直为社会敬仰信服。福清民间至今广泛流传明人马乐、叶向高和清人陈宝琛石竹山九仙楼"祈梦"的故事：明永乐时，闽长乐有13岁就中了秀才的马铎（1368—1423，原名马乐（明永乐十年状元），起初考举人时却九科不中。又逢科考期将近之时，因听人说福清石竹山九仙赐梦预测极灵验，他就备了香烛到石竹山去祈梦。在经山下宏路镇时见鱼贩挑着肥美的带鱼沿街叫卖，马乐平时最是贪口腹之欲，其时脑海中遂动念想：如不是赴山求仙赐梦，一定购买来做了饱食一餐。马乐登山入观后睡于道房祈梦两夜竟然无梦，心忿之余遂题诗于道房墙壁曰：一心一意来求仙，三日两夜求无仙；"马乐有朝能出仕，定除石竹草鞋仙！"诗意极尽不满和气愤。谁知马乐当晚即获一梦，梦境中仙君亦以诗戒之曰："马铎来求仙，贪餐鱼也鲜；是汝心不虔，还骂我野仙。念汝一日君，非是打一鞭!"诗中马乐的名字变成了"马铎"，又有"一日君"之谓。这使马乐醒来后百思不得其解，知诗意戒谕之意明白，遂存疑赴京赶考，一举得中了头名，真正是"状元及第"，朝廷授"翰林修撰"，因其名逢永乐帝名讳，遂由皇帝赐"马铎"为名。适逢春南郊祭祀时永乐帝染疴，状元乃天子门生，即奉旨以代皇帝天坛祭天，所以人称"一日君"。马乐回乡祭祖，感念仙君赐梦，即上石竹山还愿，于当年自己壁上所题诗的旁边，提笔又撰写一联对曰："一念鱼羊三宵无梦，九仙赐马一日为君。"此楹联原存石竹山道房客厅中，据称后因故被人毁去。

叶向高（1559-1627），字进卿，号台山，又号福庐山人，乃福清港头镇后叶村人。他是明万历十一年(1583)进士，历任国子监司业、翰林院编修、南京礼吏二部侍郎、礼部尚书、东阁大学士、内阁首辅等职。他工诗书，精棋艺。叶向高老年时曾对人说："石竹何氏所栖，岩壑奇绝，祈灵如响。先少师公(叶向高之父)为诸生，得梦甚验。余为孝廉往祈，仙告以腰系白玉带。余以为妄，而其后果然。"(见《石竹山志》)叶向高不仅在山中祈梦求签，还曾住观中攻读经书典籍。他功成名遂后于万历年间重游山中时，不仅在悬岩绝壁之处题刻"洗耳泉"等摩崖，还在人称之谓"牛胶洞"(实为"留题洞")之中题刻一副意味深长的楹联曰："一自名山传梦后，而今玉带愧横腰。"清时闽县人刑部尚书陈若霖（1759-1832）的曾孙陈宝琛（1848-1935），未出仕前亦曾赴石竹山祈梦。获梦奇特：梦境中见一人，一手提紫色长靴，一手提尿壶，梦醒不解其意而返。陈府有一痴仆，见少主人朝山归来忧愁不语就问："老爷祈了什么梦？"陈宝琛即告之梦境，痴仆说："老爷这科包中了。紫靴不就是'这科'，尿壶即是'膘肭'(闽地土话，是说跑不掉)"。陈宝琛听了痴仆的话，精神为之振奋，进京赶考后果然中了进士。后官至太师之位，当了宣统皇帝的老师。他还乡省亲时特地到石竹山九仙观朝山还愿，礼拜仙君。陈宝琛在石竹山撰写楹联曰："虽痴人亦能说梦，唯至诚可与前知。"该楹联曾被刻成匾额，悬挂于石竹山九仙观客厅之中。

许多的名人都说石竹山仙君赐梦灵验，于是石竹山祈梦的风俗越传越广。大旅行家徐霞客也曾于明泰昌元年(1620)六月慕名游山。他在《游九鲤湖日记》中这样记叙："闽横路(地名，现称宏路)驿西十里，有石竹山，岩石最胜，亦为九仙祈梦之所。闽有'春游石竹，秋游九鲤'语。虽未合其时，然不可失之交臂也，乘胜遂行。"《福建通志·山经》亦有载，明人王世懋游记中也称："闽人祈梦，以秋往九鲤湖，以春往石竹。"(王世懋著有《名山游记·石竹山记》)由此可见，石竹山成为名山胜地，正如《闽都记》

所说的那样，是“汉何氏九仙所游之地，祷梦辄应”的缘故。（见《福建通志·山经》）“祈梦”之民俗，先在闽南福清一带石竹山周围影响甚广。自明代以后不仅大量的福清籍人信奉，邻近的县(市)如长乐、莆田、连江、闽侯、平潭等地人也信奉朝山，国内其他地区很多人也多努力往之。菲律宾、马来西亚、新加坡等海外亦有许多人前往祈梦。香客游人往来山中更是络绎不绝，不仅有文人骚客，也不乏商界领袖、政治人物，极大地丰富了福建福清石竹山的人文历史内涵。

福建福清石竹山能兴盛发展，符合“绿水青山就是金山银山”的发展理念。处身石竹山中，高耸入云青翠浓郁的林木，波光粼粼之碧湖清水，真是青山绿水相得益彰！道观殿宇，鳞次栉比，则掩映于青山绿水之中，天然氧吧，绝佳养身之地，自然古今之人要赴此仙地了。当今时代更是游人蜂至，络绎不绝。山不在高，水不在深；一是需要时代历史的大环境，这很重要，时不我遇，一切都是空谈；其次就是人才，青山绿水，得人则兴，有适宜的大环境，又得人才于其中发挥作用，自然山场就可以兴旺了！记得在2008年谢荣增会长在石竹山举办“首届中华梦乡福清石竹山梦文化节”，也嘱我写文章，那次曾提供一篇《人生圆梦》的文字，表达对石竹山祈梦文化的认同，因为人生不能没有梦想，也应该有寻梦、追梦、圆梦的过程。现在谢荣增会长乘盛世而修纂《石竹山新志》，这是抓住机遇，要从文化上进一步提升石竹山道教场所的文化境界和层次，这是功在当代意义久远的好事。早几天又电联催稿，承蒙他的邀约，作为他的老兄弟和朋友，很乐意为此讲几句话，故急就这篇文字，表达自己的心意。

是为序言。

袁志鸿

2020年4月2日

重修《石竹山新志》缘记（代前言）

2016年夏，我应邀参加市方志办讨论重修地方志的专题会议。会上论及重修《石竹山志》时，会议主持人建议，因我于20世纪90年代修有《石竹山志》，此次重修，还是由我承担此事。会后，我用将近一年时间搜集资料，汇编成《石竹名山文存》作为修新志参考资料，送方志委审阅。方志办收文后，没有回音。查问之。答曰："暂不考虑重修石竹志"。此后，我保留了文稿，也渐渐忘记此事了。

2019年春一场大病，自知来日不多，应做人生终极的准备。

在清理文稿中发现"石竹文存"尚未作妥当处理，甚感遗憾。4月底，因事与同乡老友郑敬平先生提及此事，蒙他向谢荣增道长征询此事。

一个月后，郑敬平先生转来他与谢荣增道长几回微信，归纳起来一个主题：重修《石竹山新志》。理由有三：一是1993年5月编修的《石竹山志》，其中一个主编单位是福清佛教协会。在《石竹山志》出版后第四年，就成立了福清市道教协会，且《石竹山志》出版距今已有26年，石竹仙山道教文化无论硬件还是软件都今非昔比，当初的"石竹寺"已于1996年由福清市宗教局批准更名为"石竹山道院"。二是自2008年起，每两年举办一届"中华梦乡·福清石竹山梦文化节"，至今已举办了六届，其中有五届被列入国台办重点规划交流项目，成为促进两岸交流的新平台。三是1995年1月石竹山道院成立了由数十名道教界人士和从事宗教研究的专家、学者参加组成的"石竹山宗教文化研究会"，组织召开各种研讨活动，征集有关研究文章，不断挖掘、丰富和深化石竹山宗教文化的内涵，逐步建立以石竹"祈梦"文化等为中心的具有石竹山特色的宗教文化研究体系。编辑出版了《梦通大道——中华传统梦文化研究》上下两册论文集，为研究祖国传统梦文化研究工作留下了首部依据。此外，石竹山道院还委托厦门大学宗教学研究所所长詹石窗教授主编《石竹山道院文丛》，先后版发行了《道教修行指要》《道教心理健康指要》《道教饮食养生指要》《老子大道思想指要》《六十六个梦——石竹山道院祈梦故事集》《接春——石竹山景观传说与民俗活动故事》《中华梦乡——石竹仙境》《大道溯源——走近道教圣典〈道德经〉》等。

同时，郑敬平先生向谢会长建议，由我继续出任《石竹山新志》主编，考虑到我年事已高，行动不大方便，由郑敬平先生出任执行主编，得到谢会长的准允。

这正是我所愿。

是为缘记。

俞达珠
2020年1月

编者说明

一、打破传统的所谓“横不缺项，竖不断线”的谱牒编纂原则，而加强每一章的文化内涵的纵深。比如，“第一章仙山概说”。首先把石竹山地理位置放在1958年修建东张水库之前来考察，于是增添了“发现殷商文化遗址”“无患溪·鲤鱼山·东张水库·鲤鱼岛”，并把“自然景观”列入本章的“第四节”。如此，为帮助读者读懂福清先民、历史文化，也为读者了解石竹山文明、道教文化传播海外等，提供了强有力的支撑。

二、在“第二章建置沿革”中，采取了“详今简古，详近简远”的原则，“第一节灵宝观——灵宝道观——石竹寺——石竹山道院”，以跳跃的节奏，简述石竹山道院演变过程。而把重点放在20世纪80年代后，石竹道院的巨大变化，用两节的篇幅，细说石竹山道院“神殿设置与供奉的神尊”“楼阁·山门·石塔·亭台”。同时，还选用詹石窗教授的文章《石竹山法派》，余长通的文章《石竹山道教建筑文化特征初探》，并增设五节“‘石竹山道院文丛'简介”“石竹山道院规制”“石竹山主神何氏九仙君分炉供奉”“筹建中的海峡道教学院”“石竹山道院与印尼交流概况”等内容，从“软硬件”两个方面介绍石竹山道院的建设成就。

石竹山环湖路

三、石竹山被誉为“中华梦乡”，祈梦习俗被列入福建省第三批非遗项目，正申报“国遗”。因此，专门设置“第三章石竹山梦文化”，用三节的篇幅：“石竹山梦文化研究”“祈梦故事”“石竹山签谱探密”，揭示了石竹山梦文化蕴含着中华优秀传统文化的基因。

四、省略了“志山辑要”“题刻碑记”两个章节。所谓“志山辑要”，即福建省、福州市、福清市的《志》书有关石竹山资料的记载。因为本《志》选用了众多史学家和文史工作者的研究文章，中间大量引用了“志山辑要”的内容，若再辟专节，未免累赘。关于“题刻碑记”，很多是诗作，并入“古今诗词选”章节，捐缘的“碑记”并入“第九章，捐缘碑文”。剩下一些“题词”“题字”的题刻，列在“第六章联语·墨宝·题刻”。

五、“第四章”共选入“游记”12篇，“传说”4篇，“艺文”3篇，“趣闻”2篇。基本要求是，选入的文章其内容与道教文化没有冲突，不存在“佛教”“道教”混淆不清的情形。

岩顶上的仙君楼

第一章　仙山概说

第一节　石竹山

石竹山，位于福清市区西部，属石竹街道。有福厦高速公路、福厦高速铁路从山脚经过。距福州高速全程45公里，距厦门高速全程226公里。

石竹山东北起自太城山，向西南伸展，经马贝、天子峰，至状元峰；西侧沿今东张水库东北畔，顺狮子岩直至今东张水库大坝。全山面积13.31平方公里，属纵贯闽中的戴云山脉的齐云山支脉，有次高山、丘陵、河谷、残山、山间凹地等。

石竹山已有6700万年了，属白垩纪晚期，由多次间断性火山活动导致火成岩侵入，经过长期弱风化剥蚀作用，形成现在的流纹质凝灰熔岩。又因地处福建沿海的长乐—广东汕头大断裂边沿，其西侧有一条斜贯地下性质不明的断裂层，山体被切割成深谷与陡崖，形成奇石怪洞悬崖峭壁的独特地貌。从东面看石竹山，如一条巨龙般逶迤腾跃，具有人居环境上的藏风得水的“宝地”吉象，群山之首亦有“巨象”之形。从南面远望石竹山，整个山体看起来像一个等腰三角形，如古埃及金字塔一样的稳固而雄伟壮丽。山顶终年云雾缭绕，犹如一根刺破南天的擎天柱。登上山顶拨开云雾，仿佛置身琼台玉阁。

石竹山有天子峰、状元峰、狮子峰、麒麟岩、紫帽峰、骆驼峰、紫云洞、桃源洞、牛蹄洞、一片瓦、三重檐、鹤影石、朝斗石、鸳鸯石、棋盘石、伏虎石、仙桥、摘星台、仙人坪以及附廓的狮子岩、紫云塔、东张古镇、白豸寺、白豸塔、无患溪、无患溪中的丹井、鲤鱼山、鲤鱼上的“化龙”岩刻等诸景观，俨然是仙山景象。

石竹山四季如春。南中亚的热带季风加上海洋性气候调节，使这里夏无酷暑，冬不严寒，年均气温保持在19.7℃，1月份平均气温为14.5℃，7月份平均气温为32℃，风速3.7米/秒，11月风力最大，月均风速4.3米/秒。降雨量为2000—2500毫米，一般集中于4—10月份，其中以6月份为最多。温暖湿润的气候和肥沃的土质给植物生长创造了良好的条件。植被有亚热带雨林，常绿阔叶林，常绿针叶林和丘陵丛草被，较多为喜晓性植物种类。区内除分布着翠竹、雷公竹、佛肚竹、方竹等各种竹类外，还有大量的台湾相思树、马尾松、杉、柳杉、米楮、丝栗、榕以及珍贵名木赤楠等，还发现史前植物——桫椤。至于“抱岩榕”，满山皆是。在“石峰竹雨”石亭西侧岩壁上，榕竹连枝，榕根不粘土，抱岩而生，竹根寄生在榕树身上，成为石竹山一大奇观。

石竹山的名称，源于“其巅有石（沧海石）巍然”，又盛产翠竹，其中以“翠竹”“竹根盘错”而得名。据《八闽通志》云：原名“石竺山”，亦名“石竹山”。

自清乾隆以后，在一些志书出现“又名石所山”之说，其出处皆引自《徐霞客游记》最早版本，陈宜坚先生有遗文辨讹（附录于后）。其实，在20世纪80年代，中华书局白文本、朱惠荣整理的《徐霞客游记》中，并没有把“石竹山”误为“石所山”。

石竹山是道教圣地。石竹山的地质、地貌、地形、气候都在一定程度上契合着道教的经验和行为，道教中的某些思想和形象在这里被地理化了。因为满山的奇“石”与秀“竹”传达着石竹法派的道法真谛。石，即为至刚、朴实、凝重、坚定，蓄万千之能，纳转回之势；竹，则是至韧、无争、清净、虚怀，藏无限生机，聚蓬勃之气。二者刚柔并济、负阴抱阳、冲气为和，互弥有无。“石竹”合天地之灵，通万物之性，以内敛的谦逊之态一如既往地呈现着“和”的内涵，渐渐地凸显出其象征性：“石峰竹

雨”为仙山胜景之古称誉。所以自古便被认为是神灵出没、仙人得道之处。传说公元前一世纪的汉代，何氏九仙在石竹山显圣，时有梦感，此地遂成祈梦之所。七百年后，林炫（玄）光在石竹山结庐修道，自此与九仙信仰和祈梦文化相互交融揉合，为道教在石竹山的繁衍传播奠定了基础。千年的积淀与传承，逐渐形成了一种独特的地方文化群落，形成一种典型的区域文化模型，并且具有其独特的文化地位，石竹法派正是在这特定的地理范畴应运而生了。

山不在高，有仙则名。由于石竹法派的修持是以何氏九仙信仰为基础，所以石竹山不仅逐渐成为历代道学名流向往的圣地。晋末地理学家郭璞，宋代理学家朱熹、林亦之、林希逸，节度使史浩，元代福建行省郎中林泉生，明代探险家徐霞客，状元马锋，内阁首辅叶向高，户部尚书马歘，礼部尚书陈经邦、曹学佺，游击将军陈第，工部侍郎董应举，福建巡抚南居益，清代刑部尚书陈若霖，太子太师陈宝琛，近代海军宿将萨镇冰，历代著名学者和诗人敖陶孙、王恭、王世懋、林古度、林鸿、徐熥，徐火勃，当代名人姬鹏飞、项南、程序均在石竹山留有游踪。也是广大民众向往的游览或祈梦问签灵验之地，尤其成为融籍海外乡亲慰藉乡思、梦圆故土的神往仙山。20世纪80年代以来，石竹山的游客、香客骤增。

因此，早在20世纪80年代石竹山就名列八闽十大风景名胜区之一，2003年11月获评以梦文化为特色的国家4A级风景区。

远眺石竹山和鲤鱼岛

第二节 发现殷商文化遗址

石竹山脚下西南侧是一个纵横约10华里的小盆地。小盆地里有座千年古镇叫东张镇，相当繁华，古早民间有句俗语："七乡八乡，不如东张。"区内有一条路，从应峰寺经牛屎巷、里尾（七住厝）、白豸寺、东张街、尾厝、塔（白豸塔）下至无患溪（今水库坝头位置），东连宏路镇，南含三星村，西接一都乡。东张镇街道东西走向，长约两里，靠西叫街头，靠东叫街尾。在东张镇南边约1里地是一处孤立的台地（俗称小山丘），长方形，总面积约7000平方米，高出附近地面3–5米，海拔38–40米。新中国成立之初，东张镇中心小学就建在这个台地上。台地周围有村落，南有下垵村，西有州拉村，西北有汤厝村，距东张镇差不多2里地。这里还有两处古迹，一处是白豸寺，一处是白豸塔，始建于宋代，是当时东张镇的乡关标志。

准确地说，石竹山并非坐落在深山老林之中，其脚下乃繁华千年古镇。

1957年1月，福建省文物管理委员会的考古队来福清进行文物调查，在石竹山下东张中心小学所在的台地上发现了一些石器和陶片。这一年末又进行了复查，确认为古文化遗址。1958年初，福清县委和县政府为了扭转福清"十年九旱"的局面，决定把东张镇搬迁西面山坡重建，在石竹山与鲤尾山之间筑坝建设东张水库。于是，福建省"文管会"决定立即进行抢救性考古挖掘，发掘工作自1958年3月28日起至6月15日基本结束，挖掘总面积1500平方米，发现了殷商文化遗址。

遗址上层的文化堆积为淡黄色堆积，厚15–30厘米，这一层文化是在中层文化基础上发展起来的同一文化系统而时代较晚的青铜时代文化遗址之一。相当于西周前期阶段（公元前880–前771）。

遗址中层的文化堆积，包括了3种不同土色。中层出土遗物十分丰富，有石斧1件、石锛53件、石凿1件、石矛4件、砺石9件以及残石器等；陶器除了夹沙陶和泥质陶外，还有印纹硬陶、彩陶和带黑衣陶片等。从中层出土遗物看，应属于昙石山上层类型的文化遗址之一。据推定，遗址中层的年代大约相当于商代晚期（公元前1200–前1100）。

遗址下层为一种红灰钯原始文化堆积，与中层相比，无论是生产力水平，或者生产工具，生活用具各个方面都较落后，出土有陶器、石器和大淘沙陶片，特征是泥质陶或泥质磨光陶，与昙石山的中层接近，相当于新石器时代晚期（公元前2000）。

46年后的2004年5月，因为干旱，东张水库水位下降，库底部份裸露。省考古队

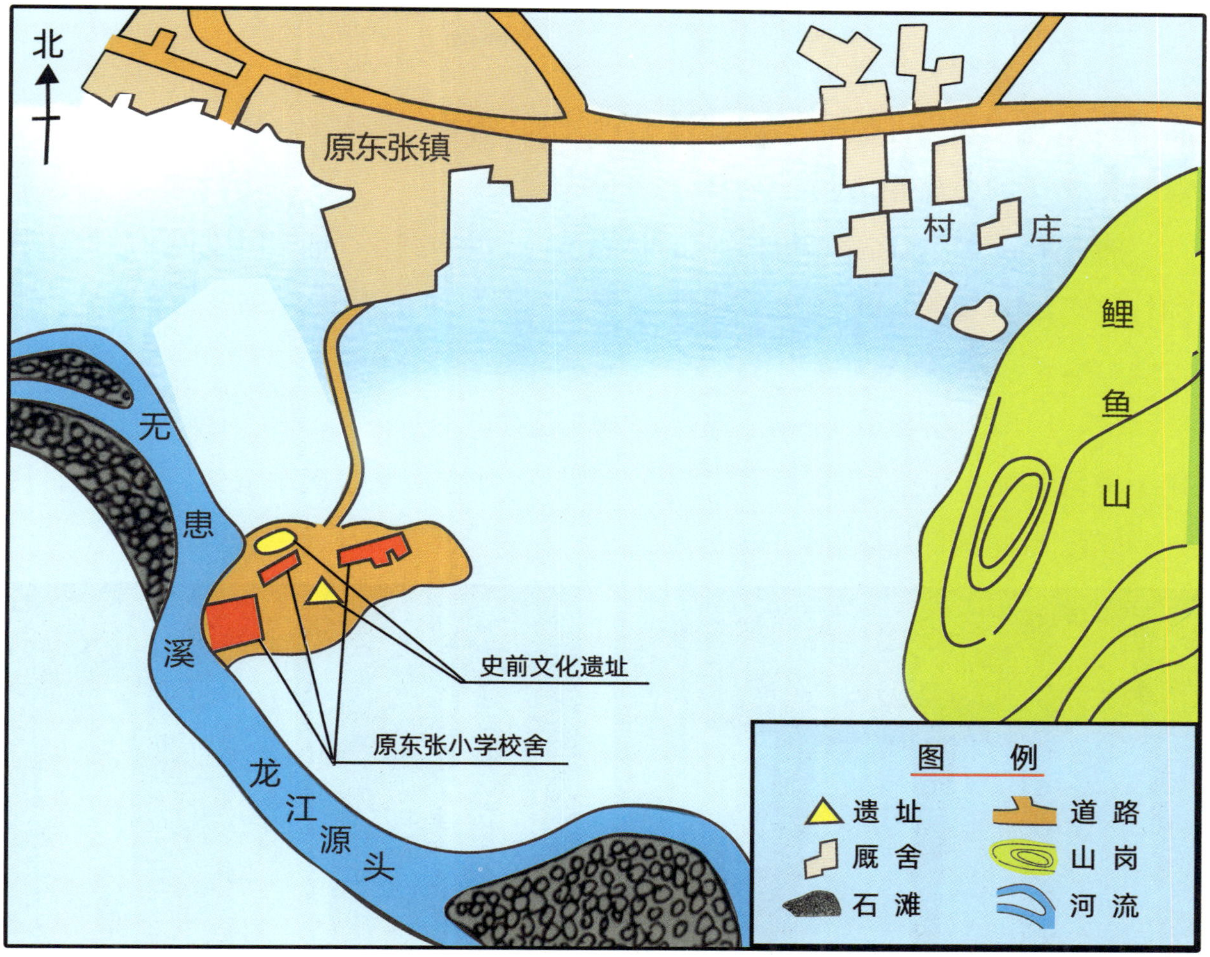

北

原东张镇

村庄

鲤鱼山

无患溪

龙江源头

史前文化遗址

原东张小学校舍

图例

遗址　道路

厩舍　山岗

石滩　河流

东张镇白豸塔下新石器遗址全景

对水库下湾地区又进行了抢救性挖掘，挖出了31座史前墓葬，充实了第一次挖掘的缺失，填补了从新石器晚期至青铜器时期之间连接环节，从而证明了早在4000—6000年前，福清境内就有人类活动。

福清先民最初为古越族。春秋之后战国时期，越国王族南来，越族的后代和古越族结合，生下的子女为闽越族。

“闽”是福建最古名称，周代福建叫“七闽”。北宋真宗，即赵匡胤孙子赵恒做皇帝时，赐四岁神童蔡伯俙“进士出身”，并赋诗称赞，诗中还用“七闽”这个称谓，曰：“七闽山水多灵秀，四岁奇童出盛时。”

汉代经学家郑玄援引《国语·郑语》“闽芈蛮矣”的一句话，为“七闽”注释，说：“闽为蛮之别种。而七乃周所服之国数也。”“芈”为楚国姓，“闽芈蛮矣”说的是古代七闽部落，和楚国都是称为蛮的南方民族。

东张遗址出土的石锛、石斧

东张遗址出土的石镯

秦末，一个叫无诸的越王勾践后裔，参加反秦斗争，之后又帮助刘邦打败项羽，刘邦做了皇帝后，封无诸为闽越王，建都冶山前，称东冶，也称冶城，即今福州。无诸逝世后，由郢和余善二兄弟继承王位。他们为了扩充领地，先后发兵攻打东瓯和南越，引起汉王朝不满，汉武帝兴师问罪。余善见势不妙，杀了兄郢请求退兵。于是汉武帝废除了闽越王封号，另立没有参加叛乱的第一任闽越王无诸的孙子——繇君丑做国王，改称越繇王。

汉武帝从叔淮南王刘安把门客何堘举荐到冶城当太守。何堘，字任侠，有9个儿子，除长子额开一目，其余8位皆盲。九兄弟先是在福州于山炼丹修道，后因卷入淮南王叛乱风波被官兵追杀，逃到仙游九鲤湖继续修炼，最终得道骑鲤升天。

后来，东越王余善屡次反叛，汉武帝忍无可忍再次兴兵，派朱买臣灭了闽越国，把闽越的贵族、官僚和部队迁移到北面去。闽越遗民群龙无首，只好自立治县。这就为何氏九仙来到石竹山，以托梦的方式，为闽越遗民排忧解难，提供了可信的历史背景。一个根基弘深的九仙信仰，造就了一座流光溢彩的梦文化宝库，也孕育了道家的石竹法派。

抱岩榕

第三节　无患溪·鲤鱼山·东张水库·鲤鱼岛

宋代理学家朱熹游石竹山时曾留下一副对联："两山相对终无语，一水独流似有声。"联语中"两山"指的是"石竹山"与"鲤尾山"；"一水"指的是"无患溪"。

无患溪源自莆田大洋乡瑞云山，自西向东流经东张镇，环绕殷商文化遗址，分成两路，分别穿过飞架真武殿与过洋村之间的"王董桥"和石竹山下鲤尾桥，合流经过宏路桥，注入龙江。相传，后梁时邵武真人林炫（玄）光取溪中井水炼丹为人治病，所以溪中井称"丹井"，溪叫"无患溪"。

古代，无患溪不仅是天宝陂的水资源，还是东张镇通往海口的主要航道，因此才有东张宋窑生产的出口瓷器。

东张宋窑遗址有两处，一处在石坑村厝后山，一处在岭下村宫后山。两处遗址相连，都是坐北朝南，如漏斗型匣钵，瓷片、垫饼、支柱、支圈等遗物散布在方圆2平方公里的地表，可见当年规模之大。在岭下村后，还留有砖砌窑基残壁。东张宋窑相当出名，著名历史学家翦伯赞主编的《中国历史纲要》中就有记述：东张宋窑是南宋时福建四大瓷窑之一。东张宋窑烧制青瓷和乌金釉为主，其制型风格与建阳水吉窑所出的瓷器极相似，产品包括程式碗、盏、碟、盘等，主要是销往海外。2015年，在海口镇外海打捞宋代沉船时，出水了很多东张宋窑生产的瓷器，其中有一套画有道教太极图的茶盅尤为珍贵，说明石竹山道教文化早就深入人心，并向国外传播。这也是石竹山为什么会成为海外闽籍华侨华人神往胜地的原因。

鲤鱼山位于东张古镇东北，是一座小山，跟石竹山比，犹如巨人脚边的一个泥丸，因状如鲤鱼而得名（《福建通志》称"仙鲤山"）。鲤鱼山头向石竹山，尾朝白豸寺。有两条大溪把石竹山、鲤鱼山、白豸寺隔开。之后，两条大溪在石竹山、鲤尾山之间汇成无患溪。无患溪至宏路镇时，两旁有两条路，一条路通县城，一条路通渔溪镇。故叫"三叉口"，亦称"龙门"，意寄鲤鱼出了"龙门"外面就是东海，便成了龙。

鲤鱼山有许多美丽的传说，多半与旧时的福清十年九旱有关。传说很早很早以前，福清沿海大旱，赤野千里，满目枯槁，连树皮都吃光了，有的人饥饿难耐，拿观音土当面吃，吃了拉不出屎，活活憋死。一日，东海鲤鱼公主来石竹山游玩，发现福清沿海旱情严重，便回龙宫请求父王给福清行云布雨。她父亲说，龙王没那么大权利，给哪个地方行云布雨都需得到天上玉帝的"公文"，拿着"公文"到水令台向白蛇将军索取水令旗，然后才可以行云布雨。鲤鱼公主救灾心切，施行“美人计”，盗取水令旗，为福清沿海行云布雨，救了万千灾民。可是，鲤鱼公主因盗取水令旗触犯了“天条”，被玉帝惩罚，把她变作一座小山，落在石竹山下无患溪畔，不能成龙。所以，明万历六年（1578）首辅叶向高写下“化龙”二字，请人刻在鲤鱼山东面半山腰的巨岩上。

1958年，福清县委、福清县政府倾全县之力建成了东张水库，从而脱掉“十年九旱”的帽子，福清人民称东张水库为“幸福水”。同时，也实现了民众的美好愿望，鲤鱼山变成了鲤鱼岛，鲤鱼终于能出溪跃龙门了。

东张水库的建成，虽然淹没了许多古迹，但“山不在高，有仙则名；水不在深，有龙则灵”，同时满足了道教文化中“智者乐山”“仁者乐水”的需求。

东张水库是首批国家水利风景区，与石竹山风景区珠联璧合，正向着国家5A级旅游区迈进。

东张水库

鲤鱼岛

化龙石

第四节　自然景观

天子峰——位于石竹山最高山峰海拔630米，在状元峰北面偏东，北自太城山，南至石竹山状元峰，共有五座山峰，峰巅极目，北可览融城，东可观沧海，其西则峰峦叠嶂，其南则千里平畴。仰目眺蓝天，俯首视平湖。使人心胸豁然，飘然欲仙，顿生“一览众山小”“天际渺无极”之感。

状元峰——位于天子峰下方，又名探花峰。海拔534.5米，有路直达峰巅。西路从道院西侧“炼丹灶”（石室）经仙泉到“朝斗石”，或从“通天洞”经“骆驼石”到“朝斗石”，汇合一路，众山小”，“天际渺无极”之感。经“伏虎石”直抵峰巅。东路从功德碑林路至三清殿台阶路经“伏虎石”直抵峰巅。东西两侧岩石裸露，可坐可躺，侧下为陡崖，险不可攀。游人在此搬石积垒，以为纪念，年积月累，竟成“石堡”，称为“积石”。于此观赏，四周群峰奔突，托天际地。东张水库碧波涟漪，溪河蛇行山麓，纵横交错，东海浩渺接天，岛屿若隐若现，玉融风光尽收眼底。山巅竹子繁盛，松林茂密，灌丛葱郁，生机勃勃。

“状元峰”之得名，无史志可考。或以其皆托天子峰，似“天子门生”，故名，亦未可知。

玉女峰——又名龙女峰、仙女岩，位于仙君楼前方，石高9.5米，有亭亭玉立之姿，故名。其顶平台，宽1.7米，长1.9米，仰望高与天际，可接星汉，故称“摘星台”。与北面“醉石”相距2米。故常有相恋的情人到玉女峰、特别是在农历“七夕”之时焚香朝拜，祈求婚姻美满幸福。

紫帽峰——又名紫磨峰，俗称纱帽石，位于三清殿东北侧。

石高10.3米，顶面宽3.3米，长3.2米，形似官帽，故名。帽顶险不可攀。古来有“尚能登上岩顶，就可官运亨通”之说。

骆驼峰——又名骆驼石，在通天洞上方直距20米处，路径50米，路途崎岖曲折，两旁草木丛生，一岩拨地突起，即为“骆驼峰”。石长4.7米，宽2.65米，高3.85米。岩底垫亦为石，后部埋入山中，前部即为悬崖，在棋盘石和月牙洞上方石台上观赏，形象逼真。背部两峰托凸，下部蹲腿坐地，昂首北望。其形有不适南方水土，急欲北归之意。

玉女峰（又称仙桥）

狮子峰——又称狮子岩，位于石竹山西边景区。有一峰若狮，同石竹山狮子峰遥遥相对，俗称雌雄狮。狮子峰下有台丰寺（狮岩堂）该寺始建于汉朝，明万历重修，寺内有玉皇大帝楼、仙君楼。寺侧有一石，长二丈宽六尺，平坦如床，据说，龙王游览石竹山，曾在此石小憩。狮子峰由巨石累叠成嶂，杂树古藤错落其间。嶂上凹凸不平，似行云流水，如楼台亭榭，人称“翠石屏”。石缝中有一榕树傲然挺立，枝丫交错，繁叶如盖，根须毕露，其下不见寸土，称“石壁榕”。石壁榕右侧山巅有石蹲伏，极似狮伏草丛，跃跃欲试，称“狮子岩”。狮子岩左上方，有一石如鹦鹉头，称“鹦嘴石”。近狮子峰峰巅处，岩石壁立，石罅有清泉一股，远观如银蛇似玉带，近看泉水纷纷扬扬，溅如散珠，阳光之下，色彩斑斓，称“掷珠泉”。此外，还有“自平石”“萝门径”，“莺松阶”“辽天屏”等名胜。

狮子峰

宝所石——又名“天宝石”，即“沧海石”，位于在状元峰下，因石上有蛎壳化石痕迹，是石竹山“沧海桑田”之见证，故名：又说在石竹山下“仙桃”石内；或是“沧海石”的断裂部分落在此间。旧时有谶云：“天宝石移，状元来期。”相传宋乾道三年（1167，又有说六年，但按肖国梁中状元在三年，应是三年。）一天夜半，山上有声加雷，且见山顶大石飞落，当为地震所致。刚好这年永泰肖国梁考中状元，应了“状元来期”的谶言。但肖不是福清人，因之古人又说：“福清为闽巨邑，山灵毓秀，人文蔚兴，久乃符之，未可知也”，希望福清也出个状元，殊不知“状元来期”的谶言只是别地状元来游，不是福清出状元。在沧海石上观日出，云浪翻滚，红日喷薄，蔚为壮观。南望紫云宝塔，直指九霄，西边灵石山九叠峰，云遮雾绕，黄昏时远山衔日，近水浮光，景色十分迷人。

鹤影石——位于“化龙窝”下石壁，石纹如鹤。每当中午日光照射，石壁上出现如鹤飞舞的影子，实一奇观。

棋盘石——位于天桥侧，过桥即到。石呈倒锤状，石面有裂纹如棋盘，传为九仙下棋处。石面长15.2米。宽5.6米。石面西南端另有一小石，更似棋盘，在此处观赏“骆驼石”最肖。

棋盘石

出米石——位于道院仙君楼下方，观音厅西大门至紫云洞台阶路边约8米处。石高4米，宽9.2米。石崖上有一圆窦，口径0.08米。

相传很久以前，石竹山上还没有现在这样嵯峨的寺院，只有一个鹤发童颜的老道士带着一个小道士在桃源垌里炼丹修行。师徒俩自辟几分山地种上五谷杂粮，过着清苦的日子。有一年，福清地界遭受百年不遇的大旱灾，粮食颗粒不收，师徒俩为接济灾民渡过难关，小道士听师傅讲过“甘霖下，米不出”的话，心想，这雨一下，出米石便不出米了，在山上灾民就没米吃，于是带着灾民便操起一块尖石，想把出米孔凿大些。可当一石劈下，一道金光，出米孔裂开了。从此出米石再也流不出米了。

出米石

醉石——位于舍利塔（灵宝飞升塔）下方约3米，有一石高1.6米，宽0.3米，形如醉翁卧躺在巨石上，面对玉女峰。昔传九仙君醉卧于此。故名。诗人诸俑有诗句云：“山中有石如人醉，世上多人似石顽。如醉似顽何必向，乾坤都在是非间。”即是指其石而言。

仙桃石——又名蟠桃石，位于石竹山下西边。进山门顺登山路到秋芳亭，西转

仙桃石

到永瑞亭，巨石平地托起，形如仙桃，故名。石长10米，宽8米，厚10.9米.石下有洞，名“蟠桃洞”。洞内冬暖夏凉，有小树数株，树干纤弱平直，直伸洞外。

翠屏石——位于虾曲桥边。石长分别是5.48米、6.60米、5.65米，中有门，门高2.98米。

伏虎石——位于道院后西侧悬崖峭壁上。功德碑林通往三清殿台阶路上。可以清晰看到，嶙峋峭壁上斑斑点点如虎毛斑纹；崖边凹齿处，宛如斑虎张口咆哮；壁边有窦，仿佛斑虎睁瞪三角眼崖树梢如斑虎立耳，顶边沿约有如斑虎之神鞭，卷曲欲扫:肚隐约有虎足，前足直后足曲。势如猛虎欲下山，故名“伏虎石”，长5米，高2.1米，宽1.6米。此外，站在东张水库坝面上也可清晰观赏虎之神态只是小了点，但更觉飞动。

龟蛇石——位于石竹山山下登山路东侧15米处，巨岩斜卧，形如下山神电，石上有龟甲纹裂痕，后有一石如蛇头，口咬龟尾，形象逼真。全石长10.5米，宽5米，高6.3米，龟蛇纹总长6.1米，龟头伸出1.1米，蛇头长1米。

龟　石——位于泗洲大圣殿西边，宝义和尚墓的第二台墓，埋中石长3米，宽2米，以形似龟而名。

双鲤石——位于“化龙窝”岩顶，两石如双鲤，欲飞入水库。因其形在不同角度又似一对鸳鸯，故又名“鸳鸯石”。两石相隔只0.76米，双栖双宿不知几千万年。

三重檐——位于“一线天”上方，新建拱桥之下，沿台阶而上，转几道弯，有百来米远，突然断崖临空，峭壁欲倾。崖壁上榕藤攀比，任凭风吹雨打，电炸雷劈，日曝天旱，始终岿然挺拔。崖底蹬道，崎岖曲折。仰望崖峰，有三处外伸似檐，如三把利剑，飞劈苍穹，峻峭无比。因名“三重檐”。

老人岩——位于“骆驼峰”同一石台上，相距仅几步。高17.8米，长15.2米，宽4.9米。南面崖壁有纹缝可供攀下，陡峭光滑，胆小者不敢问津，壁径底下为石台，台面坐躺皆可，台下又有小洞，手抓石边树干，小心下落，再跨一大步即为蹬道，顺道而下，可与去石竹山道院之路交会。交会处有一石，前视露，后入土，石面虽不成台，亦可站三五人，为观赏“老人岩”之佳处，仰首西望“老人岩”，隐约有摇摇欲飞之势。石顶项尖凸出，如老人盘发头顶，石之面斑纹凹窦，隐如老人之眼鼻唇和皱纹。静观细赏，妙趣横生。

朝斗石——位于“骆驼石”上边，相距约三十米左右，有石呈梯形，高3.7米，腰径2.2米，底径3米。石之南有石面供人观赏，面可容7~8人。近处皆树木草，独此奇石兀立。在东侧观赏，新似单身罗汉，在南面观赏，其形如人在仰望北斗星空，故名

“朝斗石”。

上升石——位于道院观音厅后面。石高4.3米，石面如台，长4.9米，宽3.5米。一棵苍榕侧抱石壁，枝繁叶茂，榕根从壁下卷起，仿佛怕石飞去紧紧按在石台面上，可谓奇绝站在观音殿后门观赏，石壁光滑乳白，气势欲升，四周幽雅清绝，榕竹青翠，积石嶙峋。仙君楼后一石柱特奇，高4.8米，腰围12.5米，要到石台，需经石柱，石柱如特设的翠屏门让人通行。

观音崖（又称“一片瓦”）——在登山道西侧，有巨石如檐，凌空平伸离地高10余米，宽5米余，深9米余，似巨瓦一片，故称“一片瓦”。崖额刻有“观音崖”三字。崖壁苍苔斑驳，石缝漏泉，树根盘错，竹荫蔽日。现崖下刻有石观音一尊。还有仙游人徐鲤九书“石竹”二字镌刻于崖右旁。古时，崖下石侧有木亭一座，谓“半山亭”，乃明代举人石应相所建。现改建成混凝土四方亭。

观音崖

虎头石——位于景区东边石竹山下公路边向东，宏路至石竹山即石竹路1公里处路边，向北看，现福厦高铁线穿越，有一巨石，形似虎头，挡在通向石竹山景区之路口，背负石竹山，前临无患溪，高约6米，宽约12米，形态威猛，昔传林晃真人在此跨虎升天。晴天人们可以从虎石旁的狭窄小路通过，倘在风雨晦明时分，行人到此就得徐徐而过，偶一失足，就会掉进无患溪里去。在抗日战争时，人们曾在这里建起土堡，日本鬼子也视为畏途，不敢进攻。自从宏路公路通向东张之日起，这块虎头石就再也见不到了，吴端升先生有诗云：“石竹山旁一虎头，行人到此总生愁。晴天尚可徐行过，风雨来时胆气消。”

石　屋——又名“仙人丹灶”，位于道院仙君楼后面西北角，状如八角形石屋，南向一门。外周长宽为8米×1.3米，外直径3.2米，内径2.9米，外高3.6米。明朝王世懋《游石竹记》云：“立久之，更上一层屋，空其中，僧云：是仙人灶。”

麒麟岩——在石竹山西侧半山腰岩群排缀，状如麒麟，首朝南，尾朝北，形象逼真，九仙阁建在麒麟臀上。饮观此景,须在东张水库渡船上远望，方能观其全貌。

普陀岩——位于景区石竹山顶状元峰下，悬岩重叠，中有洞。宋林希逸有诗云:“谁云东海岸，不似石峰顶。”

仙人坪——位于观音厍下方登山路边元载亭旁高岩上，顶平如台，岩高约10米，道险难攀，故名“仙人坪”，有“能上者即是仙”之说。

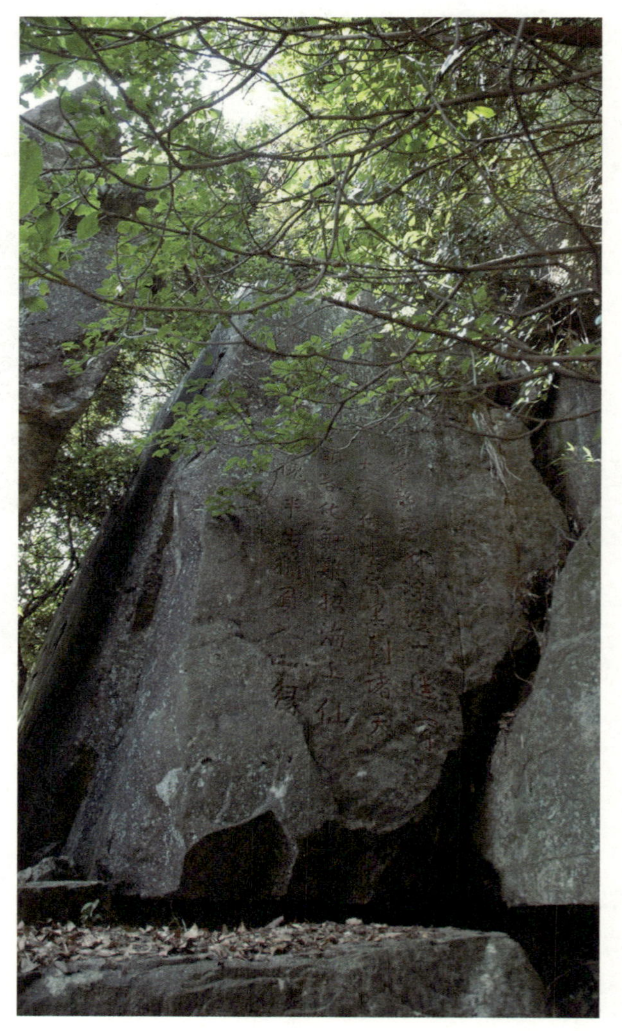
仙人坪

仙床——位于观音厍下方登山路边元载亭旁一块岩石，巨石盖顶，下成洞。洞高3.4米，面宽1.5米，洞内一石台如床，4米见方，称“仙床”，传为九仙卧处。洞里有缝如神斧所劈，人可攀登，有“道穷有险径”之说。

石室——位于景区石竹山下无患溪北岸，一石如室，天然形成。广二丈，深丈余，可置两张床位，环境清幽，冬暖夏凉，孟夏多有人于此避暑。现已在东张水库的水下。

通天洞——位于景区月牙洞上方约60米处，登台阶路分东、北两条，东向去道院，北向直达通天洞口。洞为乱石环垒，巨石盖顶而成，人可射身而入，洞内高2.85米，深7.2米。内有路可通山下，但杂草从生难行，顶有孔可望天，古名“通天洞”。

璠桃洞——位于景区石竹下永瑞亭附近的蟠桃石下。洞深30.5米，口宽1.5米，内宽3米，高1.7米。洞里有石窦、石椅，天造地设，非人工所就。

曲径通幽——位于景区西线蟠桃洞下方，出蟠桃洞，仰登狭径，曲折透，四周古木参天，林莽从生，林中鸟鸣，草间虫唧，环境清绝，故称“曲径通幽”。

桃源洞

桃源洞——在仙君楼西边，由武陵谷口行至洞，洞深7.6米，宽3.3米，洞里高3米，洞口高2米，宽1.4米。洞外有“武陵谷口”四字。传说何氏九仙见其幽僻清静，令人宠辱皆忘，如入桃源胜景，故名。洞左有炼丹炉遗迹，传为何氏九仙所遗。

紫云洞

紫云洞——在道院西下侧。洞深7.1米，高1.95米，宽2.5米，东、南两门。东门宽0.75米，高2.26米。南门高2.5米，宽1.95米。洞内今塑有林炫（玄）光真人泥像。洞内幽深而宽敞。传说林炫（玄）光真人在此炼丹济众，求医者不绝。现存“应接不暇”“紫云”石刻于壁上。

日月洞——在“三重檐”悬崖上方，过“拱桥”，仰蹬一百三十米，有巨岩斜卧，峻峭无比，再由侧径而上，转弯道十余米，道穷为石洞，即“日月洞”。洞之东、西门有日月之形，皆通天。东门较宽大，最宽处达2米，西门狭窄，最窄处仅0.45米，洞高8米多，没有封顶。在洞底仰望，一巨石悬挂隙间，摇摇欲坠，令人魂悸魄惊。

月牙洞——位于“棋盘石”上方的登山道旁。洞长11.6米，高3.2米，中间最宽处198米。有树从洞中穿出，洞顶乃弯曲孔隙，日月之光射入洞内，影似月牙，而洞也呈月牙之形。洞外巨石奔拥，立卧斜躺、千姿百态，莫可名状。更有一石如坐台，台面可坐数人，也是观赏山上“骆驼石”之佳处。

牛蹄洞——位于登山路祥珠亭东侧，有一块巨石酷似牛蹄，两趾间有洞，名“牛蹄洞”。巨石宽7.75米，长9.4米，高4米。洞旁崖首留有明万历年间宰辅叶向高题刻“一自名山传梦后，而今玉带愧横腰”，故称“留题洞”（与“牛蹄洞”谐音）。

青龙洞——位于道院西大门口前方，旁有“皇明启胜”摩崖石刻。洞深2.9米，口宽2米，上盖“香积石”。

青龙洞

小蓬莱——位于景区西线“曲径通幽”附近，是处乱石杂陈，中有两石并立，上托一石，如大院门，旁又有一无名洞，洞口高只1.4米，深却有7.5米，内高1.79米，内宽4.2米，远望成扁形。爬上洞顶巨岩，举目四望，绿野接天，山下碧波荡漾，山上危岩峭壁。在此观赏，有如登蓬莱仙境之妙。

一线天——在小蓬莱上面，顺小路而上，有巨岩如天工中劈，两壁峭立。高各8.4米，中有隙道石蹬，最宽处1.2米，最窄处仅0.38米，胖者难过。隙道总长10.7米，仰望天空成一线，故名。出口处有一石悬空，望之欲坠，使人惊悸。旁有一树挡路。游人至此有“险岩阻行、巨木挡口”之感。

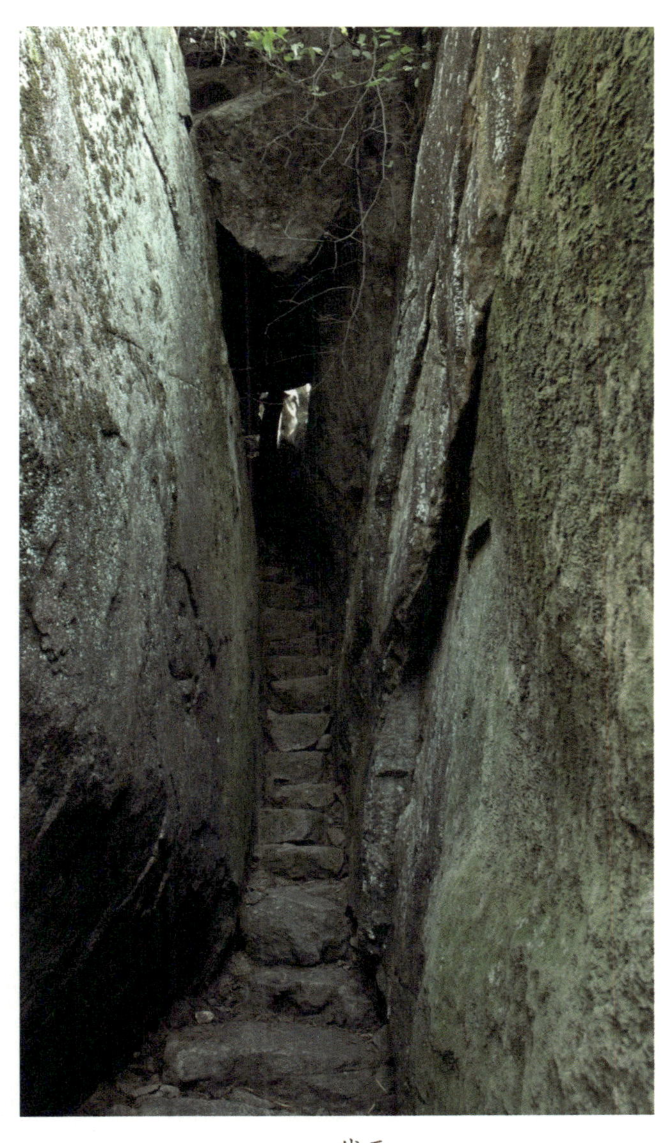

一线天

瀧耳泉——位于观音厅前下方，龙眼树下走三十石阶处，水从一石缝中渗出，常年不涸，石缝前二窟状如“龙眼”，俗称“龙目”。

洗耳泉——位于紫云洞西边，旁刻有“洗耳泉”三小字，故名。或云此处本有泉水，因地质演变今泉水已断，以致名存实亡。

洗心泉——位于景区牛蹄洞东边，从一块高3.5米的岩壁上溢出泉水，题刻“洗心泉”三字于岩泉旁。泉口径0.2×0.4米。

仙泉——位于仙君楼后面100米处，岩缝溢出两处泉水，口宽2.6米。泉水清澈香甜，故名“仙泉”。

天桥——位于日月洞上方，桥小（长1.8米，宽约0.4米）但距地面高7.5米，众皆视为畏途，故名“天桥”。桥系天成，非人工所造。

仙桥——又称鹊桥位于仙君楼前方，桥的南向一端是玉女峰，北向一端是九鲤仙醉卧处——醉石。两石之间架一宽仅容足的木板（石板）称“仙桥”。胆小者不敢走过摘星台，从古至今民间素有新娘“走仙桥祈子嗣纳福”之说，如是一对情人在每年七夕这天来这里过仙桥，得到这里仙人的赐福，定会“有情人终成眷属”。为石竹山景观标志之一。

本章附录

榕 说

（榕）有雌雄二种。雌者冬杪初春，沿干着子如（橡)子大，外青内黑，每大风纷坠如雨，叶亦随落。交夏则新叶已长，叶外有苞，红白色，茸茸然如牡丹芽，苞落叶茂，浓荫如旧矣。雄者不结子，有长须，抽芽落叶则同雌者。俗又谓结子者为水榕，不结子者为旱榕……

榕 树

《海物异名志》：“榕一作墉，言庸木也。”庸训平常，盖以其才不供用也。予游闽多年，往来下诸府，常见榕树之多，曾为《榕说》一篇，附录于此。

不材木也。其体臃肿，不可为栋梁，其质薄脆，不可为杯棬，焚之无焰，不可为爨。斫之无沈，不可以髹。有花不可悦目，有实不可供口。是则木之不材者，莫榕若矣！然而榕易生根，茁高千间。其初细缕下垂，毵毵然如虬髯，风来飏之，沙坳石角与夫颓垣之阴，败砌之隙，纵横附着，即别生根。及其久也，旁挺侧生，莫不葱茏蔽芾，垂荫连亩。……每当盛暑之际，片云尽敛，微风不生，日火烧空，流金铄石，舆者骑者，担者负者，挥汗如雨，嘘气若烟，头昏目眩，俄欲渴死，趋就其荫而少憩焉，虽袪炎避暑之宝，不是过也。然则榕虽不材木，时亦有益于人矣。夫物苟有益于人，即为人所不可无也，岂惟榕然。珠可以御火灾，玉可以庇嘉谷，其为益大，故珍重宝惜，异于恒物也，若夫败龟之壳，可以卜；死鹅之羽，可以毳；牛溲马勃，可以疗病；枯骸腐草，可以粪田。为益虽微，犹之有益于人，则亦人之所不可无矣。抑岂惟物然，人亦何异于物哉！今有人焉，抱奇才，挟异能，栩栩然自负间世而特出也。然而考其才，核其能，其自负诚不必诬而于人则无所益也。于人无所益，则不如肩舆之子，犹可为人服劳；担粪之夫，犹可为人除秽也。若而人者虽有奇才异能而于人无所益，则亦为人之所可无者矣。是诚才而不材，不若榕之为木，犹不材而材也。故吾观夫榕，惕然于人必有益于人，而后为人所不可无也。乃为榕说以自警。

（清）施鸿保

是石竹山，不是石所山

《徐霞客游记》的各种版本，都把《游九鲤湖日记》中所有的“石竹”二字全印成“石所山”。实际上石竹山，是福清县的名胜，石所山距九鲤湖仅二十里，则是仙游县的第二胜景。但人们却不能解释书上为什么总把“石竹”印成“石所”。于是望文附会，有的说“所”字是“竹”字的笔误；有的说“石竹山”又名“石所山”。众说纷纭，莫衷一是。其实，把“石竹”印作“石所”是徐霞客的族孙徐镇造成的，并非由于古今异名或笔误。

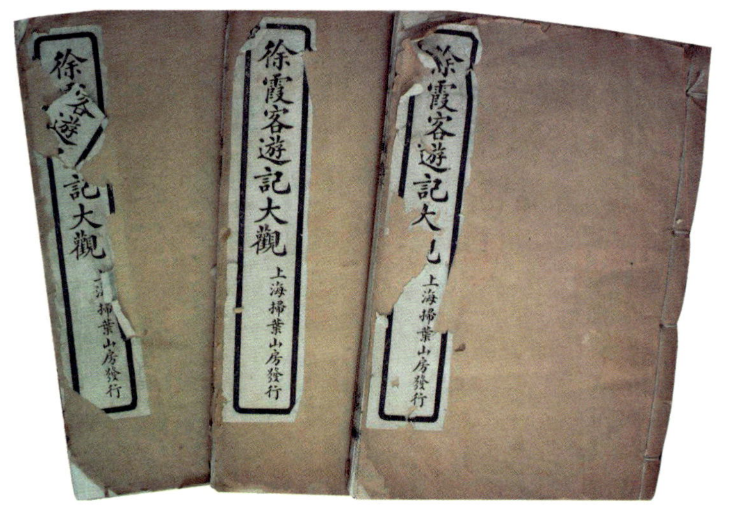

事实是徐霞客生前并未把《游记》整理刊印成书。徐去世后，社会上流行的都只是他人整理的手抄本。乾隆四十一年（1776），徐镇根据杨名时、陈泓的校本再加以校订刊刻，《徐霞客游记》这才正式出版，此时徐霞客已去世135年了。

徐镇在校订刊刻时写了《辨讹》一文。其中“鲤湖”条说：“‘石所山’，诸本作‘石竹山’，非。石竹山在福清县，其上亦有九仙阁，化龙窝诸胜；石所山在仙游县，宋林光朝、刘凤尝登是山，曰：天下佳山水，未有鲤湖石所山者也。据此，则与鲤湖并称，其为‘石所’无疑”。

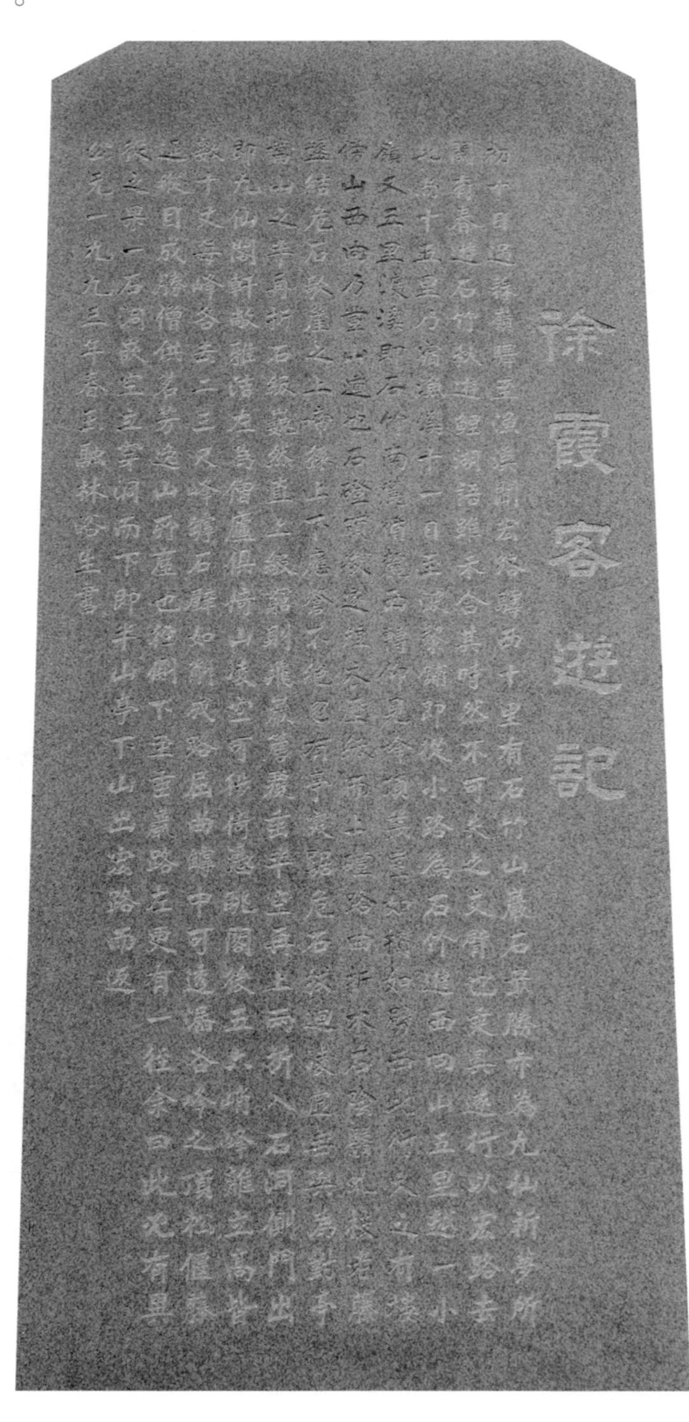

由是，《游记》中所有的“石竹”就都被改为“石所”付梓。徐镇的错误在于，他不知霞客游石竹山所经过的蒜岭驿、榆溪铺（今渔溪镇）、波黎铺、横路铺（即今宏路镇）及“横路驿西七里”的石竹山都在福清县境；也不知道林光朝等所游的石所山（即今仙游县麦斜岩）是在莆田县城西北60余里处，而徐霞客所游的石竹山则是在莆田县城东100余里处，仅凭“与鲤湖并称”这一极不充分的理由，就轻率地做出“其为‘石所’无疑”的错误判断。《辨讹》所造成的错误必须纠正。

（陈宜坚）

石竹山发现史前植物——桫椤

继灵石山发现桫椤群之后，1992年10月29日笔者与同事考察石竹山狮子岩时，在狮子岩半腰的丰台寺北侧50米处又发现了史前植物桫椤树。

据文献记载，桫椤树与天地奋斗了两亿年之久，享有“冰川元老”之称。约在两亿多年前，桫椤曾是地球上盛极一时的高大树木，是恐龙时期的主要植物，经过漫长的地质变迁，距今约100万年时曾出现过四次冰期浩劫，地球上的桫椤大都罹难，遗体被深深埋藏在地下，变为煤炭和化石。唯我国华南和西南地区地形复杂，有少量桫椤幸存下来，所以有“植物熊猫”的称誉，珍贵无比。

桫椤是一种木本蕨类植物，又叫树蕨，属桫椤科，生于密林的大树下或溪边阴地。它呈茎柱状，无分枝，直立形，树高3至8米，叶柄与轴暗紫色；密密麻麻长满小刺；叶片羽状分裂。叶长可达1至3米，叶脉分叉点上生长着孢子囊。桫椤不开花，用孢子繁殖，受精作用在地面水中完成。

历尽沧桑的桫椤是地球演化史的活见证。它对于古生物学、古气象学、古地质学、古地理学的研究，有着无法估量的价值。在我国8种一类保护植物中，桫椤被名列第一。

福清灵石山的桫椤有的长在蝴蝶溪畔阴地里，有的长在朝南山坡的天然阔叶林阴影里。石竹山狮子岩与灵石山只一湖之隔，地理环境条件相同。在石竹山狮子岩的丰台寺后约50米处，巨榕密布，枝叶如盖。绿荫下，桫椤三五成群，自然分布，高的3米多，矮的1米余，树状犹如一把撑开的大绿伞，叶柄呈暗紫色，叶片像开屏的孔雀羽毛，树型奇丽，仪态刚健，古风犹存，四季常青。若经植物学家和园林师的培育，会成为一种古劲优美的庭院观赏树木。

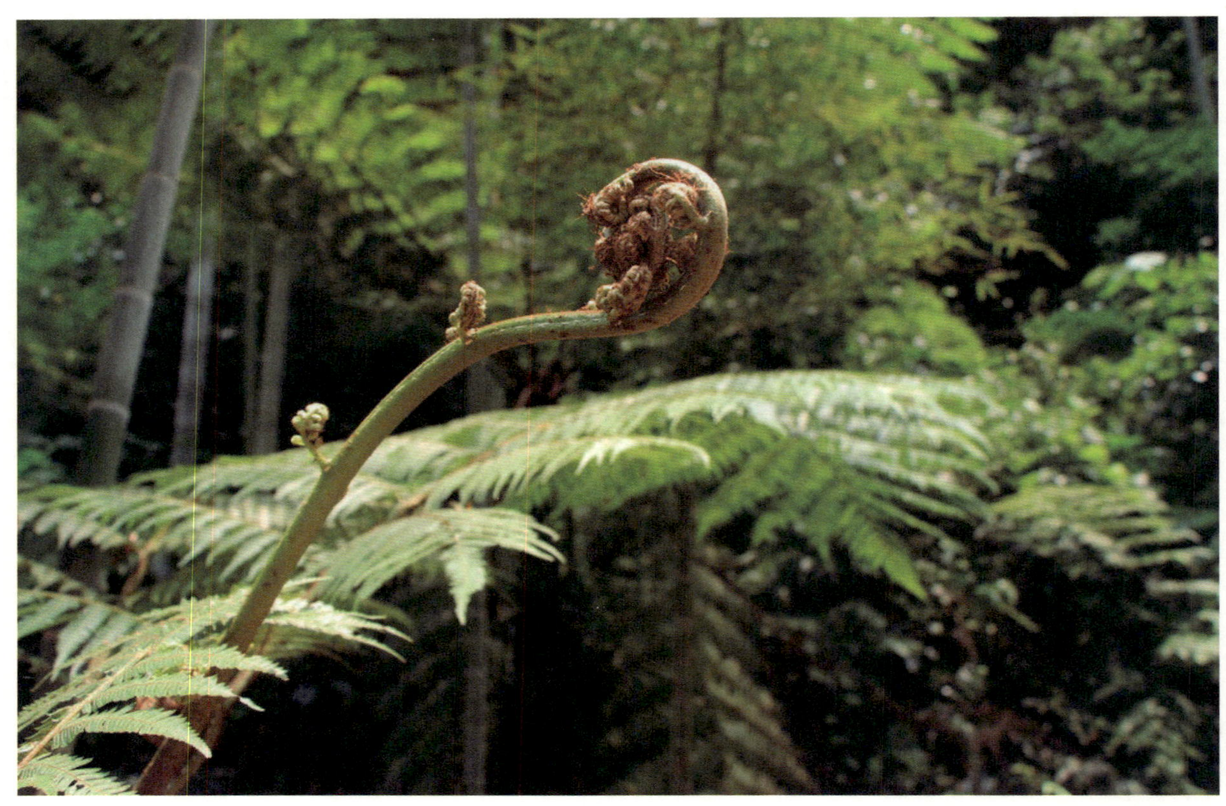

桫椤

福清虽然地处东南沿海，但西边多山，由于层峦叠嶂，地形复杂，阻挡了冰川的袭击，竟也成为世界濒临灭绝植物——桫椤树的避难所。

在福清民间，桫椤树的根茎还是一种极为珍贵的去风湿药材。据带路山民说，每当逢年过节，人们宰猪杀羊，留下猪蹄羊蹄，把珍藏的桫椤树根拌在一起炖烂，给老人们服用，调养血气进补。然而，如今已经知道桫椤是国家一类保护的植物，应当禁止挖掘，严加保护。

（陈 灵）

第二章 建置沿革

第一节 灵宝观—灵宝道观—石竹寺—石竹山道院

灵宝观建于状元峰下半山腰的悬崖峭壁上。一面依山，三面悬空，远观如空中楼阁，天宫阆苑。寺后群峰嵯峨，寺前万丈深渊，四周绿树成荫，翠竹凌云，红墙碧瓦，古朴典雅。

20世纪80年代的仙君楼

道院始建于唐大中元年（847），初名“灵宝观”。宋宣和三年（1121）改名“灵宝道观”。乾道九年（1173）史浩重修，改名“石竹寺”。此后佛道共处，形成所奉以道为主，住持以僧为多的特殊寺院。

没有史籍记载，史浩因何机缘重修灵宝道观，又因何故把“灵宝道观”更名为“石竹寺”。但有史籍记载他的仕途：史浩，字直翁，浙江宁波人，绍兴五年（1135）中了进士，被派到福清任知县。时为南宋时期，这一年已是金朝第二皇帝太宗（完颜晟）坐朝第十二年，每年都骚扰南宋东北边境；这一年也是西夏第四个皇帝崇宗（乾顺）换了第八个国号的头一年，南宋西北边境也不安宁。而福建僻处东南，基本上安静，所以朝廷把福建作为后方疏散地，把经济和文化中心南移。史县令借此东风，鼓励沿海民众围海造田，扩大耕地面积；鼓励兴修水利，发展农业生产；推广双季稻和作物新品种以及种麦、栽蔗；推动渔业、盐业和手工业的发展；还有修桥铺路发展海上运输等，取得政绩，也得到百姓的好评。九年后，史浩升为福州知府；又九年，即乾道九年（1173），升福建道（宋代没有设省，道相当于省）崇信军节度使，最后官拜丞相。

石竹山道院

继史丞相之后，明万历十年（1582）住持僧守座再次重修；万历二十九年（1601），福建提学副使沈儆炌（浙江吴兴人）建文昌阁；万历四十四年（1616）叶向高募缘修建观音阁及僧房，万历四十六年（1618）又重建九仙楼，同年举人石应相在观音崖建木构半山亭。清乾隆四十四年（1719）梦如禅师重修石竹寺；嘉庆十二年（1807）积库人薛仲爵，住持僧巨德重修佛殿；嘉庆廿五年（1821）住持僧巨德，僧一贯重修九仙楼；道光四年（1829）住持僧一音，僧一贯和施其祥、文捷、翁孝月等新建官厅；同治八年（1869）总理监生林瑞芝、缘首监生王超英等建元峰书院；同治十年（1871）浙江提督军门钟宝山，海潭镇总兵林向荣等重修佛殿、仙楼并建路亭；光绪元年（1875）特授僧瞻淇重修石竹寺；光绪廿九年（1903）释宝义、林师勤等重修仙君楼。经过多次重修，扩建，逐步形成规模。至清末民初全寺由仙君楼、玉皇殿、文昌阁、土地庙、观音堂、伽蓝殿、积香厨等组成。但到了新中国成立之初，石竹寺已破败不堪，有的建筑物只剩残墙断壁。

自1980年起，又进行大规模重修和扩建。现有仙君楼、玉皇阁、土地厅、观音大士殿、紫云楼、玉皇行宫（新玉皇阁）、三清殿、万神殿以及招待所、职工宿舍、餐厅、职工食堂、图书室和客厅等建筑物，洋洋大观，如彩带环腰，被称为“石竹大街”。

1996年，由福清市民族与宗教事务局批准，“石竹寺”正式更名为石竹山道院。

第二节 神殿设置与供奉的神尊

祈梦洞

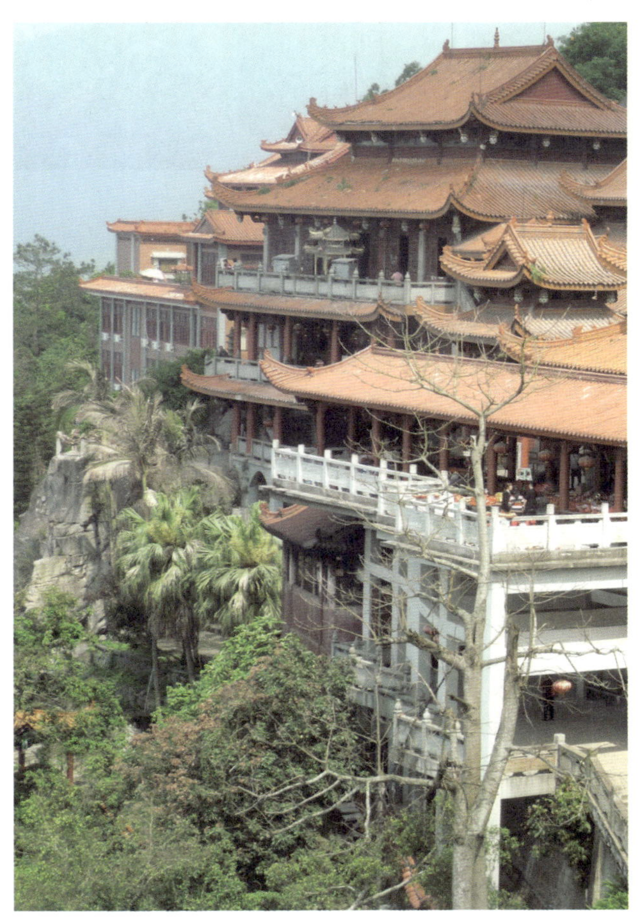

九仙阁

九仙阁（仙君楼）与祈梦洞

位于石竹山之西南麓，坐落于半山腰的悬崖峭壁上，是石竹山道院的主神殿。自唐大中元年（847）始建至新中国成立之初，历经了1102年，期间多次重修，仅存单坡式旧道观两间。1984年重修，2000年再修，形成现有规模：占地面积173.40平方米，建筑面积240平方米。建筑为楼阁式、双层、方形，阁前上下各开有五花窗。翘角浮雕，凤头草拐，翘脊绘塑花鸟。前有走廊栏杆放炮台。是重要而神秘的祈梦场所。

祈梦洞——位于仙君楼右后，在原洞的基础上，依山势扩建而成，幽静而神秘。从仙君楼到祈梦洞要沿着一段幽暗陡峭的石阶拾级而上，犹如身临幻景，穿越时空才能到达梦境。也是石竹山重要的祈梦场所。

九仙阁（仙君楼）——和祈梦洞均位于石竹山道院中心，是道院主神殿。供奉：何氏九位仙君、金童玉女。

何氏九仙君——是福建省的传统道教信仰之一。道化三清，而开诸天。道先一炁，世显九仙。元始天尊因一为元，九为极，故元始天尊又将衍化世间万物的九股真气，归聚成形为九真奉元无上圣莲，收归座下，代表宇宙从元至极浑然一体。到了汉武帝时，天尊神游玉京山，拨云扫雾，俯视人间，见到中原地带文化昌盛，而闽地地处南蛮，教化未开，山深林密，刀耕火种，缺医少药。天尊顿生恻隐，有心度化，心念转动之间，座下圣莲因为与他心意相通，竟泛起金光，微微颤动。随即自圣莲宝座上舒展而起，轻呵了一口气，九真圣莲顿时化为仙真之形。

何氏九仙君

天尊道："如今南蛮教化未开。现在就派遣你们，应运降生，弘我道法，教化众生，造福生灵。荷莲相生，冶城太守何堠，字任侠，江西临川人士，素有正直侠义之风，受汉武帝信任，派为冶城太守。就命尔等九人托生太守膝下，奉元修真"。又言："大道无形，且五色令人目盲，你等下凡，需以心为镜，以梦为灵，感悟世事，点化世人"。传说当年九九重阳之日，闽地百姓见满天霞光中幻出一朵金莲，分化九日，齐往福州于山所处飞去（故于山又称九日山）。时何夫人正于后堂小憩，恍惚入梦，梦中所见竟与天象一致，但见九日直往她奔来，张口惊呼，却见那九道金光，齐刷刷一并汇入何夫人口中。多年未曾得子的何夫人随即受孕，先后诞下九子，分别取名应天、厚福、宏仁、广富、济世、体道、通神、显圣、定慧，是为何氏九仙君。九仙幼年的时候，除了长子额头正中竖长一目之外，其余的皆都目盲。何太守中年得子，满心欢喜，但却也因此不胜苦恼。一日闲暇看到九子端坐室内，呆若木鸡，顿觉悲戚，忍不住泣道："苦了我儿"。谁知长子应天朗声对道："父亲不必悲伤，所谓大道无形，且五色令人目盲。茫茫红尘，庸俗过甚，我等是担心受到了外界的干扰，而破坏了修道的诚心。其实我们兄弟几人心如明镜，何尝一日目盲？父亲请放心，等到我们几人道成之时，便是我等目开之日。”太守凛然一惊，这不是先秦道家老子《道德经》里的话吗？九子何时读过经书呢？何太守心知有异。于是便差人找来《道德经》，由长子应天吟诵，领着众兄弟修习。时黄老学说盛行汉室，何太守与九子应对之中，总能对治民理政有所裨益，而闽地百姓，更在何太守清净无为的治理之下，得以休养生息。

后来淮南王刘安想要造反，对何太守说：“曾得一梦，见一木上破青天。”刘安据此认为这似乎是预示着自己可以破天登极，是一个成功有望的好兆头。但九仙知晓之后却告诉他的父亲，木破于天，是个“未”字，今汉室强盛未衰，望太守劝谏刘安切不可逆天而行。后刘安果图谋未成，而遭杀身之祸。

九仙在世33年，有一天，忽然对太守夫妇说道：“蒙父母亲恩，生我血肉之躯，养我残破之身，现在尘缘已尽，也该是我等离去的时候了。”言毕便鱼贯而出。何太守夫妇不舍，言道：“你们九个人才有一只眼睛，让我如何放心”。九子应道：“也罢，那就请二老跟我们来吧。”到了闽江之滨，只见九子各取闽江龙津之水擦拭双目，顿然目开眼明，炯炯有神。何太守夫妇既喜且悲：喜的是九子双目已开，再不受那残疾之苦，悲的是分离在即，但知天意如此，却也无可奈何，怆然作别。

九子一路向南，飘然来到兴化湖边（今莆田市仙游县九鲤湖），结庐而居，炼丹治药，教益百姓，且不时云游，泽被四方（故今日福建各地皆有九仙胜迹与传说）。过了9年，九仙来到兴化湖边，各自掏出金丹一颗，口中念道：“金鲤道友，且随我去”。顷刻间，只见波涛翻滚，湖中有九尾鲤鱼跃出水面，原来九仙在湖边炼丹，湖中九条金鲤，因为受到九仙道法教益，竟也得到升天的造化。九仙将金丹抛入鲤鱼口中，金鲤的头顶上顿时生出龙角，腾空而起。九仙跃然而上，骑着金鲤鱼升天而去。附近百姓，目睹仙迹，所以就将兴化湖更名为九鲤湖，而仙游县的名称，也因此而来。

九仙飞升之后，回到大罗天玉京山清微境，得到元始天尊敕示，领命下凡，至石竹山再行潜修，以梦点化世人，泽被黎民苍生，声名远播海外。周边百姓，祈灵如响。

石竹山九仙君圣尊号：

何应天仙君——应天弘道，为全面之神仙功；

何厚福仙君——主管健康、长寿、福气、医药之神仙功；

何宏仁仙君——主管家庭、子嗣、姻缘之神仙功；

何广富仙君——主管财富、农工商渔牧之神仙功；

何济世仙君——主管事业、文章、功名、仕宦之神仙功；

何体道仙君——主管人文、道德、忏悔、升转之神仙功；

何通神仙君——主管风水、环境、居家、卜算之神仙功；

何显圣仙君——主管出行、平安、庇佑、外交之神仙功；

何定慧仙君——主管修行、弘道、护法之神仙功。

金童玉女

金童玉女，道家谓之少年修道的童男童女。按道教的说法，凡神仙所居洞天福地，皆有金童玉女伺候。诸如九仙阁、玉皇大殿、三清殿等神殿中神像的旁侧，均塑有金童玉女像。

玉皇殿，位于九仙阁左侧。

供奉：玉皇大帝、真武大帝、王灵官、仙父仙母、范仙公。

玉皇大帝

玉皇大帝——全称“昊天金阙无上至尊自然妙有弥罗至真玉皇上帝”，源自远古时代的“天”“天帝”崇拜。

殷周以来，关于天帝的信仰即已广泛流行，在先秦文献中称呼“天”“皇天”“帝”“上帝”，或称“皇天上帝”“昊天上帝”。是华夏历代国家正统祭祀的最高神（天），被认为是执掌国祚之神，神阶至尊、神权至上。

道教认为，玉皇上帝乃“道”的人格化，存在于龙汉始劫之先，亦是三清所化身的太极界第一位尊神，道体即三清祖炁。《高上玉皇本行集经》中元始天尊普告四众云：“是帝身，即道身也，非常体也。是无量功德之身，是清净自然之身，是神明坚固、不坏真空、无上法身。”恒在金阕利济群生、普垂教法；资始万物，运化乾坤。

玉皇上帝居于大罗天太微玉清宫，妙相庄严、法身无上、统御诸天、宗领万圣、主宰宇宙、开化万天；行天之道、布天之德、造化万物、济度群生；权衡三界、统御万灵、而无量度人，为天界至尊之神，是万天帝主。

真武大帝

真武大帝——即玄武大帝、玄天上帝、北极玄天仁威上帝、佑圣真君玄天上帝、荡魔天尊、玉虚师相、九天降魔祖师、无量祖师，全称北极镇天真武玄天大帝，是中国道教和民间信仰中的镇守北方天界之神。

真武大帝的形象非常威武，其身长百尺，披散着头发，金锁甲胄，脚下踏着五色灵龟，按剑而立，眼如电光，身边侍立着龟蛇二将及记录着三界功过善恶的金童玉女。

据《太上说玄天大圣真武本传神咒妙经》记载：真武大帝是太上老君第八十二化身，托生于大罗境上无欲天宫，净乐国王善胜皇后之子。皇后梦而吞日，觉而怀孕，经一十四月及四百余辰，降诞于王宫净乐宫。后既长成，遂舍家辞父母，入武当山修道，历四十二年功成果满，白日升天。玉皇有诏，封为太玄，镇于北方。

王灵官

王灵官——全称“先天首将赤心护道三五火车王天君威灵显化天尊”。民间信仰之一，道教的第一护法神。明代享受国家祭祀的一位重要道教神仙。

在明代也是一位著名的雷神、火神，降魔之神，司掌收瘟摄毒。

九仙父何堠及母范氏——何堠，字任侠，江西临川人士，素有正直侠义之风，受汉武帝信任，派为闽越国冶城太守。娶妻范氏，先后诞下九子，分别取名应天、厚福、宏仁、广富、济世、体道、通神、显圣、定慧，是为何氏九仙君。

九仙父何堠及母范氏

范仙公——九仙母舅，位于九仙父母右边。

土地殿，位于玉皇殿东侧。

供奉：福德正神、关帝圣公、灶神（监斋使者）、周仓将军、关平将、历代主师香位。

土地殿

福德正神（土地公）——后土，又称后土、承天效法厚德光大后土皇地祇，源于母系社会自然崇拜中的土地与女性崇拜。全称承天效法厚德光大后土皇地祇，是道教尊神“四御/六御”中的第四位天帝，她掌阴阳，育万物，因此被称为大地之母。

福德正神

相传她是最早的地上之王。后与主持天界的玉皇大帝相配合，为主宰大地山川的女性神。

明·《道藏》的《儒门崇理折衷堪与完孝录》卷八《祠后土》说：“按古礼，无所谓后土氏者，惟唐《开元礼》有之。温公《书仪本》《开元礼》《家礼》本书仪，丧礼开茔域，乃窆与墓祭俱祀后土。”又说《家礼》曰：“祀以后土恐其潜窃也”，它也说“择远亲或宾客一人吉服冠素告后土氏。”可见这也是儒家推行“天地父母”教义的结果。

该神是农业获得丰收的保护神，还是生育之神、大地之神。因为中国自古以来就是一个以农业为根本的国家，且人类长期蒙受着“天之所生，地之所养”的思想束缚，即形成了崇拜天、地的礼法。

对天、地的原始崇拜，是崇拜天、地的自然性质及其作用。就崇拜土地而言，当时古人并非是崇拜土地的实体本身，而崇拜的主要原因是她们感到土地广大无边、力无穷、孕育万物、负载万物，是赖以生存的根源，衣食住行都离不开。所以，上自皇帝，下至普通百姓，都非常崇拜该神。

土地公又称福德正神，是中国民间宗教信仰之一，其供奉的土地庙属于中国分布最广的祭祀建筑。土地公本名张福德，自小聪颖至孝；36岁时，官朝廷总税官，为官清廉正直，体恤百姓之疾苦，做了许许多多善事。102岁辞世。死后3天其容貌仍不变，有一贫户以四大石围成石屋奉祀，过了不久，即由贫转富，百姓都相信是神恩保佑，于是合资建庙并塑金身膜拜，因此生意人常祭祀之。亦有说在他死后，接任的税官上下交征，无所不欲，民不堪命。这时，人民想到张福德为政的好处，念念不忘，于是建庙祭祀，取其名而尊为“福德正神”。土地公信仰寄托了中国劳动人民一种祛邪、避灾、祈福的美好愿望。

关帝圣君——位于土地公左边。关公，名羽，字云长，河东解梁（今山西运城解州镇）人。三国时期蜀汉名将。

关帝圣君

《三国演义》中描写关羽："身长九尺，髯长二尺，面若重枣，唇若涂脂，丹凤眼、卧蚕眉，相貌堂堂，威风凛凛。"在三国时期美誉其为"美髯公"。再说"面若重枣"，"红脸的关公，白脸的曹操"，红和白是戏曲里对忠与奸的一种具象表现。

关公是中华民族的人伦典范，和道德楷模，被儒家称为"武圣"，道家尊称"帝君"，佛教奉为"伽蓝菩萨"，商界奉为"武财神"，民间尊为"万能之神"。在全球华人及世界范围内有广泛的影响力。近2000千年的推崇与传承，关公已从平民成为神圣，其忠义仁勇精神已成为一种信仰。

周仓将军——位于关公左边。正史无字，野史记载字元福，是历史小说《三国演义》中的人物，真实历史上不存在。其形象为身材高大、黑面虬髯的关西大汉，本是黄巾军出身，关羽千里寻兄之时请求跟随，自此对关羽忠心不二；在听说关羽兵败被杀后，周仓也自刎而死。在《演义》及此后的各种民间传说中，周仓均以关羽护卫的形象出现。

在中国传统对关羽的民间宗教信仰里，周仓名叫"周大将军"，是关圣帝君的贴身侍卫。

明神宗万历四十二年（1614）被封为"威灵惠勇公"。

关平将军——位于关公右边。在正史中有记载，关平是关羽的亲生儿子，在《三国志·蜀书·关羽传》中，有过这样的记载："权遣将逆击羽，斩羽及子平于临沮。……追谥羽曰壮缪侯。"也就是说，孙权当时在临沮这个地方，将关羽和关羽的儿子关平都抓起来了，并且都杀掉了。我们知道，关平也是一位将军，从小便开始跟随关羽一同打仗，是关羽的得力助手，英勇善战的副将，所以，通常情况下都是关羽关平一起打仗。关平是跟关羽一起被孙权杀死的。罗贯中曾评论过："烈烈三分将，堂堂百战身。金戈冲杀气，铁马截征尘。报国忠心壮，随亲孝义淳。临沮天数尽，父子共归神。"也就是说，关羽和关平两人都是忠良善士，精忠报国，最后无奈天数已近，不得不魂归神位。

历代祖师香位——位于关平左边。道院开山起，历代祖师供牌位即香位。

灶神（监斋使者）——位于土地公右边。灶神，全衔是"九天东厨司命太乙元皇定福奏善天尊"，俗称"灶君"，或称"灶爷""灶君公""司命真君""九天东厨司命主""香厨妙供天尊"或"灶王"，北方称他为"灶王爷"，鸾门尊奉为三恩主之一，也就是一家之主，家里大大小小的事都归他管。灶神左右随侍两神，一捧"善罐"，一捧"恶罐"，随时将一家人的行为记录保存于罐中，年终时总计之后再向玉皇大帝报告。十二月廿四日就是灶神离开人间，上天向玉皇大帝禀报一家人这一年来所作所为的日子，初四就下天，七月二十四是他的生日。灶君位一般是点在西墙。有的是在大灶上，或在新的楼房灶君位一般都是在炉和蓄水池上，表储财丁旺的意思。灶神乃是道教神祇。

灶神

观音厅，位于道院中心正南向。

供奉：慈航天尊、地藏大圣、伽蓝尊者、韦驮菩萨、达摩祖师、金童玉女。

慈航天尊——慈航真人，又称观世音，慈航真人是道教最早的仙人之一，早在殷商时期就有记载。慈航真人乃是元始天尊的十二门人之一，在周朝之前，姜子牙扶助周武王灭纣王时，就曾得到慈航真人之助，收服邪道并降服了金光仙。这金光仙乃是一只金毛狮所化，后来这金毛狮就成了真人的坐骑。所以，道教有的宫观中慈航真人座下乃是一头金毛狮，简称金狮，因头上还有八个小金狮头，故又称为九头金狮。

慈航天尊

慈航真人共有三个诞辰，并非是指他出世之日。其诞辰的来源是——第一个诞辰是在花月（农历二月十九），这天是慈航真人普度众生，救苦、救难、救众生的日子。第二个诞辰是在荔月（农历六月十九），这天是慈航真人收服凌波仙子（即鲤鱼精），功成得道的日子。第三个诞辰是在菊月（农历九月十九），这天是慈航真人功德圆满，回返洛伽山端严坐，成道升天之日。

慈航真人是一位慈悲仙人，为了要普度众生，常常千变万化，帮助千万的黎民脱离苦难。相传，古时有个村庄，因有天灾降临其地，慈航真人不忍见到众生遭此劫难，能度就度，变其所化，救万民之苦。慈航真人在度过众生劫难，功成圆满回返天庭后，这天是农历二月十九，因此这一天就成了慈航真人救苦救难之日。

慈航真人身怀道德天尊赐的宝镜，带着善童贤女，仙游过普陀山到东海朝见西王母，不小心把宝镜掉在东海中。这枚宝镜所发出的光恰巧照住了一只在东海修行的鲤鱼精，使他化成了一位美丽如仙的女子，名叫凌波仙子。凌波仙子要借助人的灵气，才能修炼成人形，因而到处寻找童男、童女之气，使众多人丢了性命，百姓无不怨声载道。怨气冲天直达天庭，玉帝及西王母闻之，派天将下凡查问此事，才知道是慈航真人丢掉的宝镜所造成，即命慈航真人下凡去，收服了鲤鱼精，才能回天庭赎罪。慈航真人为此下到了普陀山习道修炼，等候鲤鱼精出现而将他降服。为了降服变化多端的鲤鱼精，慈航真人便化为女儿身，足踏碧波，等待鲤鱼精的出现，千变万化中就是足化不去，化得不像女儿足，因此很难降服鲤鱼精。道德天尊见此情景，又赐给慈航真人一宝，此宝为千手千眼观世音之法。一日，凌波仙子化成一条金鱼在海中荡游，慈航真人便使用千手千眼之法，用篮子把金鱼捕获。鲤鱼精被降服后，皈依慈航真人门下，再修正果。这天是农历六月十九，天庭赐为功成得道之日。奉祀为慈航真人的圣诞日。

慈航真人为了降服鲤鱼精而化作女儿身，在功成返回天庭时，忘记将女儿身变成正身，玉皇天尊见此状况，即命慈航真人速回洛伽山修回正身，时辰不得有误。可是在慈航真人回到洛伽山端严坐升时，时辰已有所延误，因此在莲花台上端严坐升之日，还是无法恢复男儿身，却有男儿足的形象。这天是农历九月十九，为慈航真人功果圆满，成道升天之日。

地藏大圣

地藏大圣——位于慈航东偏殿。地藏王菩萨，是释迦牟尼佛在《地藏菩萨本愿功德经》中所说的大菩萨，因其与阎浮提有大因缘，佛在此经将众生托付于此菩萨。梵名为乞叉底鵮沙(Ksitigarbha)，据《地藏十轮经》讲，由于此菩萨“安忍不动如大地，静虑深密如秘藏”，所以称为地藏。生于农历七月三十，坐骑是谛听。

伽蓝尊者——位于慈航殿西偏殿。就狭义而言，指伽蓝土地的守护神；广义而言，泛指所有拥护佛法的诸天善神。“伽蓝”是寺院道场的通称，佛教伽蓝神的代表形象。

以伽蓝菩萨（关公）形象为代表。中国自唐、宋时，禅宗道场已有供奉伽蓝神的风俗。《释氏要览》云：“寺院既有十八神护，居住之者，亦宜自励，不得怠惰为非，恐招现报耳。”然而世界上的伽蓝道场无数，如何只有十八神而能遍守护呢？该书又云：一切神皆有无数眷属，即是分任守护也无妨。

伽蓝尊者

新志

韦驮菩萨

韦驮菩萨——位于慈航殿左偏殿。又称韦陀天，梵名音译为私建陀提婆，意为阴天，原是印度婆罗门教的天神，为四天王座下三十二将之首，后来归化为佛教的护法天神，是佛教中护法金刚力士的代表之一。相传释迦牟尼涅槃时，诸天和众王把佛陀火化后的舍利子分了，各自回去建塔供养。韦驮也分得一颗佛牙，正准备回天堂。一个捷疾鬼浑水摸鱼，偷走一对佛牙舍利，撒腿就跑。韦驮奋起直追，刹那间将捷疾鬼抓获，夺回了佛舍利。诸天和众王纷纷夸奖韦驮能驱除邪魔外道、保护佛法。于是，韦陀被人们称为护法菩萨。

达摩祖师

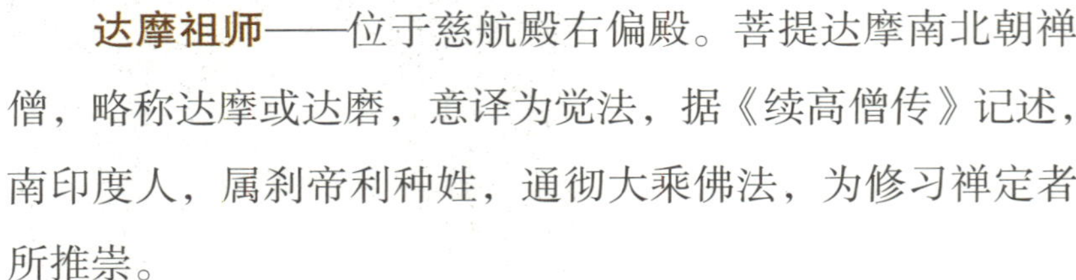

达摩祖师——位于慈航殿右偏殿。菩提达摩南北朝禅僧，略称达摩或达磨，意译为觉法，据《续高僧传》记述，南印度人，属刹帝利种姓，通彻大乘佛法，为修习禅定者所推崇。

北魏时，曾在洛阳、嵩等地传授禅教。当时对他所传的

禅法褒贬不一，约当魏末入寂于洛滨。据《景德传灯录》在民间常称其为达摩祖师，即禅宗的创始人。

金童玉女——位于慈航殿前向。（在仙君楼殿已介绍。）

紫云洞

供奉：何氏九仙君、仙父仙母、范仙公、林晃真人。

何氏九仙君——（在仙君楼已介绍）。

仙父仙母——（在玉皇殿已介绍）。

范仙君——（在玉皇殿已介绍）。

林晃真人——（在真人殿已介绍）。

桃园洞

供奉：何氏九仙君、仙父仙母、范仙公、林晃真人。

何氏九仙君——（在仙君楼已介绍）。

仙父仙母——（在玉皇殿已介绍）。

范仙君——（在玉皇殿已介绍）。

林晃真人——（在真人殿已介绍）。

玉皇行宫，位于九仙阁至文昌阁向面路边20米。

供奉：玉皇大帝。

玉皇大帝——（在玉皇殿已介绍）。

文昌阁，位于九仙阁通往狮岩堂边西边路边40米。

供奉：文昌帝君与天聋地哑、孔子、朱熹。

文昌阁

文昌帝君——道教尊奉的掌管士人功名禄位之神，文昌帝君是中国民间和道教尊奉的掌管士人功名禄位之神。文昌本名星，亦称文昌星，或文星，古时认为是主持文运功名的星宿。其成为中国民间和道教所信奉的文昌帝君，与梓潼神张亚子有关。东晋宁康二年（374），蜀人张育自称蜀王，起义抗击前秦苻坚，英勇战死，人们在梓潼郡七曲山为之建张育祠，并尊奉他为雷泽龙神。其时七曲山另有梓潼神亚子祠，因两祠相邻，后人将两祠神名合称张亚子，并称张亚子仕晋战殁。实为《晋书》所载张育之事。

文昌帝君 天聋地哑

文昌原是天上六星之总称，即文昌宫。一说在北斗魁前，一说在北斗之左。六星各有星名，称上将、次将、贵相、司命、司中、司禄等。

道家又把天上的星神与张亚子合而为一，封张亚子为文昌帝君，属二十八宿中的文昌星，传说主“文运”“司科举”。道家与张亚子合而为一的年代，应是宋朝。道教那时大举，后人又将蛇神、龙神与文昌帝君重合，使文昌帝君声威大震，成为影响全国的、掌管人间福禄的神祇。

在中国的许多道观中都供奉着文昌帝，道教对这位神仙的接纳是在公元6世纪左右。他为民造福，是一位地位很高的神，因负责人们的学习和考试，所以14世纪以后，中国的许多书院里都供奉着这位神仙。他的生日定在农历的二月初三日。

天聋地哑——位于文昌帝君两边。是文昌帝君的两个侍童，一个掌管文人录运簿册，一个手持文昌大印，意思是：能知者不能言，能言者不能知。文昌帝君掌管文章科举，关系富贵贫贱，保密问题很重要，以免天机泄漏。

探溯本源，天聋、地哑实即原始社会农耕民族信仰中的最大神圣天父、地母。地母比天父早出。大地负载万物，生育万物，是人类赖以生存、生活、繁衍的根本。受农耕初期母系氏族社会的影响，人们便取大地生育万物，为万物之母之含义，称这位由大地崇拜而产生的神灵为“地母”。天父是父系社会出现后产生的男性苍天大神。古人以天为阳，以地为阴，认为阴阳相配才能化生万物。所以古代神话称，天父与地母结为配偶，天覆于地，向地下雨，致使地母受孕而滋生万物。

孔子——名丘，字仲尼，鲁国陬邑人（今山东曲阜），祖籍宋国栗邑（今河南夏邑），中国著名的大思想家、大教育家。孔子开创了私人讲学的风气，是儒家学派创始人。

孔子

孔子曾受业于老子，带领部分弟子周游列国14年，晚年修订六经，即《诗》《书》《礼》《乐》《易》《春秋》。相传他有弟子三千，其中七十二贤人。孔子去世后，其弟子及其再传弟子把孔子及其弟子的言行语录和思想记录下来，整理编成儒家经典《论语》。

孔子在古代被尊奉为“天纵之圣”“天之木铎”，是当时社会上的最博学者之一，被后世统治者尊为孔圣人、至圣、至圣先师、大成至圣文宣王先师、万世师表。其的思想对中国和世界都有深远的影响，孔子被列为“世界十大文化名人”之首。孔子被尊为儒教始祖（非儒学），随着孔子影响力的扩大，孔子祭祀也一度成为和上帝、国家的祖宗神同等级别的“大祀”。

两千多年前的春秋时代，中国出现了一位伟大的思想家、教育家，他在当时就被尊奉为“天纵之圣”“天之木铎”，后世更将其视为“至圣先师”“万世师表”。他就是孔子，孔老夫子及其所开创的儒家学派影响了中国两千多年的历史，直至今日也仍被视为中华民族传统文化之根。

朱熹——位于文昌帝君与天聋地哑右边，字元晦，又字仲晦，号晦庵，晚称晦翁，谥文，世称朱文公。祖籍徽州府婺源县（今江西省婺源），出生于南剑州尤溪（今属福建省尤溪县）。宋朝著名的理学家、思想家、哲学家、教育家、诗人，闽学派的代表人物，儒学集大成者，世尊称为朱子。朱熹是唯一非孔子亲传弟子而享祀孔庙，位列大成殿十二哲者中，受儒教祭祀。朱熹是“二程”（程颢、程颐）的三传弟子李侗的学生，与二程合称“程朱学派”。

朱熹

朱熹的理学思想对元、明、清三朝影响很大，成为三朝的官方哲学，是中国教育史上继孔子后的又一人。

朱熹19岁考中进士，曾任江西南康、福建漳州知府、浙东巡抚，做官清正有为，振举书院建设。官拜焕章阁侍制兼侍讲，为宋宁宗皇帝讲学。

朱熹著述甚多，有《四书章句集注》《太极图说解》《通书解说》《周易读本》《楚辞集注》，后人辑有《朱子大全》《朱子集语象》等。其中《四书章句集注》成为钦定的教科书和科举考试的标准。

斗姆殿，位于文昌阁东前侧。

供奉：斗姥元君

简称“斗姆”，又作“斗母元君”或“中天梵气斗母元君”。“斗”指北斗众星，“姆”指母亲。道经云,斗姆“为北斗众星之母”。

《北斗本生经》载：斗姆于龙汉祖劫在玄明真净天修行玄灵妙道，殷勤侍奉元始天尊。后分身化胡降生西方天竺国为周御国王后妃，生九子，乃为北斗九皇大帝。

斗姆殿

《云笈七签》称，“夫九星者，是九天之灵根，日月之明梁，万品之宗渊也。故天有九气则以九星为其灵纽，地有九州则以九星为其神主，人有九孔则以九星为其命府，阴阳九宫则以九星为其门户，五岳四海则以九星为其渊府”。因此，斗姆既为九星之母，主天地万物之生。

道观中供奉的斗姥都是三目、四首、八臂，并称斗姥元君的圣诞是农历的九月初九。

斗姥元君

斗姥元君——又称斗姆、斗母或先天道母。乃元始天尊之先天阴气，托化西竺国中，为周御国王之后妃，号“紫光夫人”。常行仁慈，救拔众苦，曾殷勤供养元始天尊，愿生圣子利益众生。元始天尊满其所愿，一天斗姥在玉池中沐浴，忽见元始妙道放大光明，遍照华池。池中化生九朵金色莲苞，经过七日七夜，玉池中光明愈来愈炽盛，光芒上腾九华天中，化成九所大宝楼阁。宝楼阁中，现出九位圣子，便是北斗九星：贪狼、巨门、禄存、文曲、廉贞、武曲、破军，左辅，右弼。统称为北斗九皇大帝。农历九月初九日是斗姥元君圣诞，九月初一至初九，是九皇大帝圣诞。天下宫观都举行盛大斋醮庆贺圣寿，称之为“九皇圣会”。若有众生虔诚礼拜斗真，则可以消灾解厄，延年益寿。

元辰殿，位于文昌阁西边殿。

中华民族传统的记时方法，是天干地支法。用十天干即甲、乙、丙、丁、戊、已、庚、辛、壬、癸与十二地支子、丑、寅、卯、辰、巳、午、未、申、酉、戌、亥，循环相配，由甲子起至癸亥止，共得六十对，用此计年，六十年为一同，称“六十甲子”。道教吸收中国民间流行的记年方法，并提出“本命”的说法，称凡本人的出生年六十甲子干支之年，叫本命元辰，本命年。如某人出生于甲子年，那么甲子即是其本命元辰，甲子年即是其本命年。本人的出生日在六十甲子的干支，叫本命日。

元辰殿

因此道教还提出了“太岁”的说法。何为太岁，太岁亦称岁神，又名岁星，顺星。每年都有一个太岁，如逢甲子年，甲子即是“太岁”，逢乙丑年，乙丑即是“太岁”。《月令广义·岁令二》：“太岁者，主宰一岁之尊神六十元辰。凡吉事勿冲之，凶事勿犯之，凡修造方向等事尤宜慎避。又如生产，最引自太岁方坐，又忌于太岁方倾秽水及埋衣胞之类。”《协纪辨方》卷三引《神枢经》：“太岁，人君之象，率领诸神，统正方位，斡运时序，总岁成功。……若国家巡狩省方，出师略地，营造宫阙，开拓封疆，不可向之。黎庶修造宅舍、筑垒墙垣，并须目避。”《三教源流搜神大全》卷五：“太岁殷元帅。帅者，纣王之子也。母皇后姜氏。一日，后游宫园，见地巨人足迹。后以足践之而孕，降生帅也。

观音崖，位于道院登山台阶路上山在半山路边。

供奉：洒水观音。

洒水观音又称“滴水观音”，三十三观音之一。右手持柳枝或作法印相，左手执洒水器，作洒水相；或作右手持瓶倒水状。左手持钵，右手执杨柳枝之立像，表“若为大水所漂，称其名号，即得浅处”之文意。

滴水观音

话说有一年，阳翟（今禹州市）一带大旱。只见烈日炎炎，大地龟裂，禾苗枯黄。一天，大慈大悲救苦救难的观世音菩萨驾祥云闲游到此，看到此情此景，善心大发，要施法降甘霖下场透雨，拯救阳翟黎民百姓。

观世音来到东海上空，把宝瓶口朝下，嘴里念念有词，只见一股水直冲上来，钻进宝瓶口里。观世音用宝瓶吸罢水，返回到阳翟上空，把宝瓶口朝下开始行雨。宝瓶里每往外滴出一滴水，就化作倾盆大雨，宝瓶里不停地滴水，大雨不停地下。地里的庄稼喝足了水，禾苗儿直挺挺地往上长，变得绿油油的。阳翟城的黎民百姓奔走相告，感谢观音菩萨降下甘露。彩虹看得真切，观世音手持宝瓶滴水的形象，深深地印在了她的脑海里。观世音看雨水已经下足，就收起宝瓶，驾着祥云到其他地方普度众生去了。

紫云真人殿，位于道院登山台阶路上山在半山路边。

供奉：紫云真人（中）、土地公和土地娘娘（左）、山神神仙（右）。

紫云真人——林晃，林炫（玄），字汝光。邵武人。相传他舍家业，捐建灵宝观，并归隐石竹山道院“紫云洞”修炼，功成之后骑虎白日升天。因他在紫云洞修成正果，故称“紫云真人”。

紫云真人殿

土地公——（福德正神），（在土地厅已介绍）。

土地娘娘——（在土地厅已介绍）。

山神神仙——其传说源远流长。成书于两千多年前的《山海经》，就已记载了有关山神的种种传说。《太平广记》里也收录了大禹囚禁商章氏、兜庐氏等山神的故事。《五藏山经》里还对诸山神的状貌做了详尽的描述。

古代中国人民将山岳神化而加以崇拜。从山神的称谓上看山神崇拜极为复杂，各种鬼怪精灵皆依附于山。最终，各种鬼怪精灵的名称及差异分界都消失了，或者你中有我，我中有你而互相融合了。演变成了每一地区的主要山峰皆有人格化了的山神居住。《礼记·祭法》：“山林川谷丘陵，能出云，为风雨，见怪物，皆曰神。”虞舜时即有“望于山川，遍于群神”的祭制，传说舜曾巡祭泰山、衡山、华山和恒山。历代天子封禅祭天地，也要对山神进行大祭。祭山时大多用玉石和玉器埋于地下，也有用“投”和“悬”的祭法，即将祭品鸡、羊、猪或玉石投入山谷或悬在树梢。

农历三月十六是山神爷的生日。对于要靠山吃饭的人们来说，这一天是个重要的日子。在他们的心中，山神爷可是第一重要的神了。重要的祭奠是必不可少的。

人们早早起床，摆上香案，奉上贡品。贡品有酒，水果，馒头，最重要的是一定要有猪头、猪手、猪尾象征是全猪。香案摆好，焚上香，开始燃放鞭炮。此时炮声是此起彼伏，然后所有人都跪在香案前，虔诚地祷告。无论是做石材的，还是做木材的，都是靠山吃饭，期望山神爷保佑平安发财。

泗洲殿，位于道院登山台阶路上山在半山路边。

供奉：泗洲大圣（中）、月老神仙与和合二仙（左）、树神神仙（右）。

泗洲大圣殿

泗洲大圣——又称泗洲佛。中国民间信仰的神仙，属于婚姻神。传说他为西域僧人，世称“僧伽大师”，是观音的化身。

泗洲大圣

“泗洲大圣”的奉祀最流行的地区当属福建。那里城乡的大街小巷多供泗洲大圣，或作小龛，或凿壁为龛，有供立像的，也有供牌位的，还有在墙壁雕凿“泗洲大圣”四字来敬奉的。福建城乡人们都把泗洲大圣当做观音大士来供奉。宋代大文豪苏东坡也曾为泗洲僧伽塔题过诗。

泗洲大圣产生在封建礼教的压迫下，不少有情人难成眷属，于是只能向神仙祈祷，以求神仙帮助，这神仙就是恋爱之神——泗洲大圣。

人们传说，泗洲大圣十分理解与同情追求美满婚姻的痴男怨女，只要在泗洲大圣佛像的脑后挖下一点泥巴，偷偷地撒在对方身上，对方就不会变心了，爱情、婚姻就会得到幸福的结局了。但是这一来，这座佛像的后脑勺就只好一修再修了。

月老神仙——民间又称月下老人，是中国民间传说中主管婚姻的红喜神，也就是媒神，是天庭的一位上仙。

月老这一形象最初在唐朝小说家李复言的小说集《续玄怪录》的《定婚店》中出现。记载了唐朝元和二年（807），巧遇月下老人。宋城县的县令知道了这件事情，就把韦固原来住的旅店题名为“定婚店”。月老由此而来，此后世代相传，男女老少咸知。月下老人后来也成为媒人的代称。

月老神仙

月下老人以红绳相系男女，确定男女姻缘，体现了唐朝人对爱情与婚姻“前世注定今生缘”的认知态度。对于从前那种结婚一定要讲求门当户对的观念来说，月老的婚姻观念显然有了很大的进步。

和合二仙——民间传说之神，主婚姻和合，故亦作和合二圣，是民间最受欢迎的神之一，他们在寺庙供奉的不多，而多见于年画和门神画中：画中的和合二人是两个胖胖的仙童，一个穿红缎子衣物，一个着绿缎子衣物；一人高举一朵绽开的荷花，一个手捧一个篋盒。二 人都扎着丫角髻，露出兴高采烈的神气。有时，和合又作为配祀的神，与财神、福神等一同出现，象征福气、财气和欢乐。在《周礼·地官》中，有“使媒求妇，和合二姓”，意为和合二仙，是主婚姻之神，因而，和合二仙图也常悬挂于婚礼上，以示夫妻和睦、幸福美满。古时和合二仙的画上，还配有一句四言诗：和气乃众合，合心则事和；世人能和合，快活乐如何？

相传唐人有万回者，此人生性痴愚，他有个哥哥在边东当兵，久绝音讯，其父母日夜涕泣想念，于是他出门如飞，一日往返行万里，并带回一封哥哥笔迹的家书 给父母，故被号为“万回”，张万回形状怪异，传说是神仙转世，唐高宗曾把万回召入宫，武则天还送他锦袍玉带，他所说之事多有应验，万回死后，宫廷、民间都奉祭他，认为此人能未卜先知，排解祸难，而唐明皇亦有封赐，后人视为“团圆之神”，称之为“和合”。宋时，老百姓在节日要祭万回，相信能使万里之外的亲人回家团圆。由于其名称为“和合”，后世的人认为和合应该是两位神灵的合称，就是“寒山”和“拾得”，经过长期的流传，和合亦辗转成了掌管婚姻的喜神。以其象征家人之和合，自宋代开始

祭祀作“和合”神。

树神神仙——是万物有灵一种神，周围的一山一石，一草一木都是有灵的。从天上讲，认为太阳是太阳神，打雷是雷神擂鼓，刮风是风伯作祟，下雨是雨师作法。山中花草树木无不有灵。特别是奇花异草，怪藤怪树。长得异乎寻常的，莫不以为神。一些老树，老得树身全空了，基部的树洞可站立五人，树洞一直通至树尖，则被奉为神树，不让砍伐，逢年过节还要祭它。一年四季的风调雨顺、五谷丰登、六畜兴旺，家业兴隆全靠树神的保佑。社公庙边上通常有树龄很老的樟树、榕树、木棉、枫树、松树等，庙内立有本峒峒主神、山神、本庄福德兴旺土地万岁老爷、本境社主（榕树、樟树、泉眼）等牌位，是祖先崇拜、土地崇拜、自然崇拜、土地信仰为一体的空间祭祀空间。“神树”，是镇风水、平安、聚财之树，人称“风水树”，千百年都不会去砍的，远古社会中，人们信奉万物有灵，神灵则是万物生命的根本。

三清殿，位于状元峰南下方，道院碑林登山台阶路上200米路边。

供奉：元始天尊（中）、灵宝天尊（左）、道德天尊（右）。

三清殿

元始天尊——全称“青玄祖炁玉清元始天尊妙无上帝”，又名“玉清紫虚高妙太上元皇大道君”，是道教最高神三清之一，“玉清元始天尊”道场位于昆仑玉清境。

昆仑山与玉京山不同，昆仑山在玉清境，玉京山在大罗天，三界之上曰四民天。四民天之上曰三清圣境（太清道德天尊、上清灵宝天尊、玉清元始天尊，三清圣境之上曰无极大罗天）。

《历代神仙通鉴》称元始天尊为“主宰天界之祖”。在太元（即宇宙）诞生之前便已存在，所以尊为元始。在无量劫数来临之时，用玄妙的大道来教化众生，故而尊为元始天尊。

灵宝天尊　　元始天尊　　道德天尊

“元始”之名最早记载于南北朝所出的《元始上真众仙记》(《枕中书》)：开天辟地的盘古真人，是天地之精华，自号元始天王。

元始天王位居三十六天的最上层“大罗天”中，所居仙府称为“玄都玉京”。玉京之中，黄金铺地，玉石为阶，宫中有七宝、珍玉，仙王、仙公、仙卿、仙伯、仙大夫等居于中央和两旁的仙殿中。

他生于混沌之前，太无之先，元气之始，故名“元始”。《历世真仙体道通鉴》称：“元者，本也；始者，初也，先天之气也。”元始是宇宙生发最初的本源，为一切神仙之上，故称“天尊”。元始天尊禀自然之气，存在于宇宙万物之前。他的本体常存不灭，即使天地全部毁灭，也丝毫影响不了他的存在。每当新的天地形成时，天尊就会降临人世间，传授秘道，开劫度人。每当新的天地开辟时，都有其年号，曰龙汉、延康、赤明、开皇、上皇，等等，年号之间相距长达41亿万年。齐梁高道陶弘景编定之《真灵位业图》称，紫云之阁，碧霞为城。而天尊所居第三十六天的最上层大罗天中，仙府名曰“玄都玉京”。并众神仙都要按时上玉清境朝拜元始天尊。《历代神仙通鉴》称他为“主持天界之祖”，传众仙之祖，地位极高，但具体形象的出现却比太上老君要晚。据《历代神仙通鉴》记载，元始天尊“顶负圆光，身披七十二色”。故供奉在道教三清大殿中的元始天尊，一般都头罩神光，手执红色丹丸，或者左手虚拈，右手虚捧，象征“天地未形，混沌未开，万物未生”时的“无极状态”和“混沌之时，阴阳未判”的第一大世纪。故以阳生阴降、昼短夜长的冬至日为元始天尊的圣诞。

灵宝天尊——位于元始天尊左边。大罗灵宝天尊，又称上清大帝、上清高圣太上大道君等，全称“一炁化三清上清居禹馀天真登上清境元气所成日灵宝君灵宝天尊妙有上帝”由大道赤混太无元玄黄之气化生。

灵宝天尊居玄都七宝紫微宫、禹余天宫，是道教最高神“三清”之第二位大天尊，

新志

大多手捧如意或者太极。

灵宝天尊是道教三宝君“经宝”神化：灵宝，道的别名之一。故万物莫不是灵宝。变化无方曰灵，钦崇贵爱曰宝，在天曰灵，在地曰宝。天有灵化，神用不测，则广覆无边；地有众宝，济养群品，则厚载万物。如天如地，能覆能载，有灵有宝，功德无穷。证得此道心，故名灵宝。灵者，众圣之通称也。宝者，众圣之所珍也；空玄为灵，入藏为宝，故曰灵宝。

道德天尊——即老子。道教相信道家哲人老子是老君的化身，度人无数，屡世为王者之师；因其传下道家经典《道德经》，故称老君为道德天尊，也被道教奉为开山祖师、道祖。

道德天尊即太上老君化身，道教最高尊神三清之一。道教相信道家哲人老子是老君的化身，度人无数，屡世为王者之师；因其传下道家经典《道德经》，故称老君为道德天尊，也被道教奉为开山祖师、道祖。

太上老君尊号，一气化三清太清居大赤天仙登太清境玄气所成日神宝君道德天尊混元上帝，简称太上老君。太上老君为道教创始人，道祖，据《史记》记载，老君又称老子，姓“李”，名“耳”，字“伯阳”，谥号“聃”。许多道教宗师都自称得到老君显灵的启示与教诲，如汉朝的张道陵、南北朝的寇谦之等。

据《魏书·释老志》等正史记载：“道家之原，出于老子。”即道教为老子所创。又载老子“先天地生，以资万类。上处玉京，为神王之宗；下在紫微，为飞仙之主”；是至尊天神，而且常常分身降世，传教度人，弘扬道教，著有震古烁今的道教祖经——《道德经》五千余言。

老君也，此即道之身也。元气之祖宗，天地之根本也。夫大道元妙出于自然，生于无生，先于无先，挺于空洞，陶育乾坤。号曰无上正真之道，神奇微远不可得名。夫老君者，乃元气道真，造化自然者也。为元始天尊所度的金仙上品，乃一切无有有无之祖，大道化身（自然规律、法则的化身）。真正意义上的道教开山道祖，位列至高神三清尊神之第一位，在千年中国道教的演变史中，一直担任着极为重要的特殊角色。

太上老君又称“道德天尊”“混元上帝”“太上道祖”“降生天尊”“太清大帝”等。三清为玉清元始天尊、上清灵宝天尊、太清道德天尊。在道教宫观“三清殿”，道德天尊塑像居元始天尊右位，手执蒲扇。相传居住大罗天上太清仙境。

太乙殿，位于三清殿后殿。

供奉：太乙救苦天尊。

太乙救苦天尊是东极青华大帝，另有称“寻声救苦天尊”“太一救苦天尊”“青玄九阳上帝”等号，简称救苦天尊。太乙救苦天尊与南极玉清真王同为玉皇上帝的左右侍者。经中有称之为：“玉清应化身”，即其乃玉清元始天尊以九阳之精秘密所化的应化身。

太乙救苦天尊

道教中治理统治地狱另还有紫微大帝在幽冥化身的北阴酆都大帝，而太乙救苦天尊主救度。太乙救苦天尊可以将业果与地狱业力的象征血湖化为莲池，座下九头狮子一声吼，能够打开九幽地狱的大门，也就是地狱的最深层。与大慧真人、救苦真人合称东方三圣。

太乙救苦天尊，简称太乙天尊或救苦天尊，是道教尊神，又称青玄大帝、青华大帝、寻声救苦天尊等，诞辰为农历十一月十一日，道教经典记太乙救苦天尊居“东方青华长乐世界”妙严宫（“严”或作“岩”），可引渡受苦亡魂往生，对于积德行善、晓道明玄而功德圆满之人，太乙救苦天尊亦能“乘九狮之仙驭，散百宝之祥光”，接引其登天成仙《上清灵宝大法卷之十》曰：“东极青玄左府，长生保命左府，太一元生左府，太一神局。已上乃东极青玄四司，太一天尊所主，凡济度幽明并属之。”

万神殿，位于道院东北侧，索道上站登山路向东200米。

内有观音大士殿、元帅殿、九仙殿、土地殿、玉皇殿、东华殿、五福殿。

万神殿

观音大士殿

供奉：慈航天尊（中）、文殊广法天尊（左）、普贤天尊（右）、金童玉女（正殿前面）。

观音大士殿

慈航天尊——（在观音厅已介绍）。

文殊广法天尊——是神魔文学，明代《封神演义》、清代车王府曲本《封神榜》中的人物。广法天尊是三清之一玉虚宫元始天尊第七位的弟子，太乙真人、姜子牙等的师兄，昆仑阐教十二金仙之一。道场在五龙山云霄洞。收徒李金咤，并授意金吒下山保护师叔姜子牙，参与封神之战，战后金吒得道成圣。

普贤天尊——十二金仙是《封神演义》中对道教玉虚宫元始天尊门下的十二弟子：广成子、赤精子、玉鼎真人、太乙真人、黄龙真人、文殊广法天尊、普贤真人、慈航道人、灵宝大法师、惧留孙、道行天尊、清虚道德真君的统称。道场在九宫山白鹤洞。弟子：木吒。法宝：吴钩双剑、长虹索。坐骑，白象。

其破寒冰阵，杀袁天君；破两仪阵，收灵牙仙；决战万仙阵，联手文殊、慈航，斗平金灵圣母。此仙法力高深、悟性、根行也是极好。他是昆仑十二仙中拥有法身能力的三大高手之一，也纯粹靠本身法力来渡过神仙杀劫。

金童玉女——（在仙君楼殿已介绍）。

元帅殿，位于观音大士殿东偏殿。

供奉：哪吒元帅、杨戬（二郎神）、雷震子神、六丁六甲神。

元帅殿

哪吒元帅——在道教的头衔为中坛元帅、通天太师、威灵显赫大将军、三坛海会大神等，俗称太子爷、三太子。道教中说他是神兵神将的统帅，称“中坛元帅”“威灵显赫大将军”。玉帝命他永镇天门。

哪吒

《三教源流搜神大全》卷七：哪吒本是玉皇驾下大罗仙，身长六丈，首带金轮，三头九眼八臂，口吐青云，足踏磐石，手持法律，大喊一声，云降雨从，乾坤烁动。因世界多魔王，玉帝命降凡，以故托胎于托塔天王李靖。母素知夫人生下长子金吒，次木吒，帅三胎哪吒。《封神演义》和《西游记》中哪吒的故事基本上与《三教源流搜神大全》中记载相符，也就是说哪吒的故事基本上定性于《三教源流搜神大全》。

杨戬（二郎神）——全称英烈昭惠清源妙道敷泽兴济二郎显圣真君，通常被当作传说里二郎神的名字，是神仙与凡人结合而生，力大无穷，法术无边。

杨戬

民间有二郎庙供奉。师从玉鼎真人，通晓九转玄功，阙庭有第三只眼睛（天眼），可辨别妖魔鬼怪，手持三尖两刃刀，武功绝伦，座下有神犬哮天犬，逆天鹰。

雷震子神——出自明代神怪小说《封神演义》中的神话人物之一，乃天雷将星下世，身份神秘，商末年间诞生

于燕山，周文王姬昌避雨时相遇后，并收养为义子（即姬昌的第一百子），因其现身时霹雳交加，电闪雷鸣，所以取名雷震子。自幼修行学艺，拜在阐教门下福德真仙云中子为师。

雷震神

其形象原本是正常人模样，后误食师父云中子的两枚仙杏，便生的面如青靛，发似朱砂，眼睛暴湛，獠牙横生，出于唇外、长雷公嘴；身长二丈，全身水合色，背肋下生出一对“风雷双翅”。手使一条黄金棍，力大无穷，武艺高强，展开羽翼飞行时风生雷动，且速度奇快，可日行万里。阐教仙人云中子唯一的真传弟子，也是玉虚第三代传人之一。战绩普通，擅长空战，善于攻城，为周朝殿下，孝顺父亲，福缘深厚，是书中的主要人物之一，出场较多，为武王伐纣立下赫赫战功。

在封神之战后，因封神榜上无名，最终结局肉身成圣（成为什么神仙却没有交代，书中仅有提到他是“将星出现”。但他并不是雷神，封神一书中的雷神是闻仲太师统领的诸天君，并不是雷震子）。

六丁六甲神——为六丁神和六甲神的合称，其神十二位。道经中说他们最初是真武大帝的部将，《重修搜神记》载：元始命玉皇上帝阵诏，喝玄武披发跣足，金甲玄袍，皂纛玄旗，统领丁甲，但并非只属职于真武的御用部下，只是真武大将所常用神员。丁甲之名来源于天干地支，丁神六位：丁卯、丁巳、丁未、丁酉、丁亥、丁丑；甲神六位为：甲子、甲戌、甲申、甲午、甲辰、甲寅。丁神六位支为阴，盖为女神；甲神六位支为阳，盖为男神。《续文献通考》：“丁卯等六丁，阴神玉女也；甲子等六甲，阳神玉男也。”

六丁六甲与四值功曹、二十八宿、三十六天将、七十二地煞等同为道教的护法神将，经常在禳灾中被道士召请，厉行风雷，制伏鬼神。六丁为丁卯、丁巳、丁未、丁酉、丁亥、丁丑，是为阴神。六甲为甲子、甲戌、甲申、甲午、甲辰、甲寅，是为阳神。据说六丁六甲为天帝役使，能“行风雷，制鬼神”。道士可用符箓召请之（注：按道经曰凡行六丁六甲法，必先受《太上九天玄女斩邪秘箓》一阶方可行之）。

何氏九仙殿，位于观音大士殿西殿。

供奉：何氏九位仙君、金童玉女。

何氏九位仙君——（在仙君楼殿已介绍）。

金童玉女——（在仙君楼殿已介绍）。

何氏九仙殿

土地殿，位于元帅殿东偏殿。

供奉：土地公、山神神仙、树神神仙。

土地殿

山神神仙——（在真人殿已介绍）。

树神神仙——（在泗洲殿已介绍）。

玉皇阁，位于观音大士殿后排主神殿。

供奉：玉皇大帝及左右两边九天应元雷声普化天尊（中）、王母娘娘（右）、太乙救苦天尊（左）、九天应元雷声普化天尊、二十八星宿、金童玉女、左侍右侍。

玉皇大帝——（在玉皇殿已介绍）。

王母娘娘——又称太华西真万炁祖母元君、九灵太妙龟山金母、太灵九光龟台金母、瑶池金母、金母元君、西王母、西灵圣母、金母、王母、西姥等，全称为“上圣白玉龟台九灵太真无极圣母瑶池大圣西王金母无上清灵元君统御群仙大天尊”。《枕中书》曰：“木公、金母，天地之尊神，元气炼精，生育万物，调和阴阳，光明日月，莫不由之。”

王母娘娘

王母是中国神话中掌管不死药、罚恶、预警灾厉的长生女神。一部分学者认为西王母是古人神化的始祖女神。

在道教神话中，西王母是女仙之首，主宰阴气、修仙的女神，对应男仙之首东王公，是生育万物的创世女神，全真教的祖师。

晚期多将西王母奉为婚姻、生育、保护妇女的女神，并大量在民间传说、小说戏曲中出现。

许多古籍及传说中都有关于西王母的记载。商代的《归藏》对照西周的《周易》，可知王母拥有不死神药。《竹书纪年》中，西王母的形象是一位雍容的女帝王形象。《山海经》中的形象则是：“其状如人，豹尾虎齿而善啸，蓬发戴胜，是司天之厉及五残。”《墉城集仙录》则称虎身是西王母使者西方白虎之神。

王母在道教中地位极高，在中华道教形成和发展中，一直是很重要的角色。据《集仙录》载，西王母即九灵太妙龟山金母，又号太虚九光龟台金母元君，系先天西华至妙之气化生。

“王母娘娘”（“王母娘娘”一词，出自元代的《全元曲杂剧》，或称“瑶池金母”“金母元君”“西灵王母”“九灵太妙龟山金母”“西池极乐金慈圣母”“白玉龟台九灵太真金母元君”，全称为“上圣白玉龟台九灵太真无极圣母瑶池大圣西王金母无上清灵元君统御群仙大天尊”）是道教上古神灵。

太乙救苦天尊——（在太乙殿已介绍）。

九天应元雷声普化天尊——是中国民间信仰及道教尊奉的神仙之一，为南极长生大帝之化身。作为雷部的最高天神，掌管复杂的雷神组织，总部为神霄玉府，下设“三省九司、三十六内院中司、东西华台、玄馆妙阁、四府六院及诸各司，各分曹局”。九天雷公将军、八方云雷将军、五方蛮雷使者、雷部总兵使者都是雷尊手下，诸司中有36名雷公，代天打雷，均听雷尊号令。

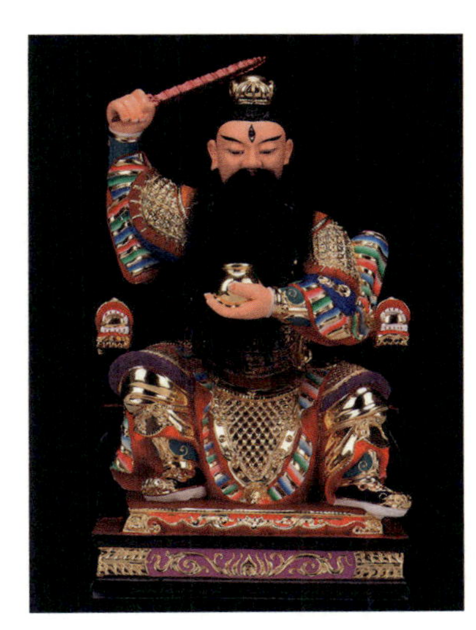

九天应元雷声普化天尊

其原身为轩辕黄帝，号令万物之根本。故无有雷霆，则无以宰御三界，是以雷者，类也，是以出万类而起群品也，是元始生杀之机也。宇宙之始盖因阴阳相交一时之爆发，此即也是雷霆之用也，所以无处不有雷霆之显现。

雷声普化天尊所主万物生杀枯荣、善恶赏罚、行云布雨、斩妖伏魔等事。上照天心大道，下济幽冥群苦。

《明史》的《礼志》称，“雷声普化天尊者，道家以为总司五雷，又以六月二十四日为天尊现示之日，故岁以是日遣官诣显灵宫致祭”。道教的主要宫观大多供奉雷祖。每逢六月二十四日有道教徒进庙烧香，祈福消灾。道教正一派在一些大型斋醮礼仪中常设有雷祖的神位，并在科仪中有召请雷部诸天君神的内容。

二十八星宿——是古代天文学名词，由东方苍龙、南方朱雀、西方白虎、北方玄武各七宿组成。

上古时代我国古人在靠近黄道面的一带仰望星空，将黄道附近的星象划分成若干个区域，称之为二十八宿，又将这二十八宿按方位分为东、南、西、北四宫，每宫七宿，分别将各宫所属七宿连缀想象为一种动物，以为是“天之四灵，以正四方”。

古人先后选择了黄道赤道附近的二十八个星宿作为坐标。

因为它们环列在日、月、五星的四方，很像日、月、五星栖宿的场所，所以称作二十八宿。

古时人民为了方便于观测日、月和五大行星（金、木、水、火、土）的运转，便将黄道和赤道附近的星座选出二十八个做为标志，合称二十八星座，或二十八星宿。角、亢、氐、房、心、尾、箕，这七个星宿组成一个龙的形象，春分时节在东部的天空，故称东方青龙七宿；斗、牛、女、虚、危、室、壁，这七个星宿形成一组龟蛇互缠的形象，春分时节在北部的天空，故称北方玄武七宿；奎、娄、胃、昴、毕、觜、参，这七星宿形成一个虎的形象，春分时节在西部的天空，故称西方白虎七宿；井、鬼、柳、星、张、翼、轸，这七个星宿又形成一个鸟的形象，春分时节在南部天空，故称南方朱雀七宿。

金童玉女——（在仙君楼殿已介绍）。

左侍右侍——位于玉皇大帝两边，紧邻的是侍者。玉皇的侍者不分男女都称玉女，《高上玉皇本行经集》："尔时，众中有一玉女，名曰夜光，从座而起，严整衣冠，从容雅步，长跪道前，白天尊言：臣宿昔何幸，仰侍御前。亲奉供养，已经亿劫。三清境界，金阙王京，寂淡逍遥，快乐自在。嬉游圣域，餐听法音，未尝见此希有之事。不审向来光内所现，十方诸天，变现圣境，皆有玉帝应化法身。天真大圣，妙行真人，灵妃玉女，以为侍卫。是诸玉女，相貌端严，形体姝妙，出众妙香，无与等者。复蒙玉帝，神通移接，今皆普集在清微天。未审今此玉女，以何因缘，得证如是无上色身。恩惟圣慈，示以未悟。"

东华殿，位于玉皇殿东偏殿。

供奉：东华帝君、九天玄女、五方五老（金、木、水、火、土）、十三星宿、北斗七真君。

东华殿

东华帝君

东华帝君——东王公亦名木公、扶桑大帝、东华帝君，与西王母共为道教的尊神。

在道教神仙体系中，东王公是先天阳气凝聚而成，所有男仙及天地间一切阳气的首领，掌管蓬莱仙岛；西王母则是先天阴气凝聚而成，所有女仙及天地间一切阴气的首领，掌管昆仑仙岛。二者常以并称，凡升仙的，都要“先见西王母，后谒东王公”，方得升九天，入三清殿，拜太上老君，见元始天尊。

东王公主阳和之气，天下男子登仙得道者，悉为所掌。凡各级神仙得道登仙之日，先拜木公，后谒金母，受事既毕，方得升九天，入三清。故汉初有小儿戏于道曰：“著青裙，上天门，揖金母，拜木公。”时人都不知其意，唯张子房知之，往再拜焉。乃语人曰：“此东王公之玉童也。盖言世人登仙，皆揖金母而拜木公焉。”因此，东王公是升仙得道者必须敬奉的神灵。后来又尊之为“东华紫府少阳帝君”，所谓东华者，因其为东华至真之气化生而成，分治东极，居东华之上也。紫府者，职居紫府，统三十五司命，迁转洞虚官较品真仙也。阳者，主东方少阳九气，生化万物也。帝君者，位于东方诸天之尊，为万圣之君。因此，“东华紫府少阳帝君”的尊号基本上概括了东王公的方位、职掌和在群仙中的地位。

九天玄女

九天玄女——位于东华帝君左边，另名女登，俗称九天娘娘、九天玄女娘娘、九天玄母天尊、九天玄阳元女圣母大帝玄牝氏。原是中国上古神话中的传授过兵法的女神，后经道教奉为高阶女仙与术数神。 虽然她在民俗信仰中的地位并不显赫。但她是一位深谙军事韬略，法术神通的正义之神，形象经常出现在中国各类古典小说之中，成为扶助英雄铲恶除暴的应命女仙。其信仰发源可追溯至先秦以前。

《云笈七签》云：九天玄女者，黄帝之师圣母元君弟子也。

九天为干金之象，性刚好动。九天之方，可以扬兵布阵。有《九天玄女治心消孽真经》等经书传世，以教化世人。

五方五老——位于东华帝君右边，是中国民间信仰和道教神衹，乃东方青帝青灵始老九炁天君、南方赤帝丹灵真老三炁天君、中央黄帝玄灵黄老一炁天君、西方白帝皓灵皇老七炁天君、北方黑帝五灵玄老五炁天君。

说法一：

五方五老天君，为东南西北中五方之天神，一说为元始天王所化。中国的道派以三清为始，比如全真道以太上老君为主，五方五老为元始天尊为主。五方五老的名号分别为：

东方青帝青灵始老九炁天君。南方赤帝丹灵真老三炁天君。

中央黄帝玄灵黄老一炁天君。西方白帝皓灵皇老七炁天君。北方黑帝五灵玄老五炁天君。

说法二：

五老君是道教初期的五方神灵，亦称“五帝”。五方五老君是三清还没成为大流之前地位最高的五位神仙，本来是历代帝王祭祀的对象，后来纳入道家的神仙体系，“在天中则称五老上帝，在天文则称五帝座及五方五星，在神灵则称五方五帝，在山岳则称五岳圣帝，在人身则称五脏神君”。他们与元始天尊一样，非后天学而得真者，为天地开辟之前的先天神灵，所以又称元始五老，五行之始、五气之祖。在道教神仙体系中，五老君没有具体职司，但地位崇尊。此五位天神，盖源于古之“五帝”传说。

于战国时期成书的《周礼·天官·大宰》云：“祀五帝”。唐·贾公彦疏云：“五帝者，东方青帝灵威仰，南方赤帝赤熛怒，中央黄帝含枢纽，西方白帝白招拒，北方黑帝叶光纪。”

贾疏实据两汉纬书，《河图》云：“东方青帝灵威仰，木帝也；南方赤帝赤熛怒，火帝也；中央黄帝含枢纽，土帝也；西方白帝白招拒，金帝也；北方黑帝叶光纪，水帝也”。

十三星宿——位于东华殿东西两边，南斗六星君；是古代中国神话及民间宗教信仰中的神仙。属于管理世间一切人、妖、灵、神、仙等生灵的天官。南极长生大帝玉清真王，是南斗六星君的顶头上司。因此南斗六星君的六宫都隶属于南极长生大帝管辖。

《星经》云：“南斗六星，主天子寿命，也主宰相爵禄之位。”后中国民间流行“南斗主生，北斗主死”的说法，道教吸收后将南斗六星神格化，成为司命主寿的六位星君。《上清经》云：南斗六星，第一天府宫，为司命星君；第二天相宫，为司禄星君；

第三天梁宫，为延寿星君；第四天同宫，为益算星君；第五天枢宫，为度厄星君；第六天机宫，为上生星君，总称六司星君。专门奉祀南斗星君的庙宇称南斗星君庙。因南斗专掌生存，故中国民间又称为“延寿司”。

北斗七真君——又称作斗斋，大圣北斗七元君、北斗星神。源于古代中国人民对星辰的自然崇拜，据《太上玄灵北斗本命延生真经》卷一、《太上玄灵斗斋本命延生经注》卷上记载，斗斋义为北斗星将的官称，七斗斋星君分别为：北斗阳明贪狼星君，北斗阴精巨门星君，北斗真人禄存星君，北斗玄冥文曲星君，北斗丹元廉贞星君，北斗北极武曲星君，北斗天关破军星君。道教形成后，以北斗为天神加以崇拜，并对之作种种神学解释。

五福殿，位于玉皇殿西偏殿。

供奉：文财神、武财神、福星星君、禄星星君、寿星星君、喜神（四柱之喜神）、招宝天尊、纳珍天尊、招财使者、利市仙官。

五福殿

文财神——在中国民间所指甚多，如范蠡、财帛星君、增福相公李诡祖、福禄寿三星中的禄星等。文财神多见于民间雕塑和木版年画，大多是锦衣玉带、冠冕朝靴，脸色白净，面带笑容，适合新春喜庆，堂室张挂。

文财神或是生前巨富，或是升仙后奉命管理人间财帛、人世爵位。

文财神大多并未进入道教神系，亦少有经籍传世。供奉文财神寄托了中国劳动人

民一种辟邪除灾、迎祥纳福的美好愿望。

武财神——位于文财神右边。赵公明，名朗，字公明，又称赵玄坛，赵公元帅。“玄坛”是指道教的斋坛，也有护法之意，为道教四大元帅之一。同时为阴间雷部将帅和五方瘟神之一。又相传为正财神，司掌世间财源。

赵公明是在中国民间传说中是主管财源的神明，财神主要分为两大类：一是道教赐封，二是中国民间信仰。道教赐封为天官上神，中国民间信仰为天官天仙。

当今道教宫观中的财神神像，多为黑面浓须，骑黑虎，一手执银鞭，一手持元宝，全副戎装。该财神像当为武财神，即赵公元帅像。赵公元帅，即赵公明、赵玄坛。魏晋南北朝时期成书的《搜神记》和《真诰》等，都有赵公明的神迹，但只是司土下冢中事，或是瘟神。元明之间，赵公明的神迹才有完整的记载称，赵公元帅姓赵名朗、玄朗，字公明，终南山下周至赵代村人。原是日精之一。古时天有十日，九日被后羿射下以后，变化为九鸟，坠落于青城山，变成九鬼王。八鬼行病害人，但是赵玄朗却独化为人，避隐蜀中，精修至道。张陵在青城山炼丹时，收赵玄朗护卫丹室。天师丹成，分丹饵之，遂能变化无方。赵玄朗食丹以后，其形酷似天师。天师遂命其永镇玄坛，故号玄坛元帅。

除了中路为武财神赵公明外，其余四路为东路财神招宝天尊萧升、西路财神纳珍天尊曹宝、南路财神招财使者陈九公、北路财神利市仙官姚少司。这可能是受到了五行观念的影响，认为天地广阔，财宝当然也要区分处理。拜五路财神，就是收尽东南西北中五方之财的意思。每年正月里的祭财神，也寄托了中国劳动人民一种辟邪除灾、迎祥纳福的美好愿望。

福星星君——位于文财神左边。是中国民间信仰的神仙之一。象征能给大家带来幸福、希望的人或事物。福星头戴官帽手持玉如意或手捧小孩为天官一品大帝，天官赐福由此而来。作为民间吉祥如意象征，在祝寿时，常在正屋面墙上悬挂福、禄、寿的中堂两侧面寿联为“福如东海寿比南山”。

从宋元以来，赐福天官的名望越来越高，渐渐取代过去岁星神和福神阳城，成为新一任福星。

道教宣扬的三官信仰流传深远，天官赐予福运，地官宽恕罪恶，水官消解灾难，尤以天官赐福的说法最得人心，甚至贵为天子也笃信天官赐福的说法。道教重新塑造天官形象，并且用一种特殊的方式，将三官信仰深深融入普通人的日常生活，这种方式就是节日。

禄星星君——位于福星左边，国神即禄神，也就是说禄神是比干。比干死后被封为文曲星，主管文运。很多神仙都有多外称号，有些是正位，有些是加封。

比干死后被封为文曲星，成为文人的保护身，又是为国神即禄神，更是成为文人的保护神。常见的画像中麒麟常伴比干出现。但一般画为鹿，意为禄的谐音。

禄星，掌管文运利禄的神灵。古代封建社会以科举取士。士人一旦通过科举考试，便可以做官。禄，即官吏的俸禄。高官厚禄是士人一心向往的，于是便产生了禄神崇拜。由于古代的科举考试主要是做文章，禄神崇拜便也包含对文运的祈求，所以禄神又不仅仅是士人的主宰神，也是一般崇拜文化、崇拜文才的百姓所喜爱的吉祥神，或可称文神。

寿星星君——位于武财神左边，又称南极老人星，星名，古代神话中的长寿之神。也是道教中的神仙，本为恒星名，为福、禄、寿三星之一，秦始皇统一天下后，在长安附近杜县建寿星祠。后寿星演变成仙人名称。明朝小说《西游记》写寿星“手捧灵芝”，长头大耳短身躯。《警世通言》有“福、禄、寿三星度世”的故事。画像中寿星为白须老翁，持杖，额部隆起。古人作长寿老人的象征。常衬托以鹿、鹤、仙桃等，象征长寿。

寿星星君

民间认为供奉这位仙神，可以使人健康长寿，这位仙神其实是道教追求长生的一种信仰。

喜神（四柱之喜神）——位于寿星左边，喜神就是算卦的人所说的吉神。人们总是希望趋吉避凶、追求喜乐，所以要造出一个喜神来。结婚乃人生一大乐事，所以办婚事又称办喜事。办喜事当然离不开喜神，依旧俗，新娘坐立须对正喜神所在的方位。

招宝天尊、纳珍天尊、招财使者、利市仙官——位于五福殿两边，为五路财神，分别为赵公明及其四位义兄弟或部将。除了中路为武财神赵公明外，其余四路为东路财神招宝天尊萧升、西路财神纳珍天尊曹宝、南路财神招财使者陈九公、北路财神利市仙官姚少司。这可能是受到了五行观念的影响，认为天地广阔，拜五路财神，就是

收尽五方之财的意思。每年正月里的祭财神，也寄托了中国劳动人民一种辟邪除灾、迎祥纳福的美好愿望。

狮岩堂，位于道院西面，由水库环湖路，至狮岩堂山门，狮岩路或登山路至狮岩堂（狮子岩）。

内有慈航殿、五显宫、辽天居、石观音阁、土地殿。

慈航殿

慈航殿，位于道院西面狮岩堂主神殿。

供奉：慈航天尊、何氏九仙君、关圣帝公。

慈航天尊——（在观音厅已介绍）。

何氏九仙君——（在仙君楼殿已介绍）。

关圣帝公——（在土地厅已介绍）。

五显宫，位于慈航宫左侧偏殿。

供奉：五方大帝、土地公（福德正神）、五显灵官大帝、八部将、黑白无常（七爷公、八爷公）、六班部将、白马红马神。

五方大帝——五方上帝，即东、南、西、北、中五方上帝，又称为五帝、五方帝、五方天帝、五方天神等。

五方天帝是古代中国神话及古籍记载中的人物。五方天帝及属神分别指东方天帝太昊伏羲，属神句芒；南方天帝炎帝神农，属神祝融；西方天帝少昊金天，属神蓐收；北方天帝颛顼高阳，属神禺强（据说字“玄冥”）；中央天帝黄帝轩辕，属神后土。他们的命名之义和他们分处的方位或季节是密切相关的。

五方上帝，中央上帝黄帝，东方上帝青帝，南方上帝赤帝，西方上帝白帝，北方上帝黑帝(世称玄帝)。

道教以五老天君对应儒教的五大天帝。五老天君：东方安宝华林青灵始老九炁天君，南方梵宝昌阳丹灵真老三炁天君，西方七宝金门皓灵皇老七炁天君，北方洞阴朔单郁绝五灵玄老五炁天君，中央玉宝元灵元老一炁天君。依中华传统，祭祀五方上帝是极为重要的宗教祭祀。如隋朝分三种规则等级的祭祀，《隋书·礼仪》载："昊天上帝、五方上帝、日月、皇地祇、神州、社稷、宗庙等为大祀，星辰、五祀、四望等为中祀，司中、司命、风师、雨师及诸星、诸山川等为小祀"，五方上帝的紧随昊天上帝并列为大祀。"

五显灵官大帝——位于五方大帝右边。（在显镜宫已介绍）。

土地公（福德正神）——位于五方大帝左边。（在土地厅已介绍）。

八部将——位于五方大帝前向。（在显镜宫已介绍）。

黑白无常（七爷公、八爷公）——位于五显殿门边两侧。（在显镜宫已介绍）。

六班部将——位于东西两边。（在显镜宫已介绍）。

白马红马神——位于门边两侧。（在显镜宫已介绍）。

文昌阁位于慈航宫右侧偏殿。

供奉：文昌帝君、魁星星君、朱熹。

文昌帝君——（在道院文昌阁已介绍）。

魁星星君——位于文昌帝君左边。是一个汉语词语，也是中国古代星宿名称，是中国古代神话中所说的主宰文章兴衰的神，在儒士学子心目中，魁星具有至高无上的地位。

魁星星君

魁星是道教中主宰文运的神。魁星信仰盛于宋代，从此经久不衰，成为读书人于文昌帝君之外崇信最甚的神。七月七日为魁星诞。

中国很多地方都建有"魁星楼"或"魁星阁"，其正殿塑着魁星造像，实际就是钟馗。没见过魁星像的人也许会想，既然魁星是主管功名科举的，一定是一位文质彬彬的白面书生吧？其实恰恰相反，魁星面目狰狞，金身青面，赤发环眼，头上还有两只角，整个仿佛是鬼的造型。这魁星右手握一管大毛笔，称朱笔，意为用笔点定中试人的姓名，左手持一只墨斗，右脚金鸡独立，脚下踩着海中的

一条大鳌鱼（一种大龟）的头部，意为“独占鳌头”，左脚摆出扬起后踢的样子以求在造型上呼应“魁”字右下的一笔大弯勾，脚上是北斗七星，见图如见字。

朱熹（朱圣）——位于文昌阁右边。在道院文昌阁已介绍。

知客厅

供奉：祖师张道陵

祖师张道陵——字辅汉，原名陵，汉人，道家，汉国沛郡丰（今江苏丰县）人。正一盟威道，即天师道创始人，太上老君“授以三天正法，命为天师”，“为三天法师正一真人”，后世尊称为“老祖天师”。

张道陵亦称“正一真人”“三天扶教大法师”“高明上帝”“张天师”，著作《老子想尔注》，弟子有3000多人，设立24治，奠基天师道。张道陵、葛玄、许逊、萨守坚合称四大天师。

观音阁位于狮岩堂南前方下侧，狮岩路旁边。

供奉：慈航天尊、土地公。

观音阁

慈航天尊——（在道院观音厅已介绍）。

土地公（福德正神）——位于慈航天尊左侧前面（在道院土地厅已介绍）。

显镜宫，位于道院东北面，宏路环岛至石竹路1000米向北转800米。

内有显镜宫、观音堂、健安堂、三星殿、土地殿、药王殿、九仙阁、太乙殿。

显镜宫，是显镜宫主神殿。

供奉：五显公、五显公祖父祖母、父母、姐妹、十二天将、八部将、黑白无常（七爷公八爷公）、六班部将、白马红马神。

五显公（五显灵官华光大帝）——五显大帝，又叫五圣大帝、五通大帝、华光菩萨等，为道家巫觋所祀之神；佛书则谓“华光如来”，俗称“五公菩萨”。《蠡海集》云：“九月二十八日为五显生辰，盖金为气母，五显者，五行五气之化也。”又云：“五行大帝，按俗以东方青帝，南方赤帝，西方白帝，北方黑帝，中央黄帝”。传说玉皇大帝封其为

“玉封佛中上善王显头官大帝”，并永镇中界。江西寻乌县农村每年农历九月二十八日五显大帝生日这天，要举行隆重的庙会，为他祝寿，祈求风调雨顺，田禾大熟。

五显大帝，佛教称为华光天王佛，道教称作五显灵官马元帅。

第一世妙吉祥，第二世三眼灵光天王马子贞，第三世三眼灵光天王灵耀，第四世五显华光大帝萧显德。五显大帝诞生于周灵王十五年(前557)，至2004年距今已有2561年。

第一世原迹是释迦牟尼如来佛祖的法堂前，一盏莲花油灯，每日煌煌听经问法，灯花堆积日久，经释迦牟尼如来佛祖为其做法，化成人身，名妙吉祥诞生。

第二世：以五通火光，自半空中，飘飘而下，投胎到马耳山马氏金母身上，生下一子。脸有三眼，取名三眼华光天王——马子贞。生下三日，即骁勇善战。斩龙王，除水孽，放走风、火二妖，并取走紫微三官大帝降魔金枪，被紫微三官大帝用九曲珠镇住而亡之。

第三世：再投胎出生于斗梓宫赤须炎玄天王之家，脸上有三眼，左手掌上有一个“灵”字，右手掌上有一字“耀”，取名为三眼华光天王——灵耀。拜大惠尽慈妙乐天尊为师，经通风雷龙蛇，御鬼安民之术，后奉玉帝敕饮令，掌理风火，玉帝再赐他左印右剑，掌管南天门之事。金刀炼成一块三角金砖为法宝。收火丹、风轮、火轮。玉皇大帝封华光天王为火部大元帅、明辅大元帅。收千里眼、顺风耳。收火漂。托梦，在千田国，国王为他建庙，立祀是曰“天王祠”；因而在千田国显赫佑民，享受人间香火。

第四世：“五通”共化为一胞胎，一粒肉球洋，在中界南京徽州府婺源县，萧家庄九月二十八日子时，投胎转世，剖开肉球现出五兄弟，取名为大帝，萧显聪。第二大帝，萧显明。第三大帝，萧显正。第四大帝，萧显直。第五大帝，萧显德。一夜天赐五贵子，又生一女，取名琼娘。

五兄弟名号“聪、明、正、直、德”。其排行第五大帝——萧显德，就是世所崇敬之五显大帝。

五显大帝，永镇中界，护国佑民，供人膜拜，显化救世，灵感非常，香火旺盛，感显应验，永受祭享。

五显公祖父祖母、父母、姐妹——位于五显公左边。资料不全。

十二天将——位于五显公右边。道教十二天将是，一曰贵人，二曰螣蛇，三朱雀，四六合，五勾陈，六青龙，七天空，八白虎，九太常，十玄武，十一太阴，十二天后。以配三传四课，参断吉凶。以贵人、青龙、六合，为最吉之神，太常次之，白虎、螣蛇为最凶，玄武、勾陈次之。余平。

十二天将起源自北极星四周的华夏星相。主要应用于中国占卜术数中的“大六壬”，作为六壬式预测事物成败吉凶的参考条件之一。

中国占卜术有“易经”和“术数”两大流脉，前者以八卦为基础，后者以天干地支为基础，但二者可相互流通结合。壬术据传乃玄女授于黄帝败蚩尤之三式之一，与奇门、太乙神术并称齐名，称为“三式”，有“精通三式谓之神”之说。据史册记载六壬最早见于吴越春秋，陶朱公范蠡、子胥、文种等均精于此道且以此术为谋。中国各朝均出现六壬大师，如宋朝邵彦和、明朝陈公献等等。

八部将——位于五显公前面两侧。八大元帅分别为：天蓬元帅、天猷元帅、翊圣元帅、真武元帅、温琼元帅、邓伯温元帅、苟章元帅和毕环元帅。

黑白无常——位于显镜宫门口两边。亦称无常。七爷公、八爷公是中国传统文化中的一对神祇，也是最有名的鬼差。此二神手执脚镣手铐，专职缉拿鬼魂、协助赏善罚恶，也常为阎罗王、城隍、东岳大帝等冥界神明的部将。

白无常名为谢必安，属阳。时常满面笑容，身材高瘦，面色惨白，口吐长舌，其头上官帽写有“一见生财”四字，予感谢并对恭敬神明之人以好运，尊之曰“活无常”，“白爷”等。

黑无常名为范无救（或称无赦、无咎），属阴。面容凶悍，身宽体胖，个小面黑，官帽上写有“天下太平”四字，意为对违抗法令身负罪过者一概无赦，尊之曰“矮爷”或“黑爷”。

六班部将——位于显镜宫东西两边。枷锁将军，是城隍爷六个部将（俗称六将）中的其中一对。枷将军凸眼吐獠牙，面露凶狠状，头戴金箍，著红绣袍；锁将军头亦有金箍，著蓝袍。金枷银锁，又称大鬼小鬼、枷爷锁爷，是城隍爷六个部将（俗称六将）中的其中一对（其他四位部将分别是牛头、马面与七爷、八爷）。

白马红马神——位于显镜宫门口两边。

观音堂，位于显镜宫左边偏殿。

供奉：慈航天尊、送子观音、延命观音。

慈航天尊——（在道院观音厅已介绍）。

送子观音——位于慈航天尊左边。是民间崇拜的佛教神祇。

送子观音原是春秋时期楚庄王的第三个女儿，名叫妙善。楚庄王为大女儿妙清、二女儿妙音、分别选文、武状元为婿，又打算为三女儿妙善招一位夫婿进宫，以继承王位。妙善从小吃斋信佛，根本不愿成婚，一心想削发为尼。楚庄王施之家法，妙善宁死不从。楚庄王怒气之下，命她饮剑自刎。但剑在她的脖子上，不仅没有伤害她，反而自断成上千节。十恶不赦狠心的父亲又下令把她闷死，让她的灵魂意外下了地狱。掌管地狱的阎罗王好心却又使她在南海普陀山复活(普陀山在浙江省杭州湾外的东海中)，复活时站在普陀山一水池中的莲花上。终于妙善在普陀山修成佛。

延命观音——位于慈航天尊右边。三十三观音之一（位列第十六）。因能消除咒诅与毒药，使众生能以延年益寿，故称延命观音。相当于《法华经》“卷七·普门品”所载：“咒诅诸毒药，所欲害身者，念彼观音力，还著于本人”之观音化身。

健安堂，位于显镜宫右边偏殿。

供奉：临水夫人（陈靖姑）、碧霞元君 、协惠将军。

临水夫人——陈靖姑（767–791），生于祖籍福州仓山下度（今福州市仓山区下渡街道），小名陈十四。福建省民间称之娘奶、奶娘、夫人奶、临水夫人、陈奶夫人、顺天圣母等。据《闽都别记》《福州府志》等史料记，父亲陈昌为朝廷户部郎中，陈靖姑受家庭影响，13岁去江西闾山学法，15岁学成归来。

顺天圣母、临水夫人陈靖姑被誉为“救产、护胎、佑民”的“保护神”。

据说她刚下山时，行二十四步即回头别师，古有“辞步隐岁寿”的说法，许真人知她天数在劫，嘱她双轮年间勿施法术，如有危难，可咬指抛血，以解厄矣。

一次，她给隐居在山里学道的哥哥送饭，途中遇到一骨瘦如柴的老太婆，有气无力地在崎岖山道上艰难行走，陈靖姑动了恻隐之心，即把饭菜转送于她。这老太原是观音变的，观音为其善举所感，又看到民间妇女生产困难，遂教她符术，驱使五丁，要她行善积德，为民间保胎救产。

又有传说，慈航道祖一滴血演绎临水陈太后。临水陈太后名陈靖姑，出生于唐哀天祐帝二年（905），正月十五日。传说观音菩萨赴宴瑶池返回南海时，见南方黑气冲霄，掐指一算，知有白蛇成精，为害人间，便咬破中指，将指血往南一弹，血云直往福州下渡陈昌的家里投胎化生了陈靖姑。

碧霞元君——位于临水夫人左边。其道场是在中国五岳之尊的东岳泰山。碧霞元君的影响力由山东省泰安市传播开来，历经上千年，特别是在明清时期以后，对于中国北方地区文化产生了重大的影响。

碧霞元君全称为“东岳泰山天仙玉女碧霞元君”，道经称为“天仙玉女碧霞护世弘济真人”“天仙玉女保生真人宏德碧霞元君”。因坐镇泰山，尊称泰山圣母碧霞元君，俗称泰山娘娘。道教认为，碧霞元君“庇佑众生，灵应九州”“统摄岳府神兵，照察人间善恶”，是道教中的重要女神。

中国民间有“北元君，南妈祖”的说法，虽然有地域之差，有山神、海神之别，但同样都普度众生、舍己为人，成为北方地区和南方地区闻名于世的保护女神。“碧霞”意指东方的日光之霞，“元君”则带有浓重的道教色彩，是对道教女神的尊称。

协惠将军——位于临水夫人右边。凤山将军庙位于福州仓山区建新镇麦浦村，是一座久负盛名的古庙，供奉着协惠将军、显惠将军。

据历史上对于两位将军的传说有多种，流传最广的是：两位将军为兄弟俩，浙江兰溪县人氏，五代时跟随闽王王审知南下开闽，各领3000兵马分两路作为先锋进军福州，先后身负重伤牺牲。闽王念其劳苦功高，分别追封协惠将军、显惠将军。福州百姓感念其恩德，就在其坐化升天的地方修建小庙，祭祀英灵。传说协惠将军得道为神后，威灵显赫，又协助妇孺保护神临水陈太后陈靖姑除妖降魔，祈雨保民，在保护儿童平安方面尤其威灵，因此协惠将军亦被视为护童神灵，名扬福州及所辖县市。福州民俗认为，新生儿凡经“定时”被认为带将军箭者，父母都要到将军庙“请箭”（香符袋一只，内有小弓、小箭）回家，供奉至孩子16岁，谢奶为止。农历六月是协惠将军的神诞，凡是当年请到箭的，都要到将军庙拈香拜“十八奶”，四方信众云集将军庙，非常热闹。

三星殿，位于慈航殿后排中殿。

供奉：福星星君、禄星星君、寿星星君、文财神、武财神、喜神。

三星殿

福星星君——（在万神殿已介绍）。

绿星星君——（在万神殿已介绍）。

寿星星君——（在万神殿已介绍）。

文财神——（在万神殿已介绍）。

武财神——（在万神殿已介绍）。

喜神——（在万神殿已介绍）。

土地殿，位于三星殿左边偏殿。

供奉：土地公、山神神仙、树神神仙。

土地公——（福德正神）（在土地厅已介绍）。

山神神仙——（在紫云真人殿已介绍）。

树神神仙——（在泗洲大圣殿已介绍）。

药王殿，位于三星殿右边偏殿。

供奉：药王神（神农氏）、扁鹊神医、孙思邈。

药王神——神农氏（炎帝），是中国上古时期姜姓部落的首领尊称，又号魁隗氏、连山氏、列山氏。相传，神农氏本是三皇之一，出生在烈山的一个石洞里，传说他牛头人身。由于他的特殊外型和勤劳勇敢，长大后被人们推为部落首领。有一次他见鸟儿衔种，由此发明了五谷农业，因为这些卓越的贡献，大家又称他为神农。

神农尝百草多次中毒，都多亏了得茶解毒。因誓言要尝遍所有的草，最后因尝断肠草而逝世。人们为了纪念他的恩德和功绩，奉他为药王神，并建药王庙四时祭祀。在我国的川、鄂、陕交界传说是神农尝百草的地方，称为神农架山区。

远古时期，百姓以采食野生瓜果，生吃动物蚌蛤为生，腥臊恶臭伤腹胃，经常有人受毒害得病死亡，寿命很短。炎帝神农氏为“宣药疗疾”，救夭伤人命，使百姓益寿延年，他跋山涉水，行遍三湘大地，尝遍百草，了解百草之平毒寒温之药性。为民找寻治病解毒良药，他几乎嚼尝过所有植物，“一日遇七十毒”。神农在尝百草的过程中，识别了百草，发现了具有攻毒祛病、养生保健作用的中药。由此令民有所“就”，不复为“疾病”，故先民封他为“药神”。

《神农本草经》，为“宣药疗疾”还刻了“味尝草木作方书”，这是人类医学科学的发端！神农亲验本草药性，是中药的重要起源。这一过程经历了漫长的历史时期、无数次的反复实践，积累下来许多药物知识，被篆刻记载下来。随着岁月的推移，积累的药物知识越来越丰富，并不断得到后人的验证，逐步以书籍的形式固定下来，这就是《神农本草经》。《神农本草经》成为中国最早的中草药学的经典之作，后世本草著作莫不以此为宗，对中医药的发展一直产生着积极的影响，并逐步发展丰富，形成了如今世界闻名的中医药宝库。

扁鹊神医——位于神农氏左边。公元前407—前310年，姬姓，秦氏，名缓，字越人，又号卢医，春秋战国时期名医。春秋战国时期渤海郡郑(今河北沧州市任丘市)人。由于他的医术高超，被认为是神医，所以当时的人们借用了上古神话的黄帝时神医“扁鹊”的名号来称呼他。少时学医于长桑君，尽传其医术禁方，擅长各科。在赵为妇科，在周为五官科，在秦为儿科，名闻天下。秦太医李醯术不如而嫉之，乃使人刺杀之。扁鹊奠定了中医学的切脉诊断方法，开启了中医学的先河。相传有名的中医典籍《难经》为扁鹊所著。

他用一生的时间，认真总结前人和民间经验，结合自己的医疗实践，在诊断、病理、治法上对祖国医学做出了卓越的贡献。扁鹊的医学经验，在我国医学史上占有承前启后的重要地位，对我国医学发展有较大影响。因此，医学界历来把扁鹊尊为我国古代医学的祖师，说他是“中国的医圣”“古代医学的奠基者。”范文澜在《中国通史简编》称他是“总结经验的第一人”。

孙思邈——位于神农氏右边。药王一般指孙思邈，世称孙真人，后世尊之为药王，清代以后中国民间所称的药王大多为唐代名医孙思邈。根据中国民间有关孙思邈的传说，药王的塑像大多为孙思邈坐虎针龙之雄姿。古代药王原型虽各有不同，但在中国民间，药王成为人们祈求安康、祛病禳灾的精神寄托，同时也反映了中国民间对历代名医的纪念和尊崇。

孙氏自幼聪颖好学，敏慧强记，7岁时每天能背诵一千多字，人称圣童。孙思邈的家乡在长安附近，长安为秦汉时期的文化中心，在当时也是东西魏之间战争的后方，当时的战乱对其历史文化的破坏不大。在这种条件下，孙思邈有机会从小就博览群书。因自幼体弱多病，常请医生诊治，以致耗尽家资。因此他从青年时代就立志以医为业，用毕生精力从事医学研究，为民除病，因而刻苦研习岐黄之术。

药王是道教俗神，由中国古代历史上或传说中的名医演化而来。

一为神农，尝百草，首创医药，世尊为药王。

二为扁鹊，洞晓医源深明医理，传黄帝《素书》即与扁鹊论脉法，后世祀为药王。

又，战国时渤郡人有姓秦名越人者，精于医学，在齐、赵行医，人亦以扁鹊称之，祀为药王。道教尊扁鹊为药王真君，《正统道藏》收有《药王八十一难真经》。

三为孙思邈。后人尊之为药王，奉祀不辍。为祀药王常于夏历四月二十八日举行药王会。

在我国民间信仰中，药王的信仰甚为普遍。因各地民俗的不同，故信奉的药王还不止一个，而其中著名的有上文提到的春秋时期的扁鹊，唐代的孙思邈。

九仙阁，位于三星殿后排中殿。

供奉：何氏九仙君、仙父仙母、范仙公、金童玉女。

何氏九仙君——九仙阁第二排。（在道院仙君楼殿已介绍）。

仙父仙母——位于九仙阁第一排。（在道院仙君楼殿已介绍）

范仙公——位于九仙阁第一排。（在道院玉皇殿已介绍。）

金童玉女——九仙阁第三排。（在道院仙君楼殿已介绍。）

太乙殿，位于九仙阁后排，是显镜宫最早修复一座殿阁的太乙殿，南面大广场。

太乙救苦天尊——（在三清殿已介绍）。

第三节 楼阁·山门·石塔·亭台

一、楼阁（石竹山道院管理配套设施）

紫云楼阁——位于登山五进处，建筑面积66.2m²，最初用于接待香客，1988年信士黄旺苏捐建。

道院餐厅——位于登山七进处，建筑面积450m²，由华侨高仁福捐资30万元。1993年石竹山道院建。

朝晖阁——位于登山六进处，建筑面积800m²，设素菜馆及配套。2012年，高仁福合家，黄忠辉合家，陈剑峰合家，陈克福、陈秀辉、林勇合家，施章峰、朱寿延等捐建。

狮岩堂配套设施——道教教职人员培训中心、综合楼、住宿楼、职工宿舍楼、会议室、图书馆、办公室，建筑面积12500m²。2000年，石竹山道院建。

香客、游客接待中心及管会办公室——位于登山六进处观音厅东侧，三层，建筑面积1100m^2。2010年，张珍全合家、林棋合家，厦门市恒熠纺织公司、林华、陈克福、王命义、陈建安、林程斌、张遵辉、郑江华合捐建。

长郷亭——位于香游客接待中心大厅前面，长约110m^2。2010年12月，福清市龙翔中英文学校董事长周伟彬先生偕夫人王兰平女士捐建。

道院职工宿舍楼及库房（两处）——处位于登山六进处，即朝晖阁右上方，建筑面积900m^2；另一处位于登山八处，三清殿旁边，建筑面积400m^2。2012年，石竹山道院建。

八卦城——位于狮岩堂进山门东侧，道教文化，根据星图历法《河图洛书》创设；是让广大香客了解八卦，认识八卦知识。建筑面积907m^2。2002年，石竹山道院建。

感恩阁——位于办公楼旁，建筑面积150m^2。2013年，由信士林曦捐建。

二、山门（含登山道）

石竹山道院山门——位于东张水库北畔，坝头往西800米，四柱三进，面阔三间，中有八根方式石柱，东西两旁，各竖四根石柱，为亭阁式，白花岗石结构。山门座基宽50米，深33.5米，高11米，长8米，宽30米，面积约240平方米，顶盖琉璃瓦，屋脊雕双龙戏珠，尾角各雕风头草尾，大门顶石匾镌刻“石竹山”三字。1984年，印尼华侨蔡云辉捐建。

登山路石台阶——起点自进山大门，两路均以花岗石铺成登道，长1069米，共1436级，阶宽2米，直达道院前。又由观音崖西转行经化龙窝蓬壶，紫云洞用长1米的石条铺成石阶直达道院门口。初建于1982年，印尼华侨蔡云辉捐建。2000年后又进行了两次提升改造。

石竹山旅游索道——位于东张水库景区东面，始建于1993年，由著名爱国华侨赖庆辉先生修建，1994年投入试运营，1995年经“国家客运架空索道安全监督检验中心”

验收，合格正式运营。由北京有色金属设计总院设计的单线循环式固定抱索器吊篮式索道。全长488米，最大爬坡角为38度，全线共设钢支架11座，运载钢丝绳直径34毫米，挂双人乘坐吊篮72架，索道运行速度为每秒1.1米，单向运行时间8分钟。2008年原设计单位对索道站台、机电设备、吊篮等进行提升改造。

石竹山旅游索道的建成和提升改造后不仅给石竹山风景区增添了一个新的景点，也为中外游客、香客登高览胜提供了舒适的交通工具。

狮岩堂山门——位于东张水库环湖路西北畔，石竹山道院进山门往西约2000米左右，四柱三进，长方形，二层，高9米， 长4米，宽18米，面积约90平方米。花岗石和混凝土结构，顶盖琉璃瓦。门额刻“狮岩堂”三个字，左开门“抱朴”，右开门“含真”，两副对联。背面“道法自然”四个字，左开门“玄同”、右开门“清远”，两副对联。一对石狮，旁边建有管理房约120平方米。2000年12月，石竹山道院建。

显镜宫山门——位于宏路村矮岭，宏路至石竹山景区石竹路约1000米，福厦高速公路高架桥下面向北转1000米。四柱三进，长方形，二层，高9米，长4米，宽18米，

面积：约90平方米。花岗石和混凝土结构，顶盖琉璃瓦。门额刻“显镜宫”三个字，左开门“紫气”，右开门“东来”，两副对联。背面“众妙之门”四个字，左开门“天长”，右开门“地久”，两副对联。2004年，石竹山道院建。

狮岩路——由石竹山道院进山门前环湖路经狮岩堂山门，盘山公路直抵狮岩堂，全长约2000米。道院修建路坯于1999年，混凝土铺设于2004年，由信士江崎直昌捐建。

三、石塔（现存）

紫云塔——位于石竹山道院正南面的鲤尾山上，俗称鲤尾塔。建于明代，仿楼阁式，花岗石结构，八角七层，高24米，宽6米，廊宽0.65米，塔座呈工字形。雕有鲤鱼、麒麟、荷花等图案。门口有两尊石雕武士守卫左右。塔内每层均安放石雕观音佛像。第七层塔壁上凿有“梵天清吹”四字。塔周围有石柱、石狮等。塔身微斜，塔周有石柱、石狮。塔身中空，有石阶供攀登。登上塔顶，北瞰石竹、下临碧波，西望群峦，东观沧海。面对清流，耳听松涛，湖光山色，令人忘餐。

1981年2月25日被列为第一批县级重点文物保护。

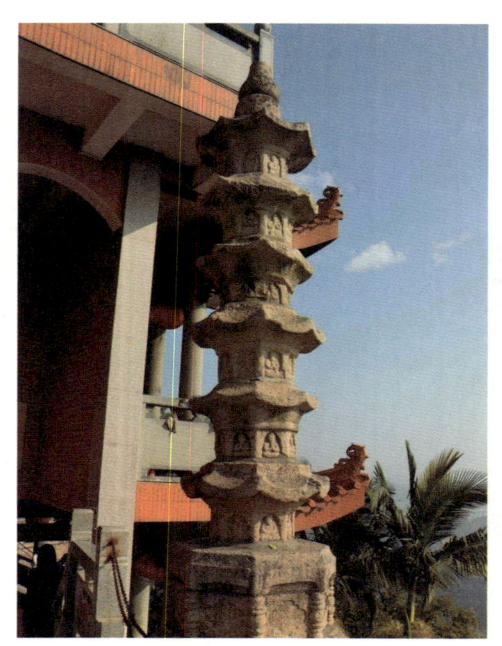

舍利塔——在仙君楼右侧，花岗石结构，七级八角实心石塔，塔顶呈葫芦状，高3米，宽1米，每面刻有神像，惜其石已风化。亦作“飞升塔”，是石竹山的灵宝塔，始建于宋宣和三年（1121）宝塔是道士驱邪镇魔、修持至高境界的象征。

1981年2月25日被列为第一批县级重点文物保护。

四、亭台

石峰竹雨石亭——位于登山路四进处，建在一块约80米岩石之上，悬崖上下落差16米。长方形，二层，高8.6米，长3.8米，宽8.4米，面积约35平方米。全亭以白色花岗石为主，青色辉绿岩为辅，配有四川红岩石板。亭阁式，岩石上竖八根石柱，雕八仙过海、渔樵耕读及花鸟等。前有雌雄石狮一对，石狮前的曲桥宽4米，采用混凝土结构，地面垛白色假石配以红色栏杆。方形石柱，前后镌有对联，分别是:①石能留影常来鹤，竹欲摩空尽作龙；②悟彻我身原是梦，谁知入境亦非真；③心上即天何须西去，眼前皆佛何谓南无；④石壑流泉如偈语，竹林清籁永禅音。亭前后石匾分别刻“石峰竹雨”“石竹”“一九八九年信士吴修撰　吴修怡建”字样。

1989年，新加坡华侨吴学光捐建。

蔡云辉功德碑亭——位于石竹山道院办公楼下方，长方形，小凉亭样式，为混凝土结构，单层，长5米，宽3米，面积约15平方米。立石蔡云辉功德碑。

1983年7月，石竹山道院立。

功德碑林门亭——位于石竹山道院登山路通往三清殿，缆车上站三叉处，石结构，高5米，宽3米，单面石坊，面积约15平方米，坊顶雕刻各种图案，正面门顶上横镌刻“三清法境”，下横“功德碑林”。对联“功高昭石竹千秋永驻，德盛润梦乡万载流芳”。背面门顶上横镌刻“参天一回”，下横“法缘广结”。

秋芳亭——位于石竹山道院山门后，登山路上山路边即是。亭呈长方形，单层为混凝土结构，高4.5米，长6.4米，宽4.6米，面积约30平方米。亭梁绘彩色国画，亭周有水泥椅可坐。

1986年1月，新厝镇印尼华侨陈子煌、郑秋芳夫妇捐建。

子煌亭——位于登山路边，由秋芳亭转左行，登山路旁。亭呈六角形，双层，为混凝土结构。上绘一鹤。亭长6.5米，宽8米，面积约60平方米。

1986年1月，新厝镇印尼华侨陈子煌、郑秋芳夫妇捐建。

永瑞亭——位于景区西侧的岔路口西27米，蟠桃洞以东21米处。亭为小型六角，单檐建筑，系石及仿木混凝土结构，内有仿木藻井。长6.5米，宽4.5米，面积约30平方米。石柱有楹联：永结善缘留善果，长联仙岛建凉亭。

1991年5月，信士李锦平、李桂章、李振栋、李振柱捐建。

步高亭——位于登山路两路汇合处，为单层四角亭，混凝土结构，长6米，宽6米，面积约36平方米。镌有对联：平湖秋色春风秋月争入胜，古刹名岚暮鼓钟声总传灵。

1989年6月，新加坡华侨陈亚荣、林金宋伉俪捐建。

观音亭——位于东侧登山路至泗洲殿往下400米处。亭双层六角，混凝土仿木结亭阁式，顶琉璃瓦，覆盖双龙抢珠浮雕，顶层有花窗、石栏杆、荷花悬柱、垂角重檐。亭长7米，宽7米，面积约50平方米。

1984年6月，东阁新加坡华侨柯雪金女士捐建。

桂宋亭——登山路上去，位于泗洲大圣殿之左，六角双层，混凝土结构，顶层玻璃透明窗，底层栏杆靠背椅，全亭绿瓦白柱、简洁大方。亭长7米，宽7米，面积约50平方米。

1983年5月，印尼华侨林绍喜、林绍根、林绍良同建。

祥珠亭——位于登山路上去，东进入在“别一洞天”下，牛蹄洞处，为四角方亭，单层，混凝土结构，两边设水泥椅，中置一圆桌，石椅。亭长6.5米，宽6.5米，面积约40平方米。

1986年1月，印尼华侨，陈德发、郑祥珠捐建。

元载亭——位于“石竹”岩刻下，登山路之西，单层方亭，混凝土结构，粉柱，绿瓦，顶雕白鹤立葫芦，亭四角，长6.75米，宽6.75，面积约45平方米。花草拐子，亭周三面靠背椅，中置方形石桌、椅，美观大方。

1983年5月，印尼华侨林绍喜、林绍根、林绍良捐建。

德发亭——位于观音岩上方，登山路东侧，单层，圆亭，朱柱，绿瓦，上绘图案，混凝土结构，周长15米，面积约45平方米。

1986年1月，印尼华侨陈德发、郑祥珠捐建。

新星亭——位于素菜馆右边30米处，双层，六角，亭阁式，混凝土结构，朱柱，红瓦，四边仿竹水泥椅，顶雕白鹤，檐角立和平鸽。亭长6米，宽6米，面积约40平方米。

1986年8月，香港韩国龙、薛命营、林代文同建。匾为李洪元书。

灵秀亭——位于紫云洞东侧10米处，亭为八柱，曲线凹字形。梁绘花鸟彩画，背为水泥假竹椅，混凝土结构，亭屋面琉璃瓦，亭高3.5米，长9.5米、宽2.3米，面积约25平方米。

1987年12月，信士郑木宋领男陈自铭捐建。

观音亭——位于道院西面狮岩堂石观音登山路往下50米处，正方形，两层，混凝土结构，长5米，宽5米，面积约25平方米。对联：修百善自能过百福为善最乐，竭千虑自必致千祥远虑无忧。

2005年10月，福州大通机电有限公司捐建。

应吉亭——位于进山门西边至秋芳亭之间。亭长7米，宽8米，面积约60平方米。重檐形混凝土结构，底八角、上四角。

1993年2月，信士陈晶捐建。

良棋亭——位于小蓬莱至日月洞之间。混凝土结构，八角重檐，两层。长6米，宽6米，面积约36平方米。

1993年2月，信士郭良棋捐建。

华福亭——位于紫云真人殿左前方50米处。六角形，两层，混凝土结构，长7米，宽7米，面积约50平方米。

2007年3月，信士陈华福捐建。

望湖亭——位于景区面面环湖路，道院狮岩堂山门前（左右两座），长方形两层，土结构，长16米，宽7米，面积约112平方米。

2003年9月，石竹山道院建。

义诚亭——位于曲径通幽至小蓬莱之间。椭圆形，一层，混凝土结构，六个柱，三副对联，长7.5米，宽4米，面积约30平方米。

信士义诚捐建。

国龙亭——位于捐资功德碑林处，通往三清殿台阶路边，六角椭圆形，两层，六个石柱，混凝土结构，长6米，宽6米，面积约75平方米。

1997年7月，香港韩国龙捐建。

通天亭——位于文昌阁右后侧100米处。六角形，两层，混凝土结构，长5米，宽5米，面积约40平方米。

2002年10月，信士陈强捐建。

冠城亭——位于道院西面狮岩堂山门登山路往上走约400米处。六角形，一层，混凝土结构，长5米，宽5米，面积约25平方米。对联：冠上明珠凝紫气祥呈石竹，城边福地耸仙宫瑞聚狮岩。

2005年10月，北京京冠房地产开发有限公司捐建。

通达亭——位于道院狮岩堂登山路至通天亭约200米处。正方形，两屋，长4.5米，宽4米，面积约25平方米。对联：欲听群峰吼天狮、待憩孤巒问重岩。

2005年，石竹山道院立。

仙君亭——位于道院西面石观音阁登山路至狮岩堂之间。正方形，一屋，混凝土结构，长5米，宽5米，面积约25平方米。对联：上善若水水惟善下方成海，崇德如山不矜高自极天。

2005年10月，北京太阳宫房地产开发有限公司捐建。

福强亭——位于三清殿台阶路至状峰峰中间。六角形，两层，混凝土结构，长4.5米，宽4.5米，面积约25平方米。

2007年7月，福建福强精密印制线路公司捐建。

第四节 石竹山道教建筑文化特征初探

一

福清市宏路镇西侧的石竹山，是我省著名的风景旅游区。素以“雅胜鼓山”而称誉全省。石竹山方圆13多平方公里，由白垩晚期灰成岩组成。山岩节理发育，剥蚀强烈，形成了许多奇峰怪石。其主峰天子峰，拔地而起，海拔高630米，鹤立众峰之上，犹如金铸玉琢的宝柱。峰顶常年白云缭绕，危崖绝壁，气势磅礴。登上山顶，仿佛置身云端，顿觉眼开胸阔，心旷神怡。环望四周，诸峰林立，争雄斗奇，千姿百态，峰峰俯身颔首，朝向主峰，宛如众星拱月，天造一处“群峰捧圣”“百鸟朝凤”之奇观。造山运动时，崩塌的块石又滚叠成众多的石洞，终于形成了今天游人所看到的石竹山峰岩、洞穴的神秘气氛。石竹山东临大海，气候温和，雨水充沛，竹林丰茂，并多奇花异草，名贵林木。气流、山体与海洋的相互作用，又常常形成云海、岚光、海市蜃楼等奇特的景观。故世人视石竹山为“神窟仙宅”“灵异之府”。这就是历代道家方士寻仙、修道的理想之地。明·《八闽通志》对石竹山是这样记载的：“在永寿里。山形峭拔，其巅有石巍然，上粘蛤蛎壳。山不甚多竹，惟竹根盘错，当春夏之交，饥者多于此采笋以济，然欲多则不可得，号济贫笋，故名石竹山。”

唐时，石竹山出现佛教寺院。宋·淳熙《三山志》卷36在福清县“僧寺类”条目载：“灵凤院……大中元年（847）置。石竺院，修仁里，同年置。”大中为唐宣宗年号。明·《八闽通志》卷75在福清县“寺观”条目载：“石竹寺在县西北修仁里。唐大中元年建。见存。”可见石竺院即石竹寺。但道教在石竹山建立也很早，清·《福清县志》卷15“仙释”条目载：“林炫（玄）光。朱梁时尝炼丹于石竺山。后舍宅为仙井寺，以产业入灵宝观”。丹成骑虎白日上升。观之后有伏虎岩。”据《八闽通志》载：“仙井寺。唐大顺二年（891）建。（……在永寿里）。”从林炫光“后舍宅为仙井寺，以产业入灵宝观”看，灵宝观的建立时间应不迟于唐大顺二年（891），这距石竹寺的建置（847）仅迟44年。看来从晚唐以后，石竹山就已经是佛道共处的场所。南宋时，林希逸《游石竹山半山亭》诗中有句云：“欲知佛境界，须上到山头”，足可说明石竹山佛教信仰十分活跃。（不

过，南宋以后，何氏九仙的祈梦信仰开始兴起，元明以降极为盛行。元至正年间授福清州知州的林泉生有诗云：“鹤来仙已去，谁料虎能飞，怒入青山骨，千年永不归。”至明代，石竹山道教以何氏九仙的祈梦信仰更风行全省。明·何乔远的《闽书·方域志》载：“石竹山……何氏九仙所游也。皇朝王世懋游记‘闽人祈梦，以秋往九鲤湖，以春往石竹山。石竹山是九仙离宫，为行春治所耶。’”值得注意的是，《闽书》在“石竹山”条目中只书“石竹山是九仙离宫”，只字未提石竹山的佛教，可知明时石竹山佛教已经衰微，但并未消失。至清代和民国，仍有僧人主持寺事，然而其声名远不如何氏九仙祈梦显赫。至今民间还流传着林真君曾在石竹山炼丹为乡人治病，丹成“骑白虎升天”的故事。山上尚留有虎迹岩、丹井等遗迹，以及何氏兄弟九人炼丹湖畔，丹成鲤食，俱化为龙，各乘一鲤仙去的许多奇闻轶事。由于林真君和何九仙踪迹奇幻，内炼有成，寒暑不侵，具有先知、神行等奇异功能的得道仙家，所以历来为欲求成仙的方术士、道士们所钦佩、所崇仰，从而使石竹山成为数百年来道徒们以及善男信女信仰林真君和何九仙的一处重要圣地。全盛时的石竹山，其主要建筑有：玉皇殿、土地庙、真君宫、九仙观、白云精舍、文昌阁、观音堂等。从建筑的选址、布局等完全可以看出石竹山仍属于道教建筑的文化特征。

二

道教渊源于先秦，形成于东汉，发展于魏晋南北朝，兴盛于唐、宋，分衍于金、元，明渐趋减弱，清以后显然衰微，已有1800多年的历史。

道教是我国土生土长的宗教，它以其信仰阐扬的“道”“德”为基本的教理，“道”是宇宙的来源，是天、地、人的主宰者，取这种本源的本性，便是“德”。道教最基本的信仰是“道”，认为道是“虚无之系，造化之根，神明之本，天地之元”。道教以其“三宝”，即一曰慈，二曰俭，三曰不敢为天下先为其教旨。

道教所奉的经书，包罗甚广，有经戒、科仪、符录、炼养，也有道家的哲学及自

己的儒、墨、法、阴阳、兵、医、杂等诸子典籍，是祖国传统文化宝库的重要部分。道教绵绵相传，对我国社会的发展、群众生活都有着重大影响。

道教的方术，有卜巫、占星、医术、祈祷、咒术、神符、驱鬼、祭祀等仪式。道教的长生不老术，有辟谷、服饵、调息、导引、房中等方面。因此，道教乐生、贵生，而不是以生为苦。它追求的最高理想是今生的长生不老，不死，得道成仙，而不是寄望于来世的幸福或死亡的灵魂升天。如何实现这一理想？道教的修道方术有内养、外养和房中术三个方面。内养指按一定的方法，运用人体内固有的精、气、神的力量，来达到长生和成仙的目的。其中之一，就是修炼内丹，以人体为鼎炉，以“精”“气”为药物，运用“神”进行烧炼，使“精”“气”“神”三宝合一，凝而不散，结丹成仙。强调修炼，“清净无为，息心去欲，性淡自然，养气安神”等心理要求。因此，道教建筑的选址非常倾向于人烟稀少的野山峻岭，以利于在大自然中修身养道。

三

道教的宫观建筑是中国古建筑的重要组成部分。如果循着道教这条土生土长的、浸润中华文化的漫漫长堤去追求探索，可以清楚地观察到我们民族的理想、信仰、追求以及思维方式，乃至世界观、宇宙观的发展变化的轨迹。在宫观建筑上，也同样表现出了其哲学思想和险峻、缥缈的意境。

石竹山道院，远望主峰，青黛如眉，雾霭萦绕，仙气阵阵。这种浓烈超脱凡尘的气氛，是道教建筑的精髓所在。道学，作为一种玄奥的哲理、教义，体现在石竹山的道教建筑中则变得十分具体、形象、可观、可摩、有形、有体。建在半山腰西侧悬崖峭壁上的仙君楼，就具有代表性。仙君楼始建于何时，无从查考，但该殿阁既是奉祀何氏九仙，初建亦当在梁时，距今已千年。殿阁建筑在一块宽约三十多米的宛如刀削的陡直石壁上，好像一根枯藤上吊下来的一个葫芦。再看结构，龛洞飞檐，全用斗拱架起。那些立柱支撑着庞大的三间殿楼，一头陷进岩石之中，也不过碗口粗，然而就是这一根根立木经历着风风雨雨。该殿阁虽经历朝修葺，1984年改为钢筋混凝土仿木结构。

再如玉皇阁、土地厅以及中座的大士殿，均石木结构，建置在凹成半弧的突兀巉岩，里贴绝壁，外临深谷，殿顶背后层岩峭拔，壁岸无阶。站在前庭，倚窗南望，山峦起伏，翠色尽抹；西侧山麓下，水色无垠，鲤鱼山漂浮在碧波之中。“山南山北云片片，山前山后水潺潺”，这动与静的交融、变幻莫测的玄奥，恰好衬托出一股“东方云海空复空，群仙出没空明中。摇荡浮世生万象，岂有贝阙藏珠宫”。那海天之间的宫楼玉宇，神舍仙居，仙山亭阁，“望之丹碧隐然，如在烟雾”，影影绰绰，若隐若现，若明若暗，似近似远，似有似无，似真似幻，神奇而又神秘，引发人们无穷的想象：说不定在那里面陈设着千年珍珠，万年珊瑚；说不定那里面有青鸾白凤，金箫玉管；说不定那里面的仙宴上有龙肝凤髓，蟠桃美酒；更说不定真君飞回，群仙毕至，正在欢宴喜饮，人们细细品味，犹如在欣赏瑶池歌舞，如痴如醉。前者是造景，后者是借景。造景加借景珠联璧合，相得益彰。这就创造了石竹仙山的审美形态，内在地渗透和表现了道家文化现世成仙的长生思想和物我两忘的审美理想。

道教还有一整套的修道方术和一些经常性的宗教活动，要修炼到“形如槁木，心若死灰，寂泊之至，于心无定而无所不定”的境界，达到“道德极地”——三十六重天的最高一重大罗天。石竹山又时常云遮雾掩，若隐若现，高远隐约，飘忽闪动，明灭变幻，它如烟如霭，如云如霞，如焰如影，如幻如梦，是一种令人心往神驰，充满了幽邃莫测的神秘气氛。在寺庙上游览，如置身九霄云外，令人飘飘欲仙，同样起到暗示仙境的作用。

四

石竹山道院的建筑布局，在地形和山势的选择上有严格的规矩，一般来说，它要求宫观背依山体，面向北斗，就实而避虚，这是取其“常有观其皎，常无观其妙”的经义，而建筑群的四周，又要求具备较典型的一些地貌地物，能够去映现“四象”，即青龙、白虎、朱雀、玄武。在建筑物之间的关系上则要求烘托主体，附属建筑从不同角度、不同层次去簇拥主体建筑，犹如众星拱月。建置在石竹山山腰上的建筑群，恰恰就是利用山地的高差，来烘托自身的形象。由于其选址的奥妙，背依陡壁，面逼坑谷，因此山门不得不开在西侧，就可证地势的险峻。这种借山势取雄，挤占崖边，虚挑悬空，突出高壮险极，创造出幽邃感，造成优美轮廓，树立追求向上、不甘颓败的形象。

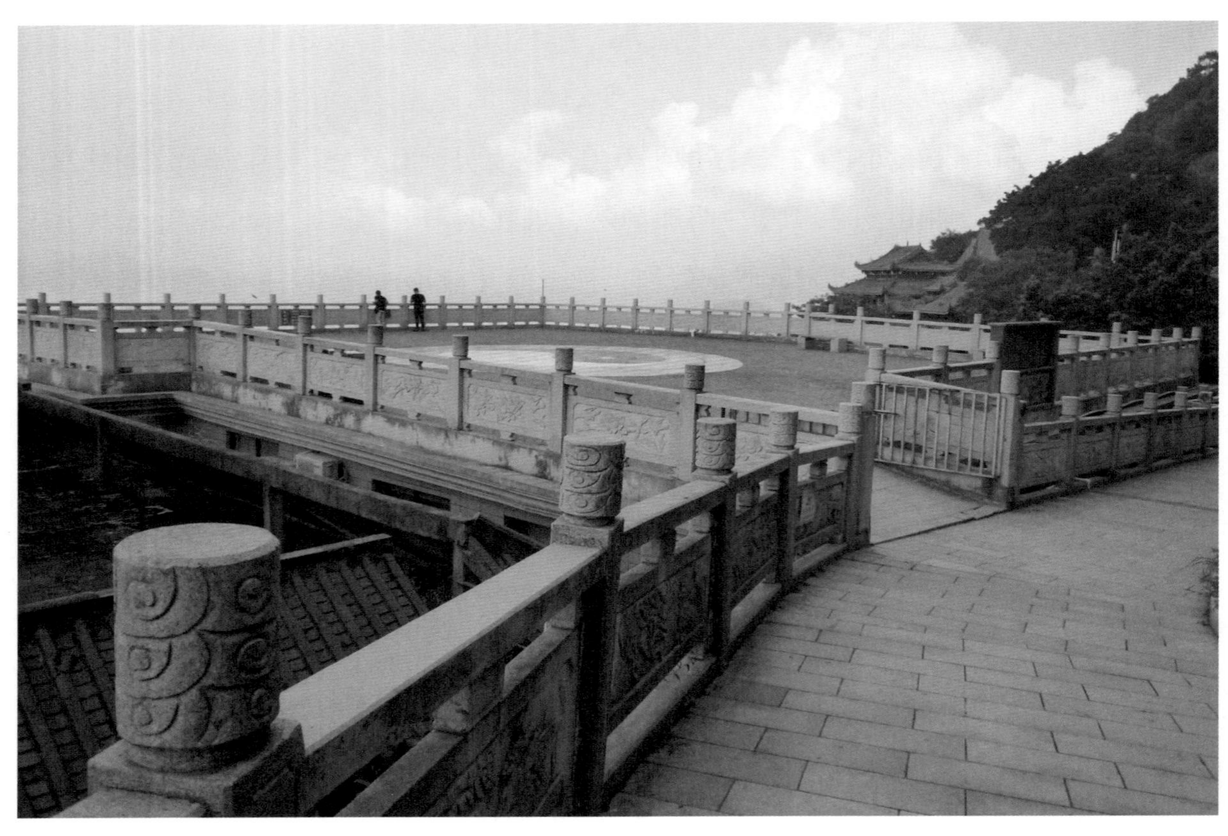

道教广场

道教建筑则利用自然地貌的跌宕起落、急转变化，巧设妙物，造成一种藏露结合、相得益彰的特定氛围，蕴涵道教的经典思想，让人们深有体会。有人说得好：石竹山的磴道或崎岖，或平缓，或晴朗，或阴暗，通达处忽弥漫，临绝境又开朗。此间蕴含着道家有无相生、险易相成的教义。在这方面，石竹山道观确实是这样的。从山下到观前的山路以及亭、阁布置的寓意就出自《道德经》："玄之又玄，众妙之门。"石竹山的登山石道原起自无患溪北岸，弯弯曲曲的磴道从山上伸到了人们的脚下，当人们沿着崎岖山路攀登气喘吁吁、汗流浃背、举步维艰的时候，蓦地眼前一亮，一座凉亭呈现在前，道路转为平坦，身体顿感轻松，这就是门前铺设的一段逍遥径，它的设计应了道教哲学中"难易相依"的第一妙。顺着磴道向西北继续前进，将达半山前望岩石当道，四周竹木葱郁，欲进无路，使人顿生"欲登青云苦无路"之感，这又应了道教思想"有无相依"的第二妙。当人们急欲觅路登山时，却发现急拐处东北尚有一径，到了观音崖，仰望山上，岩石上覆，峭壁参天，真有猿鸣三声欲断魂的感觉。俯视山下，又面临万丈深渊，唯见云雾茫茫。贴着峭壁垂直延伸，至此又应了道家"险处逢生"的第三妙。而往上巨石齿错，稠木交加，下为径路，藓磴加滑，点苍滴翠，弥助其幽。左望积石，旁标一碑"别一洞天"。到底尚有多少个妙，恐怕很难说清，这也汇聚了不同层次的景观，使人顿觉超俗脱尘。走向石竹山高处，既忘却了自我的一切，又忘却了身外的一切，逍遥神游，返朴归真，步人道家的物我两忘，天人合一那种超越时空的审美境界：一个由身入心，从心入神，出神羽化的自由逍遥境界，一个情趣盎然，意味无穷的境界。

总之，到石竹山去，身临其境，您就会更好地认识到其间道教建筑充分体现了我国古代文化的博大精深，蕴含许多高妙之理。

（余长通）

第五节 石竹山法派

我不会忘记在福建师范大学任教时两位曾经给我许多教诲的老学者，一位是黄寿祺教授，一位是刘惠荪教授。他们二位都精研《周易》等中国古代经典文化，而且都有很深的造诣。数年中，我跟随二老读《易》，研习古诗，他们的儒雅风度和广博的学识在我的心中留下了难以磨灭的印象。我自己揣摩，在“冥想”中，二老的形象或许被组合和艺术化了，从而形成了这样一个可亲可敬的渊博老者形象。不论情况如何，我是无法忘记二老平日间对我的指教的。

在冥想中，白胡子老人提到的“石竹法派”也很令人寻味。

冷静思考一下，觉得这并不是捕风捉影的事。记得多年前，我曾经与一位散居道士接触，他言及“石竹法派”的来历，并且说到有一部反映“石竹法派”师承源流与道法的“真经”，当时我并不在意。由于梦的启迪，我突然激发了寻找这部经典的浓厚兴趣。经过多方调查，我终于在民间一个小道堂找到一部线装手抄本，题名《石竹水镜善丹真经》。翻开一看，一首《乾坤圆》的古诗映入眼帘：

刘氏淮南结道缘，八公点化火出泉。
何家兄弟得真传，天眼开来俗眼眠。
一藤九瓜同结蒂，三才五义共相肩。
石竹法派因林立，水镜修行聚善丹。
云飞月默秋风劲，叶落根强春色还。
斗柄高悬玄机运，玉衡周转黄道参。

孝仙梦感阴功厚，正意诚心筑基坚。

灵宝大通坎离会，三教归本乾坤圆。

我不知道这部古书是不是当年那位散居道士言及的“真经”，但《乾坤圆》一诗使用的“石竹法派”术语却让我感到相当振奋。根据序言出现的“嘉靖”年号，我揣测这本《真经》不会早于明朝；尽管如此，这依然是很珍贵的。于是，我花了许多时间把它抄录下来。

多年来，我一直对《真经》与“石竹法派”怀着浓厚兴趣，希望能对其内容有真切的了解，也企盼通过这部《真经》寻找到更多的关于“石竹法派”的线索。

惭愧的是，一晃十多年过去了，我并没有揭开《乾坤圆》一诗的奥秘。不过，我相信，总有一天，我可以通过某种文化通道，迈进“石竹法派”的历史长廊。

机会终于来了！一年前，我到石竹山道院讲学。课余之暇，我经常与福建省道教协会副会长、石竹山道院住持谢荣增道长以及其他道友交流学习心得。我们谈论最多的当然是石竹山道教文化传承问题。有一天，我对谢道长说：“十多年前，我看到一个材料使用了‘石竹法派’术语，不知道你对此有什么看法？”谢道长是个既有使命感又很慎重的地方道教领袖，他没有立刻回答我的问题，而是反问我：“你认为石竹法派成立吗？”我被他问糊涂了，一时语塞。

作为石竹山道院住持，谢道长没有断然肯定“石竹法派”的成立，他的反问表现了当代道教宫观管理层求实的态度。我在内心上对他的谨慎甚为敬佩，由此产生了进一步查考文献的强烈愿望。我查阅了《福建通志》《三山志》《福清县志》《石竹山志》等地方志书，也读了《道藏》《藏外道书》中的许多稀罕文献以及一些文人的诗词曲赋，深感《石竹水镜善丹真经》余味无穷，尤其是那首《乾坤圆》的诗更值得琢磨。

经过了艰苦的爬梳和一段时间的思考、推究之后，我发现《石竹水镜善丹真经》所称道的“石竹法派”原来并非向壁虚构，而是别有“洞天”。这个“洞天”就蕴藏在《乾坤圆》一诗的字里行间。从《乾坤圆》一诗可以看出，石竹法派具有悠久的文化渊源。这首诗从淮南王刘安养士说起，逐步显露“石竹法派”的形成与修行理趣。

天地回旋春讯

“刘氏淮南结道缘，八公点化火出泉”。其中的“刘氏”系汉代淮南王刘安的略称。据《汉书》记载，刘安是汉高帝刘邦的孙子，于汉文帝十六年受封淮南王，为人好书，也喜欢弹琴，招宾客方术之士数千人。他雅好道家神仙之学，主编了一部书叫作《淮南子》，至今流传。这部书原来分内、外、中篇。内篇论道，外篇杂说，至于中篇据说是专门讨论神仙炼丹的事，其由来与当时的八位门客有关。这八位门客是：苏非、李尚、左吴、田由、雷被、毛被、伍被、晋昌，号称“八公”。相传“八公”精通炼丹秘术，诗中“点化”二字即是形容“八公”炼丹的情形。“火出泉”暗示炼丹过程的“阴阳颠倒法”。“火”为离卦，代表南方；“泉”为坎卦，水源，代表北方。一阳之气起于北方坎水，运转到东方则木气旺，再运转到南方则火，故而谓之“火出泉”。

“何家兄弟得真传，天眼开来俗眼眠”。该诗接下来，叙说何氏兄弟修道成仙的历程。相传汉武帝时期，江西临川县名士何堠在朝为官，他与淮南王刘安交情深厚，经常谈论神仙方术。何堠有九个儿子，深受这种文化氛围的影响，喜欢仙学炼丹，并且胸怀道义。那时有个术士叫少翁，因以“巫鬼”秘术得到汉武帝的宠爱，何堠规劝汉武帝不要受少翁的骗。开初，汉武帝不听，直到少翁欺诈行为败露，汉武帝才醒悟过来。在处罚了少翁之后，汉武帝考虑到何堠正直进谏，可以信赖，于是召何堠到闽县当县令，所以他的九个儿子后来也到了闽县。据说何堠的九个儿子都是瞎子，唯有老大的印堂处“一目上竖”而独明。诗中所谓“天眼开”大致说的就是这种情形。何氏九子刚到闽县的时候在离县府不远的一座山中炼丹，当地人称他们为“九仙”，于是这座山也就名为“九仙山”。何氏九仙虽然炼就了外丹，但内丹却未成，于是继续寻找适合修炼内丹的洞天福地，他们结伴往南行，到了福清石竹山，感觉这里风景极佳，就驻扎下来，潜心修炼。由于石竹山气场强大，九仙修持，时有梦感，后来这里便成为祈梦的特殊场所。

“石竹法派因林立，水镜修行聚善丹”。何氏九仙在石竹山修炼内丹的故事世代流传，吸引了不少后人来此修习。据《三山志》等书记载，梁朝时期，福州越王山人（一说邵武人）林玄光（一作汝光，一作晃)来石竹山炼丹，他在这里所住的房舍后来成为“仙井寺”。《乾坤圆》一诗所谓“因林立”的“林”应该就是指“林玄光”。意思就是说，石竹法派是因为林玄光才创立起来的。值得注意的是，《福清县志·人物志》叙说林玄光事迹时有“以产业入灵宝观”的话，这说明早在林玄光来此炼丹前石竹山已经有“灵宝观”了。《乾坤圆》诗第二首最后两句出现“灵宝大通”的言辞，也一样表明石竹山曾经有灵宝观存在。既然有“灵宝观”存在，该山传承灵宝派的道法应该是很自然的事。但《乾坤圆》诗为什么又出现“石竹法派”呢？结合诸多资料来考察，我以为历史上的“石竹法派”应该是道教灵宝派衍化结果，早先灵宝派曾经在石竹山传播，但由于何氏九仙文化传统的作用，灵宝派道法与九仙信仰结合，于是形成了石竹法派。从《闽都别记》等书的描述看，林玄光不仅自己修道炼丹，而且教授徒弟，他的徒弟叫作余心发。《闽都别记》还叙述了林玄光密授如何变水为银的诀窍，这些事迹尽管带有民间传说的性质，不可尽信，但我们从中还是可以看出“石竹法派”的蛛丝马迹。

石竹法派在学理与实践上有什么特点呢？为了弄明白其中的奥妙，我多次与石竹山道院谢荣增住持以及其他道友们讨论。在一次散步的时候，我问谢道长的一位徒弟：“从现代道教立场看，你认为石竹法派的特色是什么？”

这位年轻的道友很简练地以“修行”二字作答。

“可是，其他道教派别也讲修行啊！”我又提出疑问。

谢道长的徒弟目光转向他的师父，似乎是在寻求帮助。谢道长缓缓地说：“既然修行是道教中带有普遍意义的理论与实践问题，我们就更应该认真研究了。”谢道长领着大家到了“狮子岩”前的太极池，深有感触地说：“这些天来，我也一直在思考着石竹法派的修行文化内涵。”

“你有什么感想呢？”

“依我看，石竹法派的修行是以九仙信仰为基础的。”谢道长以他一贯的沉稳有力的语调说：“你看，何氏九仙，一目共用，这是‘和’所致，他们因有孝行而梦感，这又显示了‘通’的力量，能和能通，全在于效法水的柔下品性。因为水的柔下宽容，造就了江河大海的川流不息，所以石竹法派的修行，就是以水为楷模，滋润万物而不张扬自己。太上老君《道德真经》教导我们，一曰慈，二曰俭，三曰不敢为天下先。这至理名言可以说是对水的善德的集中概括啊……”

谢荣增道长的话，仿佛翠竹出芽，春风拂面，又好像山泉流淌，沁人心脾。当朝晖初露，我不由自主地穿越在丛林之间，目光透过竹叶掩映的缝隙，波澜壮阔的石竹湖时隐时现。这时候，我的眼前又浮现起《乾坤圆》凝练的诗句。那古朴的手抄汉字渐渐地转换成层层叠叠的历史场景，仿佛中，我好像正在做梦，也好像正在穿越历史走廊。霎时，我的心中涌起了一股思潮：

乾坤圆，圆乾坤，
石竹青山一混沌。

梦中有道道心笃，

修行行修诚是春

石竹法脉三十字曰：“大道传真法，融山石竹兴，梦占荣九鲤，丹符耀三清，金科闻妙理，玉律载德声。”现道院传法已三代（大、传、真），最高辈分为“大”字，上接龙虎山道脉“鼎”字辈。

（詹石窗）

走向万神殿

第六节 “石竹山道院文丛”简介

“石竹山道院文丛”每本都有谢荣增道长撰写的“总序”，先后共出九部10册，分别是（按出版时间为序）：

《道教修行指南》，詹石窗著，宗教文化出版社出版。2006年1月第1次印刷。本书含引言、六章、后记。第一章：道教修行的作用；第二章：道教修行应了解的基本理论；第三章：道教修行与神仙信仰；第四章：道教修行环境与条件；第五章：道教修行的主要方法；第六章：道德涵养与道教修行境界。

《石竹山神话》，郑敬平著，詹石窗作序，大众文艺出版社出版，2006年8月第1版第1次印刷，2009年10月第2版第2次印刷。

本书为长篇神话小说，用故事说道教，请神仙谈人生。分为三部：一、万古仙魂，述说何氏九仙是怎样炼成，百姓信仰他们的理由。二、千年之恋，讲述东海鲤鱼公主为何被玉帝贬作一座小山，石义感其恩筑山不止，希望拦截无患溪之水，让鲤鱼公主早日跃龙门成龙；后来又如何分别降生于台南两户人家，为救台湾宝岛不沉，演绎出感天动地的爱恨情仇。三、百折梦谶，说的是俞财主误解石竹山仙君的梦，酿成东张洞房奇案，王绍兰祈梦破案传奇故事。

《六十六个梦》，郑敬平著，詹石窗作序，大众文艺出版社出版，2006年12月第1版第1次印刷，2009年10月第2版第2次印刷。

本书共采集66个石竹山祈梦的故事，其中古代33个故事，近现代33个故事，当代33个故事。本书所采集故事并不一味地猎奇，而重于石竹山梦文化的内涵，以验证石竹山道院自古留下的一句话：有奇雅想即是梦，无清净心莫求仙。

《接春》，郑敬平著，詹石窗作序，大众文艺出版社出版，2008年8月第1版第1次印刷，2009年10月第2版第2次印刷。

本书本为三篇：自然景观传说、人文景观传说、民俗活动故事。在民俗活动故事中，重点介绍“接春”活动的历史由来，为什么福清接春活动放在石竹山举行？石竹山接春活动中为什么还有“拜太岁”习俗？詹石窗教授在“序”最后说：“相信这部作品不仅有助人们了解石竹山的仙道文化，而且有助于人们修身养性。”

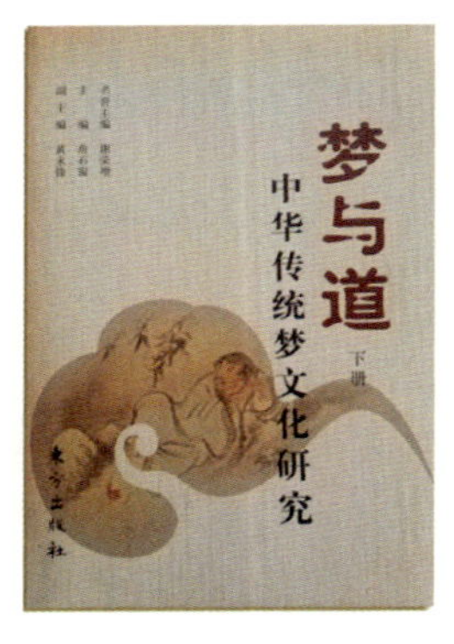

《梦与道——中华传统梦文化研究》，名誉主编：谢荣增；主编：詹石窗；副主编：黄永锋（哲学博士，厦门大学哲学系、宗教学研究所、道学与传统文化研究中心副教授、硕士生导师，四川大学道教与宗教文化研究所博士后）。东方出版社出版，2009年5月第1次印刷。

本书分上下篇，上篇：梦通大道。下篇：梦与道。本书为“国家985工程四川大学宗教与社会研究创新基地成果”“教育部人文社会科学重点研究基地四川大学道教与宗教文化研究所成果”“厦门大学道学与传统文化研究中心成果”“四川大学老子研究院项目成果”。

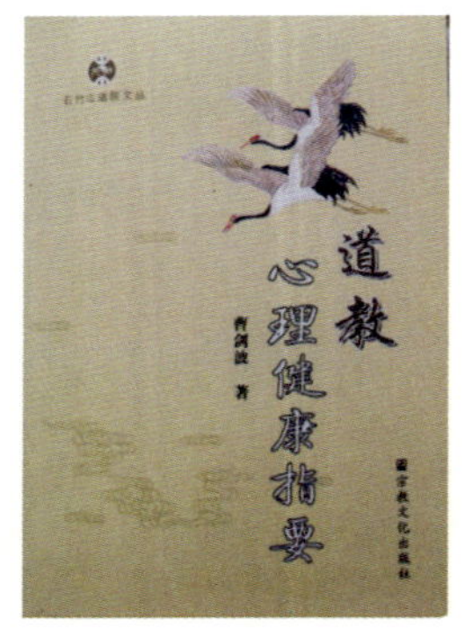

《道教心理健康指要》，宗教文化出版社出版。作者曹剑波，1970年2月生，湖南益阳人，哲学博士，复旦大学哲学系博士后，厦门大学哲学讲师。主要研究方向为西方当代知识论，道教养生学，已在《哲学动态》《自然辩证法通论》《自然辩证法研究》《科学技术与辩证法》《复旦学报（社科版）》《厦门大学学报（哲社版）》《文史哲》等学术刊物上发表学术论文60多篇，论著译70余万字，并参加《道教与中国养生智慧》《当代知识论前沿问题研究》《科技创新思维范畴上升论》《黑格尔思维方式与当代思维方式的比较》等多项国家、省、部级课题的研究工作。

《道教饮食养生指要》，宗教文化出版社出版。作者黄永锋，哲学博士，福建仙游人，1976年9月生。现任教于厦门大学哲学系，并在四川大学道教与宗教文化研究所从事博士后研究工作，主要研究方向为道教文化与当代社会，道教养生学、道教与中国古代科技，已在《世界宗教研究》《自然辩证法通讯》《哲学动态》等学术刊物发表文章三十多篇，参与《中国道教思想史》《中国宗教通论》等多项国家、省、部级课题研究工作，担任《道学研究》编辑、《道源》编辑、中华道学资讯网编辑。

《老子大道思想指要》，宗教文化出版社出版。作者谢清果，1975年生，福建莆田人，哲学博士，研究生导师，厦门大学新闻传播学院教师，厦门大学历史学博士后流动站博士后，中国鹿邑老子学会理事，福建省老子研究会常务理事，福建省炎黄文化研究会理事，厦门市道教协会副会长，《道学研究》编委。已出版专著《紫气东来——太上道祖圣传》《先秦两汉道家科技思想研究》，合著《中国宗教通论》《科学思想的升华》《中国道家之精神》，已在《中国哲学史》《文史哲》《宗教学研究》等期刊上发表论文50余篇。

《溯源·论道》，宗教文化出版社出版。作者周高德，1961年生，湖北石首人，现为中国道教学院教师，中华诗词学会会员。著有《道教文化与生活》《轻叩众妙之门——老子〈道德经〉新得》《道教的精神——道教义理十八讲》；合著有《玄门日诵早晚功课经注》《道教常识》等。在《中国道教》《中国宗教》《中国民族报》《楚望诗刊》《母爱颂》（诗集）等报刊杂志上多次发表文章和诗词。

《中华梦乡楹联选集》，许深（福建华章文化发展有限公司总经理、独立策展人）编，许在全作序，中国文联出版社出版，2009年5月第1版第1次印刷。

本书共收入为石竹道院各宫殿古今楹联150对。正如许在全先生在“序”中说：“石竹山楹联处处传递着慈、善、孝、义、信的

道德内涵，劝人向上、自强不息、慎行自律、修身养性等主旨，皆能以小见大，涵盖深广，概括精炼，易读易记，让人思接千载，浮想联翩。”

第七节 石竹山道院规制

1996年，石竹寺管委会成立了“石竹寺”更名为“石竹山道院”筹委会。通过民主推选产生筹委会主任一名：谢荣增；副主任一名：周元敬；委员：黄书康、黄风荣、林章贵、俞韩恩、黄诗宗。

谢荣增负责统筹管理整个事务；周元敬负责统筹协调各组事务；黄书康负责安全工作；黄风荣兼出纳、教务工作；黄诗宗兼会计；俞韩恩负责接待工作；林章贵兼庙务。

下设各班组及负责人：

办公室负责人：周元敬；保卫组负责人：黄书康；财务组负责人：黄风荣；总台组负责人：林章贵；仓管员：黄诗宗；接待组负责人：俞韩恩；食堂组负责人：陈声光；门票组负责人：郭克平；解签组负责人：郑宗华。仙君楼组负责人：郭道安；香品组负责人：郑代兴。

石竹山道院管理委员会第一届选举，经上级宗教局同意，由道众员工推选出代表，进行民主选举，选举产生第一届石竹山道院管理委员会，主任一名：谢荣增；副主任一名周元敬；委员：黄书康、黄风荣、林章贵、俞韩恩、黄诗宗。

下设各班组及负责人：

办公室负责人：周元敬；保卫组负责人：黄书康；财务组负责人：黄风荣兼出纳；会计：黄诗宗；仓管员：林章贵；总台组负责人：周伟光；法务组负责人：黄风荣；

接待组负责人：俞韩恩；素菜馆组负责人：陈声光；门票组负责人：郭克平；解签组负责人：陈克康；仙君楼组负责人：郭道安；香品组负责人：郑代兴。

1996年12月6日

石竹山道院管理委员会第一届第二次选举，经上级宗教局、市道教协会同意，由道众员工推选出代表，进行民主选举，选举产生第一届第二次石竹山道院管理委员会，主任一名：谢荣增；副主任一名：黄书康；委员：黄凤荣、林章贵、俞韩恩、黄诗宗；

下设各班组及组长：

办公室主任：周元敬；保卫科科长：林华洪：财务科科长：林章贵；总台组组长：周伟光；教务组、法务组组长：黄凤荣；接待组组长：俞韩恩；素菜馆组长：陈声光；门票组组长：郭克平；解签组组长：陈克康；仙君楼组长：郭道安，文昌阁组长：颜可组；三清殿组长：吴自贵；狮岩堂组长：周辉林；花卉组组长：邱兴勇；香品店组：郑代兴；碗租组组长：陈声惠；卫生组组长：颜可祖。

下设各科室班组。

2002年6月9日

石竹山道院管理委员会第二届选举，经上级宗教局，市道教协会同意，由道众员工推选出60名代表，进行民主选举，选举产生第二届石竹山道院管理委员会主任一名：谢荣增；副主任一名：黄书康；委员：黄凤荣、林章贵、林华洪、郑代兴、郭道安、吴自贵、陈登平、郭克平、冯晓星、周辉林、陈声光。

石竹山道院管理委员会班子成员分工：

主任：（住持）谢荣增，道院法人，管理道院全面事务；

副主任：黄书康，统筹协调各科室、各班组，协助管理道院全面事务；

委员：黄凤荣分管，教务组、法务组、兼管仙君楼组、观音厅组、紫云洞、桃园洞、文昌阁组、解签组、香烛品店组；

委员：林章贵分管财务科、（包括各班组的财务），道院消防专职人员，兼管旅游索道组；

委员：林华洪分管，保卫科、保安组、安全消防、解签组，兼管香烛品店组；

委员：郑代兴分管，香烛品店组、水电工组、机修组、显镜宫组，兼管狮岩堂组财务、法务组、车辆管理；

委员：陈登平委员分管，接待组（包括招待所）万神殿组、花卉组、摄影部组、车辆管理，兼管素菜馆组；

委员：郭道安分管，仙君楼组、观音厅组、紫云洞、桃园洞、文昌阁组，兼管解签组、法务组；

委员：郭克平分管，旅游开发公司门票组（道院）、旅游索道组财务；

委员：吴自贵分管，三清殿组，旅游索道组，兼接待组；

委员：冯晓星分管，泗洲殿组（包括真人殿），兼管法务组，狮岩堂餐厅组；

委员：周辉林分管，狮岩堂组（石观音、八卦城、住宿部、餐厅），兼管道院，各种文书档案。

委员：陈声光分管，素菜馆组、职工食堂、道院法会、节日供菜等，兼接待组。

管委会下设各科室，各班组，组长、副组长名单：

办公室：余国桂负责；陈登平；

接待组：组长：俞韩思；副组长：吴自贵；

教务组：组长：黄凤荣；副组长：俞韩恩；

法务组：组长：冯晓星；副组长：郑代兴、郭道安；

保卫科：科长：林华洪；副科长：许道旺；

财务科：科长：林章贵（兼出纳）；会计，吴金华；保管，余国桂；

总台组：组长：吴可明，（香游客奉缘添油处）；

香烛品店组：组长：郑代兴；

碗租组：组长：陈声惠；

水电组：组长：陈书钦；

机修组：组长：黄贤义；

观音厅组：组长：薛天顺；

仙君楼组：组长：郭道安；

文昌阁组：组长：颜可祖；

素菜馆组：组长：陈声光；副组长：黄辅勇；

泗洲大圣殿组：组长：冯晓星；

三清殿组：组长：吴自贵；

万神殿组：组长：陈登平；

狮岩堂组：组长：周辉林；

狮岩堂餐厅组：组长：任聚德；

显镜宫：组长：唐才文；

解签组：组长：林秉顺；副组长：翁祖联；

花卉组：组长：邱兴勇；

索道组：组长：张镔；

旅游开发公司道院门票组：组长：郭克平；副组长：周述精；

摄影部：组长：江华。

2011年1月1日

备注：2011年至2020年，管理委员会成员及班组长变更情况：

管委会委员兼保卫科科长，林华洪退职。现科长：江财旺。

财务组会计：吴金华。现翁秀华。仓管员：余国桂。现余瑞清。香烛品店组长：郑代兴。现组长：郑秀坤。碗租组组长：陈声惠。现组长：杨妹妹。取消旅游公司道院门票组。取消道院解签组。更改为圆梦组。

石竹山道院现有道众员工、临时工200多人，认定教职人员31人，授箓人员27人。

谢荣增，道名：谢大增，教职认定备案号：350100200001。1995年授箓、箓牒编号：194号《授太上三五都功经箓》。2006年（升）授箓、箓牒编号：026号《授太上正一盟威经箓》，2017年12月（加）授箓、箓牒编号：005号《授上清三洞五雷经箓》。

俞韩恩，道名：俞大德，1995年授箓、箓牒编号：195号《授太上三五都功经箓》。

黄书康，道名：黄大康，教职认定备案号：350100200069。2007年12月授箓、箓牒编号：292号《授太上三五都功经箓》，2017年11月（升）授箓，箓牒编号：150号《授太上正一盟威经箓》。

黄凤荣，道名：黄大荣，教职认定备案号：350100200070。2007年12月授箓、箓牒编号：290号《授太上三五都功经箓》。

冯晓星，道名：冯罗星，教职认定备案号：350100200076。2012年12月授箓、箓牒编号：923号，《授太上三五都功经箓》，2019年5月（升）授箓、箓牒编号：235号。《授太上正一盟威经箓》。

周辉林，道名：周罗林，教职认定备案号：350100200075。2012年12月授箓、箓牒编号：953号《授太上三五都功经箓》，2019年5月（升）授箓、箓牒编号：237号《授

太上正一盟威经箓》。

林章贵，道名：林大贵，教职认定备案号：350100200071 。2013年12月授箓、箓牒编号：1554号《授太上三五都功经箓》。

郑代兴，道名：郑罗兴，教职认定备案号：350100200074。2014年12月授箓、箓牒编号：1957号《授太上三五都功经箓》。

郭道安，道名：郭罗安，教职认定备案号：350100200072。2015年12月授箓、箓牒编号：2037号《授太上三五都功经箓》。

陈登平，道名：陈罗平，教职认定备案号：350100200073。2015年12月授箓、箓牒编号：2039号《授太上三五都功经箓》。

黄富斌，道名：黄罗斌，教职认定备案号：350100200088。2015年12月授箓、箓牒编号：2030号《授太上三五都功经箓》。

颜金河，道名：颜罗河，教职认定备案号：350100200089。2015年12月授箓、箓牒编号：2038号《授太上三五都功经箓》。

郭克平，道名：郭罗平，教职认定备案号：350100200077。2016年10月授箓、箓牒编号：2521号《授太上三五都功经箓》。

吴自贵，道名：吴罗贵，教职认定备案号：350100200078。2016年10月授箓、箓牒编号：2512号《授太上三五都功经箓》。

陈声光，道名：陈罗光，教职认定备案号：350100200079。2016年10月授箓、箓牒编号：2523号《授太上三五都功经箓》。

薛天顺，道名：薛罗顺，教职认定备案号：350100200086。2016年10月授箓、箓牒编号：2532号《授太上三五都功经箓》。

陈声惠，道名：陈罗惠，教职认定备案号：350100200082。2016年10月授箓、箓牒编号：1937号《授太上三五都功经箓》。

黄灵智，道名：黄罗智，教职认定备案号：350100200092。2016年10月授箓、箓牒编号：2513号《授太上三五都功经箓》。

郭茂萍，道名：郭罗萍，教职认定备案号：350100200093。2016年10月授箓、箓牒编号：2536号《授太上三五都功经箓》。

吴可明，道名：吴罗明，教职认定备案号：350100200081。2017年11月授箓、箓牒编号：2974号《授太上三五都功经箓》。

黄富勇，道名：黄罗勇，教职认定备案号：350100200085。2017年11月授箓、箓牒编号：2973号《授太上三五都功经箓》。

韩杰清，道名：韩罗清，教职认定备案号：350100200090。2017年11月授箓、箓牒编号：2972号《授太上三五都功经箓》。

邱兴勇，道名：邱罗勇，教职认定备案号：350100200084。2018年11月授箓、箓牒编号：3189号《授太上三五都功经箓》。

杨国才，道名：杨罗才，教职认定备案号：350100200091。2018年11月授箓、箓牒编号：3195号《授太上三五都功经箓》。

陈红芝，道名：陈罗芝，教职认定备案号：350100200094。2019年11月授箓、箓牒编号：3438号《授太上三五都功经箓》。

杨学辉，道名：杨罗辉，教职认定备案号：350100200096。2019年11月授箓、箓牒编号：3439号《授太上三五都功经箓》。

江财旺，道名：江罗旺，教职认定备案号：350100200080。2019年11月授箓、箓牒编号：3440号《授太上三五都功经箓》。

唐才文，道名：唐罗文，教职认定备案号：350100200083，2009年传度。

黄贤义，道名：黄罗义，教职认定备案号：350100200087，2009年传度。

黄功生，道名：黄罗生，教职认定备案号：350100200097，2009年传度。

吴强兴，道名：吴罗兴，教职认定备案号：350100200099，2009年传度。

周述精，员工，道名：周真精，2011年传度。

黄孔英，员工，道名：黄真英，2011年传度。

周文钦，员工，道名：周真钦，2011年传度。

吴梅莲，员工，道名：吴真莲，2011年传度。

吴秀萍，员工，道名：吴真萍，2011年传度。

杨妹妹，员工，道名：杨真妹，2011年传度。

林　霞，员工，道名：林真霞，2011年传度。

徐玉珠，员工，道名：徐真珠，2011年传度。

林　丹，员工，道名：林真丹，2016年传度。

陈书钦，员工，道名：陈传铮，1998年皈依。

张　镔，员工，道名：张真宾，2017年皈依。

钟宗炎，员工，道名：钟真炎，2017年皈依。

任聚德，员工，厨师。

梦境而仙境
福
有求必应

传统戒律，现代管理

道教正一派大型宫观——石竹山道院系统化的构建起一个完整的管理体系。这个体系，以民主集中制为中心、层次分明、分工细致、注重合作，具有鲜明的现代管理系统化特征，教务上宫观又是采用传统的管理模式来进行管理和开展正常的宗教活动。所以能是成功开展和举办了六届梦文化节。

创和谐成果

一、深厚的石竹山道教文化；

二、道院传承传统的戒律现代管理、规范的道风建设和以现代方式弘扬道教的教规教义：（一）系统化的构建，（二）以“法”为要的教规教义，（三）以人为本，建立学习型道观；

三、恢复建设道教殿宇、努力改善培训设施和办公环境；

四、弘扬道教“慈济和爱”的优良传统；

五、积极深入开展海内处以闽台友好交往等等事迹达到创建和谐寺观教堂的标准，于2010年度被中共中央统战部、国家宗教事务局评为“全国创建和谐寺观教堂先进集体”，道院住持谢荣增道长还被推荐为代表进京参加表彰大会，受到党和国家领导人的亲切会见。

石竹山道院在“文革”中遭到严重破坏，党的十一届三中全会以来，党的宗教信仰自由政策得以重新贯彻，福清市人民政府认真落实党的宗教政策，于1979年首批依法登记开放石竹山道院宗教活动场所，福清政府充分发挥宗教界人士的爱国爱教热情，把石竹山道院作为联系道教信徒和海外爱国侨胞的桥梁和纽带。道院依法成立了民主管理组织。道众们团结一致，通过数十年来不懈努力，赢得了广大信众的信赖和各方面支持和资助，把一片荒芜，几堵废墟的全山仅有数十平方米的平房遗迹逐渐恢复建设成今天这颇具规模的道教名山圣地，迄今为止已投入修复和保护建设石竹山宗教文化设施、改善旅游环境的资金总价值近五亿多元人民币。1987年被列为福建省首批以宗教文化为特色的省级十大风景名胜区之一，2004年被评为以梦文化为特色的国家4A级旅游区。而且特殊的本土宗教文化内涵，使石竹山成为“梦文化的发祥与传承地”，素有“中华梦乡”之美誉。

石竹山道院管理发展概述

道院建设篇

（一）石竹山道院现有宫殿建筑群落

正南面主神殿阁群；东南面万神殿殿阁群；正南进山中线殿阁群；东山侧显镜宫殿阁群；西山侧狮岩堂殿阁群。恢复重扩建进行道教活动的殿堂、殿阁有：

正南面主神殿阁群：仙君楼、观音厅、玉皇阁、玉皇行宫、土地厅、三清殿、太乙功德堂、元辰殿、斗姆殿、文昌阁、祈梦修真洞、紫云洞、桃源洞；西山侧狮岩堂殿阁群：西山门楼、慈航宫、五显宫、辽天居、石观音慈航阁、养生堂；

正南进山中线殿阁群：进山大门楼、泗洲大圣殿、紫云真人殿、半山一片瓦观音岩、紫云阁；

东南面万神殿殿阁群：三大士宝殿、何氏九仙殿、三大天将殿、福德正神殿、玉皇天尊殿、九天东华殿、五福神殿；

东山侧显镜宫殿阁群：东山门楼、五显殿、三星殿、千秋堂、太乙殿、观音堂、健安堂。

（二）道院在景区道路和景点方面建设

铺设二米宽花岗岩石板条上下山主蹬道1000多个台阶，近2000米长度；铺砌连接各个景点和各宗教殿堂宽一米多游览道路近5000米；开辟连接环湖路通往狮岩堂辽天书院的8米宽公路3000多米；开砌铺设1.5米宽2000多米长台阶便道，作为道院仙君楼主神殿阁群连接辽天书院游览道；兴建石竹山道院进山大门，狮岩堂山门，显镜宫山门，狮岩堂码头，石峰竹雨二道纯石古典景门，易学文化八卦城；修复开发各天然景点、洞穴、摩崖石刻、功德文化碑亭和碑廊区；半山观音崖造景和服务配套设施；石竹山旅游索道；建立数十个达标的公共厕所等方便游客的公共设施。

（三）道院在各景区景点游览线路和宗教殿堂周围兴建供游人休憩、观赏、和游览的各款亭子有25个

步高亭、观音亭、桂宋亭、祥珠亭、元载亭、德发亭、灵秀亭、新星亭、主神殿区供香客休憩乾坤二长廊、感恩阁、国龙亭、应吉亭、秋芳亭、子煌亭、永瑞亭、义诚亭、八角亭、闽香亭、乾清阁、坤澈榭、通天亭、观狮亭、状元亭等。

（四）道院在景区景点、培训休闲等配套设施方面

架设高压电上山；多级抽水机站引水库天然水和净化水上山；

在上下山主蹬道和各景点线路上架设照明路灯；双套卫星接收台和内部闭路电视，数百部程控电话和移动电话差转台设备，有线和无线宽带上网和闭路设施齐全；兴建两幢三至五层17000多平方米可容纳数百道众游人食宿的集学习、培训开会、宗教活动、旅游休闲的场所辽天书院，开辟铺设通往石竹山状元峰、天子峰景点台阶游览道，并在二峰景点上建设供游人休憩观赏等服务配套设施，等等。

（五）道院办公、接待、道众员工生活区方面

主神殿仙君楼区的道院、道协办公楼，香游客中心，宗教教职人员道士僧侣和信徒挂单的招待所，石竹厅接待室，道众员工学习所弘法厅，素菜馆，道院库房，山下车库、仓库，半山供游客饮食小卖的康安楼，索道边供游客饮食小卖的朝霞阁，道众员工住宿的吉祥楼、如意楼、观鲤楼、守一楼，三清殿附属无为楼，文昌阁一至四层多功能厅和道众住宿的无患楼，狮岩堂山门管理房，辽天书院附属员工住宿的昔照楼，显镜宫管理房，道众养生舍等。

以上各项开发建设项目和服务配套设施，在福州市创优秀旅游城市评比抽查中，经建委、国家旅游局和省市宗教局以及有关部门联合检查，均达到《中国优秀旅游城市的检查内容》标准，石竹山道院和道院住持并分别获：福州市创优工作先进单位和先进个人的荣誉奖。

道院管理篇

石竹山道院在管理方面，根据政府宗教部门依法加强管理的要求，推行“传统戒律，现代管理”的办法制定了一整套包括从住持到道众及工作人员在内的切实可行的管理规章制度，得到各级政府主管部门的充分肯定，其主要管理办法在福建地区和其他省份部分道教宫观中进行推广。

石竹山道院属正一派，其弘道石竹法脉三十字曰：“大道传真法，融山石竹兴，梦占荣九鲤，丹符耀三清，金科闻妙理，玉律载德声。”现道院传法已三代（大、传、真），最高辈分为“大”字，上接龙虎山道脉“鼎”字辈。石竹山道院常住道众员工近300多人，由道众员工按照《宗教事务条例》的规定，民主选举出13名道长（谢荣增、黄书康、黄凤荣、林章贵、林华洪、郑代兴、郭道安、吴自贵、周辉霖、陈登平、郭克平、冯晓星、陈声光）为管委会成员，谢荣增道长任管委会主任委员、道院住持，黄书康道长任管委会副主任委员，其他成员道长分别负责各殿阁、财务、宣传、接待、法事、后勤、保安等管理事宜。

文化建设篇

道教能传承于今而日渐兴旺，是有赖于其丰富的文化内涵。

石竹山道院在规范道院的宗教生活和教务活动的同时，更重视“石竹道文化”的建设。早在1995年1月石竹山道院就成立了由数十名道教界人士和从事宗教研究的一些专家、学者组成的“石竹山宗教文化研究会”。不断挖掘、丰富和深化石竹山宗教文化的内涵，汇编成《石竹山宗教文化研究》，逐步建立以石竹“祈梦”文化、易经五行研究等为中心的具有石竹特色的宗教文化研究体系，增强了道院的向心力和凝聚力。与此同时，石竹山道院还十分关注网络传播工作，1999年夏，就主办“石竹道文化”网站（http://www.taoculture.org），建立宣传区和讨论区，弘扬道教文化和石竹山梦文化，并于2010年年底，进行了网站优化改版，以期发挥更好的传媒效果。

石竹山道院还组织策划一整套“石竹山道院文丛”，在思想内容上，侧重于道教教义的现代诠释以及修身养性方法的探讨；在行文方式上，力求通俗流畅，图文并茂，贴近生活。该丛书由石竹山道院住持谢荣增担任组委会主任、厦门大学宗教学研究所所长詹石窗教授担任主编，统一由宗教文化出版社出版、发行。从2006年至今，“石竹山道院文丛”已出版有：《道教修行指要》《道教心理健康指要》《道教饮食养生指要》《老子大道思想指要》《六十六个梦——石竹山道院祈梦故事集》《接春——石竹山景观传说与民俗活动故事》《中华梦乡——石竹仙境》《大道溯源——走近道教圣典“道德经”》等著作。“石竹山道院文丛”推出以来，引起道教界、学术界等社会各界较为广泛的注意。今后，“石竹山道院文丛”将陆续出版《道教和谐文化指要》《道教养生哲学指要》《道教管理指要》《道教释梦指要》《道教护生经典指要》《道教科仪文书指要》《道教内丹学指要》等书。该丛书还将搜集“石竹法派”等各种资料，结集出版，以广流传。我们期待能为保存和弘扬道教文化多尽一分心力。

造福人类弘道篇

石竹山道院在依法管理进行正常的宗教活动中，发扬道教护国佑民，济世度人的传统美德，在坚持自养的基础上，节省开支，以自己的方式积极为社会的慈善、福利事业，希望工程，赈灾扶贫，景区开发建设等公益事业做贡献，遵循来之于社会用之于慈善，努力服务于社会。近二十年来帮助地方修桥铺路、赈灾济贫、捐款国家希望工程、劝学助学、为社会公益慈善事业捐资达9000多万元。得到社会各界的一致好评，这些，也证明宗教完全可用自己的方式适应于社会主义社会。

友好交往篇：促进祖国和平统一大业

自2008年起成功举办了六届“中华梦乡福清石竹山梦文化节”，是世界上也是全球首次以梦文化为主题的文化盛会。首届2008年以“石竹仙山，共享和谐”为主题，第二届2010年以“共谒九仙，梦圆两岸”为主题，第三届2012年以“迎春纳福，梦圆两岸”为主题，第四届2014年以“中华九仙，福佑两岸”为主题，第五届2016年以“圆梦石竹，道达和谐”为主题的中华梦乡福清石竹山梦文化节。第六届2018年以“承古开今，筑梦未来”为主题的中华梦乡福清石竹山梦文化节。

2008年，在各级相关部门支持下成功举办世界上首次以梦文化为主题的“中华梦乡福清石竹山梦文化节”，诚邀海内外（130多个国家和地区）各界朋友前来参加盛会，参观考察，激情创业，共创辉煌，并召开中国梦文化专题研讨会，会后辑成《梦通大道》《石竹论道》两册论文集，在学术界和宗教界产生热烈反响。

2010年1月1日至9日，携手台湾基隆市举办的以“共谒九仙、梦圆两岸”为主题的海峡两岸道教圆梦之旅暨第二届中华梦乡福清石竹山梦文化节，被国台办列入2010年对台重点规划交流项目之一。此次交流活动开幕在福建福清石竹山，闭幕在台湾基隆市，两岸道众千余人互动（台湾道教300多座宫庙负责人和500多位信众参加福清开幕式，其中相当部分是台湾南部信众，组织了福州市500多个道教宫观负责人赴台参加基隆的闭幕式，本次活动是我国道教界赴台参加友好交往人数最多的首次）。文化节的亮点之一是，开幕仪式中近60年来首次台湾信众大规模到来，迎请石竹山何氏九仙分炉台湾。这是新中国成立以来大陆道教宫庙地方供神首次分炉台湾；是半个多世纪以来，规模最大、代表性最为广泛的两岸道教交流活动。两岸道教界商定将持续开展两岸交流活动，对加强两岸民间交往，深化海峡两岸道教情谊做出贡献，进而推动海峡两岸在旅游、经贸、文化等领域的交流与合作上开启新的篇章。

2012年的第三届梦文化节再次被列入国台办重点规划交流项目。文化节期间还举办了石竹山道院与台湾道教总庙无极三清总道院友好签约仪式、台湾阿里山与石竹山结成友好盟山签约仪式、石竹山道院九仙分炉台湾道教会仪式，以及海峡两岸道教界迎春座谈会等活动。石竹山梦文化的成功举办，逐步形成了规模、树立了品牌，充分展示了福建独具特色的道教文化魅力，吸引了海峡两岸民众共同关注，已成为两岸道教界中具有广泛影响、可持续发展的重要交流平台之一。

2012年立春，以“迎春纳福，梦圆两岸”为主题的第三届中华梦乡福清石竹山梦文化节举行了福建石竹山道院与台湾道教总庙无极三清总道院签订友好宫观仪式，福建石竹山与台湾阿里山结成友好盟山签约仪式；因第二届中华梦乡福清石竹山梦文化节中举行了60年来首次台湾信众大规模迎请石竹山何氏九仙分炉台湾仪式，自此台湾东西南北中部已经有了十七个供奉梦神石竹山何氏九仙的庙宇，以至于来大陆的台湾信众大小团组和万人以上信众都以“圆梦之旅”来命名团队；以石竹山的地缘、神缘和人缘的关系，开展与海内外、港澳台的相关友好宫观和信众友好交往，组织各项道教文化活动。如组织经唱团赴海外东南亚一带布道，弘扬传统文化等。在教内兄弟宫观交流交往方面，石竹山道院也表现积极，与省内和中国各大宫观均有友好往来和交流互访活动，并经常举办各种类型的法会，道教节，邀请港澳台和海外信众到来。

2014年6月8日至13日，以“中华九仙，福佑两岸”为主题的第四届中华梦乡福清石竹山梦文化节”，由福建省道教协会主办，福建石竹山道院承办，台湾省道教会、台湾道教总庙无极三清总道院，台湾大甲镇澜宫、台湾妈祖联谊会等团体协办，吸引了海峡两岸和港澳数万人共同参与，不仅见证了两岸友好互动的情谊，同聚九仙福地，共结梦缘，也再一次拓宽两岸文化交流之广度，促进两岸文化共同发展。第四届梦文化节在前三次梦文化节的经验和基础上，再度整合石竹山梦文化的资源优势，更为系统地向世人展示其内涵。活动期间再次举行九仙分炉台湾仪式、具有浓厚民俗特色的闽台踩街活动、规模宏大的朝山活动以及第二届海峡两岸民间宫庙叙缘交流会。

2016年12月27日至29日，以“圆梦石竹，道达和谐”为主题第五届中华梦乡福清石竹山梦文化节暨2017年海峡两岸道教界迎春联谊会也成功举办。此外，两岸四地还将共同致力于弘扬道教传统文化，发扬道教济世利人的优良传统，关怀社会弱势群体，积极从事道教慈善工作。

2018年12月20日至25日，以“承古开今，筑梦未来”为主题的第六届中华梦乡福清石竹山梦文化节暨“一带一路”梦文化国际研讨会在福建省福清市石竹山隆重举行。本届文化节被国台办列入“2018对台重点交流项目”。内地及台港澳地区的道教界及社会各界人士参加了此次盛会，共同见证两岸四地友好互动的情谊，共结梦缘。活动内容：祈祷宇宙和谐世界和平清醮大法会；“尊道贵德 慈俭和善”传统道家梦文化讲座；第六届中华梦乡福清石竹山梦文化节开幕式和“一带一路”梦文化国际研讨会等，并出版了《梦与中国文化研究》论文集。

2008年至2018年六届梦文化节，五次被列入国台办重点规划交流项目，成为促进两岸交流的新平台。历届中华梦乡福清石竹山梦文化节的成功举办，为促进港澳台道教与民间交流交往做出了努力。

传度法会与授箓

中国道教分全真道与正一道。

东汉顺帝时期，由张道陵在蜀郡鹤鸣山（今四川成都市大邑县北）创立的天师道（五斗米道）。此后道教基本保持以老子为教主，道为最高信仰，符箓斋醮为手段，以追求长生不死和成仙的宗教组织形态。

武侠小说中的道派主要以地域划分，比如武当派、华山派、崆峒派，但是道教的分派是建立在道法道经的基础上的。在东晋六朝时期，涌现出《上清经》《灵宝经》等自成体系的道经，唐代道士们虽然修持不同体系的道经，但其身份仍是天师道的道士。

宋元时期，道教的新道派层出不穷，开创符箓新道法的南方道士集团都会以道法为名字命名道派，如天心派、神霄派、清微派、东华派、闾山派……12世纪中叶，王重阳在陕西终南山一带创立全真道，此后在山东、河南等金朝统治区广收弟子。在战乱频发的北方地区，全真新道教因其提倡三教合一、推行“苦己利人”“利人利己”的宗教实践而得到迅速传播，渐渐形成了全真道。此外，在南宋王朝统治地区流行着自称是汉代仙人钟离权和吕洞宾创立的道教金丹学派，这一派经张伯端、白玉蟾等道士不断完善其内丹修炼理论，元代之后被划分在全真道，称为南宗，而王重阳这支则称为北宗。

北宋哲宗绍圣四年(1097年)，朝廷下令，封以龙虎山、茅山、阁皂山为本山的正一、上清、灵宝三大派为“经箓三山”，这三个山的总道观拥有“授箓”（等于道教学位证明）的权力。自此之后，“道派”的概念在朝廷的宗教管理中进一步地强化，南宋理宗封三十五代天师张大可“总领三山符箓”。而当时北方金元朝廷则扶持王重阳创立的全真道以及太一道、真大道等新道教。

随着元朝统一，金丹派在“全真”名义下南北统宗，南方符箓派归聚于“主领三山符箓”的龙虎山天师旗下，自此道教形成了“全真”和“正一”两大道派，这一两分格局一直延续到现代。

正一道以江西龙虎山为祖庭，道士受“正一箓”，道士一般娶妻生子，不必出家。

石竹山道院属正一道。

1995年农历十月十五日，经箓坛大师考核，福清谢荣增、林红妹、俞韩恩、林勇获准初授《太上三五都功经箓》，由江西龙虎山道院授箓。受箓者均获赐法衣、法帽、科书、鸳鸯剑及印章等。

2006年农历十一月初三，石竹山道院住持、福清市道教协会会长、福州于山道院住持、福州市道教协会会长、福建省道教协会副会长谢荣增，获升授《太上正一盟威经箓》。

2007年农历十一月十一，石竹山道院正一派道士黄书康、黄凤荣，获准初授《太上三五都功经箓》。

2009年，福建省道教协会教职培训班结业典礼暨首届传度法会在石竹山道院举行。这是福州历史上第一次传度活动。

一个教派的戒律和道职的传度象征着教法薪火相传，是道派绵延的一种吉祥和兴旺的表征。传度是社会对道教信徒道教信仰认定的重要方法之一，是道教正一派盟证道职、道位之门径，是信仰道教的入门仪式，也是认定教职人员的必备条件。

2018年8月14日至15日，2018年度福建省福州市正一派传度仪式在福清市石竹山道院举行。

此次活动礼请中国道教协会副会长、福建省道教协会会长谢荣增道长为传度戒师，福州市道教协会副会长黄书康道长为保举师，福州市道教协会副会长兼秘书长李志峰道长为监度师，福建省道教协会副秘书长李平洲道长为护戒师，福建省道教协会副秘书长王宁道长为护法师，福清市道教协会秘书长黄凤荣道长为护道师，福建石竹山道院法务团高功冯晓星道长为护坛师。

本期共传度生162人，均来自全市各区县道协与主要宫观推荐。

15日上午10时，石竹山道院万法宗坛内传度法坛庄严，师生持戒，仙乐齐鸣，琳琅振响。传度法会严格按照中国道教协会《道教正一派传度活动管理办法》及正一派传度仪规举行。仪式中，传度戒师谢荣增道长作了训示，要求受度弟子爱国爱教、守法遵戒、持戒修为、弘道扬德。

道教正一派传度是恢复和健全传统道教的教戒规范制度，是明确道众成为道教弟子的重要法务活动。

2009年至今，福州市道教协会共举办了29期传度法会，共传度生3500余人。本次传度仪式，旨在传承道教正一法脉，弘扬道教正统科仪。同时，为引导正一派道士爱国爱教、遵守宗教政策法规、道规戒律，促进福州道教和谐、稳定、健康化发展起到积极推动作用。

石竹山道院住持谢荣增工作简历：

1963至1968年于福清东张中心小学读书；

1969至1974年于福清东张中学读书；

1974年至1976年于福清东张镇学艺、务木工活；

1976年至1979年10月于石竹山道院参学道术义工，任香灯；

1979年11月至1990年任石竹山道院修建管理组副组长、管委会副主任、主任；

谢荣增道长

1991年至今担任福清石竹山道院管委会主任、住持；

1993年至1996年期间分别于“山东大学易学系、深圳大学旅游系、安徽省中医学院”函授毕业；

1994年被山东大学授予“高级周易研究师”的职称；

1995年起当选福清市政协委员；同年10月参加中国道协主持的龙虎山正一派道士（初）授箓大戒（《授太上三五都功经箓》）；

1996年成立福州市道教协会，当选为会长至今(连选三任)；

1996年参加福建省社会主义学院中青年爱国宗教人士读书班结业；

1997年起分别当选全国委员会委员，福建省八届、九届、十届政协委员，福建省政协民宗委副主任,福州市政协常委，福州市人大代表，福清市人大代表（1996年元月至2003年历任福清市政协九届、十届、十一届委员；2003年11月至2007年任福清市人大第十四届代表；1997年12月至2003年元月任福州市政协九届常委；1997年12月起至今任福州市人大十一届、十二届、十三届、十四届代表；1997年12月至2013年元月历任福建省政协八届、九届、十届委员，省政协民族宗教委员会副主任；2013年2月1日起荣任中国人民政治协商会议第十二届全国委员会委员；2018年2月起连任中国人民政治协商会议第十三届全国委员会委员）；

1997年成立福建省道教协会，至2010年当选为第一副会长；

同年3月成立福清石竹山文化研究会，当选副会长兼秘书长；同年10月福清市成立道教协会，当选会长至今；同年参加中央社会主义学院爱国宗教人士读书班结业（北京）。

1998年福州于山九仙观归还市道协，当选为福州于山九仙观管委会主任、住持；

1998年起至今当选中国道教协会常务理事；同年6月参加中央统战部组织的全国佛道教中青年教职人员研讨班结业（苏州）；

2002年11月参加中央统战部举办全国省级宗教中青年爱国人士研讨班结业（苏州）；

2004年1月成立福建省石竹慈善基金会，任理事长；同年6月成立中华梦乡福清市石竹山旅游开发有限公司出任法人代表；

2006年成立福建省老子研究会任副会长；同年12月参加中国道协主持的龙虎山正一派道士（升）授箓大戒（《授正一盟威经箓》）；

2007年3月当选福清市旅游协会副会长；同年6月荣任福建省谢氏委员会三届理

事会名誉副会长；同年8月被世界易经大会授予“世界易学文化和谐大使”荣称；

2009年3月与四川大学合办首家经国家教委和国家宗教事务局批准的“老子研究院”，任副理事长；

2010年3月受聘于四川大学老子研究院，为教育部哲学社会科学重大课题攻关项目、国家985工程重大项目“百年道学精华集成”理事会主席；同年6月至2015年6月任中国道教协会副秘书长，至今一直担任中国道教协会海外交流委员会副主任；同年8月获福建省人民政府命名为“石竹山祈梦习俗”非遗代表性传承人；同年9月受聘福建省海峡品牌经济发展研究院荣誉副院长；同年10月起当选福建省道教协会第三届理事会会长；同年12月荣获“首届全国创建和谐寺观教堂”先进集体，作为福建省代表进京于人民大会堂荣获党和国家领导人的接见和颁奖；

2011年7月荣获“福建省首届全省创建和谐寺观教堂”先进个人；同年8月份荣获福建省“首届全省创建和谐寺观教堂”先进个人；

2013年1月7日《海峡道教》正式取得CN（Q）刊号，任《海峡道教》杂志社社长；同年2月1日荣任中国人民政治协商会议第十二届全国委员会委员；

2014年11月受聘为福建省新闻信息协会名誉会长；

2015年5月被福建省人民政府授予：全省民族团结进步先进个人；同年6月起担任中国道教协会第九届理事会副会长；

2016年12月连任福建省石竹慈善基金会第二届理事长；

2017年5月任海峡道教学院（筹）董事长、院长；同年12月22日参加中国道教协会主持龙虎山天府举行（加）授箓大典（《授上清三洞五雷经箓》）。

2018年2月起连任中国人民政治协商会议第十三届全国委员会委员；同年8月参加中央统战部在中央社会主义学院举办的全国性宗教团体负责人专题班学习。

2019年6月参加全国政协民宗委在北京民族学院举办的首期民族宗教培训班结业。

第八节 石竹山主神何氏九仙君分炉供奉

石竹山何氏九仙分炉台湾

护驾九仙分炉台湾

以石竹山的地缘、神缘和人缘的关系，开展与海外、港澳台的相关友好宫观和信众友好交往，组织各项道教文化活动，充分体现宗教界与社会主义社会相适应的热情，为祖国统一大业服务。如组织经唱团赴海外东南亚一带布道，弘扬祖国传统文化等；在教内兄弟宫观交流交往方面，石竹山道院也表现积极，与省内和全国各大宫观均有友好往来和交流互访活动，并经常举办各种类型的法会，道教节，邀请港澳台和海外信众到来，如2008年在各级相关部门支持下成功举办世界上首次以梦文化为主题的“中华梦乡福清石竹山梦文化节”，诚邀海外（130多个国家和地区）各界朋友前来参加盛会，参观考察，激情创业，共创辉煌，并召开中国梦文化专题研讨会，会后辑成《梦通大道》《石竹论道》两册论文集，在学术界和宗教界产生热烈反响；2010年1月1日至9日携手台湾基隆市举办的以“共谒九仙、梦圆两岸”为主题的海峡两岸道教圆梦之旅暨第二届中华梦乡福清石竹山梦文化节，被国台办列入2010年对台重点规划交流项目之一。此次交流活动开幕在福建福清石竹山，闭幕在台湾基隆市，两岸道众千余人互动（台湾道教300多座宫庙负责人和500多位信众参加福清开幕式，其中相当部分是台湾南部信众，谢荣增道长组织了福州市500多个道教宫观负责人赴台参加基隆的闭幕式，本次活动是我国道教界赴台参加友好交往人数最多的首次）。文化节的亮点之一是开

幕仪式中近60年来首次台湾信众大规模到来，迎请石竹山何氏九仙分炉台湾，这是新中国成立以来大陆道教宫庙地方供神首次分炉台湾，是半个多世纪以来，规模最大、

代表性最为广泛的两岸道教交流活动。两岸道教界商定将持续开展两岸交流活动，对加强两岸民间交往，深化海峡两岸道教情谊做出贡献，进而推动海峡两岸在旅游、经贸、

文化等领域的交流与合作上开启新的篇章。2012年的第三届梦文化再次被列入国台办重点规划交流项目，文化节期间还举办了石竹山道院与台湾道教总庙无极三清总道院等友好签约仪式、石竹山道院九仙分炉台湾道教会仪式，以及海峡两岸道教界迎春座谈会等活动。石竹山梦文化节的成功举办，逐步形成了规模、树立了品牌，充分展示了福建独具特色的道教文化魅力，吸引了海峡两岸民众共同关注，已成为两岸道教界中具有广泛影响、可持续发展的重要交流平台之一。2014年6月8日至13日，以“中华九仙，福佑两岸”为主题的第四届中华梦乡福清石竹山梦文化节，由福建省道教协会主办，福建石竹山道院承办，台湾省道教会、台湾道教总庙无极三清总道院、台湾大甲镇澜宫、台湾妈祖联谊会等团体协办，是一次盛况空前的文化聚会，吸引了海峡两岸和港澳数万人共同参与（单就台湾就组织了1万多人的道教信众参与，这是有史以来台湾道教界到大陆最多人数的一个团），不仅见证了两岸友好互动的情谊，同聚九仙福地，共结梦缘，也再一次拓宽两岸文化交流之广度，促进两岸文化共同发展。第四届梦文化节在前三次梦文化节的经验和基础上，再度整合石竹山梦文化的资源优势，更为系统地向世人展示她的内涵。此次活动有海峡两岸和港澳万人参与，成为目前全国规模最大、群众参与范围最广、影响最深的梦文化盛会。活动期间将举行隆重开幕仪式、精彩的兰阳哥仔戏剧团演出、九仙分炉台湾仪式、具有浓厚民俗特色的闽台踩街活动、规模宏大的朝山活动以及第二届海峡两岸民间宫庙叙缘交流会。这是国内有史以来最大型海峡两岸道教圆梦之旅之盛会，两岸数万人的道众参与道缘人缘促梦圆——对促进两岸文化的交流，海西文教基地的建设具有重要的现实意义。此外，两岸四地还将共同致力于弘扬道教传统文化，发扬道教济世利人的优良传统，关怀社会弱势群体，积极从事道教慈善工作。

分炉台湾宫庙名单（17家）：

台湾迎请分灵九仙宫庙

2010年

台北新店广欣三元殿	代表：陈文坪、冯秋湄
台北县关渡圆梦仙境	代表：刘弄潮、刘轩宇
台北市社子寻梦园	代表：陈建佑、陈祈安
台北玄明宫	代表：陈国祯、叶玉荣
桃园县龙潭圆梦仙境	代表：张国麟、吴良胜

台中市三清一心道场	代表：邓贺云、邓新园
台中市玄一堂	代表：黄义智、王姵云
高雄女娲圣宫	代表：吴艾洁、吴佳静
基隆市王天君殿	代表：林 言

2012年

台南市下营北极玄天上帝庙	代表：姜金利主任委员
台湾省道教会	代表：陈禄星理事长
台湾无极三清总道院	代表：郑铭辉主任委员
台湾阿里山乡	代表：汪毅纯主席（公主）
台南雷恩行宫	代表：张赐仙住持

2014年

台南闾山玄临宫	代表：毛琮咏宫主
高雄道元玄真府	代表：江宽裕宫主
台南龙泰堂	代表：姜献杰主委

石竹山何氏九仙分炉日本

新闻报道：

福清石竹山道院何氏九仙分炉系列活动在东京举行，中国网《道家文化》频道1月29日讯：28日，应日本道教协会邀请，经国家宗教事务局批准，福建省道教协会谢荣增会长率团赴日本进行了福清石竹山九仙分炉系列道教交流活动。28日上午，在日本道观东京道学院举行何氏九仙君安座和开光祈福仪式。28日下午，在东京举行中日道教文化交流研讨会和道教历史文物展示活动，中日两国道教界、专家学者进行道教文化交流研讨。福建省委统战部、福建省民族与宗教事务厅业务处负责人、福建省道教协会、四川老子学院、厦门大学等相关人员出席了交流活动，日本道观东京、大阪、鹿儿岛等地道友，旅日的福建乡亲、华人华侨代表等500多人参加了活动。

早岛妙听住持到机场迎接石竹山何氏九仙赴日护驾团合影

福建省统战部民宗处处长王宁、福建省民族宗教厅三处处长
郭华伟先生在日本东京九仙君安座法会上向早岛妙听住持表示祝贺并赠送礼品

福建省统战部民宗处处长王宁先生在日本东京九仙君安
座法会上展示九仙分炉宝笈

中日两国道教文化交流源远流长，中国道教文化和道教思想早在1500多年以前就传播到了日本，并在日本生根发芽。日本道观首代道长早岛天来大师、第二代道长早岛

妙瑞以及于今年2月继任成为日本道观第三代道长的早岛妙听。三人多年来致力于在日本以普及中国道教思想与文化为目的,参与并开展了多项道教研究交流活动。

2017年7月,日本道观住持早岛妙听道长与四川大学詹石窗教授、厦门大学林观潮教授一起开展共同研究,到访位于中国福建省的石竹山道院,与石竹山道院管委会主任住持谢荣增道长进行交流,日本道教协会会长、日本道观住持早岛妙听道长闻知石竹山梦神仙人——石竹山主神何氏九仙君有以梦赐人，指引迷津之神功威灵显圣，遂于

在京东希尔顿酒店举行中日道教文化交流研讨会上谢荣增住持与旅日福建乡亲信众合影留念

在京东希尔顿酒店举行中日道教文化交流研讨会谢荣增住持与早岛妙听住持互赠礼品

詹石窗教授在日本东京九仙君安座法会上用日语
讲解九仙分炉日本东京缘起

2017年7月份专程到福清石竹山祈梦。她带了三个重要需做出决择的疑惑，住宿于福清世纪创元酒店，拟用一周七天时间来祈梦释疑解惑。在与石竹山道院住持谢荣增道长交谈中，了解了石竹山梦的神奇与显灵，也了解了祈梦的方法。通过谢主持对应梦境和惑疑的问题，给予解说与圆梦，当时就明白开悟，解疑释惑了，圆满赋归。早岛妙听道长祈梦后决定恭请石竹山何氏九仙君圣驾到日本道观（道）家道学院本部，经商讨后最终决定于2018年1月28日由石竹山道院恭送石竹山何氏九仙君圣驾到日本道观（道）家道学院本部(东京)举行安座和开光仪式。

中国石竹山何氏九仙圣驾到日本道观家道学院
本部（东京）安座供奉

中国石竹山道院法务团在日本东京举行何氏九仙君安座法会科仪

中国石竹山道院法务团在日本东京举行何氏九仙君安座法会科仪

此次活动的成功举办，加强了中日两国道教之间的常态化交流机制，推动了福建道教文化不断走出中国，走向世界的进程。

福建道教协会访问团一行还访问了大阪、京都、东京等地宗教场所，与当地宗教界朋友进行了友好交流。

（李凤森报道）

亚洲太平洋观光社社长刘莉生、日本福建经济文化促进会
会长吴启龙、日本道教研究院著名学者山田利明教授等参
加石竹山何氏九仙君日本安座开光仪式

日本著名道教学者山田利明教授在东京希尔顿酒店举行
中日道教文化交流研讨会上演讲日本神仙文化

日本道教协会会长、日本道观住持早岛妙听道长
在日本东京九仙君安座法会上致谢辞

林观潮教授在东京希尔顿酒店举行中日道教文化交流研讨会上演讲石竹山神仙文化和日本儒道释三教信仰关系

第九节 海峡道教学院

海峡道教学院是全国宗教院校唯一一所冠以海峡名称的宗教院校，建于石竹山西侧狮子岩，依托于石竹山道教培训中心，占地面积百亩，建筑面积12000平方，设置齐全：架设10万千伏高压电上山；多级抽水机站引水库天然水和净化水上山；在上下山主蹬道和各景点线路上架设照明路灯；双套卫星接收台和内部闭路电视，程控电话和移动电话差转台设备，有线和无线宽带上网和闭路设施齐全；兴建五幢三至五层食宿、学习楼，三座道教殿堂，1万多平方米可集学习、培训开会、宗教活动、学修养生的场所——新辽天书院。

海峡道教学院于2014年10月份开始筹备申请，由福建省道教协会向福建省民族与宗教事务厅申请报告，省厅转报并出具省厅向国家宗教事务局申请报告，于2016年7月27日，经国家宗教事务局商国台办（因冠以海峡需商国台办批准同意）正式批准在福建省福清石竹山筹备成立。申请与筹备期间得到省委、省政府、省委统战部、省民族与宗教厅以及福州市、福清市各级相关部门和众善信的大力支持和帮助。2019年9月5日获中共福建省委机构编制委员会办公室登记事业单位法人资格，2019年11月29日获颁中华人民共和国事业单位法人证书。

一、学院概况

海峡道教学院（筹）是我省第一所道教院校，于2016年7月27日经国家宗教事务局批准在福建省福清石竹山筹备设立，筹备期间核定招生名额为80名，学制分四年本科和三年大专（道教内部有效）。学院立足福建，面向全国和港澳台、东南亚国家招生。学院由福建省道教协会主办，福建省民族与宗教事务厅负责指导监督管理，全国政协委员、中国道教协会副会长、福建省道教协会会长、石竹山道院住持谢荣增道长担任学院首任院长。学院筹备期设址于道教名山——福建省福清市石竹山风景名胜区内的狮岩堂，校舍占地面积100亩，建筑面积11700平方米，分为办公教学区、住宿区与宗教生活区，配有图书馆、公寓式宿舍、厨房斋堂、会议室、医务室、健身室、科仪堂、微机室、乐器房等硬件设施。师资方面由四川大学道教与宗教文化研究所、老子研究院、厦门大学道学与传统文化研究中心、福建师范大学等著名院校以及中国道教学院、福建省道教教职人员培训师资库提供强大力量支持。

石竹山道教培训中心

二、试招生教学情况

2018年6月海峡道教学院（筹）已全面投入试教学阶段，目前第一期三年制宫观管理专业专科招生已圆满完成，经过面试与考试等综合评估，最终共录取来自全国各地的学生66人，不分教派，乾坤并收，试教学至今，各项工作进展顺利。学院课程设计内容丰富，并拥有详细的课库设计方案，设置有文化基础、文化提升、政治教育、专业课程及体育五大版块，致力于对学生在文化素养与专业素养上的全面提升与培育。目前学院教学以全日制课堂学习及实践教学为主，讲座等多种教学手段为辅的方式进行，周课时总数共计30学时（不包括早晚课与晚自习），日均课程6学时，其中文化与政治版块由福建师范大学福清分校讲师进行授课，专业课程及体育版块则由教内讲师进行教学。

三、规划方向

新形势下，宗教界对宗教院校人才培养、教理研究、社会服务等整体功能的要求全面提升，“学修一体化、设施现代化”办学目标日益凸显，学院将继续坚持爱国爱教、性命双修、学修并进、接引后学的思想理念，狠抓道风建设与特色建设，以人才培养为中心，以特色专业、精品课程、教学团队建设为平台，以提高教学质量和学院综合实力为目标，紧密围绕社会需求，稳步发展，全面提高，力争把学院建设成为特色鲜明、成绩突出的综合性现代化高等道教院校。目前学院拟在石竹山下，福清宏路高铁小镇规划近千亩地用于学院新校址建设，并已经支付了规划设计费，第一期约400亩的学院建设工程即将启动，学院领导在努力积极筹措资金，争取尽快建成新校区。

四、办学特色

（一）加强思想政治教育。学院以党的宗教政策和法律法规为指导，将思想政治教育工作贯穿于教学全过程。早在开学前，为培养学生德智体全面发展与加强国防教育的需要，学院就组织全体师生在福清龙翔军旅进行了封闭式集训，通过集训加强了学生爱国主义情操和团队协作能力。学院的教学计划中也固定安排学生开展爱国主义教育实践活动，如本学期就安排了参观冰心文学馆和林则徐纪念馆。

（二）探索宗教院校与高校联合办学等新模式。学院申办期间，谢荣增院长就与福建师大福清分校签署联合办学，借助普通高校优势资源，不仅有效利用高校师资力量，提高学院的办学水平和质量，还为学生提供第二学历（教育部认可），能为海峡道教学院的学生毕业后就业创造广阔的空间，同时为参加第二学历学习的学生提供学费资助，学习优秀的学生学费全部由学院资助。

（三）构建学修并进的丛林管理模式。道教院校不同于社会上的普通高等院校，在教育实践中，应当更好地突出道教教育的特色。学院在教学的过程中，既传授道教的经教知识，又注重引导学生自我修持，以学院内的慈航宫为基地通过诵经、课功、静坐、参玄等宗教活动实践其所学。这些活动对于增强学生的宗教修持、信仰培养，具有良好的促进作用。

（四）借力"一带一路"汇聚人才。66位海峡道教学院（筹）首期新生来自全国各地，包括2名台湾地区学生。学院积极为台湾青年道友来大陆学习、就业搭建平台、创造条件、提供便利，力争将海峡道教学院办成国学传统文化正式院校，今后我们还将继续招收港澳台和东南亚国家和地区有志于道教事业的学生，欢迎他们乘着"一带一路"的东风，开启新的人生旅途，实现人生理想。

观音堂供菜

第十节 石竹山道院与印尼交流概况

石竹山道院与印尼交流缘起

石竹山道院在早期即已和海外，包括在印尼的福清乡亲有联系，他们经常前来祈祝膜拜。20世纪80年代初，石竹山道院的复兴建设，就得到印尼福清乡亲的大力支持与资助。自2014年开始石竹山道院就加强了与印尼乡亲关于石竹山九仙分炉印尼的磋商，并多次派员到印尼考察协商，到2015年9月份商定了拟在印尼雅加达建设石竹山道院总分院；九仙分炉印尼；拟与印尼三教庙宇联合会共同管理泗水市拉旺（LAWANG）佛光山三教总庙宇等意向。让石竹山何氏九仙君的威灵佑护印尼众乡亲，让九仙显赫遍泽海外，让乡亲们美梦成真，梦圆天下。于是，2005年9月15日，以石竹山道院住持谢荣增为团长的石竹山道院赴印尼访问团成行。

华社新闻 国际日报 A8

传播中国声音 增进相互了解

——中国中宣部副部长孙志军参访国际日报

谢荣增率福清石竹山道院代表团访雅福清公会

支持棉兰市警方扫毒

2015年9月16日印尼《国际日报》报道：

谢荣增率福清石竹山道院代表团访问印尼雅加达福清公会

9月15日上午，中国福清石竹山道院代表团在福清石竹山道院住持谢荣增的率领

下访问雅加达福清公会。谢荣增一行受到公会副主席兼执行主席姚忠从、副主席陈新、何燕娘、妇女部主席吕淑玲及其他理事的欢迎，双方进行了友好会晤和交流。

姚忠从发言称，道教是中国土生土长的宗教,但道教却和我们日常的生活习惯等息息相关。姚忠从希望谢荣增会长一行的到访能让大家更深入了解有关道教的方方面面。

谢荣增会长发言称，石竹山道院在早期即已和海外，包括印尼福清乡亲有联系，他们经常前来祈祝膜拜。20世纪80年代初，石竹山道院的复兴建设，就得到印尼福清乡亲的大力支持与资助。这次前来印尼访问，就是通过印尼雅加达福清公会向印尼福清乡亲表示衷心的感谢和祝福！也旨在推动、弘扬拥有千年历史的石竹山文化，让其能得到传承和发扬。谢荣增会长介绍了福清石竹山的历史及近期的发展情况，希望印尼乡亲们能经常回国回乡，能经常到石竹山观光祈梦祈福，能共同关注关心风水宝地

（旅居海外的福清人都将石竹山视为在外能保佑兴旺的风水宝地）中华梦乡石竹山的兴旺与发展。并祝乡亲们事业兴旺，福生无量！

会晤中轻松交流，双方互赠了纪念品。

（本报记者刘议华报道）

谢荣增会长与世联俞雨龄主席交换礼品

王基财先生传略

王基财（1917–1985），福清港头镇白玉村人。1932年他15岁南渡印尼，初期在中爪哇古城日惹谋生创业，白手起家，骑脚踏车贩卖布匹杂货，积累本钱。后定居于东爪哇泗水，不到而立之年，便积万金之富，坐拥泗水北区几条商街数十间店面，后又开工厂，并创办经营若干豪华旅馆酒店，财雄势大，兴盛一时。

王基财在家乡时便笃信神明，深受东南道教名山福清石竹山“道释儒”文化合一的影响，终生虔诚佛道。1949年起，担任泗水道教古庙“凤德轩敬神社”主席，聚合众人群策群力，励精图治。1962年，王基财率敬神社理监事发起扩建凤德阁倡议，信徒一呼百应，纷纷捐款助建，王基财个人捐了113万5283盾，用这笔钱买下凤德轩门前地皮，新建凤德阁，系二层建筑，美轮美奂。

1983年凤德轩遭火烧，王基财又率先发动重新扩建，并与凤德阁联为一体，香火鼎盛，王基财也因此名闻印尼华人宗教界，享有崇高威望。

印尼华人庙宇（kelenteng，多数称庙和宫）实际上大都是儒、释、道三教合一，一直是传承中华传统文化之重要基地，但以前并无统一组织。

1960年代末，印尼排华严重，东爪哇许多华人寺庙惨遭洗劫，中华传统文化在这个国家的最后一点空间眼看也要毁于一旦，同胞忧心如焚，只能泪眼相看，万般无奈。关键时刻，唯有王基财挺身而出，深入“虎穴”、奔走呼号，置生死于度外，与当局据理力争，终于挽狂澜于既倒，从而保住了本地华侨庙宇不受侵害，并将此举延伸惠及整个群岛，并得以亲手创办了“全印尼三教（儒释道）庙宇联合会”。

他和一批“三教”同仁以此为平台，将各地华人庙宇改为“三教庙宇”，从此得以合法存在。在王基财和三教会的多方努力下，为印尼留存了宝贵的中华文化火种，影响了百万华人信众。

此后，王基财又领衔创立了培训华人庙宇教士“全印尼三教教士学院”，同时在东爪哇山城拉旺（LAWANG）购置地皮5万平方米，发动信众，齐心协力，建成规模宏大的印尼三教总庙“碧云宫”。

泰国国王普密蓬陛下得知印尼华人王基财建庙敬神，为表嘉许之意，亲自赠送一尊释迦牟尼铜塑佛像，并派四位海军将领护送南来供奉于此。一时间名动千岛，万人称道。“碧云宫”也因其巍峨壮观而享有印尼佛光山之誉。

王基财晚年曾两度回到家乡，他最关心是家乡办学校和建庙宇两件事。他每到一个地方，一定要去参拜庙宇去题缘。回家乡时，侄儿钦忠陪他上石竹山，见他年老体弱要雇个轿子抬他上山，他不同意，坚持自己登。他每登一段山路就要停下休息，花了2个多小时才登到石竹山道院，以示虔诚敬重。回到白玉村就来看村庙，见村庙破旧，就将治病的钱捐出，带领乡亲重建帛峰村新丰境庙，光耀神明。

1985年3月15日，王基财在印尼泗水家中往生，享年69岁，印尼三教会追认他为“全印尼三教之父”。

全印尼三教庙宇联合会总主席王钦辉传略

王钦辉，字敦正，1948年出生于印尼泗水，系已故“印尼三教之父”王基财正房长子。他因从小生活在“三教”光环之下，踏入商海同时，亦继承了父亲信仰宗教的衣钵。现任全印尼三教庙宇联合会总主席。

早在1970年代中期，父亲发宏愿筹建拉旺（LAWANG）印尼三教总庙“碧云宫”，工程浩大，耗资甚巨。在此过程中，钦辉主动替父出谋献策，四处奔走，为三教总庙筹建吸纳不少信众捐款捐物。当时，他能登门拜访林绍良等巨商大佬，成功游说他们捐献了碧云宫建筑启动工程所需的水泥。

1980年，印尼“三教之父”王基财为培养接班人宣布引退，全国各华人庙宇长老选举新掌门。经过一番竞选，王钦辉顺利接过“全印尼三教庙宇联合会”大旗，坐上总主席交椅。

至今，王钦辉执掌这一全国性的华人宗教社团长达40年之久。

该联合会每五年换届一次，他都是连选连任。在其领导下，全印尼华人庙宇“三教”会员单位，由200多间增加到500多间，该联合会影响力不言而喻。

1999年，印尼回教长老瓦希德出任总统，王钦辉以华人宗教界领导人身份与三教同仁前往晋见，恳请开明睿智，希望一向对华人友好的瓦希德总统主持公道，要求政

府撤销苏哈托时代颁布的排华性质的14号法令。瓦希德总统仔细听罢王钦辉等人的请求，告诉他们说："会有结果的。"就在三教庙宇联合会拜会瓦希德总统一个月零十八天之后，那个让华人深恶痛绝的14号法令即被废除。

石竹山梦文化

石竹山梦文化拥抱这个伟大时代，正焕发出一种古老而又青春的魅力。她地处祖国东南前沿的著名侨乡——福建省福清市，是一处邹鲁文化之邦。勤劳、勇敢的130多万福清人民足迹遍布世界各个角落。千百多年以来福清人民就深受石竹山梦文化影响，并与九仙信仰结下不解之缘。千百年来，这里的大多百姓每每遇到一些困惑也好，疑难也罢，首先想到上石竹山去祈个好梦，希望能够帮助排忧解难，摆脱困境。而每每应验后都再次上山还愿，这也许就是千百年来香火不断的原因了。特别是许许多多的海外侨胞，他们情系桑梓，梦绕石竹，无论是时代更迭，或逢春夏秋冬都会看到不辞辛苦、千里迢迢上山的身影，虔诚之心可见一斑，难能可贵。也就是在广大信众和海外侨胞的长期关心和大力支持下，如今的石竹山道院群落以及整个石竹山景区成为祖国东南之滨一颗璀璨明珠，灵秀清新之姿已成为侨乡福清的一道亮丽风景线，一张文化底蕴深厚的名片。

自古以来，石竹山梦文化及九仙信仰，除了在民间盛行深受爱戴外，还有过配合官府发动民众重视农业生产得到积极响应的事例。

北宋天禧元年（1017），福清有个神童叫蔡伯俙，4岁参加全国"童子试"，能够完整背诵皇帝的诗词，被真宗皇帝赐予"进士身"，并召为"太子陪读"，后官居"司农卿"（相当于现在的农业部部长）。因父病逝在家守孝期间，发现当年立春知县没有组织民众开展接春活动（是一种官府下乡发动民众开展春耕生产，保障农业丰收的责任），只是派衙役下乡发放春牛图了事（类似于现在的挂历年画），民众也只是把春牛图挂在门上了事。因为古代农村民众很少受教育大多不识字，这样起不到催农作用，故接春活动就组织不起来。蔡司农卿想到了这里的百姓对石竹山九仙的信仰，便上山找灵宝观道长商量，由石竹山灵宝观以九仙名义主持举办每年的接春活动，得到了广泛的参与和支持，并且还引来了周边的长乐、永泰、闽侯等县民众都前来参加。起到了推波助澜的作用。此民俗逐渐地演变成了如今的接春纳福添寿以及道家设场"拜太岁"的仪式，一并成为石竹山春天里头道风景图，应了"春到石竹山，秋去龙门坎"的一句谚语。

20世纪80年代，石竹山接春活动被福建电视台拍成专题片，同时选送中央台的国际频道播出。

2014年6月10日（农历甲午年五月十三日），在石竹山隆重举办的第四届中华梦乡——福清石竹山梦文化节活动。开幕仪式、九仙分炉到台湾仪式、规模宏大的万人踩街活动以及第二届海峡民间宫庙叙缘交流会等系列活动，进一步扩大和加深了九仙信仰与祈梦文化在台湾的传播和影响。同时在推动两岸的政治、经济、人文交流和发展方面将产生划时代的意义。提出的口号是：中华九仙，福佑两岸！具有很强的凝聚力和感召力。

石竹山祈梦习俗的历史可以追溯到非常久远的年代，有史可查的祈梦活动形成于五代的梁朝，沿袭至今。道院的规模由简至繁，香火始终不断。1979年以来，国家的宗教政策得到落实，石竹山道院在谢荣增道长的努力下，继承和发扬了历代大师弘扬正道的精神，从带领五个人，找回外债1000元起家，在广大信众的热情参与下，特别是印尼林氏、蔡氏二大财团热心捐款过亿人民币，先后修建了进山大门，引自来水上山，铺登石磴道，数度重建扩建了仙君楼、观音厅、文昌阁、三清殿，新建狮子岩堂、万神殿，筹建道教文化广场，使古老的石竹山道院焕发了青春的光辉。如今的石竹山还是一处美丽的风景区，2004年就被国家旅游局评为国家级AAAA旅游区。20世纪80年代，谢荣增道长就开始着手与厦门大学哲学系主任詹石窗教授的团队，共同对道教理论与文化、石竹山法派的理论与文化以及九仙信仰进行了深入的探究及整理，整编出《石竹山道院文丛》一书，使得石竹山法派第一次有系统的将其理论与文化展现给世人。此外，还将一度曾中断的接春、仙君诞、观音诞、祈梦等系列民俗活动得以恢复并发扬光大。他本人也是中华梦乡石竹山（祈梦习俗）非物质文化遗产传承人，并担任全国政协委员、福建省道教协会会长，荣誉和地位是对今天的石竹山成绩的一种肯定。

印尼是福清侨胞的主要聚居地，自郑和下西洋开始就有福清的先民远渡重洋，涉足这块南洋宝地。在一代又一代的侨胞勤劳勇敢、刻苦艰辛的奋斗下，涌现出了一批又一批的侨界精英，他们不辜负祖先的辛勤付出和期望，成为政界、商界、文化教育界、宗教界等行业中的翘楚；他们把前辈的梦想化成了现实，并还在不断地追求自己的新梦想；他们中有的人除了实现了自身的价值外，还为所在国人民做出贡献，也为家乡做出贡献；他们是百万福清人民的好儿女，也是百万福清人民的骄傲；他们中有许多祖辈及自己或多或少都有过与石竹山结缘的故事，曾魂牵梦绕过的这座仙山，成为他们的梦乡。

此行是受石竹山道院谢荣增道长的亲托前来联络众乡亲，共同探讨是否迎请石竹山九仙君分炉到侨居地印尼供奉的可能性，我们考虑这样既可以对信仰九仙的乡亲提供一个精神家园，方便开展各项梦文化活动，又是对石竹山梦文化的传承和发展，进一步弘扬道教思想，开创一个团结协作，互助友爱的平台，还能加深与家乡人民的各方面交流。

（姚传强）

2015 年 9 月

本章附录

《狮子岩志》引言

狮子岩，即近年新辟成的“狮岩堂”道场，宗教景区。它位于石竹山西侧。

其历史之悠久，在福清可算首屈一指。景区内在汉代即建有台丰寺。明万历年间（约 1573—1619）邑绅林子泰重建，司理李柱为之写了碑记。《福建通志·山经》和《福清县志·地舆志》等早年地方志均记狮子岩有梅阴洞、掷珠泉、自平石等十二景。但都是点了岩景的名称，没有具体叙述形状风貌。1992 年为编撰《石竹山志》考察狮子岩时，还发现“影翠池”“西山晚照”“卧雪处”等五处摩岩题刻。所惜的是，这样一处历史悠久、景观独特的名胜景区，吾邑却长期没有发现有其独立篇章的山志。

今年四月，吾邑留日学子林观潮先生（林先生现在日本攻读博士生，专攻黄檗文化和隐元禅师生平事迹）回乡，笔者有幸得见林先生。林先生在漫谈中说日本有刊行的《狮子岩志》。并应笔者要求，承诺到日后即复印一份寄回。

据这部志书的志叙和独往子性幽所作的《狮子岩志》一文所记，清顺治十年（1653）春，独往子性幽奉本师隐元禅师之命，撰修了《狮子岩志》，但因清初东南沿海抗清运动不断掀起高潮，社会极端动荡，且隐元及其徒众，持抗清复明态度，无法在福清立身，已经准备动身东渡日本，因此《狮子岩志》亦无法在福清刊刻，1654 年 5 月 10 日，独往子性幽携志稿随隐元东渡日本，7月5日到达日本长崎。得日本有识之士冷泉八郎等人资助，刊刻了这部志书。至1948年11月1日，这部志书被收藏在“黄檗文华殿藏书”处。至今，又有半个世纪了。

《狮子岩志》分上下两卷，约一万余字，编目有“叙”“记”“岩中十二景”“岩下薄产”“小参”“居士诗”“玄诗偈”等七个部分。其中保留的珍贵资料有：

一、叙、记部分记载了隐元禅师于明崇祯四年(1631)起住持狮子岩六年。此前，隐元在金粟山广慧寺拜第三十世密云禅师为师研究禅学，1631年隐元随密云回黄檗山万福寺，密云应邀住持万福寺，隐元则受命住持狮子岩庆丰庙。其时庆丰庙已破败不堪住锡，隐元只好“住下院者三年如一日”，继后亲自手创“辽天居”，又“居辽天者亦三年如一日。”其间备受艰辛，没有水源，他踏遍青山，寻得源泉，“和尚斩竹为导，其流不涸”。独往子性幽感叹地说：“所谓学道渊源，能自作主宰者，究必获之，大抵然矣。”为了建筑辽天居，隐元“自砌石为径，曲折而上，可数百级，得平地少许，作阁”。经他六年的艰苦经营，狮子岩的名声开始远播。隐元初到狮子岩之前“游客骚人只知探石竹奇，不知有岩”。他一到狮子岩，即探辟幽异，屏绝尘嚣，几不知有人世间矣。他每日禅余“烹茗趺坐，听猿而捉月，踏险而吟风，过而问者寥寥，所与朝夕者，不过花容鸟语，野色溪声，遥为唱和而已”。更具神奇的是，隐元坚韧至诚，感动了一块顽石。现存有一块平坦如削的岩石，当年是呈倾斜状态的，一夜隐元独坐石上感到不舒服，就持咒默念道：吾学道若能成正果，此石应该平坦。第二天早晨，此石果平坦。此即后人称其为“自平石”，为狮子岩十二景之一。

二、留下了隐元禅师的许多诗篇。隐元一生于儒家释道学、哲学、文学艺术方面，著作甚丰，但他因在秘密状态下仓皇东渡，此后又未能回国，所以他所著的文字，只在日本刊行了《新纂校订隐元全集》(1979年10月日本开明书院重刊)，而在他的原籍福清他的诗文却留传很少，(只有《黄檗山志》辑录了他的七篇赞)。而《狮子岩志》因在日本刊行，有条件收录他在狮子岩所作的释诗偈十六章，记述了他为了开辟狮子岩所备受的艰苦和他对狮子岩东南西北、上下左右的景观、紫气心有独钟。如他开篇即说“结个茅庵石竹西，喝天捧月走云霓”，刻划了他初到狮子岩所见到凄冷景况。可是他坚信凭他的禅心和坚毅，不用多久时间，他会坐在“重岩之上，绕围群象，百水潺溪，千山俯仰，按下云头，性天愈朗，宴坐悄然，身心俱爽。一念万年，独支霄壤”。果然佛祖有灵，不负隐元所许的诚愿，只六年时间，狮子岩重光灿烂。另一名高僧隆璋赞隐元开辟狮子岩的坚韧心志，诗云：“万木参差一径斜，别开丈室隐仙家，……知

公旧有支公癖，百叠峰前稳坐跏。”从隐元的诗篇还可看到他专诚佛学和“独傲王侯”的性格，如他在临离开狮子岩前夕作了一首《岩中除夕示徒》诗，诗云：“寒岩除夕冷飕飕，莫谓爷贫累汝愁。得意梅花三五点，清香瘦骨傲王侯”。

此外，《狮子岩志》还收录了诗人和诗玄所作的诗(偈)词六十七篇，从不同角度描写狮子岩十二景的具体形状、特色，这些资料为进一步重辟狮子岩各景观提供了有价值的参考资料。

俞达珠

2003年8月

清初日本刊行的《狮子岩志》

狮子岩志叙

古圣贤于发轫地，往往留念不置，非有所系恋也。道无所不在，情不忘其本，各有取耳。狮岩去石竹不远，本师大德初习静其中，略溪山秀，曾自快意。既而手辟辽天居，又辟团瓢亭诸景，层折幽奇。春则翠色囊峦，夏则云衣变石，秋则蝉声卷叶，冬则雪浪排空。夫岂为适情计哉。盖不经层折，不知道之高深，不探幽奇，不识道之玄奥。先德证悟，每于游泳得之，况静极生慧，其识量有不思议者乎。夫道求在我，非必借资乎山水，而地与人气，盖亦有造物在焉。和尚今之视黄檗也，无以异于狮岩也。则向之视狮岩也，又何莫非黄檗也。九龙潭头同此日月，一狮峰顶岂异风雷。何谓道无所不在者，盖此然道者。何谓情者，何独和尚坐断十二峰头，无取无舍，亦既有年，岂复有情根未刈而恋恋此幽岩片石哉！但古人有言，听乐必求其器，玩器必求其人，盖言本也。今者，时代变迁矣，岩中即不复旧时花鸟。数间茅屋，犹尔撑天几队，寒猿旦知避地。其峦岩之奇峭如故也，树木之蓊葱如故也，云烟之变幻如故也。首座慧师继之。龙生龙子爪已露团瓢云中，虎育虎儿牙足撩翠屏天外。大德间或扶筇相过，触旧时景况，快作述之相，仍念箕裘以不替归忆久之，依依梦寐，嘱幽作志以昭始，基其所谓情不忘其本，又此噌乎。道以生情，非情不足以见道。情以全道入道，始可以言情。后过斯岩，读斯志者，其亦可发一深省矣。

甲子春，三山独往子性幽敬叙。

狮子岩志总目

岩中十二景　上卷

狮子峰 梅阴洞 鹦嘴石 卧云床

茑松阶 萝门径 石壁榕 辽天居

自平石 翠石屏 掷珠泉 团瓢亭

岩下薄产　上卷

田园

法语一则　上卷

小参

文二则　上卷

记

诗三种　下卷

居士诗　释诗偈　附乩笔

狮子岩总目终

狮子岩志　卷上

凡例八则

首志景者，山水奇观，目触道存，非异景不足以栖异人。昭地灵也，表法界也。

次志田园者，德产以资法身，道之基也，亦儒家先养后教之意也，故叙于法语之上也。

三志法语者，明其非游观之所，异于石竹也，宁神以学道，道成以拯世，彬彬德言，同山林不朽也。

四志文者，为其载道之器，所以发山川之秀，彰高俶之修也。故无关于道教者，不录也。

五志诗偈者，遇物起兴，美刺之中，存观戒焉，亦经显道也，故系于道者，虽极平淡，节取也。

六附乩笔，幽明虽异，其实一理也。加之以附，所以明道无二尊也，恐其捏怪惑人也。

不志寺者，草创未就，留以有需也，以下院之名，存其旧也。

不志道者，岩以学修始，法嗣良也，慧门二师继之，皆共见共闻，不必赘也。

狮子岩志　卷上

独往性幽　纂修

慧门如沛　较定

独耀性日　参订

岩中十二景

狮子峰

峰在石竹西，形如狮子，凭空，其首尾蹄嘴俨然，故名。前山相对，形亦似狮，下有白塔寺遗址，或曰雌雄狮。

梅阴洞

洞在下院后，其中空洞幽邃，外则石榻胪列，堪息坐焉。西边梅林共拥，稠密成荫，故名梅阴洞。

鹦嘴石

石在梅阴洞上，锐悬路侧，其嘴似鹦，在草丛中殆欲飞去，过者常留盼也已，故名。

卧云床

床在鹦嘴石上，登者盖数曲而至，其平坦宛如一榻，云烟喷薄，或传有神仙偃卧其上。坐次万境幽凉，辍欲空空去，故名卧云床。

茑松阶

阶在卧云床之上，萝门径之下，自梅阴洞至辽天居，迢迎层折，如茑萝之缠松柏，曲而又峻，故名。

萝门径

径与茑松阶相连，在辽天居下，有藤萝高丈余，斜接竹为门，登山者必经之。

石壁榕

榕在辽天居左肩，高挂削壁间，梢拂绝顶，其根盘曲抱石，历风霜如故，时有好鸟栖吟其上，仰视之亭亭千尺不可扳跻云。

辽天居

居为和尚闭关地，在翠石屏前，俯临万树，冷韵袭人，所谓空中楼阁，气象万千者也。和尚有联云：目富千峰翠，胸清一带流。

自平石

石故倾欹，在团瓢亭下，大德卜道行否，持咒默祝，越宿石桌白平，人咸叹异，因名自平石，作铭以纪之。

翠石屏

屏在辽天居后，其色苍翠可爱。

荡入溪流，掩映夺目，且古树幽花，四时点缀，临其下者，盖低徊不能去。

掷珠泉

泉自翠石屏之上悬空而落，溜滴如珠，泠泠袭人衣裾，客至此者不能久坐，或云上有天女撒花，故然。

团瓢亭

亭在自平石顶，挺然独峙，由翠屏石下西数武接木梯而上，遥瞩苍翠，野草青青，溪流前远，真宁神学道之所，大德以其巍悬似瓢也，故名之。

岩下薄产：田计三亩，在畲仔底；园（旱地）计一亩零，在下院前左右。

狮子岩志（卷上）

师回狮岩，辽天居首座慧公同众请小参。师云：无端卓锡傍仙家，惹得浑身是紫霞。就石寻源穷鸟道，满岩缭绕散天花。祯祥既现，灵气所钟，石竹林间，真栖美景，青松岩下，别一洞天。双溪水绕，龙蛇动万点，峰朝佛祖关。自得于中，无限妙趣，频来个里，愈见风光。十五年前，点铁成金，驴儿马子，回面云臻。逼得山人，隐阁壁上，鼻孔朝天，眼空四海，舌复大千，直得无言可对，无理可伸，如何得个，转身句子，以赴来机。吾人于此道，得一句相应，便是反掷。狮儿其或未然。山僧按下云头，俯观浊世，去也。谁知赤心片片，活埋烟波，业识茫茫，生陷无边苦海，且道有何法力出脱苦海，破除烟波，以至洁净之域而登解脱之场，喝一喝，云出也？还信得及么？舌卷迅雷醒客梦，杖挑果日晓遇蒙。道是宾耶还是主，如妨下榻待诸公。

狮子岩记

小 参

独往子性幽

融山诸奇观，称石竹最。由自高亭西可五里许为狮岩。岩首尾似狮，雨则乘风咆吼，睛则露爪张牙，其大较也。旧故委荒草中，游客骚人知探石竹奇，不知有岩。非不知有岩也，盖异质芳姿，匪世人所得耳目者，众必弃之，大约多此类。岁辛未［按：公元1631年，明崇祯四年］本师大德始于下院习静，探辟幽异，屏绝尘嚣，几不知有人世间矣。院后有梅阴洞，和沿禅余，每烹茗趺坐，招夏象晋、龚夔友二居士，俱或听猿而捉月，或踏险而吟风，致足乐也。然过而问者尚寥寥，不概见，所与朝夕者，不过花容鸟语，野色溪声，遥为唱和而已。院泉枯竭，不足饔餐，和尚寻得其源，斩竹为导，其流不涸。所谓学道渊源，能自作主宰者，究必获之，大抵然矣。岩峻壁千仞，由院上百余武，为鹦嘴石，扳藤而徙，窄不容足，万树空悬，从下仰之，飒然有声，如闻天上人语。诸若茑松阶、萝门径种种层崎皆此山绝大奇观，福唐罕见者也。和尚自砌石为径，曲折而上，可数百级，得平地少许作阁，去院不及里。俯临无地，是为辽天居。门外石虎四排阴翳成风，过者多茗话于此，辄有佳句与鸟声相唱和。其后为翠石屏，每空中珠花乱掷，泠泠然湿人衣裾，盖不堪久坐云。其观较诸境为尤奇。岩东有榕树，傍石盘结，梢拂绝顶，其根屈曲如历风霜不改，所称石壁榕者是也。山中草木，有时剥落，独此榕与正人君子，千秋并峙，亦奇哉。西数武为自平石，其平坦如削。大德隐静时，犹自倾欹，一夜独坐石上，持咒默以道之行否为祝，次早，石果自平，奇已。然则国家兴废，人生显晦，出处岂非天哉。石上为团瓢亭，亭接木梯而登，下瞰辽天居，烟树苍茫，寒溪倒影，挺然独竖，时有异禽出没其间，幽花点缀其侧，遥望之，若瓢然。以下院视之，其高低盖不啻手足矣。噫！尤奇夫。高下险及，势所难通，和尚独出只眼，为之居下院者三年如一日，居辽天者，亦三年如一日，后也，师慧、师隐静者，亦且九年如一日，皆可谓坚忍过人者矣。迄今游石竹者，知过岩而问焉，其于荒委之时，非有二人也，人定而天应之，较石竹之奇更啧啧人口，岂非地以人重哉。但游客骚人知岩之奇，而不知居岩者之奇，原不在岩也。知奇不在岩，可与言游观矣。

癸巳，清顺治十年（1653）清明前三日记。

狮子岩志（卷下）

居士诗

游狮子岩

吴起蛟

绝壁分天半，穿云得径通。

人堪石共语，佛必与仙同。

胸大藏千壑，月孤挂一峰。

梅花予所梦，留语寄东风。

前题

吴之颖

色相依稀半天庵，羞将短发语晴岚。
交横竹柏几千岁，长抱青苍仍老潭。
野鸟为谁瘖木杪，白云故自出山南。
强分秦汉终多事，一卷黄庭了铁函。

前题

林继焌

凌云苍翠郁嵯峨，俯视千寻蹑蹬过。
万岁古藤青鸟道，居于片石白云窝。
禅心定处人生寂，梵呗闻时众折讹。
欲听峰巅狮子吼，特来座下问维摩。

前题

林继京

争言石竹折西峰，别有云岩隐旧松。
及到景随情共转，始知名与实相从。
仙居缥缈吟堪比，鬼凿巉岩登不容。
寒瀑空中溅雨雪，众山窗下削芙蓉。
既欣初地今才历，应悔高僧是晚逢。
明日兴寻他嶂去，还期梅发再扶筇。

过狮岩访慧师

郭鼎京

山水由来癖，寻师兴更奢。
有谈皆妙旨，无地不莲华。
岩醉清溪响，云封古木斜。
谩言钟鼎好，终逊道王家。

前　题

林宗圣

岩头饭客晚菘肥，擬欲呼筇点石扉。
竖指当花能破梦，张风无舌可酹机。
龙因避罚来犹匿，鸽为闻经伏不飞。
安得升平杖履稳，辽天危处浣尘衣。

前　题

石　田

偶尔寻幽扣竹关，沿泉得路上层峦。
片言大道参非易，无价青山隐亦难。
梅不出林香更远，柳当眠处意长闲。
到来顿觉空诸想，就宿分云一半间。

游辽天居赠慧师

王元升

绀园结构依山麓，已受了然清净福。
况复冠之众峰头，登睡无穷閒面目。
偶一低头见鸟归，殷勤下榻留云宿。
悬崖耄石奇欲拜，上□邪竖无名木。
霜钟声欲达云霄，猿不敢啼虎群伏。
吾师慧寂阔心胸，当面西山开一幅。
日日捉尘语无诤，息尽歌樵与唱牧。
我在床边侧耳闻，洗尽肠中尘十斛。

咏狮岩梅花

林正立

种成深处自开花，恰似当年老作家。
膏雨无功生意足，天然素色透袈裟。

石壁榕

林启荣

巉岩一片凌空起，苔痕剥落衔苍紫。
扶苏老干势参天，森森嵌入云根里。
错节盘回气象奇，古枝斗角啮山嘴。
陡然直上抱虬螭，悬崖欲坠仍还倚。
周遮日月蔚繁阴，木瘿磊落浮菌耳。
春来香雾绕林巅，杜宇声声啼欲死。
绣球烂漫吐梅阴，瀑花点滴含清泚。
居其下者尽高人，草庵一座心如水。
三百余年垂荫多，对之不觉生闲止。

狮子岩杂咏

林子春

脱俗能忘世，幽楼可避尘。
引泉过竹阁，叠石绕山城。
野果能多子，繁花不辨名。
有时空籁响，巅是老龙吟。

其 二

清虚小隐地，茅屋两三间。
学圃先除草，修真只佩兰。
贫余双眼白，老就二毛斑。
愧我无知已，相逢一笑看。

自平石

大地何须叹未平，静看一石自然明。
谁人更出辽天手，旋转河山此日倾。

登狮岩

施宛驹

绝壁千寻俯众山，肃如高士意萧闲。
泉随屐齿泠泠去，云泊杖头曲曲弯。
因美定僧巢木末，却嫌遥瞩染人间。
托心天际孤飞鸟，立尽斜阳犹未还。

狮子岩志（卷下）
玄偈诗

住狮岩

隐元琦

结个茅庵石竹西，喝天捧月走云霓。
犹怜路半未归客，拂拂春风浪马蹄。

岩中自叙

山中瘦骨棱，跏趺一老道。
眉堆三尺雪，身护万年藤。
风月谩留恋，阴晴岂留道。
胸流毫发镜，远沂自南能。

岩中八咏

其　一

重岩之东，隐隐隆隆。
物育和气，道长心融。
雉云捧主，旭日开蒙。
洞崖翠茂，水石玲珑。
法音一震，万户皆通。

其 二

重岩之南，有鸟喃喃。
千差一贯，前后三三。
天下皆醒，惟吾独憨。
乾坤把住，权为小庵。
全彰妙用，倒岳旋风。

其 三

重岩之西，群贤所栖。
金声玉振，花路鸟啼。
文章谷口，德望天霓。
智愚不肖，隔绝天霓。
一念不生，物我咸齐。

其 四

重岩之北，唯枕其极。
洞彻玄枢，一堂寂默。
风行四类，吾道乃克。

其 五

重岩之下，瑞气弥嘉。
朝云拥座，听石参差。
阒然丧我，零落天花。
一心寥廓，法法无瑕。
动静合辙，变化龙蛇。

其 六

重岩之上，绕围群象。
百水潺潺，千山俯仰。
按下云头，性天愈朗。
宴坐悄然，身心俱爽。
一念万年，独支霄壤。

其　七

重岩之中，有主这翁。
悬崖撒手，反复真空。
一心不动，顽石自聋。
了无影迹，迥绝牢笼。
聊开方眼，万国来风。

其　八

重岩之顶，无物与等。
千圣不传，六凡皆醒。
转开转迷，愈指愈迥。
迸开脑门，特地自肯。
聊叙数章，以成八咏。

辟团瓢径

赤手破天荒，别并一径长。
步高行磊落，心放语颠狂。
石瘦苍苔滑，岩虚异草香。
隔林啼鸟处，句句断人肠。

岩中答友人

碧落云穿月径斜，分明逗漏野僧家。
忘机顶上归巢鸟，宴坐岩前散落花。
美玉无劳涂彩饰，真金终不混泥沙。
自从砍尽青山后，长卧孤峰懒结跏。

岩中偶成

芒鞋踏破脚尖新，独占人间第一贫。
有法求时非得力，无锥卓处却相亲。
悬崖石怪空流翠，削壁松幽不惹尘。
堪叹茫茫烟浪里，活埋多少丈夫真。

又

孤峰顶上吟风月，十字街头带水泥。
两处都来三十棒，大家休得讨便宜。

再过辽天居

为访旧交石，频来觉路玄。
半瓢悬峭壁，一榻寄辽天。
脱洒风烟处，逍遥帝象先。
不知谁梦醒，得到此山巅。

岩中除夕示徒

寒岩除夕冷飕飕，莫谓爷贫累汝愁。
得意梅花三五点，清风瘦骨傲王侯。

辽天居

慧门沛

云霄构出一梵宫，半榻安栖斗宿通。
万点翠峦生眼底，不加粉饰也玲珑。

翠石屏

层层翠积削芙蓉，不假丹青色更浓。
几度凭栏林外望，分明一轴倚危险。

掷珠泉

谁持无价作倾湫，乱撒云间竟未收。
入眼谩嫌多冷落，天花烂漫思悠悠。

茑松阶

盘盘绕干欲擎天，登徙也凭杖履前。
到顶纵眸千万里，却忘身在白云边。

萝门径

萝结为□一径通，长年无锁付云封。
幽深不碍禽来往，适趣吟时翠满筇。

梅阴洞

铁骨横斜托石间，幽然一洞逼人寒。
坐来不觉天昏晓，放下身心共草团。

辽天居访慧兄

非日光

半镢家风旧，群峰入翠鲜。
高谈生草木，幽梦彻山川。
痛忆蒿枝放，恩怀石乳悬。
辽天蓦一问，谁敢答当前？

辽天居

木庵滔

石竹峰西古佛踪，楼台幻出碧云中。
数声清磬三更月，豁破乾坤一梦笼。

中秋狮岩访慧

即非一

为怜秋色正，况此兄弟同。
引到天心月，呼来谷口风。
狮岩频踞地，虬树欲腾空。
不觉山将晓，金乌海上红。

狮岩呈大和尚

隆　璋

万木参差一径斜，别开丈室隔仙家。
凌空锡响惊搏鹤，洗钵泉余溅落花。
适意不妨肱作枕，还丹奚间玉为砂。
知君旧有支公癖，百叠峰前稳坐跏。

卧云床

弘　宣

天然一榻绝施为，独露峰腰不假帷。
潦倒白云横睡足，任教明月静相窥。

登狮岩访首座师

广　彻

极目千峰顶，乾坤一小园。
未来先入梦，相见觉无言。
花冷云为幔，鹤归月在门。
坐深幽兴处，渔火出前村。

过狮岩访首座师

性　昊

访公逐伴上匡庐，磴壁摩云怪欲呼。
恨不携将摩诘笔，并兹写作辋川图。

狮子峰

巍然独踞百千秋，鼻孔辽天不用钩。
未触风雷先哮吼，却忘身与白云游。

鹦嘴石

性　明

石比鹦哥嘴，鹦哥谓石冤。
论形虽肖似，曾奈不能言。

游狮岩

狮吼犹堪托静栖，相过花下听莺啼。
醒人乘得石千片，留客呼来云一溪。
榻小自能招日月，岩灵宁必问东西。
悠然独踞威风猛，万里孤峰不敢齐。

登辽天居

山空也许客趺跏，杜宇声中日已斜。
蓬意自惭波上鸟，春光岂老笔头花。
野田漠漠犹谁主，芳草萋萋似汉家。
惆怅不妨招月饮，莫教负却一瓢霞。

前　题

阁广谁知天路通，登临半在鸟声中。
苔封危径春流活，日咽前溪野色融。
坐久忽闻千嶂磬，尘轻挥动一天风。
红尘十丈飞难到，独许闲云日夜同。

鹦嘴石

太　慈

绿荫深处半藏身，眼底无尘冷笑人。
最是孤高忘饮啄，肯随杜宇浪啼春。

萝门径

性　通

大道无门只自亲，任封萝茑不生尘。
谁开觉路通玄要，满眼烟霞入望新。

狮岩即景

性　日

石门数折到幽栖，百尺梅阴老一溪。
鸟唤平林迁古木，蜂分异室隔香梨。
花坪暗落无声雨，音壁高悬没字题。
懒坐移时春满径，长歌应使白云底。

登辽天居

巍然一阁接嶙峋，独有青青修竹陉。
石级千层呼月近，泉沟数里引流新。
烟连古树迷樵路，松落禅房笑道人。
一自扪云楼上过，到今无地访遗民。

其　二

峭壁榕头谢豹声，山游最上气峥嵘。
携来一梦云为冷，坐到忘机石自平。
药场草深粘毳衲，蕉轩风细煖茶铛。
南通石竹无多路，取次相援丘壑情。

其　三

向晚凭栏属望井，瓢然爽气自西来。
清溪一道吞烟雨，峭壁千寻剥藓苔。
鹤老自成仙世界，竹高消近佛楼台。
藤萝欲结虬螭梦，引得幽心出草莱。

登辽天居

性　幽

小构擎天鸟道通，屐凌万林暮云中。
自平石夺人心险，不二门开春气融。
返炤白花丹断壁，玄谈卧叶起清风。
旧时捧月今何往，共说幽光此日同。

其　二

老竹梢弯挂碧流，客来荡漾一虚舟。
子规泪晓招红日，芳草□烟惜白头。
千仞珠花空处落，数行松粉望中浮。
名山有席酬知己，莫掷韶光负壮游。

其　三

百鸟争春亦解禅，何须缥缈问神仙。
青青梅子幽人眼，寂寂溪声入座弦。
石醉忽因人欲醒，丛深却喜竹能眠。
倚栏不觉茶心苦，斜翠沾衣最可怜。

其　四

盘根曲曲学跌跏，绝壁榕阴日尽斜。
三月岩容佃秃发，数茎尘尾落天花。
虚生室白云为客，□入山空鸟有家。
啸傲欲同天上语，却惊摇坠碧峰霞。

题自平石

性　心

点头已识通顽偈，醒世难忘半醉人。
天地欲平先到石，自令千载不生尘。

登狮岩

性　派

千寻古木不知名，屐下峥嵘踏鸟声。
回首忽忘天上路，遥看日色映溪明。

石壁榕

性　专

幽根盘托壁千寻，挺出婆娑冠一林。
几度雪霜浑不改，迥然共见撑天心。

掷珠泉

性　吼

静观一物本来无，何处空岩撒慧珠。
大道不劳添眼屑，分明颗颗落盘盂。

莺嘴石

性　杲

自辟洪荒已得名，通身是嘴忒无情。
凌峥岂入时流眼，长憩深林不浪鸣。

附乩笔

狮子岩赠慧师

陈　博

薄云偏认我游踪，去住无妨秋雨中。
风乱涛声山不响，淋漓先醉海棠红。

团瓢偶成

何水何山何处亭，隔山仙子性何灵。
云移石上千秋叶，飞到人间梦未醒。

中秋祝慧师初度

怪石不知年，古意辽天上。
中有一茅庐，庐中一隐者。
两鬓且春芽，心圆秋月样。
万峰列其前，共祝寿无量。

狮岩赠慧师

何九真

崖悬怪石翠苔肥，镇日闲云掩竹扉。
钵底有龙能听法，台前无鸟不忘机。
半瓢英气山魂落，一棒宗风草色飞。
曾向人间恣游戏，天花乱坠不沾衣。

狮子岩志（卷下终）

长门州荻津

盐田道可捐资刊

当今的狮岩堂

林观潮先生在复印时附注：

《狮子岩志》于一六五四年春编著，隐元禅师一六五四年五月十日离开黄檗山南下厦门，六月二十一日东渡，七月五日到达长崎。该志很可能在中国没有刻印，现在的版本是在日本刻行的。这末页的日本地名，捐资者人名，可为其佐证。

林观潮谨付

癸未（2003.4.7）于大阪

第三章 石竹山梦文化

第一节 石竹山梦文化研究

一、石竹山祈梦的历史文化渊源

据地质学家考究，石竹山形成于6700万年前的白垩纪晚期。那时石竹山所处位置是一片汪洋大海，由于地质结构不稳定，地震和火山经常发生，火山喷发的岩浆不断堆积，形成了今天的石竹山胜景。从东面看石竹山，就像一条巨龙逶迤，具有风水学上所说的“宝地”吉象。从南面远望石竹山，整个山体看起来像一个等腰三角形，如古埃及金字塔一样稳固而雄伟壮丽。这里环境幽雅，气候温和，平均气温19度，特别在春夏时节，初雨乍晴的时候，半山腰云雾缭绕，半遮半掩之间，让人飘飘然仿佛入仙境一般。石竹山下原本只有一条龙江与无患溪绕山而过。1958年，福清人民倚江筑坝，兴建了东张水库（今改名为石竹湖），水库的建成不仅解决了福清人民的吃水用水问题，而且为石竹山增添了几分秀丽和灵气，形成了石竹山一道山水相映成趣的美妙景观。

石竹山独特的地理资源，幽雅的自然环境再加上自然形成的藏风聚气的上乘风水吉象，自然吸引了不少探奇者和修道士前来探索、修行。相传西汉时期，淮南王刘安的挚友何堠育有九个儿子，据说都是瞎子，平日相依为命。他们随父亲到了冶城，即现在的福州，就在市中心的于山落脚炼丹。后来他们又到了福清的石竹山，修炼内丹，因为修炼有成，被尊为九仙。九仙成道飞升后则入世行功，最重要的是以祈梦灵验而著称于世。由于九仙修炼场所具有特别的地磁引力，前来祭拜的信众停留歇息时往往恍惚入梦，久而久之，何氏九仙君便成为人们祈梦的智慧象征和精神纽带。

那么石竹山以祈梦闻名究竟始于何时？据《仙溪志》记载，福建民间甚至士大夫向何九仙祈梦的活动早在宋代就已经盛行。南宋《仙溪志》卷3记载的仙游九仙山“仙水林惠庙”，相传本为何氏九仙的休憩地。何氏九仙乘鲤仙去后，里人立庙以祀。据说，“神主科名尤灵，诏岁兴、福、漳、泉士大夫斋戒，诣祠下乞梦（祈梦）不绝。”[①]福清的石竹山是何氏九仙的“离宫”，自然也就成为祈梦的圣地了。只是限于资料，目前看不到宋代石竹山作为祈梦场所的直接记载，但有旁证可以证明它不迟于仙游等地出现的九仙祈梦所。如南宋福清渔溪人林希逸的《游石竹紫云洞》一诗中就有：“长歌赋招隐，梦绕天涯山”的诗句，这也说明石竹山祈梦在南宋时就已经出现了。到了明代，石竹祈梦更是空前盛行，如王世懋的《闽部疏》记载：“福清县石竹山，亦有九仙灵迹，其山亦宏丽，在宏路驿大道旁，士人祈梦者，以秋往九鲤湖，以春往石竹山。石竹山是九仙离宫，为行春治所耶。”[②]由此可知，石竹山作为祈梦圣地，最少已有500年的历史了。

石竹祈梦由来甚古，在历史的积淀中留下了许多祈梦故事，而在福清民间，向何氏九仙祈梦的故事中，流传最广者，莫过于叶向高了。据明朝何乔远《闽书》卷6“石竹山”条云：“皇朝邑人叶向高为孝廉时，祈梦，梦人语之曰：‘腰系白玉带’，后果验。”叶向高晚年重游石竹山时，亦作《登石竹山》七律一首，诗云：嶙峋石竹插青霄，病起欢从胜侣招。萝径曲穿云外洞，榕门斜接涧边桥。苍崖月冷仙坛静，碧海天空鹤驭遥。一自名山传梦后，只今玉带愧横腰。[③]

其中“一自名山传梦后，只今玉带愧横腰”是对其当年梦境的最好写证，如今，这句诗已被镌刻于石竹山的亭子上。

随着祈梦活动的频繁进行，各种梦故事也不断流传，诸如赐马一日君、白马吃稻、大哥让小弟、痴人说梦、纸化灰在、门虚掩与渔具店、林绍良的幸运数字、家和万事兴、兄长无儿、车撞马脚、小女回家、外来工祈梦讨工钱、骑车走进双重门，等等。梦故事的不断流传和长期积淀，进一步为石竹祈梦注入了新的活力，使其日益成为当地独具特色、影响广泛的民俗文化形态。

作为一种文化表现形式，“石竹祈梦”不仅具有悠久的历史渊源，而且也有着深厚的文化渊源。“梦”这种复杂的精神现象在很早的时候就被先民们所注意。翻开中外典籍，有关梦事的文献可谓数不胜数。

① 俞云官等：《中华梦乡——石竹仙山》，2006年，第10页。
② 俞云官等：《中华梦乡——石竹仙山》，2006年，第10页。
③ 俞达珠主编：《石竹山志》，厦门大学出版社，1993年版，第5页 。

早在殷商时期的甲骨文中就已经出现“梦”字，它是一个会意字，《甲骨文编》解释说：“像人依床而睡，梦之初文。”参考《说文解字》里对梦字的注解：“梦，不明也”。我们可以得知古人认为梦是一种不可认明的现象。为了论证这一观点，还可以参考《诗经·小雅·节南山》中记载：“民今方殆，视天梦梦”；《传》中所说：“王者为乱，梦梦然”。这些观点基本上都保持了“梦”字的古义。梦中因不明而乱，这就是失去了觉醒时意识活动的常态，而进入异态。由于历史条件的限制，上古先民对做梦的现象无法做出合乎科学的解释。在他们看来，人之所以有生命，就在于有灵魂。梦中的近乎真实的形象体验，使先民们产生了一种直观的认识，认为人睡觉时，灵魂可以离开肉体而出游。有关梦的体验，使他们由此对灵魂的形象进行进一步的推想。例如，他们在梦中见到一个远方的朋友，与之侃侃而谈，互送猎物，而醒来的时候，那朋友却不在身边。这种梦与醒之间的差异，又使先民们感到梦的微妙。清醒时无法办到的事在梦中却可以秘密地进行着，可见梦有着特殊的作用。

正是梦的模糊性、隐秘性和奇特性使先民们产生了好奇心，于是希望通过梦象体察神意，进而占卜吉凶的占梦活动也应运而生。不论在中国还是在西方，这种现象均会有之。如弗洛伊德在其《梦的释义》中就曾经对这种现象做出解释，他指出：“原始时代遗留下来的对梦的看法构成了在古希腊罗马人中流行的对梦的评价的基础。他们认为梦与他们信奉的超自然物的世界有关，梦从上帝和魔鬼处给人们带来神灵的启示。在他们看来，梦对做梦者而言，必定具有一种特殊的目的，一般说来，他们预示着未来。由于梦的内容及它们带给梦者的印象稀奇古怪，人们很难对梦构成一个始终如一的概念，为了保证梦的价值和可靠性，就需要对它做多种区别并获得多种结构物。古代哲学家们对梦的评价就依据于梦对占卜所能做出的重要贡献。”[①]拉德斯托克也说过：“在远征希腊之前，泽尔赞斯受到善意的劝阻，但他一再受到进行远征的梦的激励，以为年迈、理智的波斯释梦者阿特班思恰当地告诉他，梦的想象总是包含着一个人在清醒状态中所想的事物。”[②]这位波斯释梦者（即占梦者）进行的活动自然也可以认为是占梦活动。由此可见，在古希腊罗马文明前后，占梦术就已经在西方人中间流行。占梦术士对梦的解释还成为古代哲学家们进行梦评价的基础和重要依据。

在古代中国，占梦曾经是很盛行的。早在殷商时期的甲骨文中就出现了有关占梦

① 转引自詹石窗：《石竹祈梦的文化解读》，《梦与道——中华传统梦文化研究（上册）》，东方出版社，2009年版，第4页。
② 同上。

活动的记载。根据甲骨学家胡厚宜的归纳，殷王在卜辞中所占问的梦景和梦象，有人物、鬼怪、天象、走兽、祭祀等等。这说明，占梦在殷王的生活中占有相当重要的地位。殷周时代，凡国家大事都需占卜而后定，占梦也作为一种官方信仰而制度化，达到了它的顶峰。春秋战国时期，占梦在上层统治阶级中的市场急骤缩小，不断走向世俗化。秦王朝时期，占梦地位曾一度上升，但从两汉时期开始，占梦就主要成为民间的一种世俗活动而一直流传和延续，至今仍然有着一定的影响。由于种种原因，先民根据梦象而进行的预测也有一些比较接近未来发生的事件，这不仅加速了占梦活动的传播与流行，而且导致了祈梦活动的发生。借助梦象既然可以推测未来，那么希望得到某种梦象而预知未来就有了社会需要。我们考察《四库全书》就可以发现，“祈梦”是出现频率相当高的词汇。可见，石竹山祈梦不是无源之水，而是与中国传统的社会文化息息相关的，它的历史可以追溯到非常久远的年代。

二、石竹山祈梦的宗教民俗渊源

作为一种鲜活的民俗文化形态，“石竹祈梦”并非一种孤立的文化现象，而是与中华传统文化中的诸多文化体系存在着密切的关系。尤其是宗教文化的传播与渗透，进一步丰富了石竹祈梦的精神内涵、扩大了祈梦文化的影响力。

从历史来看，石竹山的宗教文化起源于汉唐的道教文化，后融入禅文化，到明清时期融入儒家文化，渐渐形成了今天独特的以道教为主，兼容释、儒的文化景观。道教在石竹山的出现，与其独特的地理位置和超越的自然景观分不开，自宋代林玄光在此结庐炼丹修道后，石竹山便逐渐成为历代信奉道学名流向往的圣地。石竹山的道教奠基人十分重视道德的自我修养，认为得道者可以长生，成仙。因此，石竹山古有“昔梁时林真人炼丹与此，丹成骑虎上升”之说。接着有九鲤湖“何氏九仙……相率炼丹，以饲湖中鲤，鲤化龙，九人各乘鲤去”之说。无论是成真人，还是成仙人，均是道教追求的最高境界，可见石竹山与道教的结缘源远流长。在道教看来，神是一种超自然的神秘力量的化身。它主宰着宇宙万物和人间祸福，大至王朝的兴衰更替，小至个人的穷困通达、收成好坏，等等。神的存在要得到人们的信仰，否则就会渐渐被遗忘，为其他神灵所取代。石竹山道家的信仰之神，有玉皇大帝、天王君、林真人、玄天上帝、何氏九仙、福德正神、五显等。它们被道家神化后，成为人们崇拜的对象。在石竹山供奉的诸神中，“九仙阁”的何氏九仙君因祈梦灵验而影响最大。据《列仙全传》载："何氏九仙世传兄弟九人，居于山修道，又居九鲤湖侧炼丹，丹成，各乘鲤仙去。"九子成仙后，人们立庙奉祀，祈梦十分灵验。邑人、明内阁首辅叶向高为孝廉时，到石竹山祈梦，仙人告以"玉带横腰"。邑人、明万历进士林有台也"到此探幽梦，身轻有羽翰"。所有这些，都经久不衰地流传着。明代地理学家徐霞客在《石竹山游记》中记述："闻宏路驿西十里，有石竹山，岩石最盛，亦为九仙祈梦所。"[①]由此可见，石竹山作为祈梦圣地从一开始就与民间道教的九仙信仰密切相关。

由于何氏九仙信仰的传播和流行，各种石竹山祈梦的故事与传说也不断流传。这些故事无论是求官、祈福、祷财，还是娶妻、求子，都包含了两个方面的意义：一是对永生的追求与对死亡的逃避；二是对逍遥清高的追求与对浊俗的逃避。其中所蕴含的也都是从现实生活中寻求永恒的期望。这也正是道教文化的精神所在。与梦故事的积淀相联系的是石竹山祈梦文化空间的形成和发展。隋唐之际，由于人们对何九仙的信仰，石竹山就出现了祈梦所，最初的祈梦所是一块大岩石，后来逐步扩展，形成了祈梦阁、祈梦殿等，也就是依山体岩石建造的位于山南半山腰悬崖峭壁上的一组古建筑群，其主要是提供信众进行祈梦活动的场所。千余年来，祈梦活动作为九仙信仰的一种文化表现方式，它与石竹山道教的整体生命礼仪圆融一体，所以祈梦文化空间也就延伸到了整个石竹山道院，既有自然岩石为依托，也有人工的艺术文化景观。总之，正是由于道教文化的传播与民间对何氏九仙的信仰，进一步形成了如此独特的石竹山祈梦民俗。

三、石竹山祈梦民俗的仪式形态

法国著名社会学家、人类学家爱弥尔·涂尔干在其《宗教生活的基本形式》一书中提出："宗教现象可以划分为两个基本范畴：信仰和仪式。信仰是舆论的状态，是由各种表现构成的，仪式是某些明确的行为方式。……仪式对我们道德生活的良性运行是必要的。只有通过仪式，群体才能得到巩固并维持下去，对个体来说，仪式也是必要的……当我们履行了仪式职责重新回到凡俗生活中以后，我们的勇气和热情增加了，这不仅是因为我们与一种之上的能量之源建立了联系，而且也因为我们度过了一段不太紧张、自由随意的生活，我们的体力得到恢复。这样，宗教又获得了一种魅力，而

① 詹石窗：《石竹祈梦的文化解读》，《梦与道——中华传统梦文化研究（上册）》，东方出版社，2009年版，第2页。

且是不容小觑的魅力。”[①]由此可见，仪式起着一个桥梁作用，沟通人——神的联系，巩固和强化信仰。因为人们对神具有恐惧和希望两种交织的心理，所以他们希望通过祈祷、献祭等仪式为媒介接触神灵，神则对他们做出回应，满足他们的心理需要，使他们获得某种精神力量。这样就形成了人——神之间的双向交流。

石竹祈梦作为一种地方民俗活动，自开始就与民间道教九仙信仰相联系，并且逐渐发展成为道教文化的重要内容。石竹祈梦属于宗教活动，与宗教精神相通，因此，祈梦仪式在祈梦活动中也占有非常重要的位置。

为了更好地研究石竹祈梦的仪式形态，笔者于2010年至2011年期间多次前往石竹山进行调查。通过参与观察、现场访谈，结合文献资料，笔者认为石竹祈梦活动的具体仪式过程主要包括以下几个部分：

（一）祈梦活动时间与信众特点

1.节日节令与日常时间

中国百姓历来重视节令，每月、每年的节令日总会举行一些仪式来祭拜祖先，祭拜神灵，以求得他们的庇佑。对于九仙君的祭拜也是如此，每月的初一、十五，每年的四季节令，春节等人们都要前去石竹山祭拜，祈求仙君护佑，并向仙君进香献祭品，一般有各种水果、点心、纸钱等。除了这些节日外，很多信众也会在日常时间前往石竹山祈梦、祭拜，尤其是在自己遇到一些现实问题，有特殊需要时，带着个人愿望或家人、朋友愿望，或求福、求财、求功名、求平安、求医药……祈求仙君赐梦护佑。

2.重要的宗教活动时间

石竹山宗教文化繁荣，主要以道教为主，兼容儒、释。石竹山主要奉祀道教，故多样的民俗节活动石竹山都有举行。如接春、玉皇诞、财神诞、正月十五元宵节、二月初二、七巧节、中元节、中秋拜月、何氏仙君诞、九月初九、十月十五下元节、十一月“冬节”、除夕撞钟、烧头香等。石竹山以祈梦为核心的民间礼俗在流传过程中也融入了道教仪式文化，逐步形成了四季祭典礼俗，这种礼俗尤其以每年立春日的“接春”仪式为代表。

① ［法］爱弥尔·涂尔干著：《宗教生活的基本形式》，上海人民出版社，2005年版，第336页。

接春，也就是迎接春神、春王。石竹山自古就被奉为行春之治所，并有“春到石竹山，秋去龙门坎”的民谚为证。每年立春这一天，由民众自发组织，聚集石竹山道院参加接春活动。人们以家庭为单位，每个家庭都备有一个红色米斗（当今大多数以红塑料桶代之），斗里装着米，四周插满榕枝和竹枝，以示大地回春，绿到人间；还有插有一对红烛，红烛高烧，喜迎春至，并装有石竹山道院赠送的“迎春接福”图，各自把米斗排放在道院前朝南的石栏杆上，等待着“立春”时辰的到来。在此之前，仙君楼里举行接春法会，并举行“追春”活动，成千上万的信众跟随道长，环绕道院，追随春天的脚步，追随着希望和梦想。“立春”时辰到时，接春活动推至高潮，仙君楼内钟鼓齐鸣，道乐喧天；道院外万炮齐放，烟火腾空。后来接春活动的内容不断丰富，接春当日还有禳太岁道场，凡本命之年，或大小三岁、六岁之人，当年运程极为重要，需在元辰殿拜太岁，祈求神明保佑。

此外，与祈梦相关的重要活动即为何氏九仙君的诞辰，农历九月初一至初九为石竹山主神何氏九仙君的诞辰，这一天，成千上万的善男信女云集石竹山道院，不仅有福清当地的民众，还有周边县市的信众，甚至当地海外乡亲也不远万里专程回来，参加由道院组织的仙居诞法会，庆祝九仙诞辰。法会期间道院会举行祈福道场仪式，通过高功、经师诵经掐诀、踏罡、存神，把信众的美好心愿传达给神灵，祈求神灵保佑人们实现一切美好的愿望。

3. 祈梦活动信众特点

信众是信仰的主体，石竹祈梦信仰的信众众多，男女老少皆有，近到附近的村落、镇、县、市，远至外省市甚至海外的乡亲等。根据笔者调查，一年之中来到石竹山仙君楼祈梦或游览的人数就达十五万以上。其中节假日、主要节令、重要宗教活动之日人数偏多。平常时日人数稍少，平均每天约有近400人参与其中。这些信众表面看起来结构复杂，毫无联系，但是在制度化的宗教中，我们仍然可以发现这些群体的一些特点：

从参与程度上来看，已婚女性占多数，每逢重要节令和道院宗教活动之日，进出石竹山最多的就是这些人。他们前来祈梦的目的不仅仅是为自己求福，也为全家男女老幼祈福；其次是男性老年人，他们大多也是为了子女的婚嫁、工作、升学问题而担忧；再次是偶尔来游玩的青年游客，他们一部分是因为好奇而来体验的，一部分是为现存问题而来。祈梦是希望能够得到神灵的指点，解决现实生活中遇到的问题。

从信仰的虔诚度来看，老年人信仰度较高。通过访问，笔者了解到65岁以上的老人对此信仰更深，一定程度上因为老年人现实生活比较孤独，大多年老多病，空闲时间又多，因此容易与宗教接近。而中、青年人因忙于工作，学习；则较少与宗教接触。

从个人职业特点采看，企业家和个体商个对于宗教信仰着极高的热情，这与他们的工作情况有关，因为他们的工作风险较大，所以对于神醮依赖也较其他信众更大。每遇企业重要转折点或主要困难时，都会来此求梦，祈求神灵庇佑。由于他们经济实力强，往往也是为道院提供各种捐助的大户。

四、祈梦空间格局与神祇祀奉

在民间宗教信仰活动中，往往都存在一个公共的活动场所，活动参与者和各种仪式活动都聚集在这一特定的空间中，这个空间是自然与人文的结合体，是宗教建筑与宗教艺术的结合体，是开展民俗活动的“圣地”。石竹山祈梦活动就是在石竹山道院这样一个“神圣”的空间内完成的。

现在的石竹山道院坐落在状元峰下半山腰，沿石竹山东线石磴上山，全程1436级台阶，8座凉亭，步行约半个多小时即可到达。石竹寺一面依山，三面悬空，悬于岩石峭壁上，从山下仰望，宛如空中楼阁、天宫阆苑的“玉带天街”，蔚为奇观。“天街”前磴道蜿蜒，高道云集，香客如流，成为著名道教仙山“中华梦乡”独特的人文景观。石竹寺庙观绵延天街二百余米，由仙君楼、玉皇阁、文昌阁、土地厅、观音厅、紫云楼、玉皇行宫、大悲殿等古建筑组成，寺后群峰嵯峨，四周绿竹耸立，红墙碧瓦，典雅清幽。

仙君楼，即九仙阁，是石竹山道院主神殿，供奉主神何氏九仙君。仙君楼位于石竹山之西南麓，坐落于半山腰的悬崖峭壁上，楼阁式，双层，方形，阁前上下各开有五花窗。翘首浮雕，凤头草拐，翘脊绘塑花鸟。前有走廊栏杆、放炮台。楼高五层，一层为柱基至仙桥下；二层为大门与仙桥之间的通道桥梁；三、四层为祈梦供菜场所；五层为祈梦洞。

广大信众的祈梦活动就是在仙君楼的祈梦殿内进行的。三、四两层祈梦殿的整体布局大体相同，大厅正中后方中心区位供有何氏九仙君神像，神像坐北朝南，前方放有跪垫供信众跪拜；大厅正前方放置供桌，桌上摆满香客祭拜的各种贡品，前方两侧木柱前有金童玉女两随从；大厅左右两侧地上铺有两排草席，草席上满足或坐、或躺进入祈梦状态的信众；草席后方的墙上挂满了信众们还愿谢神的锦旗和匾牌，这些都成为“九仙神君，有求必应”的见证。

相比三层祈梦殿来说，四层大殿更为宽敞华丽，九仙君神像也更为高大，因此，这里多为进行道场活动的场所。前来祈梦的善男信女们不仅能够感受到这里神圣肃穆的空间氛围，而且伴随道教特有的经唱形式和科仪礼乐，更容易形成一种场效应，更容易与神灵进行接触，激发自己的灵感，得到理想的梦境。与三、四层不同，五层是一个自然和人工相结合的更加神秘的祈梦洞。从四层而上，沿着一条长长的隧道，就可以通往五层祈梦洞了，祈梦洞中同样供有何氏九仙君像，神像前有香炉和供桌，供桌前面也铺有供信众祈梦用的草席。整个洞只有一盏白灯，烛香袅袅，显得更加宁静、肃穆。

石竹九仙阁是举行仪式的场所，而其中供奉的九仙君自然是信众们祭拜的对象。九仙金像供奉于祈梦殿三层大殿的中央，九位仙君身着黄袍，正身端坐，更加增加殿内威严神圣的气氛。据史料记载，何氏九仙是福建流传时间最长、影响最大的梦神，其主要的职能即是释梦，而且千百年来一直绵延不息，留下了大量的“梦验录”，使何九仙信仰成为一种民俗文化。

五、祈梦具体要素与仪式程序

到石竹山祈梦的信徒们，除了在神圣肃穆的空间氛围内感受神灵的权威和指点外，还需要依照一定的仪式传统要求，虔诚地向神灵祷告，祈求神示。

1. 祈梦八要素

祈梦，就是祈梦者诚心诚意地带着问题去祈求何氏九仙君赐梦的意思。据石竹山道院俞道长所述，祈梦通常有八要素：法、侣、财、地、慧、德、师、悟。

（以下内容为2011年11月13日，笔者于石竹山道院调查采访所得，被采访对象：俞韩恩道长）

法：祈梦的方法。祈梦者先要在家里吃素斋一个星期后来山祈梦（詹石窗教授建议：针对现代人生活忙碌，七天的素食斋戒可能不适应所有人，可以分三个等级：七天、三天、一天）。路上若遇熟人问你，你要直接回答去求仙，不然恐求无梦。到达山上时要先进香后虔诚地在九仙君面前祷告自己所要求的内容，然后坐或躺在仙床上，全身松弛，进入梦境。

侣：祈梦的伴侣。祈梦者不但自己要诚，而且一同上山祈梦的人同样也要心诚，只有这样才能很快得到九仙君赐梦。

财：上山求仙祈梦的费用。祈梦的顺利完成与之前的充分准备是分不开的，其中出行的车、船、住宿、香火等费用也要准备充足，以求能够全心、静心祈梦。

地：祈梦的地方。百姓祈梦需选择人杰地灵的地方，石竹山地理环境优越，存风聚气，拥有天时、地利、人和的优势，因此信徒众多，香火鼎盛。

慧：祈梦者的慧根。各人慧根不同，有些人容易进入梦境，而有些则较难进入梦境。

德：指行善积德。指有道德行善事的人往往心态平衡，更容易祈而得梦，相反，心术不正的世俗之人，很难入梦。

师：指祖师、师傅、老师。这里的师有三层含义，一方面是“神灵感应”，祈梦者在石竹山巨大的气场中，能够激发灵感，达到心灵感应。第二方面指历代名人的梦验，能够加强祈梦者的信仰。第三方面指为祈梦者圆梦的老师。他们能够帮助祈梦者解读神意，指点迷津。

悟：即悟性、觉悟之意。通过老师的引导和指点，祈梦者能够心领神会。

2. 祈梦程式

石竹祈梦除了具有上述祈梦要素外，还有一整套特别的程式：

（以下内容为2011年8月27日，笔者于石竹山道院调查采访所得，被采访对象：周道长）

（1）祈梦之前斋戒数日，上山之前沐浴净身，以示对九仙君的敬畏，以此拉近祈梦者与九仙神灵的精神距离。

（2）上山祈梦途中，如遇熟人问去何处，应如实相告，以摈弃杂念，毫无隐瞒，诚心向神灵祈梦。

（3）到达山顶向九仙祈梦前，祈梦者可以向神灵供奉物品，以表示对神灵的诚心，获得神的恩赐。贡品摆放好之后，接下来需要点燃香烛，这也是必要环节，目的是通过蜡烛之光亮与香火之烟气唤醒神灵，让他知道自己有求于他。以示心地虔诚、光明正大、毫无隐瞒。

（4）香烛点燃后，接下来就是在九仙君面前祈祷了，祈祷也是整个仪式的重要组成部分，是祈梦者向神灵表达思想的重要方式。中国人有“人穷则呼天”之说，是祷告的心理根源。人们相信天创造一切，所以每遇无法解决的困难，就通过这个仪式，与神灵进行交流；提出自己的要求。祈梦者往往就地跪拜，并心中默念自己的姓名、出生地、生辰、告知九仙自己所求何事，祈求九仙赐梦指点。

（5）珓杯，一般情况有两片竹符，有阴阳两面，祈梦者以珓杯的方式询问九仙是否准许留在观中祈梦，他们于神案前同时将两片竹符摔于地上，如果一阴一阳，则可留下，如若两阴两阳，则需再次珓杯。直至九仙应允。如果整日无梦，或整日之梦都未得到九仙应允，则需另择日再祈。

（6）祈梦，祈梦者可在殿内草席处或躺，或坐，或站，选择任意姿势进入梦幻状态。

（7）示梦即梦境，九仙君示梦，或用文字、或用图画、或化作某位仙人的答语、或以情境，或指示某种行动，梦多简短清晰，意义含蓄隐晦。

（8）解梦，石竹山道观有专门解梦之人，祈梦者得梦之后可以找他们圆解，这种圆解多是迎合信众心理，在某种程度上起到心理慰藉的作用。

（9）圆梦，即梦的灵验程度。这一过程一般需要时间较长，少则几天，多则几月、几年，甚至几十年。

（10）谢神与还愿，祈梦者因仙梦得益者回拜仙君，虔诚答谢。据笔者了解，石竹山一般在每年年底答谢还愿的信众最多，因为大家认为年底是最后总结收获的时候。大多数信众会送禅联、锦旗、挂匾，有些人还以捐赠、承担建设某个项目为答谢方式。整个祈梦过程完全是胸怀虔诚的，因为这样才能够精神专一，才能得到梦并与九仙进行心神沟通而获得仙示。但是，据笔者考察当今的祈梦者并没有之前那样严格遵循整个程式了，除了少数比较虔诚的祈梦者仍然沐浴斋戒外，很多人都简化了祈梦程序。

六、石竹山祈梦民俗的价值研究

在文化人类学中，以马林诺夫斯基和拉德克利夫·布朗为代表的文化功能学派强调，任何一种文化现象，不论是抽象的社会现象，如社会制度、思想意识、风俗习惯等，还是具体的物质现象，如手杖、工具、器皿等，都有满足人类实际生活需要的作用，都具有一定的价值。它们中的每一个都是动态的，都与其他现象相互联系、相互作用，是人类文化整体中不可分割的一部分。正如拉德克利夫·布朗所说："一切社会制度或习俗、信仰等等的存在都是由于它们对整个社会有其独特的功能，也就是说，对外起着适应环境、抵抗能力，对内起着调适个人与个人、个人与集体或之间关系的作用。"①

马林诺夫斯基也曾写道："世间没有'自然人'，因为人性的由来就是在于接受文化的模型。"②人类的梦虽然存在于个体，有着个人心理、生理性质，但是梦同样不会是"自然梦"，而是刻上文化力量的"印痕"的梦。查尔斯·莱格福特说的很明确："从广义上来说，一切梦都是'文化梦'，因为梦的意象只能来源于做梦者自身的人体和他所处的文化；梦的释义也总逃不出他所处的文化中所包含的思想、思潮和观念。"③因此，作为一种独特的文化现象，梦同样对人类的生理、心理、观念、行为等产生一定的影响，起着一定的作用。这就是所谓梦的价值和功能。石竹祈梦作为一种梦文化活动，在一定程度上具有梦的生理和心理等功能，但是从具体的祈梦活动来看，其呈现的方式具有明显的地域特色和时代特色，因为从一开始石竹祈梦就与当地道教九仙信仰联系在一起。虽然以"祈梦"为核心步骤，但就其整体内容而言却具有多样性，并广泛涉及心理医学、养生学、建筑学、社会学等各领域。综合各方面的特点，笔者认为石竹祈梦的价值可以从以下几个方面进行具体分析：

1. 石竹祈梦的永恒价值

每个人都有梦的体验，梦之于人，挥之不去，却之不得。只要人脑的思维活动存在，梦就会经久不衰地做下去。由此可见，梦文化是一种具有极强生命力的悠久的文化现象。而石竹祈梦作为一种梦文化现象，自产生之日起，便不断满足着人们的各种愿望与需求，发挥着独特的价值和作用。千百年来，石竹祈梦已经成为当地人们的一种精神寄托，一种生活方式，一种民俗文化，对祈梦者个体乃至整个社会都有着长期的、深远的影响。

2. 传承价值——民间传统文化的传承

一般来说，"传统文化的传承主要依赖三种方式，一种是文字的记载，一种是口头

① 杨宗红：《刘仙娘信仰的文化特征及其功能研究》，贺州学院学报，2001年第4期。
② ［英］马林诺夫斯基著，费孝通等译，《文化论》，中国民间文艺出版社，1987年版，第97页。
③ ［英］查尔斯·莱格福特：《梦的真谛》，学林出版社，1987年版，第146页。

传承，第三种是民间习俗包括民间宗教信仰的传承”①。民俗活动的存在为民间传统文化的传承提供了适宜的空间，民间信仰中蕴含的历史文化思想以及传统民间艺术都是人类的宝贵财富。

作为中华传统梦文化的一个重要组成部分，“石竹祈梦”并不是孤立存在的文化现象，而是与中国古代诸多精神体系存在着密切的关联。因为“石竹祈梦”的精神基础是“九仙信仰”，这种信仰的思想核心是道家的自然观和人生哲学。因此，从一开始它就融入了道教的文化特征，并在祈梦活动中体现着道教的思想和主张。首先，它体现了道教“我命由我不由人”自主掌握命运的思想。从表面上看，九仙预知人的未来命运是一种“命由天定”的宿命的思想，但是任何取得成功之士都是依靠自己的努力来获得的，从来没有因为九仙的预言而坐等成功。无论是民间广为流传的传说还是许多真实的祈梦故事，都可以追述他们由于仙示而更加努力最终获得成功的历程。依据道家的看法，人是宇宙整体中的一种成员，物与人之间存在着相互沟通的渠道可以相互感通，相互转化。“庄周梦蝶”的故事即表现了道家“万物齐一”的思想。这种传统思想同样在“石竹祈梦”的文化传统中得到传承和延续。

通过考查，我们还可以发现，梦对文化艺术创作拥有独特的价值。梦作为客观现实世界在睡眠无规则的幻化，梦中有所见、有思维、有悟想，有现实生活中无法碰上的美的意境和感受。从梦中获得创作的灵感、以梦境作为创作的素材，从梦中激发创作涟漪，进而创做出无与伦比的佳作，这类垂范后世的文苑韵事，从古至今，几乎代不绝书。如唐代诗人李白，北宋大诗人欧阳修、苏轼等等都有以梦境激发创作灵感，抒发个人情怀的经历。南唐后主李煜晚年之梦寻往事，以梦入词，自然成为其晚年精神生活的一个重要方面。而小说《红楼梦》更是曹雪芹敷演渲染的一个完整梦境，同时也将我国梦文学的发展推向了顶峰。除此以外，各种音乐创作与绘画创作也常常受到梦境的启迪，如唐明皇的《霓裳羽衣曲》、贯休的“应梦罗汉”等都是在梦中激发灵感，推进文化艺术创作的实例。

石竹祈梦也不例外，据康熙《御定佩文斋书画谱》卷八十七《明唐寅赤壁图》记载：明代诗人兼画家唐伯虎的诗词创作便是得益于梦的启迪。他是在“祈梦九仙”时获得“中吕满庭芳”五字，可见梦对唐伯虎来说有着诱发灵感的功效。此外，明王鏊撰《震泽集》卷5《送唐子畏之祈梦》也可为一证。该诗记载：“人生出处天难问，闻有灵山试扣之。

① 林国平：《闽台民间信仰源流》，福建人民出版社，2005年，第496页。

三月里粮真不易，一生如梦复何疑。天台雁荡归时路，秋月春风别后思。我亦有疑烦质问，苍生贴息定何时。”[①]这首也是唐子畏因祈梦启迪灵感创作的，这也显示了祈梦实际上已经成为文人诗歌创作的现实基础。

当然，祈梦启迪创作灵感，离不开生活实际，那些文学家、艺术家在梦中获得创作灵感，主要还是在于平时钟情于文学、艺术，有所积思，日积月累、殚精竭虑的结果。正如清代李钟伦在《周礼纂训》中所说：“梦中创见之思者，精专所极，积思而梦。”与一般劳动大众不同的是，那些致力于艺术创作的专家，做梦更容易让平时储存在大脑里的许多信息，在潜意识中再改造重铸，加以润饰，最终以文化艺术作品的形式传承下来。

此外，从仪式进行程序来看，石竹山以祈梦为核心步骤的民间礼俗在流传过程中融入了道教仪式文化，逐步延伸出了“接春”礼俗，因为“春”既是宇宙运行节律的象征，也是生命活力的展示。每逢立春时节，人们便云集于石竹山，进奉九仙，祈祷吉梦，这也正蕴含着古代社会对农耕文化的重视和对生命的尊重。同时，接春礼俗的经唱形式、科仪礼乐，也继承了传统道教的仪式特点，并融入了闽中民乐元素，有清唱，有念诵，唱腔与打击音乐互相衬托，给人一种心情平静、优雅舒畅的心理感受。从这个意义上说，石竹祈梦也提供了传统民间艺术传承的生存空间。

由于祈梦民俗丰厚的文化内涵和广泛的社会影响，在2009年，石竹山祈梦民俗被福建省列为省级非物质文化遗产保护项目。这也正是对其在传统文化传承中特殊地位、贡献和价值的认定。

3.补偿价值——人们精神生活的补偿

著名精神分析学家弗洛伊德认为，人类的每个梦都是有意义的，是一种“完全正常的、有价值的心理活动”[②]。而梦的这种价值首先在于宣泄那不为我们的日常所知的潜意识里的愿望，这种宣泄本身即是一种欲望的满足。荣格同弗洛伊德一样，认为梦是潜意识精神活动的表现，梦的功能主要是一种补偿：“梦的一般功能是企图恢复心理的平衡，它通过制造梦中的内容来重建……整个精神的平衡和均势。”[③]阿德勒也指出：“个人由于环境不如意而导致的自卑感，可以在梦境里找回补偿。”[④]

① 转引自詹石窗：《石竹祈梦的文化解读》，《梦与道——中华传统梦文化研究（上册）》，东方出版社，20年版，第10页。

② 转引自刘文英：《梦的迷信与梦的探索》，中国社会科学出版社，1989年版，第209页。

③ 同上，第296页。

④ 同上，第333页。

在社会生活中，人们总是需要有精神寄托、心灵慰藉和心态的平衡，人人都向往和平幸福，温情友爱。但是，在实际生活中，又经常会遇到各种忧虑、困惑、烦恼和矛盾。在这方面，“石竹祈梦”可以说有着特殊的功效。首先，祈梦者不论从事什么职业，也不论年龄大小，来到石竹山祈梦，这实际上就是在进行一种精神疏导，平日间积压心灵深处的许多烦恼和苦闷通过祈梦和解梦而得到释放，因此可以避免紧张、惊恐、悲伤、愤怒等情绪的蔓延，具有心理调节的作用。其次，人们遇到各种天灾人祸和种种不安定，无力克服之时，石竹祈梦便成为当地民众的一种精神寄托。祈梦过程中所进行的上香、祷告、发愿等仪式，使人们暂时摆脱了现实的苦难舒缓心理，得到了精神的安慰，在一定程度上起到了安定情绪、精神补偿的客观作用。

俗话说，“动乱岁月求平安，繁荣之时求富裕”，随着经济的发展和社会的稳定，人们的希望也更多地集中在一些更为现实的个人福祉上，如求财、求官、求升学、求子、求药、求健康等方面。千百年来，百姓烦恼不断，希望也不止，“石竹祈梦正是百姓愿望的‘晴雨表’，它象征着一个美好的开端、一种生活方式、一种生命礼俗，更是一种精神寄托。不论梦是否可以预示未来，当事者通过梦表达某种希望和思考，也通过梦泄露潜意识里的冲动和追求,让自己朝着理想的方向努力。”[①]尽管梦中欲望的满足和问题的解决常常是虚幻的，现实生活可能依然如故。但是美好的梦可以改变人的情绪，帮助人们恢复精神力量，增强奋斗的信心。也正是这种精神力量，激发了勇气和创造力，从而推动社会走向繁荣。

通过以上分析，我们可以得知，石竹祈梦民俗与其他民俗活动一样，首先都有着一定的补偿功能，这种功能也是这一民俗活动得以产生、发展、盛行的重要原因。即使在今天，它同样对广大民众产生着重要的影响。

4.伦理价值——社会道德教化的意义

“宗教伦理常和世俗伦理相联系，外在于个人的群体意志的世俗伦理和道德规范通过超自然力量的训诫而内化为自律性的行为准则，内在自律的合力才能建立起一个真正和谐的世界秩序。”[②]石竹山是道教文化圣地，石竹祈梦民俗更是以九仙信仰为精神基础，因此道教思想从一开始就渗透和浸润到了人们的祈梦活动中，并对民众的思想和

① 詹石窗：《石竹祈梦的文化解读》，《梦与道——中华传统梦文化研究》（上册），东方出版社，2009年版，第8页。
② 杨宗红：《刘仙娘信仰的文化特征及其功能研究》，贺州学院学报，2001年第4期。

行为产生一定的影响。

道教思想以“尊道贵德”为核心，认为德与道在人的生命中是同一的，顺于道者，就能成为有德之人。换句话说，得道之人也是一个道德完善和精神崇高的人。何氏九仙君即是通过修道的过程修性返德，最终成道飞升，达到了德与道的合一。这让人们对九仙本身产生了一种心理上的敬畏感和崇拜感。此时，九仙信仰对于人们的思想和行为无疑具有一种潜在的道德约束力。而基于九仙信仰的石竹祈梦活动同样蕴含着丰富的道德内涵，同时对广大民众也具有一种道德教化的作用。

首先，石竹祈梦讲究“心诚则灵”，要诚心、诚意、诚实地向九仙君表达自己的愿望，恳求得到指点和帮助，这样才能得到真正的灵感。正如原福州鼓山涌泉寺住持普雨曾给石竹山道院的题词：“梦幻非幻，诚则灵，梦诚则真”。这无形当中是在培养信众的信誉，要求他们树立诚实守信的道德感，因此具有社会道德教化的意义。

其次，在祈梦仪式中得到教化,祈梦的具体程序包括进香、祷告、发愿、养神、睡梦、解梦、还愿等环节，每一个环节都是一次心灵的洗涤和道德的自省过程。因为祈梦时必须面对神明发愿行善，当获得“梦示”之后就被要求付诸于行动，这种道德感召力是巨大的，其教育效果也是明显的。而解梦的过程更是以劝善为本，告诫信众为善去恶，积善行德，这样所求之事才能成功。

石竹祈梦文化的道德内涵是慈、善、孝、义、信。其中蕴藏着丰富的思想内容：如慈简朴素、慈心于物、重善奉行，亲善自然、诸恶莫作、善恶得报、监行自律、不与俗争、修身养性、自强不息、厚德载物、父慈子孝、不淫不盗、诚信不诈、周人之急、救人之穷等。

这些伦理无形之中已经成为一种非正式的道德控制力量，不仅对民众起着积极的教化和约束价值，同时也对整个社会的和谐有序发展发挥着重要的作用。

5. 时代价值

任何一种文化现象的产生、发展和进一步传承都是在一定的社会历史阶段中进行的，并随着社会环境和社会需求的变化发生着一定的变化。石竹祈梦作为一种民俗文化形态，之所以能够长期保存并不断延续，不仅在于它的民族性、传统性和价值的永恒性，还在于其在特殊的时代环境中所延伸出的时代价值。在新的时代环境中，它不断扮演着新的角色，发挥着新的功能，为信众服务、为整个社会服务。

6.经济价值

民俗活动作为一种传统文化资源有着一定的经济开发利用价值，它对促进区域经济发展有重要的作用。首先，利用民间信仰传统文化资源，可以带动旅游经济的发展。在现代旅游中，文化旅游正在成为一种备受青睐、生机盎然的旅游形式。据专家调查，国外的旅游者在选择出境旅游时无一例外地把“与当地人交往，了解当地文化和生活方式”作为三大动机之一。在各国去欧洲的旅游者中65%的人是进行文化旅游的。而且各国文化旅游的创汇占旅游创汇的比重也在逐渐增长。在这种形势下，作为文化旅游分支的福清石竹山梦文化旅游也迎来了一个更为广阔的发展前景。石竹山的祈梦文化由来已久，在历史沉淀的过程中留下了许多动人的传说，如叶向高、马铎、徐霞客、陈宝琛等梦验的故事，这些典故和传说的宣传介绍和大量传播一定程度上丰富了福清石竹山的旅游内涵，提高了游客的游览兴趣，增加了旅游获得，进而吸引了更多的旅游者。此外，祈梦文化渗透到了石竹山的每个旅游项目中，九仙阁、鲤鱼岛、状元峰等许多景点都与祈梦有着一定联系，接春、财神诞、玉皇诞、九仙诞、观音诞、中秋拜月等特色民俗节日也在不断传播着祈梦文化，再加上同样具有神秘色彩的签词文化与祈梦文化的结合，更加提升了石竹祈梦文化的整体竞争力，也为石竹山带来了更多的客源。据笔者调查，每年来此祈梦或者观光游览的海内外游客就有30多万名。由此而带来的旅游经济和旅游文化产品的收入也在逐年增加。作为福清最早开发、最成规模、最具特色的旅游区，石竹山已经成为促进当地旅游经济发展的龙头。

其次，通过民俗活动的传统文化形式，加强与海外华人的联系，争取外来投资与消费，促进地方经济的发展。石竹山凭借独具特色的祈梦文化、博大精深的道教文化和地方特色的民俗节日吸引了五湖四海的游客，尤其成为海外乡亲体验传统文化、感受民族氛围的最好方式。他们在体验家乡固有的文化的同时，也为家乡建设提供了精神支持和资金资助，道院的道路、旅游索道以及各项修复和保护工程都得到了爱国侨胞的大力资助。迄今为止，已投入修复和保护建设石竹山宗教文化设施、改善旅游环境的资金总价值上亿元人民币。此外，在2010年1月1日举办的第二届石竹山梦文化节——海峡两岸道教圆梦之旅活动上，中心游乐园项目，闽台“梦之旅”旅游精品线路等多个投资项目的签约，更大范围地吸引了闽台两岸多家企业的参与和投资，进一步通过旅游业的发展拉动了地方经济的发展。其次，通过梦文化节的举办，福清市还与投资方签约涉及电子、化工、金属制品、模具、餐饮服务、农业综合开发等多个项目，吸引外资项目8个，总投资7860万美元，其中台资项目5个，总投资6500万美元。这些项目的成功签约，进一步深化了融台经贸交流合作，推动了福清市经济发展走上新台阶。

第三，通过挖掘民俗活动中的文化内涵，发展文化创意产业，推动文化与经济的融合进而活跃地方经济发展模式。在加快建设海西经济区的政策指引下，福建省政府提出了推动文化与经济的融合，大力发展创意产业，建立海峡两岸文化产业合作中心的发展战略，在此背景下，福清石竹山在梦文化节上提出打造石竹山动漫影视基地的构想，并举办了动漫《梦通大道》的开机仪式。这一创新性项目的开发不仅为石竹山注入了更多的生机和活力，而且将进一步推动福清经济的多元化发展。

7. 文化整合价值

所谓文化整合，是指不同文化相互吸收、融合和趋于一体化的过程，特别是不同地域文化的群体聚集在一起时，他们的文化必然相互吸收、融合、涵化，发生内容和形式上的变化，逐渐整合为一种新的文化体系。通过文化整合，不断提高群体内部凝聚力，实现民众的团结，从而维系整个社会大系统的团结与稳定。作为一种地域性的民俗活动，石竹山祈梦民俗在现实社会中同样发挥着文化整合的功能，而且这种整合功能对于不同地域文化的交流融合、繁荣发展以及当前我国和谐社会的构建都具有重要的现实意义。

由于神灵在人们心中的崇高地位，因此必然对人们的行为起到一种威慑作用，对不同的社会群体起到整合、凝聚的作用。石竹山作为一个道教文化圣地，是民众旅游休闲的场所，更是一些信众聚会的场所。而以九仙信仰为基础的祈梦民俗活动以及由此延伸出的“接春”仪式则是为他们提供了一个联系的渠道，增加了彼此相聚和交流的机会，促进了群体之间文化的交流与融合。正如艾恩、陆一士所说：“仪式的举行似乎提供了一个方便的指标，甚至社会关系的登记。没有关系，便隐含着没有共享的仪式，相反地，愈紧密缠绕而相互连锁的关系，似乎愈可能被包裹在网状的仪式茧中……那些参加集体或‘共同’仪式的人，是因为他们共享某种有高度价值的利益才会在仪式中聚集在一起。因此，一个仪式的过程的组合，往往是一个粗略而方

便的指标，从而可以看出一个社群中合作与誓约的范围。”① 在石竹祈梦过程中所进行的上香、祈祷、发愿等仪式不仅表现了信众对九仙的崇拜与敬畏，同时也加强了群体成员之间的文化联系，增进了彼此之间的文化交流。由于各种“梦验”故事的传播，石竹祈梦的影响不断扩大，同时也吸引了来自不同地域的信众的参与，尤其是海外华侨华人的广泛参与，人们利用这个机会，相互交流，了解不同地域的文化。最后，这些不同地域的人们因为一个共同的信仰，凝聚成一个整体，共同促进整个社会大系统的团结与稳定。

8.传播价值

我们知道，任何民俗活动都是在一定的自然和文化环境中应社会生活的需要而产生和发展，并通过各种方式得以继续传播的。在整个传播过程中他们不断发挥着原有的功能，并且在适应新的社会环境和社会需要时进一步延伸出新的价值和作用。

由于石竹祈梦民俗以何九仙信仰为精神依托。因此，其礼俗的传播也随着何氏九仙信仰的传播而得到进一步扩大。据有关学者分析，通过移民和分灵两种主要传播方式，何氏九仙信仰得到了极大的传播，信仰范围由福州地区扩展到全省20多个县市，并进一步在港澳台地区和国外一些城市延伸和传播。由此可见，石竹祈梦民俗虽然发源于石竹山道院，但是其礼俗却传播于福州、莆田、泉州、漳州、厦门等地，其影响力还扩展到日本、东南亚以及欧洲、美洲等有福建人聚居的国家和地区。“石竹祈梦”作为一种有生命力的表现形式，蓄存着中华传统文化的诸多信息。对于分布于世界各地的九仙信仰者和有志于祈梦的人士来说，石竹祈梦可以说是一种文化认同的符号，通过这种符号，传统文化中的许多共通的信息获得传递，在传递的过程中，又进一步促进了族群的文化认同，加强了中华民族的凝聚力。

（林良民）

本文节选自《2012年华中师范大学文学院民俗学硕士论文库》

① 史亚辉：《伏波神崇拜及其仪式与功能解析——以横县伏波庙为例》，广西民族大学硕士学位论文，2008年。

第二节　石竹山祈梦·圆梦·解梦

一、梦的探索

自从人类进入阶级社会以来，梦文化就在社会生活中占有重要地位，有着它独特的意义。

由于梦境离奇古怪，玄妙莫测，那些解释隐藏着圆梦人不同的思想、感情、需要、信念和世界观，所以人们才可能对它做出种种不同的解释。如：

1. 唯灵论对梦的解释视梦为“神游”和“神与人交际”。

2. 朴素唯物主义对梦的解释认为梦的形成和人的身体及外界环境信息是有紧密关系的。

3. 有的心理学家把梦时的心态与神经病患者的心态相提并论。

4. 日本学者研究认为，梦是脑电波趋于慢波和快波交替出现缘故，人在慢波时深睡，快波就做梦，因而产生幻觉现象。

5. 奥地利学者认为，做梦是愿望的实现。比如著名发明家爱迪生的许多创造在梦中建立模拟；中国建筑师余南先生也曾在梦中构思。

二、梦感思维

研究表明，人脑的梦觉中枢住于脑桥，人生三分之一时间用于睡眠，五分之一时间是在做梦，梦是潜意识活动的一种表现形式，在梦中也可以获得灵感，因此，人们在科技、文艺创作和各种发明的过程中可以借助梦感思维去解决很多问题，关键是要“带着问题”去睡觉，培养用意识控制梦的能力。一般人梦中只能感召天地之真阴，不能感召天地之真阳，做梦总是被动的。而练功人则会在心息相依时以我心之和，感知天地之和，此及天人合发之机，自然处于一种混沌状态，不仅睡眠质量提高，而且还可有选择地主动做梦。

的确，道家对梦感思维的研究与运用早已达到十分精深的境界，所以说，祈梦相当于现代心理学中的无意识状态。无意识活动可以促进人们高效率地学习，自疗疾病，获得创造灵感，是人类潜在的巨大智能。

三、祈梦方法

祈梦就是带着问题去祈求石竹山何氏九仙君赐梦的意思。

按照惯例，祈梦者要在家里吃素斋一个星期，来道院时要诚心实意在仙君塑像面前焚香祷告自己心理所要求的内容后，坐在或卧在仙楼的床上，似练气功进入“气功态”，全身松弛，心静意松，心旷神怡，似睡非睡，若怀虚谷，冥思恍惚，魂游太空……突然间有一个灵感：幻觉、幻听，这就是仙君赐的梦了。过去仙楼两旁曾有这样一副对联：“有奇雅想即是梦，无清静心莫求仙”。所以说梦是生命信息特定的密码显示，也就是大脑意识细胞特殊功能的信息释放，乃是人的控制中心在大脑思维感应的展示。

四、祈梦圣地

福清石竹山祈梦的历史已是十分悠久，为什么一直是祈梦的圣地，原因有以下几点：

1. 名人梦验

历代名人来山时，除了游览，讲学以外还在久负盛名的石竹山求仙赐梦。如：明万历年间内阁首辅叶向高，在他未升为相辅时，经常在石竹寺的文昌阁攻读诗词，并曾在这里祈梦得到应验。石竹山的“牛蹄洞”口的摩崖题刻“一自名山传梦后，而今玉带愧横腰”。

2. 地灵神亦灵

常言道：“人杰地灵”，那么神灵也应当要靠地灵，因为是人来造的。

如果先说某尊菩萨很威灵，未免太片面了，应当说某个地方的某尊菩萨很威灵才可以。

普天下庵堂寺观那么多，都供奉同一个菩萨为什么有的地方香火鼎盛，而有的地方却冷冷清清的呢？难道菩萨也有偏心？我看不可能吧！就以何氏九仙君来说，福州的于山、仙游的九鲤湖、福清的石竹山，同样都是供奉何氏九仙君，为什么今天独石竹山的香火特别盛旺？看来地灵是至关重要的，地灵就是地理条件好，俗称“风水”好。

晋末著名地理学家郭璞撰的《葬书》的中心内容就是“藏风聚气，得水为上，谓之风”。

石竹山的地形结构本来就是“藏风聚气”，如近年来台风频繁，但我们上山都是平安的。20世纪50年代，山脚下又建了东张水库，不但改变了福清历史上“十年九旱”的面貌，同时增添了石竹山旅游风景点，而且符合了“藏风聚气，得水为上”的风水学说的要求了。

所谓“风水”，就是一个地理环境的阴阳结构。不同的地方，“风水”不同，也就是地理，自然诸因素的结构不同，它就形成了不同的气场。

石竹山祈梦的场所九仙楼是坐北朝南，况且满山巨石嶙峋，竹榕并茂，绿木葱郁，四季如春，地磁场、气场特别强。

自然环境的阴阳结构不同，气不同对祈梦者的生理、心理影响自然不同，这就容易入静，激发灵感快，也就是容易入梦。

3.心诚则灵

原福州鼓山涌泉寺的住持普雨曾给石竹寺题词：“梦幻非幻，诚则灵，梦诚则真”。诚是一种特别重要的因素，对于能否得到神灵，关系重大。

诚，才能真正有灵感。这个灵感可以理解为祈梦者与宇宙中的高智能意识相通了。

现代科学认为灵感蕴育在潜意识中，是一种瞬间完成的高速思维，是大脑特别兴奋状态下思维火花的跃动或闪现。

常规状态下产生不出灵感思维，语言信息刺激不是它产生的唯一条件。它可以在非语言信息刺激下产生，因而对其思维内容的表达常常是“书不尽言，言不尽意”式的。

若心不诚，那就前功尽弃了，如明朝时长乐人马乐（后改名马铎），十三岁中秀才后，因省试主考受贿，以致他考举人连考九科不中。心里不甘，就备了香烛到石竹山祈梦。途经宏路，见小贩挑带鱼贩卖，心想今日如果不是上石竹山求仙君，

就一定买回去饱吃一餐。只因这一动念，致使在寺中连祈两夜无梦，气愤之下，提笔题壁上：“一心一意来求仙，三日两夜求无仙，马乐有朝能出仕，定除石竹草鞋仙。”这一骂，当真骂出梦来。当夜只见仙君告曰：“马乐来求仙，贪餐鱼也鲜，是汝心不坚，还骂我野仙，念汝一日君，非是打一鞭”。因梦中“念汝一日君”，一句话，鼓舞了马乐，立即进京赶考。果然一举得中头名状元，官授翰林修撰。刚好这年南郊天坛祭天时，永乐皇帝病了，就叫马乐这个“天子门生”去代皇帝祭天。旧时有避讳风俗，因马乐的“乐”字与永乐的“乐”相同，因此皇帝赐名“马铎”。因代皇帝祭天，所以人称“一日君”，应了仙君的梦。后采马乐请旨回乡，到石竹山还愿。见当年自己写在壁上骂仙翁的诗，心里不安，于是又提笔写了一副对联：“一念鱼羊三宵无梦，九仙赐马一日为君”（此对联已被毁）。马乐此梦因是仙君明示，故以直梦解。

五、梦有五不占　占有五不验

梦者，魂交神行也。所谓魂交，意即睡眠时，人之魂离开身体到外面游历，出游的魂遇到什么，睡眠中的人就会梦到什么。魂交神行有时是受到神仙或阎王恶鬼的召唤。神仙的召唤，目的是要告人以吉凶；阎罗的召唤，为的是与人清算陈年旧账。欲知吉凶，唯祈求神明召唤致梦沟通。故并非所有梦象都能预示未来，惟有真正与神明沟通的梦象才包罗祸福玄机，是可占解的。古人为此有“梦有五不占，占有五不验”之说。占者，解也。对祈梦者，有五种梦不必占解，即：“梦有五不占”。

其一，神魂未定而梦者，不占。神魂未定的状态下所呈现梦象不能被神明所感，只是精魂未定下的浮想，根本不能呈现吉凶之兆。

其二，为妄虑而梦者，不占。没有虔诚祈求神明的召唤，妄生各种邪想而致梦，神明也不能入梦，不包含吉凶的真机。

其三，为寤知凶厄者，不占。这是说梦中所兆极其典型明白，用不着再占。有的梦象呈现为神灵明确指示所祈求的事物吉凶，这属于直梦，按神明指示施行即可。

其四，为梦而未终、中途惊醒者不占。一个负载吉凶之兆的梦都是有首有尾的，这是神明向世人晓谕的象征语言，如果梦而未终，尤其是中途被人吵醒，那么便是神谕未明，不可轻易占解。

其五，梦虽有终始但醒后忘佚大半者，不占。有些人天生爱做梦，但梦后即忘。或梦醒后只能记起一些杂乱的小情节，不可占解，因为神谕“真机”已被扰乱。

古代对解梦者有严格的要求，否则解梦不能灵验，这就是著名的“占有五不验”：

第一，占梦之人，昧其本原者，不验。真正占梦者必须对天人之际、宇宙万物的道理参究透彻，才能占断天下之梦。若以梦中人占梦中事，那是一笔糊涂账。但平常人不一定要将宇宙的大道悟彻，只要牢记人生如梦这一原则，不深陷梦中之境就行了。

第二，术业不专者，不验。古人认为，占梦者要熟读梦经，掌握基本的梦占方法，才能遵循正确的途径，将神明所示明白无误地破译出来。另外，一个高明的占梦家必须善于联想，从细微的象征中找出吉凶的征兆，否则就有可能对神谕熟视无睹，难得要领。

第三，精诚未至者，不验。梦象往往是迂回曲折、扑朔迷离，占梦者必须虚其神明，以精诚感知梦境所示，才能揭示梦象含义。随意而占，不加思索，难断吉凶。

第四，削远为近小者，不验。是指占梦者不能将道与术分裂。占梦虽属小术，其中也蕴含着大道之理，占梦者须对道教义理有所通晓，甚至还不知我们所信奉的道教为何物，仅懂得夸夸而谈，妄言吉凶，定难灵验。

第五，依违两端者，不验。对梦境所预示的吉凶，占梦者必须明白地揭示出来，决不能含糊其辞、依违两端，否则就是欺世盗名之徒。故谨防当今江湖术士多仗此技蒙蔽世人。

六、常理梦与异常梦

梦象可以区分为常理梦与异常梦两大类，这对选择占梦方法有很大作用。

异常梦包括两个方面：一是梦境异常，即梦中出现的景象不可以常理解说的，譬如人乘龙上天、猛兽生翅、天神降临等等；二是梦境虽然可以用常理解说，但梦中之事却令得梦之人感到非比寻常，如人被猛兽之类追逐或撕咬、眼见一些脏秽之物，或梦中有人做了若干预言等，这些梦象给人的印象十分深刻。解梦时必须针对这些异常梦象关键处解释神谕。

常理梦是指梦中景象并无怪诞之处，其种种变化用生活常理完全可解说通的梦，

新志

这种梦的异常之处在于它给得梦人的深刻感觉，其神谕一般包含在给人深刻印象的部份梦境中。

异常梦与常理梦之分，全在于得梦者自己的切身感受，这一点很重要。因为某些特定梦象有的人是司空见惯，有的人却认为是异常。

七、占梦八法

直梦法——就是梦见什么便在现实生活中表现什么。对于那些感应最为强烈、最为明显的梦象，都可用直梦法加以解释。直梦法的占断十分简单：梦中的吉凶就是现实生活的吉凶。直梦多半为神灵所示：凡是梦中有神鬼等出现，而且梦中的结果也是神鬼所致，那么此梦便是直梦。得梦者在此时应格外警惕，如果梦兆为凶，应积功修德，一以善行避凶趋吉。相反，如果梦兆为吉，也勿得意忘形，应平淡之心处之。因神灵所致的直梦，有时其结果会令人难以置信，梦者及占梦者千万不要因为梦境的离奇与怪诞而放弃对神谕的信心。

例一，王绍兰破案求仙君。清朝“龙凤金挖耳勺”一案，说的是海口里尾村财主俞世富，嫁女东张杨家。其时有恶贼史文龙，假名“龙文史”，以贺喜送礼手段混入杨家，准备偷盗新人嫁妆。是夜杀死新郎又奸污新娘，盗了“龙凤金挖耳勺”后逃匿连江县，另行娶妻成家。王绍兰承办此案，侦拿不到真凶，就上石竹山祈梦，求仙君指点。梦见福清龙江和福州闽江两条江流汇合在一起。又梦见仙君说：“一江一江又一江，江东桥下数畦葱。若待元宵佳节夜，龙光此案自然通。”醒来自己细细参详，真凶定在连江，而且必定要在元宵抓到他。就带领差役前往，果然在元宵夜观花灯人群中见一女人发髻上插着龙凤金挖耳勺，抓来一审，其夫果是杀人犯窃贼史文龙。

例三，双龙桥下赛龙舟令。有个做香烛生意的老板，在几个地方开店，都不顺当，店开在那里好呢？他实在拿不定主意。一日，他就上山祈梦。梦见时适端午节，江上两条龙舟竞渡，四方锣鼓喧天。圆梦的先生对他解说，龙舟者，乃是龙也，两舟竞渡，即是双龙之象。老板如言，店开在双龙桥。果然生意兴隆，获利巨倍。据说，这个店铺现在还在，而且生意一直兴隆。此梦按直梦法以梦感最强烈的，得正解。

测字占梦法——它是利用汉字的结构特点将一个汉字拆成几个部分，每个部分都被赋予二个意义单元，然后将这些意义单元与梦境结合起来，进行巧妙的比附，最后显示出梦境的吉凶。重要的是抓住梦中显现的关键环节，并巧妙地将梦境与汉字结合起来，才能将神秘的梦象破译出来。还需要对祈梦者的生活情况、心理及遭遇有比较全面的了解。测字占梦法是极为灵活的，有时只取一字的基本意义部分，舍去枝节末叶，不必照顾到每一个字的方方面面。需要注意的是，测字占梦术依据的汉字要以繁体字为准。

例一，清朝末年，有一个四川商人在福建经商，他儿子几次参加考试，都不得中。一日，听说石竹山祈梦很灵，父子俩就备了香烛上山祈梦。梦见仙君提笔写“川之无才”四字。梦醒了，他儿子觉得仙君讥笑他四川没有人才，遂决心返回四川老家苦读，暗下誓言，定要取得功名。后来果然中了进士，官授福建巡抚。到任之日，即派家仆带衙卒到石竹山，扬言要除掉石竹寺，看仙君还敢欺我“川之无才”。到山下时，一老人拦住，问了缘由，老人拊掌大笑“仙君梦灵验了”。接着说：汝是读书人，当然知道，“川之”结合即是“巡”，“无才”左右挪移即是“抚”，汝现在不就是“巡抚”吗，大人！

例二，菇生肚脐上，“有”“无”不一样。有那么三个人，同样生活困顿，前途迷茫。于是相约到石竹山祈梦。一个梦见自己肚脐上生出香菇，一个梦见“有”字，一个梦见“无”字。梦见生出香菇的和“有”字的两个人，自然满心欢喜，以为前程似锦，而梦见“无”字的，则垂头丧气。谁知道，此后几十年的生涯，和他们自己猜想的相反。梦生香菇的，一生充当官员的走卒。官员出巡，他在后张伞，这伞形象“菇”，伞柄刚好举在肚脐上。梦“有”字的，终身为人奴仆，替主人背包袱，“有”字形似左肩背着包袱。而梦“无”字的，却飞黄腾达，当了大官，坐着大轿子，八面威风，原来这无字上边像轿形，下边四点像四人在抬轿子。梦，是难测的，唯善解者，自然明白。

例三，木刺伤目，“相”也。安溪县李光地相国，未仕前曾游历福清、长乐等地。一日他来到石竹山，因登山劳累，就在寺中住宿。一睡下，即见一队敌国骑兵要追杀他。他仓皇逃命，不意碰到一根木头，刺破他的眼睛。梦惊醒了，眼目还在疼痛，出了一身冷汗。又听说石竹山的梦极其灵验，由此想来，自己的前程是无望了。但他后来却仕途顺利，做了相国。他忆起梦中之事，才顿悟到原来仙翁已将“相”字预告他。“木”撞“目”，不是“相”字吗？

例四、“七夕一会”，必死！古时候，有浙江人梁某，在福州闽江南岸开店经商。他家中有一妻一妾。其爱妾备受妻子虐待。一日，家奴来福州找他，带来妾所写的一封信，诉说被大妇虐待之情，言词悲戚，有断肠语。梁某怕有意外之事发生，马上回信一封，叫家奴赶回去，把妾接来福州。家奴走了，他又不放心，就到石竹山祈梦，求仙公保佑。得梦“七夕一会”。不几天，家奴风尘仆仆又赶来，对他说，妾已上吊死亡。梁某悲痛万分，仰天长叹说，七夕上面加“一”，岂不是死字，伊人已死，吾去求仙君何益？天命啊，非人力所能为。

谐音占梦法——谐音占梦法在我国民间流传极为广泛，“梦棺得官”的说法就是运用谐音占梦法的典型例子。谐音占梦法重在取象得音，如果不能取得正确的梦象，那同样不能获得适当的谐音，当然也不会有正确的解答。关键在于占梦者要有丰富的想象力，同时又能揣摩祈梦者的心理，了解当事人当时心中最迫切关心的问题。重点全在梦中物象的发音，至于物象本身是什么并不重要，即使梦中所现之物为凶具，仍可以根据谐音做出别的解释。这点与象征古梦法完全不同。

例一，陈宝琛“紫靴”得中。清朝闽侯螺洲人刑部尚书陈若霖的曾孙陈宝琛，未出仕前，到石竹寺求问功名。梦见一人，一手提紫色长靴，一手提尿壶。一梦醒来，百思不解，回到家中闷闷不乐。其家有一痴仆，见家主忧愁，就问：“老爷祈得什么好梦？”陈宝琛说：“说你也不懂。”痴仆曰：“老爷试说看。”陈宝琛就把梦说了。痴仆想了想，说：“老爷这科包中的。”陈宝琛问：“这话怎说？”痴仆答道：“紫靴方言是‘这科’，尿壶是累肭。“累肭”方言是‘跑不掉’，就是说，老爷这科会中，不会跑掉。”陈宝琛听了惊奇，平日呆呆的仆人，今日果然梦解得条条有理。于是决心进京，果然中了进士。后来官至太师，当了宣统皇帝的老师。回乡之日，特地到石竹山，提笔写一副对联：“虽痴人亦能说梦，唯至诚可与前知。”现挂在石竹寺大客堂。

例二，大义“鬼”与大义“粿”。闽侯大义地方，古时有闽江支流，船只可通福州码头，人称“大义道”，是通福清闽南的水陆要道。商客云集，乞丐也在此设馆，人称“乞食馆”。乞丐若病也多死此地，属“没主鬼”。其时有一个游手好闲的无赖子，父母早亡，一个妹妹出嫁了，他更生活无着。一日，他到石竹山祈梦，求仙君指点作何生计。梦见仙君要他去问自己的妹妹便知。他返回去问妹妹，妹妹以为又来借钱，气忿地说：“堂堂男子汉不能自食，还不去作大义鬼。”福州音“鬼”与“粿”

同音，这无赖子果然即去大义道做粿卖，赚了一笔钱。到四十岁上，终于娶妻成家。后来他虽然早死，总算善终，没有做“大义鬼”。

例三，横直“丈三”不用量。一个妇女到了中年还未生育，就上石竹山祈梦。大清早就到了寺门口，见寺门尚未开，就举手敲门。门内人问她什么事？她说祈梦求子嗣。门内人回答：“祈嗣的，从后扉来。”这妇人听了，心中闷闷不乐。因为“扉”字福清话“世”近音，祈嗣后世来，不是说这世没希望了？进寺后祈得一梦：有一人拿一块布去裁缝店做衣服，师傅正要拿尺量一下布的长短，做衣服的说：“横直丈三，不用量。”此梦中“丈三”与福清话“断生”同音，果然此妇终生无生育。

例四，“莫”造瑞峰塔，和尚问神仙。瑞峰塔的建造，海口民间流传着一个故事：当年道懋禅师在塔建至三层时，遇到了难题。因塔建在山峰，东南两面又临海，居高临下，海风呼啸，工匠们在上面施工，胆惊心悸，工程被迫停下来。道懋无法，只好对大家说：你们在高空作业，怕不安全，待我去问石竹山仙翁，看有何妙法。可是和尚祈梦所得仙翁的指示却说：“莫造”。当头一盆冷水，道懋暗暗叫苦：我设下大愿，下过大力气，却将成画饼。归行途中，突然感悟到“仙教我矣”。到了瑞峰山工场，兴冲冲地对工匠们说：“仙翁教我办法了。”工匠们一听也受了鼓舞，但不知道懋带回什么仙法。第一天只见禅师派人买来几百丈青布，在塔的四周搭成布幔，使在上面施工的人们看不见地面，心里就不害怕了。塔建高一级，布幔也搭高一级，用这办法，终于把塔建成了。这时人们才领悟到，原来“莫造”是“幕造”，福清话的“幕”与“莫”近音。

谐音占梦法虽有偶中，但由于梦境总是极为零乱复杂，所以在解梦时不能拘守一法，而应将多种方法综合起来。唯有这样，才能断梦如神。

象征占梦法——此法也是使用得最广泛的一种解梦法。所谓象征占梦法就是托义于物，将梦境中出现的事物凸露出来，然后根据此物的象征意义，将梦境中蕴含的吉凶之兆解释出来。象征解梦法的关键在于熟知各种事物的象征意义。要善于从各种不同的侧面去观察同一种事物。如祈子梦见—熊、罴之类的猛兽，生男之兆；若是梦见虺蛇之类，则生女兆。龙为帝王之象，梦见龙都是极贵之兆。蛇也是龙类，梦中见蛇，同样大富大贵。但如果梦中出现的龙蛇见尾不见首，或离人遁去，则前景不妙。梦见日月两种物象也是极贵的象征。梦见大水为大富之象，梦见粪秽为财来之象。

大凡象征占梦法都是抓住梦境中所现物象的外部特征或内部特点，将其与现实的事物进行比附，由此解释梦中所蕴含的吉凶之兆，因此，梦境中所显物象或行为的内外特征是极为重要的，否则不论联想力多么丰富，也无法将梦中的语言翻译出来。

例一，李白笔头生花。唐朝李白少年时便志向远大，豪迈不羁。一次李白祈得一梦：见自己平常使用的那支笔生出一朵鲜艳可爱的小花，不禁心中狂喜，连忙挥笔走字。占梦师解曰："梦笔头生花，主文章风行天下，当成就不世的文名。"后来李白果成为流芳千古的诗仙，后人以笔头生花来赞誉文采超人。

例二，卒子过河当车用。过去有个当兵的，服役多年，仍然是个小卒。他到石竹山祈梦问前程，却得一怪梦：去问赶鸭子的。回去时到一条河边，看见对岸有个放鸭群的人。兵卒想起仙君之梦，不惧河水深，涉水过河来到牧鸭人面前施礼请教。牧鸭人问明缘由，向他道贺说：您虽是个小卒，但敢于涉水过河，自然可当车用，其"将"指日可取。后来兵卒果升任将领。此梦以卒子过河可当"车"象征前途无量。

例三，能"中"，不能"行"。有个姓石的书生，聪明好学，14岁就中了秀才。乡试前上石竹山祈梦问前程。梦至一处江边水，其业师为他解说：竹竿插在船中间，形似"中"字，这科必中无疑。但船泊江边，能中不能行，却不能有更好的前程。石秀才中举人后，果然屡试进士，都名落孙山。

八卦五行占梦法——此法是运用八卦、五行的取象类事原理解释梦兆的一种方法。五行指水、火、木、金、土。八卦指乾、坤、坎、离、震、兑、巽、艮。五行、八卦占梦法是依据五行、八卦的取象原则，将梦象转化为五行或者八卦，再根据五行、八卦的类事取象方法，将梦境转操成另一种事物或形象，最终参照卦辞、爻辞、将梦象的征兆解占出来。

晋朝时敦煌人索叔彻擅长用五行八卦断梦。郡主簿张宅找他解梦：梦见骑马进山，见一所房子，驭马绕房跑了三圈。接着又见一棵大松树，长得郁郁葱葱，但张宅怎么也找不到出口。叔彻占解为：马在《易经》的取象为离卦，离卦的典型取象为火，火与祸谐音，人上山可解成一个"凶"字。松柏为墓门之象，找不到出路就是无路可逃。三周为三年，三年之中恐有大祸临头。果然三年之后，张宅以谋反罪被朝廷诛杀。

三国时管辂曾占解吏部尚书何晏之梦：梦见有几十只青蝇叮在鼻头之上，驱赶不开。管辂解为：鼻在《易经》中象为艮卦，艮卦的象征为山，高而不危，所以能够长守贵位。今有青蝇结集于其上，那青蝇乃臭恶之物，集于山中，乃不祥之兆。后何晏果因获罪司马氏被杀。

要应用五行、八卦占梦法对梦象进行占解，必须精通五行、八卦的各种推演规则，尤其是要熟读《易经》。故此法非一般士民所能运用。

演义占梦法——此法是根据梦境中显现的景象进行推演，从而得出梦兆意义的一种释梦方法。因为梦中所现的物象、景象无论如何怪诞，都以不同的方式与现实生活发生着联系，这种联系也许极为迂回曲折，但是只要对梦中的形象稍加推演便可捕捉住梦境的预兆，这构成了演义占梦法的基本依据。

演义占梦法有的是解释梦象所体现的功用，有的是针对梦象的各种特点进行推演，更多的则是对物象的名词进行推演。通过这些方法将潜藏于梦境之中的兆象推测出来。

例一，舌上长毛剃不得。江宁知府马亮，任满后等待朝廷新的调令。因前程未定，便到邻近寺院中祈得一梦：梦见自己舌上长满了青毛。寺中和尚为他占解：舌上长毛，剃不得，也即替不得，故大人有连任之运。不久马亮接到命令，果然是留任江宁。

例二，梦偷龙眼考取“榜眼”。有一个姓郑的秀才，几次考举人都不中。一日，来石竹山祈梦。梦自己到一个依山面水的乡村，村边龙眼树上果实累累。一时口渴，便摘下两粒解渴。突然村中追出六七个大汉，说他是贼，把他捆在龙眼树下。他一梦醒来，惊得心魂无主：从此绝意功名。他的好友感到奇怪，就问他为何不去赴考。郑秀才对朋友讲了梦境，这朋友听了，连连作揖，祝贺说：我兄前程无量，“榜在龙眼树下”，这不是“榜眼”吗？朋友拿出川资，助他赴考。一考，果然中甲科第二名进士，世称“榜眼”。

例三，纸烧“灰”在。1945年，美国原子弹轰炸了日本。其时福清高山官路村王荣昌侨居日本。其妻江宝宋听到消息，日日心神不定，于是到石竹寺祈梦。梦见纸煤（旧时用草纸搓成的纸条用来引火、点烟等）灰，回乡后请人详梦。详梦的人对她说：“你夫平安无事。”接着解说：“纸烧了‘灰’（福清方言，与‘夫’字同音）还在。”后来其夫果由日本安然回家。此梦同时还运用了谐音解梦法。

例四，清朝道光年间，福清人林文炳，在未出仕时来石竹寺祈梦，仙君梦示，明早紫云洞口看竹。第二天一早，林文炳来到紫云洞口，却见一个中年妇女在洞口竹林前哭泣。文炳向前施礼，动问大嫂为何在此伤心。中年女人说，她是上薛人，已届中年尚无子息。昨夜祈梦，仙君要她来紫云洞前看竹，可这里时竹子都已枯黄了，求子看来无望，因此悲伤哭泣。文炳见状，想起“孤竹公有二子”的典故，就安慰她，说：“大嫂，恭喜你，这是好梦呀。以前有个孤竹公，到了晚年还生有伯夷、叔齐两个儿子，您还不老，定会双生贵子。”中年妇人听了，满心欢喜，就说：“果然如相公所言，那相公真有两榜之才。”后来，中年妇人果然连生二子，而文炳也中举人，连捷进士。

反梦法——其意思与现实生活正好相反。反梦，在民间流传很广，民间都奉行梦是反象的占梦信条，其实这并不全面，因为反梦法只是诸多占梦方法中的一种，反梦也只是无数梦境中的一类，不可一概使用。反梦一般有二类：其一是大凶之梦（如各种关于死亡的梦）一般为反梦：其二是大吉之梦（如梦见银钱满地、梦见得子等）也多为反梦。

例一，李渊梦死得天下。唐高祖李渊欲举兵攻长安，但举棋不定。故到寺中问神明，却梦见自己死后坠于床下，被一群蛆吞食。李渊感到十分厌恶，遂向智满禅师求解。智满禅师祝贺道：“公得天下矣！”李渊听后大惊。智满解释道：“梦见死亡即是毙，毙与陛谐音；落在床下为下，为群蛆所食，就是为兆民所趋附。整个梦的意思是陛下为亿兆之民所归附。”李渊听后，十分高兴。当月便攻下长安，后来又建立了唐王朝。此例占梦大局用的是反梦法，但在解释过程当中，又兼采了谐音法和象征法。

例二，砍头犹见喷血。有一个名叫张国奇的人，于民国四年（1915）开了个铜销（即打铜店）在达明里地方。第二年因政府加征花税，气愤关门不干。来到石竹山祈梦，梦见改道去福州，半路上有一个彪形大汉，手提斧头拦住去路，大声叫道：“从哪里来？要到哪里去？还不回头？”说着，挥斧砍了张的头。张见自己颈上直喷血。一梦惊醒，出了一身汗。有善于圆梦的人帮他解说：头被砍了，还能见到自己颈上流血，证明又长出一个头来。若能循路回原来地方，定会事业重兴。张国奇信其说，仍回达明里开了“广太昌”铜铺，兼营人力车租自行车生意，结果生意兴隆，为同行之冠。

例三，枇杷巷内“摇钱树”。有一个嗜赌如命的人，屡赌屡输，家产荡尽而不改悔，还想求仙君庇佑他赌场得手。于是上山祈梦。梦见自己来到一处，一路亭台楼阁，鸟语花香。一再往前走，有双扇白板大门，门前一株枇杷树，树下不但荫凉，更奇的是，树上纷纷落下白银。他高兴极了，回去后变卖所有，投入赌注，结果惨败。从此衣食无着，几成乞丐。因房产已抵赌债，只好迁居“枇杷巷”。这枇杷巷乃暗娼聚居之地，他只好让其妻也当了暗娼。他才悟到那个梦，乃是仙君警告他的结果。

隐语占梦法——此法是把梦中的意义隐于其他一些字句，这些字句表面看来似与梦境毫不相关，其实它是以隐喻的方式解释梦象。这种占梦术需要极高的占梦技巧和心灵的感悟力。

唐代梅伯成擅长以此法占梦。当时名伶李伯怜经常在泾州卖艺，名声极大。有一次，李伯怜换了百斛大米，让他弟弟帮着运回，自己走旱路回家，可是左等右等，他的弟弟和那百斛大米仍不见回。李伯怜去求仙佛，得梦见一头大白马，光洁可爱，用水冲洗。李伯怜找梅伯成占解。梅伯成解说：“你们唱戏的人都爱说隐语，洗白马的隐语是洗白米。由此看来，你的百斛大米恐怕保不住了。”后来果然如此。把“洗白马”作为“洗白米”的隐语，并使用了谐音法与象征法来解释，故隐语法是建立在其他释梦方法的基础上的。

例一，七十达，三十不达。长乐有个读书人陈宗法，少年时就有才名，自以为取功名如拾芥，可是考几次都不中，也来石竹寺祈梦。梦见一个银须白发的老者，提笔写了“七十年来尘扑面，而今也得碧纱笼”。宗法不解，就问：“这不是唐人木兰寺题壁之诗么？原诗是二十年来尘扑面，为何改成七十。”老人微笑说：“七十达，三十不达。”宗法依然不解。到了再次参加考试时，主考官出题“如七十子之服孔子”。宗法忆起前梦，精神振奋，文思敏捷，文章一气呵成，中了高魁。可是到了三十岁，重病不起，又记起“三十不达”的梦，自觉必死无疑，于是自写悼词，自撰挽联，结果短命而逝。

例二，家伙达天，至“天”字没落。有个叫宗公的财主，财产已不少了，但他仍不知足。一日，他斋戒沐浴，非常虔诚地上石竹山祈梦，求仙君指示后半世的命运。梦见有人告诉他：汝家伙（方言，意即财产）做达天（会发财到天那么高）。他喜不自胜，旁人也都说他做个好梦。谁知按辈排字，他儿子是“天”字辈，到了他儿子继承家业，却家道中落，后来竟一贫如洗。仙君告诉的“达天”，至此应验。

万神殿一角

例三，二山一水梦难详。明朝时候，有个叫夏龙山的读书人。上山祈梦，求问功名。仙君托梦有二语："二山半露青天外，一水中分白鹭洲。"夏龙山是个熟读诗书的人，明明记得唐诗名句是"三山半落青天外，二水中分白鹭洲"，怎么仙君会说是"二山、一水"。实在解不出其中的奥秘，但读书人清高，不愿求教别人，只好闷在心里。后来，他考进士得中，官至贵州按察使，又奉旨升任浙江巡抚。离任前，他对贵州按察使衙署恋恋不舍，遂漫步后院，忽见壁间旧题有凤凰台诗，因年久日深，壁土剥落，字迹模糊。其中三山二水句，果然只余二山一水可见。这时他才忆起昔日石竹山仙君之梦，顿时感到自己官运只能到此。就上本请辞，归乡养老去了。

例四，石上栽花"何结子"。侯官县有个姓林的书生，参加乡试考举人，屡试不中，心中不服，上山祈梦。见有人附耳细声地告诉他："石上栽花，何能结子。"这梦兆本是无望，但他不服气，又继续赶考几次，直到这一科的主考官姓何，他终于高中了。他事后感叹不已，说"时来运转，时未至而无须强求，但若不立志追求，时来了也会错过良机，正所谓'成事在人，而谋事亦在人也'"。

（俞韩恩）

第三节 祈梦故事

新旧金凤钗

唐末五代十国时期，闽王王延钧，也叫王鏻，是第二任闽王王审知的二儿子，十分腐化堕落，起用奸臣薛文杰为国计使。薛文杰投其所好，挑选数百美女入宫为宫女，其中一位叫吴瑶琴，是建州（今闽侯）豪绅吴光的千金。吴光早就把女儿吴瑶琴订聘给好友周良之子周艳冰，所以想用重金贿赂薛文杰留下爱女。不想，薛文杰拿了钱不留人，依然把吴瑶琴选进宫去。吴光无颜面对挚友，举家逃奔吴国去了。

周艳冰得到未婚妻被选入宫的消息，病倒在床，茶饭不思，奄奄一息。周家只有这个独根苗，靠他传宗接代，他一病倒，乱了全家上下。福州城所有名医都请过，没有一个能治好周艳冰的病，且众医一词：周艳冰得的是心病，任何汤药都无济于事。如果不能把他的未婚妻吴瑶琴从王宫里救出来，就只好为他准备后事了。周良和夫人听

了众医这么说，如同天塌了下来，魂飞魄散，灵魂出窍。他们知道，女子一旦被选进宫，就是国王看不上眼，也是一辈子走不出宫苑。要想把吴瑶琴从王宫里救出来，无异于与虎谋皮！

却说周艳冰有个小姑嫁在福清县方兴里（今镜洋镇），听说侄儿周艳冰病了，赶回娘家去探望。到了娘家，见哥哥和嫂嫂哭得死去活来，便问原因。周艮告诉妹妹说，艳冰是因为未婚妻吴瑶琴被选入宫而得病的，除非把吴瑶琴从深宫里救出来，要不艳冰就没命了。小姑对哥哥说，小妹夫家那里有座仙山叫石竹山，山上有灵宝观，供奉何氏九仙，百姓有什么疑难的事情，到那里有求必应。哥哥不妨让侄儿到石竹山灵宝观求仙帮助，也许还有一线希望。周艮说，我也早就听说福清石竹山灵宝观祈灵如响，可是冰儿病成这个样子，已经有好几天粒米不进，叫他如何登上山去！周艮话音刚落，只见原本奄奄一息的周艳冰“咕碌”一下坐起身来说，我能去。第二天一早，周艮就和妹妹陪着周艳冰上石竹山。

周艳冰在九仙阁得一梦，梦见管家周福从吴府回来说，老奴前往吴府下聘，吴小姐对聘礼什么都满意，就是一支金凤钗，吴小姐嫌太新，她要旧的。周艳冰醒来，不得其解，便请一位姓俞的道士解梦。俞道士问他，为何事求梦？周艳冰说，小生求仙君赐梦，如何才能把小生的未婚妻从王宫里救出来？俞道士说，贫道明白了，仙君赐给你的梦说，要想从王宫里救出人来，要请王后陈金凤出面。“旧”即“陈”也，自古便有“陈旧”一词。

周艮为难了，他家与王后陈金凤无亲无戚，素昧平生，如何请得王后出面？

小姨说，哥哥莫愁，你妹夫有门路。

原来，闽国王后陈金凤是福清万安乡（今上迳镇）人，人称“万安娘娘”。周艮妹夫的母亲也是万安乡人，与陈金凤同宗，所以周艮妹夫与陈金凤哥哥是堂表兄弟关系，红白喜丧事多有来往。国舅爷自然可以自由出入王宫，很快就把周艳冰所求之事通到陈金凤王后那里。

陈金凤被周艳冰至诚的爱情所感动，决定帮助他的未婚妻吴瑶琴逃出宫去。这对陈金凤来说并非难事，后宫所有宫女归王后管着，王后找个借口让她出宫还不是易如反掌的事。但她考虑到一旦被奸臣薛文杰知晓，周艳冰和吴瑶琴只怕没有好日子过。怎么办？陈金凤想了两天也没有想出一个好办法，却想出一个问题来：周艳冰为了吴瑶琴而生病，百里求仙；吴瑶琴对周艳冰又如何呢？说不定她一进宫就把周艳冰忘了呢！于是，她把吴瑶琴找来，假称国王看上了她，要立她为贵妃。吴瑶琴听了痛哭不止，声言她宁愿一死，也不要做贵妃。陈金凤大喜，不但探明了吴瑶琴的心，也从中得到启发，有了救她出宫的好办法。她叫吴瑶琴用头簪的尖沾上红色点在脸上和手臂上，假装出痘病倒在床。之后通过哥哥与周艳冰联系，约好第三天晚上，叫周艳冰在大梦山下暗处守候。那天晚上，陈金凤叫来两个心腹太监，说宫女吴瑶琴出痘没救，此病易传染，趁她还没断气，把她抬出宫去，弃于大梦山下。太监照办了。周艳冰和吴瑶琴有情人终成眷属。薛文杰以为吴瑶琴真的出痘死了，也没找他们的麻烦。

真个是：九仙赐梦，圆了一对恩爱男女美满姻缘。

（郑敬平）

王绍兰祈梦判案

清朝时候，闽侯人庄伍庆，在福州开了绸缎店，生意兴隆。

伙计施顺德为人老实能干，深为伍庆所器重。顺德成年后，娶妻颇有姿色。伍庆经常把顺德派出办货，自己趁机到施家引诱施妻，日久勾搭成奸。一次，顺德外出至半路感到背后有人跟踪，觉得不妙，马上返回。半夜到家敲门，适伍庆在其家与其妻淫乐，听到顺德敲门，二人合谋杀人。当顺德进屋后，其妻假装关心，用酒将其灌醉后，与奸夫一起用棉被包身，用绳捆紧，又用沸汤将其夫硬灌至死。第二天扬言顺德暴病身亡，草草收埋。邻居们平时风闻该妇有奸情，于是向县官王绍兰报案。只因酒和汤伤肉不伤骨，所以开棺验不出有“毒杀”的证据，案无法审结。王绍兰日夜牵挂案情，决意上石竹山祈梦。仙君指点：“见风行，见雨住。”于是，王绍兰就化装成算命先生到处查访。一日行至一山，狂风大起。他记起梦中所说，就加紧赶路，过了半个时辰，下了大雨，刚好面前有一茅屋。他以避雨为由，敲门进屋。这家只有一个老妈妈在家，见过路人避雨，就热情接待。至半夜又有一人敲门，进屋内后，老妈妈说是他儿子。王绍兰见此人甚有英气，但半夜回家时，手提一篓鸡，又疑是行窃之人。于是假装不知，与其饮酒谈心。这后生倒也爽直，直言自己早年丧父，母子无以为生，遂行窃度日。三杯酒落肚，就说起自己行窃时遇见一起杀人命案，王绍兰听到这里，就寻根究底地问下去了，终于案情大白。第二天回衙，立即派衙役拘捕案犯庄伍庆与顺德妻，判成死罪，斩首示众。

（俞达珠）

国姓爷已出马

1931年，军阀方声涛在福建收编了林靖土匪军，并把这些土匪军全部派驻在福清。这些土匪军匪性不改，进驻福清后到处扰民。这一年11月24日凌晨3时许，一帮土匪军窜进三山嘉儒村，见一户人家门前贴有婚联，知道这家昨晚办喜事，兽性大发，破门窜入洞房，把新郎绑了，轮奸新娘。新郎的父亲鸣锣聚众，与土匪军展开殊死搏斗，杀死匪徒200余人，义民牺牲数十人。匪首林靖却向方声涛谎报，说福清民变，要求派兵剿办。方声涛偏听偏信，决定调兵围剿嘉儒村。嘉儒村是个大村，时有200余户1000多人口，举村从海上逃亡避难没有那么多船只，从陆上往北逃生没有藏身之所。怎么办？乡绅召集村里德高望重的老人商议，还是议不出万全之策，最后决定由族长带私塾斋的教书先生到石竹山祈梦，请求仙君献策搭救村民。

族长在石竹山祈得一梦，梦里听见有人说：国姓爷已出马。

教书先生听族长说了梦中所闻，叫道："族长公，嘉儒村有救了！"族长不明，问："怎么说？"教书先生便说了个中缘由。

清兵南下攻克南京，南明弘光帝被俘殉国，郑鸿达、苏观生等迎唐王朱聿键来闽，在福州即帝位，建元隆武，改福建为福京，福州为天兴府。时郑成功进见隆武帝，隆武帝见他不仅浑身散发着一股英雄气概，而且谈吐不凡，很有见地，便把自己的姓赐给他。所以，郑成功称作"国姓爷"。仙君梦里说，国姓爷已出马，可见出马的人姓郑。

眼下在福清县，能关心民众而有能力解决问题的确实有一个姓郑的人，他叫郑忾辰，县城高巷头人。他24岁中秀才，不走仕途升官之路，东渡日本求学，得遇孙中山，1905年参加孙中山在日本创立的同盟会。1908年受孙中山派遣，回福建从事革命活动，是福建省同盟会最早的领导人之一。1911年11月11日，福州光复，郑忾辰被公推为福建省参议员，第二年当选为全国众议会议员。同年8月，孙中山以同盟会为基础成立中国国民党。时任大总统的袁世凯，要恢复帝制。孙中山发动"二次革命"失败，再渡日本成立中华革命党。郑忾辰追随孙中山，受命奔波海内外，支持护国倒袁运动。1918年8月，郑忾辰跟随孙中山到广州，参加国会非常会议，出任大元帅府参议、政治会议福建代表等职。次年5月，由于军阀陈炯明叛变，孙中山被迫去职回上海。郑忾辰受命留在广州，坚持斗争。同年9月17日，孙中山给郑忾辰写了一封亲笔信，分析了当前革命形势，鼓励郑忾辰"淬砺精神，团结同志，为正义而奋斗"。1920年，皖系军阀败给直系军阀，北京政权易帜，换为直系军阀曹锟。1914年，曹锟以召集国会、恢复临时约法为标榜，暗中以5000块银元一票贿买国会议员，要议员选他当总统。郑忾辰与林森等5位闽籍国会议员拒不出席大会，毅然回闽。曹锟还不死心，派爪牙把5000块大洋送到福清郑忾辰家里，再次被严词拒绝。孙中山逝世后，郑忾辰不满蒋介石对孙中山阳奉阴违，不执行孙中山在1925年改组国民党所推行的“联俄、联共、互助农工”的三大政策，在南京挂了一届立法委员后就回老家福清。1925年，郑忾辰支持有关方面，将原福清第一小学与福清县华侨小学附属初中班合并，成立福清县立中学，是福清置县以来第一所中学。两年后，郑忾辰又借北伐战争的影响，推动县立初中从原址陈家祠迁到凤凰山麓的明德书院，并争取被政府承认为公立中学。他支持长子郑毓和出任中学首届校长，带领学生奔走呼号，据理力争，收回被教会非法侵占的部分校舍，为名震四海的福清一中奠定了坚实的基础。当时在福清，人们普遍认为，只要郑忾辰肯出面，没有办不成的事。

但是，族长还是不放心，事关全村千余口性命攸关的大事，一定要亲自耳闻目睹才能安心。他从石竹山回来，到县城找到高巷头郑忾辰家里。果然如仙君梦中所说，“嘉儒事件”发生的第二天，郑忾辰就赶往福州找方声涛去了。郑忾辰家人还告诉他，当方声涛决定把收编的林靖土匪军放在福清，郑忾辰就致电方声涛表示反对。方声涛回电说，允许他暂寄福清两个月，两个月内一定调走。如今发生了这件事，他怎么会袖手旁观。

却说郑忾辰赶到福州，方声涛却去了上海。郑忾辰赶到上海，找到方声涛，说明了“嘉儒事件”的真相，要方声涛收回剿办福清的成命。声言方声涛若只听林靖一面之词，要拉他到南京去理论。方声涛不得不改令清除驻福清林靖所部。不但使嘉儒村转危为安，也为福清全县除了后患。

（郑敬平）

月落日出

民国五年（1916）六月，一场百年不遇的洪水把溪墘冲个精光。洪水刚过，老鼠瘟像秋风扫落叶似的夺走了许多人性命，戴光祖觉得在家待不下去了，洪水和瘟疫使集市空前萧条，街上行人稀少，外地人也不敢到这儿做生意，戴光祖的蛎饼摊也只得收盘了。年迈的父母三天两头地催他跟着村里其他年轻人一道下南洋谋生去。

两手空空，到南洋靠什么谋生呢？听人家说去南洋的人是“三死六甲一回头”。他对前路感到渺茫，去还是不去？去了又操什么营生？听说石竹山仙公很灵，古时候连朝廷将相大臣都到山上祈梦呢！这一天大清早，戴光祖揣了几枚铜钱，带了两条烤白薯当午饭，抄扎清楚，便往石竹山祈梦去了。

赶了三十里路，太阳才一竿高，戴光祖便到了真武殿，前头就是石竹山了。听老辈人讲，祈梦心要诚，光祖花了一枚铜钱买了三束香，从山下便焚香顶礼膜拜，三步一揖，九步一叩头，逢亭烧香，逢碑祷告，如此揖揖拜拜，跪跪磕磕，叩了三百三十三个响头，终于到了石竹道院。拜揖磕头把戴光祖折腾得昏头昏脑，他抬头一望，见一老道站在院门口，手持道拂，颔首作揖，笑道：“施主诚心问道，仙公必有明鉴！”接着便将光祖引入院内。光祖在九仙公前焚香膜拜毕，就进入祈梦室。

祈梦室横直不足二十见方，横七竖八斜倚着十五六人，光祖挑个僻静角落，倚墙靠着，心中不断默念：“仙公显灵，明示弟子此去南洋操何营生可以生财。”念着念着，便朦胧起来，恍恍惚惚间，只见自己只身站在海中，西边一轮朗月渐渐沉入海底，海面上波涛滚滚，回头一看，一轮红日正冉冉上升，低头一看，自己所站之处正是万顷波涛中的一孤岛，岛中一处平房正在冒烟，开头他以为那是炊烟，正待细看，那烟越来越大，原来是失火了。正犹豫间，那火烧到自己身后来，连他屁股后的衣襟也被点燃。他一时情急，拔腿便跑，可是怎么跑也跑不动，一急就醒过来了。低头一看，自己双脚正压在腿下，难怪跑不动呀！

戴光祖一梦醒来，心中疑惑这月落日出、火烧屁股是什么意思呢？他只好去求教道长。

睿智道长正盘坐静心室修炼，听得门外有响动，便出声：“施主请进！”

光祖推门进来，一看正是方才在门口相迎的道长，心里便轻松许多，就说：

“弟子不好意思打扰道长，只是方才梦境怪异，令人不解，就来请教！”

道长指了指面前的陶罐，罐里装着水，罐底有几枚铜钱。光祖心中明白，便从怀中掏出一枚铜钱投了进去。这陶罐装水是因为当时瘟疫盛行，道长怕外面俗世瘴气沾染，便引山中清泉，注入陶罐，罐满则溢，将瘴气漂走。道长见光祖投进铜钱后，便问：“施主有何疑惑，尽管讲来，让小老一听！”

光祖将梦境向道长说得明明白白，道长听后，便问：

“施主所卜何事？”

“弟子欲往南洋谋生，不知操何营生可以生财？”

“生财须有本，施主之本乃在双手之中，这月落日出嘛，即白的下来，黄的上来，请问施主在家中做什么营生？”

“靠炸蛎饼糊口。”光祖回答。

“那就对了，家财万贯，不若手艺在身，带着你的手艺下南洋吧，日后事业定能如日东升。”

“那火烧屁股呢？”

“这是后事，三十年后请施主再来！”说着闭目不语了。

戴光祖谢过道长，奔下山来，次日便带上一口小铁锅，两把蛎饼瓢，跟着村里人到南洋去了。他一到下洲府，就到街市路边摆起蛎饼摊。这蛎饼摊一开张，生意就很好，开头是一些华人打工仔买了做点心吃，后来连洋人、土著也都来光顾了。光祖觉得摊子太小了，于是便租了铺面，开了个小吃店，不但卖蛎饼，也卖锅边，还兼营小菜。不几年工夫，在下洲府就有了家颇有名气的戴记中餐馆。

此时，戴光祖的侨居地有家卷烟厂濒临破产，厂房和设备准备拍卖，侨胞们都觉得戴光祖有实力买下，但光祖犹豫不决：当老板，自己从来未曾想到，办烟厂，更是丈二和尚摸不着头脑。他捏着指头一算，自己到南洋已经三十年了，那石竹山道长说：“三十年后再来！”何不回趟家乡，一则探亲，二则到石竹山还愿，再请教道长。

于是戴光祖便启程返乡。刚到家，他先去拜祭父母坟茔，接着拜访亲友，就马上往石竹山去还愿。

戴光祖这次上山已非昔日了，但他还是那么虔诚，三步一揖，九步一叩。他办好还愿素菜上供后，即到睿智道长处。三十年光景只是染白了道长的须眉，道长还是那么精神矍铄，见到戴光祖，合十作揖：

“我知道施主必来践约！”

“还是来请教道长，这月落日出已兑现，这火烧屁股是何意？”

“不知施主有何疑？”

戴光祖将他准备接手烟厂生意和自己的犹豫说了来。道长问道：

“这香烟不正是火烧屁股吗？”

光祖拍着自己脑门，恍然大悟。几天后，便赶回南洋，买下了烟厂。此时正好日本战败投降，南洋经济慢慢复苏，戴氏烟厂越办越兴旺，终于成了名扬东南亚的大商家。

（严孟玉）

祈梦求医

我在20年前曾经是能吃能睡的“强者”，因为自己特别能吃饭，晚上一躺下就呼呼大睡，所以心情好，工作效率也高；可是，由于事务繁忙，睡眠渐渐差了，甚至到了整夜无法入睡的地步。因为睡不好，吃饭就不香，胃口也反常了，渐渐地瘦下去，不再是“饭桶”了。

不能正常睡觉和吃饭，直接影响到工作。没有办法，只好看医生，好心的医生就开一些镇静药和维生素之类。吃了医生的药，开头是有效的，但久而久之，药物就不起作用了。后来有人告诉我，离福州市不远的福清石竹山有个道院，那道院中有个“祈梦坛”，据说很灵验，可以治疗疑难杂症。我抱着试一试的态度到了石竹山。

那时的石竹山道院刚刚在恢复之中，一切设施还很简陋，但祈梦的却大有人在。只见男男女女，在“祈梦坛”的九仙君神像前烧香之后，就寻找合适位置祈梦。他们有的躺着，有的坐着，但都双目紧闭，一片寂静。我模仿众人的样子，进行着祈梦之前的一般准备程序，然后找一个角落侧身躺着。周围信众的呼吸声在我的耳边鸣响，他们呼吸的频率、音量构成了人体奏鸣曲，我仿佛在聆听一种天籁之歌。也许是受到环境的熏陶和香气的诱导，昔日的烦躁情绪有些缓和了。就这样，我不知不觉地进入梦乡——

一条河流弯弯曲曲，河岸矗立着许多石头；但河水污浊，不会流动。

一会儿，那河流收拢，幻化成为人体的肠道、血脉，岸边的石头仿佛压在我的胳膊上，酸麻疼痛，我挣扎着，企图推开压在胳膊上的石头；但不论怎样用力，石头都无法挪动。

这时候，天上现出九条红色鲤鱼，它们张开圆嘴，频频吐出清水，冲刷河流，也冲刷我的肠道。

突然，鲤鱼跃转身躯，甩出九道闪电，噼啪声响，闪电直击石头，压在我身上的石头裂开掉落，我也从梦中惊醒。

醒来之后，我感到浑身热乎乎的，好像真的被电击过一样，心跳加剧，血液翻涌如潮。大约过了半小时，我走出“祈梦坛”，沿着翠竹点缀的山路盘旋，一股清凉之气沁入心脾。这一天晚上，我睡了一个好觉，可以说是五年中最好的一觉。第二天早上，吃饭也觉得香了。

睡眠情况的好转，使我对梦产生了特别的好奇。为了探索梦的奥秘，我一方面查阅有关梦的著述，一方面则在心里琢磨着梦的意义。

一天傍晚，我闭目倚靠在床头歇息。在不知不觉之中，我迷迷糊糊地进入了朦胧状态。突然，我的眼前出现了一个白胡子老人的影像，他微笑着说："小兄弟，你对梦感到很神奇是吧？"

"是的。"我接着请教白胡子老人："梦可以治病吗？"

"那就要看是什么梦了，"白胡子老人眨眨眼说，"像你在石竹山的梦因为是虔诚而放松状态下形成的，梦中情景其实是一种内心自我分析的象征。"

"为什么这样说呢？"

"这个问题只要运用《易经》卦象来看就会明白的。"

"怎样运用《易经》卦象呢？"

"仔细回忆一下梦的过程吧。"我点点头，听着白胡子老人的卦象分析，"你梦中有一条河流，在《易经》中，河流即是水，以'坎卦'表示，水流不动，意味着停止，而停止就是由'坎卦'变成'否卦'，否而不通，当然就出现压力，你看，石头压在你的胳膊上，这就使血路闭塞。可见，不能安睡，完全是因为不通。睡眠不好，没有胃口吃饭，体质就下降。所以，你的梦境前半部分实际上是病因自我分析的一种象征性表达；至于后半部分，可以看作是心灵的自我治疗。鲤鱼吐清水，冲刷河道，可以看作是心灵自我洗刷的写照，九汪清水，由天而降，不仅洗涤了河道，而且洗涤了你的消化系统和血液循环系统，更重要的是洗涤了'心灵循环系统'，这在《易经》上可以看作是'否极泰来'，因为泰卦三个阴爻在上，三个阳爻在下，阴下降而阳上升，两者交通成和，所以内心开始安宁；至于九条鲤鱼甩出的闪电，乃是'震卦'用事，因为《易经》以震卦象征雷电，一雷发动，冬去春来，土出阳气，生机滋养。"

"真妙！"我不由自主地叫出声音来，眼睛一睁开，那白胡子老人却不见了。我重新合上双眼，力图再现那老人的音容笑貌。然而，准凭我内心怎样千呼万唤，白胡子老人就是不出来。这时候，我才意识到，心中的白胡子老人形象其实是自我希望的表征，而彼此的一番对话其实是心灵的"自我诠释"。或许是这些年来关注《易经》多了，我形成这样一种怪癖：遇事喜欢用《易经》的卦象来分析问题。在一些人看来，这种分析可能没有任何意义，但对我来说，却增加了许多乐趣，因为我可以在梦象与卦象符号转换的海洋里畅游，从而拓展思维空间。

离开石竹山之后，差不多有两年时间，我的身体健康处于一种比较好的状态。然而，由于工作压力依然很大，睡眠再度出现故障，内心升起无名的烦恼。不用说，这是一件难以让外人明白的痛苦。

为了解除这种痛苦，我重访石竹山，寻求帮助。记得是在一个深秋的早上，我几经周折之后，跋涉上山。来到“祈梦坛”，我选择一个人们比较不注意的僻静墙角靠着。尽管祈梦时的姿势并不讲究，但内心却是很专注的。我默念何氏九仙君的圣名，希望做个白日梦。不过，梦并不是可以随意制造的。有时候，你想做梦，梦偏偏不来，所谓“有心栽花花不开”，真让我体会到了。我辗转反侧，一直没有睡意，干脆坐起来，微闭双眼，听着周围人的呼吸，没想到“无心插柳柳成荫”，正当我放弃求梦念头的时候，却逐渐迷糊起来。突然，眼前一片空白，接着便闪出斑斓多姿的意象——

沿着山弯，河流缓缓而来，由远而近，由小而大，水天一色，莽莽苍苍。

一阵大浪翻涌而起，大浪之中跳出九条红色鲤鱼，它们停留在半空中，摆成一个九宫格局，尾巴忽弯忽直。

蓦地，九条鲤鱼围成一个圆圈，随着圆圈的旋转，空中出现了一个清澈的湖泊，湖水荡漾，柳条低垂。我凝神而看，试图弄明白湖泊的深浅。就在这时，湖泊不见了，代之而出的是九位老人，他们留着长长的白色胡子，各带器具，有的背着葫芦，有的握着箫管，有的拿着瓢，有的挂着琴……

我正想弄清究竟，九位老人重合了身子，拿着葫芦的那位站在最前端，其余八位都隐在后面，看起来好像只有一位。面对这样的老者，我肃然起敬，本能地行注目礼。然而，背着葫芦的老者似乎并不理会，他悠闲地摇动着葫芦，甩出来的清水形成雾状，以抛物线的样式喷洒在我的脸颊和身躯，我感到清凉透心。

一会儿，老人不见了，唯有弯弯曲曲的河流在我的眼前忽明忽隐，我看到河流的两侧长着青草，岸上垂着柳条，河水清澈见底，隐隐约约还有一些小石头在河底闪烁着蓝光……

不知什么时候，我从梦中醒来。摸摸自己的脸颊，并无凉水的痕迹，唯有少许汗珠沁出鬓角。我知道，梦境不是现实存在，但从内心愿望来说，我宁肯相信梦境是真的，因为在这样的梦境中，我忘记了烦恼，也忘记了俗事的纠缠。以后，每当工作比较紧张不好入睡，或者半夜醒来久久不能再入睡的时候，我就回忆在石竹山所梦见的河流，反反复复地想象那河流的走向以及河流边上的青草、柳条。这时候，我就会感到浑身凉爽，情绪冷静，慢慢地就又入睡了。长期以来，我依靠这种梦的回忆，得到很多的益处。感谢天赐良机，使我可以通过这样简单的方法而获得健康，并且激发了创造能力。我希望，这种方法能够为朋友们提供参考。

（詹石窗）

石竹三丰太极养生馆

狮岩堂库房

第四节 石竹山签谱探秘

石竹山道院百签谱

1.天开文运选英豪，万里鹏程志气高，
一跳龙门身变化，布衣换却紫罗袍。
2.积善之家庆有余，春风和气满庭除，
婚姻谋事皆如意，名成利就耀门闾。
3.多年枯木再开花，万里千山到得家，
辛苦过来休忽略，殷勤斟酌自生涯。
4.踏破铁笼凤高飞，万里云霄此日归，
遥想故人将会面，长鸣眷恋耀春辉。
5.三阳开泰本无私，梅蕊枝头便得知，
更有梅梢先着眼，菊花离落自迷迟。
6.苦志寒窗学数年，今朝平步上青天，
君有大材当大用，为霖为雨遍山川。
7.英雄落在未央宫，悔不当初信蒯通，
不得史官书勋业，功名盖世一场空。
8.眼前失去黄金剑，等闲又得天书荐，
本是边陲赤胆人，一朝升上金銮殿。
9.缘木求鱼痴又痴，刻舟求剑又何为，
守株待兔君须记，鼷鼠千钧勿发机。
10.卖却鱼舟别强求，不如守旧更无忧，
任君使尽千般计，命里无时到底休。
11.平生知药效如神，小病何须去问人，
只把清心细嚼味，阴阳和合杏林春。

石竹山道院住持谢荣增道长送九仙君圣驾到日本向日本道教协会会长、日本道观住持早岛妙听道长赠送九仙君签谱

12. 凡事迟疑来问签，从今做事要能坚，
心坚石也有穿日，心不坚时只枉然。
13. 门当户对正相应，女貌男才结作亲，
风正清时人正乐，花正开时月正明。
14. 南来北去休更休，五湖四海任君游，
不如独守寒江客，笑汝终朝海上游。
15. 君若求男便得男，何须计较许多般，
宽心把钓江边守，自有金鳞上钓竿。
16. 巧言令色何曾定，心里将信又将疑，
君若知机莫待闻，守得时来慢慢宜。
17. 恹恹疾病损精神，服药求神总不灵，
过了蛇头防马尾，羊肠路上未安宁。
18. 遮天罩地暗将来，霹雳雷霆神鬼哀，
待得云消雨散后，清风明月称君怀。
19. 学得真功本事来，时乖未许巧安排，
闭门好把贫心守，动步之时受祸灾。
20. 平生做事心公道，今喜时来命运到，
龙蛇会合贵人扶，举止谋为件件好。
21. 十幅帆篷正顺风，平安自在上江中，
一轮明月天如洗，盗贼藏身去无踪。

22. 下山猛虎吼声狂，过了一洋又一洋，
恶意却无空手去，大家防护莫慌忙。
23. 燕雀营巢在栋梁，调雏相对乐春光，
邻家失火祸将及，两眼睁睁莫主张。
24. 之乎者也莫虚词，莫怨他人说是非，
自有贵人来指引，他日平步上丹墀。
25. 天送麒麟付与君，顿遭猛雨扫除氛，
叮咛不必多忧虑，他日成名耀祖宗。
26. 亲亲里里要相和，何用生心事务多，
自惹不宁心嫉妒，从今改过便如何。
27. 十年学得一条枪，要做擎天大栋梁，
好似苏秦遇商鞅，休教妻嫂笑他狂。
28. 龙虎相争天地昏，无头无尾乱纷纷，
直须斗定风云散，方可徐徐出大门。
29. 姻缘和合本天生，无事家中只相争，
急向牛头消旧恨，又寻兔迹结新盟。
30. 鲤鱼误入网中游，性命须臾不自由，
跳出几翻归大海，前途广大永无忧。
31. 不须劳碌问穷通，明月团圆云雾濛，
且作渔人观鹬蚌，自然得利又成功。
32. 懊恼今朝受祸灾，谁知天意巧安排，
官符疾病皆消散，吊客回身贺客来。
33. 劝君莫笑小儿呆，他日三公位上排，
十五天光初出日，风云遮蔽未曾开。
34. 春来搔手莫牵牛，安榼般般望有收，
本是聪明伶俐客，从今谨慎莫悠悠。
35. 此卦之中最可祥，有防人处又须防，
频频厄在羊猴上，犬吠鸡鸣动一场。
36. 若问求官事若何，马逢伯乐价身高，
金鞍玉勒今曾受，近贵亲贤志气豪。

37. 愚妇如何轻买臣，自古儒为席上珍，
一朝五马迎喜日，覆水难收怨恨人。

38. 凡人筑屋先筑基，柴木规模要相宜，
君若不堪栋梁用，必然也做大门楣。

39. 结人结面难结心，背后人前两样情，
大道可行谋望吉，雅言野语未为真。

40. 百尺竿头难进步，登高身险不能安，
看看力尽无依靠，下头一跌顷刻间。

41. 五更收拾便起程，去到江头潮未平，
放下琴书渡得过，后人也共一船行。

42. 一柱名香万里心，良人路上乞安宁，
思思切切千般计，雁唳南来问信音。

43. 年来文物自繁华，燕语莺吟景更佳，
再等风和二三月，眼前何地不开花。

44. 十年学得伯牙琴，弹出宫商五样音，
复有子期临榻上，果然不负一片心。

45. 使臣飞马日边来，美貌堂堂宰相才，
窗下读书人不识，忽然平地一声雷。

46. 逢龙遇虎必飞腾，步玉抛金上帝京，
若见子规歌舞罢，直遥马上乐升平。

47. 他人作乐君受殃，前生欠债今日偿，
一似和针吞却线，紧人肠肚刺人肠。

48. 荆棘丛中跳出来，清风林下自安排，
龙吟虎啸未为美，只听鸡鸣禄君怀。

49. 楚汉争锋未曾休，运筹决策几春秋，
凶狠霸业今何在，宽厚人君到得头。

50. 青黄紫白尽芳菲，日暖风和百卉宜，
更有蟾宫一枝桂，待君折与古人知。

51. 巢中好鸟哺雏儿，恶鹞来时不自持，
一似落花逐落水，同根共蒂也分离。

52. 浮萍本是无根基，漂泊随风东又西，
自恨生来不得地，莫辞辛苦亦孤凄。
53. 门庭吉庆生光彩，进喜招财利市来，
莫道安居偏僻处，从今作事称君怀。
54. 少年苦志自经营，几次求名却未成，
今日潮来忙解缆，东南西北尽通行。
55. 卖却黄金去买书，旁人笑说读书儒，
一朝升上金銮殿，愿买黄金万倍余。
56. 数围楠木未曾截，拙匠踌躇做不得，
良工一见栋梁材，雕画成花金椒色。
57. 伤寒发热啾唧病，鬼怪邪言不必信，
命中只有三分财，多得一分加添症。
58. 寒鸡报晓天未光，慢慢收拾不用忙，
君今平步云梯上，何用担忧道路长。
59. 五云护日丽中天，国泰民安丰稔年，
一气回春天地泰，海潮涨远遍山川。
60. 手执丝纶坐钓台，烟波万顷发襟怀，
钓竿入水深吟毕，果有金鲤上钓来。
61. 莫道霏霏细雨微，当春耕作正相宜，
为人知足常富足，莫到无时思有时。
62. 用尽心机造只船，樯帆橹舵尽齐全，
却勿东南外海去，只好依山傍岸行。
63. 造化循环不可移，穷通寿夭早和迟，
其中两句平平话，多少人人尽不知。
64. 虎口伤人不可当，龙蛇之毒亦非常，
顿遭守株牛羊下，作事平平获吉昌。
65. 事大如天不用忙，从容一步便何妨，
平生功绩只如此，慢慢思量有主张。
66. 雁过南来天欲寒，呼童修整旧衣冠，
冬来饱暖心无虑，千万知己莫等闲。

67. 白云出岫本无心，皓月穿林偏有情，
此两句中君思想，莫教认假又成真。

68. 野鹤投林为倦飞，天南地北尽由皈，
如今不愁云消散，只傍枯枝是所依。

69. 君往南来有忌疑，眼前之事可谋为，
莫教延过西风起，只要为时事又迟。

70. 生是天开地辟时，功名富贵尽堪奇，
时来又喜东南运，白马金鞍任子骑。

71. 灯花吹蕊鹊频声，特把心香卜远人，
战捷文场三百彦，鞭敲金殿过西秦。

72. 搁笔踌躇事若何，五更斜月上窗纱，
看来此去无多久，天渐光明日渐高。

73. 吞珠在腹孕男儿，天上麒麟出生迟，
子母平安君勿虑，婴儿择吉选良时。

74. 劝君休买水边田，潮来潮去有减增，
唯有西南田地好，乾坤创业尽亨通。

75. 茶后精神酒后狂，日行自在夜行忙，
安居莫起空心想，不动干戈是吉祥。

76. 减灶添兵智计高，穷途休悔旧盟多，
兴齐灭魏身荣耀，艺业须当亦世豪。

77. 一安饱外莫忘饥，须积余粮防不虞，
勤俭支持常富足，清闲自在可安居。

78. 东方群鹿可追寻，不问西南又问谁，
回首到来日又午，寒蝉唧唧笑空归。

79. 午日当空万物熙，南风一榻对琴棋，
相逢知己忘饥饭，美酒清茶正称时。

80. 出门遇得贵人群，步步攀高共论文，
一似新人近兰麝，时时举步气氤氲。

81. 寻方探药捣为丸，炼作工夫心意专，
初患之时为急用，通霖妙剂四方传。

82. 路透江中屋旁田，儿孙绕膝尽堪传，
春来田亩勤耕作，秋备鱼竿上钓船。

83. 修心静坐念金经，风自南来月自明，
参到妙林真界内，天人送供不曾停。

84. 天地知君一片心，无偏无倚莫如神，
施恩报德皆成怨，避冷趋炎是小人。

85. 萤火虽明野火光，鸳鸯无意在池塘，
苦劳远虑千年计，燕子毛干不认娘。

86. 得宽怀处且宽怀，万两黄金散复来，
阴极阳生动此卦，飞黄腾达上天台。

87. 橘绿橙黄满树金，求婚求利称人心，
东南谋望皆如意，西北风霜恐不禁。

88. 迟迟冬日下茅檐，云散霜开渐暖天，
劝子且看三五日，春风和气百花鲜。

89. 劝君不必把人轻，孔子犹然畏后生，
停看乳毛齐满日，扬眉吐气自飞腾。

90. 寒山拾得笑呵呵，累岁今年事若何，
用笑世间轻薄子，半升未满话头多。

91. 闲是闲非君莫听，只把自身行得正，
任你舌剑与唇刀，说尽是非人不信。

92. 穷通寿夭不堪挪，宁耐心田莫望高，
好似竿头做把戏，扶着一跌灾祸多。

93. 大鹏展翅上云衢，百事享通庆有余，
最是春秋多得意，前程广大永无忧。

94. 浪尽千红万紫开，今朝独占百花魁，
清香皎洁人皆羡，冻雪严霜熬出来。

95. 自亲自戚近不得，反信巧言并令色，
曲突徙薪无恩泽，焦头烂额为上客。

96. 暗里投机莫恋财，眼前之事祸为灾，
忆惜葡萄明夜雨，到头辛苦可怜哉。

97. 主心不定柳随风，欲傍西南又向东，
好办前途休逐利，三春行乐一场空。
98. 十五明月正团圆，花木当春发满园，
超得禹门三波浪，峥嵘头角过汗潢。
99. 蛟龙未得雨云兴，蚯蚓同居自禁声，
直待鳞全头角现，一声雷震上天庭。
100. 满把金杯贺百年，男成女就喜团圆，
夫妻偕老儿孙盛，福寿康宁富贵全。

石竹山签诗词语注译

【龙门】旧指文人所宗仰的人物。"龙门"：相传鲤鱼登龙门而化为龙，比喻受攀附受敬仰的人。文人有登门求教者，谓登龙门，科举时代，指状元及第，谓之龙门夺魁。北魏郦道元《水经注·河水》，河水又南得鲤鱼，尔雅曰：鳣鲔也出巩穴三月则上渡龙门得渡为龙矣，否则点额而还。后用"龙门点额"比喻进士及第。

【春风和气】形容满脸春色神气和悦愉快。整个花园里都是春天的景色。形容欣欣向荣的气象。

【枯木逢春】枯树重新获得生机。宋·释道原《景德传灯录》卷二十三，"问枯木逢春时如何？师曰：'世间希有。'"比喻垂危的病人或濒于绝境的事物重获生机。《元曲选·冻苏秦》："恰便似旱苗才得雨，枯树恰逢春。"

【故人】（一）指前妻或前夫。（二）已死的人。《儒林外史》第八回："昔年在南昌，蒙尊公骨肉之谊，今不想已作故人。"亦作："古人"。眷恋、深切思念，依恋不舍，卢谌《赠刘琨一首并书》感存念亡，触物眷恋。

【斟酌】（一）斟酒，以供饮。陶潜《移居》诗："过门更相呼，有酒斟酌之。"（二）商讨、考虑，以定取舍。

【生涯】（一）生活，生计，马致远《汉宫秋·楔子》："正是番家无产业，弓矢是生涯。"

【鹏程万里】传说中的大鸟。《庄子·逍遥游》："鹏之徙于南冥也，水击三千里，抟扶摇而上者九万里。"后用"鹏程万里"比喻前程远大。

【万水千山】形容山水很多或比喻路途艰险或遥远。

【三阳开泰】“三阳开泰”也作“三羊开泰”，“羊”当为借字，“阳”是本字。“三阳”指正月，引申为“春天”的意思。古人认为天地间存在着阴、阳二气并以白天属阳，黑夜属阴。因此，每年冬节日后，白天渐长，黑夜渐短，古代人认为阴气渐尽而阳气始生，故称每年的冬节日为“一阳生”，农历十二月为“二阳生”，新年正月为“三阳生”，则春天至矣。“开泰”也作“交泰”，这里“开”与“交”都作“通”讲。“泰”是六十四卦之一。卦形为，“乾天”在下，“坤”地在上，形各上下心志交通，象征社会“通泰”，兴盛。因此“三阳开泰”意为祝愿新年亨通安泰，繁荣昌盛。

【为霖为雨】以霖雨比喻“济世之臣”。杜甫《上韦左相二十韵》：“霖雨思贤佐，丹青忆老臣。”

【春晖】犹春光，春阳，孟郊《游子吟》：“谁言寸草心，报得三春晖。”后因以春晖比喻母爱。

【悔不当初】悔：后悔，悔悟，当初，开头。后悔开头不该这样做。

【等闲】（一）寻常：随便，朱熹《春日》诗：“等闲识得东风面，万紫千红总是春。”（二）无端，白白地，岳飞《满江红》词：“莫等闲白了少年头，空悲切。”

【花魁】（一）百花的魁首，梅开在百花之先，故常指梅花。如“春为一岁首，梅占百花魁”。（二）旧时指有名的妓女。

【缘木求鱼】缘：攀援，《孟子·梁惠王上》：以若所为，求若所欲，犹缘木求鱼也。意思是用那样的办法去追求那样的目的，就像爬到树上去抓鱼一样，比喻方向、方法不对，一定达不到目的。

【男才女貌】男的有才华，女的相貌美，形容男女青年匹配相当。

【刻舟求剑】比喻做事主观拘泥而不知变通。《吕氏春秋·察今》：“楚人有涉江者。其剑自舟中坠于水，遽契其舟，曰：‘是吾剑之所从坠。’舟止，从其所契者入水求之，舟已行矣。而剑不行，求剑若此，不亦惑乎。”

【门当户对】旧时指男女双方家庭的社会地位和经济地位相当，结亲很合适。

【巧言令色】花言巧语和谄媚的姿态。

【守株待兔】比喻不经过努力而希望得到侥幸的成功。现在比喻墨守狭隘的经验不知变通。

【霹雳雷霆】形容威力极大，来势凶猛，雷霆疾雷，比喻威势，雷霆之所击，无不摧折者。

【遮天盖地】形容数量多，来势猛，所占面积大。

【云消雾散】像云和雾的消散那样，一点痕迹也没留下，比喻事情消失得干干净净。

【燕雀营巢】比喻安居而失去警惕，或处境危险而不自知。“之乎者也”都是文言中的虚词。多用以讥笑文人咬文嚼字，宋·释文莹《湘山野录》：“太祖皇帝将殿外城，幸朱雀门，亲自规划，独赵韩王普时从幸。上指门额问普曰，何不只书朱雀门，须著之字安用？”普对曰：“语助。”太祖大笑曰：“之乎者也，助得甚事？”

【丹墀】古时宫殿前的石阶以红色涂饰，故名。

【迍邅】谓处境困难，处在困难中不敢前进。韩愈《与汝州卢郎中论侯喜状》：“适遇其人自有家事，迍邅坎坷。”

【雰】雾气。雪盛貌。《诗·小雅·信南山》：“上天同云，雨雪雰雰。”雨降。

【嫉妒】妒忌。《左传·襄公二十一年》：“叔向之母妒叔虎之母美而不使”。《荀子·大略》：“士有妒友，则贤交不亲，君有妒臣，则贤人不至。”

【栋梁】房屋的大梁。比喻担负国家重任的人。

【谨慎】慎重小心，今多用以表示郑重和恭敬。

【悠悠】自由自在，闲适，忧郁。

【频频】屡次，连次，在一定的时间或范围内事物重复出现的次数。

【厄】困苦，灾难。

【雅言野语】雅有雅正的意思，合于规范的言语。

【邪语】不正确的意思，如改邪归正。

【龙虎相斗】比喻双方势均力敌，斗争激烈。

【雁】雁每年春分后飞往北方，秋分后飞回南方，《汉书·苏武传》：“昭帝即位数年，匈奴与汉和亲，汉求武等，匈奴诡言武死。后汉使復至匈奴，常惠请其守者与俱，得夜见汉使，具自陈道：教使者谓单于言，天子射上林中得雁，足有系帛书，言武等在某泽中。使者大喜，如惠语以让单于，单于视左右而惊谢汉使曰，武等实在。”后以“雁足”，为传送书信人的代称。

【子规】杜鹃鸟的别称，一名子隽，杜甫《子规》诗：“两边山木合，终日子规啼。”

【龙吟虎啸】龙吟生云，虎啸生风。比喻同类相应。啸，动物拉长声音叫。《周易·乾》：“云从龙，风从虎”。，形容人歌唱、吟咏的声音洪亮。

【荆棘丛中】比喻坏人很多，境遇恶劣的地方。

新志

【芳菲】花草美盛芬芳。刘禹锡《春日书怀》诗："野草芳菲红锦地，游丝撩乱碧罗天"，也指花草，陆龟蒙《阖闾城北有卖花翁》诗："十亩芳菲为旧业。"

【蟾宫折桂】古指科举考试中选，蟾宫即月宫。传说月中有桂树，世称登科为折桂。

【落花流水】花落在水里被水冲走形容春景衰败，李煜《浪淘沙》："流水落花"，现在形容被打得大败。

【国泰民安】泰：安泰。国家安宁，百姓平安。

【截】截开木料。

【拙】笨，不灵巧。

【踌躇】犹豫，拿不定主意。

【丰稔】(一)庄稼成熟谓之丰稔。(二)丰年，谷一熟为年，故亦谓年为稔。

【襟怀】犹言胸怀。杜牧《题池州弄水亭》诗："光洁疑可揽，欲以襟怀贮。"

【锦鳞】鱼的代称，李贺《竹》诗："织可承香汗，裁堪钓锦鳞。"

【霏霏】形容雨雪之密,《诗·小雅·采薇》：今我来思，雨雪霏霏，也形容云气之盛。

【造化】谓运气，福分，高文秀《黑旋风》第二折："今日造化低，惹场大是非。"《红楼梦》第十九回："想必他将来有些造化。"

【循环】(一)顺看环形的轨道旋转，比喻事物周而复始的运动。郭璞《游仙诗》：晦朔如循环，月盈已见魄。

【龙虎】比喻豪杰之士，李白《登金陵冶城西北谢安墩》诗："沙尘何茫茫，龙虎斗朝昏。"

【岫】山穴。陶潜《归去来兮辞》："云无心以出岫。"

【皎月】(一)洁白光明。《诗·陈风·月出》："月出皎兮。"(二)欧阳修《秋声赋》："星月皎洁，明河在天。"

【皎洁】明亮洁白,《古诗十九首》："迢迢牵牛星，皎皎河汉女。"

【踌躇】(一)犹豫不决，不行貌，驻足。《楚辞·七谏·怨世》："骥踌躇于弊輂兮。"亦作"踟躇"。

【乾坤】周易中的两个卦名，引申为天地、世界、父母、男女的代表。

【狗吠鸡鸣】形容聚居稠密。《孟子·公孙丑上》："鸡鸣狗吠相闻，而达乎四境。"

【天上麒麟】对别人儿子的赞誉。麒麟：神兽，古代时为吉祥的象征。唐·杜甫《徐卿二子歌》"君不见徐卿二子生绝奇，感应吉梦相追随。孔子释氏亲抱送，并是天上麒麟儿。”

【东方逐鹿】比喻群雄并起，在东方争夺天下。

【氤氲】烟雾弥漫。天地合气，天地絪缊万物化醇，一作氤氲，有鸟如雀吐五色之氤氲如云。

【修心静坐】安心下来，自我学习，不是恬淡寡欲就以表明志向，不是把心思平静下来就无以表明志向，不是把心思平静下来就无以把精力集中到远大的目标。

【午日】即端午日。

【避冷趋炎】比喻奉承、依附有权势的人。趋：迎合，炎：是热，比喻有权势的人。《宋史 · 李垂传》：“今已老大，见大臣不公，常欲面折之，焉能趋炎附势，看人眉睫，以冀推挽乎？”

【云开见日】比喻黑暗过去，光明到来。

【扬眉吐气】形容被压抑的心情得到舒展而称心快意。

【后生可畏】青年人敢想敢做，很容易超过他们的前辈，值得看重。

【羽毛齐满】小鸟的羽毛已长齐，比喻力量事业已经有了雄厚的基础。比喻少年已成长，不需要依赖父母而生活。

【飞黄腾达】飞黄，传说中的神马。腾达：形容马的飞驰。比喻一些人的地位提升得很快。

【轻薄】（一）轻佻浮薄，《南史 · 谢惠连传》：“轻薄多尤累，故官不显。”后多指以轻佻态度对待妇女。（二）不尊重，鄙薄。《汉书 · 王尊传》：“摧辱公卿，轻薄国家。”

【曲突徙薪】突：烟囱。《汉书 · 霍光传》：有一户人家的烟囱很直，旁边堆了许多柴火。有人劝他改建成弯曲的烟囱，把柴火搬开，不然有着火的危险，主人不听，不久果然发生了火灾，邻里共救，侥幸得以熄灭。事后设酒谢邻，烧伤的人坐上席，却不请劝他改建烟囱的那个人。当时流行这么两句：“曲突徙薪亡恩泽，焦头烂额为上客。”后用“曲突徙薪”比喻事先采取措施，防止祸患发生。

【焦头烂额】头部被火烧得厉害，《汉书 · 霍光传》：“今论功而请宾，曲突徙薪亡恩泽，焦头烂额为上客耶？”后比喻十分狼狈窘迫。

【万紫千红】朱熹《春日诗》：“等闲识得春风面，万紫千红总是春。”原来形容春色艳丽，现在也比喻事物丰富多彩，或景象繁荣兴旺。

【蛟龙得云雨】古代传说蛟龙得水后，龙能兴云作雾上太空。

比喻有才能的人得到施展本领的机会。《三国志 · 周瑜传》：“刘备以枭雄之姿，而有关羽、张飞熊虎之将……恐蛟龙得云雨，终非池中物也。”

【峥嵘头角】形容青年人的才华或气概显露得很突出。头角：比喻年轻人显露出气概或才华。峥嵘，比喻才华特出。

【皓月有情】形容天气晴朗，月光皎洁，千里江山都在皎洁月光的照射中。

（郑宗华）

浅谈石竹山的签词文化

石竹山道院有签诗一百首供善男信女求签问事，传说是明代叶向高撰写的。通观一百首签诗，多引用典故，诗意深奥。概括签诗的含义，有以下三个方面。

一是劝人积德行善，宣扬因果报应。

劝人积德行善的签词甚多。如第二签词为“积善之家庆有余，春风和气满庭除，婚姻谋事诸如意，名成利就耀门闾”。第二十签“平生作事心公道，今喜时来命运到，龙蛇会合贵人扶，举止谋事件件好”，都明白地宣传了积德行善，善有善报的思想。第二十签还用典故诠释说：唐·裴度少年贫落未遇。一日，闲游香山寺拾得宝带三条，不贪为己有，物还原主。说来也巧，裴度后来又遇到之前那个相士，这次相士惊奇了，“足下骨法全改，必有拯弱救焚之善事吧？”裴度告之以还带之事，相士感叹道：“此乃积大阴德也，他日必富贵两全。”后来裴度果然进士及第，位至宰相，寿登耄耋。这不仅告诉善男信女，力行善事可得善报，而且还明显地告诉你，积德行善，还可以改变相格和命运呢！又如第三签“多年枯木再开花，万水千山到得家，辛苦过来休忽略，殷勤斟酌自生涯”，用的是苏武牧羊的典故，论云：“求得此签者，必须立志忠直，忍辱耐苦，化凶为吉，先苦后甘，终必成功也。”这里劝善的境界已升华到弘扬民族正气、精忠报国的高度，把个人的命运前程与国家民族的命运联系在一起，表明了撰签人的思想境界。

二是展现五千年华夏文明，古为今用。

百首签词是华夏古国固有文明的积淀，其中精华大大多于糟粕，如第四十四签“十年学得伯牙琴，弹出宫商五样音，复有子期临榻上，果然不负一生心。”说的是伯牙操琴遇知音；第四十九签“楚汉争锋未肯休，运筹决策几春秋，凶狠霸业今何在，宽厚仁君得到头”，高度概括了一页鼓角争鸣的历史。而诸葛亮三气周瑜的典故，用在第十七签，一页风云散，变换了时空。一百签诗用典，从上古到明朝，上下几千年，包罗万象。第五十九签云“五云护日丽中天，国泰民安丰稳年，一气回春天地泰，海潮涨满遍山川”，用的是远古神话黄帝战蚩尤的典故；第九十八签用的是大禹治水得帝位的典故；第六十一签用的是陶渊明归隐务农的典故，签词曰：“莫道霏霏细雨微，当春耕作正相宜，为人知足常富足，莫到无时思有时”，其意义远远超越了归隐务农的含义，在劝农劝耕的同时，还提倡了传统的勤俭节约的美德。又如第三十四签，用的是汉文帝下诏劝农的典故，汉文帝为图国家富强，重农贵粟，为百姓树立一个勤劳节约的榜样，在皇宫开辟了一块耕地，每到春天，文帝就在这里举行春耕仪式，亲带王公大臣耕地，并下诏全国官员重视农业，劝导农民不误农时，及时耕种。

第五签“孟浩然寻梅”，诗意盎然曰：“三阳开泰本无私，梅蕊枝头便得知。更有梅梢先着眼，菊花离落自来迟。”意喻渐入佳境，苦尽甘来。第九枝虽是“下下签”，却一连用了四个成语典故在内：“缘木求鱼痴又痴，刻舟求剑又何为。守株待兔君须记，鼷鼠千钧勿发机”，注曰：“求得此签者，不可一味死守狭隘经验，不知变通，妄想不加努力而侥幸取胜，是不可能的。”签诗之涵意，刚好与今天的改革精神相通一致，岂不妙哉！成语典故乃我国古文化宝库的珍珠，石竹山道院一百签应该说是绝大部份继承了传统文化的精华。

三是求签问事的依据，不乏唯物辩证法。

一百签诗是石竹山宗教文化活动的工具之一，令人感兴趣的是，在很多地方体现了辩证法。一般说来，善男信女遇事拿不定主意，或自己无力战胜灾祸而寄希望于“仙公”，才烧香吃素虔诚求仙的，上山求签问事的。而签词一般并没有明确回答求签者的疑难，这就借助于详签者来解说，于是就产生了解签师这一职业，解签师必须掌握一定的科学知识、法律常识、生活经验、世态常情，结合签诗意境，用善心善意释疑解难，引导善男信女遵纪守法走正道，辅补法律，利国安民。前面说过的第九签“缘木求鱼痴又痴，刻舟求剑又何为，守株待兔君须记，鼷鼠千钧勿发机”，就充满了辩证的思想。第五十七签词为：“伤寒发热秋时病，鬼怪邪言不必信，命中只有三分财，多得一份加添症”，用的是汉代名医张仲景驱巫神救黎民的典故，虽然签词中说：“命中只有三分财，多得一分加添症”，看似唯心，然而上联就明确指明：“邪言不必信”，提倡的还是科学。第十二签曰：“凡事迟疑来问签，从今做人要能坚，心坚石也有穿日，心

不坚时只枉然”，用的是王冕学画的典故，“意蕴只要功夫深，铁棒也能磨成针”，论曰：“求得此签者，凡事不辞劳苦，勤恳用功，终必有成。”反之我们可以知道，倘不用功，偷懒懈怠，终将一事无成，这个道理可以说是放之四海而皆准，其实讲的就是辩证法。这种内涵也体现在第二十九签，曰：“阴阳和合本天生，无事家中只相争，急向牛头消旧恨，又寻兔迹结新盟”，用的是宋代大诗词家陆游与唐婉悲剧姻缘之典故，注释却是：“求得此签者，姻缘可合，但有阻力，要敢于反抗封建礼教，争取婚姻自由，转祸为福。”显然，这里宣扬的不是父母之命，媒妁之言，前世姻缘天注定什么的，而是鼓励年轻人争取婚姻自由，是反封建、反迷信的。

还有如第七十七签写陶渊明务农度晚节：“一安饱外莫忘饥，须积余粮防不虞，勤俭支持常富足，清闲自在可安居。”第九十七签：“主心不定柳随风，欲停西来又向东，好辨前程休逐利，三春行乐一场空”等等，随处可见哲理。

所以，石竹山道院一百签诗不仅仅是宗教活动的工具，而且是中华传统文化中不可多得的东西，签词深刻的内涵底蕴，值得我们好好研究。

（王华民）

石竹山霞光

第四章 游记趣闻

第一节 游 记

石竹山游记

初十日（时为明朝泰昌元年，公元1620年农历六月），过蒜岭驿，至榆溪（即今渔溪）。闻横路（今宏路）驿西十里，有石竹山，岩石最胜，亦为九仙祈梦所。闽有“春游石竹，秋游鲤湖”语，虽未合其时，然不可失之交臂也，乘兴遂行。以横路去此尚十五里，乃宿榆溪。

十一日，至波黎铺，即从小路为石竹游。西向山五里，越一小岭，又五里，渡溪，即石竹南麓。循麓西转，仰见峰顶丛崖，如攒如劈。西北行，久之，有楼傍山西向，乃登山道也。石磴颇峻，遂短衣历级而上。磴路曲折，木石阴翳，虬枝老藤，盘结危石欹崖之上，啼猿上下，应答不绝，忽有亭突踞危石，拔迥凌虚，无与为对。亭当山之半，再折石级巍然直上，级穷，则飞岩檐覆垂半空，再上两折，入石洞侧门，出即九仙阁，轩敞雅洁。左为僧庐，俱倚山凌空，可徙倚凭眺。阁后五、六峭峰离立，高皆数十丈，每峰各去二三尺，峰罅石壁如削成，路屈曲罅中，可透漏各峰之顶。松偃藤延，纵目成胜。僧供茗芳逸，山所产也。侧径下，至垂岩，路左更有一径。余曰：“此必有异。”从之，果一石洞嵌空立。穿洞而下，即至半山亭。下山，出横路而返。

（明·徐霞客）

游石竹山记

石竹山高亚鼓山，而奇不能当九鲤湖，然传有九仙灵迹。山岿然峙宏路驿道旁，可顺道往。

余以正月廿七日至宏路，亟入而饭，出而就舆，视石竹眉睫间物耳。然历数培塿，循无患溪，行可十里而近，始至其麓。

山故多石而宜树，树皆不植而蕃。路仄径纡，舁夫枝柱跳荡，都不成步。仰视蒙茸中崭岩骨露，稍道翠微，旁标一石云“别一洞天”。至此，巨石齿错，稠木交加，扶留屈诘，缀若连理，兜中应接不暇矣。积雨之后，虽藓磴加滑，点苍滴翠，弥助其幽。左望积石，平上如台，石或人立，树多侧生，则所谓仙人坪也。

鸟道所不除，稍折而右，观音岩出焉，岩石上覆，长广数丈，而下为径路甚狭，柱而饰以榱桷，中设大士像。由岩而左迤逦更上，石壁围环如削，镌书其上多今人诗也。三石攒立，中若有窝曰化龙窝；石纹如鹤，晴明见之，曰鹤影石。最上一卵石若碑而立，不知何人草“蓬壶”二字。度蓬壶，为紫云洞，洞广不盈丈，深倍之，上压巨石，若砻而砥。左折得门，两石隘之，劣可容身，伛偻而过，稍得平壤，九仙阁托焉。

由阁之左，复得一楹，山僧所奉大士罗汉阁也。余易服礼毕，载返九仙院将有所祷。自以学道无成，强起两载，未知税驾之所，初不萌异望也。奠毕，解带凭栏下望，阁去地可二里余，无患溪从西北来，合小溪蛇行山麓，群峰奔突四起，而中一小山，树笼其上，昂首锐尾，宛似一鱼拨刺相向，则所谓仙鲤山也。盖土人以九鲤仙，故传而神之，然亦酷肖矣。

由大士阁更折而左，为僧居及香积。其前可望龙江，浩渺接天，与九仙阁各具一胜览云。

由香积而下，面一石崖，睹上有圆窦，曰出米石。下香积，复蹑而登，石壁屏立，中辟可坐。磨崖而诗者，上为龚侍御、王总戎，下为王佥宪。从石壁右而登数级得大石焉，曰醉石，云是九仙醉卧处。去醉石数武而卓立崖上，下临不测，一石曰摘星台。

立久之，更上一石屋，空其中，僧云：是仙人丹灶。丹灶其上，道稍穷，复返至九仙阁，而下界忽黯不辨色，空蒙中但闻哀滩声，初疑薄暝，已知为雨候也，既而烟霏骤开，白练自吐，明灭倏忽，皆成环观。夜卧室中，滩声益厉。石床清冷，久不成寐。

已而交睫，得梦甚奇，不解何祥也。

山多幽石灌木，传以灵迹雅胜鼓山，而恨眼不见流泉。问僧，云有洒耳泉，从左下可数十武而汲，今所饮是此水也；又云山下尚有虎迹崖、仙井、仙桃石。其巅有状元峰、蛎房壳、济贫笋、仙棋盘、仙履迹诸胜处，大都不能胜所见云。

（明 · 王世懋）

天宝石移

福州永福县瑞云峰，有古谶云："天宝石移，瑞云来期，龙爪花红，状元西东"。宋乾道间，天宝瑞云寺后崖石横山而行，啮地成溪。既而此石松上复生龙爪花，是年萧国梁魁天下，郑桥、黄定继之，萧居冲峰，郑居龟岭，黄居龙屿。当时诗云"冲峰龟岭与龙屿，三处山川壮矣哉，相去其间只百里，七年三度状元来"。俱载府志，亦海内所罕俪也。

（明 · 周亮工）

泗洲文佛

《高僧传》："僧伽者，葱岭北何国人也。"何国在碎叶国北，伽在本土，少而出家，始至西京，次历江淮，龙朔初，至临淮，就信义坊居人乞地，下标识之，穴土获古碑，乃齐香积寺，得金像，衣叶上刻晋照王佛字。尝卧贺拔氏家，现十一面观音形，其家遂舍宅。中宗景龙二年，诏赴内道场。四年示寂，归葬淮上，多于塔顶现小僧状。于是求风者分风，求子者得子。宋太平兴国七年，敕重盖塔，雍熙元年，加谥"大圣"二字，文佛之号，亦他佛所无。

（清 · 施鸿保）

福清名胜史话 · 石竹山

据传说，五代朱梁时邵武人林炫光曾在山中炼丹，其后何氏九仙寓焉，以是山有九仙楼，至今尚有人向仙君祈梦请示未来的。山多幽岩怪石又盛产筱竹，雨后苍翠欲滴，特为山中之胜，石竹山的名称是这样来的。叶相辞职回家后，于万历四十四年（1616）春与石映斗孝廉募缘修建观音阁及僧房，万历四十六年（1618），又重建九仙楼，石映斗又“改旧路穿石洞榕门而上，路断处为桥以度，愈增幽胜，又建半山亭以便憩息”。叶相国所以对石竹山建筑这样热忱，除护持名胜外，与祈梦之灵应，似不无关系，他说：“石竹何氏九仙所栖，岩壑奇绝，祈灵如响，先少师公(叶相国的父亲)为诸生，得梦甚验，余为孝廉往祈，仙告以腰系白玉带，余以为妄，而其后果然。”叶相国在陪同其友董应举游石竹后赋诗一首，曾提及云：“董大理见龙招同吴太学伯孚登石竹岩，时孝廉石应相新辟径路，甚奇绝。”

（王文杰）

福清县石竹山游记

福清石竹山，素有“雅胜鼓山”的称誉，被列入首批十个省级风景名胜之一。春末夏初，笔者再次游览了石竹山风景区，并且撰写了一篇游记介绍石竹山风景区内的风光，以飨海外读者。

石竹山海拔534米，位于福清县城西十公里。整个风景区由石竹寺、石竹山、东张人工湖、鲤鱼山、紫云塔等景点组成。

风景区内林木葱郁、峭岩林立、湖光山色交融，吸引了众多的海内外游客。游客前往石竹山风景区旅游，必须经过福厦公路上的宏路镇，然后转向西，大约五分钟，就能看到石竹山和东张人工湖拦水坝，像巨人的手臂，把静谧的湖水拢在怀里。

石竹寺因四周盛产石竹、怪石林立而得名。据福清县志记载，早在唐朝宣宗年间，山腰上就修起了石竹寺，寺庙虽然不大，但结构别致，殿阁齐全。有九仙阁、天王殿、文昌殿、伽蓝殿和大雄宝殿。离船登岸，进入山门，刚修建不久的进山大门，集古今建筑的许多特点，气势雄伟、壮观。信步登上通往石竹寺的石级，一路上绿荫蔽日，山花草木散发的清香，引人入胜。听导游解说，石竹山四周有诸多胜景，向来有“一天、二塔、三岩、四泉、五仙、六洞、七峰、八亭、十二石”的说法。后人将这许多景观概括为“石怪、洞奇、峰秀”的三个特色。先说“石怪”吧。游客站在山顶，可以看见整个雄伟的山形和四周无奇不有的怪石，有的像昂首苍龙，有的形似龟鳖，有的为展翅的雄鹰，有的仿佛比翼双栖的鸳鸯。古往今来，许多游人为它们留下动听的名称，如鹤影石、双鲤石、龟蛇石、狮头石、仙桃石、醉石、鸳鸯石、伏虎石、朝斗石等，看上去无不惟妙惟肖。

说到“洞奇”，最有趣的是紫云洞、桃源洞、通天洞和出米洞。石竹山水相依，长年云蒸霞蔚，每当旭日东升，群峰逐渐从云海中露出雄姿时，唯独紫云洞依然云雾缭绕。由于阳光的折射，洞内外云雾彩色缤纷，其中以紫红最显眼，所以被称为紫云洞，景色之美，叹为观止。离紫云洞不远有一块岩石，石当中有一个拳头大小的洞口，清泉从中涓涓流出，洞旁边刻有“出米”两个字。这就是传说中会出米的洞。据说原来洞口很小，会流出白米接济百姓，后来有个贪心的财主想多捞一些白米，就把洞凿大，结果米不流了。

那么“峰秀”指的是什么呢？石竹山的四周有许多形状不同的山峰、石峰，最出名的是像古代状元帽的状元峰和龙女峰。龙女峰高达数丈，宛如一位窈窕淑女，亭亭玉立在仙君醉卧石旁边。传说龙女峰是东海龙女的化身，因为她爱上了石竹山的神仙，情愿被贬为石，日夜倚立在仙君身旁。有好心人在神仙醉卧石和龙女峰之间，用一块石板架起一座惊险的天仙桥，有心的游客到此，都想试着走过天仙桥以求爱情永固，子孙满堂。

虽是春末，来此烧香祈祷的人还是很多。不过，石竹寺内的牌匾和寺外的题刻，倒是值得一看，从中可以发现古往今来，到石竹山游览或讲学的知名人士可不少。宋朝理学家朱熹在这里留下了墨迹，明朝宰相叶向高曾在石竹寺攻读经史，功名成就以后，于万历四十五、四十六年间重上石竹寺，在洗耳泉和牛胶洞的石壁上分别题刻了两首词，至今笔迹还清晰可辨。1620年初夏，旅游家徐霞客游罢九鲤湖，又来到石竹山探胜。在石竹寺的大厅里，还有一块红底墨字的横匾，题写着“扫除名利”四个大字，细看落款，原来是萨镇冰先生于1925年端月游览山寺之后的有感之作。

石竹山的春秋季节是游览的最好时光，特别春晨，当旭日冉冉升起时，乳白色的云纱飘绕山腰，那峭壁上的殿阁，好像海市蜃楼浮现在云海中，况且阴晴不定，风雨云雾来去无常，为石竹山变幻出一幅幅绝妙的山水画。

（李可秋）

走进好梦开始的地方——环石竹湖北岸休闲步道记行

趁着阳光甚好，抓住春天的尾巴，约上三五好友，在期待中，漫步于环石竹湖北岸休闲步道上，走进好梦开始的地方。

从石竹山景区大门而入，穿过小公园，走过石板路，一条崭新的道路出现在眼前，道路左侧就是新铺设的绿色步道。迫不及待踏上步道，缓缓前行。明媚的阳光，放肆地彰显她的热度，但步道旁大的小的树木巧妙地遮掩着，只留下斑驳的树影。微风徐来，将身上刚要冒出的燥热轻轻拂去，空气清新舒爽，让人忍不住深呼吸，顿时心旷神怡。

一个转弯，石竹湖就这样毫无预兆地出现在眼前。凭栏望去，湖面上波光粼粼，鲤鱼岛如黑珍珠般嵌在湖中。“真美呀！”友人拿起相机，记录着步道依山傍湖的美好。谁知，无意间她也成了我镜头中的一景，像极了那句诗中“你在桥上看风景，看风景的人在楼上看你”的意境。

停下嬉闹，哗哗的涛声不经意间传入耳中，虽然没有海浪那么浩大，却如友人低语般轻快。低头看去，湖水一浪接着一浪拍打着“礁石”，突然觉得自己就站在广袤的海边，思愁杂绪随着一个个浪头飘散而去，豁然开朗。静静地漫步，听着细浪拍岸，赏着路边的小野花，脚步不觉得就变得欢快起来。

“妈妈，看谁跑得快！”小女孩拉起妈妈的手，撒欢地往前跑去。“宝宝，跳起来吧！”“好呀，呵呵呵……”“妈妈这里有个‘妈妈牵宝宝’的图像。”一路上，母女俩的互动和笑声，让过往的游人会心一笑。

“老王，今天你们来得有点晚呀，我们记者跑一趟了。”

“是呀。今天带新朋友来跑步。”

身边两群运动服打扮的市民错身而过，打着招呼。

“来这里休息一下吧。”走过1500米的“地标”，我们在步道旁的小公园休憩。在这，向左可以览一览石竹湖美景，向右可以登一登狮岩堂。“狮岩堂”牌坊后，还很人性化地布置了一个小小的“听雨轩”，方便游人解决“人生大事”。

若登高望远，就会看到这条长约2.8公里的绿色步道，由石竹山景区大门一直延伸往174县道，就像一条绿丝带缠绕在石竹湖的湖岸线上，形成一道靓丽的风景线。

夕阳西下，我们依依不舍地往回走去。斜阳给周边都镀上了一层金边，中华梦山映照着潋滟湖光，真是美不胜收！环石竹湖北岸休闲步道不愧是福清最美的绿色生态景观廊道之一。

（吴凤至 夏巧鸿）

石竹山水展新姿 四方游客翩然来

石竹山，远观形似日本的富士山，在春阳的沐浴下，山花绿树，交相辉映，更显得风姿绰约，光彩迷人。据统计，去年这里曾迎来中外游客三十五万人次，今年仅正月初一至初四短短四天，就有五万游客翩然而来，真是盛况空前呀！

一来到石竹山下，由爱国侨胞捐建的进山大门就展现在眼前。

这进山大门宏伟壮观，民族风格浓厚，当代著名书法家、诗人赵朴初先生题写的“石竹山”横匾，高嵌在大门正上方。游客们穿过这充满诗情画意的进山大门，沿着1430级新砌的上山石阶去览胜，去寻幽，怎不游兴翩翩呢？倘若你是二度进此名山的，那么，如今最吸引你的，将是分布于山上山下的新建凉亭。这四座凉亭是我县四位旅外侨胞捐资12万元兴建的，犹如四顶涂上迷人色彩的大花伞。吸引游人在此流连、歇息。坐在凉亭间，一览田野风光，顿觉别开生面，紫云宝塔若隐若现，似海市幻景；在东张水库的二万亩湖面，平展如镜，湖上游艇穿梭，妙趣横生；山脚下游乐园笑语欢声，四处回荡……游客此时再仰望山顶，翻修一新石竹寺仙翁楼，宛若空中楼阁。寺内香烟缭绕，参观者、朝圣者济济一堂，古老的佛教文化在这里得到再现和继承。这一切吸引着你，使你忘记疲累，欣然向上登攀……

如果你是远方来客，如果你觉得需要在石竹山游览区逗留几天，方能满足游兴，那么山脚下那幢今年初落成的新宾馆可为你提供良好的食宿。这宾馆造价近三十万元，高四层，设有中、高级客房，将以良好的服务，使人有宾至如归之感。宾馆周围的游乐场、餐厅、音乐茶座、艺术摄影部和出租旅游车，会使你感到石竹旅游区不但山水俱佳，而且配套齐全，确是一个初具规模的新型旅游胜地，难怪她最近成为我省评选“十佳风景区”的候选点。

（林茂清　朱育平）

第二节　传　说

石竹仙鲤开辟台湾的传说

石竹山下的鲤鱼山又名仙鲤山。相传仙鲤在深潭修炼百余年，修成人身，就到九鲤湖拜九真人为师，从游石竹山。后来，他要外游，九真人赐号“六六开济”，嘱咐说：“遇鸟须伏，逢龙再出；七百年后，重会石竹。”他离开石竹山遍游各地，见台湾尚未开化，就停下教当地土人开荒耕种，煮食五谷，建立男女婚嫁等制度。但台湾常常闹地震，地陷人死，为害甚烈。开济认为，前凤凰来栖，海变台湾；现凤凰离去，台湾必会再变为海。为了不使此地陷落变海，他植了许多梧桐和绿竹，日夜吹箫，引来了一对凤凰，使台湾平静下来。过了几年，一个当地人，把凤凰误认为鸡，发弹打它。凤凰急忙飞起，向北逃去。当时弹子坠落的地方，就是现今的凤弹；栖止凤凰的地方，就是现今的凤山。开济听说凤凰飞走，一时手中无物堪以追捉，就拿起民家一大一小的鸡笼罩望凤凰抛去，结果在台北山头尽处把凤凰罩住，坠落地面，变成大鸡笼、小鸡笼二山——鸡笼就是基隆。

凤凰被留住之后，台湾虽仍时有地震，但却不会陷落。不过这时海中还有鱼、蛇二怪在此为害，必须除灭。

那鱼怪是七条如山大鲲，常顶翻来往船只，分食船中的人。

开济在七条船上分系七条装有铁菱角、大挠钩的铁链，堆在船头，化作头戴斗笠的水手。斗笠下面的发辫就是铁链变的。“水手”把船撑至江心，七鲲见了，一齐拥来。开济不等它们靠近，就将“水手”推入水中，让七鲲各自吞食一个，钩住它们肚肠，把它们拖到安平镇北面用乱箭射杀。七鲲死后，变成七山岛，围拱成海门。这就是现今的七鲲。七鲲被拖去射杀时，把水底的浅滩铁版沙拖出一条可通舟楫的港路。为了让行船人能辨认港路水的深浅，开济割了一对鹿耳丢在水深的港路旁边，变成浮洲，形如鹿耳，这就是现今的鹿耳门。接着，开济又用硫磺、干柴和有毒的乳根除灭了花尾蛇怪。自此台湾水陆安静，各业繁荣，成为宝岛。

后来，台北又出现一个鹰精，名甲马，想夺取台湾为王。开济与之交战，被甲马的钩轮钩住，平地化为鲤鱼，腾空飞走。甲马也现出原形追上，两下对扭，一齐坠在山岩上。鱼毕竟敌不过鸟，正在万分危急之时，一个兵丁偷偷爬上岩顶，举枪刺鹰，鹰精负痛松爪，开济方得脱身，飞进日本国境。刚好日本国王妃子出来打围，开济见妃子胸前挂有水晶八卦项牌，就变作一条小金鲤，钻进牌腹。鹰精追至，不见开济，刚要盘旋寻讨，就被倭卒发弹打跑。开济进入牌腹后，就被八卦包罗，欲出不得。

猎罢，妃子发现水晶牌中多了一只活的小金鲤，不知从何而入。日王认为这就是天赐活宝，册立妃子为正宫，把项牌付与收管，作为世代相传的“正宫之宝”。

过了六百多年，郑芝龙因赌打死人命，逃到日本国，被日本国王招为驸马，在王宫与王女成亲。不久，王女怀孕，正宫娘娘就把“正宫之宝”借他挂在胸前避邪。

郑芝龙招为驸马之后，旧性难改，日夜都在赌博，把王女的陪嫁输得精光。当见王女胸前项牌，又要拿去作赌本。王女不给，他就把项牌摔碎。不想这一摔却把小金鲤摔出来，跳入王女腹中。王女当即产下一男。这就是郑成功。

过了三十多年，郑成功带兵收复台湾，荷兰驻台湾的番王梦见一个人面鱼身，金盔金甲，手执月斧，破浪而来的人喊道："地是我家的，特来讨还！"一面喊，一面举斧朝番王砍下。番王惊跌床下，大呼怪事，时天已明，外报有无数战船前来夺地。番王登城见船队前有一个人面鱼身手执月斧的人先行，生得与梦中所见一模一样，即令紧闭城门，不敢与之交战。原来番王所见的乃是郑成功的原形。

郑成功收复台湾后过两年就去世。相传他死后两日，澎湖人都看见云端有一金鲤鱼向西飞去，应了"遇鸟须伏，逢龙再出；七百年后，重会石竹"的谶语。

（陈宜坚）

鲤鱼山传说

几千年前，暮春三月。东海龙王敖广六十岁寿诞在即。且不说水国上上下下脚忙手乱地准备着给龙王祝寿。只说龙女李瑜公主，平素深受龙王宠爱，视若掌上明珠，为给父王寿诞献一件心爱的礼物，一连几日来，公主带着宫娥、侍女在东海上踏波踩浪，寻珍觅宝。在公主眼中，海宝寻常，司空见惯，没有一件能称心如意的，眼看到了三月初一，离龙王寿诞只有两天了，还是无所收获，急得公主双眉紧蹙，闷闷不乐。公主的贴身侍女红鲢、白鲢，祖籍兴化湾水府福清天宝陂深潭。红鲢见状，就献上一策，对公主说："臣婢未东调入宫之前，每年清明节都到东张白豸寺溪畔石竹山下给外祖父扫墓，只见下山来的善男信女，手持一束束杜鹃花，花红似火，叶翠如翡，红花绿叶可爱极了。现在就是清明节令，石竹山上杜鹃花盛开，何不去采回一束作为寿礼，一定能赛过海宝。"白鲢点头称妙，却又为难地说；"此去石竹山，单程万六五、来回三万三，拍马都来不及了，何况我们三寸金莲，几时才能挪到石竹山下？"公主初时听说去石竹山采山花，也觉得新鲜，想到万里遥遥，却也犯愁了，沉吟片刻，忽然顿开茅塞，笑吟吟地说："有办法了。我们东海有二宝，一是镇海塔，一是碧海簪，千变万化，神通广大。镇海塔由我娘舅真武大神掌管，碧海簪本是母后心爱之物，母后把它送给我，作为护身之宝。我何不叫它化做一叶飞舟，慢说三万三，就是六万六又有何难？"说着从发髻上取下一支玉簪来，果然闪闪烁烁，光彩照人。公主口中喃喃，把宝簪往水中一抛，只见水面上浪花飞溅，现出一叶小舟，两头翘翘似月牙，晃晃荡荡欲飞飘。公主带上红鲢、白鲢，登上飞舟，追风赶浪，箭一般向西驰去。其他宫娥、侍女送过公主，回龙宫去了。

公主一行飞涉重洋，来到海口，沿着弯弯曲曲的龙江溯水而上驶至天宝陂，又转入小山溪，流水潺潺、山光水色说不尽美艳，顷刻间就来到白豸寺溪。三人弃舟登陆，公主一招手，收回碧玉簪，又插在发髻上。因为已到人间，公主与红鲢、白鲢改为主婢相称。红鲢带路，三人沿着石径，拾级上山。

石竹山果真雄伟，山势拔地而起，巍峨峻峭，山间林木苍翠，泉流淙淙，一条石径弯弯曲曲，蜿蜒而上，转入云端。和风送爽，阵阵花香沁人心脾，更兼那百鸟齐鸣宛转悦耳，蓬莱仙境与之相比，恐怕也得逊色一筹。公主初次来到人间，更觉得样样新鲜，恨不得多长几双眼睛，饱览一番。走到半山，举目四望，简直成了花的世界，满山杜鹃灼灼似火，这边一丛，那边一簇，直上山巅。乐得红鲢、白鲢两婢女奔逐嬉闹，双手采花不停。公主也很欢悦，跟在她们的后面，步步登高。不觉已来到桃源洞前，两个侍女看见石洞顶上有几丛杜鹃花特别红艳，争先攀上去了。公主毕竟是金枝玉叶，半日来的奔波，已使她精疲力竭，见桃源洞前，有块平坦的石块，可以休憩，她就径直朝洞前走来。忽然传来一阵隐隐约约的哭泣之声，似乎就来自桃源洞。公主加快脚步来到洞口，探头往洞里望去，只见一青年男子背倚石壁，双手抚摸着身上的伤痕，悲恸欲绝。原来这青年就是石竹山下石厝祠村人，名叫石义，十年前父母因欠本村地主石心肠的债，被逼身亡，遗下石义孤苦伶仃。今春又遇上特大旱灾，春收作物颗粒无收，穷苦人家家断炊。今天一早，石义同乡亲上山挖竹笋，却被石心肠发现，带着石虎、石豹一帮打手，上山禁笋抓人，石义与石虎争斗，被推下山涧，幸好落在一棵树丫上，拾得一条命，挣扎着下得树来。躲进这桃源洞，栖身养神。石义正在伤心时，听到洞外有脚步声，以为石心肠又来了，心想；躲已无处躲，不如拼个你死我活。就站起来向洞口扑去，却见洞外站着一个年轻女子，姿容秀丽、娴雅端庄，不觉住了脚，低了头。公主见他虽然衣不蔽体，面有饥色，却是眉清目秀，憨厚刚强，更增添了怜悯之情，大着胆子，上前道个万福，问道："这位小哥，恕我大胆动问，为的是何难何祸，一早就如此恸哭？"石义从小没了爹娘，无人疼爱，又无哥嫂姐妹，无人体贴，眼前这位大姐慢言细语，和蔼可亲，使他很受感动，就把自己的身世和遭遇都告诉给公主。公主就编了一段话，说自己是东边村，东边厝人，姓李名瑜，今早同两婢女上石竹寺进香。还说自己从小跟着父母拜佛向善，又学得一些仙术，乐于助人，愿意施法变些白米给石义暂度春荒。说完就取下发髻上的玉簪，口中喃喃，对着石壁一指，顿生一孔。石义看得目瞪口呆，惊讶不已。公主又叫石义牵起衣襟，对着石孔，她口中念道；“石头，石头，请把米流。”“哗啦”一声，白米流了二升多，刚刚盛满衣襟而止。喜得石义二话未说，跨脚出了洞口就要往山下跑。

却说白鲢、红鲢各采得一大束杜鹃花，不见公主跟上来，就返身下山来，听得桃源洞里的声音，仔细一听，是公王与一青年男子在说话。这两个精灵鬼，就闪在一旁。石义取得白米刚跨出洞，就被白鲢喝住了；“呔！这位兄弟也真不知趣，我家小姐给你变白米，连谢都不谢一声，就跑了！”石义抬头一看，又来了两个女子，更觉得奇怪，一时不知说啥好，愣在那里全然不动。公主见他如此老实更觉得可爱，就说：“去吧，只是有一件要记住，此是天机不可泄漏，日取所需，不得奢求。”石义一一答应，下山去了。公主见石义远去了，才带着两个侍女下山回东海去了。

三月三龙王寿诞，水国百官献来无数珍宝，但在龙王看来都平淡无奇，唯是公主采回的一束杜鹃花，光彩灿烂，水国无双，喜得他爱不释手。还是王后多一个心眼，想到移花御园，岁岁寿诞红花开，岂不美哉？龙颜大悦，传旨宣红鲢、白鲢，重返石竹山选杜鹃花花苗。这两个侍女天性乖巧，向公主递个眼色，假意说自己粗手笨脚，选不中好花苗。公主急忙插嘴说；“臣儿愿再率宫娥前往石竹山，挑选杜鹃花苗，为御园增添景色。”龙王准奏。传旨御花园饮宴去了。

真武大神主子大蛇将军，依仗父势，掌管东海水令台，一向作威作福。他贪恋李瑜的天姿国色，一向寻事纠缠。现在听说公主要去人间挑选花苗，就假献殷勤，愿陪送公主同行。公主知他不怀好意，但又想到与他是姑表兄妹，平素都让他三分，这次也不想使他太难堪，就说此行有红鲢、白鲢做伴，不敢劳驾表兄，婉言谢绝了。

第二天，李瑜公主带着红鲢、白鲢，再登小舟去石竹，不多时就来到石竹山下沿着石径登上去。这次是来挑选花苗，时间比较充裕，一路上浏览人间景色，公主心旷神怡，春心荡漾，更惦记着石义，两个宫娥也把公主的心绪猜中七八成。红鲢就说：“人都说石竹山山秀洞奇，可惜我们都看不懂，要是有石义同行，就好了。”白鲢眼尖，看见前面山路上有个青年正上山，一眼认出是石义，就高叫起来：“石义哥，小姐又来了，等一等。”石义听到喊声，转回身见是李瑜主婢三人，就站住等她们。公主一行加上石义四人一同上山，说说笑笑可热火了。一路上，石义一一介绍石竹山色，不觉来到天仙桥头。公主问石义；“这块巨石凌空架，又是什么桥？”石义说是天仙桥。白鲢接口道：“原来这就是天仙桥。听说每年正月十五都有许多新婚夫妇，双双对对过仙桥，早生贵子，耀祖荣宗。”红鲢拍手叫好，推着公主说：“小姐快去过仙桥。”白鲢接口道：“桥下深涧不见底，恐怕小姐一人不敢走过去。”公主顺水推舟就说：“我人未登

桥，心已开始怕了。”红鲢会意，就指着石义说：“石义哥，就请您扶小姐过桥去。”石义羞得面红耳赤，怎么敢答应。又是红鲢、白鲢说东道西，做好做歹，哄着石义为报小姐变米之恩暂做假夫妻扶着小姐上了天仙桥，来回走了一趟。等他们刚从天仙桥上下来，白鲢又逗着他们说：“弄假会成真。”红鲢却正经起来，说；“变真就变真，反正小姐、石义两人都未定亲。”石义急忙分辩说：“小姐是金枝玉叶，我家却贫困如洗，福清又十年九旱，怎能叫小姐跟着我吃苦呢？”白鲢一时不觉，说溜了嘴，道：“你讲福清十年九旱，这是在‘朝里讲官’，我龙宫有的是水。”公主见事既如此，就把实话相告，答应选回花苗后，向龙王请水，以保福清风调雨顺，五谷丰登，到那时来福清，永不回东海。

大蛇在银銮上吃了闭门羹，并不肯死心。第二早，带着跳跳鱼、大头鮰暗中尾随着公主也上了石竹山。公主与石义如此这般，情意绵绵，气得他醋瓮打破，恨不得冲上前去扯皮，却被两水卒劝住，说公主奉旨上山选花苗，名正言顺，我们是告假去天宝陂，却溜到石竹山，若是公主在龙王面前反咬一口，我们岂不成了惹蜂叮头，自讨苦吃？大蛇心生一计，先下山去了。

石义帮助公主挑选了各色杜鹃花花苗数丛，送公主三人下山来，依依惜别。

公主欢天喜地回东海，正行到虎头石，却见大蛇嬉皮笑脸站在路旁，老远就打起招呼；“表妹辛苦了，表哥我接您来了。”公主看见大蛇拦路，倒有几分紧张，就问他道：“表哥是什么时候来的？”大蛇撒谎道；“昨天到天宝陂表姐家做客，刚刚到来。”公主听说是刚刚到此，就像是吃了一颗安心丸，定了心。大蛇又胡言乱语起来了：“表妹呀，我与您虎头石前巧相遇，正是天公作美，三生有幸。”气得两个侍女大骂道：“你这是虎头上抓虱子，欺负到公主头上来了，等我们回东海面奏龙王，叫你吃罪不起。”大蛇哈哈大笑起来，说：“我还没告你们的状，你倒先来了，天仙桥上的好事，能瞒住谁？”大头鮰与跳跳鱼两水卒也狐假虎威齐说：“是啊，天仙桥上的好事，能瞒住谁？”红鲢也不甘示弱就说；“我奉有王旨，怕你们什么？”白鲢嘴尖，自恃王旨在手就挖苦道；“你们有三张嘴，我们就少你一张不成，有话回银銮殿去说。”公主认为自己是父王的掌上明珠，即使天仙桥上的一出戏被你大蛇窥见，然而空口无凭能奈我何？气忿忿带着两个宫娥撇下大蛇回东海去了。

回到东海，奏过龙王，李瑜又同两宫娥把选回的花苗栽在御花园。龙颜大悦，着实把她们夸奖了一番，李瑜趁机奏上，此次去石竹山选花苗，看见福清旱情严重，黎民携儿拖女挖野草、树根，惨不忍言，要求龙王给福清增加雨量。龙王哪里肯依，说一滴都不能多给，气得公主嘟着嘴，连晚饭都没吃，独自步出龙宫，在无边无际的水国里漫游。

在苍茫的暮色中，忽然传来一阵脚步声，公主抬头一看，无意间已走到水令台房前，跳跳鱼、大头鲖正扶着烂醉如泥的大蛇向水令台走来，大蛇嘴里胡语，趔趄着走进水令台去。公主见大蛇醉得死猪一般，心生一计，何不假巡营之名，进得水令台，盗取一支水令，何愁调水不到？就在水令台前稍等片刻，估计大蛇已睡着了，她就壮起胆向水令台门口走去。守门的是龙虾、虎鲟，他俩见是公主到来，哪里敢阻拦。公主又故意问蛇将军回来了没有，又说这是军机要地，要注意防守。说完就大大方方地走进去了。到了里屋，大蛇醉倒在床上，四脚四手伸得僵直，鼾声如雷。公主大喜，轻步直趋水令台案桌，伸手取一支水令，正待要走，大蛇在床上却大叫起来："表妹——呀！你——"公主乃是做贼心虚，不知这是梦呓，还以为被发觉了，一紧张，撞倒了水令案前的大凳子，咣啷一声巨响，惊得大蛇从烂醉中醒了一半，大喝；"谁！"公主见已躲之不及了，就说："公主巡营到此！"大蛇听到公主声音，痴心又来了，强睁开蒙胧醉眼，跌跌撞撞地从床上爬起来，嘴里嚷着："送货上门，这才真正有心！"公主不想与他纠缠，就先发制人说："你酒醉失职，我要回宫奏明父王！"说完拔起脚就要溜出，可是手中拿的水令牌来不及藏起，被大蛇看见。丢了水令牌，就是丢脑袋，这还了得，大蛇踉踉跄跄地追过来，伸手就抢。突然虎鲟高叫："龙王千岁驾到！"龙王走进水令台，公主站在门口先发声："臣女禀告父王，蛇将军饮酒烂醉，失职了！"龙王看见女儿会来到这里，好生奇怪，就说："蛇将军醉酒，你怎么知道？"公主支支吾吾回答不上，大蛇趁机奏道；"表妹说是巡营到此，还拿了水令牌。""什么？水令牌？"龙王踌躇了一下，心里明白了。公主请水不成，想盗令调水是无疑了，但是家丑不可外扬，也就不点破，对公主说："把令牌还给蛇将军，随我回宫去吧！"龙王父女正要起脚，虎鲟又高叫："真武大神到。"原来，当大蛇与李瑜争水令牌的时候，被跳跳鱼听到，他怕大蛇吃了亏，就去请来真武大神，想不到龙王也在此地，但真武毕竟老奸巨猾，他先是假充公道训斥大蛇喝酒误事，并语中带刺地说："水令台乃军机要地，龙王千岁委你如此重任，你怎能玩忽职守，万一有人潜进令台，盗走了水令牌，怎么办？"真是"心有灵犀一点通"，大蛇领会了其父的用意，急忙接口道："表妹拿了一支水令牌。"真武假装惊讶说："果然险些出事了，我闻得甥女到凡间时，曾答应凡人向千岁请水，莫非是请水不成来盗令？"说完又向大蛇递眼色，大蛇又奏道；"臣还有一事不敢上奏。"龙王怒冲冲道："奏来。"大蛇奏道："表妹在凡间还违反宫规，

与凡人男子携手并肩过仙桥，拉拉扯扯，情意绵绵。”听此言，龙王气得浑身发抖，正欲发作，真武大神却又挑唆道；“甥女违反宫规，此乃是宫廷之大耻大辱，有损龙颜威严之丑事，但微臣考虑到家丑不可外扬，叫小儿包庇起来，不得外传。想不到甥女越发大胆，竟敢擅入令台盗窃水令牌，违反天条，罪上加罪。此事若被千里眼、顺风耳知晓，奏与玉皇大帝，我等都担罪不起呀！纸包不住火，若不严加惩处，海国上下势必议论纷纷，千岁家不能治，焉能治国？望千岁以水国存亡为重，三思三思。”一场双簧戏，犹如火上浇油，龙王大发雷霆，不容李瑜分辩一字半句，拔出宝剑向女儿就刺。说时迟，那时快，恰巧白鲢、红鲢拥着王后赶到，龙王出手的宝剑恰被王后按住了剑柄，不曾把公主刺伤。公主求母后说情，龙王怒气未消，哪里肯依，嘴里迭不连声地骂着：“妖精、妖精！”到这时大蛇倒怕龙王真的把公主刺死了，自己岂不也是水中捞月一场空，就与真武大神使个眼色，真武又假装慈悲，劝龙王暂息雷霆，从宽惩处，把她锁禁幽宫，免得逃往人间。真武虽然奸诈，但是有功之臣，又是龙王的内兄，龙王一向让他三分，更是言听计从，就准了奏，命龙虾、虎鲟把公主带往幽宫锁禁。

公主被锁禁在幽宫，固然吃尽了苦处，但守门的龙虾、虎鲟念她是千岁之女，也不敢怎样难为她。红鲢、白鲢对公主更是关心体贴，日里递茶送汤送吃送穿。王后也不时瞒着龙王到幽宫探视，好言相劝，使公主稍得安慰，期待着有朝一日能得到父王的恩赦。

自从公主点石出米，石义每天上山，日取数升，接济乡邻。

乡亲们虽然每家只能分到一点点，但有了几粒米和野菜，倒还可以暂度春荒。却说本乡财主石心肠趁灾年大放谷担，外乡人来借谷的甚多，本乡的穷人却少有人来，石心肠大为诧异，觉得这里有蹊跷，就派石虎、石豹暗中察访。石虎、石豹就在乡里探听，发现乡里的穷人都受到石义的接济，就报与石心肠。石心肠更觉得奇怪，这石义在石厝祠是出名的穷鬼，哪来的白米呢？又叫石虎、石豹暗暗跟踪，发现他每天黎明时分就出村，太阳出山前就从石竹山方向背回一袋米。这下被石心肠抓住了把柄，认定是偷了石竹寺和尚仓，就叫石虎、石豹把石义抓来拷打，石义宁死不屈，哼，也不哼一声。石心肠毫无办法，就心生一计，把石义放了。

第二天，启明星还挂在天边的时候，石义忍着被毒打的伤痛，拖着疲惫的双腿，挣扎着上了石竹山，来到桃源洞，进了石洞走到流米孔前，依旧把米袋对着流米孔，口念：“石头、石头、请把米流。”哗啦一声，白米流满一米袋。石义把米袋背在背上下山去了，他哪里知道石心肠一伙趁着夜黑，尾随着他也到了流米洞，躲在一旁，石义前脚刚走，石心肠后脚就走进了桃源洞，借着朦胧的曙光，看见了洞壁上的石孔，顿时欣喜若狂，这下发财了，迫不及待地就喊叫："石头、石头，快把米流"。哗啦一声，白米撒了一地，大约只有三二升。可是石心肠心比牛肺还要大，对着地上的白米说；"这么几粒，还不够我养鸡鸭喂猫狗。"还是石虎诡计多端，到洞外拣着一块石刀，对着流米孔就敲，把流米孔敲打得足有小桶大。这一下白米哗哗流而不止，石心肠手舞足蹈，狂叫："发财了，发财了！"

流米孔的大米，不是石竹山固有的，是玉帝天仓里的。因为石义素不奢求，日取数升，所以不被发觉。这一下可好了，洞口如桶大米哗哗而出，早被顺风耳听见，报与千里眼。千里眼站在南天门上，往人间横扫一眼，发现天仓之米流往石竹山，奏与玉帝，玉帝传旨："凡人施妖术，在石竹山桃源洞钻孔盗米，谁与寡人前去惩戒？"二郎神领旨出天宫，来个和尚推沙弥，叫石竹山土地做法，推倒桃源洞巨石，将偷米主人压死于洞内。

正当石心肠主仆围着白米堆团团转，商量着怎么派人挑米下山的时候，突然间一声巨响，如山崩地裂，一块巨石向他们压来，三个恶鬼一起毙命于顽石之下。

石竹山土地惩戒了石心肠主仆三人，向二郎神交了差，并供出作法之人，乃东海龙女李瑜公主。二郎神奏与玉帝，玉帝降旨，派二郎神前往东海查办李瑜，这真是祸不单行，雪上加霜。红鲢、白鲢听到风声，迅速赶往幽宫向公主禀报。公主原来还存着父王恩赦的一线希望，现在是上天降罪，一线希望也扑灭了。三十六计走为上策，公主带上红鲢、白鲢，还有见义勇为的龙虾、虎鲟两个守幽宫的水卒，逃离幽宫，来到人间。

石义在村中听到石竹山上山崩地裂之巨响，料是天机漏泄，急急奔上石竹山，来到桃源洞，只见满地白米，巨石倒而复竖恢复了原形，而石心肠主仆三人已成肉饼，毙命于米堆旁。真是恶有恶报。石义又喜又忧，急急忙忙奔下山来，正逢着李瑜一行。石义羞惭难言，叫一声："李瑜姐，小弟连累姐姐了。"泪如雨下。公主道："天不增人幸福，单添人祸殃，事既如此哭也无用。"红鲢接口说："玉帝已派天神到水国查办，很快就会有追兵到来，快快跟着公主逃命去吧！"话尤未了，大风过处，杀声震天，大蛇领着虾兵蟹卒追来了。公主急忙祭起碧玉簪，变成一条银枪，把大蛇杀得丢盔弃甲，抱头鼠窜。真武大神料大蛇不是公主的对手，端着镇海塔来了。他对着公主高喊："公主听旨，龙王有旨，传你速速回宫。"公主二话没说，挺银枪对着真武就刺。真武却将手中的镇海塔高高托起，口中念念有词，顿时闪起万丈火焰烧死了石义，罩住了

公主。公主身软力竭，如万箭穿心，丢了碧玉簪，满地打滚。真武哈哈大笑：“妖精，老夫就要把你变成一尾鲤鱼，永镇塔下，让你活也不得，死也不成！”公主并不甘示弱，忍着疼痛说：“三年水流东，三年水流西，未必你父子能作恶多久，总有一天我要破塔返俗。”真武又是一阵狞笑：“老夫要在石竹山下建起真武殿，派玄天大帝严加看守，料你有翅也难逃。”大蛇洋洋得意地说：“我大蛇横路，把守水口，任你有鲤鱼跃龙门的本领也难逃脱。”

真武大神果然建了真武殿，大蛇横（宏）路，把守水口。因此就留下了塔镇鲤鱼山的古迹以及真武殿、大蛇、宏路这些村庄地名。

（黄群雄）

石竹山龙女峰的传说

有一年，福清正逢百年大旱，庄稼绝收，民不聊生。东张的鲤鱼山东隅有一深潭，叫白蛇潭，潭里潜着东海龙王的三公主。她见百姓困苦不堪，非常同情，于是，就从洞里腾空而起，普降喜雨。久旱的禾苗逢甘霖，庄稼得救了。百姓欢呼雀跃，感动得在地上跪拜不迭。

龙公主看到这情景，高兴地从云端里露出龙首。百姓发现是真龙降雨，人人欢天喜地，庆贺今年的五谷丰登。谁知，此事传到皇帝耳朵里，他认为真龙降雨，此地必出天子，要改朝换代，这还了得？于是派监正观察星象，果然测得南方有一巨星。监正便带了一批人马，从京城直奔南方。一日，时值黄昏，他微服察访到东张，镇里的镇使、镇将慌忙出来迎接，设宴招待，安置下榻处。

监正过惯了朝廷的花天酒地生活，哪能待得住乡下？当天晚上就起程回县城寻欢作乐。可是他沿着山路一直走，一整夜都绕不出去；原来鲤鱼山与石竹山昼离夜合，阡陌改变，怎能绕得出去？监正只得悻悻地折回，就在原地观察。他又风闻“鲤鱼朝天子”传说，便断定鲤鱼山就是龙的化身，此地必出天子。为了防止天子换代，他翻阅了五行书籍，对“画龙点睛”诡计颇为得意，认为要镇住龙公主，必须挖掉龙眼，使其辨别不了方向，无法呼风唤雨，为百姓造福。于是，便命石匠在鲤鱼山的东头石碑上镌刻“化龙”两个大字，意要除掉龙公主，然后设坛作法，将龙公主的眼睛剜掉。可怜的龙公主失去眼珠后，眼窝中的滚滚清泪，流了七七四十九天。

邻村石家村有个后生仔名叫石义，村人称他为阿龙。此人见义勇为，自从他得知龙公主的眼睛被挖掉，不能及时降雨，东张村的田园又是一片荒芜后，就下决心要治愈龙公主的眼睛。石义听乡下郎中说龙眼核能治眼睛，于是就叫村人广种龙眼树。龙眼树结果后，他摘下果实，制成药丸，治好了龙公主的眼睛。此后，龙公主又能为百姓普降甘霖，村里干枯的庄稼又复苏了。

龙公主的眼睛康复后，很感激阿龙，准备好好报答他。有一天上午，阿龙在石竹山上砍柴累了，就靠在一块巨岩边歇息。此时，龙公主变成村姑站在阿龙面前，羞羞答答，倾吐爱慕之情。疲累的阿龙心想，现在村人缺衣少吃，日子过得很困苦，自己又家贫如洗，哪还有心绪谈情说爱？于是就婉言谢绝了。龙公主见阿龙心情不愉，对他神秘地笑了笑，就从发鬓上拔出一根金钗，在阿龙靠背的崖壁上画了一个小圆圈。顿时，一声轰响，金光四溅，崖壁裂了一个缝罅，变成一个小洞，白花花的大米从洞中流出。阿龙惊喜万分，悟出方才村姑便是龙公主的化身，为了报救命之恩，才来与他相会的。他千恩万谢了龙公主后，就将一袋袋大米扛回村里，分给穷苦的父老乡亲。

以后，每至黄昏，龙公主就变成一个美丽的村姑，亭亭玉立在石竹山的龙女峰上，等阿龙来相会。阿龙来时，山沟就会奇迹般地出现了一条石板桥（仙桥）让阿龙通过。两人在山上互诉衷情，亲密无间。

村民们领到大米，家里又揭开了锅，炊烟缭绕，个个眉开眼笑。村里的财主石百万是贪得无厌的家伙，阿龙背这么多米回来分给乡亲们，他既眼红又怀疑。为了查清底细，有一天，他派家丁暗中跟踪阿龙，家丁发现阿龙是从一个石洞里掏米，远远听见他唠唠叨叨地念口诀，听不清念什么，就嬉皮笑脸地凑上前去问阿龙。阿龙非但不肯告诉他，还训了他一顿。家丁见阴谋不能得逞，就溜下山将此事告知石百万。财主听后气急败坏，第二天就带了一班人马到石竹山去，用石头砸石洞，洞口越砸越大，而洞里的白米反而不流了，贪心的财主只得空手而归。

流米洞被砸后，石百万仍不肯罢休。他勾结衙门，趁阿龙上山取米之机，派大队人马，兵分三路，从山脚往山上团团围住阿龙。阿龙听到山下杀声四起，知道自己将遭杀害，就迅速往高处跑去。在这紧急关头，村姑站在龙女峰上，只见她举起手来，用食指点数一个个兵丁，每点到一个兵丁，就变成一块顽石。点到最后，石头如蚂蚁一样，密密麻麻地搁在山坡上。村人闻知，无不拍手称快。从此，东张风调雨顺，百姓安居乐业。

（林 萌 董立安）

第三节 艺 文

山水之梦

相传，那千层石阶的石竹山上，那苍松翠柏环护，危岩奇石之间的寺庙和山洞里，有一串串拾掇不尽的千奇百怪的幻梦。

“叩头一炷香，闭目侧身躺下，仙人来点梦，化凶遇吉祥。”

多少善良的人络绎不绝于山道上，求仙祈梦。有的求巧逢佳偶，有的求就业深造，有的求升官发财，有的求消灾去病……人间有多少烦恼和盼望，便有多少梦幻出现……

这种祈求来的梦境多是苦涩的，惶惑的，往往可以做各种甚至相反解说的。于是惶然偶得，唯恐不祥，登临胜境的人，哪还有心思欣赏山水之美，品味生活之趣。我恍然听到山在叹息，这不是它的意愿。

哦！我还看到很多很多远道而来的人，他们是在工余暇日来观赏奇山秀水的。他们流连于石竹山上，静观山下那一层淡蓝色薄雾里，东张水库的碧波荡漾，那灵秀的鲤鱼山似在嬉戏喋水……指点山上那不尽的奇崖怪洞，古树险涧，很快都痴迷地进入了美妙的梦境。这才是真正的寻梦者，石竹山的知音。

看人们神游梦幻之中，物我皆忘，杂念俱消，神怡心爽，我恍然听到山在欢笑：这才是它的荣光。

（林微润）

沧海石的来历

石竹山主峰状元峰上有一块巨石，石上布满了斑斑点点海贝类动物的遗壳，这就是名载于县志的沧海石。

相传远古时代，石竹山这地方还是一片汪洋大海，碧波万里，水族兴旺。东海龙王敖广时常带着龙妻龙子到此游玩，这里成了最受他喜爱的行苑。

东海龙王有个三太子，此人品性暴戾，每当到此游玩时，都恣意兴风作浪，海水冲堤决岸，淹田没村，给附近村民造成极大的灾难。有一年，正是入夏季节，田里的稻谷正黄，树上的荔枝刚红，好一派丰收景象，而老百姓心里却捏着一把汗。他们又是烧香又是祷告，祈求三太子留情，给百姓一口饱饭吃。可谁知这三太子并不领情，游兴浓时又兴风作浪。一夜间，巨浪卷走了丰收的稻谷和成熟的荔枝，要不是人们逃得快，整个村子都覆没了。老百姓对三太子恨之入骨。正当老百姓饥苦难熬之际，有一天，村子里来了一个疯道人，他手提鱼鼓，口唱道情，挨家化斋。说也奇怪，只要他所到的人家，空米缸满了，煮在锅里的野菜变成佳肴。乡亲们知是来了神仙，便跪求他施法惩治恶龙，解救百姓。那道人半闭着眼说了四句道情，曰：沧海桑田几春秋，龙子兴灾百姓忧。若得鲤尾镇宝塔，保尔十年九丰收。

歌罢，化云而去。村中老者忙将这四句道情细细咀嚼，遂决定在鲤尾山上建一宝塔，以镇龙妖。一年后，塔成。这年，果然龙子不敢兴风作浪，一气之下，他将海水后退五十里。从此，石竹山露出海面，成了一座高山。海中那块长满贝壳的巨石也随之出水，成了现今的沧海石。

有人说，那疯道人便是石竹九仙中的那位仙君化身哩。

（辛　笛）

第四节 趣 闻

石竹山异闻小辑

石竹山异闻甚多，仅辑数则如下：

一、石竹山飞石应谶

南宋，王象之《舆地纪胜》卷128“福建路·福州·碑记”有“天宝状元谶碑”条，文曰：《夷坚志》云，福州福清县石竹山，乾道三年（1167），居民夜半闻山上有声如震雷，明旦，山顶有大石方九丈，飞落半腰间。县士李槐云山下旧有碑曰，天宝石移，状元来期，龙爪花红，状元西东。邑境有石陂曰天宝，是岁永福人萧国梁魁天下，永福在福清西。又三年，兴化郑侨继之，正在福清之东。

二、石竹仙迹

《闽都别记》第93回载，五代闽国时，书生周艳冰未婚妻吴瑶琴，被闽王璘夺入后宫为宫女，石竹山道人林汝光有心救助，在三琅峰下（今闽侯坊口）化成满身生有脓疮的叫花子，并以身上的疮虫塞于艳冰口中，艳冰恶心，口吐一纸，内有字曰：艳冰汝莫泣，石竹有仙迹。若要救瑶琴，西山出红日。

艳冰知叫花子为异人，急上石竹山求仙。至山上遇见一人身骑猛虎从云里走出，艳冰仰面看那面貌，认得是三琅峰之花子。忙跪草中呼曰："神仙救难！"林道人曰："今带汝去见九真人，或能救之。"遂引艳冰至"深云洞"拜见九道人，其中一道人赠给艳冰一封锦囊，并说："随存在身，至急迫时开看，自然夫妇相逢。"

后来周艳冰用锦囊中的"追魂丹"救活吴瑶琴，夫妇团圆。

三、林汝光修炼石竹山

《闽都别记》第101回载："福清石竹山之仙人林汝光，原籍福州越王山（一说邵武人，见《福清县志》"仙释"条），在石竹山修炼，骑虎上升。"他好度凡人，云游浙江宁波，收余心发为徒，带回福州，师徒二人路费用完，分文无剩。林汝光带心发至屏山指一池塘，立刻满塘池水变成白银，又到南门池浦堤岸，变池水为"银镶浦"与"金堆洋"。林汝光还把金银用不完的秘诀授予心发。有了金银，心发却萌发了思凡之心，要求回家。林汝光知其俗骨难以度化，同意让其回乡，带他上越王山、钓鱼台，叹息吟：江山如故昔人非，乡井难寻前代碑。罔极深思恩莫报，白云空望双泪垂。心发急往池塘取银，那银却搬不动，用尽力气才敲下一小角，仅二两余而已。

四、郑成功神归石竹

《闽都别记》第343回载："顺治十八年，国姓议取台湾，至鹿耳门水骤涨丈余，大小战船衔尾而渡。"是夜，占据台湾的荷兰王"梦一人面鱼身金盔金甲，执月斧鼓浪而至，喊曰：'地是我家，特来讨！'一面言一面举斧砍下，王惊跌于床下，冷汗淋漓，连称怪事。时已天明，外面报有无数战船，自西北涌来夺地。王即登城楼，看到海中有一人面鱼身，执斧破浪先行，随后无数战船涌至，那先行的即梦中所见之人无异，即令紧闭城门，不敢与战。原来国姓在头号船，现出原形。"

《闽都别记》第346回载："国姓自隆武元年生，至永历十六年卒，时年才三十九岁，至台湾仅二年，惜哉！未至之先有鲤鱼大如山，顺潮入内港，潮退不去，人皆以神，不敢造次，皆建醮鸣金祭之。至潮起，复游海外。明年又入港，乡人照旧祭之。未三日，鲤鱼死港内，乡人抬高处掩埋。国姓驻台只二年卒，人皆以国姓乃鲤鱼精，人未至精先至，前后亦只二年。国姓死之二日，澎湖人皆见云端有一大金鲤，向西飞出，乃应‘见鸟须伏，见龙再出，七百年后，重会石竹’之谶也。”

（陈华光）

石竹山飞瓦

石竹山上建仙君楼那是多大的动静，很快传遍十里八乡，也传到清源山绿竹洞蟒妖耳里。有道是“江山易改，禀性难移”。白蟒妖心又动，踏云来到石竹山上空，无奈有狮将军守山，不敢贸然行动，便变作一个过路书生，来到东张镇。镇上很多人在谈论石竹山上建仙君楼的事，谈论最多的是建仙君楼所需材料问题，土、木、石可在山上就地取材，砖、瓦、灰可要在山下生产，然后从山下搬到山上去。人们最担心的是瓦，瓦薄易碎，用量又多，要把数千瓦片搬到悬崖峭壁上去，那不是一两天的工夫。而且七、八月份是多台风暴雨季节，若赶上封顶的时候来台风暴雨，而瓦片赶不上用，就有可能功亏一篑，墙倒楼塌。那时候，再想重新集资建仙君楼，就没那回事了。但人们又说，石竹山上的九仙君祈灵如响，怎么可能让这种事发生呢！白蟒听了暗自嘀咕：你有仙法，我有妖术，我就是要让这样的事情发生！他打听到，东张镇周围只有一家瓦窑，便回去叫妖妻魏倩变作一位美少女，夜夜到瓦窑去，潜入看火师傅的梦里，让看火师傅夜夜遗精，最后精疲力竭，看火总是走眼，不是把瓦烧过火了，变形粘结在一起，就是火候不到，瓦片不熟，一拿就碎，一连报废了两窑瓦。当窑主另请看火师傅，烧出合格的瓦片来，运到石竹山下，那是好几个月后的事了。

这时，仙君楼已上好檩钉上椽，停工待瓦。同时从东面传来消息说，海口镇西北郊压着东海龙王上天通牒的东岳山有云朵扣顶，就是说东海龙王发出信息，福唐县境内三天内要降大雨，即民谚所说：“东岳山戴帽，三天内有雨。”这可急坏了主持建庙的石忠厚，如何才能把山下数千片瓦在半天之内搬上仙君楼工地？如果一个人搬十片瓦上山，一次性搬完要数百人。当时石厝村仅十几户，东张镇也不过百户，要想招募这数百名搬运工，要发动方圆数十里的各村群众才行，那不是一天两天就可以完成的事了。怎么办？问仙君。石忠厚祈得一梦，梦见九仙弟定慧对他说：“勿虑，明早可见

飞瓦奇观。”石忠厚醒来，对工匠们说了梦中仙君所言。工匠们都不肯相信，都认为是石忠厚胡思乱想的结果。理由是，瓦片怎么可能会自己从山下飞到山上来呢！要是仙君显灵，使了仙法，那为什么现在不飞，非要等到明早才飞呢？这天晚上，石忠厚没有回家，和工匠们一起住在仙君楼工地。

第二天一大早，石忠厚听见山下人声鼎沸，赶紧起床出去一看，发现数千群众涌到山下堆放瓦片的地方。原来，昨晚十里八乡的群众都做了同样一个梦，梦见有人满村子敲锣喊话：“好消息，好消息，明早石竹山出现飞瓦奇观，快去看啦！千载难逢，万古奇事，期不可失，时不再来，赶早不赶迟，迟了看不见……”石忠厚不知道这么多群众聚在山下的原因，正疑惑着，突然天下起蒙蒙细雨。这时，山下人群中有一个小伙子，从瓦堆里拿起一片瓦遮在头上喊道：“大家快走呀，到了仙君楼工地上才能看见飞瓦奇观！”喊完就往山上跑。众人一起仿效，每人都拿起一片瓦遮在头上挡雨，一个接一个往山上跑……石忠厚和工匠们在山上往下看，看到的是人们遮在头上的瓦片，瓦片连成了一条瓦龙，从山下缓缓飞了上来。工匠们一下子明白了飞瓦奇观是怎么回事，连忙组织接瓦，把瓦叠好。石忠厚维持秩序，每个人只许看一眼，然后依次从另一条路下山。说来更奇，前来观看飞瓦奇观的人数正好是要搬上山的瓦片数量。当然，最后数十个人没看到飞瓦奇观。但他们并没有受骗上当的感觉，只怨自己迟了一步。仙君在梦里有言在先：“赶早不赶迟，迟了看不见。”

（郑敬平）

第五章　古今诗词选

第一节　古代诗词

董大理见龙招同吴太学伯孚登石竹岩，时孝廉石应相新辟径路甚奇绝。

嶙峋石竹插青霄，病起欢从胜侣招。
萝径曲穿云外洞，榕门斜接涧边桥。
苍崖月冷仙坛静，碧海天空鹤驭遥。
一自名山传梦后，只今玉带愧横腰。

余为孝廉时祈梦，仙告以腰系白玉带。万历丁巳春邑人叶向高书

（这首诗刻在半山磴道东面牛蹄洞岩壁，全文高1.9米，宽1.5米。）

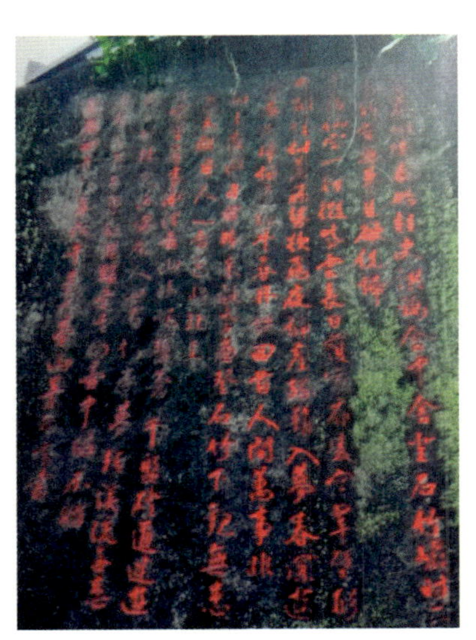

春暮同陈泰始柱史、洪海含中舍登石竹岩，时二君祈灵无梦，且欲促归。

半岭仙宫一径微，紫云长日护崖扉。
凌空翠壁形如削，挂树苍藤势欲飞。
夜静尘缘难入梦，春深游客易思归。
相逢好共寻丹诀，回首人间万事非。

同王康国司理、陈来献孝廉登石竹，下观无患溪，来献粤人，过吾邑，将北上。

丹灶重寻事渺茫，青山晚眺郁苍苍。
千盘磴道迷游屐，一路林光返客床。

人世有情尘梦短，溪流无患水声长。
应知聚散纵难定，望向壶中醉不妨。

万历四十六年戊午 邑人台山叶向高书

（以上两诗合刻在紫云洞右岩壁。全文总高4.2米，宽2.1米。）

游石竹山半山亭

林希逸

登山才至半，脚倦步宜休。
欲知佛境界，须上到上头。

石竹山

载酒探仙山，仙真何处去？
白云向夕多，忽与樵人遇。

丹 灶

灵处何自来？世人迷不醒。
龙虎坎离交，此外无全鼎。

宝所石

呆汉入宝山，见宝不见道。
还须异眼知，如来是多宝。

济贫笋

不为僧俗蓄，只落贫人手。
唐竹亦修租，有愧斯山否？

游石竹紫云洞

群峰际东海，一峰凌紫云。
昔人炼丹处，石室莓苔纹。
飘飘龙虎车，即此上丹阙。

唯留白鹤影，宛在青松月。

下有静者庐，其人颇淳庞。
一水落天镜，万花明石窗。
药石有时暇，还来叩岩关。
心与鱼鸟乐，身随天地闲。
伊予困流俗，十载未应还。
长歌赋招隐，梦绕天涯山。

石室诗

苔人紫岩隙，藤枯半壁花。
山灵不敢住，分付与僧家。

双鲤石

日炙岂曝腮，雷惊不烧尾。
真人上升去，留得琴高鲤。

洗耳泉

是非不须闻，好恶不须听。
若要心源清，无如耳根净。

石竹山

林亦之

半载空拳把疏头，新成楼阁石山幽。
未忘嘱咐樗居士，送紫云师紫帽游。
师知缘熟向温陵，骑虎如翁现化身。
袖有先容应得力，阳岩佛地位中人。

石竹紫云洞

林有台

神州三岛外，一望紫云慢。
飞阁看将近，奇峰历更盘。
白猿秋果熟，丹灶老藤寒。
到此探幽梦，身轻有羽翰。

石竹纪游

陈　省

鸟道青冥凿，群峰次第飞。
芙蓉开佛座，萝薜挂僧衣。
海月传灯过，岩云作雨归。
临空思出世，天外更依依。

游石竹

林古度

浪游几度叹年华，为爱名山踏径斜。
幻出楼台闲日月，飞来洞壑老烟霞。
凌空石磴三千丈，匝地瑶林百万花。
漫向华胥寻好梦，此身疑已到仙家。

宿紫云洞

陈介夫

古洞闷清晖，林香转翠微。
犬迎松影吠，猿度石潭归。
落日空丹灶，秋风上客衣。
坐看猴岭鹤，长绕白云飞。

九日登鲤山化龙石饮无患溪

陈文炅

登高忽尔复临流，无患溪岩载酒游。
昔欲化龙今得水，乘风直上碧云头。

咏石竹山古藤

萝径苍苍古干坚，风霜阅历不知年。
萦回乔木环金带，盘结深林溉玉泉。
节节蔓延齐远岫，枝枝旋绕傲寒烟。
紫云缥缈含疏叶，瑞气千秋护九仙。

鹤影石

林泉生

鹤来仙已去，谁料虎能飞。
怨入青山骨，千年永不归。

升仙坛

陈　遂

仙乐寂无响，云旗悄不翻。
晓云生石罅，夜雨长苔痕。

朝斗岩

片石平如砥，朝真仰太空。
星移琼简露，月落羽衣风。

无尽泉

山高有泉脉，井石半瓢如。
汲之应不尽，不汲亦无余。

石竹岩

陈　椿

仙源何缥缈，壑宅几纵横。
树挂晴霞影，崖通瀑水声。
丹房思炼药，石洞忆吹笙。
安得耽元叟，同跻顶上行。

石竹紫云洞

施　鹏

复阁依岩耸，飞藤望若虬。
磴危穷碧落，地胜即丹邱。
猿守当年鼎，鹤归此地楼。
蹉跎簪绂久，却被紫云留。

岁暮宿宏路驿望石竹

郭造卿

缝掖萧萧及岁寒，邮亭对酒夜将阑。
灯前山色过千丈，枕畔溪声下百滩。
馆近仙家应做梦，粮依丹灶欲忘餐。
自怜漂泊谁相似，跨鹤云中未息翰。

游石竹

施兆昂

爱此青山古，杖藜试一寻。
洞幽仙草合，松老女萝侵。
流水本无住，闲云亦有心。
相逢多静者，对榻理瑶琴。

游石竹山

谭昌言

竹坞连三岛，兰宫列九仙。
烟霞尘外境，日月洞中天。
寒溜披澄练，晴峰拥碧莲。
涧虹朝散绮，松吹夜闻弦。
药圃芝凝露，丹炉宝吐烟。
《黄庭》多妙诀，此意谁为传。

晚至石竹

袁敬烈

玉洞千年古，都消物外情。
暝烟孤鹤返，微月夜钟清。
石磴盘猿穴，松风杂鸟声。
神仙如可问，同此学长生。

游石竹山

顾大典

亦是栖真地，云房终日扃。
竹侵幽涧绿，石绣古苔青。
飞阁悬疑坠，孤筇振复停。
人林依宿莽，抱叶见寒挺。
伏磴窥潜鲤，层台仰摘星。
紫云时拂洞，丹灶尚留亭。
旅馆宵无寐，尘心梦未醒。
还栖归隐处，一为叩仙灵。

早春登石竹山

南居益

悬空楼阁翠微头，槛外沧溟莽不流。
地尽东南饶胜概，天开海岳巩神州。
藤萝挂壁方春绿，石峡披云白日幽。
九鲤仙人从此去，千年猿鹤为谁留。

天启甲子春，关中南居益书

（这首诗刻在九仙阁前，仙桥下东面岩壁。全文高1.75米，宽1.15米。）

游石竹岩

诸　偁

石竹吹风破暑凉，临泉不必赋流觞。
乱云逶地同僧懒，猿鹤调风引客狂。
大道几人能跨虎，养生何处可鞭羊。
便须扫石成深坐，看尽残阳一抹光。

嘉靖甲午仲夏未尽三日，秀水诸偁书

（这首诗刻在观音岩转右西行至王文琦所书刻的“石竹”前面岩壁上。全文总高1.75米，宽2.1米。）

秀山诸偁　用兰墩韵

白云时与孤峰静，碧树深从一径穿。
已觉浮生如大梦，何堪昏黑到诸天。
炊粮敢附炉头客，化鲤难招海上仙。
聆对灯前增内愧，半生扰负人山缘。

（这首诗刻在“化龙窝”左边岩壁。全文高3.2米，宽1米。）

诸偁书

山中有石如人醉，市上多人似石顽。
如醉似顽何必问，乾坤都在是非间。

（这首诗刻在舍利塔下）

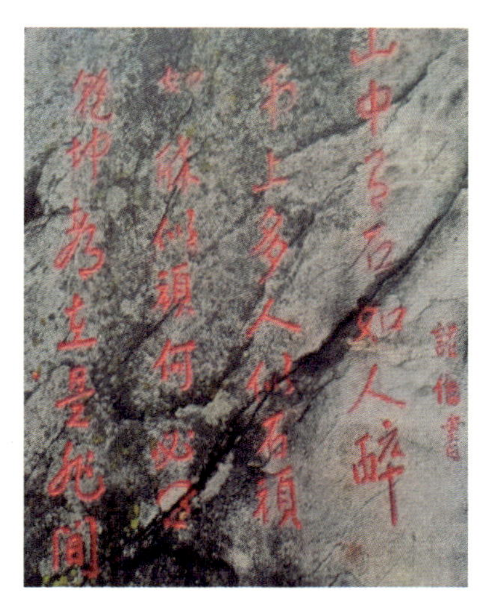

宿石竹

傅汝舟

扁舟百里寻仙去，细雨千林兴不迟。
岩侧尽联钟磬下，路疑全仗鹿麋知。
丹房日暮生光怪，碧海年深费梦思。
便拟离群从此地，攀云采药任吾之。

石竹山

何世祺

闻山此日始登山，山鸟山花匪一般。
山北山南云片片，山前山后水潺潺。
山猿啼彻山钟冷，山客归来山寺闲。
回首看山山欲暮，山光环映满山湾。

登石竹绝顶

何乔远

不见花飞与鸟鸣，十洲芳草涧边生。
目穷海屿连天远，手摘星辰接汉平。
终古清宵青玉峡，有时明月紫鸾笙。
追风蹑景他时事，垂老唯求鹤骨轻。

游石竹山

王　湛

仙子遨游地，高秋试一寻。
坛空青鸟下，洞古紫云深。

月色清人梦，泉声浣客心。
竹风鸣永夜，仿佛凤笙音。

重游石竹紫云洞

叶落与猿啼，山空处处闻。
攀萝入古洞，扫石宿秋云。
涧影摇空翠，松阴下鹤群。
丹房夜幽寂，倘得遇茅君。

游紫云洞

王　恭

仙源迢递紫云间，逸兴逢秋偶独攀。
辽海鹤归空夜月，瑶台人去但荒山。
苔边积水流天镜，岛外遥峰点翠鬟。
石竹房中孤磬晚，此身那似野僧闲。

登石竹绝顶

谢肇淛

天开奇胜削芙蓉，万转千回紫雾重。
野客攀藤探古洞，道人凭几看秋峰。
石能留影常来鹤，竹欲摩空尽作龙。
为问丹邱今在否，可容双屐一相从？

登石竹观石

皇明启胜，万历戊午冬，与岭南陈孝廉群石陪叶相国台山登石竹观石。孝廉九峰所辟榕门诸奇毕吐，感而分。

层崖叠树锦重重，别是休闲世外踪。
载酒漫同莲社侣，寻僧遥听虎丘钟。
榕门路蹑盘虬度，云洞仙留紫气封。
试问相君多揖客，几人豪侠似元龙？

赐进士邑人康国王锡侯题

（这首诗刻于九仙间前石阶下岩壁。全文总高2.5米，宽1.68米。）

宿石竹岩

郑善夫

寝疴坐情累，削迹离故家。
届兹仲秋月，气候清且嘉。
迢迢紫云洞，渺渺天一涯。
寻壑滞瀑流，攀岑悟灵芽。
千峰递生态，百草互吐葩。
周览荡节物，况乃凌紫霞。
神仙如彷佛，导我入幽遐。
丹砂未易营，缁鬓早已华。
神圣寓隐迹，时变增感嗟。
至人有逸念，存形非所夸。

朝斗石

李丑父

身立魁杓近，月明星露寒。
云中几声磬，谁信是人间。

游石竹

夏　晋

绿丛深处是仙宫，矫首疑跻最上穹。
佳景落谁诗句里，短筇扶我画图中。
声传绝壁群猿啸，影现当空一鹤翀。
却笑夜阑纷祷梦，黄粱未醒古今同。

石竹山

马　欻

古洞凌虚鸟道危，风篁萧瑟霹萝垂。
拟随白鹿探灵境，故向名山觅紫芝。
坛静鹤窥行客迹，松枯云护挂猿枝。
尘心洗尽疏钟杳，清梦长宵落月迟。

宿石竹山寺

薛敬孟

绝壑风声起暮松，翠屏晚对隔溪容。
白云平浸石楼水，明月先分古寺钟。
僧定一灯微见偈，猿啼独客梦何峰。
短筇晚倚藤根上，爱得山中尽老龙。

忆旧仙楼有感

尘世真同粒粟浮，寻仙重续廿年游。
空山鹤吊夕阳树，故址花开昔日楼。
夜半溪声虚枕受，千峰月色破团收。
客来长抱沧桑恨，顽石公然醉未休。

晚至石竹

徐　熥

寻真当薄暮，暝色满松关。
绝壁猿声断，遥空鹤影还。
云边春草路，天际夕阳山。
应识仙都近，钟闻杳霭间。

月夜度石梁登摘星台

四野苍烟暝，千峰夕照催。
踏兹明月影，独上摘星台。

山自鸿蒙剖，人从鸟道来。
石梁称险绝，不用说天台。

登石竹山

一径费攀跻，群峰觉尽低。
千层环碧嶂，百级挂丹梯。
岭峻天疑近，林深路转迷。
空中飞鸟绝，树杪乱猿啼。
跳浪多山鬼，盘旋半虎蹄。
解衣穿草莽，挥手抉云霓。
鲤去仙留迹，丹成灶有泥。
看碑寻篆箓，炼药乞刀圭。
吟眺意俱适，徘徊日渐西。
扶筇下山去，月色印前溪。

游石竹山

徐熥

不到兹山已十年，重携双屐紫云边。
青峰尽人啼猿树，丹壑曾飞跨鲤仙。
竹杖策残萝径月，薜衣穿破石门烟。
刘郎愧作寻真伴，忽见桃花忆旧缘。

第二节 近现代诗词

游石竹山题仙殿壁

道霈禅师[1]

一

一径崎岖鸟道悬，藤萝古木自萦缠；
仙翁莫谓皆归去，岩石高低尚俨然。

二

尘世茫茫方做梦，更来祈梦梦尤非；
死生祸福皆修得，仙子分明说与知。

仙君礼赞
——石竹九仙君歌

吴端升

一

太守任侠何大人，生儿九个苦畸形。
虽然貌丑心良善，不是前尘有过愆。

二

舅父娘亲相合计，带儿出外求神仙。
于山天君收容人，法雨宏施学道成。

三

回转家门拜两亲，聪明活泼似真人。
大家称赞九仙好，报答爹娘养育情。

四

共听九仙传道法，为人孝道又修身。

① 道霈禅师，简历不详。

戒烟戒酒保康健，爱护耕牛度晚年。

五

提倡放生行善事，扶贫济困爱乡人。
说完又到榕城去，母舅范公一起行。

六

行到大桥投水泳，化成九鲤显金身。
扶携娘舅登银汉，一道成仙再返城。

七

慈心普济消灾劫，宝诰词中亦有情。
无患溪流构美誉，九仙大德八方行。

七律·七首

游踪追述徐霞客，石竹从兹雅誉驰。
古刹晨钟敲峻岭，平湖秋月挂高枝。
木鱼清磬消邪念，禅杖蒲团集正思。
礼佛朝山心向善，不贪不诈不愁眉。

浅咏石竹名山

一

石竹名登天下志，声传京兆环球知。
游踪更溯徐霞客，留有鸿文勒石碑。

二

石竹名山遐迩驰，古色古香八方知。
纵教未入中原界，僻处海滨自展眉。

三

天桥欲接白云间，风雨晦明自在安。
劫火能逃殊不易，山容依旧水声潺。

四

近年辟作旅游区，送往迎来络绎车。
春节期间人如鲫，流连忘返把情抒。

五

从前石竹要修建，方丈梦中飞瓦来。
节日进香人似海，各携两片上山阶。

六

旧时窄径已残存，拓展增宽好主张。
香客往来皆便利，三三两两步康庄。

七

侨胞捐款建亭台，为谢仙灵保佑谐。
身在异邦曾系梦，携妻带子进香来。

八

山有仙居四海知，抽签祈梦托遐思。
更多为善求多福，不诈不贪自展眉。

九

道义为纲乃本真，亲仁行善自心平，
尊贤敬老良模树，育秀培才事业成。

十

行善一生种福田，为民为国泽绵延。
扶贫济困须慷慨，俯仰无惭步哲贤。

十一

说梦谈签岂别裁，先聆求者说由来。
只凭诗句分明说，准否如何三七开。

十二

祸福无门难逆料，神仙那得尽知情。
大千世界纷纭甚，活佛扰难事事明。

虎头石

石竹山旁一虎头，行人到此总生愁。
晴天尚可徐行过，风雨来时胆气消。

未克同游答方瑜庄

一

白头老友得偷闲，邀我同登石竹山。
怎奈病余行不动，通衢畏似虎头关。

二

老友归来示我诗，行间字里叩心扉。
名山不入中原界，偏处吾融亦展眉。

初游石竹二首

俞慎初

一

名山胜景古今扬，祈梦抽签枉自忙。
寺小峰高岩洞溢，紫云虎迹细端详。

二

轻风细雨叩禅扉，修竹苍榕蔚翠微。
水库俯观波寂寂，天桥仰视白云飞。

与俞慎初教授同游石竹山

方瑜庄

白头教授课初闲，拾级攀登石竹山。
步健却欣俱迈进，情殷何敢误游观。
名湖灌溉千村外，胜景流传万古间。
明世培才须共勉，春风多惠广腾欢。

游石竹山即景

游览名山吟友集，留题诗句同挥笔。
逢亭则憩经六亭，拾级而登历千级。
坐读环亭远近山，行攀铺磴崎岖壁。
劈斧崖开天一线，飞桥云架岩千尺。

春光山列画屏青，秋色湖澄明镜碧。
当年宰相有题诗，此处高僧曾挂锡。
海客归帆远进香，名人作记长镌石。
去扰难舍恋名山，来便同游温胜迹。

游石竹寺二律三绝

吴从善

一

云峰拾翠奋登攀，同上禅堂放眼看。
吟侣神驰天地外，醉翁意在石泉间。
名山传梦留奇迹，巨坝拦流蔚壮观。
万顷苗田今盎秃，恩波浩荡沛人寰。

二

秋游杖履不辞难，千二层阶一瞬攀。
寺雅频添骚客趣，林深足慰野人闲。
白云缥缈笼岩上，小鸟啁啾噪树间。
士女登临相接踵，香烟晨夕绕名山。

一

巍巍寺宇出云端，一笏青山秀可餐。
俯瞰明湖争渡急，黄昏载月上前滩。

二

灿然一寺早名扬，况复因仙佳话长。
此日驱车湖外访，好收胜景入诗囊。

三

驰名古寺岂无端，水碧山明蔚大观。
莫道前川浑似线，苏苗万顷不虞乾。

游石竹山二绝

郑梦周

一

磴道萦回竹影斜，白云深处有仙家。
藤萝挂树垂丹壁，矫首高歌兴不赊。

二

拄杖漫游意自如，平湖潋滟绿波舒。
仙岩自古钟灵秀，碧玉盆中一鲤鱼。

登石竹山感怀三绝

倪鉴章

一

名传中外一仙山，如鲫游人相与攀。
养性修身心向善，丹霞碧水共开颜。

二

携朋挈友喜登攀，奇石怪岩岂等闲。
满眼风光多秀丽，青山绿水尽欢颜。

三

相距悬岩架石桥，清泉寂寂不生潮。
久经风雨仍无恙，恰似长虹驾雾飞。

外一首

拄杖漫游意自如，平湖荡漾白云舒。
仙岩石竹钟灵秀，碧玉盆中一鲤鱼。

与M君同游石竹山

施效仁

石竹风光扬八闽，驱车挈友出城垣；
山门宏伟枕峰麓，佛殿依稀藏岭巅；
千层石级达霄汉，策杖扶栏步亦艰；

怪石嶙峋千壑里，红墙掩映万竹间；
山亭远眺宜小憩，碧水苍山醉如嫣；
浪涌鲤山如鲤跃，波平水库是龙眠；
烟波浩渺送晚霞，峦嶂嵯峨迎曙天；
山光水色朝夕换，人间美景赛神仙；
香客求仙图安慰，游人探景只寻欢；
好友同游情匆促，他年畅叙能几天？

登山

千层磴道接仙宫，万顷湖光射碧空。
绚烂晚霞疑野火，苍茫暮霭袅秋风。
倦飞宿鸟归林噪，争艳山花飘径红。
凭槛亭亭怜晚照，扶藜步步画图中。

宿寺

朦胧月色冷千山，缥缈波光云霭间。
贝韵苍凉传佛殿，磬声静穆净尘寰。
微微芳味飘僧舍，点点流萤散梵天。
一枕恬然如梦境，此时仿佛入禅关。

庚午九秋吟侣共游石竹山有感

陈心节

吟侣招邀游石竹，逃医扶病喜登临。
秋山迓我画中走，幽景迷人方外寻。
沁及诗脾林籁爽，幻多墨趣岭云深。
夜来卧看蓬瀛月，一洗尘凡块垒襟。

游石竹山九仙观见男女求签祈梦之多有感而作（排律）

石竹岚光映水天，仰看磴道出云边。
山晴石溜扰涔沥，春晚梨花尚嫩妍。
崖自夸鳌桥可度，洞虽屈曲径仍穿。
□悬崧际三椽宇，供奉莆阳九鲤仙。
香客遥临消大厄，老农时至祷丰年。
忧夫少妇祈佳梦，卜妻丁男讯宿缘。
庙祝详签常附会，侨商献匾表诚虔。
应多疾苦无倾诉，故向幽冥乞庇怜。
世路崄巇仙莫测，吾心坦荡自悠然。
揣摩丞相镌岩句，破费僧官茶点钱。
归去林花如笑我，红尘庄惯耐熬煎。

登石竹山

王允铨

挺拔层峦气势豪，石阶驻杖听松涛。
平湖俯瞰明如镜，青嶂丹云泛小舟。

游石竹山

施友锟

嶙峋石上有仙家，矗立危峰曲径斜。
欲得灵签知预兆，前途在望却如赊。

俯瞰鲤鱼山

石竹驰名九鲤仙，遥看泼剌碧波前。
平湖万顷分渠注，岁岁丰登乐永年。

旅游圣地——石竹山

郑仲俊

七 律

曾寻胜景上危峰，石径逶迤不觉慵。
山色湖光饶画意，菊香松翠导游踪。
恍疑身在蓬莱住，却喜人多萍水逢。
扰忆当年鸿爪迹，依稀重访豁心胸。
曾寻胜景上危峰，石径逶迤不觉慵。
山色湖光饶画意，菊香松翠寻游踪。
恍疑身在蓬莱住，却喜人多萍水逢。
犹忆当年鸿爪迹，依稀重访豁心胸。

游石竹山

壁 虎

岩上山不见，个个尽虚惊。
叶落树摇动，半影坠湖心。

登石竹山

杨美煊

山在云中挺，路从天上来。
好风凭借力，送我登苍台。

游石竹山

蔡厚示

石竹山添玉一围，溪洪无患此潆洄。
苍崖蘸碧钟声漾，古寺翻新磴道飞。

登石竹山

卢文辉

穿云远树郁葱哉，楼阁清虚傍石开。
峰顶丹霞千万片，拟招仙子下瑶台。

登石竹山

曹学佺

息徒改俗辙，寻仙聘云毂。
溪路绵以纡，山形拔而矗。
人初状倏呈，坡奥境徐蓄。
千岩若层累，万树信攒独。
敷帷固甚密，为字何其复？
即此乘虹飞，因之眺鲤伏。
朱鸟现毛质，玄猿衍类族。
托命于仙灵，讵为人所畜？
我来一叩之，入门展钦肃。
耳目慑灵异，乌敢恣云欲？

游石竹山感赋二绝

林垂齐

一

石竹峰峦气势雄，名山仙景甲吾融。
纪游记著徐霞客，揽胜句留朱晦翁。

二

石竹飞檐绿壁耸，新湖平峡染霞红。
水光山色流连处，松籁钟声落晚风。

石竹纪游

林学杜

一　石竹仙山（鹤顶格）

石磴千层曲折铺，竹林倒影映平湖。
仙楼一角闲云绕，山色空濛胜画图。

二　登山览胜

拾级登山一杖扶，山亭俯瞰鲤鱼浮。
山岩奇秀迷游屐，信是名山景物殊。

三　观赏题刻

雨雨风风不计年，诗书合璧迹犹妍。
名山有幸留题刻，赢得今人赞古贤。

四　勇过天桥

天桥绝处白云生，无限风光唤我行。
俯视沟坑深万丈，艰危历尽不心惊。

秋游石竹山绝句二首

一

名山古刹誉全闽，楼厦嵯峨气象新。
怪石嶙峋林木秀，湖光潋滟忒宜人。

二

泛舟湖上值深秋，水色山光眼底收。
云淡天高风飒飒，心潮逐浪任浮游。

石竹山纪游

詹训楷

石竹嶙峋蔚壮观，登临方觉海天宽。
虎头高自山边峙，鲤尾翘从水上蟠。
牛岭栖霞明似锦，平湖浴日大如盘。
雕梁画栋今非昔，留与游人仔细看。

游石竹山感赋二律

徐超墀

一

退老登攀兴转高，贪餐秀色竟忘劳。
烟笼石壑迷秋景，风动岩松恍海涛。
殿集信徒争说梦，轩容雅士聚谈骚。
九仙神彩纵难识，揽胜名山亦足豪。

二

石竹游来兴未赊，水光又入画图夸。
俯瞰一派清波滟，倒映千寻绝壁斜。
孤屿林烟浮翠髻，远峰塔影泛流霞。
明湖岂仅增形胜，灌溉良田润万家。

石竹山纪游

郑年钗

一

横空峭壁刺青霄，翠竹萦腰烟雾飘。
石径通幽仙迹处，名山千石独娆妖。

二

建瓴削壁悬空阁，深处禅房尽石摩。
梦幻虚缥虔者显，晨昏钟磬满山坡。

三

瑶林蓊郁在尘间，巍壮山门呈眼前。
拾级从兹登洞顶，鲜花灿烂鸟声喧。

四

平湖空谷叹今殊，鲤女弋游意态舒。
帆动鸥飞鱼跳跃，晚霞辉映见浮屠。

石竹偶感

周宏发

望眼潆洄水一环，常教魂梦度关山。
中秋杯向侨胞祝，厚谊长留天地间。

秋游石竹山即事

杨能璋

心仪石竹复庄严，岁月蹉跎此日前。
云路高盘欺众老，霜枫漫舞迓群贤。

珠宫黄阁香烟盛，贵妇村夫好梦圆。
更喜迎眸千嶂秀，此身恍似已成仙。

游石竹山感赋三绝

施修藩

一

佛楼迎旭日，岩洞尽开颜。
招引漫游客，留连不愿还。

二

欣赏摩崖句，低回慕古贤。
名山留胜迹，景物更娇妍。

三

扶筇防失足，蹑履过天桥。
俯瞰群山小，方知近九霄。

外一首

退老登攀兴转高，贪餐秀色竟忘劳。
烟笼石壑迷秋景，风动岩松恍海涛。
殿集信徒争说梦，轩容雅士聚谈骚。

石竹纪游

黄敦辉

石峰竹雨早闻名，雅胜鼓山倍有情。
最是平湖相掩映，登临始觉一身轻。

游石竹山有感

詹贤炯

负郭名山几度游，一年更比一年优。
奇岩幽洞驰神遍，古寺新楼望眼收。
揽胜当年怀子羽，寻真何处访丹邱。
沿阶松树迎风嬝，似向诗人暗点头。

无 题

黄以庚

揽胜登高结侣游，山光湖色不胜秋。
沉潭笋罩轻秀过，悬壁流丹曲槛收。
竹籁泉声清磐远，岚烟水气晚钟浮。
山房一醉今宵月，赢得悠闲竟日留。

庚午季秋吟侣共游石竹山作

揽胜登高结旧游，风光旖旎尽情收。
湖沉绝壁凉亭浸，雾绕危峰古殿浮。
竹影三更清磬渺，松涛一榻梵居幽。
月明客帐今宵梦，赢得劳生半日悠。

出米石

箴言警世戒贪篇，巧借神仙故事传。
真个石头能出米，人间谁愿苦耕田。

登石竹绝顶

石浮沧海状元峰，探胜寻奇觅旧踪。
峻峭秃崖愁虎豹，透迤翠岭走蛟龙。
跻攀云际碧天近，环顾乡关琼阁重。
结旧舒游偿夙愿，老来山水兴犹浓。

无 题

陈朝琛

香山九老兴何殊，慢步登高一杖扶。
吹帽何曾愁短发，传杯还欲醉清酤。
闻钟借榻休寻梦，击钵添□但尽娱。
题景苦无新句得，推窗山月落明湖。

庚午秋挈游石竹及东张水库感赋七律三首

一

香山九老兴何殊，慢步登高一杖扶。
吹帽何曾愁短发，传杯还欲醉清酤。
闻钟借榻休寻梦，击钵添缸但尽娱。
题景苦无新句得，推窗山月落明湖。

二

系舟登访果林场，碛砾滩头认旧荒。
新树葱葱连陇碧，熟柑累累压枝黄。
湖边增色饶秋景，园里飘香沁客肠。
水衍鱼虾山献果，争教石竹不仙乡。

三

山斋夜雨滴梧桐，晓望诸峦烟雾笼。
棹向湖心探秀邑，穹开云眼射秋瞳。
白翻飞艇千层浪，绿皱澄潭一席风。
回首状元峰上影，彤墙玉柱九仙宫。

游石竹泛东张水库恭步明叶文忠公《登石竹观无患溪》韵二首

一

当年游迹已茫茫，相国尚留诗句苍。
无患溪流归底处？东张水库漫山床。
翠岚依旧暮烟紫，古殿重新曲槛长。
石竹映波千顷碧，放桡蜡屐两何妨。

二

重寻溪涧失迷茫，谷拥平湖落碧苍。
岩隐云边留虎迹，岑浮水际出鱼床。
晨昏钟鼓青山老，今昔沧桑此日长。
相国有知应亦慰，故园旱涝保无妨。

石竹山，依明嘉靖进士何世棋原韵

陈曾康

湖山秀雅古仙山，山径山峰几度攀。
山寺山僧迎客至，山泉山鸟报春还。
山花簇锦山林茂，山洞含烟山石顽。
石竹名山山入画，山光水色焕山颜。

游石竹山

陈茂桐

名山高耸玉融中，景射平湖瞬不同。
类削石峰形百态，如闻竹雨洒千丛。
洗心泉涌常闲适，无患溪流早畅通。

游石竹山

毛祚华

嶙峋石竹插云霄，古雅楼台镇岭腰。
阶径蜿蜒松树茂，湖光山色两逍遥。
来客为何云祥集，只缘传说有仙翁。

麒麟岩九仙楼

麒麟天上过，登上九仙楼。
欲览此神景，平湖轮渡舟。

东张水库

大湖平一镜，全景映分明。
含漾奇幻变，丹青妙绘成。

无　题

陈祥梁

名山游后步湖东，一舸沉浮碧浪中。
更喜前头金鲤跃，如听吟侣唱秋风。

吟侣共游石竹山感成四绝二律

一

石径蜿蜒上翠峰，沿山竹影掩仙踪。
白云飞鸟常为伴，宝刹巍峨紫气中。

二

名山古刹焕祥光，鸟语竹喧花草芳。
钟鼓声声消俗念，此身几欲老仙乡。

三

傲骨铮铮如丈夫，纯真质朴似村姑。
板桥到此应嗟叹，难画仙山石竹图。

一

名蓝宝殿耸云天，翠竹苍松袅白烟。
远眺平湖光闪闪，近闻幽谷水潺潺。
仙踪未探傍花坐，神梦欲祈倚柱眠。
此日清风传雅韵，寻诗觅句兴悠然。

二

用项南题词："石竹仙山白日做梦"冠顶。

石阶千尺若绳悬，竹外遥看花草妍。
仙迹迷人瞻远近，山光醉我步颠连。
白笼老树寺前雾，日晕清波湖面烟。
作雨才疏题壁柱，梦游极乐大罗天。

七律二首

秋日登石竹山

魏名庆

其一

晴岚相伴到山头，万里风光一望收。
虎迹岩前湖草绿，鲤鱼岛上杜鹃幽。
岱云苍碧烟波远，五马悠然夕照柔。

绝壁横空成水墨，数声归雁海天秋。

其二

也来山里觅秋花，香火迷离土语哗。
祈梦殿长新故事，状元峰覆老烟霞。
亭前野菊添黄蕊，湖畔小松法绿芽。
江草青青江月白，九仙文化播天涯。

七 绝

一

旅游圣地人人深，更系侨居赤子心。
奇石危峰留足迹，一归梓里一登临。

二

林壑天然信有之，频年点缀焕新姿。
千层石磴盘云上，眼底亭台处处宜。

三

万顷平湖一镜开，峰峦倒映亦奇哉。
颇疑鲤已成仙去，犹恋烟波泼刺来。

四

飘飘竹雨洒岩阿，邑乘镌图永不磨。
奇景惊叹无与对，豪游霞客记曾过。

五

相国题岩语有因，横腰玉带梦成真。
仙山自古多灵异，数百年来迹不陈。

摊破浣溪沙 游石竹山

林浴生

竹雨石峰似好春，谁知我是惯游人，
乐携和风来此地，共晨昏；
如梦醒时非梦也，凭君实意占仙�，仰看山巅岩路险，步循云。

蝶恋花　游石竹山

石竹山前湖水阔，蹒跚来迟，依旧飞红叶。

柔浪娇鱼怀可接，倚岩执手听传说；

怎料留连终是别，向晚归车，却载云千叠。

怅把思怀疑对月，人间几度清秋节。

石竹山抒怀二绝

郑利坚

一

昔贤接踵访名山，古刻摩崖字迹斑。

莫道只留鸿爪在，却招游客勇登攀。

二

刹那梦境各如何？佳话流传广且多。

惹得入寰千万众，相将随喜上山阿。

石竹山览胜喜逢开春第一场雷雨

杖拨游云上碧山，不循古道自登攀。

沾唇白露融心醉，携手青枝得意欢。

惊听春雷头上滚，欣看珠雨足边弹。

仙人恰与同淋浴，造化灵奇一瞬间。

石竹山诗情

陈利忠

石竹风光耀玉玑，神工鬼斧势争奇。

云中古观曾栖鹤，松傍新亭可唤鹂。

丹壑层岩传雅韵，青峰叠岭展雄姿。

摩崖认迹添书趣，曲径听泉得画题。

不忍金乌下山坳，却迎明月上高枝。

只缘笔底无佳句，借宿名山梦好词。

石竹山拾句

过祥珠亭

祥珠伴笑声，如意在山亭。
一阵清风过，送来诗画情。

观菩提树

风绕菩提树，景开七色晴。
前头蓝绿处，一抹彩云轻。

到牛蹄洞

夕照抚牛蹄，云生锦绣衣。
风光偏洞外，喜读向高诗。

憩洗心泉

有水可清心，做人贵自明。
山泉叮咚响，小坐得新听。

看盘山竹

盘山多绿竹，扎地有深茎。
挺得狂风后，欣欣更向荣。

漫步棋盘石

棋盘无子界河荒，此地何时再战场？
竹影松风依旧在，输赢之外无短长。

游石竹山返程途中

游罢名山日未西，岚光水色与天齐。
从来永福多佳景，更有清源似彩霓。

七绝

立春日在石竹山值班所见有感

细雨轻风迎立春，细微点滴润新根。
何须漏夜偷传信，未到人间已会心。

山中水库小景

一弓石坝显神通，拦起平湖玉镜同。
昔日乱流侵古道，今朝静影映长空。
游鱼相逐清波下，戏鸭群偎绿苇中。
更喜奔腾渠上水，浇田发电奏夫功。

无　题

方裕苞

红叶黄花值九秋，苍山碧水聚珍俦。
登临访胜从趋步，鸣盛扬骚朱唱酬。

吟侣共游石竹山感赋

红叶黄花值九秋，苍山碧水聚吟俦。
登临访胜从趋步，鸣盛扬骚乐唱酬。
鲤塔围湖千里润，虎岩题句百年留。
明时共勉培才德，不枉专车集体游。

石竹风光吟

陈诸营

（一）

春游石竹上青山，拾级登攀步履艰。
岩壑清幽饶胜景，亭台憩息自悠闲。

（二）

天桥远眺景鲜妍，楼阁碑铭仰昔贤。
幽谷洞岩增逸趣，流连揽胜乐忘还。

石竹山吟

杨伯卿

石竹名山结伴游，峰回路转见深幽。
云横虎迹岩将暝，风拂桃源洞似秋。
纵目抒怀曾一快，陶情养性若无求。
仙人宝刹灵光聚，万缕香烟绕古楼。

登石竹山

黄闽雄

游人笑且吟，异峰雄奇险。
登高诚快事，俯仰意未阑。

东张水库赞

张可珍

融邑东张，雄镇闽疆。
群山环抱，石竹相当。
修堤闸坝，锁控其阳。
潴深涵广，浩瀚汪洋。
渠道网若，衍派四方。
居高临下，千顷波光。
昔称穷壤，十岁九荒。
今成沃野，鱼米名乡。
端自吾党，以导以匡。
维我人民，克制克强。
伟哉水库，荡荡泱泱。
跃进之果，幸福绵长。
功在乡国，世换沧桑。

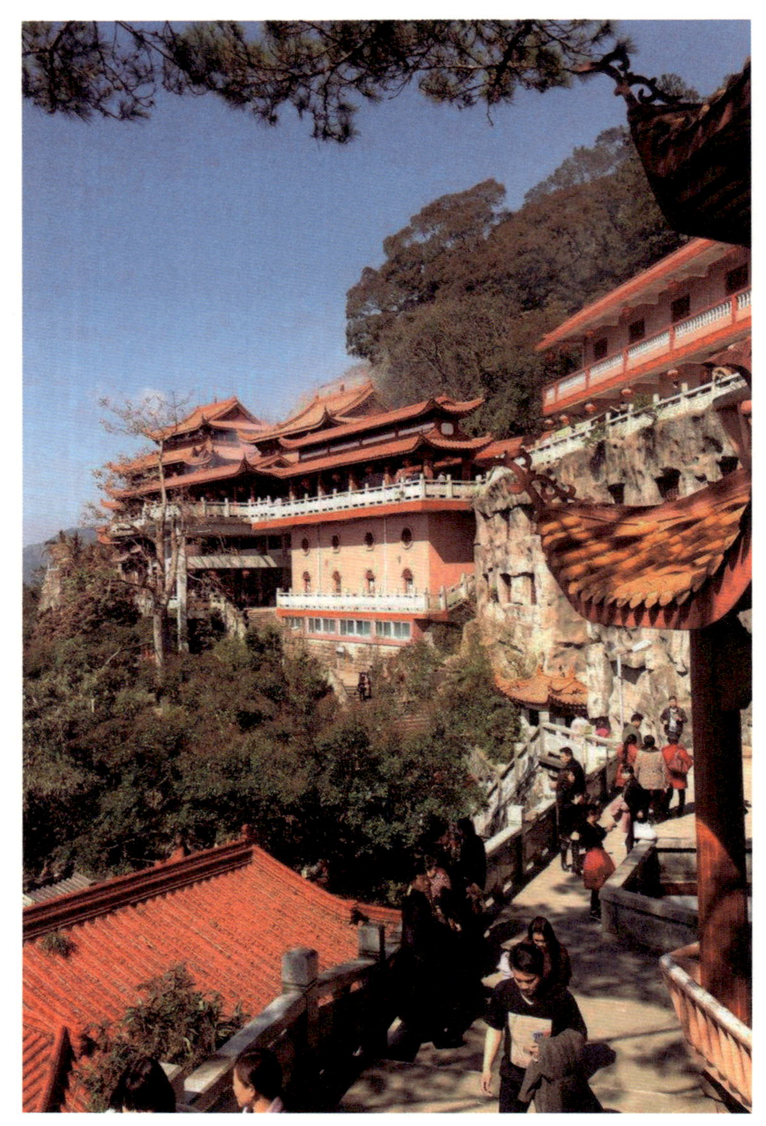

石竹早春

余　鸿

晓雾濛濛笼石竹，高檐滴水似鸣琴。
万枝翠绿浓春意，叶叶相依自蕴情。

石竹山纪游

许　林

一

石竹名山景物妍，浪游犹记在前年。
幽岩古洞探奇遍，信是人间别有天。

二

故地重游感喟深，欣看楼阁屡增新。
鲤鱼湖上传奇事，神话犹留直到今。

游石竹山二绝

融光诗社

一

名山辟作旅游区，下有粼粼百顷湖。
奇石虬松开胜景，洞天何处不蓬壶？

二

重九登高惜已过，吟俦结伴上山阿。
秋风送爽添诗兴，盛世躬逢气自豪。

第六章 联语·墨宝·题刻

第一节 联 语

院藏文物级木联两副

安知住世君非佛；
想是前身我亦僧。
福塘 叶向高

同治庚午 三月
虽痴人可与说梦；
惟至诚为能前知。
翰林院庶吉士陈宝琛敬书（两方章）

石竹山道院现有各神殿楹联

仙君楼

丁亥秋虞题石竹山道院山门联
石柱览沧桑琼山永润仙风真缘不了；
竹林出运遇胜地长留灵应好梦可圆。
北京华夏谱联书画院王庆新于燕东诚毅轩

戊子仲春吉日
安危互易谁能悟重门永泰；
祸福相生尔自知高第长兴。
老白 水话 并书

居心叵测欲求一梦非所梦；
私念尽除可令万衰化无衰。

公元二〇〇七年十月林浴生撰 并书（方章）

永安 张永侠 撰联

诚意寻仙石径藏幽犹出世；
虚心祈梦山花解语更怡人。

山西 杨振生 书（两枚方印）

日月星辰宜拭目以观征象；
印阳祸福且平心而论玄机。

林浴生 撰 王渊菊 书

安西 陈振珠 撰

北烛五云非幻觉；
南柯一梦果然真。

福州 黄子文 书

（椭圆章）白岩山人 撰

函关柱史青牛鹤背千秋永继；
嗣汉天师石竹玄坛一脉相承。

长安 胡树群 书（两枚方章）

题福清石竹道院 仙君楼

至道南来于朱梁际仙骑虎；
大江东去在汉武时鲤化龙。

丁亥年秋日 晋江许有信 撰并书

吉凶祸福大梦觉迷须积善；
行止荣枯箴言警世赖修身。

卓冰清 撰 福州 黄学文 书

永定 胡居达 撰举

九鲤化龙月朗石湖堪证性;

千年祈梦鹤声竹色共忘机。

丁亥金秋 老白 冰清 书

石竹山道院

石可生花由梦境而仙境;

竹能指路径旁门入正门。

北京 常江 撰书(一枚方章)

三清殿

丁亥年 秋月 吉日

道生不息成始成终成万物;

德崇太极至高至大至三尊。

北京 孟繁锦 书于京 西(方章一枚)

一炁三清拯尽四海黎庶;

离龙坎虎修成万劫金身。

福清 沈乃希 书(方印一枚)

玉清上清太清三清至圣;

学道修道行道诸道同缘。

公元二〇〇七年 林浴生 撰并书(方印一枚)

遵道济时三教之初参日月;

溯源崇德九流之祖洐春秋。

北京 叶子彤 撰 西安 王喜洋 书(方印两枚)

岁次丁亥孟秋于南闽鹭江碧海楼

演绎真经青牛西返；

弘扬道德紫气东来。

右题三清殿联晋江 颜厥鹏 撰 厦门 谢荣仁 书

杨逸民 撰联

一炁涌圆光湖山颐熙满输月；

三清腾瑞于石竹长披五色云。

丁亥年金秋 刘育新 书（方印一枚）

道德播真经师祖声名传万古 龙人臻上善神州福祉耀千邦

道德播真经师祖声名传万古；

龙人臻上善神州福祉耀千邦。

柳州 蒙智扉 撰 岁次丁亥金秋八十一叟张长弓书（两方章）

宝殿巍峨已接三清法界；

天香飘渺如游九府神宫。

北京 常治国 书（方章一枚）

（椭圆印章一枚）丁亥 冬日

头上来云皆紫云；

心中有梦不黄粱。

湖南 余德泉 撰句并书（方印两枚）

两仪生四象消长阴阳极尽大千变法；

一气洐三清浮沉今古同归至道无为。

卓冰清 撰联 山东高宝庆 书（两方章）

行道演三清妙境；
讲经开百世法门。

厦门 朱金镑 书

古洞桃花福地曾存方士传；
春田芝草神山共澄上清仙。

丁亥仲秋 赵玉林 撰并书

丁亥秋月（小方章一枚）
招来黄鹤梅花香里啄明月；
骑得青牛函谷关头鞭白云。

李林洲 撰 长乐 蒋平畴 书（小方章一枚）

玄门奥妙造化三青世界；
道教高深耕耘万象时空。

王西康 撰联　西安 王长义 书（方章两枚）

太极判乾坤乾为父坤为母；
两仪分天地天属阳地属阴。

丁亥年金秋 西安 钟德厚 书（方章两枚）

功德堂

道德恢彰滋万类而弘真谛；
玄机化育渡群生以脱俗尘。

晋江 颜厥鹏 撰 福清 王渊菊 书（方章两枚）

取讼超然方可卧莲舟读世；
追求至理始能趺蒲座谈玄。

丁亥金秋 任德坚 撰联 福清 薛文栋 书（方章两枚）

太乙坐莲花持慧剑而除妖恶;
天尊施法力拂杨枝以沥琼浆。

永定 胡居焕 撰联 西安 严振华 书（方章两枚）

北极蕴元精肇此三清新法界;
东张腾爽气滋吾九府古神宫。

福州 任德坚 撰　西安 史全会 书（方章两枚）

（椭圆章一枚）岁次丁亥年金秋
藜杖火非凡曾辉秘阁;
莲舟人有幸可济仙源。

晋江 杨逸民 撰联 西安 王长根 书（方章两枚）

（长方印一枚）王西康 撰联
七宝芳蕤总涵功德水;
万真环拱常绕吉祥云。

丁亥年仲秋 长安 孟觉 书（方章两枚）

（椭圆小章一枚）杨逸民先生集句
至圣至仁乘九狮仙驭;
极慈极爱散百宝祥光。

陕西 张维社 书（方章一枚）

泽敷三界众生离苦海;
剑伏群魔万劫化烟尘。

陈华峰 撰 福州 林金荣 书（方章两枚）

（长方小印一方）
一剑驱魔太乙神通广大;
十方救苦天尊法力无边。

陈华峰 撰 福州 严孝敏 书

散百宝祥光溥沾世界；
乘九狮仙驭接引浮生。
王西康 撰 安溪 许礼中 书（方章一枚）

观音厅

龙岩永定胡居焕 撰联
宝殿巍峨天香缭绕济世安民双慧眼；
神灯明亮金相庄严指迷开觉一慈心。
丁亥秋月 侯官小人曾光明 书（方章两枚）

（方章一枚）南平 陈学梁 撰联
贝叶常翻泉韵松声开妙境；
慈航普度石峰竹雨蕴玄机。
丁亥年秋 北京 肖良平 书（方章一枚）

（椭圆印章一枚）岁次戊子 元春
柳瓶浥甘露庶民永祐；
莲座生惠风石竹长春。
许剑峰 撰并书（方章一枚）

紫竹临风幸有慈航除苦恼；
金莲映月常因大士得平安。
丁亥孟冬 林山 撰 长乐郑述信 书（方章两枚）

石竹山观音厅联（方章两枚）
灵感万方救生除厄神通变化施甘露；
慈悲一念从善祛邪相好光明振滻音。
岁次丁亥金秋 叶兴松 撰并书（方章两枚）

玉瓶倾法雨占畿东张成觉海；
紫竹涌慈云总参上品释迷津。
任德坚 撰 闽侯 王瑞书（方章一枚）

（方章一枚）南平 陈学樑 撰联

慈航普度黎元同望福地；

法雨遍敷石竹共沐清风。

丁亥金秋 陕西 毛民海 书（方章两枚）

敬奉石竹山观音堂

纷坠天花慈航施法雨；

红开觉路宝筏渡迷津。

莆田 施春莺 撰联　韩秀仪书于海南

玉皇阁

南安刘一平 撰

玉貌庄严司三界阴阳祸福；

皇功广大察十方善恶贞奸。

洪都 黎传续 书（方章两枚）

（椭圆章一枚）莆田 林启贤 撰联

放十七大光明谱照十方三界；

施万千种功德恩敷万国九州。

丁亥秋 南昌 文师华 书（方章两枚）

土地厅

（椭圆章一枚）福建 陈振珠 撰

土生百福唯仁得；

地纳千详为善扬。

陕西 冯萌献 书（方章一枚）

土发生机滋百姓；

地钟灵秀祀千秋。

永定 胡居达 句 温心坦 书（方章一枚）

文昌阁

（椭圆印章一枚）刘福铸 撰联

文运昌隆人才高北斗；

湖山济美后杰冠南洲。

丁亥仲冬 陈凤桐书于连云港（方章两枚）

丁亥冬月吉旦

惟德是凭学而优则仕；

以勤为本诚且敬方灵。

王西康 撰 福州 张潜华 书

晋江 颜厥鹏 撰

儒家学说扬中外；

道统文章冠古今。

长安 章青 书（方章一枚）

步鸾关开理学谁人企及；

弘圣教播文明我辈景行。

晋江 颜厥鹏 撰联 西安 赵成 书（方章两枚）

背倚名山路拾烟霞皆信使；

门临碧水天遗宝鉴洗铅华。

岁次丁亥孟冬 陈章汉 撰并书

（椭圆印章一枚）石竹山道院文昌阁联

洐化教于微垣功能垂世；

掌魁名列紫阁德可配天。

北京华夏诗联书画院王庆新题（方章两枚）

福清 郑利忠 撰

君子文章明道德；

真人气质在精神。

任德坚 书（方章两枚）

福清石竹山文章阁

文运维新河山焕彩；

昌时集福日月垂光。

莆阳 刘福铸 撰并书（方章两枚）

（长方印章一枚）丁亥年仲秋 上瀚

范式千秋称至圣；

教垂万类颂文宣。

永定 涂祥生撰 莆田 林庆霖书（方章两枚）

斗姆殿

岁次丁亥仲冬之月

斗姆圆明不尽爱心灾普救；

天尊神圣无边法力恶尽除。

陈华峰 撰联 北京 马骏祥 书（方章两枚）

斗转星移赫濯天威罔极；

姆慈德厚圆明尊号永生。

刘福铸 撰 刘胜平 书（方章两枚）

元辰殿

（椭圆章一枚）题元辰殿 刘福铸 撰

太岁当头甲子周回逢本命；

元辰纳吉春秋鼎盛巷遐年。

丁亥之秋 南昌 曹海通 书（方章两枚）

率领诸神正方位运四时春华秋实;

权衡百姓护元辰修三命人寿年丰。

福州 白岩 撰　南昌 徐林义 书（方章两枚）

玉皇行宫

西安郭怀瑾撰联

道祖降春秋万物贯通至圣先师曾问礼;

真经昭日月五千秘奥虔诚令尹拜求书。

丁亥年金秋 长安 郭东皎书（方章两枚）

尊尚玄穹步清虚而登九五;

圣称无极居太上以通三千。

岁次丁亥年菊月 莆阳陈象喜 书（方章两枚）

泗洲大圣殿

（因文字无法辨认，本殿少录两联，一联是北京孟繁锦书，另一联是湖北张大钧书）

举目有情皆幻影;

故怀世事即神仙。

丁亥仲秋 福清 李洪元 书

福州 高秋霖撰联 林本俊 书

体会三清游石竹;

身融五福梦何仙。

公元二〇〇七年 岁次丁亥孟冬 吉旦

（椭圆章一枚）右录詹荣彪先生联语

泗洲月老人缘古;

绿树青山世泽长。

丁亥年秋月 陕西 逸文 书（方章两枚）

（方章一枚）

偶来山下寻黄石；

不道人间有紫霄。

湖北省荆门市毛芳烈书（方章两枚）

福地有天皆化日；

太和无处不生春。

湖北省荆门市　刘正东书（方章两枚）

紫云真人殿

（因文字无法辨认，本殿少录一联：永定胡居焕撰，山西杨振生书）

神前瞻仰紫云时贯顶；

事后返思黎庶久铭心。

福州 詹荣彪 撰　亭江 杨铧祥 书（方章两枚）

（椭圆印章一枚）福州 詹荣彪 联句

入殿行香信众常瞻求福祉；

洗心叩拜紫云永绕护凡尘。

戊子春月 侯官山人曾光明 书（方章一枚）（长方章一枚）

舍宅建宫石竹缘启名四海；

怀丹跨虎龙江布道泽千秋。

白岩山人 撰　丁亥冬月 虞孝龙 书（方章一枚）

雷瑞洵撰题紫云真人殿联句（方章二枚）

一愿遂平生万贯家财兴庙宇；

千秋光道界九天雨露惠黎民。

丁亥年金秋　豫章山人九奇 书（方章二枚）

位列三才中福昭黎庶；

身居五行末德配苍天。

莆田 邓明纪 书（方章一枚）

岁次丁亥仲秋 刘福铸 撰联

丹鼎氤氲悬壶济世；

紫云缭绕骑虎归真。

莆阳紫云山人王琛 书（方章二枚）

慈航宫

（因文字无法辨认，本殿少录一联：任德坚撰，陈金泉书）

入正一门修长生道应须忘我；

行平凡事做本分人岂可无心。

如剑先生 撰联 丁亥年秋 李洪元 书（方章一枚）

石幽地不枯处处茂林修升；

狮醒春长发年年苍堑翠岩。

丁亥金秋 郑利忠 句 薛文栋 书（方章二枚）

如剑撰联

紫府本清高长开无垢地；

慈航虽广大偏度有缘人。

山西 杨振生 书（方章二枚）

石径清幽泽润众生翠柳一枝施法雨；

竹林慧秀绵延万古莲花九品映灵台。

陈健 撰 湖南 封崇长 书

卓冰青 撰联

随处现身大士来时如幻影；
寻声救苦慈航到此沥甘霖。

谷向阳书于清华（方章一枚）

释道本相通石竹犹如紫竹；
人神同一念慈心即是本心。

许有新 撰 福州 李凡 书（方章二枚）

除瘟以药修道而仙我到榕地探踪鲤湖寻迹；
驾此而兴显灵以梦揔传台山为相马铎代天。

杨逸民 撰 曹文彬 书（方章一枚）

武奋神威勇扫千军气挟风雷无匹敌；
文承儒绪义馨万古忠昭日月永垂名。

陈华峰 撰 陈泽山 书

石竹拥仙都悟色观心喜有金瓶开觉路；
湖山围玉宇敬慈崇福雯闻宝筏渡迷津。

晋江 许有信 撰并书

石竹山道院慈航宫 题联

南海观音普度众生超苦海；
西天法力覆帱万性庇人天。

晋江 颜厥鹏 撰　　甘肃 程凯 书（方章二枚）

五显宫

五显神威驱邪扶正；
三清法力护国佑民。

融屏山人 撰 狮城鲤鱼溪人 书

（椭圆章一枚）

悟道修行随缘处世;

尊天知命扬善为人。

西安 薛怀道 撰 暴德毅 书（方章二枚）

岁次丁亥孟冬吉旦

五王齐圣聪明正直德皆显;

四海咸尊南北西东财共拈。

陈华峰 撰联 福州 黄宗光 书（方章二枚）

（长方印章一枚）

五显同消千里瘴;

众香长护一山清。

丁亥年秋 许有新 撰 北京 胡春奎 书（方章一枚）

杨逸民 撰 联

除害降魔全心全力全功奏;

招财赐福五显五通五路灵。

丁亥年冬 肖良平书于北京（方章一枚）

辽天居

福清 郑利忠 撰联

留两袖清风带一身正气;

树千秋典范传百世英名。

北京 杨平书 丹（方章二枚）

福建石竹山道院辽天居 补壁（方章一枚）

道气玄功踵胜地;

湖光山色壮辽天。

丁亥威圣诞书 刘福铸先生 辽天居联于北京口华堂（方章一枚）

戊子初夏吉日

魁斗量才笔点青云育口秀;

星君济世光开紫极耀文明。

晋江 杨逸民 撰　周春荣 书（方章一枚）

岁次戊子孟口之吉

魁星永灿兮辈出贤才民景福;

文运宏开也勃兴事业国恒春。

南安 陈华峰 撰　闽侯 曾江 谨书（方章一枚）

辽天焕彩千古文章留胜迹;

仙境重辉万般气象起宏图。

融屏山人 撰 闽清陈孝贤 书（方章一枚）

显镜宫

（因文字无法辨认，本殿少录一联：王西康撰，黄维耀书）

戊子仲春吉日

忠见精神赶考岂能落后。

义存社稷救民应该向前。

詹荣彪 撰　氷清 书（方章一枚）

陈华峰 撰联

一生心力尽倾成功方可望;

五路财神并助致富尚须勤。

丁亥年秋　山西赵玉汉 书（方章一枚）

（长方印一枚）

威镇名山驱邪扶正;

神庭黎遮积德进财。

王雨康 撰　吴秉钧 书（方章一枚）

戊子塚　春

法力佑民蠲苦难；

神光拨雾指迷津。

雷瑞洵 撰并书

石竹含烟笼法界；

灵岩凝翠拥珠宫。

颜厥鹏 撰联　丁亥仲秋 雷瑞洵 书（方章一枚）

张钟刘史赵发心三春锦绣；

林果稻茶蔬在眼百业兴隆。

丁亥年冬月 詹荣彪撰 北京 姜卫东书

岁在丁亥冬

昭仁昭智昭勳昭业昭贤于世；

显正显明显圣显灵显福于民。

陈华峰 撰联 厦门 黄有端 书（方章二枚）

圣地石奇来白鹤；

名山竹秀卧青牛。

许有信 撰联　白水洋水客甘景山 书（方章二枚）

（椭圆印章一枚）

隔断红尘咫尺地；

别开玄境一重天。

西楚 彭金琳 书（方章二枚）

（长方印一枚）

悟入静中方有趣；

谈来妙处本无言。

湖北省荆门市 徐德海 书（方章二枚）

石竹名山竹欲摩空凌汉表；
神仙胜境仙常化雨沫尘寰。
戊子孟春 卓冰清 撰并书（方章一枚）

戊子孟春吉旦
志在烟霞潇沥须忘尘俗累；
身居碧落清闲不觉遣心宽。
陈初良敬书（方章二枚）

紫气呈祥五祖演千年法脉；
金连现瑞七真传亿劫仙源。
戊子年正月 天池 方行 敬书（方章一枚）

绿水长流溪边澄神观鲤化；
青山不动林中止息听蝉吟。
戊子年春之日 鼎齐 郑光中 书（方章二枚）

观音大士殿

（因文字无法辨认，本殿少录一联：陈鸣撰，孔子第七十二代孙宪来书）
涂祥生先生撰联
性赋两身神道通三界；
名兼二教慈航渡众生。
寒梅 高宝唐 书（方章二枚）

（长方章一枚）涂峰 先生 撰联
送子保平安布雨润滋天下客；
慈心救苦难扬枝荫庇厄中人。
戊子夏暮 山东济南安学森个书（方章二枚）

（椭圆印一枚）戊子年 夏月

音亦可观慈引众生登觉岸;

士原尊大幻成千手坐莲华。

潘国璋撰联□□□拙笔归京华

吴春荣先生撰联

座上莲苍占尽东张二月景;

瓶中桃色分来南海一枝春。

山东 郭明银 书（方章一枚）

郭通鉴先生撰

甘露洒人间救苦救难;

莲座扬至德大慈大悲。

戊子夏 口城八十五岁老人中景拜书（方章二枚）

翁绳馨先生撰联

杨枝遍沥甘露尘寰救难;

莲座长济慈航苦海扶危。

戊子岁立秋 曲阜韩益 书

（方章头尾各一枚）

一念修持莲座辉招南海月;

万年仰止颂歌声透普陀天。

祁明规先生撰联 林□古稀之笔（方章二枚）

五智驯青狮渊睿参禅左协侍;

大行伏白象遍吉和佛右随从。

翁绳馨撰 戊子年翁月□书于□□时年八十有五（方章二枚）

林淑伟先生撰

普行大愿指点迷津扬博望；

贤劫名经圆融慈业放光明。

孔孟故里冯□缙 书（方章二枚）

三大天将殿

（长方印一枚）杨逸民先生撰联

三英出少年赢得人神传圣迹；

一地施仙露择来石竹作行宫。

岁次农历戊子年仲夏山东尉宝麟书于中隐堂（方章一枚）

（椭圆印一枚）郭道鉴撰

圈转乾坤伏魔扬正漉；

轮登风火闹海显神通。

戊子年夏月 天津七十一叟马玉来书于益远斋（方章二枚）

蔡少崖先生撰联

一犬随身巡视仙凡凭法眼；

三叉在手惩除妖孽赖神功。

戊子秋书于北京诗联书院 王庆新（方章二枚）

戊子桂月吉旦

不忘出身孜孜修炼成猛将；

常怀救世耿耿扶持济贫民。

李廉德 撰句 汤川 冰清 书

翁绳馨 先生 撰联（方章一枚）

卯丁六甲临华盖两间久戢；

太乙太玄值赤城三界长安。

公元二千零八年八月八日岁在戊子荷月 武汉 王宗银 书

（方章二枚）

何氏九仙殿

戊子桂月吉旦

仙自圣莲来拥万丈金光九真元气；

石沿修竹上祈满天甘露百验梦征。

杨逸民先生 撰　白岩山人 书（方章一枚）

祁明规先生撰联

三华金阙丹壶吐出烟霞气；

九转玉台仙杖拍通天地心。

戊子立秋　冯海书于板栗之乡（方章二枚）

冰清先生撰联

一梦成真定要从中受启迪；

九仙灵验当由善处得祈求。

二〇〇八年八月 姚泰成 书（方章二枚）

赖世雄撰联

一揭点明忧乐梦；

九仙开示成败田。

戊子夏　山西　杨振生 书（方章一枚）

黄金明先生撰联岁次戊子夏日

梦祈签示尘世轮回证玄机奥妙；

祸去福来仙师指点凭心地贤良。

吴良安书于申城浦江西岸（方章二枚）

福德正神殿

（椭圆章一枚）岁次戊子暑月　吉

土蕴生机荣万物；

地钟灵气毓诸贤。

陈华峰 撰　曾江 书（方章一枚）

戊子仲秋

一方作主安兹生息；

大树有云应所祈求。

许世木 撰 蒋士口书于 北京

福音不断林间响；

德露无痕石上生。

许有信 撰 任德坚 书

戊子年仲秋（方章一枚）

里社为神培后土；

阴阳合德守乡关。

翁绳馨 撰 黄学文 书（方章二枚）

玉皇天尊殿

掌管上界仰无透法力；

统率众神仗一片公心。

程道鉴 撰 黄学文 书（方章一枚）

（椭圆章一枚）岁次戊子长夏

朝朝天上宫阙勤襄内务；

岁岁盛会蟠桃愿乞长生。

郭道鉴 撰 曾江 书（方章一枚）

岁次戊子簫月吉旦

瑶池金母宏开蟠桃宴；

玉阙木公大会艳杏园。

翁绳馨 撰 陈泽山 书

把雷鼓擂开告尘世莫行恶事；
将雨云布去沥甘霖好种嘉禾。

杨逸民 撰 法魔斋 王瑜 书

祥开黄道三千诅咒皆能解；
光映紫宸廿八宿神各有司。

戊子夏许有信撰句并书

尊尚玄穹步清虚而登九五；
圣称无极居太上以遍三千。

岁次丁亥年菊月 莆阳 陈象喜 书（方章二枚）

（椭圆印章一枚）戊子新秋
宝炬光腾霹雳声隆昭百福；
银花彩艳卿云影射扫千灾。

祁明规 撰联 黄维耀书于闽安镇（方章一枚）

公元二零零八年岁次戊子
百忍成名大矣玉人行有道；
一心明德皇哉上帝寿无疆。

许有信 撰 古闽□松 书（方章一枚）

天地育民浩荡皇恩兴社稷；
神明有道威灵法力保安康。

雷瑞洵 撰 胡奇龙 书（方章一枚）

九天东华殿

石室云开见大地江山三千世界；
竹帘风重露半天道院一炷清香。

吴春荣 撰 黄学文 书（方章一枚）

（方章一枚）戊子桂月吉旦

经书涵象妙从善如流恩泽三界；

道法济生灵蹈仁不息德披九州。

郑元太 撰句　郑成林 书（方章二枚）

天上七星玉宇璇玑呈北斗；

人间八政金銮权柄在中枢。

唐庆清 撰　戊子夏天池古口书（方章一枚）

（方章一枚）

助胜蚩尤顽恶巾帼英雄传万代；

匡扶黄帝圣贤功勋誉望仰千秋。

徐有韩撰　严孝敏 书（方章一枚）

授英雄以天书建功用世；

骑彩凤临下界赐福消灾。

福州 郭道鉴 撰　湘人 封宝弄 书（方章二枚）

五岳镇东方秉鉴阴阳昭报应；

百神尊震位掌司祸福布张弛。

林庆林 撰联　戊子夏月 侯官山人曾光明书（方章一枚）

金洞著书绝无尘相尊玄女；

玉虚说口始有飞花落九天。

戊子夏　许有信撰句并书

南极六星一片丹心朝北斗；

祥云五邑数声霓曲绕中天。

翁绳馨 撰联　林金荣 书（方章二枚）

岁次戊子兰月吉日

风光依旧百里名山多石竹；

宝殿新成九天玄女赐仙书。

祁明规 撰句 老白 氷清 书（方章一枚）

五福神祉殿

（因文字无法辨认，本殿少录一联：许有信撰，陈家盛书）

杨逸民 撰联

福洪憩此堂太乙垂光能救苦；

寿满酬其愿魂灵沾露得升天。

山西 张呈祥 书（方章一枚）

左海 许有信 撰联 陈孝瑜 书（方章二枚）

福地千年藏道骨；

寿堂四处有仙风。

（方章一枚）岁次戊子阳春集旦

四海兴隆职掌五铢贻景福；

千秋瑞泰权衡九府裕民生。

陈孝贤 撰并书（方章一枚）

戊子夏 杨逸民 撰联

元宝赐何人君有良心才与你；

银鞭主公道谁行不义岂由他。

岐山居士卢克峰 书（方章二枚）

丞相敢持正义驱狐媚；

干公愿献丹忱剖腹心。

林而严 撰 王瑞 书

（椭圆章一枚）岁次戊子夏月 吉旦

富自己求辛勤所得;

财为人聚节俭而来。

许剑锋 撰并书（方章一枚）

造化在天福禄寿财真富贵;

无为养性平安淡泊小神仙。

福州 雷瑞洵 撰 湘人封宝弄 书（方章一枚）

丁亥冬月吉旦

惟德是凭学而优则仕;

以勤为本诚且敬方灵。

王西康 撰 张潜华 书

岁次戊子腊月吉旦

寿星高照身如松柏征祥瑞;

仁者长生品似梅兰播温馨。

唐庆清 撰联 老白 冰清 书（方章一枚）

郭道鉴 撰 陈家口 书

黑虎护玄坛人尊元帅;

铁鞭制魔怪世奉财神。

戊子仲夏

福禄寿全归有求必应;

天地人交泰无美不臻。

戊子年 夏月 祁明规 撰 林金荣 书（方章二枚）

第二节 墨 宝

木 匾

公元一九二三年端月立

扫 除名利

萨镇冰（方章二枚）

（石竹山道院收藏）

石竹山道院

书者：陈莲笙（悬挂在石竹山道院门楣上）

纸 轴

江畔长沙驿，相逢缆客船；

大名诗独步，小群海西偏；

地湿愁飞鹏，天炎畏站鸢；

去留俱失意，把臂共潸然。

杜少陵潭外留别杜员外院长诗一首

辛未年小暑　文栋

石竹寺惠存

惠风和畅

壬申年秋　潇湘书画院薛文栋敬书

炎海韵州牧，风流汉署郎；

分符先令望，同舍有辉光；

回首多年疾，秋天昨夜凉；

洞庭无过雁，书疏莫相忘。

杜少陵诗一首　文栋（章书）

歌罢海动色　诗成天改容

壬申年金秋于福建省十大风景区之一的石竹寺

福清市书法协会薛文栋

长留天地无穷处

最爱书田不老春

陈天麟（楷书）

石能留影常来鹤

竹欲摩空尽作龙

石竹风景区管理组　壬申秋　天麟书

石竹千古秀　翰墨万年春

无为书于石竹寺

外物之味久则可厌

读书之味愈久愈深

程颐句辛未夏 陈天麟书

一寺悬空平添明山秀水灵气

九仙赐梦普佑海外域内袍泽

严家梅　书

书籍是青年人不可分离的生命伴侣和导师

——高尔基

读一年好书，就是和许多高尚的人谈话。

——歌 德

石竹山图书室成立纪念　辛未秋于里美　俞国琛书赠

大江东去，浪淘尽，千古风流人物。
故垒西边，人道是，三国周郎赤壁。
乱石穿空，惊涛拍岸，卷起千堆雪。
江山如画，一时多少豪杰。
遥想公瑾当年，小乔初嫁了，雄姿英发。
羽扇纶巾，谈笑间，樯橹灰飞烟灭。
故国神游，多情应笑我，早生华发。
人生如梦，一樽还酹江月。

石竹禅寺　念奴娇　己巳蛇年七夕

陈茂桐书于崇寅斋　一九八九年八月

石峰藏灵秀　竹雨除浊尘

玉屿严家枚书于石竹寺

石鼓竹林

石竹寺图书馆存正

陈茂桐书辛未孟夏

名山高耸玉融中，景射平湖瞬不同。
类削石峰形百态，如闻竹雨洒千丛。
洗心泉涌心闲适，无患溪流患宜通。
来客为何云集久，只缘传说有仙翁。

福清书协　陈茂桐并书　九二重阳

石山迎游客　竹林话梦山

石竹唐山主留念　张怡撰联并书

戊辰龙年清明节后 春游 左右手反正书于古闽

三山五岳千峰秀

东海西江一脉通

石竹山仙公法鉴 癸亥年秋初 尹文正

弟子印尼华侨赖方英、吴爱珍 敬叩

石竹吾融锦绣山，青葱景色见开颜。

石形似竹名由来，出米古传有一岩。

癸亥冬闩为石竹寺书 维祯

风度鹤声闻远谷

山横雨色卷浮岚

石竹寺惠存　丁卯初夏林浴生

石峰峙福地

竹雨卷清风

壬申年秋于石竹山　刘福铸书

石质坚实可为友

竹能虚心是我师

壬申年秋　黄诗宗书

山不在高，有仙则名；

水不在深，有龙则灵。

斯是陋室，唯吾德馨。

苔痕上阶绿，草色人帘青。

谈笑有鸿儒，往来无白丁。

可以调素琴、阅金经。

无丝竹之乱耳，无案牍之劳形。

南阳诸葛庐，西蜀子云亭。

孔子云：何陋之有？

辛未年笔毛祚华书玉融

不知香积寺，数里入云峰。

古木无人径，深山何处钟。

泉声咽危石，日色冷青松。

薄暮空潭曲，安禅制毒龙。

于右任先生武功杂作 险峰

第三节 题 刻

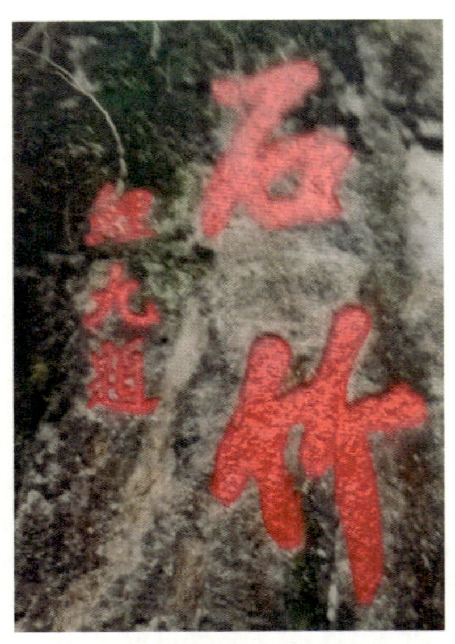

石竹

鲤九题

地点：观音岩下大岩壁。每字高0.80米， 宽0.50米。

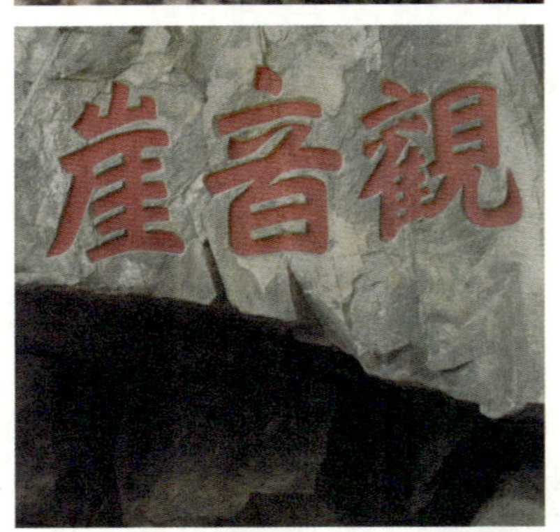

观音崖

戊辰年仲秋 八十叟方渭川书

地点：观音岩正上方。每字0.80米见方。

石竹

王文琦立 雪楼道人书

地点：观音岩折西岩壁上。每字高0.45米， 宽0.35米。

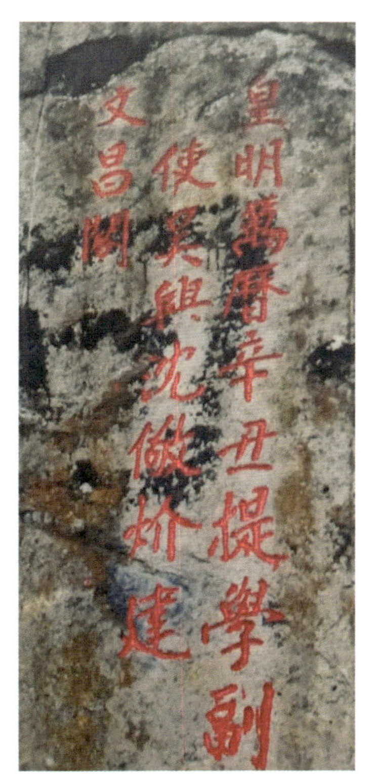

皇明万历辛丑提学副使吴兴沈儆炌建文昌阁

地点：观音岩右边岩壁上。全文字高2米，宽0.6米。

化龙窝

明嘉靖甲午仲夏 住持僧恒庵立

地点：观音岩折西逶迤更上，有两岩突立，字刻在右边岩壁上方。每字0.50米见方。

蓬壶

兰墩书

地点：紫云洞下方20米处。每字高0.30米，宽0.45米。

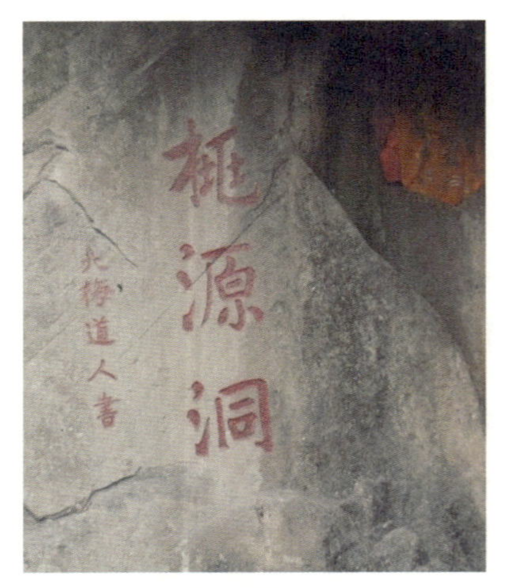

桃源洞

北梅道人 书

地点：九仙阁西，桃源洞口西壁。

武陵谷口

地点：九仙阁西，桃源洞进口处。每字宽0.16米，高0.23米。（书者不明）

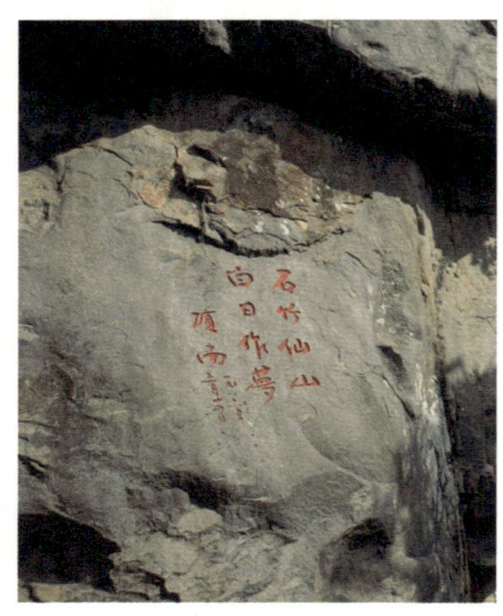

石竹仙山 白日做梦

项南 一九八六年三月廿四日

地点：紫云洞东侧，仙君楼下面岩壁上。幅宽约0.61米，高约0.97厘米。

榕竹并茂

乙丑之秋程序敬书

地点：石亭（石峰竹雨亭）下方西左边岩壁。总高0.76米，宽0.30米。

五洲临石竹，九仙笑颜开。

一九八八年荔月吉旦立　扈屿叶峰刻

地点：观音殿旁岩壁。字长　2.2米，宽2.1米。

紫云

周于德书

地点：紫云洞口，顶上岩壁。大字，每字0.35米见方。

唐三台

年代及题刻者不明

地点：紫云洞内。

应接不暇

年代及题刻者不明

地点：紫云洞内。

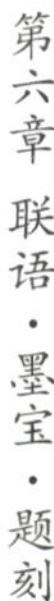

影翠池

年代及作者不明

地点：狮子岩影翠池旁。幅宽约0.47厘米，高约0.18厘米。

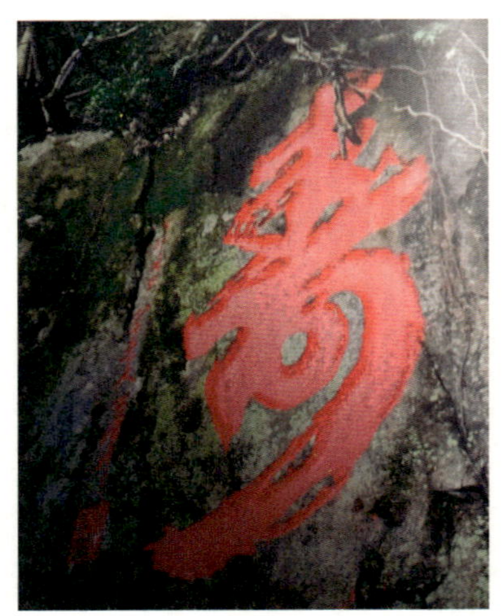

寿

丁卯元旦 八十老人方渭川

地点：上山至半石阶左边。大字宽约1米，高约204米。

别一洞天

地点：原在山下进山路口泗洲大圣殿旁。1979年移在半山石磴旁。碑高1米，宽0.3米。

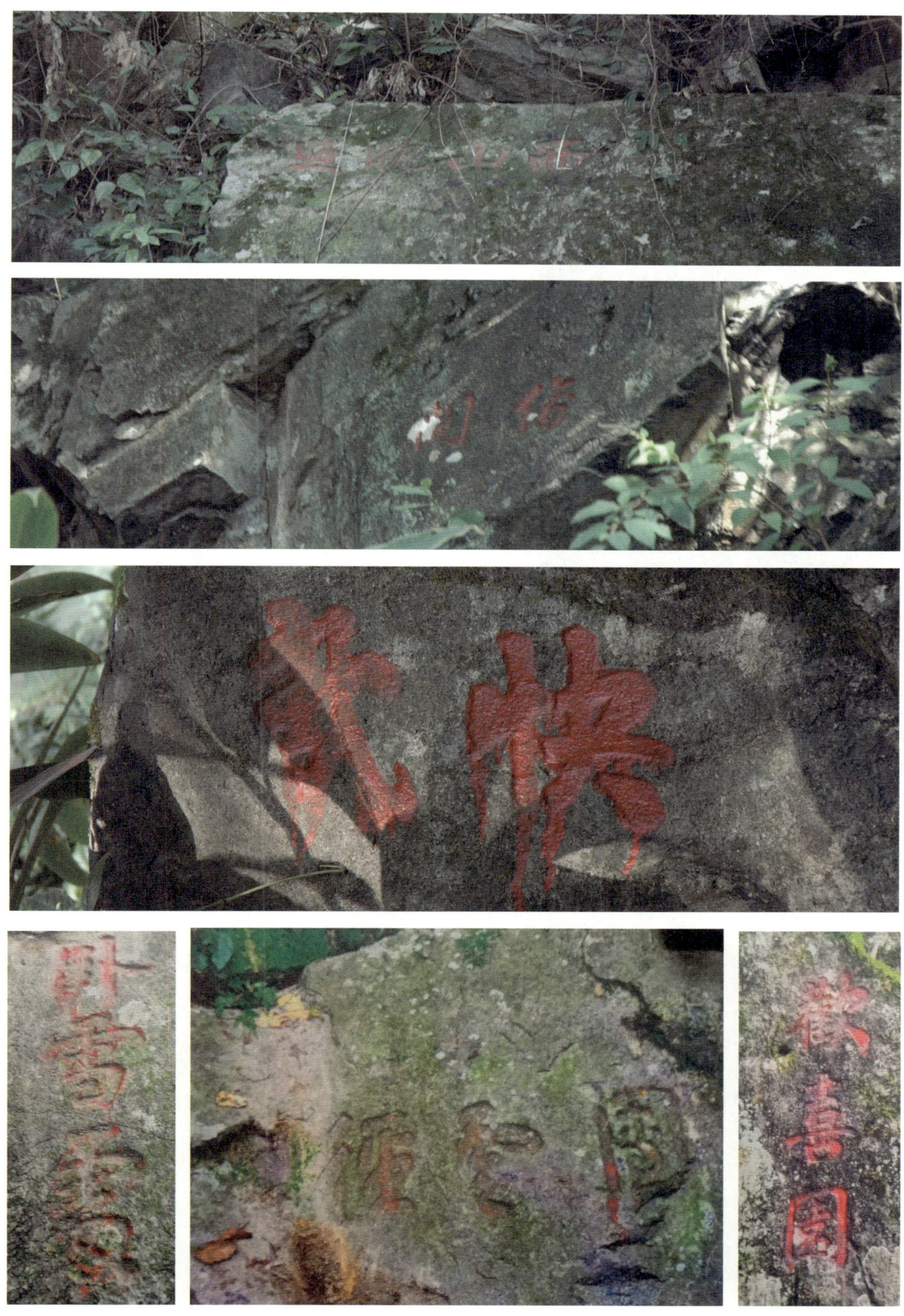

西山晚照　仙间　快哉　卧雪处　□云径　欢喜园

地点：狮子岩古榕树旁岩壁上。传为朱熹所书。

醉石

地点：舍利塔下面，面对玉女峰。 幅宽0.3米，高约1.2米。

静神养气

年代及题刻者不明

地点：石峰竹雨亭上方。幅宽约0.84米，高约0.25米。

明月松间照　清泉石上流

该诗句引自唐代诗人王维的《山居秋暝》。

题刻年代与题刻者不明

地点：仙君楼前台阶下方岩壁。幅宽约0.46米，高约0.86米。

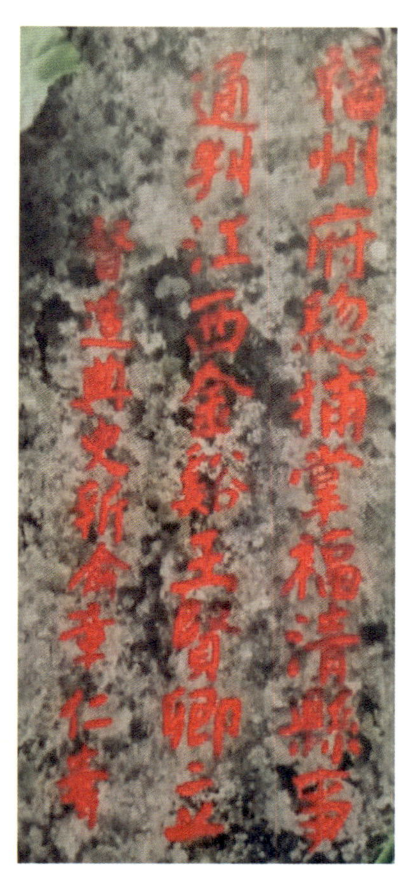

福州府□捕掌福清县事通判

江西金溪王贤卿立

督造典史□俞章仁寿

地点：观音崖下面岩壁。幅宽约1.3米，高1.4米。

石上清泉　竹间绿水

今人余险峰 书

地点：桃源洞右侧岩壁。幅宽约0.51米，高约1.21米。

第七章 石竹山梦文化节及其影响

第一节 新闻链接·石竹山梦文化节动态

梦境仙山 同享和谐

——中华梦乡福清石竹山梦文化节隆重开幕

正值秋风送爽、登高赏菊的重阳佳节，昨天上午，中华梦乡福清石竹山梦文化节在风光旖旎的石竹湖畔隆重开幕。这是我市旅游产业发展进程中的又一大喜事、盛事，对打造石竹山特色旅游品牌，推进福清“旅游旺市”建设将发挥积极作用。

全国工商联原副主席、全国工商联直属会员商会会长瞿怀明，省人大常委会副主任庄先，新加坡驻厦门总领事馆总领事郑美乐，国务院发展研究中心县域经济委员会秘书长李于禧，中央统战部二局副局长赵书钢，全国政协常委、中国道教协会会长任法融，省委统战部副部长庄奕贤，省民宗厅厅长王聚仁，福州市人大常委会原主任赵守箴，福州市委常委、统战部部长王玲，福州市委常委、福清市委书记陈大强，世联第一常务副主席林文镜先生，福州市人大常委会副主任陈瑞麒、陈树雄，福州市政协副主席何宜刚、雷成才，世联常务副主席、香港福清同乡会创会会长杨伯淦及我市四套班子有关领导、社会各界来宾共1000多人参加开幕式。

全国人大党委会副委员长司马义·艾买提和国家宗教事务局给梦文化节发来贺电，中国道教协会会长任法融、省非物质文化遗产保护中心主任吴志跃等在开幕式上致辞，对石竹山梦文化节的开幕表示热烈祝贺。冠城大通集团董事长韩国龙先生也在开幕式上发表热情洋溢的讲话。

开幕式由市委副书记、纪委书记林贤主持。市委常委、常务副市长游美兴在开幕式上致辞。他说，举办石竹山梦文化节，旨在充分挖掘丰富的民间文化遗产，全面展示福清悠久的历史和灿烂的文化，进一步提高石竹山“中华梦乡”品牌的知名度，提升福清旅游产业的文化内涵，推进福清文化强市建设。

2008年10月8日《福清侨乡报》

“梦与中西文化”学术研讨会举行

昨天下午，“梦与中西文化”学术研讨会在石竹山狮岩堂举行。来自全国各地的130多位专家学者出席研讨会。

当天，与会专家学者就石竹山梦文化展开学术交流与讨论。

由于特殊的地理环境，石竹山向来有祈梦传统，长期以来，流传了很多梦的故事。这些梦故事内容丰富，生动有趣，广涉道学、历史、文学、政治、医学养生等诸多领域，有十分珍贵的研究价值。

研讨会上还举行了《石竹山道院文丛》首发式和《百年道学精华集成》项目启动仪式。

2008年10月8日《福清侨乡报》

第二节 一至六届“石竹山梦文化节”概况

截至2018年12月，石竹山道院与相关部门共举办了六届“中华梦乡·石竹山梦文化节”。

第一届梦文化节

举办时间：2008年10月7—10日

主题：梦境仙山 同享和谐

主办单位：福建省非物质文化遗产保护中心、福清市文体局、福清市旅游局、福清市民宗局、冠城大通股份有限公司、福建成龙集团有限公司、厦门大学道学与传统文化研究中心、福建省福清市石竹山道院、福清市东张水库管理局、福清市石竹山旅游开发有限公司。

协办单位：福旺(福建)彩印有限公司、福建龙翔中英文学校、福建省南少林药业有限公司、福建福清美佛儿学校、福建省福清市裕隆食品开发有限公司、龙日腾国际有限公司

承办单位：福建省福清市石竹山道院、福清市东张水库管理局、福清市石竹山旅游开发有限公司。

这也是全球第一届梦文化节。是全国规模最大，群众参与范围最广，影响最深远的一次中国传统梦文化的盛会。文化节期间，结合“中华梦乡”石竹山非物质文化遗产的发掘与整理，举办了中国第一次以梦文化为内容的学术研讨会，中国大陆和港澳台的60多位学者在会上踊跃发言，并辑成《梦通大道——中华传统梦文化研究》上、下两册论文集，在学术界和宗教界产生热烈反响，填补了中国梦文化研究的空白，也为石竹山申报非物质文化遗产提供了更为全面的依据。此次文化节上还举行了道教文化广场奠基仪式和石竹山万圣殿落成剪彩，为广大群众走近传统道教文化，让道教传统文化走入群众生活创造了良好的条件。

第二届梦文化节

举办时间：2010年1月1—5日

主题：共谒九仙　梦圆两岸

指导单位：福建省旅游协会、福清市人民政府、台湾基隆市政府、台湾基隆市议

会、福建省道教协会、福建省非物质文化遗产保护中心、福州市旅游协会、台湾道教会、台湾宗教建设研究会、台北市木栅指南宫。

主办单位：福清石竹山道院、福清市东张水库管理局、台湾道教总庙无极三清总道院、台湾净明忠孝道教会、台湾灵乩协会、台湾张三丰太极内丹术养生学会。

协办单位：福建成龙集团有限公司、凯景国际集团。

本届文化节被国台办列入2010年对台重点规划项目之一。文化节开幕在福建石竹山，闭幕在台湾基隆市，是半个多世纪以来，规模最大、代表性最为广泛的两岸道教交流活动。台湾中国国民党和民进党及道教界知名人士为本届文化节题词。本届文化节亮点之一是：近60年来首次台湾信众到大陆来迎请石竹山何氏九仙，是新中国成立以来大陆道教宫庙地方供神首次大规模分炉台湾；分炉仪式也是我国近60年来第一次按照传统民间习俗复原场景，并融入道教规仪，使之更具梦文化特色。同时，以此为契机，石竹山积极打造“中华梦乡”形象，石竹山梦文化于2009年11月被列入福建省非物质文化遗产保护名录，道院住持谢荣增道长也于2010年荣获“祈梦习俗非遗传承人”称号。

第二届梦文化节开幕式

九仙分炉台湾起驾仪式

基隆道教总院

圆梦闭幕式一

圆梦闭幕式二

第三届梦文化节

举办时间：2012年2月02—05日

主题：迎春纳福　梦圆两岸

指导单位：福建省民族与宗教事务厅、福建省政府台湾事务办公室、福州市民族与宗教事务局、福州市政府台湾事务办公室、福清市人民政府、福建省非物质文化遗产保护中心、福建省道教协会、福建省旅游协会、台湾道教会、台湾道教总庙无极三清总道院、台湾阿里山邹族文化观光产业发展促进会。

主办单位：福清市文体局、福清市旅游局、东张水库管理局、石竹山道院、福清石竹山旅游开发有限公司。

经过两届梦文化节的影响，深刻展现两岸在中国传统文化、民间信俗方面有着如此深厚的渊源，更加印证了海峡两岸祈求和平，渴望互动往来的美好愿望。于是，以“迎春纳福，梦圆两岸”为主题的第三届中华梦乡福清石竹山梦文化节（被列入国台办2012重点规划交流项目）隆重举行，加强了与台湾道教界的往来与交流。文化节期间，举行了石竹山道院与台湾道教总庙无极三清总道院友好签约仪式、台湾阿里山与石竹

第三届梦文化节开幕式

山结成友好盟山签约仪式、石竹山道院九仙分炉台湾仪式；同时完整展示了带有浓郁石竹山民俗特色的迎春纳福大法会、接春仪式民俗活动，共同迎接龙年春天的到来。还举办了海峡两岸道教界迎春座谈会，海峡两岸的道教界人士一起畅叙友情，就进一步开展交流与合作进行了探讨。文化节受到中国中央电视台和凤凰卫视的深刻关注，对文化节展开深度报道，使梦文化节内容更加丰富，影响更加广泛。

第三届梦文化节开幕式

第四届梦文化节

举办时间：2014年6月

主题：中华九仙 福佑两岸

指导单位：福建省委统战部、福建省民族与宗教事务厅、福建省台办、福建省旅游局、福建省非物质文化遗产保护中心、福州市委统战部、福州市民族与宗教事务局、福清市委、市人民政府、中国道教协会等相关部门。

主办单位：福建省道教协会。

承办单位：福清市石竹山道院、东张水库管理局、福建省石竹山旅游开发有限公司。

以“中华九仙，福佑两岸”为主题的第四届中华梦乡福清石竹山梦文化节在福清市举行，来自海峡两岸的一万多名信众会聚一堂，为圆梦祈福。本届梦文化节再度整合石竹山梦文化资源，更为系统地向世人展示其内涵，举行了九仙分炉台湾送驾仪式、具有浓厚民俗特色的两岸四地绕境活动、规模宏大的朝山活动等，已成为目前大陆规模最大、群众参与范围最广的梦文化盛会。此次梦文化节首次融入了具有浓厚民俗特色的两岸“绕境”活动，旨在挖掘、传承特色民俗文化。诞生于隋唐时期的“绕境”文化，最早是春节期间百姓自发聚在一起，载歌载舞的庆祝活动。今年的“绕境”活动通过方阵表演队伍的空间变化和层次感，融民俗性、视觉性、互动性于一体。

第四届梦文化节开幕式

第四届梦文化节会场

第四届梦文化节台胞踩街

第五届梦文化节

举办时间：2016年12月27—29日

主题：圆梦石竹 道达和谐

指导单位：国家宗教事务局、中国道教协会、福建省委统战部、福建省台湾事务办公室、福建省民族与宗教事务厅、福建省旅游局、福建省非物质文化遗产保护中心、福清市委、福清市人民政府、福州市委统战部、福州市台湾事务办公室、福州市民族与宗教事务局、福州市旅游局。

主办单位：福建省道教协会。

承办单位：冠城大通股份有限公司、福建福清石竹山道院、福清市东张水库管理局、福清市石竹山旅游开发有限公司。

2016年12月28日，以“圆梦石竹，道达和谐”为主题的第五届中华梦乡福清石竹山梦文化节暨2017年海峡两岸道教界迎春联谊会在福建省福清市石竹山隆重举行。内地及台港澳地区的道教界及社会各界人士近千人参加了此次盛会。国家宗教事务局蒋坚永副局长致辞指出，石竹山连续成功举办四届梦文化节，逐步成为福建道教响亮的文化品牌，为两岸四地持续友好交流搭建了新的平台。衷心希望两岸四地道教界以此为平台，加强交流，深化合作，将道教文化复兴之梦与中华民族复兴之梦结合起来，更好地弘扬中华优秀传统文化，为同祈两岸四地福祉，为促进两岸四地关系和平发展，

为促进港澳稳定繁荣发展，为实现中华民族伟大复兴的中国梦，做出新的更大贡献。

第五届梦文化节开幕式

在本届福清石竹山梦文化节开幕式上，新当选的福建省石竹慈善基金会会长、福清籍的冠城大通股份有限公司董事长韩国龙捐款2亿元人民币，用于推动海峡两岸及港澳地区慈善工作，助力海峡两岸及港澳地区社会公益事业，为海峡两岸及港澳地区福祉，再添福音。

韩国龙在第五届文化节上捐2亿元人民币作为慈善基金

第六届梦文化节

举办时间：2018年12月20—25日

主题：承古开今 筑梦未来

指导单位：中国道教协会、中共福建省委统战部、福建省民族与宗教事务厅、福建省文化和旅游厅、福建省闽台交流协会、福清市委、市人民政府。

主办单位：福建省道教协会。

承办单位：福清市石竹山道院、福建省石竹慈善基金会。

本届文化节被国台办列入“2018对台重点交流项目”，并经国家宗教事务局批准。内地及台港澳地区的道教界及社会各界人士参加了此次盛会，共同见证两岸四地友好互动的情谊，共结梦缘。主要内容有：祈祷宇宙和谐世界和平清醮大法会；“尊道贵德，慈俭和善”传统道家梦文化讲座；第六届中华梦乡福清石竹山梦文化节开幕式和“一带一路”梦文化国际研讨会；福建省石竹慈善基金会慈善捐赠签约等。

文化节活动以习近平新时代中国特色社会主义思想为指导，深入挖掘、弘扬中华道教优秀传统文化，牢固树立爱国爱教的核心价值观，进一步推动中华文化走向世界，不断增强中华民族的文化凝聚力，共筑中华民族伟大复兴的“中国梦”。

第六届梦文化节开幕式

第六届梦文化节国际研讨会

第三节 梦文化节的效应

谢荣增在中国道教协会第九次代表大会上谈梦文化节

在2017年6月29日闭幕的中国道教协会第九次全国代表大会上，福建省道教协会会长、石竹山道院住持谢荣增当选为中国道教协会副会长。日前，谢荣增会长在北京一次会议上，谈起了他住持的石竹山道院，在推动两岸道教界交流合作方面发挥的作用。

1. 接待到访台胞三万人次

谢荣增道长介绍说：近年来，石竹山道院与台湾方面的交流日益热络，接待台湾道教和经贸文化团队数百团共计30000人次，出访台湾30多次。自2008年起，每两年举办一届“中华梦乡·福清石竹山梦文化节”，其中2008年10月第一届梦文化节期间，举办了我国第一次以梦文化为主题的“梦与中西文化学术研讨会”，两岸及港澳地区有60余名学者参加，挖掘整理了与梦文化相关的音乐、美术、民俗文化以及早期中医的心理治疗技艺；2010年1月第二届梦文化节在福清石竹山开幕，在台湾基隆市闭幕，两岸道教界发表了《海峡两岸道教圆梦宣言》，并举行了“九仙分炉”仪式，将石竹山道院何氏九仙分炉至台湾9个宫观供奉，重新续写了“两岸神缘一脉”的传承；2012年2月第三届梦文化节通过学术研讨会、两地共办、九仙分炉和“石竹祈梦”等多种形式，展现内涵丰富的两岸文化交流；2014年6月，第四届梦文化节与第六届海峡论坛·两岸民间宫庙叙缘交流会联袂举办，会节联动，借力民间，带动了台湾近万名道教和民间信仰的信徒来闽参加朝山进香、谒神分炉等宗教民俗活动，扩大了交流活动在台湾民间普通信众中的影响，并由两地道教和民间信仰组织与宫庙共同发起并签订了《两岸百家宫庙倡议书》，使交流活动取得新进展、步入新起点。

此外，石竹山道院还以梦文化缔结两岸情缘促成了2011年福建省道教协会与台湾省道教会签订友好交流协定备忘书；2014年福建福州市道教协会与台湾台中市道教会签订友好交流协定备忘书；2014年应武当山道协之邀，组织福建1000多人组成圆梦之旅，参加武当山“共谒玄帝，福泽两岸”600年神尊玄天上帝巡境台湾活动等。

2.多层面参与可持续交流

据谢荣增道长介绍，石竹山已经举办的六届梦文化节中，有五次被列入国台办重点规划交流项目，成为促进两岸交流的新平台。其中，2010年携手台湾基隆市举办的海峡两岸道教圆梦之旅暨第二届中华梦乡福清石竹山梦文化节，两岸道众千余人互动，台湾道教300多座宫庙负责人和500多位信众参加在福清举行的开幕式，而石竹山道院则组织了福州市500多个道教宫观负责人赴台参加在基隆举行的闭幕式，这是当时我国道教界赴台参加友好交往人数最多的一次；2014年第四届中华梦乡福清石竹山梦文化节，吸引了海峡两岸四地数万人共同参与，仅台湾就组织了一万多人的道教信众参与，这是有史以来台湾道教界到访大陆人数最多的一个团队，不仅见证了两岸友好互动的情谊，同聚九仙福地，共结梦缘，也再一次拓宽两岸文化交流的广度，促进两岸文化共同发展。

石竹山梦文化节不仅邀请了中国道教协会会长任法融、副会长黄信阳等高道大德出席活动，还得到了如十届全国人大常委会副委员长司马义·艾买提，十一届全国人大常委会副委员长周铁农，国家宗教事务局副局长蒋坚永、陈宗荣，中国国民党主席吴伯雄、亲民党主席宋楚瑜等两岸政要和名人的关注，以及两岸专家学者和普通民

众的普遍参与；梦文化节的成功举办，既有老一代人的热心推动，也吸引了大量青少年的参与，如第三届梦文化节，台湾阿里山90后的邹族小姑娘的歌舞表演和两岸500多名儿童共同参与的“童心绘就中华梦书画大赛”，标志着两岸青少年已经进入到两岸道教文化的交流行列；而梦文化节上，从石竹山九仙分炉的17家宫观遍布台北、台中、台南、高雄等地，影响遍及全台湾；福建石竹山与台湾阿里山的结盟更加深了与台湾南部民众，特别是邹族等少数民族群体的交流，使两岸文化交流的地域更广，层面更多。

谢荣增道长认为，作为道教文化的守护者和继承者，道教界肩负着弘扬中华优秀传统文化的神圣职责。所以，石竹山道院在规范道院的宗教生活和教务活动的同时，更重视“石竹道文化”的建设。早在1995年1月石竹山道院就成立了由数十名道教界人士和从事宗教研究的一些专家、学者参加组成的“石竹山宗教文化研究会”，组织召开各种研讨活动，征集有关研究文章，不断挖掘、丰富和深化石竹山宗教文化的内涵，逐步建立以石竹“祈梦”文化等为中心的具有石竹特色的宗教文化研究体系。国家宗教事务局曾以“福建突出道教文化主题 打造对台交流新平台”为题，对石竹山梦文化节进行专题简报。2008年第一届梦文化节还编辑出版了《梦通大道——中华传统梦文化研究》上下两册论文集，为研究祖国传统梦文化研究工作留下了首部依据。此外，石竹山还委托厦门大学宗教学研究所所长詹石窗教授主编《石竹山道院文丛》，由宗教文化出版社统一出版发行了《道教修行指要》《道教心理健康指要》《道教饮食养生指要》《老子大道思想指要》《66个梦——石竹山道院祈梦故事集》《接春——石竹山景观传说与民俗活动故事》《中华梦乡——石竹仙境》《大道溯源——走近道教圣典〈道德经〉》等著作；2012年第三届梦文化节完整展示了带有浓郁石竹山民俗特色的迎春纳福大法会、接春仪式等民俗活动，进一步扩大和加深了九仙信仰与祈梦文化在台湾的传播和影响，以福建省非物质文化遗产“石竹祈梦”为主题，以道教文化交流为主体，以海峡两岸梦圆道通为主线，展示了福建独具特色的道教文化。以梦文化节的连续举办为契机，福建省道教协会与台湾省道教会签署的道教文化友好交流备忘录约定：设立道教友好交流常设机构，建立友好交流机制适时举办各类交流活动，共同致力于公益慈善事业；互通两地道教讯息，拓展两岸道教交流形式。石竹山梦文化节为两岸道教文化交流合作建立了可持续交流机制，促进了闽台两地道教和民俗文化的友好交流持续开展。

3.九仙分灵联结两岸神缘

谢荣增道长说：石竹山梦文化节的一大亮点，就是石竹山何氏九仙分炉台湾。2010年第二届文化节开幕仪式上，台湾信众组织了大规模迎请石竹山何氏九仙分炉台湾的仪式，这是新中国成立以来大陆道教宫庙地方供神首次分炉台湾。活动中，台湾政要和不同党派的领导人如马英九、蔡英文、宋楚瑜等都送来贺词和贺匾，台湾道教界信众都高兴地表示只有石竹山道教梦文化活动能让台湾不同政见的党派坐在一起，说着两岸同根同缘同样的话；第三届梦文化节期间，来自台湾200多名道教界人士和信众与当地近万民众共同见证了独具福建民俗特色的接春仪式，石竹山道院与台湾道教总庙无极三清总道院、福建石竹山与台湾阿里山缔结友好盟约；第四届梦文化节上，依托第六届海峡论坛·两岸民间宫庙叙缘交流盛会，举行了精彩的兰阳哥仔戏剧团演出、具有浓厚民俗特色的闽台踩街活动、规模宏大的朝山活动，这是大陆历史上规模最大的海峡两岸道教圆梦盛会，在推动和鼓励两岸基层民众加强交往，构筑两岸民间交流的平台方面效应显著。

据介绍，依托梦文化节，石竹山道院还与台湾方面达成了多项旅游、经贸合作协定。根据协议，双方将扩展合作领域，为海峡两岸企业提供更丰富的市场营销和宣传平台；将共同挖掘旅游资源，实现旅游资源共享，客源互流；将扩大民间交流，致力于两地互惠互利，共同发展；携手致力于实质性合作。如在阿里山将兴建一座四星级“石竹山庄”酒店，在福清石竹山开辟一条阿里山风情民俗街。此外，双方还将共同致力于弘扬道教传统文化，发扬道教济世利人的优良传统，关怀社会弱势群体，积极从事道教慈善工作。

回顾近些年来在推动两岸道教文化交流合作方面走过的路程，谢荣增道长感慨地说：石竹山既是道教神仙所居之地，又是广大信众的祈梦之所，还是一处实实在在的公共场所、生态群落、游客休闲观赏的宗教净土。未来石竹山道院将作为道教文化的守护者和继承者中的一员，继续以文化为纽带加强两岸交流，担当起弘扬中华优秀传统文化的神圣职责，增强中华民族凝聚力和向心力，成为推动中华民族伟大复兴的一股强劲的正能量。

历届中华梦乡福清石竹山梦文化节新闻通稿录

2008年9月16日新闻发布会通稿

梦境仙山 同享和谐

中华梦乡福清石竹山梦文化节

世界上第一次以梦文化为主题的大型文化节——2008中华梦乡福清石竹山梦文化节将于10月6—8日在福建省福清市隆重举行，10月7日（农历九月九重阳节）在石竹山主会场举行开幕式。

该文化节由福清市石竹山道院和福建省非物质文化遗产保护中心及福清市文体局、福清市旅游局、福清市民宗局、福清市东张水库管理局、厦门大学道学与传统文化研究中心、冠城大通股份有限公司、福建成龙集团有限公司等联合举办。届时，将邀请国家、省、福州市等各级各有关部门领导以及相关领域的专家、学者和福建日报、香港大公报、福州日报等25家新闻单位记者出席这次盛会，来自海内外、港澳台等地的上千位嘉宾也将齐聚石竹山，共同见证这一值得纪念的历史时刻。

中华梦乡福清石竹山梦文化节是以石竹山梦文化申请非物质文化遗产为契机，增强海西福清的文化底蕴，以文化软实力来提升国际竞争力，增进闽台文化交流，加深闽台民间交往，为祖国统一大业服务。

石竹山位于福建东南沿海著名侨乡福清城西10公里处，是国家AAAA级旅游区、首批福建省级风景名胜区、首批国家水利风景区，素有“中华梦乡，石竹仙山”之美誉。作为闻名遐迩的道教圣地，石竹山自西汉以来就与“梦”结下了不解之缘；作为一种民俗现象，“石竹祈梦”蕴含着中华传统文化的诸多信息。据考证，中国传统的伦理、道德、中医、中药、音乐、艺术、自然科学等都曾借助梦文化，依靠民俗等非物质文化遗产的形态来实现它们的传播、传承，两千多年来长盛不衰。在福清，随着民间祈梦与解梦活动的发展，诸如明代永乐年间状元马铎、万历年间内阁首辅叶向高、清末翰林院陈宝琛等祈梦故事和民间“月落日出”“川之无才”等梦境故事均广为流传，不仅福州地区民间家喻户晓，而且随着海外乡亲带往世界110多个国家和地区。作为“中华梦文化”的传承地，石竹山每年都吸引众多香游客到此游览和祈梦，尤其成为福清籍海外游子神往梦绕之地。这些“梦”故事不仅蕴含着丰富的民俗文化知识和深刻的人生哲理，对于弘扬从善弃恶的传统道德观念，也具有特殊的现实意义。可以说，由祈梦文化、接春文化、九仙信仰组成的石竹山梦文化历史传承悠久、内涵积淀深厚、文化影响深远。目前，省市有关部门和我市正在致力于“中华梦乡”石竹山梦文化非物质文化遗产的发掘与整理，旨在通过科学考察与细致分析，发掘蕴含其中的伦理道德教化意义和丰富的民俗文化内涵。

本届梦文化节将是一次规模宏大、群众参与广泛、影响深远的中国传统文化的盛会。文化节的主题思想“梦境仙山，同享和谐”凸显了我国传统道教文化对“天地人和”的追求和融合，并赋予传统道教文化传承新的时代特征。

文化节期间，将举行开幕式、石竹山道院万神殿剪彩仪式、道教文化广场中图解《道德经》梦幻城奠基仪式、祈祷宇宙和谐世界和平大法会、民俗文化表演和道家武术表演等民俗气息浓厚的各种文化文艺活动；举行旅游招商签约仪式；邀请广西壮族自治区刘三姐艺术团组织中华梦乡之夜文艺晚会演出；举办梦文化论坛和“梦与中西文化学术研讨会”。其中，“梦与中西文化学术研讨会”是我国有史以来举行的第一次以梦文化为内容的学术会议，此举将填补中国梦文化研究的许多空白。届时来自中国大陆与港澳台的60多位学者将在会上交流道学研究的最新成果，并通过对现有“中华梦乡”石竹山梦文化非物质文化遗产发掘和整理成果的研讨，进一步认识中医中药中最早的心理暗示治疗、催眠疗法的原始形态，以及在这些民间活动过程中保存下来的音乐、美术等其他形态的传统民俗文化。同时，研讨会将本着去其糟粕、取其精华的批判继承精神，在研讨中理清发展思路，为石竹山梦文化申报世界非物质文化遗产提供更为全面的依据。

福清市委、市政府对举办2008中华梦乡福清石竹山梦文化节高度重视，为确保顺利成功办好这次文化节，成立了文化节专门工作协调机构，主协承办单位成立了文化节组委会，由福建省政协委员、福建省政协民宗委副主任、中国道教协会常务理事、福建省道教协会副会长、福州市道教协会会长、石竹山道院住持谢荣增担任文化节组委会主任，下设5个工作组，三个多月来各组都在紧锣密鼓地开展工作。

作为文化节的前奏，本次发布会上新颖的揭幕仪式体现了传统与现代科技的精彩糅合，古韵十足的祈梦情景再现更是把“中华梦乡”神秘的“祈梦文化”演绎得登峰造极、精美绝伦。与会者纷纷表示非常期待这场文化盛宴的来临，届时，将登顶望河山，身临其境领略中国道教文化传承与风景秀丽旅游圣地的魅力！

中华梦乡福清石竹山梦文化节组委会

2008年9月16日

2010年第二届梦文化节新闻通稿

海峡两岸道教圆梦之旅
暨第二届中华梦乡福清石竹山梦文化节

即将于2010年元月1日至8日举办的“海峡两岸道教圆梦之旅暨第二届中华梦乡福清石竹山梦文化节”是海峡两岸第一次以“道教”为主体，以“梦文化”为主题的文化盛会。开幕式将在有“中华梦乡”之称的福建省福清市石竹山举行，闭幕式将在宝岛台湾的基隆市举行，真正意义上实现了两岸经济、文化、人文、旅游的全面互动。

继2008年10月在“中华梦乡”福建省福清市石竹山举办了世界上第一次以梦文化为核心的大型文化节以来，中华大地上掀起了一场前所未有的中国传统道教文化、梦文化传扬热潮。这股对中国传统文化的传承与交流的热潮也深深波及了海峡东岸，台湾中天电视台连续对石竹山梦文化的专题报道，引起岛内强烈反响。尤其是台湾的同道中人及部分民众，对石竹山及其梦文化产生了浓厚的兴趣、敬仰和尊崇，并渴望能够亲身感受石竹山梦文化的魅力。台湾中华道教两岸交流协会、中华灵乩协会等道教团体向石竹山道院衷心表达了朝山与分炉台湾的宏愿，并组织台湾近千人的信众朝山团赴石竹山举行朝山活动，共同见证九仙信仰和祈梦文化的风采。缘于两岸道缘关系之深厚，“海峡两岸道教圆梦之旅暨第二届中华梦乡福清石竹山梦文化节”就此应运而生。

本次文化节是全国规模最大，群众参与范围最广，影响最深的一次横跨海峡两地举办的中国传统梦文化的盛会。文化节的主题思想“共谒九仙 梦圆两岸”突显了传统道教文化、梦文化在中华儿女、炎黄子孙心目中的重要地位，证明了海峡两岸同胞对中国传统文明共同的继承与弘扬心愿，同时，也表达了两岸同胞渴望梦圆的祈盼。在新闻发布会上我们领略了“中华梦乡”石竹仙山的旖旎风光，也看到了石竹山作为道教与梦文化传承工作的载体，所承担的责任与做出的贡献。发布会上，“凝聚梦的精神，点燃希望，汲取力量。”“追寻梦的本源，饮取智慧之泉，掌握命运的脉搏。梦想是奋斗的源泉，健康是幸福的保障。”“清净自然，构筑我们共同的家园。”“让我们亲近传统，走向未来。财富有价，情义无价。”“在发展中点亮梦想，在梦想中握紧发展。让梦指引方向，在信仰中迈开追求胜利的脚步。”“九仙显圣，虔诚无量，多行善举。”“九仙庇护，追求世界和平的脚步。”十大契合“何氏九仙”赐予民众精神支柱，并且承载着世界人民、两岸同胞共同祝福的愿景呈现在我们面前。除此之外，大会还向我们提前公布了神圣的分炉仪式部分片段，翔实介绍了两岸道教、梦文化的渊源，以及文化对经济、人文等方面所产生的巨大推动作用，传统道教“九仙梦文化”将走进台湾，为两岸同胞保驾护航。据悉，本次分炉仪式是我国近六十年来第一次按照传统民间习俗复原场景，并融入道教规仪，使之更具有梦文化特色。项目组委会将继续保持高昂的工作热情，充分发挥传播梦文化的自觉性与积极性，向两岸同胞、世界华人递上一份满意的答卷。届时，将有来自海内外、港澳台等地的数千位来宾齐聚福清市石竹山与台湾基隆，共同见证这一值得纪念的时刻。

石竹山位于福建东南沿海著名侨乡福清城西10公里处，素有“中华梦乡 石竹仙山”之美誉，清幽而温馨。作为闻名遐迩的道教圣地，石竹山自古以来就与梦结下不解之缘。随着祈梦与解梦活动的频繁展开，各种梦故事也流传起来，诸如因祸得福、白龙缠柱、玉带环腰等等。这些梦故事不仅具有特殊的象征意味，而且蕴含着多种多样的民间知识和深刻的人生智慧。这些故事因石竹山而精彩，石竹山因故事及其深刻的内涵而厚重！正是这些绮丽的民族文化瑰宝向我们展示了传统道家文化传承的意义和重要性。

古韵十足的分炉仪式、丰富的文化节系列活动，将把海峡两岸道教圆梦之旅打造得精彩绝伦。生于传统，而茂盛于传统，发扬于现代，而作用于现代，让我们一起登顶望河山，身临其境领略中国梦文化的传承与风景秀丽旅游胜地的魅力，感受海峡两岸同胞的美好愿景！

中华梦乡福清石竹山梦文化节组委会

2009年12月

2012年第三届梦文化节新闻通稿

迎春纳福，梦圆两岸
——2012第三届中华梦乡福清石竹山梦文化节

2012年2月3日至5日（农历壬辰年正月十二日至十四日），在福建省福清市石竹山举办的“迎春纳福，梦圆两岸——第三届中华梦乡福清石竹山梦文化节”，是一次盛况空前的大会，已经获国台办批复为2012年对台交流重点规则项目，将吸引了海峡两岸民众共同关注，也见证了两岸友好互动的情谊，共结梦缘。

福建石竹山道院是福建省最具道教与民俗特色的重要的道教活动场所，是国家4A级旅游区，有其独特的道教活动内涵——祈梦文化。是祈梦和圆梦的发祥地，素有中华梦乡之美誉。随着中国传统文化复兴之时，石竹山道教梦文化获得前所未有的关注和参与热潮，举办梦文化节的意义也正在于此。

2008年石竹山道院主办了“石竹仙山，共享和谐”为主题的全球第一届梦文化节后，梦文化在海内外，尤其是台湾地区引起了巨大反响。2010年，台湾中华道教两岸交流协会等道教团体经过多次寻访和交流，促成“共谒九仙，梦圆两岸”为主题的海峡两岸道教圆梦之旅暨第二届梦文化节的举办，实现了九仙分炉至台湾的宏愿。

本次的第三届梦文化节在前两次梦文化节的经验和基础上，更适时地加入了带有石竹山接春民俗特色的迎春纳福大法会、九仙分灵大法会、福建省福清市石竹山道院与台湾道教总庙友好签约仪式及台湾阿里山与石竹山结成友好盟山签约仪式、台湾道教协会分炉仪式等几大亮点。

众所周知，石竹山自古就被封为行春之治所，在接春日，民众祈求“新春伊始接好运，在新的一年里大吉大利”，还有禳太岁道场，祈禳“顺星照应，岁运亨通”。这一传统民俗活动极具意义，今年的梦文化节中就举行了隆重的迎春纳福大法会，将石竹山的“接春”民俗发扬光大，共同企盼来年的风调雨顺。

祖国大陆与台湾一海相隔，两岸人民都是炎黄的子孙。所以，中华民族的传统宗教道教早已根植于宝岛台湾。文化节上，福建省福清市石竹山道院与台湾道教总庙友好签约仪式备受瞩目，这是两岸道教文化友好交流的一个新起点，日后，两岸道教友人将共同致力于担当维护两岸和平、共谋两岸福祉的时代使命。双方达成共识，将在闽台两地道教会各自设立道教友好交流常设机构，专事负责两地道教友好交流事宜。闽台两地道教会将共同致力于弘扬道教的慈善工作，闻声救苦，关怀社会弱势群体，济弱扶贫，誓为社会稳定贡献力量。在各自能力范畴中，共同为社会公益事业服务。

石竹山与台湾嘉义县阿里山友好结盟姐妹山签约仪式可谓开启了海峡两岸文化交流的新纪元，这是一次值得关注和纪念的盛举。

阿里山的先民们在出外狩猎与农耕中自古以来就有着与保持着占梦的习俗，至今还保留与沿用着先人邹祖的梦谱。石竹山自西汉以来就与“梦”结下了不解之缘；作为一种民俗现象，“石竹祈梦”蕴含着中华传统文化的诸多信息。2009年石竹山祈梦习俗已经获得福建省非物质文化遗产保护名录。

石竹山与阿里山有着众多相近的民俗文化共同点，又有着各自美丽独特的风景线，已然不失于天造地设的兄弟姐妹山。为了更好地打造两地的旅游品牌，挖掘两地旅游、经济、宗教与文化和地方产品的资源，搭起两地企业和服务民众与沟通的平台。双方达成共识，议定福建石竹山与台湾阿里山结盟为友好姐妹山，并推荐阿里山公主——汪毅纯小姐为友好联盟形象代言人。双方将共同致力于担当维护两岸和平、共谋两岸福祉的时代使命。

丰富多彩的文化节系列活动，把海峡两岸道教圆梦之旅打造得精彩绝伦。这其中不乏形式新颖的节目篇章，不但有童子诵读《道德经》、独唱《梦入桃花源》等大陆演员献上的节目，还有台湾阿里山同胞带来的精心编排的歌曲及舞蹈及由大陆、台湾演员共同表演的歌曲大串烧等，加上古韵十足的分炉仪式，整场文化节高潮迭起，将来宾带入了一个道与梦、真与美、古与今相融合的境界里。

生于传统，而茂盛于传统，发扬于现代，而作用于现代，第三届石竹山梦文化节开启了增进两岸和谐的旅游、经济、宗教与文化，弘扬对社会有益的新篇章，规划出闽台两山两地友好交流交往的未来，将进一步促进闽台两地道教友好交流的可持续发展，更好的弘扬道教优良传统美德和祖国传统文化！

2012年第三届梦文化节主题词：迎春纳福 梦圆两岸，海峡两岸再度联手以中华民族传统的仪式共同迎接春的到来，让我们一同见证五大亮点：

1.福建石竹山道院与台湾道教总庙友好协议的签订

2.福建石竹山与台湾阿里山结成友好盟山

3.福建石竹山何氏九仙再度分灵台湾

4.福建石竹山道院携手台湾道友两岸信众万人共同举行传统的、隆重的接春大典

5.福建石竹山道院举办2012龙年道教祈禳太岁平安大法会，祈求宇宙和谐、世界和平，海峡两岸众生平安幸福，祥和昌盛！

中华梦乡福清石竹山梦文化节组委会

2012年1月

2014年第四届梦文化节新闻通稿
第六届海峡论坛·第二届海峡两岸民间宫庙叙缘交流会暨第四届中华梦乡福清石竹山梦文化节

以“中华九仙，福佑两岸”为主题的——第四届中华梦乡福清石竹山梦文化节”，将于2014年6月8日至13日，在福建省福清市石竹山隆重举行，是由福建省道教协会主办，福建石竹山道院承办，以台湾民众首次组成的万人大团“圆梦之旅”全体参加，这是一次盛况空前的文化聚会，吸引了海峡两岸四地数万人共同参与，不仅见证了两岸四地友好互动的情谊，同聚九仙福地，共结梦缘，也再一次拓宽两岸民间交往文化交流之广度，促进两岸文化共同发展。

石竹山位于福建省东南沿海著名侨乡福清市，是一片临近繁华的人间净土。特殊的人文和地理环境与中华传统本土宗族文化内涵，使石竹山成为“祈梦的发祥与传承地”，素有“中华梦乡”之誉。石竹祈梦文化是一种原生文化，石竹山祈梦习俗蓄存着中华传统文化的诸多信息，以九仙信仰为精神纽带，以人生礼俗、岁时节令相伴随，以民间心理医疗知识为内涵的祈梦文化是一种行之有效的民间养生与社会教化方式。

2008年以“梦境仙山，同享和谐”为主题的全球第一届中华梦乡福清石竹山梦文化节在石竹山隆重举行，并辑成《梦通大道——中华传统梦文化研究》上下两册论文集，为石竹山申报非物质文化遗产提供了更为全面的依据。2009年6月石竹山祈梦习俗成功入列福建省非物质文化遗产名录，并在积极申报国家级非物质文化遗产，石竹山的影响力和价值将借此得到持续加强和提升。2010年第二届中华梦乡福清石竹山梦文化节以“共谒九仙，梦圆两岸”为主题，开启了海峡两岸道教圆梦之旅，是我国近60年来第一次按照传统民间习俗并融入道教规仪，实现何氏九仙大规模分炉台湾。2012年以“迎春纳福，梦圆两岸”为主题的第三届中华梦乡福清石竹山梦文化节，完整展示了带有浓郁石竹山民俗特色的迎春纳福大法会、接春仪式等民俗活动，进一步扩大和加深了九仙信仰与祈梦文化在台湾的传播和影响。

第四届梦文化节在前三次梦文化节的基础上，再度整合石竹山梦文化的资源优势，更为系统地向世人展示她的内涵。此次活动有海峡两岸四地数万人参与，成为目前全国规模最大、群众参与范围最广、影响最深的梦文化盛会。活动期间将举行隆重开幕仪式、九仙分炉台湾送驾仪式、具有浓厚民俗特色的两岸四地踩街活动、规模宏大的朝山活动以及第二届海峡两岸民间宫庙叙缘交流会。

阵头绕境，风采两岸

“绕境”文化诞生于我国隋唐时期，最早是春节期间百姓自发聚在一起，载歌载舞相互庆祝。在我国很多地方都有多种形式的踩街风俗。此次梦文化节也首次融入踩街活动，旨在挖掘、传承特色民俗文化。绕境活动将从福清：石竹路驻驾起点→石竹路→石竹山下驻驾终点，共计2.25公里。踩街，形成绵延约数公里长的民俗盛景，为海峡两岸奉上民俗气息浓厚的文化大餐。

本届海峡两岸民俗绕境活动在表演方式有很大的创新。

今年的踩街活动通过方阵表演队伍的空间变化和层次感，融民俗性、视觉性、互动性于一体，带给人们强大的感官享受。尤其是文化节还上演了“阵头大踩街”表演，舞得虎虎生风的舞龙舞狮，配上颇有节奏、跃动感的鼓声，都将是让人大饱眼福。阵头表演包括舞狮、舞龙、宋江阵、三太子等，不仅有福建的特色阵头，还融入了包括台湾地区的八家将和二十四司等在内的阵头，两岸的阵头表演热情互动，形成“斗阵”之势。表演通过闽台两岸共同民俗文化将海峡两岸紧密联系在一起，加深了两岸人民的感情。同时在表演的基础上展示出闽台两岸的文化风采，让大陆民众领略了台湾、香港和澳门各个地方的民俗文化，对祖国传统文化有了更深入的了解。

和谐共生，圆梦两岸

第二届海峡两岸民间宫庙叙缘交流会，在第一届同根同源同梦同圆的良好基础上，发挥同根同源的优势，增进两岸民众情感交流，共同弘扬中华优秀传统文化。围绕“中国梦”为核心展开，以“发挥正能量，共筑中国梦”为目的，以“道泽两岸，圆梦中国”为主题，大力弘扬民间民俗宫庙爱国爱教、尊道贵德的优秀传统，彰显道教“济世利人，齐同慈爱”的社会关怀，见证道教“济人之急，救人之危”的社会价值，达到和谐共生、互助团结、重视文化、服务社会阶段性目标，将追求个人的梦与实现中国梦有机结合起来，扎根两岸、报效中华，达到以和为贵，以道会友，交流道家中人与自然的关系，引导如何构建共建共享、互利和谐的中国梦。

生于传统，而茂盛于传统，发扬于现代，而作用于现代，第四届石竹山梦文化节将再次开启了增进两岸和谐的旅游、经济、宗教、民俗与文化，将进一步促进闽台两地两岸四地民间友好交流的可持续发展，更好的弘扬道教和民俗优良传统美德和祖国传统文化！

第四届中华梦乡福清石竹山梦文化节活动组委会

2014—5—8

2016年第五届梦文化节新闻通稿

圆梦石竹 道达和谐

第五届中华梦乡福清石竹山梦文化节暨2017年海峡两岸道教界迎春联谊会

第五届中华梦乡福清石竹山梦文化节暨2017年海峡两岸道教界迎春联谊会将于2016年12月27日至29日（农历丙申年十一月二十九日至腊月初一），在福建省福清市石竹山举办。为扩大影响，也为了响应国家节约、节俭办活动的号召，经国家宗教事务局同意，本次活动将中华梦乡福清石竹山梦文化节和中国道教协会举办的海峡两岸道教迎春联谊会合并举办，主题为“圆梦石竹，道达和谐”，意喻着两岸四地民众共聚好梦开始的地方、梦文化发祥与传承三福之地的石竹仙山上，共圆一带一路和谐的世界梦。活动由中国道教协会与福建省道教协会共同主办，冠城大通股份有限公司和石竹山道院以及两岸四地等相关团体单位承协办，有国家、省、福州各级相关领导部门的指导，特别是在福清市委市政府的全方位大力支持指导下，活动将是一次高规格的峰会活动，吸引了海峡两岸四地民众共同关注，也见证了两岸四地友好互动的情谊，共结梦缘。

石竹山位于“三福之地”之中国福建福州福清，以石奇竹秀而得名，素有“人间仙境，梦里乾坤”的美誉。石竹山的祈梦文化，千百年来源远流长。自改革开放以来，石竹山道院经过三十多年的不懈努力，继承发扬、整合重塑以九仙信仰、祈梦习俗、接春民俗为核心的石竹山道教文化，让这座道教仙山，更加名扬天下。

“中华梦乡”石竹山是国家4A级旅游区，更是祈梦和圆梦的发祥地。伴随着中国传统文化复兴的步伐，石竹山道教梦文化获得空前的关注和传播，特别是吸引了大量的两岸四地民众积极参与，并逐步拓展为两岸四地文化交流的重要载体，对于推进两岸四地和海内外的文化、经贸交流，具有重大的历史意义。

2008年福清石竹山道院主办了“石竹仙山，共享和谐”为主题的全球首次以梦为主题的第一届梦文化节，梦文化在海内外，尤其是台湾地区引起了巨大反响。2010年，台湾中华道教两岸交流协会等道教团体经过多次寻访和交流，促成举办“共谒九仙，梦圆两岸”为主题的海峡两岸道教圆梦之旅暨第二届梦文化节，实现了九仙分炉至台湾的宏愿。2012年第三届石竹山梦文化节，石竹山道院与台湾道教总庙无极三清总道院友好签约，更促成了闽台道教团体以及两地多个地区级团体和两地多个宫庙的友好结盟，成为两岸文化交流的里程碑；2014年第四届梦文化节，两岸四地数万人参与的两地传统信俗活动，更是成为全球规模最大、影响最深的梦文化盛会。

本次活动，建立在四届梦文化节和两届海峡两岸道教界迎春联谊会的基础上，将两岸四地道友与信众聚集在中华梦乡石竹仙山，共商深化两岸四地文化交流和繁荣发展之大计，规格高，意义广，盛况空前。

在本次活动中，将召开福建省石竹慈善基金会第二届理事会，在福建省石竹慈善基金会理事长、石竹山道院住持谢荣增道长诚挚邀请下，二届理事会将聘请石竹山九仙信士，全国政协委员、冠城大通股份有限公司董事长韩国龙先生将出任主席的身份来联合有大爱情怀的企业盟友、信士，共同来推进石竹慈善大业，引用韩先生的话：我感恩中国共产党、感恩人民政府的栽培，也感恩石竹山九仙，最好的报恩就是以慈善回报社会。活动还将举行就职授任职和捐款等仪式。石竹慈善基金会的善款是众多九仙信士募集，将以道教的上善若水精神来济世利人，也一定会将中华梦乡石竹仙山的梦文化传承与人文建设焕然一新，新一届的理事会还将会进一步积极推动两岸四地慈善工作，助力两岸四地社会公益事业，为两岸四地福祉，再添福音。

本届2017年海峡两岸道教界迎春联谊会，在第一、二届同根同源同梦同圆的良好基础上，发挥同根同源的优势，增进两岸道教界和宫庙信众的情感交流，共同弘扬中华优秀传统文化。围绕“中国梦”为核心展开，以“发挥正能量，共筑中国梦”为目的，大力弘扬道教爱国爱教、尊道贵德的优良传统，彰显道教“济世利人，齐同慈爱”的社会关怀，见证道教“上善若水”的社会价值，达到和谐共生、互助团结、重视文化、服务社会阶段性目标，将追求个人的梦与实现中国梦有机结合起来，扎根两岸、报效中华，达到以和为贵，以道会友，交流道家中人与自然的关系，引导两岸道教界如何构建共建共享、互利和谐的中国梦。

本届文化节，全国政协委员、中国道教协会副会长、祈梦习俗非遗传承人、石竹山道院住持谢荣增道长提出了道教在新时期传承发展的弘道思路：以闻道、学道、修道、悟道、证道，以此启发，以盈性灵，同享“梦、道”精华，道达和谐。

第五届中华梦乡福清石竹山梦文化节暨2017年海峡两岸道教界迎春联谊会，围绕“中国梦”为核心展开，以“发挥正能量，共筑中国梦”为目的，大力弘扬道教爱国爱教、尊道贵德的优秀传统。彰显道教“济世利人，齐同慈爱”的社会关怀，达到和谐共生、互助团结、重视文化、服务“一带一路”建设的目标。

新志

本次活动，弘扬了“中国梦”，彰显了中华民族的大团圆，谱写了两岸四地和谐发展的新篇章，希望达到海内外前所未有的共同关注，对于推进两岸四地以及海内外的文化、经贸交流，具有深远的现实与历史意义。

中华梦乡福清石竹山梦文化节活动组委会

2016年12月

2018年第六届梦文化节新闻通稿

2018第六届中华梦乡福清石竹山梦文化节暨“一带一路”梦文化国际研讨会

2018年12月20日至25日，以“承古开今，筑梦未来”为主题的第六届中华梦乡福清石竹山梦文化节暨“一带一路”梦文化国际研讨会在福建省福清市石竹山隆重举行。本届文化节被国台办列入“2018对台重点交流项目”，并经国家宗教事务局批准。内地及台港澳地区的道教界及社会各界人士参加了此次盛会，共同见证两岸四地友好互动的情谊，共结梦缘。

素有“中华梦乡”之美誉的福清石竹山，是中国道教名山圣地，国家4A级旅游区，也是中华祈梦和圆梦文化的发祥地。自2008年以来，福清石竹山以梦文化节为纽带，联络大陆及台港澳的多个道教团体、宫庙共同参与，场面盛大、气氛友好，拉近了海峡两岸及港澳地区道教界的距离，增进了彼此间的联系与友谊。

中华道教同宗同源，道缘深厚。活动受到了海内外人士的广泛关注，共有来自香港道教联合会、台湾省道教会的代表及港澳台地区的专家学者共计300余人参加。代表们在致辞表示，衷心希望两岸四地道教界以此为平台，加强交流，深化合作，更好地弘扬中华优秀传统文化，为同祈两岸四地福祉，为维护和促进两岸关系和平发展，做出新的更大贡献。

本届石竹山梦文化节指导单位为：中国道教协会、中共福建省委统战部、福建省民族与宗教事务厅、福建省文化和旅游厅、福建省闽台交流协会、福清市委、福清市人民政府。活动主办：福建省道教协会。承办：福清市石竹山道院、福建省石竹慈善基金会。协办：福清市石竹山旅游开发有限公司、冠城大通股份有限公司、香港道教联合会、澳门临水宫值理会、台湾省道教会、台湾中坛元帅弘道协会、台湾道教总庙无极三清总道院等相关团体。

活动内容：祈祷宇宙和谐世界和平清醮大法会；“尊道贵德，慈俭和善”传统道家梦文化讲座；第六届中华梦乡福清石竹山梦文化节开幕式和“一带一路”梦文化国际研讨会等。

文化节活动以习近平新时代中国特色社会主义思想为指导，深入挖掘、弘扬中华道教优秀传统文化，牢固树立爱国爱教的核心价值观，进一步推动中华文化走向世界，不断增强中华民族的文化凝聚力，共筑中华民族伟大复兴的“中国梦”。

中华梦乡福清石竹山梦文化节始于2008年，迄今已经举办了六届。梦文化节主题从第一届的“梦境仙山·同享和谐”；第二届的“共谒九仙·梦圆两岸”；第三届的“迎春纳福·梦圆两岸”；第四届的“中华九仙·福佑两岸”；第五届的“圆梦石竹·道达和谐”；到今年第六届的“承古开今·筑梦未来”，经过历时10年的磨砺，中华梦乡福清石竹山梦文化的内涵已成为一张独具特色的名片，展现在世人的面前。

2008年10月7日，石竹山道院举办，全球首次以梦文化为主题的“梦境仙山，同享和谐”第一届中华梦乡石竹山梦文化节和梦文化国际研讨会，并辑成列出了《梦通大道》上下部——中华传统梦文化研究。这一届的梦文化节为石竹山申报国家级非物质文化遗产，入列福建省非物质文化遗产名录，起到了积极作用，石竹山的影响力和价值借此得到持续加强和提升，并引起了海内外尤其是宝岛台湾的关注。

2010年1月6日，第二届石竹山梦文化节的主题是“共谒九仙，梦圆两岸”，它开启了海峡两岸道教圆梦之旅。这一届梦文化节的“共谒九仙”，是我国60年来第一次按照传统民间习俗并融入道教规仪，实现何氏九仙大规模分炉台湾，因而备受台湾各界知名人士的关注，两岸同胞从此共享一“梦”。

2012年2月4日，以“迎春纳福，梦圆两岸”为主题的第三届石竹山梦文化节，完整展示了带有浓郁石竹山民俗特色的迎春纳福大法会、接春仪式、九仙分灵大法会等民俗活动，不仅进一步扩大了祈梦文化在台湾的传播和影响，而且使本届梦文化节内容更加丰富，影响更加广泛。

2014年6月10日，主题为“中华九仙，福佑两岸”的第四届石竹山梦文化节，再度整合石竹山梦文化资源，更为系统地向世人展示其内涵，九仙分炉台湾送驾仪式和规模宏大的大会香、朝山等活动，是石竹山梦文化史上又一次跨越时空的文化聚会，来自台湾、香港、澳门等地的数万民众汇聚在石竹山，共同见证两岸圆梦之旅的友好互动，共结梦缘。

2016年12月28日，以“圆梦石竹，道达和谐”为主题的第五届中华梦乡福清石竹山梦文化节暨2017年海峡两岸道教界迎春联谊会在福建省福清市石竹山以公益慈善、和俭利人等活动隆重举行。石竹山梦文化节已逐步成为福建道教响亮的文化品牌，为两岸四地持续友好交流搭建了新的平台。

2018年12月20日至25日，以“承古开今，筑梦未来”为主题的第六届中华梦乡福清石竹山梦文化节暨“一带一路”梦文化国际研讨会在福建省福清市石竹山隆重举行。本届文化节被国台办列入“2018对台重点交流项目”，并经国家宗教事务局批准。

内地及台港澳地区的道教界及社会各界人士参加了此次盛会，共同见证两岸四地友好互动的情谊，共结梦缘。活动内容：祈祷宇宙和谐世界和平清醮大法会；“尊道贵德，慈俭和善”传统道家梦文化讲座；第六届中华梦乡福清石竹山梦文化节开幕式和“一带一路”梦文化国际研讨会等。并再次出版了《梦与中国文化研究》论文集上下册。

第四节 石竹山道家“梦”文化对日本政治经济与文化的影响

九仙香火分炉日本东京

2018年1月28日，应日本道教协会邀请，经国家宗教事务局批准，福建省道教协会谢荣增会长率团赴日本进行福清石竹山九仙分炉系列道教交流活动。28日上午，在日本道观东京道学院举行何氏九仙君安座和开光祈福仪式。28日下午，在东京希尔顿举行中日道教文化交流研讨会和道教历史文物展示活动，中日两国道教界、专家学者进行道教文化交流研讨。福建省委统战部、福建省民族与宗教事务厅业务处负责人、福建省道教协会、四川老子学院、厦门大学等相关人员出席了交流活动，日本道观东京、大阪、鹿儿岛等地道友，旅日的福建乡亲、华人华侨代表等近百人参加了活动。中日两国道教文化交流源远流长,中国道教文化和道教思想早在一千五百多年以前就传播到了日本,并在日本生根发芽。日本道观首代道长早岛天来大师、第二代道长早岛妙瑞、以及于今年2月继任成为日本道观第三代道长的早岛妙听,多年来致力于在日本以普及中国道教思想与文化为目的,参与并开展了多项道教研究交流活动。2017年7月，日本道观住持早岛妙听道长与四川大学詹石窗教授、厦门大学林观潮教授一起开展共同研究,到访位于中国福建省的石竹山道院,与石竹山道院管委会主任兼住持、于山九仙观管理委员会主任兼住持的谢荣增道长进行交流,祈梦后决定恭请石竹山何氏九仙君圣驾到日本道观（道）家道学院本部，经商讨后最终决定于2018年1月28日由石竹山道院恭送石竹山何氏九仙君圣驾到日本道观（道）家道学院本部(东京)举行安座和开光仪式。此次活动的成功举办，加强了中日两国道教之间的常态化交流机制，推动福建道教文化不断走出中国，走向世界的进程。福建道教协会访问团一行还访问了大阪、京都、东京等地宗教场所，与当地宗教界朋友进行了友好交流。

中日道教交流盛事

——石竹山九仙君初次分炉东京参宫桥日本道观

法会中方参加成员以全国政协委员、中国道教协会副会长、福建道教协会会长、福建省石竹山道观主任住持、福建省于山九仙观主任住持谢荣增道长为团长，包括福建省委统战部民宗处、福建省民族与宗教事务厅三处有关负责人，福建省石竹山道院法务团一行、四川大学老子学院院长詹石窗教授、厦门大学副林观潮教授等20余人。参加本次活动的除了来自东京，大阪，鹿儿岛等地日本道观的道友外，日本福建经济文化促进会会长吴启龙、亚洲太平洋观光社社长刘莉生等旅日华侨华人代表近百人出席了活动。法会分为两部分，首先谢荣增道长带领石竹山道院五大道长及所有法务团成员为各位道友举行了九仙君分炉开光仪式，开光仪式之后还举办了祈福活动。

开光分炉仪式在经师班的唱经声中开始，据悉经师班唱的经文都是颂扬天神、教人弃恶从善的善词善句，现场的各种仪式道具以及法器都是中方成员从中国为此次法会专程带来日本的。

整个仪式的氛围庄重肃然，在九仙君像揭开面纱准备开光仪式的时候，在场的中日道友首次看到移驾日本的九仙君，无不动容，都深深鞠躬恭迎九仙君光临日本。

开光仪式之后，谢道长携石竹山道院的众道长为日本道友和在日华侨华人举行了祈福仪式，希望以九仙君移驾日本为契机，祝愿在日中日道友健康、幸福，祝福中日友好、世界和平。

祈福仪式后，日本道观的早岛妙听道长与四川大学老子研究院院长詹石窗教授分别致辞。

早岛妙听道长说："我们很高兴以后在日本的道友也能对九仙君进行参拜和供奉。以九仙君来日为契机，我相信日本道友今后一定能够加深与中国的交流，最后再次感谢各位道长，并祈祷世界和平，祈福在座大家的幸福安康，今后日本道观也会继续努力修行。"

四川大学老子研究院院长詹石窗教授说："日本道观的开山祖师早岛天来宗师爱好和平，祈祷大家健康、世界和平。早岛天来宗师开创的日本道观一代代传承，从早岛妙瑞老师到早岛妙听老师，一直都在为人们做善事。我了解到她们的事迹，真的非常感动。"

当日下午，一般财团法人日本道教协会在东京希尔顿饭店举行名为"道教神仙文化交流史"的演讲会。日本道观早岛妙听道长出席并致辞，谢荣增道长、四川大学詹石窗教授、厦门大学林观潮副教授、东洋大学山田利明教授、陈东华先生等中日道教文化人士学者专家登坛讲述石竹山何氏九仙信仰以及中日道教交流，近百名日本道友和在日华侨华人出席了演讲会。

早岛妙听道长说道：“今年是中日和平友好条约缔结40周年，了解由中国传播至日本的神仙思想及无为自然的道家思想是如何被日本大众所接受，并成为日本文化的一部分是非常重要的。”

谢荣增道长围绕《石竹山何氏九仙与祈梦信仰》，与日本道众以及在日华侨华人分享了石竹山的九仙信仰。他从九仙信仰的形成讲起，以清晰易懂的话语，回顾历史，用中日宗教交流故事穿针引线，深入浅出，使听众了解了九仙信仰的形成与发展。

演讲结束后，日本道观举行了晚宴，宴席上中日双方互相赠送代表友好的信物，表示要将中日道教的发展与交流继续进行下去，为中日两国国民的幸福安康祈福，为世界和平祈福。希望接下来，道家精神能够更好地造福世界！

何氏九仙信仰略考

2018年1月28日，隐元禅师家乡福清石竹山的何氏九仙，应日本道观（本部在福岛县岩城市泉钉下川）的恳请，经中国国家宗教事务局批准，分炉安座于日本道观东京道学院（东京都涉谷区代代木4–1–5）。中国道教协会副会长，石竹山道院住持谢荣增率领护送团赴日，福建省委统战部、福建省民族与宗教事务厅负责同志随团指导，日本道观早岛妙听道长主持迎接仪礼，四川大学詹石窗教授、东京亚洲太平洋观光社刘莉生社长临场指导，在日华侨、日本友人、各方人士等二百多人，参与了何氏九仙开光点眼分炉仪礼，以及祈福仪礼。

隐元禅师东渡日本弘法三百六十年之后，护持过他的何氏九仙在这样公开盛大的仪式中东渡日本，可说是不可思议的因缘吧。

《桃蕊集》预言天皇诞生，宣扬道德王化

——石竹山道家“梦”文化对日本政治经济与文化的影响

说到石竹山与日本文化的渊源，不得不提及一位东渡日本，开创日本黄檗宗，并对日本政治经济文化产生重大影响的禅宗高僧——隐元禅师。

作为道教圣地的石竹山，因其山川灵气，自汉末唐宋以来，历代文人、道人、僧人来往其间，交流不断。明末清初，福清黄檗山万福寺高僧隐元禅师曾两度在石竹山狮子峰下结庐而居，静养圣胎，手创草庐“辽天居”。受到当时道教圣山而兼容释儒文化融合的思想潮流以及石竹山道教祈梦文化氛围的影响，隐元等黄檗山禅僧积极认同并且主动接受了许多包含道教内核的活动，如祈梦、扶乩等，并从中获得修行的教益。

明崇祯十年（1637），隐元禅师前往住持黄檗山，因当时战乱连年，禅师对弘法前途心生迷茫，得石竹山仙人托梦“道心坚定，山石自平”。第二天禅师发现平时入定静修的一块石头，原本是斜倚山体，却在一夜之间陡然自平。禅师故将此石命名为“自平石”，因有神示，故坚定了修行弘法的信念，后果然复兴黄檗山，使之成为一个闻名全国的禅宗大道场，成为当时福建的宗教与文化中心。

1654年，日本崇福、兴福两寺力邀隐元禅师东渡日本弘法，禅师因自己年时稍高，故遣弟子东渡，却在海上遭风浪袭击，不幸遇难。隐元深感自责，在悲痛中复至石竹山求仙人指点，又得仙人降乩赋诗《寄赠和尚东渡扶桑之行》曰：“嚼尽黄根齿不寒，

可知机下有禅关。三千桃蕊初生日，以待真人共对餐”。“黄根已嚼尽，机下有禅关”，使隐元知晓继续留在黄檗寺将无所作为，时下应是东渡弘法的时机，故而断然决定率弟子东渡。当年6月隐元得郑成功军队的帮助，顺利抵达日本。

许是天意使然，也是机缘巧合，隐元东渡与灵元天皇诞生同年，黄檗开宗和灵元天皇即位同年，那首玄机奥妙的《寄赠和尚东渡扶桑之行》的后两句，在日本皇室的眼里，竟然增加了“神奇预言灵元天皇诞生和即位”的解读。1705年，灵元天皇特意下诏命令收集石竹山仙人的事迹，编成《桃蕊集》一书，以石竹山仙人事迹为主线，强调高僧隐元的德行，石竹山仙人的神通，日本皇室的神圣，在日本黄檗宗、皇室中流传至今。

日本皇室刻意宣扬石竹山仙人的神奇预言，并有意助长隐元形象的神圣化，其目的在于确立天皇的神授天命，这是有其历史背景的：在日本江户时期，日本政权实际掌握在幕府将军手中，皇室只起到一定的象征性作用。日本皇室尊崇隐元和黄檗宗，是因为隐元巧妙地应用了石竹山仙人的名义，宣扬了“诱人以纲常，有助于王化”的思想，因为有着神仙的神秘色彩，使民众更乐于也易于接受，有助于确立皇室在政治、文化、宗教上的领导权和优越性，以此来对抗江户幕府，强调皇室的神圣。

随着黄檗宗的发展隆盛，隐元的地位不断升高，被日本皇室尊为“大光普照国师”，死后还多次被加赠封号，这在日本的外国人中是绝无仅有的，其地位超过了另一位东渡高僧鉴真，而隐元的形象也在几次加赠封号的过程中被不断神圣化。隐元思想以石竹山仙人的名义传播，促进了日本政治体制的变革，并使日本皇室最终掌握了至高无上的君权与神权。可以认为，日本明治维新的强盛，其政权基础正是隐元为其奠定的。而隐元对日本的影响不只体现在政治方面，更体现在建筑、文字、印刷、雕塑、艺术、农业、饮食、医药，甚至花道、茶道，其对日本经济和文化的影响要超过之前任何一个中日文化交流使者。明治维新的经济基础和上层建筑基础也可以认为是由隐元才得以奠定的。所以说“隐元的地位和影响超过鉴真”，并不为过。但由于鉴真的年代要比隐元早许多，且明治天皇“尊西贬中”的做法，隐元的影响和作用人为地得到削弱，到后来甚至被国人所忽视。

在沿于福清黄檗山，受益于福清石竹山的黄檗文化东传并扎根日本的过程中，石竹山仙人逐渐演变成为引人注目的特殊形象，可说是一个十分有趣的文化现象。探索这一现象的特殊背景，首先就要追寻福建浓厚的道教文化氛围，如石竹山祈梦文化；及儒家文化氛围，以及这多种文化氛围的互相融合。随着对隐元和黄檗宗文化研究的不断深入，隐元和石竹山仙人对日本政治经济文化和中日文化交流的促进作用，必然会得到重新认知。

传承数千年的石竹山祈梦习俗，在习近平总书记提出中国梦后，石竹祈梦也找到了她在新时代传承发展的方向：那就是以中国梦为统领，继续弘扬道教济世利人的宗旨，发掘祈梦文化的传统优势，为人民安定幸福，为国家统一和民族复兴大业，做出更大的贡献。

（谢荣增 整理）

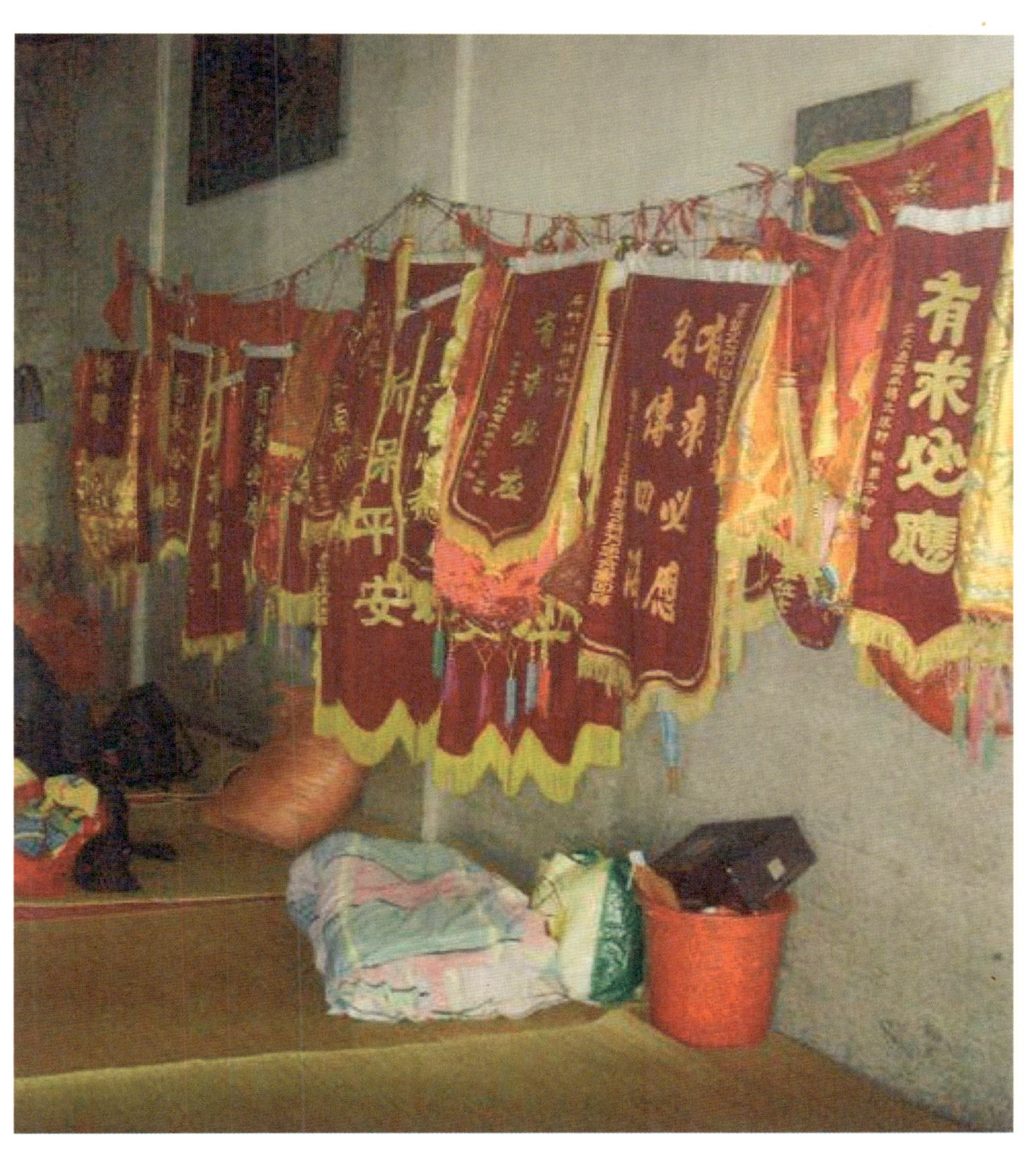

第八章 接春活动

第一节 接春溯源

相传，“三皇”之一的神农氏时代，随着人口的增加，人们仅仅靠捕鱼和打猎难以填饱肚子，氏族中常常有人因分不上食物而生病甚至饿死，人们陷入极度苦恼之中。神农氏面对这个情况，心里十分难过，决心想办法从根本上解决人们吃饭的问题。他发现漫山遍野的树木和花草，决定亲口尝一尝各种植物叶和果的滋味，以确定哪些能吃、好吃，哪些不能吃或者不好吃。他采集了各种各样的果、茎、叶、根和种子，一样一样地尝过，把能吃而且好吃的记下来，把不好吃的或吃了生病的也记下来，就这样，为人们找到了大量的食物。但他很快又发现，没过多久，人们居住地周围可吃的植物都吃光了，要到很远地方才能采到食物；同时发现，人们吃过的果核丢在地上，或丢失在地上的种子如稻谷和麦粒第二年又发出新芽，并长大，生出更多可吃的东西；还发现了植物发芽、长大、结果、成熟的不同时间；并逐步发现，有的植物喜欢生长在黄土里，有的植物喜欢生长在黑土里，有的植物喜欢生长在比较干燥的土壤里，有的植物喜欢生长在潮湿的土壤里。于是，他就决定利用天气的变化和不同类型的土地，指导人们进行农耕。

神农氏在指导人们农耕的实践中，总结了一年中天气的变化，把一年分为四季：春、夏、秋、冬。“春”即“蠢”的意思，万物这时候开始发芽出土；“夏”即“假”的意思，古汉语“假”通“借”，这时候万物借此而生长；“秋”即“就”的意思，万物这时候而成熟；“冬”即“终”的意思，万物至此而终成；还有一个意思是，一年至此而结束。古代，一时又分孟仲季三个月，孟为始，仲为中，季为末。故四时又称四季，一季三个月，一年为十二个月。

到了周代，周公又把十二个月分为二十四气和七十二候，每月一节二气，称“节气”：一月立春、雨水，二月惊蛰、春分，三月清明、谷雨。至此春季结束，夏季开始：四月立夏、小满，五月芒种、夏至，六月小暑、大暑。接着秋季开始：七月立秋、处暑，八月白露、秋分，九月寒露、霜降。下面便是冬季：十月立冬、小雪，十一月大雪、冬至，十二月小寒、大寒。每五日为一候，与节气合称“气候”。

因为“立春”是四时之始，所以古时认为是重要的节气，也称为节日（传统的节日多与节气有关）。这一天，天子斋戒（秦始皇统一中国之前，统治全国的人不叫皇帝，而叫天子，后来天子亦指皇帝），也就是说立春日，天子禁荤吃素，并率公卿诸侯大夫到京城东郊迎春，文武百官都穿着青衣（黑色的衣服），以应春为青阳之意。不但天子这么做，各郡县也要这么做。百姓看见官府这么做，也就跟着这么做，又称为“接春”。

六朝时，除了迎春，还有打春，即鞭打春牛。汉魏时，用土做成耕牛模样放在门前，农人拿鞭子抽打土牛，把土牛打碎为止，以此告诉人们农耕开始，借以催农。为了表示农耕的早晚，鞭打土牛的人所站的位置有所讲究：凡立春在十二望，农人立在牛前，以示农耕时早；立春在十二月晦或正月朔，农人立在牛旁，以示农耕时中；立春在正月望，农人立在牛后，以示农耕时晚。

接春活动一直延续不断，并不断加入文化内容。如梁宗懔《荆楚岁时记》说：“立春日悉剪彩为燕以戴之。”即人们都用彩色的纸剪成燕子戴在头上。宋庞元英《文昌杂录》也说：“唐制立春日赐三省官彩胜有差。”意思是说，唐代，立春那一天，朝廷都派人给五府六部的官员送去彩纸剪成的首饰（“胜”为古代首饰的一种名称）。到了宋代花样更多，宋孟元老《东京梦华录》有这样一段记载：

立春日，自郎官、御史、寺监、长贰以上皆赐春幡胜，以罗为之（幡，垂直悬挂的窄且长的旗子。罗，这里为量词，十二打为一罗，一打十二件）。宰执亲王近臣皆赐金银幡胜。入贺讫，戴归私第。又士大夫家剪彩为小幡，谓之春幡，或悬于家人之头，或缀于花枝之下，或剪为春蝶、春钱、春胜以为戏（这里的戏为游戏）。东坡立春日亦簪幡胜过子由，诸子侄笑指云：“伯伯老人亦簪幡胜耶！”

其实，这种活动，不但官府有上赐，民间不论男女老幼都戴幡胜。这也是民间剪纸艺术发展之源头。

还有立春日吃生菜的习俗。后汉崔寔《四民月令》中说：

“凡立春日食生菜，不过多取迎新之意而已；及进浆粥，以导和气。”又有拖勾游戏，如梁宗懔《荆州岁时记》中说：“立春日为拖勾之戏，以絙作篾缆相罥（罥，音‘绢’，古汉语的‘挂’），绵亘数里，鸣鼓牵之。”即后世的“拔河”活动。从这个记载可以了解到，宋代“拔河”用的绳索是用竹枝牛鞭编成的，勾连成数里长，足见参加的人数之多。

由此可见，接春民俗活动源自朝廷官府，发展于民间。今天，这个民俗活动延续下来的地方不多，在寺院里举行接春活动几乎没有。那么，福清及周边县的民众为什么会聚集在石竹山道院举行接春活动呢？

第二节 道院接春天下第一家

公元998年，赵匡胤的孙子赵恒做皇帝，称真宗，年号咸平，所以这一年又叫“咸平元年”。古时候，皇帝觉得不顺就换年号。真宗换了第三个年号叫“大中祥符”，大中祥符六年（1013），福清县南隅一个姓蔡的农民家庭诞生一个男孩，取名伯俙，字景蕃。“蕃”有茂盛、昌盛、滋生不息之意，可能是为了弥补名中“俙”字之欠缺。因为“俙”虽然有稀奇、少见、罕见之意，但它毕竟与稀少有关。古时候由于卫生、营养和缺医少药的缘由，人们往往生的多，活下来少，而且寿命也短，因此就滋生了“多子多福”的思想，普遍忌讳“稀少”字眼。

却说蔡伯俙四虚岁的时候，这一年邻居举人的老丈人要做六十大寿，举人写了一篇祝寿词要在寿宴上脱稿致辞，所以每天早上起来朗声背诵。一连三个早上，举人还不能完完整整地背下自己写的祝寿辞，而在隔壁听了三个早上的蔡伯俙却能一字不漏地背下举人写的祝寿辞，这使举人十分惊讶，认定过耳不忘的蔡伯俙是个神童，向他父亲建议无论如何要让蔡伯俙参加童子试。蔡伯俙父亲以为举人跟他开玩笑，自己的儿子四岁刚刚学会说话，一字不识，参加什么童子试，简直是把灯芯说成拐杖，“骗鬼吃粗糠”。举人见不能说服蔡伯俙的父亲，便说，你若不信就去石竹山问仙君。蔡伯俙父亲信仰石竹山仙君，果然专程上石竹山道院祈梦，梦见一个空碗，碗口中间架着一根箸。举人告诉他说，这个梦境是个“中”字，有两层意思，第一层的意思是，伯俙参加童子试可行；第二层意思是，参加童子试会中。

第二年，真宗又改了年号，称“天禧”，天禧元年（1017），真宗布告天下，要在这一年的立春日在京城开封举行童子试。举人得到这个消息，已是当年八月份。福建福清离河南开封几千里，所以早早催蔡伯俙的父亲带儿子启程进京赴考。这一回，因为有石竹山仙君赐梦，所以蔡伯俙父亲没有犹豫，立马打点行李带儿子上路。蔡伯俙家庭世代务农，一年收成仅够全家不饿，借了些许盘缠，仅够吃饭、住宿，拿不出钱来买马，也雇不起轿，所以只好由他父亲背着，一路跋山涉水，晓行夜宿，走了近两个月，才到达京城开封。京城看门官见蔡伯俙年纪这么小，有钱人家这般大的孩子还在吃奶，居然千里迢迢由父亲背着进京来参加童子试，既为他父亲感动，又为他父亲可怜。于是玩笑说：“子骑父作马。”蔡伯俙随口和道：“父望子成龙。”看门官听罢惊呆，暗自思忖：这位孩子确实是神童！

新志

古时候所谓的童子试，不是考儿童能识多少字，而是考儿童的灵性，看谁在最短的时间能背下考官念过的文章或诗词。当时，参加童子试儿童不到20位，平均年龄为7岁半，而蔡伯俙不到4岁。最后，只有蔡伯俙一人被选参加殿试，即到金銮殿接受皇帝面试。蔡伯俙当殿背诵了“御制诗”，真宗龙颜大悦。他认为，盛世才能出神童。因此，真宗当殿赐蔡伯俙“进士出身”，成为历史上年纪最小的进士，召为“东宫太子伴读”，即陪后来的仁宗（赵祯）读书。并赋诗一首称赞蔡伯俙：

七闽山水多灵秀，四岁奇童出盛时。
家世应传青白训，婴孩自有老成资。
才当学步来朝谒，方渐能言便赋诗。
更励孜孜图进益，青云万里有前期。

四年后，真宗又换了一个年号叫“乾兴”。乾兴元年（1022），一天，蔡伯俙和太子在宫苑学习绘画，蔡伯俙画了一幅农民种地的画。刚好真宗来看望，看了蔡伯俙画的农民个个面黄肌瘦，很不高兴，认为他治下的大宋臣民不应当是这个样子。蔡伯俙说，这是小臣家在乡下所见，还有家父背我进京的时候，所见田间劳作的民众，个个都是“蒿目菜色”。童言无欺。真宗听了感叹良久，不久就病了，再没有起床过。

次年仁宗登基，年号“天圣”。天圣元年（1023），此时蔡伯俙才九岁，继续在宫中读书。仁宗换第二个年号“明道”时，那是九年后的事，那时蔡伯俙已十八岁，仁宗让他挑个官做，他挑了一个“司农卿”，管农业的官。蔡伯俙想念家里的父母和乡亲，便借巡视福建农业发展情况为名，回到福清老家住了一年多。也就是在这期间，他发现老家福清县衙不组织群众举行接春活动，只是在立春之前派人下乡说春，售卖春牛图。说春的人身着红袍纱帽，称之“春官”，多为一人行动，说些吉利的话，似歌非歌，似谣非谣，说毕送一张春牛图，换一竹筒米。家贫的人看见春官，远远就闭门了事；买了春牛图的人家，多不识字，拿春牛图当年画贴，也起不到催春作用。因此，乡下误了农时的事时有发生，尤其是早稻浸种和育秧，或早了，谷种不发芽；或迟了，秧苗烂根。蔡伯俙向知县了解，知县说，福清民众重视做年，不重视立春，曾经也举行过几次接春活动，参加的民众寥寥无几，所以后来就不办这个活动了。知县说的这个理由，蔡伯俙相信。因为立春这一节气不是在年底就是在正月。福清古时有句很流行的民谚：“年底钱，六月雪。”每到年底，几乎所有人家都在攒钱做年，把做年当作头等大事。那时候缺衣少吃，小孩们盼望的就是做年，有新衣穿，有好东西吃；正月更是节事不断，哪有心绪理会立春。其实，根本的原因还在于从周代就积淀下来年文化的影响。人世间一切物质的东西，或快或慢总是要消亡的。而文化的影响却是久远的，并衍生不息，不断发展。

民俗活动和节俗活动一样，能不能延续下来，跟地方民众信仰有关。蔡伯俙想起福清及周边县的民众都非常信仰石竹山仙君，如果接春活动由石竹山道院主持举行，并有礼品馈赠，必定会吸引很多的民众参加，让广大农民在准备过年或过年中不忘农时，及时春播。于是，蔡伯俙亲自上石竹山，跟道长商量这件事，取得道长共识，很乐意接受由道院主持接春活动，举行接春道场，并馈赠参加接春活动的民众每户白米一升。古时候，礼品也讲究包装。蔡伯俙建议把一升白米装成“斗灯”，把接春的意义包装在其中。斗是古代粮食的量器，一斗为十升。斗灯用的斗自然小，只有量器的五分之一大，但比量器好看，上红漆，描花纹，四面各写一个字，连起来为“福、禄、寿、喜”。米装斗内，四周插榕枝竹枝，米上面插一把尺子、一把剪刀，放一面镜子、一把木梳、一杆称金银的小秤，插红烛一对。立春时辰到，点燃红烛，故称“斗灯”。斗灯排在仙君楼九仙君神龛左右，举行了接春道场后，每户年长者捧着斗灯回家，寄意春到人家，五谷丰登，丰衣足食，年进斗金。古时候，农民的主要经济来源在于粮食。北宋景祐二年（公元1035年）立春，石竹山道院首次举行接春道场，有数百成千群众参加，当时福清全县人口不足四万九千人。此后年年增加，连邻县长乐、闽侯、永泰都有群众参与其盛。于是有了“春到石竹山，秋去龙门坎”的民谚。

自20世纪80年代，石竹山道院恢复接春活动之后，一年比一年红火，其盛况白天不亚于大年初一，晚上不亚于除夕和元宵灯会。曾被福建省电视台拍成专题片，被中央电视台国际频道采用。而且，接春活动内容不断丰富，除了接春道场，还有追春、拜太岁等活动。

仙君楼里接春法会

午夜接春活动

接春仪式

接春回程

第三节 拜太岁

拜太岁要从古代纪岁方法说起。农历纪年不是用数字而用干支，“干”即“甲、乙、丙、丁、戊、己、庚、辛、壬、癸”十个；“支”即“子、丑、寅、卯、辰、巳、午、未、申、酉、戌、亥”十二个。“干”在前称“天干”，“支”于后称“地支”，天干与地支相配，如甲子、乙丑、丙寅、丁亥……，因为天干地支不相对，它们又是六十的最大公约数，所以以次相配六十回后又回到“甲子”，故称“六十甲子”，如是周而复始，连绵不绝。也因为如此，寿上六十岁的人称作“花甲之年”。福清有“甲子年点塔灯，一生难得两回看”之说，因为从甲子到甲子一轮需要六十年，也就是说点塔灯六十年才一次。相传这种干支纪岁法始于黄帝。道教称六十甲子为六十星宿，每星宿各有一神，共有六十位神，轮流值年。值年的神称“太岁”，亦称“岁神”“岁星”“顺星”。据《协纪辨方书》卷三引《神枢经》说：“太岁，人君之象，率领诸神，统正方位，斡运时序，总成岁功。”又说：“若国家巡狩省方，出师略地，营造宫阙，开拓封疆，不可向之。黎庶修营宅舍，筑垒墙垣，并须回避。”所以后来就有一句很吓人的话：“谁敢在太岁头上动土！”本来，太岁信仰只流行于民间，不列国家祭典；自元明以后，皇帝也信仰太岁，从此列入国家祭典，设有专坛祭祀。太岁的职权也得到明确，除土木工程方位、迁徙、嫁娶的禁忌外，又视为“主宰一岁之尊神”，掌理人间一年的祸福。

后来又有十二支象十二兽，即：子鼠、丑牛、寅虎、卯兔、辰龙，巳蛇、午马、未羊、申猴、酉鸡、戌狗、亥猪。于是人生某年，即以某年的干支肖为某兽，俗称“生肖”。这一生肖说法，究竟始于何年，用意何在，有好多种说法，莫衷一是。但有一点是肯定的，以十二支象十二兽，后汉时就已经有了。后汉王充《论衡·物势篇》说：“寅，木也，其禽虎也；戌，土也，其禽犬也……”这里还告诉我们，“五行”也参与了进来。因为五行相生相克：土生木，木生火，火生金，金生水；水克火，火克木，木克土，土克金，金克木。因而生肖也出现相冲，并出现每六肖头尾必相冲，俗称“六冲”。如鼠为水，数下来第六是蛇，蛇为火，水克火。有史记载，蒙古族用生肖纪年。如《唐书·黠戛斯传》说：以十二物纪，如岁在寅则曰虎年。《宋史·吐番传》也说：仁宗遣刘唤使其国，厮罗达使者劳问，具道旧事，亦数十二辰属曰“兔年如此，马年如此”。其实今天无论官方还是民间还有此说法，如岁在子称“鼠年”。并有当年与自己生肖相同的称为“本命年”，例如2020年为鼠年，即属鼠人的“本命年”。很多地方还有“本命年”的人扎红带的习俗。

但是，道教所说世间之人出生于某一年，那么当年值班之神就是某人的本命神，也称元辰神，因此供奉六十位天神的殿堂叫“元辰殿”。这里所说的某年并非十二生肖的某年，而是说天干地支配成的某年。如2020年为庚子，并非只是鼠年，因为还有“庚”管着，当年值班之神叫庚子，还有个名字叫卢秘，只是当年刚好六十岁人的本命神，也就是说一个人要活过六十岁，才能遇上一回本命神，人的一生能遇上本命神的恐仅此一次。相传礼祀本命元辰之神可以保佑一生顺利，吉祥如意，称之“求顺星”。那么为什么2020年凡肖鼠的人比肖鼠人大或小六岁，即肖牛或肖马的人都要拜太岁呢？因为2020年的太岁不是所有肖鼠人的本命神，除了庚子，还有甲子、丙子、戊子、壬子，他们都犯了“太岁”；还有马与鼠相冲，更是犯了“太岁”。所以拜太岁除了“求顺星”，还有求改歹运，避凶化吉。

民众最初对太岁的信仰，主要基于寿命的追求。古时候人的寿命不长，平均岁数不到30岁，上70岁称“古来稀”。而且出生儿存活率很低，生十个最后成人的不到一个。因此人口增长缓慢。以福清县为例，清康熙元年（1662年），全县人口35982人；清雍正元年（1723年）全县人口37043人。61年只增1061人，平均每年增17.5人。在《太上感应篇》中也可以看到人们对寿命的重视，其中说：“凡人有过，大则夺纪，小则夺筭。”这句话的意思是，凡是从恶犯了罪过的人，上天神明会根据这个人所犯罪过的大小进行处罚，大的罪过要夺去这个人的寿命十二年，小的罪过也要夺去这个人寿命一年（古时十二年为一纪，一年为一筭。）。这就是我国宗教劝善教育采用的敬畏法。

新志

六十星宿神像

丁卯沈兴　丙寅耿章

乙丑陈材　甲子金办

乙亥任保　甲戌施广

癸酉康志　壬申刘旺

辛未李素　庚午王济

己巳郭灿　戊辰赵达

癸未魏仁　壬午陆明

辛己郑但　庚辰董德

己卯龙仲　戊寅鲁先

丁丑汪文　丙子郭嘉

辛卯范宁　庚寅邬桓

已丑傅佑　戊子邹铛

丁亥封济　丙戌白敏

乙酉蒋崇　甲申方杰

己亥谢太　戊戌姜武

丁酉唐杰　丙申管仲

乙未杨仙　甲午章词

癸巳徐单　壬辰彭泰

丁未缪丙　丙午文哲

乙巳吴遂　甲辰李诚

癸卯皮时　壬寅贺谔

辛丑杨信　庚子卢秘

乙卯万清　甲寅张朝

癸丑朱得　任子丘德

辛亥叶坚　庚戌倪秘

己酉程宝　戊申徐浩

癸亥卢虔程　壬戌洪克

辛酉石政　庚申毛梓

己未傅党　戊午黎卿

丁巳杨彦　丙辰辛亚

第九章　捐缘碑文

第一节　古　代

重修宝殿奉缘信士芳名：

积库都缘首信绅、薛仲舜奉缘伍拾两。信士李上经奉番银柒拾元。王列候奉缘拾两。李协九奉番银拾元。高山市信士、陈道善奉缘拾叁两。林上仁奉缘捌两。王云亨、吴尚品、张维良、张思谋奉缘各叁两。薛师禄、薛登受、黄文贵各奉缘伍两。黄成景奉番银陆元。郑进统奉缘肆两。刘家恩奉番银肆元。陈性安奉番银叁元。郑子兴、林瑞昌、林朝玉、林腾法、施家绍、王敦正、江濂、陈鸿国各奉缘贰两。何隽、林永镛、吴能泰、叶传开、郑天达各奉缘番银贰元。王孝明、陈奕朗、陈泉家、潘仲基、林仁和、林华绥、陈以梅、柳师锦、柳财学各奉缘壹仟。信绅林于大、黄惟占、林招利、潘仲绅、何道洪、刘家日、奉番伍员。王杨华奉番银伍元。张世镐、洪子贵奉缘贰两。江德调、邹广隆、陈诸芳、吴德魁、陈道彩、林高云、王世熻、胡洪楚、徐孟统、张维积、张维拱、张则钊、张则缠、张则贵、张思高、张国英、施绍文、周得仁、林兆占、潘道龙、王国隆、陈以达、杨超、陈以学、刘世高、杨廷楷、郭志瑞、陈昌朗、陈子建、柳师艺、郭永豪、柳师建、陈瑞镛、辛圣富、姚子仪、郑如衡、陈信元、何道行、郑国桢、郑聿就、王监裕、郑昌建、陈伯茂、翁廷均、林光茂、陈诸璘、陈彦芳、刘国麟、林章端、俞玉夫、林石玉、各奉番银贰元。郑进元奉缘壹两伍钱。王迪岗、洪子明、林宗旦、郑进宝、林程玉、洪得正、王国全、殷日生、王候盘各奉缘壹两。陈宏汉、陈世绥奉番银壹元。何道时、黄元礼、奉缘壹两。林大杨、吴炯乾各奉缘壹两。陈道扶、陈靖忠各壹仟。林腾月、杨淑善奉缘壹仟文。谢国金奉缘壹两。黄文仪奉缘金壹两。李友壁、程捷春、毛长庸、许开琼、蔡家槐、遵义里信士陈槐柏奉缘五两。陈魁授、林振行各奉缘贰两。高体杨、吴必成、林是钺、郑智成、陈君义各贰两。林士崇、陈守东、王经泰各奉缘陆两。林世惠、黄兆沫、林祖桂各番银伍元。吴明著、林是宗、林守腾、王利兴、陈道宗奉缘各壹两伍钱。陈守福、陈家澜各贰仟文。上店林士玉、林士蘭、林士辉共奉捌两。陈淑孟、陈能庆、郑昌书、李敦笙、李敦裔、刘起烟、俞必栋、高梭成、高雅成、黄敬畴、郑则琮、林长满、吴为高各叁两。陈为兴、吴茂威、吴得述、林惟书、陈有志、陈廷彪、劝首郑进统、薛登顺、林汝玉、林程玉、林高玉、洪得正、林钟薄、林乐钦、徐宜福各壹两。江口余兆燕奉缘拾两。潘联元奉缘伍两。林廷杨、林锦龙各一两伍钱。吴德海、李兴乐各壹两。

嘉庆十二年岁次丁卯年桂月（1807年10月）住持僧臣德侄万辉仝立。

外开寄牌寺壹外田亩：东刘洋各叁拾贰亩。七星池田拾肆亩。真武殿田捌亩伍分。自高亭田拾亩。三角井田拾叁亩。

地点：土地厅左边，有碑座。高19.5米，宽0.87米

一九九五年移道院新建碑林第一排22块碑。

重整仙楼碑奉缘信士芳名：

都缘首：福营参府林奉缘伍拾两正。副缘首：上里贡生陈美轩奉缘贰拾两。

预缘首：东张监生倪季光奉缘拾伍两。特加分府福清县正堂卢奉番银壹拾元。职员吴开厚，真武殿乡耆郑进统、林廷发各奉缘拾两正。林宜振、陈魁明、东山施贻书各奉缘陆两。王源美、周友基、林宜兴各奉缘伍两。林朝玉奉缘肆两。钦耆颜仲佑、林宜武、柳文官、洪得焕各奉缘叁两。黄时傳、刘孙飞各贰两伍钱。吴书箴、敖化龙、林宜厚、吴长彬、洪元标、倪昌叔、郑绍水、林锦标、陈玉珂、陈凤鸣、郑发嘉、倪国标、郑锡嘉、林宏立、吴成灿、魏爱可、吴万和、余名沬、郑士忠、刘鸿纶、余时保、郑翁民各奉缘贰两 。吴士魁、郑尔基、李景玉、杨天贵、柳师锦、林廷月、兴利、成兴各壹两伍钱。黄永镖、潘孔是、曾仪庆各壹仟文。信士叶逢曦、林光丰、清构福、陈宣壁、陈廷谟、林玉琼、杨凤鸣、施萱敢、马伯极、翁永樑、魏芳候、郭锦兴、翁孝月、刘宏甫、林程玉、林操玉、郑宁嘉、王国进、翁肇乐、魏耀可、张永嘉、林焕标、陈涧基、林敬澜、黄昭太、高传敏、何允耀、林汝玉、林廷樑、林腾献、柳师艺、柳琳学、张大德、张大恽、林朝春、陈大銮、柳章发、张丰号、李克平、陈传枝、荣兴号、余丰号、吴道生、倪山叔、郑得灿、施长标、郑光清、胡位、茅仁寿、吴起顺、石文淮、郑合顺、黄茂兴、林应升、郭洪盛、李奕盛、王子施、俞启衡、王裕丰、和太、和协兴号、吴仁茂、周国铍、林斌、林宗崇各壹两。闽邑虎入黄广定奉番银拾元。候邑南屿林朝发拾两 。林孝椿肆两 。宋以森番叁元。林有起、黄汝顺、林秉魁各叁两。张汝超、张开来各贰两。宋思和番壹元。谢则位、宋君炭、林孟科、林学赞、宋君茂、陈永桐、邹鸣三、黄福照、林良桂、黄荣思各壹两。垚沙乡唐孔曹四两。唐孟许叁两。唐孟门贰两。唐孔千一两。曾文海壹两。绅士倪国麟奉缘叁两。许有茂、魏敁候各壹两。何道行奉一两。总理魏芳候、翁孝月、郑芳举、劝缘保长施伟列、夏名远、叶昌盛、陈绍祥、周国梁、吴广殿、翁孝举、王孝原、炭载德、劝缘郑道统、洪元标、何述梅、林宗崇、陈大修、林操玉、林朝玉、林廷发、倪川伯、倪高权、林其行、郑志道、伍昌龄、陈恭淮各壹两。督工翁孝珠、林子任壹两。

住持僧巨德领侄孙一贯募化重修同立。嘉庆二十五年（1820）岁次庚辰年荔月吉旦立。信士邱有道盥手敬录。僧一乘 立。

地点：土地厅左边，有碑座。碑高190公分，宽87公分。

一九九五年移道院新建碑林第一排21块碑。

新建官厅奉缘信士芳名：

都缘首：东山州同施其祥奉缘叁拾两。副缘首：山头百岁五代监生陈谋瑾奉缘贰拾两。预缘首：作坊监生陈魁明奉缘拾伍两。陈鸣鸾拾两。侯邑四都黄坤元拾两。周可端陆两。洪绍远番壹元。洪得焕、黄礼澡、林广城、杨治生各壹两。陈于春、林孟多壹仟贰百。林学禄 、陈孟月、张玉保、郭士学陆两。郭士麟、何亨通、张焕文、陈天向、周本清各壹两 。信士叶国滋、林祖桂、周可珠各伍两。张思泰、陈鸿文、柳文官各四两。龙田何大宗、张大宗、陈大坚、陈大立、倪季光、吴櫂英、吴云诏、吴长彬、敖文钟、林克赞、林肖堡、林肖栋、郑明、翁西宋、李茂枝、双和号各叁两。黄是傅、黄学炳各贰仟。王学香、黄得穗、陈发兴、陈伯杰、俞启衡、俞鸣荐、张惟任、林朝玉、郑文嘉、郑厚嘉、郑编嘉、林光丰、周华封、陈天昂、郑士忠、魏爱可、倪云叔各贰两。李景玉、王祚裕、郑绍仪、郑光清、林光兴、林廷云、陈振兴、陈振宁、林宏立、刘孙兴、林汝玉各壹两伍钱。陈豪训番壹元。林腾发壹仟陆百。吴才树、卓信辉、张家锴、钟郑祥各壹仟。丁茂清、李克平、翁永梁、何清学、陈大蘇、严载德、吴孝华、绅士何念祖、举人周政、吴振科、周承材、周孝育、周孝大、周可昭、周可朗、周可茂、丁君查、郭天兴、清沟福施渠静、林宜武、林宜敬、林宜兴、陈时忠、黄龙文、黄世盛、黄廷魁、郑尔基、吴承球、王光裕、丁贤柱、黄世顺、石朝高、郑观澜、王广茂、苏化龙、杨凤鸣、梁文铿、林季常、陈孙然、王源美、罗恒荣、王道照、王道和、王德琼、王云赠、曾文海、黄茂兴、林朝祥、石昌杨、刘良英、郑汉功、翁濂、翁有寿、郑高荐、张为梁、郑舒英、唐肇科、林波端、林有刚、林明福、林良和、陈魁育、陈魁健、陈魁舒、陈魁让、陈魁有、陈天兴、陈天福 、陈宗星、潘子光、李茂朝、魏彩可、蔡奕然、蔡奕性、苏大兴、林恭湖、周友程、周孝杏、苏公明、候孙贞、林世璧、林荣仁、王世敬、洪元标、郑锡加、黄吴兴各壹两。陈家远、张钦衡、张钦书各壹两。

总理翁孝月、董事魏芳候、郑芳举、寺僧所题，翁广成、陈秉祯、蔡中桂、施羽仪、林祖钿各伍两。黄有贤番贰员。杨永辉、林道贤、张忠疆各贰两。余世辉、郭上礼各仟贰 。蔡有盛壹仟。周承齐、宋石生、李卿滔、郑候栋、黄永城、林祖瑞、林祖善、王孟盛、翁孝泰、王本月、李家荣、陈德城、曹文轩、林将齐、林德元、黄廉淑、黄可敬、施道治、叶敬山、林道德、林道彬、张以茂、刘起祖、刘起蒲、陈有夏、方德梁各壹两、拨付灯油之资。

住持僧一音、兄一乘、一贯、侄文捷、文贵募化同立。

道光四年岁次甲申五月吉旦（1824年）都缘首郑廷晖、陈魁杰、陈天昂、陈太辉、周可茂、郑桂铨、信士塘滨、陈肇元敬录。

地点：土地厅左边。高1.88米，宽0.72米

一九九五年移道院新建碑林第一排20块碑。

仙君掛袍新建仙龕重整土地碑记奉缘信士芳名：

都缘首：上里监生陈成奉缘拾伍两。副缘首：信士翁梦澜奉缘拾两。预缘首：东山州同施其祥奉缘陆两。玉街贡生林祖桂、蔡辟祥各五两。黄世成三两。周廷士二仟。敖朝樑、吴云龙、郑士忠、山头陈怀嵩、渔溪郑门翁西宋各二两。吴櫂英 、吴文才各一仟二百。苏卫、罗怀月番银一元。林宜武、林光兴、林光龙、林宜彩、龚世国、郑光春、郑尔基、吴承球、苏公明、翁存发、翁濂、翁永梁、陈鸿文、陈鸣鸾、陈大苏、吴锦州、敖朝铝、林运材、周华封、陈时忠、方怀科、陈世春、俞承孙、吴兴教、吴长楷、米馆王馨茂各一两。李永顺、刘振龙各一两。杨永辉番银五元。董行雄伍两。黄坤元番银三元。王敦康、蔡辟长、徐宜福各三两。林品法二仟。林必雅二两。倪宗豪、倪孔标、林品鹰、严杨桂、林祖通各一仟二百。林敬煌一仟。王孔标、王孔文、王孔兴、陈奕谟、何啟容、林必灿、林必龙、何源清、林宜敬、林文官、陈孔宾、刘起祖、张仁豪各一两。遵义里陈天福三两。陈魁育二两。陈魁舒一仟。陈崇星、陈魁结、陈魁用、陈魁光、陈魁好、陈魁超、陈章龙、陈天南、陈天昂、陈天向、陈天楚、陈天多、陈天降、陈长波、陈捷铠、侯孙贞、林锦龙、陈崇玉、林奕舜、王绍川、叶树森、蔡协春、蔡奕性、陈士芳、王德统、陈廷丹。

嘉庆二十五年重整仙楼、道光四年新建官厅两宗用过钱七仟四百文，系是翁孝月自己捐出。

总理：翁孝月、严载德。董事：郑芳举。

劝缘首：陈钦彩、夏为举、陈天昴、陈捷铠。

住持僧一音、一贯，领侄文捷募化仝立。

道光九年（1829年）岁次己丑莆月吉旦立。

何道峰敬录。

原地点：土地厅之右壁上横碑。碑横1.6米，高0.6米。

一九九五年移道院新建碑林第一排25块碑。

鼎建元峰书院奉缘信士芳名：

清同治八年岁在己巳仲冬鼎建。元峰书院所有鸠金姓名开列于左。都缘首：监生王超英奉缘柒拾两。副缘首：监生王培英奉缘伍拾两。预缘首：武生张逢安奉缘肆拾伍两。监生林瑞芝、州司杨根源各奉缘贰拾两。举人林振声、吴万珍、朱振禄、耆宾周崇云各奉缘拾两。贡生王文林、监生唐秉钧各奉缘陆两。举人郑春林、项生夏云祥、州同倪鸿禧、贡生倪方城、贡生黄福祥、州同唐鸣时、训导林蔚堂、贡生陈元升、都同林作英、耆宾林春山、生员林扬声、监生周拱辰、训导唐元亨、监生庄玉泉、李昌添，监生陈开宗、石道源、石道腾各奉缘伍两。耆宾吴朝仁、耆宾王上灏、夏云亭，贡生周永昌、贡生周之图、林腾宁，生员林超梅各奉缘叁两。贡生林鸿禧、贡生钟毓祥、贡生杨国珍、生员谢成章、生员谢成霖、生员唐晋宸、训导唐元恺、孝友叶志谨、州同杨廷桂、生员陈秉圭、生员夏鸿荃、生员郑兴国、监生唐履泰、监生唐开题、监生纪华章、职员纪用周、职员吴廷香、生员倪殿斌、吴勉三、郑芳胜、石斑盛、唐炼友、付模伯、廖齐来、康丰各奉缘贰两。卫千林捷高、韩候馀各奉缘壹两伍钱。监生丁鸿飞、洪如礼、洪廷秀、林腾谦、陈道秀各奉缘壹两。僧会司、僧凌云、法兴懋募缘壹百两正。善福里大畲村：余增缘壹拾仟文正。劝缘生员：林为奎、吴勉三、郑有财、郑兴国、杨克端、王宗联。生员林凤声、林上经、林上章。总理监生林瑞芝。

同治九年（1870年）岁次庚午仲冬吉旦、吴诸徽敬书。

地点：在土地厅西边房中墙壁。碑高0.6米，宽1.6米

一九九五年移道院新建碑林第一排24块碑。

重修福殿仙楼殿奉缘信士芳名：

奉缘陆两以上芳名：道光二十九年起至同治十年止（1849年至1871年）重修石竹佛殿仙楼并修建路亭。

募化缘金善信姓名并列于左：浙江提督军门钟宝山捐银叁拾两。海潭总镇林向荣捐银拾两。平潭同知恩煜捐银伍两。教授邱葆光捐银叁拾两。福清教授袁辅廷、训道庄抡元各捐钱壹仟。郑翁奉缘壹拾伍两。福清县知县徐国恩捐银伍两。信士王钦悟捐银伍两。信士魏圣典奉缘壹佰两。傅允宗壹百两。黄宇章叁拾两。吴文三奉缘贰拾伍两。吴洪铺、吴统铺、薛升玉、谢清梁、王杨盛各奉缘壹拾伍两。陈拱辰、陈君生各奉缘壹拾贰两。游啟明奉缘壹拾两。长福左军众信士、大生社

众信士：陈玉英、郑桂盛、郑恩光、李敬呈、何芳端、陈昌言、王杨振、杨国宝、薛全运、厦门江氏、詹文撰、詹文辉、林逢春、林杨栋、翁文博、魏琼童、林文钦、林士亮各奉缘壹拾两。李福兴、石班盛、李一方、罗昌记、吴应鹏各奉缘捌两。陈水鲸、陈兆贤各奉缘柒两。王永振、郑为生、谢春宗、林桂城、林杨良、王长养各奉缘陆两。

奉缘伍两芳名：郑撰旌、谢廷兰、陈德锦、叶恭、王瀚霖、萧维馨、薛金镛、黄禄甫、倪云盛、马以渭、钟如珪、叶其英、黄大观、郑文锴、林栽辉、林必存、陈子笑、林碧花、陈景略、江严恺、林朝安、唐履泰、陈壮彩、卢锡蕃、林昌瀾、林宜举、蔡成潘、杨祖灏、蔡树溢、李孙柏、蔡逢春、石祖龙、林瑞芝、谢伟兵、杨遵照、林长蝉、吴克镛、林元宣、傅惠声、林长寿、柳益铨、吴肇泰、陈廷英、陈敬礼、陈汝泰、陈魁清、林捷高、刘登士、杨文盈、陈其禄、黄万宗。

奉缘肆两信士芳名：陈箓、蔡建章、邱长琳、夏拱宸、杨孔蓝、陈天庚、严仲苓、苏锦春、吴君辟、吴会琴、季长芳 、林晶。

奉缘叁两信士芳名：谢朝衡、王纶、黄兆珍、林灿芳、李当春、刘振声、夏振基、唐元重、丁福兴、黄志英、俞咨龙、薛建桐、卢荣成、丁万顺、庄仰凤、吴敖三、林厚根、林佑功、施以柱、谢永兆、陈克康、施春华、黄邦英、仁河铺、何化森、元成铺、新店巷、郑连发、杨元斌、施徐三、林树溢、林昭然、周之图、陈德泉、游世铨、马守建、张迪泉、李作廷、翁鸿图、余云严、王懋观、黄怡葵、邹锦兴、叶志谨、叶越道、王永兴、汤文命、黄万链、陈鸣鹄、陈桥元。

奉缘贰仟文信士芳名：施如辟、曾云龙、黄竹材、陈成勋、庄明发、柯兴杰、李宗时。

奉缘壹两伍钱信士芳名：余宜冬、施绍哲、薛亶仕、叶必升、林荣光、林作英、陈性、张钦若、何光灿、方鉴塘、杨克献、林子声、吴开植、汤孔锦、黄啓庭、林日新、倪赛良、陈景星、王必嘉、高尚梅、陈克钰、倪政良、陈道敏、吴朗垒、唐尔荣、王世作、林腾宇、方德雄、洪学进、郑士书、杨联芳、林德辉、吴美泉、林向英、马守誇、谢则长、高醒燰、张裕美、吴宗桢、陈宗庆、方赊三、林鸿荃、薛咨仁、张书经、李斯耀、陈廷敏、林昌隆、郑士运、江良珍、林训柱、施道垚、陈新泰、王植茂、孔利察、陈裕丰、陈馀香、王绍宝、周永昌、黄光宗、吴恭祥、陈忠枝、陈天赐、陈宗器、杨日景、郑信高、庄霖霖、林太盛、张锦茂、方布杞、康永盛、郑国明、高永薪、翁铭高、林茂盛、仁远堂、韩雨相、何尹歆。

奉缘壹仟文信士芳名：倪清标、倪云开、丁松龄、庄高陛、陈振焕、何道盛、林逢源、陈玉麟、侯协钦、侯丕宫、陈天渤、林永经、陈瑞麟、郑子赠、俞开太、吴姚宋、黄子凤、王程来、魏家富、周利德、余家音。

奉缘壹两信士芳名：何秀翘、叶承若、林芬、陈贤洲、陈天芝、陈孝云、陈家续、陈祯训、陈景香、陈景祥、陈景彩、陈诣惠、陈发兴、陈会献、陈瑞察、陈天荣、陈有文、林元铺、林世臻、林上康、林支根、林宏立、林瑞兴、林苏芬、林立曾、林正利、林花有、杨惟宝、林杨舜、林国望、林大超、林子举、林公络、林大进、林肖灶、郑兴国、郑志茂、陈章若、张龙文、施道仲、王受中、王桩源、王昌钱、王世大、王子亮、王联珠、王章钿、王卿德、翁兴庚、李朝茂、李云、李捷陛、李统财、李克尊、官富宝、大裕号、杨聚盛、刘华光、陈永昌、陈元河、陈贵凤、吴畴生、吴联登、黄廷多、何德钦、何豪琛、郑文经、魏洪龙、夏儒安、夏世文、夏世发、周友物、周禄生、周登宠、周可魁、周可协、周可睿、周友燕、叶麟叁、协为号、何益云、詹章喜、王贤乐、张则茂、进盛号、沈守府、薛正薪、薛祖山、张宗泗、陈兴裕、陈联魁、陈斯华、施宗华、郑惟铨、吴国恩、叶仪潭、石班成、黄肇春、黄守龙、兴源号、倪季勭、石百立、倪季厚、吴恭音、游全柱、余宝兴、郑增、潘鹏凤、施亦缆、傅兆联、余宣英、刘元志、陈彦琼、陈钦蔚、张聿盾、方国机、汤礼让、陈大燕、王祥雄、许存魁、陈元清、何道筹、吴玉章、李经庚、叶伯达、王志锅、吴恭耀、游全裔、余和兴、许守、陈桂宗、谢友钰、张宋银、陈丕振、林良成、郑叔奎、俞世锬、倪行文、郑茂盛、积宝号、宝树堂、余顺兴、陈鲠。

同治十年（1871年）岁次辛未仲秋吉旦。

倪捷元、陈家续、王钦恬、孙经钰、黄兆珍、石玉辉、林超梅、刘振声、林腾蛟、郑士书，劝禄、陈锡周、林恒立、陈簾云、吴振盛、翁光国、黄士模、邱长琳、倪麟黄、倪应杨、洪学进、李建基、陈华清、丁松龄、石百立。

住持石竹寺僧会司凌云募化 立石。

融南 李景韩书（眉篆书碑文楷字）

原地点：在静神养气上大榕树下。碑高2.4米，宽0.88米。

一九九五年移道院新建碑林第一排23块碑。

重整仙岭奉缘信士芳名：

谨将重整仙岭缘银芳名开列于左：广东绅士林檀捐银伍拾元。玉融信士魏超

然捐银拾伍元。南窗绅士周祯壹拾元。前岭信士曾宝琛捐银捌两。玉瑶信士高兴盛捐银伍两。西叶信士叶恒记、赤信士陈振声、西林源铺竹秀林长铺、江头王开礼、王安利、监生黄荫昌各伍两。海口林由天、大所汤祖祐各叁元。何家桃、王登清各叁两。马尾翁金金、浮岐江发喜、下屿强贤如各贰元。王珠兴、郭钦铭、福源号叶秀口、茂浴号王贞元、王赤具、王茂游、郑大兴、黄高德各贰两正。郑成兰、魏尚正、叶开浩、黄喜顺、叶玉治、林聚成、王亦转各壹元。永雅号、义利号、陈仁芝、和记号、合利号郑端琮、仁记号张永亨、肖朝尊、林孟发、黄国阳、王统莺各壹两。题共一百七十元另八角，用四百一十六元，不敷寺中自理。

劝缘陈主文、王安利；王珠兴、叶如玉、李仲邺、李土楷、绅董林师勤、倪镇清、吴恒元。住持僧宝义偕徒子建和、永和仝勒石。

光绪二十九年（1903年）岁次癸卯年蒲月吉旦僧珠林启书

碑坐落在观音岩下方。碑高1.1米，宽：0.60米。

第二节　当　代

1980年至2020年5月对石竹山重大贡献和重大项目奉缘者芳名录（以奉缘前后排序）

蔡云辉（1923–1985)，音西街道溪前村人。4岁随父母去印尼，10岁丧父，16岁与叔父合开小型卷烟厂，33岁后做了两年烟草掮客，没大钱赚。1958年专程回国到石竹山祈梦，梦见大白天火烧山，只见大烟不见火。又梦见一条火车铁轨边有一盐仓，远处没有看见火车，但有烟不断冒出。于是他回到印尼在谏义里租用原来盐仓作为厂房，并以“盐仓”为商标，生产丁香烟，仅用不到20年时间，登上印尼烟王宝座。为感恩石竹山九仙君的指点，在印尼住地修建何氏九仙君道观供奉“九仙君”。并于1983年委托其表弟方明远回国，乐捐港币一仟多万元，折兑当时人民币贰佰万元，修建仙君楼、玉皇阁观音殿、土地厅等，并兴建进山大门，登山道和三级抽水上山设施及道众宿舍、客房、膳厅等。

林绍良（1917-2012），海口镇牛宅村人。21岁避壮丁下南洋，先在古突士经营土产生意，后三兄弟移营雅加达创建“三林集团”，20世纪60年代初得到石竹山仙君的指点，一路飞黄腾达，于20世纪90年代登上印尼首富宝座。为了感恩九仙君，早在20世纪80年代，就以三兄弟的名义在石竹山上建了两座以他们父母名字命名的“元载事”和“桂宋亭”。2000年5月，又与林文镜共同捐资400万元，重建文昌阁；同年8月，再与林文镜等乡侨献金350万元，重建仙君楼、观音厅、玉皇阁、土地厅；2007年12月，独献金壹佰陆拾万元，重上各神像金身及重新装饰各殿字，使之面貌焕然一新。

林文镜（1928-2018)，阳下街道溪头村人。8岁随母到印尼与父团聚，17岁丧父，18岁走上创业之路。20世纪60年代末，创办“华仁谊”取得成功，与林绍良创建的“英扎纳”合组成集团，简称“林氏集团”，一路高歌猛进，成为印尼最大的企业集团。由于他受林绍良影响，虽然其母亲是一位虔诚的基督教徒，但他依然跟着林绍良信仰石竹山仙君。1987年，他率印尼乡亲工商考察团回家乡考察融侨开发区，第二天就与考察团全体成员上了石竹山，并与林学善等副团长及林绍良的代表张鸣琴秘书长向九仙君烧香许愿。果然三年后融侨开发区就开发成功，在他的拉动下，福清经济总量跃进全国百强县市，福州所属八县中率先撤县建市。林文镜先生曾于1999年心脏病重，住北京医院，医院下了病危通知书，各级相关领导都到北京探望，拟于第二天进行较大手术抢救。林先生说我家庭信仰是基督教，但我当天晚上却突然默祷祈求石竹山仙君，祷曰：他一生甜酸苦辣都经历了，不怕死，但我还有很多宏愿没有完成，如带动家乡福建、福清的建设发展等等，希望九仙能佑护平安将这些宏愿完成。第二天奇迹发生，他感觉身完好如初，拟进行的手术也取消了。几天后带了集团高层威灵实例，并询问道院有什么建设需要他来做，年轻一辈到了石竹山道院，他必须报恩，因此才有2000年，林绍良和林文镜携手重建文昌阁和仙君楼等神殿之善举。

曹德旺，1946年出生于上海，高山镇曹唐人。福耀玻璃工业集团股份有限公司董事局主席、首席执行总裁、中国汽车玻璃协会会长。从草商到儒商再到哲商，从向往财富到追求财富到驾驭财富，用百多亿元人民币做慈善，获中国首善称号。2018年9月，曹德旺入选"世界最具影响力十大华商人物"。2018年10月24日，入选中央统战部、全国工商联《改革开放40年百名杰出民营企业家名单》。

他一路走来，多次上石竹山，最有名的是他的四上石竹山抽签，九仙君都为其排忧解难。于是，早在1991年就以福建耀华玻璃有限公司的名义在仙君楼西侧捐建了玉皇行宫。又于2006年，捐资215万元人民币重建紫云真人殿。

韩国龙，1955年出生于福清市三山镇韩瑶村，在家乡读完高中不久便移居香港，并于20世纪70年代以来，开始涉足商海。现任冠城（集团）有限公司董事局主席，冠城钟表珠宝集团有限公司董事局主席。曾担任全国第十二届政协委员，现任中华全国归国华侨联合会常委、中国商联合会常务副会长、北京海外联谊会副会长、福建房地产业协会副会长、香港福州十邑同乡会荣誉会长、香港侨界社团联会永远名誉会长、香港乐群慈善会荣誉会长、香港新家园协会副会长等社会职务。韩国龙先生曾荣获“亚太企业精神奖之特别成就大奖”之“杰出华人”《南方人物周刊》“2013年度魅力人物”“2012年全球时尚界25华人”“2012年最具社会责任董事长”“2012年度房地产行业领导力人物”“2011华商领袖人物”“2006·中华十大财智人物”2007—2008北京房地产最具影响力人物”“闽商建设海西突出贡献奖”“福建省捐赠公益事业突出贡献奖”“福州市热心公益事业大榕树金质奖章”等荣誉。作为一个具有高度社会责任心和使命感的企业家，韩国龙先生一直以一颗仁爱之心，真诚回报社会，热心社会公益，广为善举，引领社会文明风尚。十几年来，他先后为福建、北京等地的公益事业，慷慨解囊数亿元，捐建学校教学楼，捐助社会公共设施，捐资受灾受难同胞等善举，得到了社会各界的广泛赞誉。

韩国龙的成功之路，一直得到石竹山九仙君的指点，所以感恩在心，早于1997年7月就在山上捐建新星亭、国龙亭，2000年又捐建狮岩堂慈航宫、辽天、五星宫等三大殿；还在狮岩堂半山腰捐建整石观音塑像石阁及福德正神等属设施。2007年在第五届“中华梦乡，石竹仙山第五届梦文化节”为福建省石竹山慈善基金会捐款2亿元人民币，拟捐建：老子道德经中国龙长文化区、祈福阁、六十甲子元辰殿等道教文化设施。

陈庄明（曾用名陈存明），1955年5月出生于福清市城头镇五龙村，新西兰永久居民。现居住于上海市，高级经济师，中专学历，福清市建工学校（中专）建筑专业毕业。中国民主建国会会员。曾任福建省政协第八届、第九届委员会委员。曾任福建省工商联常委、福州市工商联合会第11届副会长。现任美国中华总商会常务副主席、福建省北京商会名誉会长、广西银丰集团公司董事长、上海临港检验检测科技产业园有限公司（国企与民营混合所有制企业）副董事长、澳大利亚银丰投资公司董事长、北京银丰投资发展有限公司事长、上海银生置业发展有限公司董事长、福建省成龙集团公司董事长、广西银丰置业有限公司董事长、玉林银丰中药港投资发展有限公司事长等职。集团业务涉及北京、上海、福建、广西、山西、新西兰奥克兰等地。业务涵盖中医药健康、开发建设和实业、林产工业、煤炭能源、检验检测产业、传统文化事业、产业资源整合（包括全国高校最大校园生态服务商团队）等。多次获得福建省政府和福州市政府颁发的捐赠公益事业金质奖。2007年5月12日，获得福建省人民政府颁发的“福建省捐赠公益事业突出贡献奖”金质奖章（闽政文[2007]143号）。2010年5月14日，获得福建省人民政府颁发的“华侨捐赠公益事业突出贡献奖”金质奖章、奖匾和荣誉证书（闽政文［2010］156号）。2010年5月13日，获得福州市人民政府颁发的“福州市热心公益事业大榕树金质奖章”。2009年10月30日获得共青团广西壮族自治区委“希望工程20周年贡献奖”（个人奖、集体奖）。

他崇尚中国传统文化，多年来在多地捐资捐赠恢复建设古典式建筑群落总建筑面积超过10万平方米。有感于石竹山道院九仙君一路护佑支持事业成功，于2002年斥资1.05亿元人民币，在位于石竹山索道东侧半山腰处，建设总建筑面积3000平方米、共有七个神殿：慈航殿、土地殿、元帅殿、九仙殿、王皇殿、九天东华殿、五福殿组成的“万神殿”第一期。

王孝茂，1969年出生于宏路街道大埔村。现为福建茂华集团董事局主席，福清市第十六届人大代表，全国民族进步模范个人。他从小家庭生活困难，小学没毕业就辍学，历尽人生艰难困苦、尝尽人生的酸甜苦辣。由于文化低，创业异常艰辛，事业取得比较成功之后，致力于“济世度人，扶弱助贫”。2013年10月，领养了7名玉树地震灾害孤儿，并承诺抚养至其大学毕业。其善举，得到尊重和信赖，王总先后被评为福清市慈善事业特别贡献奖，福清市玉融慈善家、福清市慈善基金会名誉会长、福建省石竹慈善基金会名誉会长等称号。2014年被国务院授予全国民族进步模范个人，晋京接受国务院第六次大会表彰、荣获党和国家领导集体接见。这么多善举，捐助巨大，但王总不让宣传，王孝茂先生坦诚而朴实地说:“我一定会继续努力完成梦想的善愿，长期坚持，只求低调，不是为了名誉和形象，而是为了善愿与感恩。”

生长于石竹山下，有感于石竹山道院九仙君一路佑护支持事业成功。2011-2016年，王先生为福建省石竹慈善基金会捐资四仟多万元人民币。在福建省委统战部、福建省民族与宗教事务厅指导下，在福建省道教协会和福建省石竹慈善基金会实施经办下，期间捐建福建省、贵州省、甘肃省等贫穷地区和民族小学教学楼近50多座。

自1980年起至2020年6月止，诸善信男女，为石竹山道院建设，乐善好施，慷慨奉缘。因此石竹山道院泐石铭碑，以志不忘。（奉缘人民币伍万元铭个人碑，壹仟元以上铭集体碑）。

蔡云辉功德碑

侨贤蔡云辉先生，邑之音西溪前村人。长期经商印尼，蜚声侨界，情系乡邦，热心公益，人皆倾仰。在我国实行改革开放之初，先生率先倡导并鼎力资助发展家乡工业、文教、卫生等建设，贡献良多，且又慷慨解囊，乐捐人民币贰佰万元，修建石竹古刹仙君楼、玉皇阁、观音殿、土地厅等，并兴建进山门、登山道及客房、膳厅，以利旅游。先生之功德无量。爰泐石铭碑，以彰义举，而志不忘。

福清石竹寺修建委员会。一九八三年七月敬立。

地点：道院办公楼地面层前方，碑高1.8米，宽0.85米。上有凉亭、亭方形四柱、水泥结构，宽2.8米，深1.50米。亭前两柱对联：云呈五色盘石竹；辉生异彩护壶中。（碑文陈天霖书）。

重建素菜馆

功德无量、积善之家

旅印华侨：高仁福先生、王雅珍夫人，领男：高居明、高居乐、高居腾、高居光、高居雄、高居洪、媳：黄惠玲、叶香妹、楊瑞香、吕惠兰、王朝[illegible]、吴芳。女婿：何建光，长女：高华英，捐赠。

石竹山道院，公元一九八八年九月九日（戊辰年）。铭碑在素菜馆内。

公元一九八〇年至一九九〇年奉缘信士芳名：

融侨工商考察团壹拾万港元。陈亚美陆仟元、又黄金叁两。张君基叁万壹仟元。招进强贰万元。郭亚曲壹万捌仟玖佰元。张剑宝壹万元、又伍仟港元。林永波贰仟伍佰美元。林　伟贰仟伍佰美元。陈　辉壹万贰仟元。郭丽英壹万壹仟元。郑金度壹万元。林依珠壹万元。陈书光贰仟美元。张君茂壹万元。廖丽莲壹万港元。

奉缘柒仟元以上至捌仟元信士芳名：陈继富、林凤英、邹德顺、陈莲钦、王华龙、蔡道行、洪本华、潘邦汉、王命尧、林秀娥。

奉缘伍仟元以上至陆仟元信士芳名：黄成奇、李木利、李振亮、李振团、林鹏龙、陈秀兰、刘雪生、石忠锦、林良其、林尔良、王秀燕、廖金华、林景元、叶赛玉、杨仪霖、陈起铭、张亦德、张亦宝、郑翠萍。

奉缘肆仟元信士芳名：谢孝银、黄东池、杨光祥、郑继伟、郑翠云、郑翠华、张亦德、郑翠萍、吴岚奉、张脩开、曹礼云、钟雅、张亦德、郑翠萍、王克厚、谢再兴、何茂云。

奉缘叁仟元信士芳名：王坚霖、王坚章、王坚明、王西真、王西敏、陈继祥、董金钗、刘剑波、李永杰、刘增营、杨绳斌、林起成、黄祖增、吴玉屏 。

奉缘贰仟元至叁仟元以下信士芳名：王坚霖、陈爱芳、王坚章、郑美凤、吴文光、王孔烨、陈群立、林玉英、方明梧、陈德发、陈子煌、陈子富、洪崇灿、郑明金、郑清松、郑鸣、郑志鹏。

石竹寺管理组，公元一九九〇年十月（庚午年）。

地点：大士殿前石埕，高1.88米，宽0.88米。

一九九五年移在碑林第一排1块碑

奉缘贰仟元至叁仟元以下信士芳名：何术先、林绍川、陈可珍、林茂枝、郑灼兰、张子莲、杨瑞香、郑伟、周勋善、胡金华、杨纪善、林文进、杨修顺、任玉钗、卢锦平、陈慕锋、张忠、林玉锟、林学章、李德宝、张发秀、林建平、俞秀玲、潘锦春、刘金莲、高谷风、高居民、陈克美、薛由铭、林振民、蔡民清 。

奉缘壹仟元以上至贰仟元以下信士芳名：翁正明、郑于碧、杨美英、邓建村、郑建通、潘邦章、郭耀楣、郑亦珍、董亦金、陈春荣、杨和玉、陈雄、林美云、魏振平、林辉、卢丽清、林魁、叶雪英、郑善祐、杨依祥、邹品玉、程依嫩 、肖学钦、林火金、陈贤明、潘良庭、杨人彭、李枝英、吴家信、杨图书、张子言、刘亦妹、李永业、林枫、王纪一、黄福义、姚春桂、姚忠和、姚忠农、姚忠新、姚忠鸿、姚访友、林和祥、李振玉、王孔霖、黄克迅、王孟杰、王孔锥、王孔元、叶振松、林桂栋、林长枝。

奉缘壹仟元信士芳名：卢瑞清、林碧珠、林敏龙、郭振平、郭长恩、张子栋、林美英、陈必兴、张美云、卢长平、卢升、李道坤、方榕生、刘用成、刘二妹、林喜庆、郑于斌、陈诗铿、陈维凤、何白白、魏可俊、薛命营、陈渠、李光金、陈占翔、潘君福、李永高、杨婉清、杨鸿泰、林文镜、林友清、林振兴、俞云兴、李金殿、池财魁、陈秀如、黄克锬、冯邦春、黄克晶、杨纪喜、陈增辉、杨人华、杨纪利、任能官、林宝坤、杨修松、陈依庚、玉建清、何新春、郑齐清、刘森钦、郑秀金、杨秀金、杨鸿珍、陈茂庆、郑爱云、郑正高、陈其喜、郑善梅、郑光华、任清新、陈永贵、陈绪枝、陈瑞英、潘福生、李振珍、池忠杰、杨纪恭、陈长煌、陈群立、陈祖铿、陈新萍、王命凤、郑浩、杨善官、陈忠、林世秋、陈美玉、任称新、周明、郭世勤、黄祖仕、陈成萍、陈美珍、林明生、陈真、施祖锦、余孔亲、王孟忠、郑国强、杨鸿清、陈永兴、陈光华、陈其志、卢旺公、李玉龙、王建胜、张怀明、陈长林、林太凤、李振明、林建清、林传浩、李莺华、张涛、王爱国、何光、念克章、陈永兴、郭俊雄、杨航、郭升美、王振新、陈绍泉、赵春光、郭友章、林华云、郭春光、陈超明、李梅波、薛华珍、郭忠华、高细命、郑盖文、陈继忠、吴桂元、郑奎珍、陈武财、林华、李金华、王坚明、张见宝、林振光、魏立耀、魏正平、林玉春、高谷风、林月英、郑国强、倪小青、郑占美、王玉瑞、林秀强、张清秀、卢学杰、李振光、张兴龙、杨仁福、郭美清、郭新明、郭良雄、郑华建、郑振享、足立香能、高谷俊一。

石竹寺管理组，一九九〇年十月（庚午年）。

地点：地点：大士殿前石埕，高1.88米，宽0.88米。

一九九五年移在碑林第一排2块碑。

公元一九九一年至一九九四年十月奉缘信士芳名：

奉缘伍万元以上信士芳名

荷蒙 福建冠顺房地产有限公司、喜捨通讯设备，使石竹名山增添灵通。

石竹山道院，一九九一年八月（辛未年）。第一排17块碑。

侨贤陈子煌先生，邑之蒜领村人，热心公益事业慷慨解囊，捐缘架设路灯改装高压电，使石竹仙山增添光辉，以利旅游。

石竹山道院，一九九二年十二月（壬申年）。第二排4块碑。

长乐县潭头镇鲍未村旅港信士，鲍建成先生，奉缘人民的壹拾万元，建造库房壹座。

石竹山道院，一九九二年十二月（壬申年）。第一排15块碑。

连江县馆头镇竹岐村信士，郑于宜先生，为石竹山道院建设，奉缘人民币伍万元。

石竹山道院，一九九二年十二月（壬申年）。第一排16块碑。

平潭县三门澳信士，王训泰先生，为石竹山道院建设，捐缘人民币伍万元。

石竹山道院，一九九二年岁十二月（壬申年）。第二排12块碑。

香港惠丰贸易公司信士，黄啓豪先生，捐缘人民币壹拾万捌仟捌佰捌拾捌元，装修石竹寺招待。所添置会客厅用具。

石竹山道院，一九九四年十二月（甲戌年）。第二排5块碑。

福州市信士，林依华先生，为石竹山道院建设，好善乐施，捐缘人民币伍万元。

石竹山道院，一九九四年十二月（甲戌年）。第二排13块碑。

平潭县恒业船舶燃料公司信士，吴章荣先生、游天英女士，为石竹山道院建设，捐缘人民币陆万元。

石竹山道院，一九九四年（甲戌年）。第二排14块碑。

公元一九九一年至一九九四年十月奉缘信士芳名：

奉缘壹万元以上信士芳名：林良其叁万元。林锦圆叁万元。林吓朝贰万元。叶赛玉贰万元。陈莲钦贰万元。黄茂奇壹万染仟元。赵春光壹万伍仟捌佰元。黄旺苏壹万伍仟肆佰元。魏振平壹万肆仟伍佰元。方明远壹万叁仟元。何光壹万叁仟元。郑国强壹万叁仟元。郑伟壹万贰仟元。陈建东壹万壹仟元。郑善梅壹万壹仟元。钟棠荣叁仟美元。蔡道平贰仟美元。陈财彬贰仟美元。郑勤春贰仟美元。李金来壹仟伍佰美元。陈淑贞壹仟伍佰美元。

奉缘壹万元信士芳名：廖金华、王秀燕、林友清、林莺月、林依殿、林华俤、叶瑞玉、张君基、郑志鹏、李永杰、沈建忠、朱立英、杨玉贞、方孝华、江水强、邹昌海、黄启灿、吴忠秀、郑智清、陈明、林立。

奉缘捌仟元至玖仟元芳名：郑实佃、张能权、陈荣华、何瑞官、林忠、张香明、张水金、邹秀琴、郑存善、王克厚、李孝镇、陈文海、林云钦、林善增、董金钗、张见宝、陈雄、宏路建筑公司捌仟元。

奉缘陆仟元至柒仟元信士芳名：王少金、蔡明清、郑麟辉、郭成群、李振团、郑梅玉、李善富、陈新萍、李振亮、严富春。

奉缘伍仟元信士芳名：王爱金、王福英、林飞康、陈小玲、潘兰英、王碧忠、何谋云、王善斌、王训泰、王昌华、高李智、郑龙生、陈玉钗、侯德育。陈能贻、陈金珍、王西敏、林惠珍、周勋善、蔡光雄、姚春桂、杨爱玉、姚忠和、姚忠浓、姚忠新、张丽珍、杨佑邦、郑红、林圣义、陈秀美、黄霖。

奉缘叁仟元至肆仟元信士芳名：林美云、李光金、林圣宗、林黎、林真、林雅雅、姚春桂、郑光明、杨玉贵、柳明源、翁瑞英、王曦、林长枝、吴开南、杨图余、俞如韩、卢亦妹、陈思坦、张明珍、陈学达、施增保、俞庆平、李振诚、林红兵、郭起亮、郭振冠、林玉锟、林祥桃、林振坤、林辉源、林明利、陈书升、施华玉、徐炎英、黄世坤、谢文芳、郭锦容、杨慧、周占开、郑勤福、林乃轩、蔡道行、邓廷娟、方明梧、陈绪增、陈钦、杨爱玉。

奉缘壹仟伍元至贰仟元信士芳名：许云妹、陈继祥、郑善梅、林丽钦、郑少丽、郑少华、林美钦、杨海蓉、郑心、郑敏、黄祖仕、刘菊英。

石竹寺管理委员会，一九九四年十月(甲戌年)。第一排3块碑。

奉缘贰仟元以上至叁仟元信士芳名：杨修浮、齐小钟、郭振源、陈晶强、陈云玉、李启珍、董丽月、陈彪、张清珍、许典友、赵汝尧、蔡依秋、陈丽君、王宝华、叶赛华、李莺华、张韵惠、郑琪、林祥铭、林航、魏伦庆、杨立群、王巧文、章建育、章可文、郑惠、林美容、林朝文、林洁、林培煊、吴世雄、郭存仁、曹小康、庄建兴、郑阿幸、陈春金、陈子煌、王桢铨、林家章、林垂朝、郑孝好、施世康、杨纪体、杨振亚、杨纪章、杨祖波、杨冬峰、陈赛仙、陈玉明、陈昭灼、郭亚曲、林立福、林敦桂、林烈强、郑建明、郑少平、潘君源、王志铭、洪本明、黄德建、施传官、高炎顺、李德康、潘爱月、杨峰、翁虎、郑琪、刘金、康学斌、朱在文、何德平、何德康、杨和玉、叶赛玉、王桢铨、李水英、张子启、许光荣、黄祖增、黄惠珍、林春金、陈秀燕、张君香、张钗、张华、张建明、郑平、郑勇、倪秉松、倪秉敏、张建明、陈明云、钟忠义、钟金福、林世福、陈翔、陈凤仪、卢丽清、亭江云岩寺管委会。

奉缘贰仟元信士芳名：林光金、何万熙、林春宝、陈国星、陈国星、陈明生、陈弼勇、陈美芳、陈弼云、陈茂游、石艳丹、陈起剑、陈观忠、陈继亮、陈富有、林宗齐、林德松、林学璋、林民伟、林修建、林友祥、林福南、林如行、林存雍、林惠明、林建华、李擒龙、许桂生、刘金良、翁金榕、翁晓辉、翁晓燕、吴孝华、刘永忠、张振峰、王能华、施细俤、余孔林、金建华、何秀云、吴国明、刘庆元、王吓贵、念家琪、余美捷、刘依珠、薛命祥、魏振平、刘雪仙、王财金、李子华、陈遵仁、廖丽莲、伍是春、李天金、刘增春、陈禹、林峰、施邦、王凤英、杨兰娇、刘宜进、施传雄、王孟文、王金旺、潘锦春、李顺利、王赋坚、王宏建、余秀玲、傅秀义、薛报俊、王孟展、谢可凤、张丽榕、陈青、吴岚、徐良、黄德建、余安玲、李英华、昌明、甄亚明、高谷俊一、潘开桢、潘子尧。

奉缘壹仟伍佰元至贰仟元以下信士芳名：张清、张美玲、陈荣团、林玉、林菁、卢雅和、薛金茂、张依瑞、陈和平、林秋萍、丁子森、吴茂英、杨庆光、杨

敏、程雄敏、潘美香、黄釹根、洪金发、许桂生、王启波、杨人柬、李学华、方昌华、蔡凤高、阮梨枫、陈群立、林玉英、陈林、陈媚、郭永寿、郭敦伟、吴国民、何惠珠、林文志、李方樵、杨长剑、陈振林、陈寿武、陈国官、张见潮、张天松、张华、陈起彬、张君香、林书兴、林兴、李秀峰、李振栋、欧阳耕云、平潭盛兴水产养殖场捌仟元。

石竹山道院，一九九四年十二月（甲戌年）。第一排5块碑。

奉缘叁仟元以上信士芳名：林德暖壹万元。陈存明壹万元。赖庆辉陆仟元。潘海燕伍仟元。陈灿旺伍仟元。翁云琴叁仟元。林勇叁仟元。谢亚兹坡币壹仟元。

奉缘壹仟伍佰元至贰仟元信士芳名：陈建峰、江国兴、江国兴、肖孝惠、吴培坤、黄世坤、邝玉仑、罗瑞娟、郭国兴、杨志瑞、陈永鑫。

奉缘壹仟元至壹仟伍佰元信士芳名：曹振明、林鹏和、林其福、李依辉、林书辉、林书魁、林锳、郭后雄、林连、郑敬桂、林玉英、林栋接、张子庄、陈起明、薛来云、李美华、张钦宝、吴国明、何枝仁、陈飞、张天容、黄永添、陈丽珍、郑维涛、林顺、鲍家镯、吴成荣、林义、王宗荣、吴碧灵、王峰、王强、王丹青、陈希凤、陈良金、陈美仙、陈国星、陈珠官、陈忠炎、张亦德、郑翠萍、林圣义、陈秀金、陈亚荣、林金宋、郑传华、郑传官、何福生、林秀丽、李振瑜、杨雪莺、杨英彭、李枝英、林福松、林敏、林昌浩、林凤华、余美辉、邹旭义、王小明、刘冯钦、林月英、潘桂香、倪惠孔、黄孝瑞、何开光、魏吓金、陈建升、李国林、陈琴芳、何心建、何善奇、何善凯、高志建、林融骏、王瑞英、林建峰、林美屏、李木官、林国瑞、张宗汉、程明武、郑瑞强、张柄枝、黄启豪、刘瑞勇、王桢枢、何宝流、王坚章、方裕金、林灿、陈木桂、郭国兴、林学时、陈艳忠、陈瑞铨、林桂亮、刘雅明、李华琴、兰必勇、张君奋、卢燕丽、方祈民、陈永玉、张云燕、李德金、芦尧官、林辉、林先、刘怀、李德金、张兴佑、游依水、何雅云、刘炳官、王洪珍、吴孝建、郑秀云、杨云日、许天金、俞关清、池日华、潘子登、张水旺、何亦名、刘珍珠、梁天和、陈礼奖、郑梅俤、李爱美、董振华、杨代生、施家银、王赛娟、杨修墀、杨兆耀、陈家明、任义雄、陈姜为、陈木春、林其宝、郑子彬、张伙金仔、林西俤妈、李永业、吴永桐、游云、许其、林斌、何文清、郑美英、施芳春、李培明、翁祖彪、施雪英、林晓芳、俞孔春、郑晓春、王孔立、陈学祥、王志辉、刘秀琴、马木春、林日胜、王妹妹、欧阳新、张秀清、何以祥、李宝云、叶在明、郑声任、林万川、王孟豪、黄忠明、翁程炎、陈灼官、郑仁棋、郭芳梅、康苏利、刘增光、李永朝、刘雅明、芦丹飞、施克宝、陈贤金、陈菱虹、李顺锦、何惠芳、郭振叶、林敏、Henng JLisa Huang。

奉缘壹仟元港币芳名：林枝春、戴诗经、邱尔华、陈兆湘、黄胜利、蔡民义、姚访友、方孟兴、何修隆、陈碧玉、吴伙仙、郑元德、林士官、韩建明、周文杰、杨学波、王欧、黄刘治、高居民、黄惠玲。

石竹山道院，一九九四年十二月（甲戌年）。第一排6块碑。

奉缘壹仟元信士芳名：陈本灿、周明、陈斌、王娟、王敏、高仁福、张君铿、郑良辉、陈珠英、翁华玲、刘钱官、郭振科、黄淑金、林云平、邱传辉、杨效清、连德利、陈彩平、陈芮杰、周礼长、林锦辉、林金利、杨纪瑜、江脩鄧、郑金明、郑瑞仙、洪本明、何希国、丁幼妹、薛理铭、吴小和、郑维秋、游玉金、陈新华、卢绪棠、吴雁峰、陈文生、吴前杰、林雅芳、王孔爱、高细命、刘亚亮、刘发祥、郑玉俤、陈瑞铨、黄护融、肖玉官、林生明、王玲英、林裕永、俞祥辉、林振兴、陈再椎、郑正盛、连财俤、房超峰、许友玲、林木金、姚斌杰、李忠宝、李金贵、郑敬平、陈道荣、杨广县、林明俊、何积雪、陈国平、陈荣贵、杨其官、施仕林、骆其川、陈亦釵、倪珠兰、李忠贵、杨金灿、陈义庆、朱亨祖、何心昌、林友成、郑本营、吴启銮、王国清、黄少玲、陈能清、王孟琛、叶在敏、曹宗文、林秀华、陈本钲、郑孝亨、陈依金、张元通、陈碧玉、陈本亮、俞齐平、薛理秋、郑秀金、李振魁、李秋敏、刘学琛、陈秀惠、王孙彪、严敏娜、陈瑞英、杨纪醒、林永飞、俞梅英、王康朝、陈秋云、陈燕清、陈建林、刘云莺、林心惠、高新天、肖孝惠、林立星、王炳镜、高国坤、吴伟强、郑仁和、林世清、刘春发、翁霞容、陈金发、王昌斌、何秀美、陈亦平、陈仁庭、叶侃、沈国、林魁、郭晖、吴德官、陈香英、薛家鸿、翁国娟、吴前山、李振彩、杨炳霖、陈雪蓉、余义妹、王子昂、赵淑泉、陈义祥、林守梅、何文强、刘碧云、刘豪登、林瑞娇、翁祖煌、郭有国、林幼美、何开元、江依咪、任能权、戴依波、林旭华、郭爱瑞、林生明、陈美华、薛命堂、王璋华、王元奇、陈吓球、吴昆明、念家棋、陈依惠、林玉萍、林太凤、高友璋、林空亮、林雅英、林依世、李忠轩、林兰金、蒋光国、郑能钜、张浩栋、林圣奎、施春祥、陈国铀、邵发豪、王爱清、郑仁勤、李炳安、李玉凤、姚豪品、陈宝生、黄宏标、刘和平、陈仲钿、王小洪、陈育耐、熊柏窗、俞建国、王小兰、庄大光、

林开、张清、高芳、刘钦林、杨国荣、谢锦章、卢世红、杨佑民、王晓梅、陈玉珍、王崇楠、王长发、何希平、林桂顺、郑德庄、王金官、陈书澄、丁其平、李从图、张秋萍、郑仁建、林秋华、陈贵官、林正玉、李祖原、李永快、潘方仁、任双华、陈金兰、杨图华、高红命、郑福英、陈祖江、林庆平、杨广其、程能贤、陈福宋、郑美玲、张贻谋、倪秉茂、陈国金、潘邦云、林秋旺、王赋勇、陈发江、林秀珍、曹玉俤、何心光、林克文、游精勇、杨纪国、杨鸿谋、刘孟豪、陈兴层、郭振梗、林永财、刘建瑞、陈秀霞、郑英、王容、李辉、陈共、叶诚娟、李宝玲、杨爱珍、赵严冰、高纪举、陈秀清、黄木旺、薛明亮、郑勤福、江典进、张友成、潘金明、郭爱瑞、林志森、吴国院、林强、陈晓、张琴、陈鑫、刘进健、陈敦炎、黄秀兰、何敦敏、李秀和、薛命炎、杨儒杰。

石竹山道院，一九九四年十二月（甲戌年）。第一排7块碑。

公元一九九四年十二月至一九九七年十月奉缘信士芳名：

奉缘伍万元信士芳名：

美籍华侨，祖居连江县涫头乡阳岐村，杨义金先生，奉缘美元贰万伍仟元，为全寺仙佛

塑像重贴金箔增添威仪。

石竹山道院，一九九五年十月（乙亥年）。第二排8块碑。

福州市亭江镇东街村125号美籍华人，李振铿先生，为石竹山道院建设，乐善好施，捐缘人民币伍万元。

石竹山道院，一九九五年三月（乙亥年）。第二排15块碑。

福清市江阴镇田头村信士，严家业先生，为石竹山道院建设，捐缘美元肆仟贰佰元、台币壹万伍仟元。

石竹山道院，一九九五年五月（乙亥年）。第二排16块碑。

旅日华人，高谷俊一先生，奉缘民币捌万叁仟壹佰捌拾元、日元贰万元，数年虔诚敬仰之心。

石竹山道院，一九九六年五月（丙子年）。第二排17块碑。

福州信士，林泽先生，为石竹山道院建设，积善好施，奉缘人民币伍万元。

石竹山道院，一九九六年十一月（丙子年）。第二排18块碑。

福清市三山镇泽岐乡旅日华侨，俞美妹女士，慷慨解囊为石竹寺装修办公楼。

石竹山道院，一九九六年十二月（丙子年）。第二排19块碑。

福州保税区建诚贸易有限公司全体同仁，捐赠发电机组壹台，价值人民币捌万伍仟元以供石竹寺照明。

石竹山道院，一九九六年十二月（丙子年）。第二排53块碑。

香港信士，赵今英小姐，为石竹山道院建设，乐施好善，奉献人民币陆万元整。

石竹山道院，一九九七年七月（丁丑年）。第二排20块碑。

长乐漳港镇漳光村李厝里信士，李玉好先生，为石竹山道院建设，敬奉人民币捌万元。

石竹山道院，一九九七年七月（丁丑年）。第二排21块碑。

福清东瀚镇万安村信士，杨敬藻先生，行善积德，乐施人民币伍万元。以资道院建设。

石竹山道院，一九九七年七月（丁丑年）。第二排22块碑。

爱国侨贤，林绍良先生、林文镜先生，热心家乡宗教事业，于一九九七年二月奉缘人民币壹拾万元。以资道院拓建。

石竹山道院，一九九七年七月（丁丑年）。第二排23块碑。

福清合成氨厂，孙泽太先生，为石竹山道院建设，捐献人民币伍万元整。

石竹山道院，一九九七年七月（丁丑年）。第二排24块碑。

印尼华侨，薛天顺先生领合家，为石竹山道院建设，奉缘港元肆万元、人民币贰万零柒佰元。

石竹山道院，一九九七年七月（丁丑年）。第二排25块碑。

福州马尾上岐旅华侨，陈武钦偕眷陈郑丽华，为石竹山道院建设，捐缘美元贰万元，折港元壹拾伍万肆仟元。

石竹山道院，一九九七年七月（丁丑年）。第二排26块碑。

福清市江阴镇高岭村信士，林多定生生，一九九六年至九七年先后捐献人民币柒万元。以资道院建设。

石竹山道院，一九九七年十二月（丁丑年）。第二排27块碑。

长乐金峰镇建设路21号，陈利金先生，为石竹山道院建设，奉献人民币伍万壹仟捌佰捌拾元。

石竹山道院，一九九七年十二月（丁丑年）。第二排28块碑。

福清市江阴镇沙塘村信士，庄彬春先生，为石竹山道院建设，乐善好施，奉献人民币伍万元。

石竹山道院，一九九七年十二月（丁丑年）。第二排29块碑。

公元一九九四年十二月至一九九七年十月奉缘信士芳名：

奉缘肆仟元以上至伍仟元信士芳名：郑善雄、杨宗龙、郑时寿、林长枝、陈寿光、林义武、王孟锦、刘进宝、郭守惠、杨瑞英、郑翠萍、魏明春、卢丽清、林琴芳、林勇、林振兴、林爱珍、李桂璋、黄金珠、杨燕祥、杨玲英、姚忠和、杨爱霜、施增侃、王欣荣、林秀英、林其忠、林宝兰、郑红、郑勇、郑平、郑敏、董郑如珍。

奉缘叁仟元以上至肆仟元以下信士芳名：陈国星、林信铨、程国芳、郑智清、郑齐铿、林玉锟、赵汝尧、蔡德龙、林其钿、林依�、杨典辉、郭振平、许桂生、王鸥、方榕生、刘珍珠、翁忠、郑善梅、林丽钦、刘进福、蔡秋芳、丁祥勇、潘立华、李芳、江峰、王玉芳、李振团、李振亮、王水生、王宏铿、林玉平、林玉萍、林成观、林昌平、林金城、林金星、林惠华、林民康、林世清、陈秀如、陈崇育、陈崇福、陈为杰、陈新平、陈本国、陈再宝、陈瑞英、陈道平、李家兴、李启珍、李培明、高小文、高成涛、郑美乾、何宗鸿、蔡丽月、施佐忠、吴正宝、吴玉宝、钟忠义、苏继才、黄金官、倪政文、俞剑平、张燕英、周延艳、壮桂元、严德雄、薛文波、杨纪善、郭凤芳、王捷、陈琴、李英、郑丹、林峰、岛田德炳。

奉缘贰仟元以上至叁仟元以下信士芳名：林美钦、叶善龙、陈宝华、黄祖增、黄美华、薛命营、薛命炎、龚荣武、俞兆兴、陈必勇、陈峰、刘进滔、林书兴、何伟清、潘爱月、潘依妹、庄明思、林云英、蔡丽明、陈淑兰、严伟民、严伟兵、林贞、王美容、俞峰强、林钦、郑勇、郑平、俞长津、张美莲、张雅清、林文灯、陈春宋、施传斌、王传茂、李国林、蒋木娇、郑麟辉、林美钦、林其忠、郑秀金、王泉金、林国金、林国顺、林珠金、陈少燕、郭国兴、张子莲、张前、李振亮、赖云金、张亦德、郑翠萍、姚春兴、陈英 、王爱瑞、林美琴、曾焕龙、何修凤、陈群立、陈寿武、李玉好、李光金、林美钦、刘增仁、杨营、李通、林祥铭、林飞、杨震、杨根。

奉缘贰仟元信士芳名：陈再樵、陈永玉、陈仁生、陈武明、陈振康、陈振坤、陈金标、陈金强、陈美英、陈坤成、陈忠焰、陈龙莺、陈德兴、陈德捷、陈隆耀、陈天平、陈祖粤、陈莲珠、陈莲莲、陈金河、陈金来、陈发官、陈顺利、陈杰云、陈正俤、陈遵坤、陈人耀、陈善松、杨天俤、杨庆平、杨修华、杨祖铿、林美珍、林正华、林艳亮、林国进、林逢荣、林光团、林书煌、林惠珍、林振坤、林碧文、林建荣、林卫东、林元海、林吓确、林辉源、林爱云、林世福、林依耕、林建清、林其忠、李培明、李依鸿、李宝榕、王桂清、王命恒、王清英、王其勇、王建星、王远如、王远宝、王喜务、王小龙、王宗贵、王孟珍、王玉华、何依秋、何文仁、何华云、何善凯、何惠芳、黄朝产、黄碧芳。王轻根、王卿根、薛开凤、薛命根、薛命祥、薛偕明、薛美辉、薛理秋、郑永发、郑秀芳、郑振俤、郑勤福、郑仁西、高纪举、高庆方、高炎顺、吴启銮、吴生兴、吴兴治、吴明华、张亦妹、张友成、张子启。

石竹山道院，一九九七年十二月（丁丑年）。第一排8块碑。

奉缘壹仟元信士芳名：

林祥利、林爱雪、林建安、林金泉、王仕玉、王奇镛、郑天财、李永华、李卫忠、杨纪文、何增光、何本珠、刘仰峰、黄惠彬、江祥仕、翁玉贵、郭建华、余孔春、潘迎春、高应波、叶泽水、梁依勇、赵春光、林存雍、林耀全、林尤光、林大寿、王珠珠、王爱钦、郑德玉、李光兴、李玉芳、杨承修、何尔香、刘金玉、刘禹峰、黄国兴、江祥尧、翁玉章、郭国平、余孔官、潘子敏、高小英、叶财明、梁宣达、范华钰、林兴耀、林平和、林品玉、林志仁、伍美琴、王命楚、郑文德、李文娟、李美华、杨纪国、何经亮、刘景瑜、黄开木、张君亮、江典进、翁齐严、郭后雄、余宝俤、潘富强、朱在清、叶财敏、韩国标、姜秋美、林碧华、林回春、林依珠、林依明、王孔爱、郑飞雄、郑积魁、李宝钗、李依月、杨俊蝉、何谋平、刘锦瑜、黄瑞燕、张乌金、江爱挺、翁清芝、郭家雄、余瑞明、蔡建平、朱牧天、叶河官、韩茂福、原其水、林金命、林泉金、林向鸿、林珠英、王旺旺、郑修正、郑雪英、李道书、李云玲、杨俊新、何幼宋、刘增坤、黄启登、张媄妹、江枝华、谢财明、郭有强、余云润、蔡民义、朱时佃、唐辛优、任祖伙、田清宋、林心来、林元海、林金城、王美云、王家桐、郑实钿、郑其文、李莲俤、李金安、杨宗霖、何吓和、刘增文、黄启耿、张鸿彬、江典宇、谢宜兴、郭昇美、曾广茂、蔡声金、朱在如、唐增斌、任礼华、林成、林吓兰、林健清、林瑞英、王凤金、王洪珍、郑占辉、郑凤英、李建忠、李光荣、杨图余、何承秋、刘惠光、黄仁强、张依伙、江明耀、谢增光、郭守清、曾添喜、倪秉文、连祥清、唐育珠、池灼官、林杰、林莺、林品芳、林圣奎、林丽榕、王凤金、王子玲、郑齐官、郑燕云、李月林、李云庆、杨图章、何惠光、刘陈珠、黄贞资、张能舵、游天水、谢旦红、郭廷洪、曾华田、倪秉新、连德利、姚春发、苏才桂、邱松、林敏、林朵、林立、林宏、王硕、郑波、郑煜、李芳、李瑞、杨羽、郑巧、刘飞、黄河、张忠、张宇、薛文、郭惠、曾云、倪珍、高裕、姚强、林平、罗标、林庆斗、林建华、林美凤、王礼祥、王孟琛、郑时财、郑妹妹、李振魁、李振团、杨美贵、何仕明、刘碧英、黄以龙、张王凤、游天珠、薛命贻、吴天官、俞钦明、倪朝贵、周善航、肖美珠、洪书、瑜严辉、林志森、林克惠、林其宝、王锦芳、王孟琼、郑仁和、李振奖、李振瑜、李振亮、杨依蒂、何妹仔、刘珍珠、黄以华、张春伟、游泉官、薛昌平、吴前杰、俞美云、魏爱英、周振南、肖珠官、候传森、林友钦、林知祥、林继耀、王美钗、王建梅、郑盼春、李水英、李振宋、杨秀明、杨宝龙、何星建、刘锦飞、黄宜贤、张增贵、游恒龙、薛有标、吴新禄、俞辛龙、魏道建、周宏礼、庄建魁、鲍建成、林在秋、林永妹、林英述、林依顺、王传茂、王长江、郑鹤永、李宝珍、李振华、杨人全、杨汉雄、何善奇、刘宜福、黄钦平、张水清、游恒华、薛美顺、吴乐官、俞峰强、魏雨金、周建德、庄玉川、念清萍、林玉榕、林玉生、林增新、林孝乾、王淑惠、王洁明、郑长元、李振响、李爱美、杨儒杰、杨启钢、何善建、刘德云、黄维舟、张婉贞、翁雪英、薛美水、吴国院、俞振社、魏思贵、许美华、赖添寿、欧秋才、林玉贵、林玉成、林其忠、林松官、王宝娇、王玉平、郑鹤钦、李宝汉、李昭东、杨乃文、杨维财、何敦灶、刘高峰、黄春敏、张在惠、翁德源、薛吓强、吴绍捷、俞木炎、高家富、许美仙、赖方英、马丽娜、林文娟、林木和、林宜振、林晓燕、王训强、王美春、郑美钿、李加庆、李依珠、杨仁彭、何秀钦、何瑞玲、刘义文、黄碧云、张嫩媄、翁德英、薛立和、吴发平、卢娇俤、高春长、许水官、冯邦娟、钟绍榆、林贤钦、林森敏、林礼珠、林汤明、王征平、王孟展、郑敏乐、李锦蝉、李孝俊、杨右芳、何孔平、何挺兰、刘文瑞、黄术竹、董晨兴、翁云霞、薛美惠、吴建生、卢超华、高大桂、徐永华、冯碧华、柯金国、林秀、林琪、林亮、林翠、林群、林鸿、郑涛、李安、李文、杨斌、何伟、林顺、林滔、黄彪、张宁、翁涛、薛斌、林娟、卢英、高宏、徐云、曹松、曹达。

石竹山道院，一九九七年十二月（丁丑年）。第一排9块碑。

公元一九九四年十二月至一九九七年十月奉缘信士芳名：

奉缘壹万元以上至肆万元信士芳名：林华弟肆万元。周勋善叁万元。吴益善叁万元。王爱金叁万元。黄而鸿叁万元。岛田德华贰万捌仟元。黄成奇贰万陆仟伍佰元。林明官贰万陆仟元。林诚勇贰万贰仟元。陈灿国贰万元。叶能光贰万元。林辉贰万元。魏振平贰万壹仟元。薛有俊壹万捌仟元。刘善云壹万伍仟柒佰元。何国平壹万伍仟元。张可平壹万叁仟叁佰元。张大全壹万叁仟元。林吓朝壹万贰仟元。杨敬藻壹万壹仟伍佰元。陈绍泉壹万壹仟元。薛少飞壹万壹仟元。宏路建筑公司壹万零伍佰元。魏瑞英美元肆仟肆佰元。严家業美元肆仟贰佰元。郑勤春叁仟美元。陈贤明壹万港元。王丽萍壹万港元。王孟发壹仟叁佰美元。杨震壹仟贰佰美元。欧阳燕贞肆仟贰佰元、又柒佰美元。郑善梅陆仟伍佰元、又捌佰美元。

郑麟辉伍仟元、又玖佰美元。王明元贰仟美元。张子启贰仟美元。

奉缘壹万元信士芳名：

陈为仁、陈国瑞、詹长荣、陈荣华、陈克根、陈洪玉、陈继祥、陈秀凤、陈起雄、陈继成、陈苏康、陈吾铨、陈昌兹、陈瑞金、陈勳官、陈木桂、林莺荷、林文茂、林水旺、林仙光、王西真、王瑞英、王秉金、王命和、王志远、郭克峰、郑振华、郑小斌、吴森川、吴孝捷、郭民立、郭长华、郭吓平、施文义、施妹干、李禄官、李志明、康学斌、康苏利、欧忠强、候德育、陆国云、杜金龙、何美云、曾焕荣、周怀信、俞裕明、黄敏燕、廖金华、王华。

奉缘柒仟元至玖仟元以下信士芳名：刘进宝、林君太、林庆煌、林孝东、陈群、陈全宗、郑飞雄、陈宝珠、蔡凤高、张贻细、候品安、卢学杰、张清秀、陈恒根、郭增协、张明琴、黄启实、李玉龙、李美华、陈贤安、陈爱国、黄孝瑞、陈国经、林航。

奉缘伍仟元以上至柒仟元以下信士芳名：黄旺苏、方明远、江敬理、郑文、江泉、池兰生、杨耀庭、郑少平、林定瑜、林列强、林永兴、陈新萍、陈启龙、陈代茂、陈秀美、陈敦炎、赖庆辉、释界法、周占开、上田清宋。

奉缘伍仟元信士芳名：付梅、王元官、王妹俤、王继忠、王梅明、王美容、林和平、林亦文、林文德、林玉铿、林敦钦、林龙光、林新勇、林兆祥、陈秀春、陈家敏、陈泽乐、陈依强、陈秀英、李宝臻、林素珍、李登凯、吴兴治、吴培坤、吴建明、吴雅琴、吴敏榕、张发庆、张明水、张集美、黄惠贞、黄品官、黄应桂、杨纪章、杨纪梅、杨建兴、念克章、念尧章、施传金、释悟宏、何修梅、郭长财、谢桂宋、高月惠、蒋华线、蔡峰伟、薛命基、施友融、鲍敏琴、俞美妹、许锦辉、郑智深、沈国、戴红、郑勇、郑平、林绍强、陈祖增、邹品玉、陈祯铨、李水英、李登福、郑美妹、谢国平、薛秀珍、曹代强、薛秀云、陈雄、林美、周麟、陈桂英、横山贤子。

石竹山道院，一九九七年十二月（丁丑年）。第一排10块碑。

奉缘贰仟元信士芳名：

刘瑞勇、刘雅明、刘增泗、刘进棋、池连官、蔡明秀、余美祥、余全兴、卢贤栋、卢德天、叶家能、叶能光、郭良辉、郭建瑞、曹祥贵、曹惠群、魏雅芸、魏吓强、朱亨利、唐锦平、方木镜、伍则霖、江宝国、沈寻国、邱建华、董行文、翁建发、蒋木娇、付作文、施恭兴、阮依翠、宋一峰、游尊辉、胡祥俤、孙斌、刘霆、曾强、潘杰、陈群、陈吉、陈立、陈娇、杨营、杨敏、李平、李榕、李辉、林曦、吴华、林钦兴、林永棋、林世霖、陈家康、陈以杰、林月英、林泉清、林宏辉、薛有俤、薛玉容、林小燕、李述官、林风、叶仑、燕清、何依华、何秀芳、林建中、王绳金、王孔容、陈祯训、凌海娇凌、高谷俊一、林长美、李永樵、郑爱华、郭长美、郭玉英、林武珠、郑福英、杨子川、张秋珍、张秋江、张剑峰、林新、林钦、刘善云、李志明、何光泉、陈秀泉、林丹、林国春、林昌嵩、周明华、赵淑莺、陈钦霖、薛振辉、李强、陈昭、游依利、梁如晴、杨振霖、杨修墀、杨高峰、谢昨龙、谢明云、李加庆、方昌金、刘炎英、余孔春、俞进喜、吴国院、卓丽萍、柯秀梅、郭庭义、陈千尧、陈昆明、陈华平、陈秀文、林鹏翔、林守基、林文钦、林心恩、林秀英、郑文生、郑金妹、郑知亲、郑诚安、施弟弟、姚长伟、郭瑞麟、张能慎、梁栋、梁依勇、林美钦、林爱钦、叶善龙、杨图草、郭起汉、张天权、吴华晃、郑用官、郑妹妹、陈贤安、陈云玉、林玉英、罗吓仲、周秀芳、姚长为、柳华英、黄启汉、龚荣武、刘钦、郑凯、张平、李天生、李松官、田为桂、陈为良、黄启容、张见潮、柳绍强、柳民源、柳民水、柳民金、柳民强、纪炎宋、唐积明、唐元举、唐元明、薛贤爱、薛文波、郑玉珠、李金龙、李金凤、李金贵、郑能锯、林子明、杨裕平、周伟兴、周旺、郭家、庄亚妹、陈瑞香、陈芳、江燕华、江燕春、郭进宝、杨文君、吴勇彬、徐一云、陈家明、吴华英、潘自颖、潘鼎朝、林贞旺、林玉萍、李启贵、梁双金、郑孟辉、卓建炎、卢炎林、刘淑珍、蔡民义、林美娘、薛明炎、薛明标、林秀强、王瑞玉、沈建明、沈昌南、王命楚、王钦玉、谢威祥、蔡方英、郑依姆、张丽玉、林青芳、陈行华、陈灿銮、刘启源、林庆银、李宋仔、邹忠平、钟雅芳、黄玉宝、黄美娇、杨修顺、王钦贞、陈平、吴晨云、田中道子。

奉缘壹仟元信士芳名：陈航、陈明香、陈学琛、陈德善、陈春海、陈而梅、陈德岩、陈金山、陈金福、陈金群、陈燕喜、陈秀铃、陈秀萍、陈国彬、陈月英、陈长春、陈绍红、陈小清、陈礼蝉、陈诗春、陈永伙、陈建林、陈琴芳、陈春蕊、

陈祥捷、陈祥旺、陈良裕、陈良春、陈志伟、陈禾金、陈木桂、陈雅英、陈彩寿、陈吓球、陈红志、陈祖爱、陈祖福、陈忠辉、陈术官、陈美英、陈美月、陈财子、陈新俤、陈子勇、陈清仔、陈家富、陈家如、陈善芳、陈爱萍、陈西珂、陈宋斌、陈秀敏、陈统财、陈步云、陈文香、陈伟瑞、陈资同、陈永生、陈奋基、陈兴涛、陈丽斌、陈宇真、陈瑞舜、林佩南、林佩英、林先瑞、林叶忠、林克文、林光辉、林锦祥、林学善、林立成、林福泉、林春辉、林福南、林国煜、林中爱、林攀登、林坤龙、林天官、林立坤、林永棋、林而森、林宏铿、林天云、林红兵、林爱明、林克鼎、林闽峰、林伦水、林微金、林启飞、林秋华、林佳燕、林宜榕、林亦秋、林月华、林金秋、林仰增、陈英、陈灵、陈鸿、陈标、陈晶、陈彬、陈辉、陈晓、陈旭、陈健、郑爱芳妹、岛田德炳、星野京子、肖夏莲俤。

石竹山道院，一九九七年十二月（丁丑年）。第一排11块碑。

公元一九八〇年元月至一九九七年十二月奉缘信士芳名：（补铭碑）

奉缘壹万元以上信士芳名：蔡道平叁仟伍佰美元。林运辉壹仟捌佰美元。施传明壹万伍仟叁佰元。林振兴壹万元。林正华壹万元。林金祥壹万元。高谷强壹万元。陈存明壹万元。王命宝壹万元。

奉缘柒仟元信士芳名：杨碧芳、黄启实、林清武、赵玉英。

奉缘伍仟元至陆仟元信士芳名：郭平安、吴岚港、杨俊良、郑德庄、林光义、王晓梅、刘必光、陈梅英、陈家敏、陈英华、林修建、蔡光雄、张发庆、陈师国、郑爱树、严家业、无名氏、林月英、融堂融盛公司二建溪头工程处、长乐环球电缆厂、新加坡庙山。

奉缘叁仟元以上至肆仟伍佰元信士芳名：何光、扬佑邦、郑红、李道翻、李登福、李谋行、李瑞英、谢孝明、郑时寿、任玉钗、林吓成、梁依勇、王碧琴、刘善云、林世武、林家香、林秀华、陈依增、陈新平、姜木金、王宏辉、黄春娇、魏振平、郑伟、施友金、俞美华、林辉明、林友仁、铁道部十七工程局、东南啤酒厂。

奉缘贰仟元以上至叁仟元以下信士芳名：翁斗娟、薛宋仔、张德理、施春玉、施进玉、杨纪煌、董用兴、施锦秀、李宝清、李振波、陈振康、陈雪峰、陈长基、陈强、陈金标、林锦祥、林菁芳、林霞霞、林伟、郑传富、郑应宝、王昌荣、余美华、刘栋、翁云华、陈李锦清。

奉缘壹仟元至贰仟元以下信士芳名：张君茂、杨人富、杨人禄、陈益荣、陈秋莲、吴孝忠、王孔翠、杨美宁、庄淑婉、郑伟、李善富、黄宏达、李国林、蒋木娇、陈国官、陈起彬、张见潮、张天松、张君香、张华、林书兴、林书光、李秀峰、李振栋、李祥银、陈荣祥、陈寿武、陈源林、陈而康、王孟盖、林建明、李传明、郑依雄、郭国兴、林秀英、林积英、王少琴、王昌霖、黄小玲、郑诚安、姜忠昀、陈昌钟、魏成辉、林振明、张华英、李桂璋、李锦萍、张亦德、郑翠萍、卢学杰、张秀清、陈标、张清珍、林木柱、陈训强、王少玲、倪斌、卢天春、朱明武、何光、杨晨、林鹏和、蔡凤哥、陈官振、陈瑞金、陈金郭、张秋鸿、周惠芳、陈国星、陈敦炎、陈珠官、陈继辉、王坚霖、陈继萍、王西真、高小英、谭翠翠、林菁、卢雅红、张见宝、陈继祥。

奉缘壹仟元信士芳名：郑修焕、郑积达、郑敏、郑波、郑良辉、陈依德、陈国苗、陈国经、陈文萍、陈继祥、陈美珍、陈雪云、陈珠英、陈巧燕、陈玉建、陈清宋、陈成华、陈诚、林坦、林芳、林友成、林华俤、杨和玉、林水来、林丽蓉、林燕贞、林瑞钦、林诚勇、林明官、林立纯、林永兴、王孟杰、王坚明、王孝通、王天祥、王丽萍、王孔顺、王基栋、王荣玉、王梅金、黄朝阴、黄孝瑞、黄碧芳、黄朝产、黄国兴、张康宏、张坑田、张美惠、张天华、张玉珍、张雪冰、何文贵、何爱明、何国宝、何金妹、何瑞官、郭立新、郭爱瑞、郭后顺、郭忠华、李水金、李传盛、李一钦、刘德安、刘天珠、刘增灯、卢宝华、卢本旺、许国荣、孙木康、孙爱芳、薛天枝、薛开凤、俞兆雄、俞云长、江惠钦、叶泽水、姚春程、肖发龙、庄亚妹、吴云丽、高再成、徐日剑、邹连浦、施生官、方榕生、赵春光、杨人焜、曾贤都、洪钦、上海城隍庙。

奉缘壹仟港币信士芳名：林祥利、林宝康、林希光、郑存权、郑人韦、郑齐华、郑吓珠、黄刘治、黄启锋、黄启舜、邱尔华、邱世琼、杨庆平、杨庆光、蔡民义、方明梧、方进忠、陈武雄、陈信维、姚经炉、洪本华、吴世雄、唐元举、谢状龙、邹华泉、邹永。

石竹山道院，一九九九年七月（己卯年）。第一排4块碑。

公元一九九八年元月至一九九九年十二月奉缘信士芳名：

奉缘伍万以上信士芳名：福建省福天来健身休闲有限公司信士，杨陈军先生，奉缘人民币壹拾万元，以资道院拓建。

石竹山道院，一九九八年九月（戊寅年）。第二排9块碑。

福清市渔溪镇柳厝村上柳厝信士，张秀平捐资人民币伍万元。以资道院建设。

石竹山道院，一九九八年七月（戊寅年）。第二排30块碑。

福清市苍霞村南，林正香先生，创办的江西融城建筑装饰工程公司，奉献人民币伍万元。以资道院建设。

石竹山道院，一九九八年七月（戊寅年）。第二排31块碑。

融盛有限公司，陈为良先生，乐善好施，奉缘人民币伍万元。以资道院建设。

石竹山道院，一九九八年七月（戊寅年）。第二排32块碑。

福清市龙田镇下溪村95号信士，林太平先生，奉缘人民币叁拾万元，以资道院拓建。

石竹山道院，一九九九年十一月（己卯年）。第二排1块碑。

福清市城头镇西池村，林明金先生、涂梅梅女士，乐善好施，奉缘人民币贰拾万元。以资道院拓建。

石竹山道院，一九九九年七月（己卯年）。第二排7块碑。

香港融坛机械有限公司，陈为良先生，一向热心宗教事业，奉献港币伍万元。以资道院拓建。

石竹山道院，一九九九年三月（己卯年）。第二排33块碑。

平潭永利远洋渔业有限公司，325、326号渔轮，林宜孟先生，乐善好施，奉献人民币伍万叁仟元。以资道院拓建。

石竹山道院，一九九九年三月（己卯年）。第二排34块碑。

福清市东瀚镇海亮村澳口西79号信士，魏伦宝先生，好善乐施，奉献人民币伍万元。以资道院拓建。

石竹山道院，一九九九年五月（己卯年）。第二排35块碑。

福州市顺兴禾利贸易公司信士，林家兴先生，乐善好施，奉缘人民币伍万元。以资道院拓建。

石竹山道院，一九九九年九月（己卯年）。第二排36块碑。

福州市信士，林景圆先生，奉缘人民币伍万叁仟元。以资道院拓建。

石竹山道院，一九九九年七月（己卯年）。第二排37块碑。

福清市宏路建筑公司，周勋善先生，热心宗教事业，乐施人民币伍万元贰仟元。以资道院拓建。

石竹山道院，一九九九年十二月（己卯年）。第二排38块碑。

福州市信士，林华俤先生，好善乐施，奉缘人民币伍万壹仟元。以资道院拓建。

石竹山道院，一九九九年十二月（己卯年）。第二排39块碑。

福清市东张镇先进村围底信士，居香港北角堡垒街，王而鸿先生，乐善好施，奉缘人民币伍万元。以资道院拓建。

石竹山道院，一九九九年十二月（己卯年）。第二排40块碑。

公元一九九八年元月至一九九九年十二月奉缘信士芳名：

奉缘壹仟元信士芳名：王其铨、王征根、王长云、王鹏、王家强、王钦义、王训金、王长兴、王命仁、王少金、王文振、王木平、王海文、王为忠、王文、王孔顺、王孔祥、王贞国、王敏惠、王炎官、王旭前、王子兴、王磊、王玉华、王命楚、王命尧、陈依钦、陈依明、陈能仁、陈应宝、陈家宇、陈家容、陈家宝、王豪、陈善国、陈木伙、陈术官、陈炎官、陈坤官、陈通如、陈官清、陈钦、陈叔珍、陈史男、陈敦平、陈利礼、陈祥鳞、陈尊松、陈遵坤、陈礼康、陈丽芳、陈代盛、陈文、陈明春、陈春发、陈春榕、陈荣芳、陈兆珍、陈宋斌、陈秋炎、陈琴、陈秀娟、陈秀芬、陈贤仁、陈美钰、陈华晖、陈金标、陈金忠、陈经莺、陈道国、陈道荣、陈忠、陈慎斌、陈克端、陈纪顺、陈天基、陈其忠、陈伟端、陈贵东、陈峰、陈信荣、陈吓球、陈才善、陈才兴、陈才琳、陈声利、陈宝金、陈伯西、陈忠钟、陈国英、陈强、陈国炎、陈婷婷、陈冰彬、陈启龙、陈和金、陈齐星、陈为惠、陈玫、陈财忠、陈秋铭、陈云兴、陈若红、陈美容、陈寿良、陈学顺、陈学桂、陈瑞娟、陈志同、陈锋、陈永基、董振华、董金枝、董丽华、董光清、董金钗、董巧光、陈珍、董忠俤、董丽芳、林祥党、林美钦、林美琴、林美琼、林建忠、林建好、林建彬、林健清、林伟、林钰生、林晓夷、林显立、林增钟、林志仁、林剑峰、林木彬、林奇、林木金、林依明、林爱梅、林方建、林昌恒、林昌忠、林民潮、林品官、林秀英、林秀云、林琴、林碧英、林星捷、林诗武、林支胜、林提发、林瑞和、林瑞芳、林鸿、林清华、林德利、林德富、林桂亮、林凯杰、林敏恩、林敏知、林利华、林安全、林义响、林娟、林有元、林礼勇、林法官、林太钦、林文锦、林道明、林学敏、林明、林学玲、林丽春、林秋书、林水兴、林守振、林国晃、林国平、林龙光、林辉银、林心贵、林秀、林仰航、林贻瑞、林存长、林端香、林竹光、林安华、林孙辉、林建、林赛娟、林心开、林孔强、林孔贵、林玉俊、林玉明、林金云、林金平、林金祥、林红兵、林凯、林启同、林春官、林亦名、林家钦、林世福、林起静、林厚春、林海、林拥亮、何银光、周述义、周品琴、周国新、周国雄、周木德、周志龙、周善航、周爱英、林进、薛有彪、薛有标、薛坤光、薛彩华、薛昌平、薛文涛、薛命兴、林霞、薛理秋、何芳财、何增光、何秀钦、何幼云、何万征、何万飞、何祖金、何敦发、何挺兰、林群、何国宝、何国安、何国平、何瑞官、何建峰、何建海、何传明、林真、何先模、何美琴、董春敏、黄国兴、黄国涛、黄贞钿、黄应泉、黄启燕、黄雪铃、黄祖龙、林城、黄建华、黄元祥、李祖宥、李明俤、李善清、李从图、李敏云、林棋、李娟英、李成光、李云天、李云明、李志明、李若如、李依月、李德雄、李振文、李玉仙、林忠、林云莺、邹华荣、刘仰峰、刘建雄、刘礼兵、刘增泗、刘增琪、林明、刘钦添、刘必龙、刘宝奇、刘怀荣、刘宗水、刘锦星、刘守东、刘惠光、刘光辉、刘孙贵、林武、刘依云、刘秀焰、郑飞雄、郑仁健、郑恩星、郑依敏、郑正乐、何健、郑长元、郑廷强、郑龙贵、郑时才、郑茂国、郑善锦、郑善存、郑积善、郑木利、郑碧云、李平、郑瑞芳、郑瑞珍、郑前建、郑银贵、郑水宋、郑福祥、郑宝其、李杰、杨美娟、杨文钦、杨人基、杨人华、杨人柱、杨修松、杨纪国、杨宗金、杨宗旺、杨明光、郑武、杨道平、杨贞玉、杨广忠、杨春林、张端明、张光勇、张中清、刘清、张浩栋、张敏富、张爱珍、张永斌、张文忠、张天水、张天俊、张国梓、张志强、张子启、郑平、张建强、张见宝、张炳信、张赛庄、高哲贵、高美惠、高子文、郑浩、高云霞、高华云、高成兴、高哲贵、高仁通、郭东升、郭升美、郭爱萍、郭永和、郭建端、郭惠、郭建瑞、郭见潭、郭启雄、郭鸿琴、郭耀辉、郭长才、郭亦妹、郑洪、肖元耀、肖雪娇、叶昕红、叶海波、叶朝阳、叶善龙、叶家惠、叶振松、邱吉峰、邱震宇、杨洪、江雅女、江华泉、江祖顺、江云敏、江春盛、柯国良、柯丽英、杨武、潘子用、潘良友、蔡义忠、蔡义凯、蔡新祺、蔡君林、俞景德、翁训同、翁云霞、翁吓婆、杨榕、吴太荣、吴前杰、吴立茂、吴华振、吴良官、吴春平、吴仁山、杨晖、吴红玫、余美祥、余学祥、余水妹、余珠明、俞建宁、俞秀凤、俞细货、俞文平、俞进喜、翁莹、欧先机、欧先楚、洪士元、卓鸿飞、卓春华、卓培官、卓美炎、潘林、曹珠仙、康学斌、邹振武、官良茂、邓廷鹰、姚行安、姚长为、姚斌杰、姜伯恩、姜燕云、庄强、庄大光、庄晓燕、庄建雄、庄建辉、丁远玉、丁茂玉、唐轩君、唐人、游建林、游克明、施晓云、施玲驹、池美旺、谢二龙、敖秀[illegible]、张建、张榕、张燕、高潮、何官、孙英、邹雄。

石竹山道院，一九九九年十一月（己卯年）。第一排12块碑。

公元一九九八年元月至一九九九年十二月奉缘信士芳名：

奉缘壹万元以上信士芳名：上田清宋伍拾万日元。林依华叁万元。张见芽叁万元。澳门福清同乡会叁万元。倪吓兵、张秀琼合捐伍万元。郑辉、杨爱清合捐伍万元。魏振平贰万贰仟元。陈立英贰万港元。郑勤春玖仟元、又壹仟美元。星理京子贰万元。何理平贰万元。何沐英贰万、元。张功仁贰万元。林水龙贰万元。高谷俊一贰拾万日元。杨图余壹万柒仟伍佰元。张祥辉贰仟美元。张盛壹万伍仟元。郑国强、郑占晖、倪少清合捐肆万元。陈康壹叁仟元。翁建法壹万贰仟元。李志明壹万壹仟元。张祥炜壹仟叁佰美元。吴志明壹拾万日元。

奉缘壹万元信士芳名：郑志鹏、郑明金、叶能光、黄秀兰、林国强、林钦晃、林庆伟、林建芳、林辉、林后植、林金平、林谦、林幼俤、林绍金、林碧文、林雪云、郑能武、郑业勤、郑天华、郑时仁、李邦桔、李云钵、李善榕、蒋美香、陈国瑞、陈代茂、陈志义、陈香云、王基桃、王征文、王天华、王昌玉、王进忠、张明水、张智龙、张君佐、张云娟、张秀钗、刘明康、刘惠珠、杨敬藻、杨尔龙、

杨爱玉、郭起添、郭其华、施文义、俞裕明、周宏文、何珠金、方福顺、邵发豪、钟绍岳、欧梅华、曹祥卫、薛由标、郑敏、黄星、杨营、融盛公司。

奉缘陆仟元至柒仟元信士芳名：黄孝瑞、倪政刚、黄祖增、薛朱龙、薛秀娟、林昌平、郑少平、陈友蓉、何林先、黄启平、杨纪洲、张炳信、陈寿兴、王瑞英、陈峥、高彬、蔡菁、郭振叶、潘依妹。

奉缘伍仟元信士芳名：何能斌、刘慧东、朱秀琼、朱秀玲、郭振宝、杨文君、何美云、郑翠萍、余金花、郭爱瑞、吴培坤、高吓云、董振华、卓金森、陈崇育、陈勋官、陈德旺、陈启龙、释悟宏、陈绍全、陈依增、陈桂英、陈金龙、林依珠、林华芳、王宗忠、王桂光、张元图、张元恒、张振雄、曹进亮、曹礼成、方莲、施松、曾豪、陈必勇、薛命贻、雨尺俊一、高谷美惠、张吓俤俤。

奉缘叁仟元以上至肆仟元信士芳名：林烈强、林新丽、林云、林平、陈金泉、陈千尧、周伟其、刘珍珠、刘小明、庄桂元、卢丽清、赖方英、郑善梅、郭国兴、陈继富、陈本锋、陈继斌、杨瑞华、肖道力、蒋金发、李振诚、李权、郭根、胡以龙、林玉珍、黄中建、黄运腾、陈学锦、林正玉、何亮、陈方红、林木英、林永强、林美钦、吴为光、郑实佃、张爱金、郑善梅、林丽钦、陈祖明、王命尧、何光、郑秀华、陈国经、陈月云、陈新萍、陈立敏、陈能龙、陈良裕、陈强、陈吉、陈宝进、陈家宝、林世清、林文钦、林今城、林伙金、林祥瑞、林瑞官、林蕊官、林洪英、林建瑜、林丹标、林琪、林曦 、林兰、何标、何文泰、何美光、王命开、王钦太、王孟杰、王长斌、王逢成、王传祥、王孔基、王小玲、王云、黄菁、黄姬、黄连俤、杨耀华、杨云贵、杨巧霖、杨宗龙、李氏、李玉好、李振学、吴高利、吴素菁、欧时宪、欧秋才、刘国清、卢炎官、翁华梅、翁鑫、江泉、邓祥利、周志龙、张浩栋、倪周亮、郭芳平、施玉玲、赖庆辉、赵淑莺、韩圣泉、洪雄志、连伙官、董金钗、薛斌、周健、吴章金、高谷惠美、闽城啤酒厂。

奉缘贰仟元以上至叁仟元以下信士芳名：唐依镁、曹代强、林品玉、王爱仙、陈润官、方德华、黄惠芳、施信兴、施雪英、陈成彩、翁小玲、余金国、余玉发、薛瑜红、林文斌、张和平、陈宝珠、周旺、庄小玲、林国铿、林瑞凤、郑年钦、郑强、游泳、陈雯、张瑞明、陈敏、李志明、李香玲、刘善云、林钰锟、陈学达、杨惠、郑翠萍、王钦滨、郑麟辉、林美钦、林其忠、郑秀金、郑林、林美钦、林美钦、倪周华、黄莺官、翁武国、张秋江、张秋鸿、陈群立、梁雪梅、徐苏菲。

石竹山道院，一九九九年十一月（己卯年）。第一排13块碑。

奉缘贰仟元以上至肆仟信士元芳名：

林文斌、薛鸿、林连英、郑连龙、郑学龙、杨振东、陈长春、黄项林、谢孝银、陈为良、陈寿兴。

奉缘贰仟元信士芳名：

陈强、陈颖、陈渠、陈享云、陈振坤、陈遵坤、陈家明、陈长润、陈建宝、陈建林、陈绪叶、陈坤官、陈宝生、陈玉娘、陈木泉、陈吓清、陈金茂、陈人耀、陈秀钦、陈秀娟、陈香英、陈行武、林诗光、林亦妹、林吓确、林爱娟、林文达、林玉锟、林训茂、林利波、林继齐、林振声、林华、林松、林平、林勇、林和国、林孔斌、林勇洲、林兴耀、林金星、林宗旺、林德松、王礼端、王爱京、王瑞娟、王晓岚、王承良、王则余、王友华、王华、林莺、郑标、郑辉、郑迎春、郑智清、郑雪钦、郑祖明、郑家全、郑勤福、郑传富、郑益辉、郑庭强、郑敏、李宗淦、李启贵、李善文、李为樟、李英、周旺、翁曦、张忠、张定汉、张爱华、张秋鸿、张宝华、张吓贵、吴春平、吴启华、吴宜良、吴乐官、吴孝忠、何惠芳、何爱云、何美蓉、余美祥、余全明、周其灿、周庭艳、杨凤钦、杨图华、杨道香、杨乃文、杨宗龙、姚长为、姚经炉、刘依龙、刘珍珠、刘雅明、施义云、施美贵、施传明、施碧航、施丽云、施雅红、洪日梅、洪细干、洪本明、曹连官、曹祥灿、鲍洪樟、鲍瑞航、高居明、高家良、黄成奇、黄开木、魏伦宝、魏爱英、江庆霖、叶赛玉、郭碧霖、曾焕荣、谢秀钦、严秀清、柯钟官、饶国祥、薛命贻、傅瑞英、庄亚妹、卢德天、卢娟华、卓剑威、郤振强、齐德诚、邹品玉、赵良忠、吕贤辉、潘飞恩、孙礼仁、邱欣锐、何芳、陈国柱、郭春、林信铨、陈浩芳、林依云、陈东秋、杨峰、陈新、姚琛。

奉缘壹仟元以上至壹仟伍佰元信士芳名：余孔春、吴国院、吴明芳、吴宜良、陈亚球、陈本锋、陈家余、刘宝奇、刘春善、方昌金、罗阿仲、郑惠玲、郑天福、苏元德、林文钦、林永祥、林捷、林爱娟、林子平、俞进喜、郭香菊、杨图舜、马永强、陈文、吴明、林泉清、林宏辉、林家香、陈雪娇、翁祖彬、曹鸿琴、俞瑞英、游瑞平、林芳、郑雪云、林丹、林苏、林义光、林光义、林月英、林善梁、高谷龙、高谷富、周晓清、王命尧、曹秀敏、倪宝贞、郭振运、郑美义、朱秉仁、郑勇、郑棋、林航、李文、王真、王一可、林新惠、林国武、林昌莲、林锋茂、林其钿、林春文、林宝忠、林卓瑞、李元容、陈国星、陈桂明、陈诗安、陈举泉、

李通、王孟锦、余秀兰、章守仙、许桂生、柳克龙、龚荣武、蔡秀贺、曾华茂、翁玉树、翁伟成、张秋萍、郑鹏、陈美玲、林飞勇、李华英、刘善云、李志明、吴明芳、林吴凡、陈秀清、董振华、董宝华、王命尧、王征根、林横、林秀金、林小敏、陈赛仙、陈月明、陈红光、陈家亮、任孔华、潘宝华、傅发光、薛美惠、魏孝栋、刘用武、刘永彬、何光、刘明、林国文、林建武、陈荣贵、郑雪梅、王家建、杨德梁、许长仰、钟雅芳、董依嫩、上田清宋、高谷英子、铃木华子。

奉缘壹仟元信士芳名：

张亦德、郑翠萍、陈木春、李紫凉、游亚贵、游美宋、杨晨晖、杨巧真、陈明强、李振通、薛玉顺、郭美太、吴勇、俞莲株、林朝晖、张霓、曹祥达、曹依城、卢明柱、卢超华、杨巧霖、杨巧精、赵志坚、江美华、李水英、王锦秀、陈建华、桑晓燕、吴友珍、余若群、林月英、翁云铃、李木官、林风、蒋光晨、陈曦、林启成、林启程、俞锡凤、郑标、翁其福、翁雄、薛有俤、薛命桂、薛玉云、张俊伟、邵华、张忠、李依材、林秀贞、李美华、陈文清、刘丹明、刘丹如、许静芳、丁春蓉、陈秀玉、陈碧彩、陈增福、陈美娟、陈祁、杨德梁、杨华荔、郑斌、何光、曾松、曾国华、曾焕荣、魏福顺、魏吓强、魏孝栋、鲍玉清、鲍家朗、鲍玉萍、孙瑞经、施晓云、施玲驹、卢金贵、卢美枝、卢娟华、卢兆荣、赵洪生、赵海宣、赵春雄、朱在文、朱本勇、将国钦、严大明、关静美、连德利、宋一峰、李加义、余文兴、王桂辉、王远秋、刘元森、郭吓菊、谢建忠、毛青、毛祚华、毛祚斌、曹礼诚、曹巧莺、梁宣达、倪法宝、倪法瑜、倪起帆、孙英、林复希、吴春辉、黄应新、李登福、陈益荣、吴秋仙、郑朱华、俞航凌芝、谢妹妹宋。

石竹山道院，一九九九年十月（己卯年）。第一排14块碑。

公元二〇〇〇年元月至二〇〇一年十二月奉缘信士芳名：

奉缘伍万元以上信士芳名：

扩建建仙君楼记

石竹山仙君楼始建于唐大中元年，历宋宣和明万历，清嘉庆光绪先后多次重修，唐宋以降诸多大家曾仗笻登临，明内阁首辅叶向高为孝廉时求梦应验传为美谈，其后追慕者络绎不绝故楼之重负不堪矣，今吾邑旅外侨领林绍良先生、林文镜先生、与陈水云先生、黄祖仕先生聊袂为重建仙君楼及观音厅、玉皇阁、土地厅献金三百五十万元增其旧制宏其气势，以振仙山不朽之灵，此功殊不可量也，爰勒石记之。

二〇〇〇年八月（庚辰年）。铭碑在土地厅大门前方。

重建文昌阁记

明万历二十九年，福建提学副使沈儆炌，尊儒倡学举官资依石竹观旁建文昌阁，供奉文昌帝君、孔子、朱子，后阁毁失修今值盛时，海晏河清惠风和畅，吾邑旅外侨领林绍良先生、林文镜先生首倡重建慷慨捐资四百万元，循旧址再隆峻芋山得阁，而增胜观因儒而圆满，重教兴学昌明之举，登斯阁者率可心仪是阁重建，自丙子阳春竣于丁丑仲秋。

二〇〇〇年五月（庚辰年）。铭碑在文昌阁大门口前方。

融盛有限公司，为石竹山道院建设，奉缘港元伍万元。

公元二〇〇〇年二月（庚辰年）。第二排41块碑。

福清市港头镇后卓村旅印侨贤，薛天顺先生领长男命根、次男命基，捐资人民币叁拾万元，重建石竹山道院观音厅之用。

二〇〇〇年八月（庚辰年）。第二排3块碑。

福清市渔溪镇星华南街35号信士，叶能光先生、黄秀兰女士，为石竹山道院建设，捐缘人民币壹拾万元。

二〇〇〇年八月（庚辰年）。第二排10块碑。

香港惠丰贸易公司，黄啟豪先生，感蒙仙君庇佑事业有成，虔诚领带长男厚笙、次男建笙、三男玮笙、长女琳菁，奉献人民币贰拾万元，重建仙君楼之用。

二〇〇〇年八月（庚辰年）。第二排6块碑。

福清市宏路镇溪埔89号振兴农牧有限公司，魏振平先生，为石竹山道院建设，奉缘人民币伍万叁仟元。

二〇〇〇年八月（庚辰年）。第二排45块碑。

旅居日本神户信士，上田清宋女士领合家，为石竹山道院建设，奉献日元伍拾万、人民币贰万伍仟元。

二〇〇〇年八月（庚辰年）。第二排46块碑。

厦门市不见天22号606室信士，薛斌先生，为石竹山道院建设，奉缘人民币陆万叁仟元。

二〇〇〇年九月（庚辰年）。第二排42块碑。

日本东京练马区、原籍福清阳下镇油楼村，岛田德华先生，为石竹山道院建设，好善乐施，奉缘人民币陆万伍仟元。

二〇〇〇年九月（庚辰年）。第二排43块碑。

香港德辅道西343号均益大厦C座，林永彬先生，为石竹山道院建设，捐献港元伍万元。

二〇〇〇年九月（庚辰年）。第二排44块碑。

南平市信士，朱秀玲女士，为石竹山道院建设，好善乐施，奉缘人民币伍万壹仟元。

二〇〇〇年十一月（庚辰年）。第二排48块碑。

平潭县北厝乡海埮头村信士，陈钦先生，为石竹山道院建设，好善好施，奉缘人民币伍万元。

二〇〇〇年十二月（庚辰年）。第二排47块碑。

福清市融城镇清荣中路21号，陈龙海先生，行善积德，捐缘人民币伍万元。以资石竹山道院拓建。

二〇〇一年一月（辛巳年）。第二排51块碑。

深圳蛇口沿山路龟山花园F8座，林秉师先生、黄东梅先生、林于元先生、林紫涓女士，为石竹山道院建设，合捐人民币贰拾万元。

二〇〇一年五月（辛巳年）。第一排18块碑。

福州市亭江镇西边村里沃信士，冯振航先生，奉缘人民币壹拾万元，以资石竹山道院泗洲大圣殿修建。

二〇〇一年五月（辛巳年）。第二排11块碑。

福清市融城镇小桥街70号602室，何美容女士，为石竹山道院建设，好善乐施，奉献人民币陆万元。

二〇〇一年七月（辛巳年）。第一排19块碑。

香港荃湾融坛融盛有限公司，陈为良先生，为石竹山道院建设，奉献港元陆万元。

二〇〇一年七月（辛巳年）。第二排49块碑。

长乐市猴屿张村，张君基先生，奉缘人民币伍万贰仟陆佰陆拾捌元，敬塑九仙之父母暨范仙君神像。

二〇〇一年七月（辛巳年）。第二排52块碑。

福清市三山镇塘北村旅日信士，蔡德炳先生，为石竹山道院建设，奉缘人民币壹拾伍万元。

二〇〇一年八月（辛巳年）。第四排2块碑。

福清市龙田镇兰天房地产公司，施文义先生，为石竹山道院建设，奉缘人民币壹拾柒万元。

二〇〇一年八月（辛巳年）。第四排3块碑。

福清市宏路镇信士，陈景先生，奉缘人民币壹拾万元，以资石竹山道院泗洲大圣殿修建。

二〇〇一年十一月（辛巳年）。第四排5块碑。

旅居印尼椰城槟榔西亚48号信士，何述先先生、高华英女士，为石竹山道院建设，捐缘人民币伍万元。

二〇〇一年十一月（辛巳年）。第四排20块碑。

福清市镜洋镇红星村牛埕埔27号信士，吴发光先生、蒋美香女士，为石竹山道院建设，奉缘人民币伍万元。

二〇〇一年十一月（辛巳年）。第四排21块碑。

福建省福强精密印制线路板有限公司，林万强先生，为石竹山道院建设，奉缘人民币贰拾万元。

二〇〇一年十二月（辛巳年）。第二排2块碑。

福清市宏路工程建筑公司信士，周勋善先生，为石竹山道院建设，奉缘人民币伍万元。

二〇〇一年十二月（辛巳年）。第四排15块碑。

公元二〇〇〇年元月至二〇〇一年十二月奉缘信士芳名：

奉缘壹仟元信士芳名：（接1999年）

杨榕岚、徐玉捐、徐秀珍、游秀华、游增华、杨巧、蒋开宝、蒋祥云、蒋建明、蔡义忠、蔡宝斌、蔡炳仁、薛秀琴、薛蔡华、薛瑞云、高栋、高小如、高芝琛、高声魁、高秀月、高居明、高居雄、高剑飞、高和贵、高国水、高峰、高杨龙、高家申、高晶晶、冯孝胜、黄文龙、黄以龙、黄启标、黄启琅、黄应新、黄毅、黄祥剑、黄祥恩、黄祥富、黄枝钦、翁其荣、翁其和、翁训清、翁祥云、翁振安、翁平、翁祖勉、翁绳宽、翁景德、翁燕钦、郭后交、郭有雄、郭宝华、郭起禄、郭振炤、翁曦、杨锋、郭雅明、郭潮俤、郭萍妹、魏义启、魏生兴、魏炎梅、赵淑宝、赵雄、赵美雅、鲍木财、鲍永标、连德利、官建其、邹华荣、卓兴开、田梦钗、金峰弟、潘林、潘桂华、莫敬銮、唐兴国、姚金华、韩大瑞、韩圣华、韩琼梅、秦能捷、曾开举、陈华、康秉福、陈勇、陈萍、林聪、林威、杨松辉、郑辉、张荣、高晓、郭仁宋仔、港东狮子会贰仟元。

奉缘壹万元以上信士芳名：

曾兆拥肆万贰仟元。吴德顺贰万壹仟玖佰元。朱秀玲贰万壹仟伍佰元。陈仪侠贰万零陆佰元。张浩栋贰万元。俞大金贰万元。陈秀光贰万元。吴建明贰万元。俞艺新贰万元。林祖杰贰万元。费建明贰万元。詹少雄贰万元。魏振平壹万捌仟元。林金平壹万伍仟元。陈继祥壹万伍仟元。郑翠萍壹万肆仟元。余明、郑晓江、王长珠合捐伍万元。

王振新贰仟美元。郑明金贰仟美元。张军营贰仟美元。

二〇〇一年十二月（辛巳年）。第三排31块碑。

奉缘壹万元以上信士芳名：

翁学琴壹万贰仟伍佰元。陈国瑞壹万贰仟元。翁建法壹万贰仟元。刘雅明壹万壹仟伍佰元。林门郎壹万零肆佰元。林依惠壹万零叁佰元。刘国清壹万零贰佰元。

奉缘壹万元信士芳名：

王敏、王命琪、王天庭、王在秋、王孔祥、王芸、林清华、林孟辉、林景乐、林景园、林飞萍、林贻辉、林美云、林中爱、林姜、林明钦、杨依智、陈依针、陈其辉、陈寿良、陈金利、陈孔玉、陈丹婷、林珠、杨业平、杨爱春、任义清、任玉钗、郑丽华、郑翠萍、薛书华、施细俤、黄文、谢美月、谢存龙、董良光、董瑞举、李乃星、何理平、吴国锋、卢万寿、翁松、江启源、周宏武、柯华妹、施少华、姚春桂、曹祥卫、张智铨、张发振、王金顺、王明雄、林顺兴、林冰、陈自月、郑勇、郑平、郑敏、俞昌禄、林宜孟、潘贺财、陈碧姜、叶能光、黄秀兰、李国林、将木娇、张吓弟弟、铃木文子。

奉缘捌仟元至玖仟元信士芳名：

刘宏善、吴明芳、程振兴、陈享云、林春官、林清胜、陈寿兴、陈兆赛、郑善群、郑风珠、黄强、张永达、张祥辉、张君华、王瑞娟、江世忠、卢锦平、李桂章、郭振源、梁依勇、郑国强、倪少清、刘善云、李志明、郑用官、施雪英。

奉缘陆仟元至柒仟元信士芳名：

魏家兴、魏守顺、魏丽娟、林正玉、周品琴、蔡文清、陈华娟、黄祖增、陈新萍、陈远新、陈吉、江敬理、邓祥利、林友大、林娟、林勇斌、林燕、郑燕娇、何美琴、郭门庄氏、九仙美宋。

二〇〇一年十二月（辛巳年）。第三排32块碑。

新志

奉缘伍仟元信士芳名：

张元图、唐海伦、林桂兴、林金祥、林德明、林美妹、林和平、林奇宾、林金勇、林水官、林宜棋、林松、林心贵、林智滔、林吓琴、林华云、林曦、陈章安、陈家强、陈居根、陈杰、陈泽发、陈秀英、陈剑锋、郑明金、郑木平、杨宗旺、杨利寿、杨人和、叶敏、王命瑞、王碧华、王祥枝、王清英、王春龙、俞建云、俞裕光、俞裕明、方梅、方碧华、鲍木财、鲍梅霞、曹金利、曹贵官、张巧玲、黄华秋、薛理建、方莲、施而基、卓剑威、周晓清、游天华、郭永发、赖庆辉 江通彬、潘昌驰、许庭、陈义侠、陈群英、郑孝号、郑忠琛、黄啟锋、黄啟舜、郭振炤、宋友英、郭振、潘依妹、林光兴、林金、陈寿春、王琪、何增金、陈星、郭有康、魏孝剑、曾国强、曾国兴、魏丽辉、林长金、卢立升、王美钦、高磊金燊。

奉缘叁仟元至肆仟元信士芳名：

郭起典、黄翠雯、林有礼、林德水、林婷、林水燕、杨恩如、杨瑞华、郑美义、郑戈赛、任能响、郑善梅、林丽钦、张伙利、姚财明、林继为、林良英、何光、林世清、林烈强、林庆法、陈必勇、吴忠莺、吴国院、郑妹妹、李妙玉、朱秀琼、孙宝辉、潘武、郭美钦、曾国任、施云义、陈福祥、何敦发、李振飞、高羽芳、张智旺、张智龙、张智铨、张智官、张智财、庄开俊、林泉清、林宏辉、陈建文、林娟、王征银、杨财德、林义光、林自凤、林捷、蔡义凯、余珠明。

二〇〇一年十二月（辛巳年）。第三排33块碑。

奉缘叁仟元以上至伍仟元信士芳名：

欧椾华、欧梅雄、林美钦、周其灿、林国平、陈锋。

奉缘叁仟元信士芳名：

林木松、林昌平、林雄猷、林修建、林吓娟、林垂安、林木英、林锋、林赛娟、林明红、林尚宋、林厚春、陈依增、陈立义、陈金伙、陈人耀、陈鑫、方贤云、方昌金、何裕旻、何香宗、何爱华、何成同、王永达、王天兴、王云、王训强、王晓刚、刘宝奇、刘珍珠、刘君杰、刘严雄、李小洪、李啟珍、李强、李丽华、钟红玉、江水林、卢发州、郑小红、卓光华、高大汉、杨宗龙、张辰、施传明、俞振社、郭成宏、郭云妹、韩圣泉、吴兴治、叶仑燕清、叶敏、叶子荣、凌钦、张辉。

奉缘贰仟元至叁仟元以下信士芳名：

陈慧萍、李滋华、钟雅芳、欧松生、欧梅生、林厚春、林薇、林钦勇、郑明凤、魏孝栋、林建荣、郑秀如、王远鹏、蔡秀言、周玉华、陈玉莲、陈琴、卓剑威、钟厚泰、吴文玉、黄少华、薛义英、邱尔忠、陈蓉、阮雄伟、郑建成、林长枝、郑麟辉、郑美钦、林其忠、郑秀金、何建清、郭永妹、俞培武、王书强、卓代建、王开木、林鹤头、林宝贵、林宠清、郑德智、杨晨姐、黄瑜梅、何名恩、孙玲、陈思坦、张明珍、陈武钦、陈郑丽华、陈学达、杨惠、林世安、林晓丹、施香球、施杰、刘宏善、杨爱香、林勇亮、陈志同、薛万建、薛万旺、薛万宗、王玉荣、翁武玉、张香贵、陈爱芳、林伟、林杰、林湧、林桦、陈镌之、陈瑞云、郑秀华、吴孝忠、邹华泉、姚经炉。

二〇〇一年十二月（辛己年）。第三排34块碑。

奉缘贰仟元信士芳名：

陈辉文、陈美鸿、陈维钦、陈春官、陈吉、陈述叶、陈美英、陈金印、陈秀霞、陈秀钦、陈碧美、陈依华、陈良海、陈锋、陈志锋、陈建武、陈建升、陈建平、陈松发、陈存国、陈啟釭、陈剑锋、陈伟、陈孝营、陈振坤、陈遵坤、陈瑞英、陈玉英、陈乃秀、陈永秀、陈明春、林芝、陈朝杰、陈亚球、陈庸琛、陈声利、陈福官、陈行武、陈久诚、林孔斌、林泉、林云钦、林庆美、林宜孟、林同茂、林龙响、林爱钦、林美华、林汝辉、林姜、林汝忠、林新谷、林国武、林幼国、林雅芳、林金用、林德松、林太玉、林武、林钦强、林飞平、林宏辉、林雪明、郭起云、郭良辉、郭祖凤、郭立真、林明、余德祥、余宝平、刘善云、刘进标、刘进兴、刘严文、刘宏善、刘小明、林强、郑时才、郑依平、郑少平、郑孝权、郑美义、郑武重、郑雪英、郑佳团、孙英、郑妹妹、江霄珍、江美珍、王钦滨、王玉芝、王征国、王永祥、王伟杰、王 辉、王秀玉、王秀华、王宗贵、王长善、王荣玉、王亦强、王友华、王美兴、王晋、黄剑辉、黄秀兰、黄旺苏、黄盛奇、黄元样、黄弟子、李振富、李爱明、李平、李亨达、唐枝銮、卓光华、卓祥渠、张秀安、张发振、张宇俤、张端坡、张忠、张鼎样、唐秋仙、吴自加、吴官乐、吴宜良、卢娟华、卢丽清、潘仙兰、潘林、潘珠英、杨锦秀、杨宗旺、杨宗龙、杨纪国、杨纪梅、杨九富，杨云华、谢元、杨修松、杨鸿春、杨添俤、杨乃

文、东仙明、董信强、谢宜龙、谢华明、谢烽、鲍洪璋、鲍建登、薛天智、薛友清、薛魁良、施丽云、施德光、倪必群、倪斌、游建东、游建明、何孔甲、何文光、何秀琴、何宗莺、何瑞梅、何美玲、魏斌、魏福顺、高维丹。

二〇〇一年十二月（辛已年）。第三排35块碑。

奉缘贰仟元信士芳名：

何本珠、何仙菜、何惠芳、曾华茂、曾光清、俞云英、丁玉珠、翁美兰、曹惠群、徐永春、杜金龙、沈建明、钱淑芬、邱凤金、胡勋成、洪本华、欧秋才、严永和、郃振强、梁宣达、蔡蔡莘、伍则霖、伍则海、高友兴、林义宝、许心红。

奉缘壹仟元以上至贰仟以下元信士芳名：

吴翊杉、叶善龙、谢孝银、林吓琴、叶善明、刘宣新、郭伊照、王明、卢秀珠、林志仁、林品玉、林细珍、林美钦、林子平、林松、林月云、林仁俊、王燕平、王传煊、吴忠秀、陈依彬、陈梅花、陈华云、陈熙、张小芳、何修梅、许开祥、兰祥麟、施瑞芳、郭云妹、郑政、林香朝、林利用、陈兰芳、陈学勇、薛理铭、李为樟、杨峰、姜銮英、林敏、林娟、林秦凰、林伟平、陈书蕊、陈刚、陈玉金、李光平、王庭峰、王碧芳、黄美珍、谢雪华、董用兴、陈珊琴、江通惠、张君航、吴依其、郭国兴、唐子秀、王命尧、薛理铭、陈金伙、郑明官、陈绪叶、李明芳、陈家康、陈以杰、陈勤福、郭锦蓉、陈宝明、陈瑞英、陈财贞、李炳安、林云华、王征瑞、林幼俤、林巧燕、林文泰、莫美英、王建新、游礼笑、郑武兴、郑则华、郭克畴、郭念友、刘兹汉、刘德勤、倪秉松、倪敏、王晓刚、张云、王勇、郑丽影、林金祥、林庆全、陈绪忠、陈雄、陈茂桐、潘为华、吴宜良、吴建成、施凤龙、张琳清、张林华、张林云、陈久富、刘兰珍、刘增寿、刘勇锋、林今城、陈康官、余幼珠、余小箐、何好金、王远勤、刘义李、黄项林、施恭福、倪朝雄、翁宗朝、谢美惠、廖宙群、高谷俊一。

二〇〇一年十二月（辛巳年）。第三排36块碑。

奉缘壹仟元至壹仟伍佰元信士芳名：

林振通、林修说、林际开、林国利、林文晃、林金泉、林国文、陈群立、陈统杰、方秀敏、张秋鸿、张端进、高城兴、郑紫英、曾国强、蔡君林、曹秋云、薛小波、谢维民、刘炎官、杨长用、郑建雄、陈为良、陈琅庭、陈锦娴、陈平、唐积明、邱华泉、黄泉栓、薛金述、吴少锵、王淑清、吴湘云、吴超、郑航、郑辉、郑美利、方则江、陈远新、张炎明、陈坤官、陈瑞银、陈永俊、陈如、陈恩坚、李林晶、林元周、林东坡、林祥育、林云清、林利铟、林久佺、林竹灵、周建华、林全官、林国开、林登荣、林依清、林位斌、林云玲、林啟永、吴燊涛、陈建华、桑小燕、黄贞彬、林玉香、施忠兴、施巧明、吴友珍、余若群、念宝荣、谢威芳、郑则发、林美芳、李永楷、李冬梅、李善文、李敏秀、张家洪、郭爱英、何本林、何本珠、何爱珍、王钦荣、郑爱明、李勋、李学华、杨远浩、叶敏、曾志升、陈斌、张斌、张梅、郭建礴、郭建端、郭建瑞、林存官、林敏枫、林建华、林恩俊、林国平、林茂密、林勇、林汝忠、林金祥、林建华、林同平、林新源、林宝荣、林秀玉、林正华、林淑芳、林希、林国棓、林桂煌、林瑞香、林金星、林世福、林培杰、林存义、林华娇、林玉仙、林炬、林惠玉、林民文、林唐友、林世旺、林瑞友、林清玲、林国仕、林美翔、林啟龙、林朵、林赠金、林长华、林星勇、林振成、林振云、林云彬、林燕清、林云娇、林为顺、林棋、林秀玉、林钦重、林张明、林光华、林云国、林松、林全官、林爱娟、林聪、林端端、林兴佑、林天金、林英登、林桂章、林玉昆、林剑英、林财官、林茂瑶、林秋、林文明、林秀华、林瑞珠、薛爱英妹、林金峰弟。

二〇〇一年十二月（辛巳年）。第三排37块碑。

奉缘壹仟元信士芳名：

林厚春、林巧云、林依玲、林金宋、林春松、林清芳、林燕、林尚炎、林孟超、林庆兴、林国晃、林昌鸣、林玉荣、林义财、林敬强、林永强、林涛、林灼仙、林秀珍、林啟永、林传航、林官辉、林香桃、林瑞栋、陈春坤、陈学挺、陈英、陈俊坚、陈雅英、陈金利、陈圣兴、陈泽成、陈康华、陈秋顺、陈亦林、陈伯钦、陈渠、陈春茂、陈太顺、陈水华、陈谋琳、陈忠棋、陈惠文、陈增力、陈家瑜、陈美娇、陈勇、陈文兴、陈秀腾、陈尚菊、陈尊耀、陈冰彬、陈秀春、陈道星、陈本棋、陈明春、陈云、陈文枝、陈香英、陈东明、陈金平、陈学和、陈

性用、陈兆珍、陈宋斌、陈文庆、陈航、陈爱勤、陈春永、陈世和、陈凌端、陈国霖、陈碧霞、陈再樵、陈秀惠、陈成华、陈义、陈恭寿、陈本弟、陈颖芳、陈城俤、陈秀英、陈梅钦、陈娇金、陈妹英、陈宜发、陈飞、陈木利、陈丽新、陈朝恩、陈其忠、陈顺金、陈国宝、陈云钦、陈明芳、陈本忠、陈峰、陈家城、陈木伙、陈为群、陈为权、陈忠孟、陈宋清、陈云针、陈爱明、陈媛君、陈龙、陈礼标、陈明潮、陈必家、陈金贵、陈西珂、陈小文、陈榕新、陈玉珊、王志刚、陈明、王金宋、王长兴、王爱京、王煌芳、王瑞容、王国宝、王瑞锦、王珠英、王孔连、陈燊、王长敏、王新华、王必强、王开明、王坤爱、王孟锦、王孟旺、王凤珠、王文铨、王琪、王榕平、王依亮、王祖岩、王长文、王训政、王文秋、王瑞玉、王志铭、王国凤、王芳、王元官、王远宝、王戏英、王朝泰、王瑞锦、王孔顺、王银因、王玉枝、刘锦勇、王欧、刘启源、刘增泗、刘惠光、刘华涌、刘秀焰、刘凯旋、刘祥华、刘永忠、刘存官、郑武、刘宜怀、刘官印、刘义发、刘品源、刘用明、刘福官、刘金泉、郑大元、郑勤锋、郑　捷、郑思星、郑吓清、郑国锋、郑振金、郑淑珍、郑云南、郑向红、郑登清、郑琴俤、郑标、郑瑞珍、郑安德、郑智恩。

二〇〇一年十二月（辛巳年）。第三排38块碑。

奉缘壹仟元信士芳名：

郑金柱、郑团妹、郑春福、郑庆乐、郑凤珠、郑志球、郑镕、郑顺俤、郑传细、郑鸿棋、郑建明、郑国成、郑燕红、郑承辉、郑平、郑榕、郑祖锋、张江云、张永斌、张祖铭、张在长、张定汉、张云财、张祖贤、张小钦、张萍、张星贵、张何平、张明生、张小昆、张敦雄、张云燕、张坤官、张子存、张月英、张建、张君华、何增光、何美琴、何朝元、何心雄、何善凯、何善奇、何善建、何齐松、何毅、何尔兴、何爱珍、何友云、何秀钦、何凤云、何守灿、何万昌、何坛光、高小云、何琴、高振光、高兆平、高金凤、高大汉、高国水、高梅钦、高小如、李依月、李艳清、何星、李顺勋、李福祥、李妙玉、李亦平、李光熙、李秀如、李建华、李钦英、李敏东、何娇、李生武、李治光、李金良、李海琳、李勤翻、李云玲、李丽明、李玉术、李礼华、李东、李美仙、吴仁光、吴振华、吴翊杉、吴炎生、吴金福、吴家明、吴华震、吴榕峰、李敏、倪德英、倪小青、倪雅钦、倪进辉、倪法炽、倪朝贵、倪必楠、郭克平、郭昇美、郭晖、郭伟铭、郭恒勇、郭吓平、郭春暖、郭振良、郭建瑞、魏福兴、魏家和、魏远琴、魏平、魏成躬、魏远云、魏爱萍、魏伦宝、魏成标、魏孙明、周梅英、周雪云、周桃妹、周明、周端玉、周明琴、周章棋、周继龙、黄启流、黄以华、黄以龙、黄宏基、黄静锋、陈忠、黄颖旗、黄晓枫、黄应新、黄霖飞、黄妹妹、黄卓鑫、黄秀容、黄景璋、黄政雄、陈玲、黄辅建、黄炳毅、黄丽娜、余吓命、余学锋、余幼珠、余美杰、余弟子、余秀明、余钦、余美清、余家人、叶圣济、叶能光、叶萍芳、叶友樟、叶善龙、叶瑞富、江唐旺、江泉、江乃钦、江衔熙、江常明、江敬舒、江爱金、江列清、朱振庚、朱金栋、朱赛容、朱彦、许开祥、许公和、许亚茂、许建勇、许典灯、许述琴、施丽云、施友金、施孟奇、施琴、施细名、施美和、施炳辉、郑肖美晶。

二〇〇一年十二月（辛巳年）。第三排39块碑。

奉缘壹仟元信士芳名：

施林辉、施家全、卢航慧、卢晓凌、卢文忠、卢炳鸿、施鸿、卢万飞、钟炳仁、钟金华、钟天平、钟梅英、钟育晖、杨摧华、杨耀明、杨东基、杨榕、杨敏华、杨宝清、杨建兴、杨建芳、俞昌禄、俞瑞清、俞文芳、俞建宗、俞大凯、杨辉、俞秀梅、俞家信、董金钗、董和兴、董桂云、董须枝、唐雪汇、唐增彬、唐加晖、唐青、唐章尤、翁华宝、翁齐辉、翁学基、翁祖顺、翁祖华、翁景德、翁丽春、曹宗泉、曹捷、曹文彬、曹增永、曹瑞钗、曹立院、方桂官、方明远、方中祥、方秀坚、薛彩华、郑新、薛美珠、薛秀香、薛开玉、任良兴、任玉钗、任秀云、蔡义忠、蔡淑云、蔡朝铨、肖虹、肖宏发、赵良忠、赵宝贵、纪国杨、纪云华、谢国平、谢宜兴、谢金凤、谢忠雄、肖丹、欧先楚、欧茵茵、欧忠强、卓光华、卓孙熙、卓世勇、潘君霖、潘财顺、庄尔杰、庄云、曾本东、魏孝栋、梁富金、游龙广、游秀林、游天俤、姚子华、邱适秋、章美珠、严铭、苏小强、柳金国、柳克龙、关荣华、邹华荣、田新平、程福金、侯品鸿、石国钦、金鸣、廖学进、芦德天、韩瑞珍、阮森官、胡维明、孙礼仁、付作标、毛熔龙、甘可夫、郑新、夏忠、夏飚、凌芝、林双、林贡、林风、林恒、林斌、林杰、林宙、林章、林周、林燕、林娟、林城、林群、林谦、林辉、林升、林翠。巫先生贰仟元，聚丰奉丰纸业有限公司贰仟元。

二〇〇一年十二月（辛巳年）。第三排40块碑。

公元二〇〇二年元月至二〇〇三年十二月奉缘信士芳名：

奉缘伍万元以上信士芳名：

福州市顺兴禾利贸易有限公司，林家兴先生，为石竹山道院建设，奉缘人民币壹拾万元。

二〇〇二年一月（壬午年）。第四排6块碑。

福清市上迳镇南湾村，杨宗龙先生，为石竹山道院建设，奉缘人民币贰拾万元。

二〇〇二年五月（壬午年）。第三排3块碑。

福州市亭江镇英屿村桥头206号信士，郭振建先生、杨瑞平女士，为石竹山道院建设，奉缘人民币陆万叁仟元。

二〇〇二年五月（壬午年）。第三排8块碑。

长乐市金峰镇湖南路55号信士，郑财杰先生，为石竹山道院建设，奉缘人民币伍万元。

二〇〇二年七月（壬午年）。第三排9块碑。

平潭县岚城乡中南村六楼自然村信士，张遵斌先生、张遵辉先生，为石竹山道院建设，奉缘人民币伍万元。

二〇〇二年八月（壬午年）。第三排10块碑。

香港荃湾大河道湾景广场信士，陈绍强先生、陈绍童先生，为石竹山道院建设，奉献港元玖万元。

二〇〇二年八月（壬午年）。第四排19块碑。

福建省福天来健身休闲有限公司，杨陈军先生，捐赠大铜钟、大鼓一对，为仙山增添威严。

二〇〇二年八月（壬午年）。第五排13块碑。

福清市宏信房地产开发公司宏路工程建筑公司，周勋善先生，为石竹山道院建设，奉缘人民币伍万元。

二〇〇二年八月（壬午年）。第四排16块碑。

福清市上迳镇梧岗村224号信士，林万强先生，为石竹山道院建设，奉缘人民币贰拾伍万元。

二〇〇三年一月（癸未年）。第三排1块碑。

福清市阳光大酒店一拂路50号，陈强先生，奉缘人民币壹拾壹万元，承建通天亭。

二〇〇三年一月（癸未年）。第三排4块碑。

福清市海口镇东岐村，周宏武先生，为石竹山道院建设，奉缘人民币伍万元。

二〇〇三年一月（癸未年）。第三排14块碑。

福清市三山镇东埔村上街29号，王征根先生，为石竹山道院建设，奉缘人民币伍万元。

二〇〇三年一月（癸未年）。第三排15块碑。

平潭县恒利渔业有限公司信士，张水明先生，为石竹山道院建设，奉缘人民币伍万壹仟元。

二〇〇三年一月（癸未年）。第三排18块碑。

福清市音西镇玉峰村村南218号信士，陈佑义先生、吴少霞女士，为石竹山道院建设，奉缘人民币伍万元。

二〇〇三年一月（癸未年）。第三排19块碑。

福州市信士，林依华先生，为石竹山道院建设，好善乐施，奉缘人民币壹拾壹万元、美元伍仟。

二〇〇三年六月（癸未年）。第四排8块碑。

南非（篥索托）福清同乡会会长，方则江先生，为石竹山道院建设，奉缘人民币伍万元。

二〇〇三年十二月（癸未年）。第三排6块碑。

公元二〇〇二年元月至二〇〇三年十二月奉缘信士芳名：

奉缘壹万元以上信士芳名：

周述义叁万元。林永彬叁万元。吴华德叁万元。薛永亮叁万元。郑存禄叁万元。陈娇英贰万元。许艳珍贰万元。林丽华贰万元。林秀华贰万元。张瑞坡壹万伍仟元。林国平壹万叁仟元。张浩栋壹万叁仟元。杨耀庭壹万叁仟元。郑平、郑勇、郑敏合捐肆万元。林明红壹万贰仟元。卢德天壹万壹仟元。王建勇壹万壹仟元。高谷俊一肆拾陆万日元。陈武钦、陈郑丽华合捐叁仟壹佰美元。

奉缘壹万元信士芳名：

陈咸福、林吓珠、扬图余、林传生、李泉、陈施文、林萍、林诚敏、林锦平、林宏辉、林金祥、陈小明、陈云华、陈正和、陈必勇、林新、陈全铠、陈美芳、陈志同、陈传斌、陈昌盛、陈明春、陈金水、杨宗旺、杨雯、杨远皓、郑思勇、郑勤炜、郭念敏、郭家雄、王命亮、王孟锦、王长明、王琦、张晓农、叶能光、刘凤官、许泰源、钟绍岳、游天杰、卢梅云、芦兆财、李飞、李华英、李润娟、施文义、任玉钗、薛经辉、赵淑莺、戴朝钗、黄绳棋、黄惠、高志芳、方则春、方梅、高华、江华、翁强、林国平、郑齐琛、林章磊、朱秀琼、林衡、陈寿兴。

奉缘柒仟元至捌仟元信士芳名：

王荣玉、郑陈秀燕、刘宏善、张爱金、何敏、郑德滨、潘湖鸣、郑小玲、林惠芬、李永辉、林曦、林烈强、李妙玉、陈秀钦、魏振平、吴素菁、张在朝、翁宗朝、高谷健、郑福英。

奉缘伍仟元以上至陆仟元信士芳名：

翁建法、林木和、林凯杰、王钦太、林登发、杨佑成、任义清、潘兰如、曹祥任。

二〇〇三年十二月（癸未年）。第三排23块碑。

奉缘伍仟元至陆仟元信士芳名：

陈建旺、陈绪枝、张新友、张孝谋、郑善存、梁依勇、黄翠文、蒋金发、倪秀琴、郑善梅、郑秀金、林美钦、刘善云、李志明、王孔霖、杨佑钦、张智铨、张智龙、张智旺、张智官、张智财、曾光 、郭庭世、郭上群、陈碧珠、王碧忠、陈秀珠、潘玉衡、陈治灼、陈依莺、卓祥渠、卓清芝、张子俊、张秀珍、叶能光、黄秀兰、刘宏善、杨爱香、邵忠平、钟雅芳、薛贤爱、郑玉珠、蔡为生、颜可雄、江波、张春晖、张忠、邵华、黄启宏、王钦官、王克芬、杨庆平、黄祖增、林金平、林智育、林礼乐、林今城、林仙光、林思明、林春吉、林珠玲、林桂英、林红、陈绍兰、陈荣盛、陈赛仙、陈浩栋、陈章安、陈春康、陈孝团、陈昌显、薛琪、薛来玉、郭礼生、郭进龙、郭良辉、郑玉梅、郑依瑞、郑翠萍、张巧玲、张晏衔、李德峰、李诗水、杨人诚、杨业平、王命清、王命凤、王积锋、王素芳、刘心光、刘增龙、方秀珍、赖庆辉、卢祖先、庄曙辉、汪孝球、俞宏祥、秦妹货、丁达凤、杨长程、郑梅玉。

奉缘叁仟伍佰至肆仟伍佰以下信士芳名：

陈成才、江文通、林世青、施丽云、汤红梅、张吓贵、陈振坤、陈明春、李雄、林莹、林从铿、林风、郭国兴、杨忠端、郑善端、杨长銮、杨长程、杨营、郑梅玉、陈剑铭、陈继团、陈思坦、李永斌、林克灯、林其忠、张聿炫、林诚坤、陈通立、陈通星、卢丽晨、王志良、郭永富。

二〇〇三年十二月（癸未年）。第三排24块碑。

奉缘叁仟元至叁仟伍佰元信士芳名：

杨耀庭、杨图余、潘纶、郑雄、陈锋、张敢、何秀钦、庄玉松、林依耕、何敦发、陈福祥、余珠明、余幼珠、郑建国、陈志勇、林永妹、林水钦、林木英、林文芳、林齐强、林学新、林昌平、林新洪、林福城、林瑞和、林惠芳、林勇、林木松、林存雍、林金用、林炳超、林国平、林书祥、刘仁俤、刘友新、林曦、刘德东、刘秀榕、刘珍珠、陈建新、陈才善、陈友福、陈丽娟、陈贤勇、杨瑜、陈建文、刘宝奇、郑玉珠、郑应标、郑志鹏、郑明金、郑淑芳、郑勇标、李强、李心水、王珍珠、王蔡妹、王友华、王为茂、王传祥、王国珠、王榕标、黄祖增、黄启友、黄吓笔、黄锦峰、杨明官、杨宗龙、杨修雅、吴长水、吴翊杉、何方财、何裕文、施恭亮、施福全、周松强、柯金国、钟华斌、许开俊、严永和、郭爱瑞、

高梅英、余珠娇、姚书金、石增云、唐芝鎏、沈建明、卢明柱、兰祥麟、姜鎏金、陈云玉。

奉缘贰仟元以上至贰仟伍佰元信士芳名：

林昌富、林承忠、卢凤林、张伙俤、江金俤、陈享云、林心贵、何美蓉、杨茄炜、魏孝栋、陈宗辉、陈周财、张祥辉、黄建瑞、陈丽华、陈庆勇、高谷富、郑善武、游郑生、何文光、何爱玉、林祖金、陈少朱、林泉清、林宏辉、陈家俊、占银珠、王长勇、陈良金、施友金、何秀华、李家福、李振基、黄启洋、黄秀平、郑成彪、王云、郑庭强、陈萍、丁群、黄丹雯、林碧云、林莺、卓剑威、陈琴、卢发枢、施自安、林长枝、林玉铿、林龙响、刘宜怀。

二〇〇三年十二月（癸未年）。第三排25块碑。

奉缘贰仟元以上至叁仟元信士芳名：

薛理铭、陈云平、陈航、张定汉、梁燕平、刘善云、李志明、王贞铨、李水英、杨耀庭、陈赛仙、曹振明、董菊珠、周祥与、周飞、吴友珍、余若群、翁祖光、郭婕、李源清、岛天德龙。

奉缘贰仟元信士芳名：

陈千尧、陈云平、陈玉金、陈永勇、陈华强、陈标、陈行武、陈吓新、陈吓球、陈孔梅、陈再樵、陈明雄、陈传顺、陈洪志、陈明雄、陈平、陈必勇、陈雪财、陈炎官、陈爱平、陈金龙、陈美娇、陈彩峰、陈祥妹、陈道新、陈旭、陈梅琼、陈兴明、陈继清、陈雅明、陈庸良、陈心斌、陈传平 、陈美贞、陈明星、陈航、林文华、林文娟、林云华、林正华、林天官、林木松、林世福、林同美、林汝辉、陈锋、林述月、林礼明、林如行、林阿福、林国利、林宝玉、林美珠、林修建、林修澄、林顺、林官昭、林银俤、林炳清、林建玉、林新谷、林敏章、刘守东、刘小明、刘丽华、林莹、张长基、张定汉、张衷心、张福寿、王兴汉、王孔龙、王孔顺、王飞琴、王香林、林玲、王金官、高仁福、高华云、高秀芳、杨宝清、杨人锹、杨宗龙、杨纪国、杨纪航、林腾、方则江、方贤云、朱秀琼、朱于清、何文登、何幼英、何本珠、何敬祥、何建清、林基、何惠芳、游钦贵、游秀林、游美林、李玉好、李业坦、李亦强、李传盛、李成芳、李忠、李钦英、李昭东、李启珍、李振富、李诚永、郑华忠、郑时财、郑妹妹、郑春福、郑洪、郑庭强、郑康营、余孔章、余宝平、吴天官、吴金旺、吴玉钦、吴家明、吴乐官、郑娟、吴志刚、吴良平、吴剑和、吴翊良、吴华震、翁长敏、翁其和、翁其荣、翁祖标、郑航、黄开木、黄木水、黄元祥、黄启荣、黄剑辉、黄孝瑞、黄秀龙、黄明飞、庄爱英、庄强、周明兴、周章棋、曾开举、曾爱萍。

二〇〇三年十二月（癸未年）。第三排26块碑。

奉缘贰仟元信士芳名：

倪立贤、倪孔龙、倪秉文、施细俤、施祖锋、姚璇、姚长为、曹立恬、曹玉俤、曹德官、薛文善、薛红珠、薛美英、莫云芳、莫敬銮、江华、董玉莺、董雪花、魏远云、魏巧姗、石发云、卢丽清、孙国华、任巧珠、邓祥利、唐人、严志春、冯立贵、卓凤玉、钟育晖、池瑞官、俞建寿、绍振强、邹华荣、鲍木泉、潘林、谢兰娇、林捷、许心红、王坤爱、王志城、王国兴、黄娟、江口弟子、织田美娟、平潭烟草公司、聚丰纸业公司。

奉缘壹仟元至壹仟伍佰元信士芳名：

林文钦、林民乐、林可庆、林正雄、林朝进、林金明、王玉芝、王瑞勤、陈驹、陈美华、陈雪春、陈金伙、陈裕伙、陈治良、陈秋顺、俞云林、俞吓顗、何建清、黄振、郭超峰、郭鸿琴、杨图余、江琼芳、李云雨、李传清、李成永、李赛花、李绍响、张宇、周建魁、蔡志强、梁华云、肖剑云、孙宝辉、连伙官、程海棠、赖方英、余坤珍、池和钦、张劲翼、郑能锯、郑维晃、刘熙、陈礼响、陈礽标、陈晓玲、薛彩华、林友生、林玉兰、林今城、杨佑振、杨忠明、郑雄、杨耀华、杨祖铿、任义飞、曹锦铿、李贤意、张尖兵、郭新钿、施辉勇、郑辉、郑巧芳、李礼真、韩国智、陈秋明、陈建榕、何文玉、林江华、林华明、林春琴、叶善明、陈炎官、陈景艳、林秉强、郑世敏、黄炎金、高宗彩、康秀芳、蔡君林、余家弟子、余俊杰、林长文、林长伙、林建峰、邹桂光、郑善庆、李锋云、薛炳麒、曾光、湖建达、林旭、林旦、陈梅英、柯金国、卓剑威、陈琴、陈肖、王胜、高天、高诚兴、何集秀、王命玉、周瑞云、林木松、王友华、林泉清、林宏辉、下山静夫。

二〇〇三年十二月（癸未年）。第三排27块碑。

奉缘壹仟伍佰元至贰仟元信士芳名：

陈绪叶、李明芳、杨祖鸠、陈美霞、吴金章、吴月莲、施天清、曹秀琴、陈

秀清、伊礼彬、李民、李强、林文、杨珠、郑良栋、陈清雪、张秋鸿、张秋江、林枝尤、郑菊贞、郑守祥、李坛福、李依强、李桂章、董金珠、林秋妹、郭春岩、林伟龙、郑昌风、林辉源、卓瑯玉、江爱善、江顺官、江通昌、江达捷、王命仔、何爱珍、何本珠、何本林、叶子清、叶春华、林清友、林朝斌、刘文美、刘文通、邓祥利、洪秀玲、陈坤官、陈瑞玉、陈金伙、陈金海、陈立桂、林雅华、陈坤官、林瑞银、陈光雄、林锦枫、卢炎林、刘淑珍、李启珍、江华、何飞、张瑞娟、张斌、张梅、潘焱镳、潘金、叶双、陈启、刘永旺、刘建国、刘美琳、林金祥、林学明、陈乃朝、林金祥、林庆全、陈绪忠、杨仁针、杨松霖、郑美如。

奉缘壹仟元信士芳名：

江乃钦、江泉、江炎平、江常明、江爱护、江晓凡、卢丹心、卢玉官、卢长锦、卢朱荣、卢娟华、卢雄、卢振勇、卢超华、丁芳灵、江增琴、王小兰、王凯明、王孔龙、王孔祥、王元义、王云、王玉芝、王守端、王训强、王秀惠、王则强、王旭志、王良威、王征胜、王伟立、王兵、王传煊、王远秋、王明生、王金利、王命炎、王美兴、王美秀、王国珠、王国康、王鸥、王建明、王建永、王婷琴、王爱钦、王积发、王祯丰、王箐云、王德平、王碧华、王晶、王碧琴、王家遵、王勇立、王重松、王瑞玉、王麟源、方木水、方文新、方贤云、方勇、方明达、付发仁、付发明、付秀春、毛邦棋、毛祚鸿、毛熔龙、叶子荣、叶永福、叶忠、叶美珠、叶萍如、石圣铁、石启英、刘子凤、刘文兰、刘成河、刘仰峰、刘美芳、刘强、刘益端、刘英仙、刘惠光、刘桂芳、刘心河、刘鸿钦、刘金云、钟志坦、钟炳仁、钟灵、余兰香、余秀明、余学金、余银文。江依唐俤、

二〇〇三年十二月（癸未年）。第三排28块碑。

奉缘壹仟元信士芳名：

孙为美、孙可勇、孙礼仁、孙宝辉、孙秀凤、倪玲、倪法勇、倪秉文、倪瑞彩、兰金福、陈小文、陈小茂、陈万志、陈万敏、陈上泉、倪斌、陈亿万、陈文豪、陈文海、陈文广、陈文艺、陈云兴、陈日芳、陈以平、陈友仁、陈华、陈中枝、陈玉钦、陈玉枝、陈永瑞、陈永栋、陈永兴、陈永秀、陈永钿、陈冬荣、陈忠、陈吓清、陈吓求、陈本忠、陈华容、陈兆珍、陈兆登、陈宇翔、陈兴文、陈优官、陈芸、陈灯光、陈传林、陈西珂、陈再樵、陈孝金、陈良志、陈雪顺、陈学金、陈泽成、陈枝、陈伯炯、陈国华、陈国寿、陈国清、陈国强、陈治灿、陈

述旺、陈秀英、陈秀蓉、陈标、陈其明、陈其峰、陈明强、陈依俤、陈官振、陈金柱、陈金旺、陈金华、陈金贵、陈勇、陈丽明、陈昭庆、陈美娇、陈美珍、陈美华、陈遵坤、陈香清、陈秋英、陈秋莲、陈辉、陈剑朝、陈起杰、陈起茂、陈爱只、陈爱根、陈彩近、陈彩峰、陈祥旺、陈祥基、陈瑜、陈桂善、陈桂光、陈能贵、陈祖明、陈荣爱、陈梅芳、陈雪云、陈绪天、陈敬福、陈敏、陈惠琴、陈登文、陈登松、陈庸宽、陈庸光、陈瑞官、陈瑞铨、陈满龙、陈歆婷、陈锋、陈康银、陈德顺、陈辉文、陈潮善、李云兰、李云俤、李开恩、李玉印、李为春、陈棋、李光忠、李则开、李传盛、李秀明、李秀珠、李忠璋、李学标、李依云、李明杰、陈煜、李明珠、李金发、李桂璋、李祝钗、李经华、李美华、李振芳、李振栋、李秋英、李鸿、李培明、李新航、李善清、李勤章、林万月、林卫东、林土仁、林光利、林从荣、林东、林为用、林少敏、林飞婵、林飞娥、林木香、林文增、林孔钦、林孔锋、林双平、林双、林天炎、林友云、林云珠、林云钦、林月仙、林月瑞、林庆炎、林庆法、林庆学、林风、林风华、林亚兰、林兴佑、林贞榕、林世观、林汝平、林付斌、林成安、林陈伟、林进、林华英、林亦勇、林孝明、林仰波。

二〇〇三年十二月（癸未年）。第三排29块碑。

奉缘壹仟元信士芳名：

林玉彬、林宏辉、林苏建、林赐福、林宗明、林芳、林学华、林学发、林学善、林秀兰、林秀明、林秀顺、林丽华、林丽明、林孟超、林亮、林实中、林建斌、林建武、林春英、林国平、林国胜、林国水、林国华、林国镜、林辉、林金云、林金天、林金华、林金松、林金波、林金星、林炎官、林祖森、林秋云、林杰、林妹哥、林美强、林爱芳、林振兴、林桂斌、林瑞耀、林德晃、林景碧、林海关、林谦、林新谷、林新娟、林善达、林增彬、林辅英、林攀登、朱立书、朱秀玲、朱冠云、林晴、邱宝安、邱和财、邱和湘、邱慧芳、吴天官、吴志彬、吴学寿、吴同良、吴前杰、林朝、吴丽云、吴凤钗、吴田宋、吴国英、吴章杰、吴明芳、施礼云、施友来、施绍鲁、吴建、施金兰、施祖建、施德光、施立新、许开祥、许礼仁、许述琴、池美祥、池爱国、郑峰、池贵花、欧茵茵、欧秋才、伍文锦、郑于斌、郑义镇、郑占辉、郑兴旺、郑平俤、郑旭、郑长元、郑正全、郑永成、郑成美、郑成彪、郑孝知、郑而兴、郑寿龙、郑实钿、郑武、郑时才、郑

美钿、郑国平、郑前建、郑祥飞、郑妹妹、郑善明、郑善勋、郑增贵、郑建、郑赛玉、梁依勇、梁松华、梁宣仲、曹文彬、曹代荣、曹代福、曹承强、曹祥货、郑镕、董行辉、董志豪、董林如、董林春、谢幼俤、谢依炮、谢宜龙、谢秀华、谢恩娇、俞云、俞宜兰、俞志伟、俞孝明、俞裕明、何文登、何而财、何天云、何心建、何吓首、何瑜、何述先、何茂云、何珠龙、何善华、何金发、周公清、周而辉、周苏闽、周秀芳、周明、周明琴、周躬清、周梅娇、周新德、周裕桂、周建魁、张发善、张永斌、张忠星、张忠、张秀芬、张君清、张宝华、张艳芳、张桂辉、张能慎、张能盛、张敦雄、张智发、张辰、张惠玲、张新友、庄尔杰、庄建兴、杨人和、杨纪文、杨伟巍、杨枝玉、杨美星、杨榕、杨耀华、杨修墀、杨祖铿、杨喜富。

二〇〇三年十二月（癸未年）。第三排30块碑。

公元二〇〇四年元月至二〇〇五年十二月奉缘信士芳名：

奉缘伍万元以上信士芳名：

福清市宏路镇棋山村福平街98号，钟厚泰先生，奉缘人民币叁拾贰万元，以资仙君楼祈梦室修建。

二〇〇四年一月（甲申年）。第三排2块碑。

香港信士祖籍长乐潭头镇边兰村，刘钦官先生，为石竹山道院建设，奉缘人民币伍万元。

二〇〇四年一月（甲申年）。第三排12块碑。

福清市海口镇东岐村，周金来先生，为石竹山道院建设，好善乐施人民币陆万元。

二〇〇四年一月（甲申年）。第三排13块碑。

新世纪产地产开发公司，陈强先生，好善乐施，奉缘人民币贰拾万元，好善乐施，以资仙君楼祈梦厅修建。

二〇〇四年一月（甲申年）。第四排10块碑。

平潭县禄达远洋渔业有限公司，俞昌禄先生，为石竹山道院建设，奉缘人民币伍万元。

二〇〇四年一月（甲申年）。第三排17块碑。

福州昆仑实业责任公司信士，叶伦林先生，为石竹山道院建设，行善积德，献缘人民币壹拾万元。

二〇〇四年七月（甲申年）。第四排7块碑。

连江县马鼻镇墙兜村二巷13号，陈宏密、林银金夫妇携子陈永光、陈财光，孙陈家明，为石竹山道院建设，合家奉缘人民币伍万元。

二〇〇四年七月（甲申年）。第三排20块碑。

福清市宏路工程建筑公司信士，周勋善先生，为石竹山道院建设，奉缘人民币伍万元。

二〇〇四年七月（甲申年）。第四排17块碑。

香港福阴道5号海峰园高峰阁33楼H座，梁世昌先生、王品英女士，为石竹山道院建设，奉缘人民币伍万元。

二〇〇四年七月（甲申年）。第四排22块碑。

福州市易成商贸有限公司全体同仁，为石竹山道院建设，奉缘人民币伍万元。

二〇〇四年七月（甲申年）。第四排24块碑。

福清市东瀚镇海亮村沃口西79号，魏伦宝先生，为石竹山道院建设，奉缘人民币伍万元。

二〇〇四年七月（甲申年）。第四排25块碑。

旅居印度尼西亚西冷省，姚忠洪先生，为石竹山道院建设，好善乐施，奉缘人民币伍万元。

二〇〇四年七月（甲申年）。第四排26块碑。

平潭县敖东乡华东村江斗门信士，林勇亮先生，为石竹山道院建设，奉缘人民币伍万元。

二〇〇四年七月（甲申年）。第四排27块碑。

福清市弟子，林士通先生、携其长女林峰华女士，为石竹山道院建设，好善乐施，捐缘人民币伍万元。

二〇〇四年七月（甲申年）。第五排1块碑。

长乐市旅美信士，陈思元先生、杨晓凌女士领合家奉缘美金壹万元，以资道院修建。

二〇〇四年七月（甲申年）。第五排2块碑。

福清市融泰铜材有限公司信士，陈明泰先生，为石竹山道院建设，奉缘人民币伍万元。

二〇〇四年七月（甲申年）。第五排3块碑。

福州市亭江镇东岐村后街8号，陈宋清女士，为石竹山道院建设，奉献美金壹万元。

二〇〇四年七月（甲申年）。第五排4块碑。

厦门市鹭江道280号1001室，薛斌先生，为石竹山道院建设，好善乐施，奉缘人民币伍万元。

二〇〇四年七月（甲申年）。第五排7块碑。

福清市港头玉田村上海鑫享集团总裁，王其桃先生，为石竹山道院建设，奉缘人民币壹拾壹万元。

二〇〇四年七月（甲申年）。第六排1块碑。

日本广岛市広岛英雄，（江崎直昌）先生，奉缘日元壹仟叁佰万元，修建石竹山道院狮岩堂上山水泥路，使仙山畅达活通。

二〇〇四年七月（甲申年）。第六排2块碑。

福清市上迳镇南湾村7号信士，杨宗旺先生，奉缘人民币肆拾万元，以资仙君楼祈梦殿修建。

二〇〇四年七月（甲申年）。第六排3块碑。

福州市鼓楼区华盛大厦，王云娥女士，奉缘人民币壹拾叁万元，以资复兴道教石竹法派九仙信仰传承体系工程。

二〇〇四年七月（甲申年）。第六排6块碑。

福清龙田镇上一村信士，郭云妹、施小松奉缘人民币壹拾万元，以资复兴道教石竹法派九仙信仰传承体系工程。

二〇〇四年七月（甲申年）。第六排7块碑。

长乐市壶井下吴村信士，林宜棋携领李成永、王建国、林国平、林惠芬，为石竹山道院建设，合家奉缘人民币伍万贰仟元。

二〇〇四年七月（甲申年）。第三排21块碑。

福州市亭江镇亭头村815中路179号信士，陈金水、张丽香携子女，陈伟铭、陈艳华、陈艳萍，为石竹山道院建设，奉缘美金肆万元。

二〇〇四年七月（甲申年）。第四排12块碑。

平潭县永利远洋渔业有限公司，林宜孟先生，为石竹山道院建设，奉缘人民币伍万元。

二〇〇五年十一月（乙酉年）。第五排6块碑。

平潭县全兴船务有限公司168轮，吴章义先生、施全福先生、游学兴先生、吴自姜先生，为石竹山道院建设，奉缘人民币壹拾万元。

二〇〇五年十一月（乙酉年）。第五排8块碑。

福清港头镇新村南路19号信士，吴有才先生、王巧琴女士，为石竹山道院建设，奉缘人民币陆万元。

二〇〇五年十一月（乙酉年）。第五排9块碑。

福建庆吉房地产有限公司信士，刘宏善先生，为石竹山道院建设，奉缘人民币伍万元。

二〇〇五年十一月（乙酉年）。第五排11块碑。

长乐迪房地产开发有限公司，张春枝先生、曾爱珠女士，为石竹山道院建设，捐缘人民币伍万元。

二〇〇五年十一月（乙酉年）。第五排12块碑。

福清市港头镇前林村，林如行先生，好善乐施，为石竹山道院建设，奉缘人民币伍万元。

二〇〇五年十一月（乙酉年）。第五排14块碑。

福清市龙田镇赤坑村，孙则太先生，为石竹山道院建设，奉缘人民币伍万元。

二〇〇五年十一月（乙酉年）。第五排16块碑。

福州市古田路华福大厦西楼九屋，李德康董事长、张天密副董事长、张天安总经理，为石竹山道院建设，合捐资人民币壹拾万元。

二〇〇五年十一月（乙酉年）。第六排5块碑。

福清市城头镇新楼村，林绍金先生，乐施好善，奉缘人民币壹拾万元，以资道院修建。

二〇〇五年十一月（乙酉年）。第六排10块碑。

平潭县城关镇信士，张遵斌先生、游强先生、张遵辉先生，为石竹山道院建设，乐善好施，奉缘人民币伍拾万。

二〇〇五年十一月（乙酉年）。第六排11块碑。

福州市亭江镇西边村里沃信士，冯振航先生领合家，为石竹山道院建设，奉缘人民币壹拾万元、美元壹仟元。

二〇〇五年十一月（乙酉年）。第六排12块碑。

福清市信士悟源居士热心宗教事业，为弘扬石竹山道教文化，慷慨解囊奉献人民币叁拾万元。

二〇〇五年十一月（乙酉年）。第六排13块碑。

福清市江镜镇陈厝村133号信士，林傳春先生，为石竹山道院建设，奉缘人民币壹拾万元。

二〇〇五年十一月（乙酉年）。第六排17块碑。

公元二〇〇四年元月至二〇〇五年十二月奉缘信士芳名：

奉缘壹万元以上信士芳名：

杨远皓叁万叁仟元。林门郎叁万贰仟捌佰元。林暖英缘叁万零伍佰元。吴自伟叁万元。林传寿叁万元。念克章叁万元。杨善豪叁万元。薛经述叁万元。张美忠贰万柒仟元。薛守英贰万贰仟元。高谷俊一日币叁拾壹万元。林依殿贰万元。林学孟贰万元。林依华贰万元。张春枝贰万元。张浩栋贰万元。张国通贰万元。何松贰万元。何承强贰万元。许美珍贰万元。陈上迳贰万元。吴国峰贰万元。郑思全贰万元。郑时才贰万元。薛板进贰万元。薛命基贰万元。林繁贰万元。姜钦贵贰万元。施圣兴贰万元。蔡力群贰万元。廖也江贰万元。李女士贰万元。江喜英贰仟美元。黄华秋捐缘壹万伍仟元。王征根日币伍拾万元。陈后银肆仟叁佰元、又叁仟美元。

二〇〇五年十二月（乙酉年）。第四排35块碑。

奉缘壹万元以上信士芳名：

陈增光叁万元。陈小彬叁万元。陈咸福叁万元。林吓珠叁万元。林权壹万叁仟叁佰元。黄玉清壹万叁仟叁佰元。翁荣灯壹万贰仟元。倪进辉、张再晓合捐贰

万叁仟壹佰元。李光灿壹万壹仟元。黄祖增壹万肆仟港元。高谷龙贰拾万日元。郑善梅美元壹仟伍佰元。高谷健壹拾陆万日元。

奉缘壹万元信士芳名：

蔡其忠、蔡仙娟、曾武、曾念平、陈斌、陈勇、陈礼农、陈乃朝、陈起铭、陈千尧、陈文光、陈文娜、陈小明、陈玉钗、陈云华、池丽英、冯立国、郭明芳、郭紫玉、何敬祥、何美蓉、何声贵、何晓峰、黄绳棋、蒋利钟、李善榕、林红、林洁、林爱香、林宝通、林秉团、林承坤、林华俤、林华云、林金平、林景乐、林文斌、林文禄、林贻昌、林永钦、林友清、林幼美、林正平、刘熙、刘金梅、刘守勋、卢登顺、阮美琴、施爱芬、施友庭、汤玉英、唐广铭、王必强、王传祥、王国旺、王华英、王命亮、王木春、王言平、王征根、魏成炳、吴平、吴冬霞、吴良官、向美容、薛理振、薛瑜红、杨星、杨爱香、杨光勇、杨祖鹰、余汉平、俞吓明、俞亦兰、张国通、张增云、郑建榕、郑天华、郑亦平、郑玉珍、钟育珲、周训财、福远渔船F21号F86号。

奉缘捌仟元至玖仟元信士芳名：

郑秀金、郑美钦、陈起茂、陈焕洋、陈必勇、郑国强、王开明、王金财、王晶、林金殿、林娟、郑昌标、郑栩、张祥辉、陈德伟、陈天兴、梁依勇、潘淑英、王传祥、李赛花、林莹、林烈强、高谷富、施雪英、施鸿、陈义侠、林正玉、林国平、吴科强、郭家雄、梁瑞勇、何本林、何本珠、张融贞、高谷辉和。

二〇〇五年十二月（乙酉年）。第四排36块碑。

奉缘伍仟元以上至陆仟伍佰元信士芳名：

林金祥、刘锦星、李强、吴翊杉、陆娜、陈新萍、陈振康、郭成宏、黄孝瑞、李业坦、游晨霞、王为茂、聚丰纸业、平岗美惠。

奉缘伍仟元信士芳名：

王曹秀明、王琦、陈寿春、林建峰、林腾、陈为仁、俞振宏、林泉清、林宏辉、林文珠、孙建敏 、陈金郭、赵淑莺、李品发、李素钦、何吓龙、何香宗、王云、王明东、王长斌、王建平、王钦炎 、陈建雄、陈志同、陈明春、陈祥勇、陈述旺、陈炳佺、陈茂、陈友珊、陈友恒、陈小敏、陈国辉、陈美霞、郑齐春、郑占晖、郑宝月、张恭全、张荣、张建国、张爱金、余美祥、林金祥、林吓琴、林修文、林长明、林钦义、林辉茂、朱献、林桂海、林昌平、林木松、俞炎春、俞玉英、施友香、施雅瑞、翁其香、翁小华、杨侯、杨耀庭、吴玉玲、林世福、卓剑威、柳民金、郭昇玉、高国堤、游崇光、池希武、厉军、曾爱铭、凌梅娇、薛统兴、魏云兴、詹说官、聚关娱乐公司。

奉缘叁仟伍佰元至肆仟伍佰元信士芳名：

林月英、薛炳凤、李学坦、江惠芳、江惠钦、林木和、魏孝栋、林礼、刘金雄、林信保、杨立新、刘可可、林发强、高世钦、柳春花、黄河、曹以强、薛理铭、刘晓生、郑依珍、张祥辉、郑榕、张永达、陈宏、林航、陈金泉、陈永秀、陈云平、林世青、林凯炬、林今城、李云芳、李贵坤、王为杰、卢丽清、何瑞官、池礼秋、潘林、潘国淦、谢学玲、谢兰娇、张吓贵、赖方英、俞云庆、林诚坤、林水钦、吴开明、林玉珍、魏春波、凌梅娇、郭有法、郭光强、水越英子、张李永娟。

二〇〇五年十二月（乙酉年）。第四排37块碑。

奉缘伍仟元信士芳名：

林绍长、林木松、王友华、林成伟、李云俤、林丽莉、郑勤平、童秀容。

奉缘贰仟伍佰元至叁仟伍佰元信士芳名：

陈春森、王瑞娟、张祥辉、许金玉、余幼珠、李水英、周祥、周飞、谢作增、周裕梅、陈玉莲、王瑞考、王敏东、王爱仙、刘美珍、郑知康、郑齐琛、陈学飞、陈木春、陈宙仙、陈本栋、陈杰、陈玉金、陈述旺、林水钦、林锦旺、林付斌、林发连、林修宝、林增水、林明红、林祥、林智海、林正华、林汝辉、林继杰、林子平、林世龙、林云霞、林孝明、林国平、倪斌、林业宝、林月红、林幼俤、张云财、张国顺、张君华、李天诚、李启珍、李经华、李萌、卢贤文、卢绪响、许翠英、谢国平、谢文玲、何信图、吴清宋、卓发勇、钟祖信、杨俊义、郭成宏、姜泉金、赖庆辉、曾承利、薛美英、魏贵生、潘富清、翁万钦、陈秋花、林云福、林金莺、曹振明、曹达、曹松、刘小明、毛祚鸿、林尚仁、林长枝、李在明、林木枝、林秋凤、薛炳凤、高谷富、吴科强、吴宜良、丁乃兵、陈维娟、林国兴、林航永、陈梅英、柯金国、张燕清、张丽娟、林宇、杜华英、欧梅生、欧义、王永义、林薇、黄毅、陈成才、林文平、李玉善、俞培钦、俞培瑜、刘福官、谢兰娇、谢建云、谢建忠、李依妹、李红、张祥辉、张宇、王倪清、朱于函、卢金钗、

张祖锦、张桂香、翁燕钦、潘存乐、林性禄、王开明、张芸红、陈美华、严宝康、林宝娟、林汝平、吴学庆、永鸿房地产。

二〇〇五年十二月（乙酉年）。第四排38块碑。

奉缘贰仟元信士芳名：

陈坤官、林瑞银、林春、汤红梅、陈俊、陈小华、吴华云、周友清、林文、杨珠、陈标、陈钦、陈遵坤、陈人耀、陈霖、陈良志、陈道新、陈善乐、陈述旺、陈为宁、陈桂树、陈金松、陈金伙、陈华强、陈锋、陈华娟、陈水华、陈兆明、陈行武、陈再樵、陈吓求、陈吓球、陈春明 、陈明春、陈航、陈茂琼、陈居佃、陈太文、陈起春、陈起茂、陈起贞、陈清祥、陈国谋、陈国强、陈英、陈银娇、陈枝官、林云珠、林秉通、林国荣、林绍鹤、林依勇、林礼明、林宏辉、林聪、林定新、林汝辉、林新谷、林卫光、林瑞庭、林宝顺、林惠珍、林文灿、林丽明、林凯、林晋平、林梅平、林佑鸿、林海英、林华情、林前利、林高、林双、林兴、林平、林鼎、王玉芝、王建珠、王钦芳、王新同、王明生、王美兴、王训强、王训康、王志铭、林娟、王志强、王友木、王征国、王华龙、王孔耀、王礼钦、王扬芳、王统和、王干明、林明、王依容、王伙雄、郑灼金、郑宜兴、郑建宁、郑善振、郑翠萍、郑亦平、郑用官、郑武、郑灼珍、余孔章、柯明月、张春锦、张忠和、张元图、张荣德、张光辉、张能强、郑彪、张元桦、张宝华、李水英、李永辉、李昭东、李金、李亦强、李为玉、李立清、李忠、李加可、李在钿、何秀钦、何建清、何敦发、何吓和、何善华、何名炎、何添明、何云、何敬祥、吴明、吴文庄、吴乐官、吴丽云、吴金旺、吴建和、吴孝忠、吴华震、高香、高杨学、高杨龙、高方杰、吴启华、方财喜、方贤云、方中祥、杨耀华、杨长春、杨金、杨修墀、杨增春、刘云建、刘金雄、刘建忠、刘书祥、钟志坦、钟炳仁、钟忠义、郭婕、郭永泉、郭有国、洪本秋、余宝平、余秀明、余吓扁、余姜松、余月珠、周裕桂、周明、薛学钦、薛美珠、薛云妹、黄元祥、黄启飞、黄惠钦、黄洪泾、黄孝瑞、叶善龙、叶波、叶桐、倪德华、倪朝光。

二〇〇五年十二月（乙酉年）。第四排39块碑。

奉缘贰仟元信士芳名：

施圣兴、施祖锋、施友龙、池景平、池景云、江春旺、江明、卢娟华、卢美枝、欧秋才、朱在文、朱建萍、游钦贵、董秀莺、董行浦、魏思贵、魏勇、魏立美、魏成秀、魏成伦、邵明伟、邵振强、戴绍泰、戴文斌、许丽珠、俞吓名、俞品、念克仙、马永强、蔡金福、孙为和、胡晴俤、姜炎娇、姚礼锦、曾开举、潘才生、庄强、曹立喜、腾亚芳、蒋天访、柳民金、丁芳灵、唐芝銮、韩宁、韩辉、韩晓、夏忠、香港青松观、宝金录影公司、明通油轮。

奉缘壹仟元以上至贰仟元以下信士芳名：

林建明、林玉昆、林德明、林吓弟、林国武、王为杰、吴自东、张和俤、高剑飞、萧济镳、林宝娟、张延益、郑航、林融岚、陈福祥、陈友茂、余珠明、刘风佑、罗杨平、郑锦铿、张学义、郑美官、林昌柱、林求云、林祖耀、林金莺、林香、林惠明、林先生、林忠、林朝进、林金娇、林香琴 、林桂英、李禹明、李经华、林芳、张聿炫、张修松、张子焕、王建明、王坤爱、王荣玉、王基香、王钦福、杨美星、杨巧、江其富、江巧云、马祖陵、陈金郭、陈金柱、陈华平、陈尚宠、陈金伙、陈建龙、任芳、刘宝清、刘雪云、刘宝奇、刘天祥、郑知康、郑明金、邱华顺、周而、俞吓齐、蔡群、施孟良、邹雄腾、谢文玲、陈祥仁、陈义銮、陈宝珍、刘善云、刘巧巧、刘义李、江世忠、余惠贞、朱建国、郑善端、杨祖铿、钟兴文、林魁、王绳师、姚明阳、姜銮金、曹锦铿、蒋清杨、林绍辉、林庆法、林庆平、陈乃银、陈金茂、陈康官、任双华、邵中平、李水英、高兆炽、施自安、谢财华、林存雍、林桂华、林依文、林亦勇、林发明、陈明辉、陈水官、陈琳玉、陈守明、陈金华、王志良、江松峰、何香宋、何守玲、李德富、欧鸿景、唐秋仙、余家弟子、恒杰塑业。

二〇〇五年十二月（乙酉年）。第四排40块碑。

奉缘壹仟元信士芳名：

俞裕光、董易明、黄建仁、杨航、杨德秋、杨秀清、郭桂芳、郭增协、郑美翠、郑善庆、张子平、江珂、陈瑶、陈飞、李艳、李健、张喜官、林玉铿、林捷、林航、谢祥玉、林谋珠、林长德、林光雄、张在朝、黄尚坤、林珍英、郑国民、林希安、庄中平、陈永铨、林武斌、陈丹毅、林文斌、薛瑜红、林繁、陈绪叶、李明芳、杨莹、杨艳明、翁华玲、张祥辉、张宏剑、陈礼松、陈小玲、张宇、陈琼、卢双龙、陈碧云、杨长标、陈惠明、王秀玉、王品金、林齐强、陈瑞发、倪芸平、林伍俤、林晓钦、魏成标、魏巧珊、王孙玲、曾玉生、王友华、王明泰、

陈标、严碧芳、曾光清、林萍、薛全、郑文支、邵华、张忠、陈锋、叶萍、王忠斌、王忠国、林辉源、陈峰、陈来、陈武装、张祖锦、张桂香、郑义镇、江瑞华、叶孝魁、池金榕、陈起威、江偏玲、郑水旺、邹品玉、邹华荣、俞月宋、郑亦平、郑梅云、郑梅峰、郑梅娟、刘天宝、陈容、王星宇、王恒鑫、陆林耀、叶美芳、林坚、何守娟、陈武庄、陈吓平、陈春雪、张宝美、陈定来、陈定峰、陈群立、林玉英、陈国霖、吴丽云、陈云卿、岑锦盛、林康官、林建华、林章磊、朱秀琼、吴建成、吴宜良、吴友珍、余若群、何秀琴、何秀珍、李桂章、董金珠、李振泰、林正禄、李勤腾、李航光、张和平、张保平、王兴强、腾业岚、蒋建福、蒋雪云、张李永娟、林卓琅玉、台湾北圣宫捐台币叁仟。

二〇〇五年十二月（乙酉年）。第四排41块碑。

奉缘壹仟元信士芳名：

姚恭善、姚恭钿、欧长雄、林华英、张锦文、董春琴、邱成武、邱成杨、周玉桂、曾爱华、郭起禄、陈兰仙、何飞、张瑞娟、何瑜、曹文思、李良、杨福玲、吴国、吴家、翁绳远、翁岩松、翁小杉、吴家、吴宇峰、吴耿章、郑丹帆、陈钗、郑嘉信、汤伟、张超群、汤嘉杰、杨场宝、张怀月、张怀政、张怀财、张怀国、陈秀、陈强、陈遵春、陈遵斌、陈遵仁、陈金桂、陈来、陈金贵、陈金生、陈金栋、陈文玲、陈文辉、陈文官、陈建汉、陈建官、陈建明、陈雄、陈建魁、陈祥基、陈祥辉、陈祥瑞、陈国清、陈国海、陈国平、陈以新、陈昌榕、陈勇、陈木伙、陈孝金、陈红星、陈乃亮、陈端枝、陈端墙、陈学诚、陈学勇、陈成有、陈渠、陈银官、陈福官、陈存官、陈法官、陈顺官、陈水官、陈宝官、陈宝芳、陈依琴、陈亮、陈登文、陈顺金、陈顺如、陈宋斌、陈兆珍、陈兆华、陈玉荣、陈玉华、陈玉清、陈峰、陈代强、陈秀宝、陈秀华、陈惠凤、陈雪娇、陈佳佳、陈春生、陈春兰、陈东洋、陈毅、陈吓炎、陈吓平、陈明祥、陈明乘、陈纪宁、陈忠著、陈锦秀、陈锦华、陈晓晴、陈旭、陈道武、陈道楚、陈鸿涛、陈能龙、陈能贵、陈宜腾、陈家群、陈家佑、陈旺龙、陈瑶、陈朝光、陈德顺、陈其忠、陈其峰、陈凤珠、陈美玉、陈美好、陈上泉、陈祖嘉、陈群、陈本科、陈思潮、陈依伙、陈春英、陈章尧、陈时兴、陈礼标、陈瑞英、陈茂盛、陈强、陈信福、陈雄宪、陈天灿、陈继雄、陈颖晖、陈昭灼、陈长木、陈增勇、陈治良、陈坚、陈云云、陈署兰、陈发水、林新庚、林新娟、林思仁、林宝娟、林汝忠、林梅平、林魁、林国辉、林国太、林国利、林崇铤、林阿福、林景福、林从福、林柯福、林天炎、林梅珠、林进、林新勇、林宗林、林崇铤、林学爱、林学灿、林学义、林赛娟、林赛英、林沉逆、林明、林锦珠、林锦枫 、林锦星。

二〇〇五年十二月（乙酉年）。第四排42块碑。

奉缘壹仟元信士芳名：

林锦旺、林作栋、林玉凤、林宜飞、林宜发、林宜炎、林芳、林月英、林在义、林平莺、林晋平、林晋亮、林敏钦、林敏锋、林志森、林志慧、林红、林喜旺、李喜芳、林诗芳、林青芳、林美芳、林美玲、林美俤、林长伙、林长旦、林萍、林长钗、林山栋、林久珠、林辉龙、林辉源、林华灼、林福官、林发建、林心峰、林勤、林立茂、林钦宁、林胜斌、林其焕、林其恩、林和祥、林民捷、林贻凯、林维俊、林麟、林桂华、林桂妹、林本珠、林孟超、林义敏、林明俊、林成坤、林金建、林庆泉、林灿、林绍通、林建生、林建林、林依命、林利枝、林世伟、林瑞林、林木彬、林光华、林娟、林祥秋、林珠云、林振声、林财官、林海官、林传平、林德舫、林云萍、林丽贞、林义、林心富、林松建、林国平、林钰锟、林万金、林静飞、林心华、林丽明、林金响、林晴、林秀兰、林秀玉、郑前建、郑义镇、郑春福、郑美忠、郑美铨、郑美钿、郑清华、郑洪、郑玉枝、郑宏清、郑振兴、郑锦端、郑水秀、郑济钢、郑于斌、郑心荣、郑其钿、郑榕、郑志鹏、郑赛玉、郑萍金、郑姜云、郑云锦、郑庭钟、郑金桂、郑时寿、郑子模、郑富、郑风平、郑宇炘、郑丽云、郑爱忠、郑国强、郑国正、王美仙、王美华、王美芳、王青、王麟源、王钦祥、王锦荣、王传汀、王其佺、王秀华、王存奇、王孔耀、王孔顺、王东、王孟琼、王孟峰、王孝玉、王雅英、王国珠、王远秋、王远兴、王碧华、王为荣、王进、王征国、王玉芝、王坤云、王祯区、王丽萍、王孙明、王文明、王惠梅、王惠武、王淋、王积福、张贤炳、张志彪、张金云、张子金、张发振、张剑光、张剑煌、张品祥、张忠、张元达、张忠银、张天华、张纬云、张定钿、张明钿、张秀银、张秀玉、张则举、张颐、张水仙、张细妹、张晓隆、张如金、张鼎祥、张国忠、吴志刚、吴华振、吴红玫、吴家 、吴明芳、吴桂云、吴妹妹。

二〇〇五年十二月（乙酉年）。第四排43块碑。

新志

奉缘壹仟元信士芳名：

吴德英、吴宏杰、吴学辉、吴亦金、吴天官、吴朝官、吴健、吴丽芳、吴前凤、吴炎生、吴剑英、吴翊强、吴翊杉、吴自伟、何善华、何新朝、何杰、何丽金、何珠金、何名炎、何方波、何丽珍、何而茂、何可仁、何光泉、何宝英、何胜、何韩钦、何爱云、何德康、何家焰、何熙彪、何文禄、何文明、何文金、何成河、何云、刘锦星、刘学兰、刘元杰、刘元水、刘启兴、刘世响、刘小燕、刘玉玲、刘嘉武、刘影、刘国清、刘宏信、刘玉林、刘孙忠、刘增坤、刘吓炎、刘义李、刘建瑞、刘建苏、刘永、刘建仕、李碧英、李子镜、李心兰、李明钦、李信中、李秋英、李文珍、李声光、李成、李道强、李振强、李天金、李吓强、李述伟、李建勇、李丽霞、李红梅、李桂璋、李萍、李在武、李昌珠、李宗汉、李冬玉、李钦英、李雪如、李启真、李永灿、李振栋、杨金、李美仙、杨诗涌、杨图利、杨图余、杨贤忠、杨广顶、杨启锦、杨场宝、杨鸿和、杨武、杨春林、杨水英、杨攸双、杨风祥、杨方乐、杨玉明、杨佑力、杨道平、杨添俤、杨芳、杨远秋、高天建、高美芳、高方清、高美宋、高友香、高兆富、高惠贞、高国水、施群、施孝泉、施友来、施国桐、施友金 、施传金、施传生、施传明、施丽云、施剑文、施炜、施平、施祖春、施德光、周明琴、周怀妥、周宏建、周勇群、周国平、施邦、周而钱、周碧珍、余乃武、余肖湘、余宝平、余能杰、于建军、严金花、严锦国、吴航、严宝英、严松风、邹木水、黄秀兰、黄惠彬、黄时钦、黄时强、施吓俤俤、黄永辉、黄实雄、黄锋、黄启均、黄以龙、黄开木、黄祖煌、黄应东、黄霖飞、黄旺苏、黄贤容、黄伟业、张新、黄秀梅、黄宗荣、黄灼芳、江祖顺、江爱钦、江伦钤、江银妹、江常铿、江瑞华、张辰、江文辉、江其日、江惠文、江燕平、蔡丽明、蔡依嫩、蔡友泉、蔡明义、蔡明清、张建、郭成珠、郭木金、郭昇谋。

二〇〇五年十二月（乙酉年）。第四排44块碑。

奉缘壹仟元信士芳名：

郭艳珍、郭如锦、郭凤斌、郭伟新、郭维璋、郭炳官、郭群、郭振志、郭爱瑞、叶人龙、叶伦林、叶世勇、冯孝智、冯云琴、冯玉燕、姚金华、姚璇、朱伯何、朱本安、朱元学、朱康升、朱康振、朱源坤、朱建福、卢燕彬、卢炎林、罗彪、罗小萍、曹玄美、曹丽玲、曹承利、曹祥金、曹立恬、曹瑞钗、曹燕娟、曹燕星、卓杰、卓光华、卓秋蓉、宋太贤、肖廖冰、肖俊平、肖娇仙、方金水、方人星、方中光、郑琪、池枝雄、池同福、池冰婷、池代明、俞炎春、俞振国、俞振龙、俞玉英、俞晓敏、傅松、潘上游、潘子明、潘守泉、潘炳淦、潘佳丽、潘仙兰、潘富文、薛延华、薛美顺、薛琛、薛贞盛、薛云英、薛凤珠、薛命安、薛来恩、薛坤先、薛迳述、薛礼英、薛从宝、林忠、翁勤光、翁国栋、翁瑞英、翁其荣、翁长敏、翁武星、董松辉、董燕秋、董成康、林雄、董金钗、董是容、董须坤、董须瑞、董日日、董德强、谢美月、谢旦红、谢礼增、林进、谢长春、谢孝官、赵子赛、赵发坚、赵岳洲、赵淑宝、曾开俠、曾开举、蒋必斌、林晨、蒋宗旺、蒋天访、蒋光姆、魏伦庭、魏成彪、魏玉珠、鲍郎官、鲍家风、鲍洪秋、林勋、唐健儿、唐枝銮、唐学程、游贤金、游小明、欧孝武、欧发俤、范金杯、范梅燕、林苏、倪必楠、倪必群、钟景兵、兰祖国、兰岑岑、梁依勇、梁金印、连成平、连世骐、林翠、丁芳灵、丁其泉、纪彬祥、毛邦棋、石发桂、许秀敏、徐家立、彭孝强、攀金宝、林韬、秦妹货、田秉正、胡晴俤、庄昌文、洪建梅、夏民美、益食品公司。

二〇〇五年十二月（乙酉年）。第四排45块碑。

公元二〇〇六年元月至二〇〇七年十二月奉缘信士芳名：

奉缘伍万元以上信士芳名：

福清市音西镇东南上南村36号信士，林和平先生、林志锋先生，为石竹山道院建设，奉缘人民币壹拾万元。

二〇〇六年十二月（丙戌年）。第五排17块碑。

福清市宏路镇东坪村59号信士，郑　明先生，为石竹山道院建设，奉缘人民币柒万元。

二〇〇六年十二月（丙戌年）。第五排18块碑。

福清市镜洋镇红星村牛埕埔信士，林万生先生、林万春先生与镜洋街，江则彬先生，为石竹山道院建设，合捐人民币壹拾万伍仟元。

二〇〇六年十二月（丙戌年）。第五排19块碑。

福清市渔溪侨丰村领头60号，江茂星先生，为石竹山道院建设，奉缘人民币伍万元。

二〇〇六年十二月（丙戌年）。第五排20块碑。

福州市台江区交通路鸿运星城，游天垂先生，为石竹山道院建设，奉缘人民币伍万元。

二〇〇六年十二月（丙戌年）。第五排22块碑。

江苏省淮安市鑫华新型建材有限公司，何城坤先生，为石竹山道院建设，奉缘人民币伍万元。

二〇〇六年十二月（丙戌年）。第五排23块碑。

福州市台江区元洪锦江160号信士，何　旗先生、陈　玉女士、何　锦先生，为石竹山道院建设，捐缘人民币捌万捌仟元。

二〇〇六年十二月（丙戌年）。第五排30块碑。

福清市宏大建筑工程有限公司，周勋善先生，为石竹山道院建设，奉缘人民币叁拾万元。

二〇〇六年十二月（丙戌年）。第六排8块碑。

福清市融城镇双旗花园38号信士，林　忠先生，为石竹山道院建设，奉缘人民币叁拾万元。

二〇〇六年十二月（丙戌年）。第六排9块碑。

福州市鼓楼区华林御锦月亮座，卓剑威先生、陈　琴女士，为石竹山道院建设，捐缘人民币壹拾叁万叁仟元。

二〇〇六年十二月（丙戌年）。第六排14块碑。

福清市阳下镇东田村，俞龙瑞先生，为石竹山道院建设，捐缘人民币贰拾万元。

二〇〇六年十二月（丙戌年）。第六排20块碑。

福州市信士，林华杰先生，为报答仙君恩情，慷慨解囊，奉缘人民币壹拾万元，以资石竹山道院修建。

二〇〇六年十二月（丙戌年）。第六排21块碑。

福清市江阴镇占泽孙卓自然村，陈亚球先生，为石竹山道院建设，奉缘人民币壹拾万元。

二〇〇六年十二月（丙戌年）。第六排23块碑。

重建紫云真人殿

林晃真人，又称林仙君，紫云真人，俗称林汝先。五代梁时邵武人，其曾舍所有家资建石竹山灵宝观，而后弃官隐居石竹山紫云洞修炼，丹成骑虎飞升，留有虎迹岩，洗耳泉无患溪等众多遗迹。昔传林晃真人为何氏九仙引见有缘人，以各异化身与梦示点化众善信，指引迷津，济世度人，深受众善信尊崇，求医祈福朝拜者络绎不绝，故而有“应接不暇”之佳誉。在林晃真人的威召顕应下，石竹山成为九仙祈梦所，如今已提升为“中华梦乡”国家级4A旅游区。后人为念林晃真人之功绩，于石竹山半山亭前建紫云真人殿奉祀，却因年久失修，惜成荒墟，今之邑人曹德旺先生，慕仙山之灵气，仰前贤之兴范，慨捐巨资贰佰壹拾伍万元人民币重建紫云真人殿。该工程于二〇〇六年动建，历时一年告竣。至此，石竹山道院紫云真人殿面貌复而一新矣。为彰曹先生之无量功德，爰立碑以记之。

公元二〇〇七年一月（丁亥年）。铭碑在真人殿旁边。

福清市城头镜西池村沐恩信士，林明金先生、徐梅梅女士、林　斌先生，为石竹山道院建设，奉缘人民币壹拾万元。

二〇〇七年五月（丁亥年）。第三排5块碑。

福清上迳镇梧岗村13队香港侨胞，郑丽玉、林景珍、林瑞芝、林秉苏、林玉兰、林玉秋合家，为石竹山道院建设，奉缘人民币叁拾万元。

二〇〇七年五月（丁亥年）。第三排7块碑。

南平市武夷花园三号楼501房信士，范有社先生、王巧琴女士，为石竹山道院建设，奉缘人民币伍万元。

二〇〇七年一月（丁亥年）。第三排11块碑。

福清市三山镇钟厝村沐恩信士，钟志坦先生、林琳女士，为石竹山道院建设，奉缘人民币伍万元。

二〇〇七年一月（丁亥年）。第三排16块碑。

福清市三山镇塘北村旅日信士，蔡德龙先生，热心石竹山道教事业，尽心奉献为道院拓建慷慨解囊，捐巨资叁佰贰拾万元人民币。

二〇〇七年十二月（丁亥年）。第四排1块碑。

新亚集团信士，王长斌先生，为石竹山道院建设，好善乐施，奉缘人民币壹拾伍万元。

二〇〇七年十二月（丁亥年）。第四排4块碑。

平潭县白青乡国彩村沐恩信士，吴泉先生，为石竹山道院建设，奉缘人民币壹拾捌万元。

二〇〇七年十二月（丁亥年）。第四排13块碑。

福清市融城清辉小区福塘路沿街25号，庄彬春先生，为石竹山道院修建，慷慨解囊，捐资壹拾万元人民币。

二〇〇七年十二月（丁亥年）。第四排14块碑。

福清市江阴镇吴塘村下厝169号，吴建和先生，为石竹山道院建设，奉缘人民币伍万元。

二〇〇七年十二月（丁亥年）。第四排18块碑。

福清市港头镇白玉村沐恩信士，何城坤先生，为石竹山道院建设，奉缘人民币伍万元。

二〇〇七年十二月（丁亥年）。第四排23块碑。

福清市融泰铜材有限公司信士，陈明泰先生、张华春女士，为石竹山道院建设，奉缘人民币壹拾万元。

二〇〇七年十二月（丁亥年）。第五排5块碑。

美国纽约市禄崙7大道56街三圣佛堂信士，蔡妙达信士、陈妙兴信士，为石竹山道院建设，奉缘人民币捌万元。

二〇〇七年十二月（丁亥年）。第五排10块碑。

福清市融城镇东巷41号沐恩信士，翁强先生，为石竹山道院建设，奉缘人民币陆万元。

二〇〇七年十二月（丁亥年）。第五排15块碑。

福州市亭江镇长安村下场95号沐恩信士，郑勤健先生、林惠女士，为石竹山道院建设，奉缘美金壹万元、人民币壹万元。

二〇〇七年十二月（丁亥年）。第五排21块碑。

福清市东翰镇礤石村37号信士，林继为先生、林良英女士，为石竹山道院建设，奉缘人民币伍万元。

二〇〇七年十二月（丁亥年）。第五排24块碑。

福州市建新镇台兴村沐恩信士，陈武先生，为石竹山道院建设，奉缘人民币伍万元。

二〇〇七年十二月（丁亥年）。第五排25块碑。

福州市易成商贸有限公司信士，陈上武先生、张胜先生、何爱光先生，为石竹山道院建设，奉缘人民币壹拾万元。

二〇〇七年十二月（丁亥年）。第五排26块碑。

福州市六一中路198号一座502信士，李振汉先生，为石竹山道院建设，奉缘人民币伍万元。

二〇〇七年十二月（丁亥年）。第五排27块碑。

连江县琯口镇上坪村大众路76号赤沙境，赵月英女士、赵美英女士，合捐人民币伍万元，以资道院修建门亭之用。

二〇〇七年十二月（丁亥年）。第五排28块碑。

福清市西门腾马巷60一1号沐恩信士，林翔先生，热爱石竹山道教事业，奉缘人民币伍万元，以资道院建设。

二〇〇七年十二月（丁亥年）。第五排29块碑。

福清市高山镇侨乡特区6号楼35号信士，林美钿先生，为石竹山道院建设，奉缘人民币伍万元。

二〇〇七年十二月（丁亥年）。第五排31块碑。

长乐市吴航街道宏航新城信士，林义先生，为石竹山文化建设，热心奉缘人民币伍万元，以资道院修建。

二〇〇七年十二月（丁亥年）。第五排32块碑。

长乐市潭头镇鲍朱村旅港信士，鲍建成先生，缅怀先慈林玉仙遗愿精诚之至昆仲合力解囊施舍巨资捌拾万元人民币，用于镌刻石竹山道院全山殿阁百幅楹联。

二〇〇七年十二月（丁亥年）。第六排4块碑。

石竹山道院仙君楼、观音厅、玉皇阁、文昌阁分别始建于唐朝明后多次重修，吾邑旅外侨领，林绍良先生与众善信联袂于二千年重扩建，今林公又独献巨资壹佰陆拾万元人民币重上金身及重装饰各殿宇面貌焕然一新。

二〇〇七年十二月（丁亥年）。第六排15块碑。

福建省嘉园房地产开发有限公司信士，林　棋先生，行善积德，为修建石竹山游客中心附属配套工程，慷慨解囊捐巨资壹佰万元人民币。

二〇〇七年十二月（丁亥年）。第六排16块碑。

福清市上迳镇南湾村沐恩信士，杨效其先生，奉缘人民币壹拾万元，以资石竹山道院建亭之用。

二〇〇七年十二月（丁亥年）。第六排18块碑。

福州市亭江镇西边环岛外洋路150座203信士，林　双先生，为石竹山道院建设，奉缘人民币壹拾万元。

二〇〇七年十二月（丁亥年）。第六排19块碑。

福清市龙田镇蓝天别墅区沐恩信士，施学强先生，为石竹山道院建设，奉缘人民币壹拾万元。

二〇〇七年十二月（丁亥年）。第六排24块碑。

福建省福旺金属制品有限公司，杨宗旺先生，为石竹山道院修建，慷慨解囊，奉献人民币壹拾贰万元，

二〇〇七年十二月（丁亥年）。第六排26块碑。

福建省福强精密印制线路板有限公司，奉缘人民币壹佰零捌万元，兴建状元峰登山道。

二〇〇七年十二月（丁亥年）。第七排7块碑。

公元二〇〇六年元月至二〇〇七年十二月奉缘信士芳名：

奉缘壹万元以上信士芳名：

朱秀玲叁万贰仟壹佰元。陈家康叁万元。陈碧玉叁万元。林木松叁万元。何小明叁万元。吴强叁万元。翁万钦叁万元。张浩栋贰万叁仟元。林景乐贰万元。林依华贰万元。林家香贰万元。林　捷贰万元。陈乃朝贰万元。陈建军贰万元。王命亮贰万元。王惠华贰万元。江海容贰万元。卢万强贰万元。吴翊强贰万元。李秋萍贰万元。杨谋忠贰万元。潘立华贰万元。魏福顺贰万元。薛命基贰万元。

周弟子贰万元。刘益端、施木钦合捐叁万捌仟伍佰元。林　莹壹万玖仟元。王民强壹万捌仟元。郑国强壹万柒仟陆佰元。陈千尧壹万柒仟壹万陆仟伍佰元。王小农壹万陆仟伍佰元。杨爱香、杨珠合捐叁万肆仟元。谢建忠、谢兰香合捐叁仟元。陈　敏壹万伍仟元。陈友泉壹万伍仟元。卢贤坤壹万肆仟元。林曦壹万叁仟元。杨宗旺壹万贰仟元。余家弟子壹万壹仟伍佰元。林幼美壹万壹仟元。林梅平壹万壹仟元。陈瑞发壹万壹仟元。王美华壹万壹仟元。付秀雄壹万壹仟元。俞吓名壹万壹仟元。林善榕壹万壹仟元。郑凯翔壹万壹仟元。郑峰壹万壹仟元。郑勤健、林惠合捐贰万元。黄祖增壹万捌仟港元。陈寿兴叁仟美元。

陈孔锋、陈娇合捐伍仟美元。任玉钗壹万元、又壹仟美元。张秀霖贰仟美元。杨纪洲贰仟美元。王赞强贰拾万日元。郭国兴、郭旻皇合捐叁仟美元。黄祖华壹拾伍万日元。林滔捌仟美元。张宇捌仟美元。高谷富壹拾陆万日元。

奉缘壹万元信士芳名：

林绍长、林长兴、林正华、林木松、林宗东、林香朝、林学孟、林家煌、林金祥、林秀英、林繁、林丽平、郑天华、郑金德、何文回、何红命、何国荣、王小兰、王为仙、王茂松、王玉、王钦炎、翁丽玲、翁雪勇、黄华秋、黄依辉、黄桂芳、陈云华、陈正和、陈忠辉、陈恩、陈声章、陈金凯、俞吓明、俞裕华、俞裕明、叶苏明、许尚勋、冯云琴、吴岚娟、陈媚、严续凌、苏陶清、钟绍金。

二〇〇七年十二月（丁亥年）。第四排28块碑。

奉缘壹万元信士芳名：

周建伟、杨图余、施文义、高哲武、徐忠新、倪政美、陈岚、赖方英、郭好英、潘立华、颜台文、韩国智、萧学钦、薛来何、魏云兴、卢信士、曾华銮、李艳清、林玉铿、福远F21号渔船、福远F86号渔船、长丰号渔船。

奉缘柒仟元至捌仟元信士芳名：

王钦玉、何吉仔、余美松、李成、余幼珠、李业坦、林谋贵、林烈强、陈焕燃、陈炎官、陈国强、杨端、俞道建、郑翠萍、谢立峰、陈建永、卢其端、梁依勇、梁依锦、王道财、王赛娟、林长永、林宝珠、林依殿、陈书铭、陈碧珠、陈思元、倪孔龙、倪际明、朱成武、柯巧云、郑彩楣、黄启烺、薛洪辉、陈梅英、柯金国、林少明、林正玉、何瑞官、郑赛玉、吴自东、连伙官、李炳安、高谷健 、水越英子、何文光、余元干。

奉缘伍仟元至陆仟元信士芳名：

刘喜武、田梦钗、陈明春、陈玉金、陈新萍、陈伟、陈美华、曾光清、李强、李光钦、李雪英、黄孝瑞、郭家雄、郑凯翔、高木新、林双金、陈涉贞、任芳、林业宝、王孟像、王秋云、陈水华、王玉芝、林笼清、何本珠、何本林、陈峰、陈来、何美光、何虹、陈家敏、林莺毫、林品芳、翟建军、林忠、林雅云、林文正、潘翠羽、林民水、吴冬霞、何风云、何敦钟、李敏宁、李绪琴、何飞、张瑞娟、刘福官、谢建忠、周清生、高美玉、游魏洪、游魏垲、林松、高彬、厉军、陈茜、樋口纯妃、郭明芳、大庆432号轮。

二〇〇七年十二月（丁亥年）。第四排29块碑。

奉缘伍仟元信士芳名：

方裕金、方鸿桂、陈俊、陈小明、陈广义、陈文娜、陈玉金、陈本奇、陈学俊、陈明生、陈维枝、陈能贻、陈强、陈金义、陈崇财、陈雪云、王小明、王元明、王天珠、王友华、王吓棋、王光荣、陈斌、王孟锦、余美祥、俞玉英、何伟良、何敬祥、何美容、何晓峰、林小华、林书标、林权、林吓琴、林世华、林尚好、林秀光、林我雄、林泉清、林金平、林锦平、林冠辉、林琦、庄明恩、刘秀梅、施雪英、江南生、李金平、罗明忠、周国平、郑松康、郑国和、郑文、曾华銮、潘桂华、鲍木财、欧细毅、杨场宝、倪爱金、唐才利、张天俊、张元春、张辉、黄祥恩、薛有彬、薛辉兵、高彬、林月英、陈遵仁、杨忠明。

奉缘肆仟元信士芳名：

林先生、林世清、林今城、陈必勇、林祥、陈振坤、李赛花、王训强、王为茂、何敦发、邓祥利、邱丽娇、余孔章、潘林、张吓贵、俞吓明、郭后璋、梁瑞勇、薛学钦、颜强、杨庆平、翁万钦、林航、林水钦、林友清、林辉杜。

奉缘叁仟元至叁仟伍佰元信士芳名：

薛理铭、陈恩坦、杨清、朱秀玲、朱秀琼、卢圣豫、朱绍武、郑德棋、苏葵

成、曹以强、曹以琴、林娟、林绍枝、刘劲松、陈尚宠、谢财华、陈遵锦、刘秀珍、陈德文、吴国华、吴传兴、林勇斌、林依弟、黄国棋、曹振明、曹松、曹达、卢武柱、翁祖斌、张祥辉、杨元宏、林豪、蒋建明、林玉峰、君杰、林珠香、林文、杨珠、朱本章、朱在文、朱建国、平岗美惠、高谷辉和。

二〇〇七年十二月（丁亥年）。第四排30块碑。

奉缘贰仟伍佰元至叁仟元信士芳名：

王小玲、王存奇、王明金、王坤爱、王金星、王峰、王章雄、王雅英、林水钦、林春、林庆平、林民乐、林孝明、林丽平、林国平、林祥、林国林、刘兆凤、刘宏信、林谦、何国云、何修梅、何建清、叶世勇、叶诚杰、林伟、陈永生、陈宇航、陈伟利、陈武、陈存官、陈志魁、陈和平、陈灿珠、陈建国、陈昉、陈崇峰、陈敏清、陈德官、陈瑶、陈赛仙、陈锦明、陈营官、陈梅琼、李玉官、李文、李风华、李国生、李美娟、李萌、吴自伟、吴华振、吴学善、吴传兴、吴青羽、吴斌、吴起灵、郑代兴、郑学亮、郑兴、郑美日、郑景心、张元桦、张学英、张家洪、洪洋、洪健梅、黄长敏、黄兆丰、黄盛、黄国官、薛依妹、薛美珠、薛希瑞、薛瑞勇、俞龙、俞大海、谢文灵、谢立慧、周飞、周廷仕、石瑞华、任官平、卢金贵、池开安、卓武、卓兆平、钟忠义、杨立新、徐云、欧秋明、曾国强、柳垂恩、游天寿、梁宣达、林聪、董家荣、魏远云、无名氏、余勇、陈金淦、林明光、林桂华、林贻波、魏孝栋、江敬登、翁天华、林木和、刘善云 、曹锦铿、陈道国、陈秀清、陈秀文、刘平、刘书祥、毛祚鸿、周而辉、郑书健、董秀萍、林长枝、吴秉荣、严宝康、王钦海、王秋云、林泉清、林宏辉、林兰铿、林泳涛、林新民、林玉娇、林辉源、卓瑞玉、陈木花、陈其发、陈纪鹏、陈梅琼、王秀明、翁明生、郑晓兵、林惠芳、李永辉、杨碧钗、郑传福、陈道斌、林金平、罗彪、周祥、周飞、潘昌鼎、潘家峰、潘美清、陈杰亮、林锦平、施活明、林枝尤、林门郎、林金莺、陈银芳、张国荣、郭启尼、王赛娟、山下健伸。

二〇〇七年十二月（丁亥年）。第四排31块碑。

奉缘贰仟元至贰仟伍佰元信士芳名：

陈坤官、林瑞银、陈骏、倪秀平、倪运寿、王爱春、朱秉仁、李书香、林晓彬、杨祖舜、翁旭乐、杨明华、林春、汤红梅、林进、林华、陈武装、陈茂仁、林绍鹤、林惠珍、黄建平、薛晓琳、吴科强、吴宜良、郑国平、王美芳、张忠、邵华、吴波、王小明、王人星、吴腾、陈秀华、林洪、林文明、林文锦、林文忠、林万金、林天宝、林云霞、林礼明、林中杰、林宇、林宏亮、林吓确、林齐宝、林同平、林同吉、林玉昆、林庆沿、林凯炬、林财官、林文、林宏辉、林昌华、林武祥、林国荣、林春平、林依锦、林研岂、林诚坤、林景福、林发、林智滔、林程峰、林彩霞、林新建、林朝辉、林雪芳、林燕清、林赛娟、林明霞、林兵、林强、林盛、林锋、林勤、王丁国、王友木、王玉芝、王玉华、王长兴、王吓棋、王哲、王凤琴、王志岩、王志良、王克华、王钦福、王爱娇、王爱仙、王春仁、王明生、王斌、王国珠、王瑞银、王碧华、陈人耀、陈云平、陈太文、陈立炎、陈木花、陈为利、陈标、陈宇文、陈吉平、陈启银、陈永秀、陈永春、陈华强、陈述旺、陈茂琼、陈茂荣、陈颖、陈忠荣、陈承忠、陈泽星、陈香平、陈绍春、陈建官、陈建英、陈建雄、陈祥仲、陈峰、陈其发、陈明华、陈传奇、陈声震、陈宝生、陈国海、陈国清、陈信雄、陈雪春、洪凡、陈贵琦、陈道熙、陈振龙、陈唐金、陈增光、何文登、何仁赛、何华仁、何名炎、何琼、何秀钦、何明华、何爱琴、何本珠、何珠金、何美朝、何善华、丁贤成、丁祥猛、李芹、李永鍧、李永辉、李传太、李启珍、李振学、李振强、李淑、李绪泰、李赛花、李霞、吴文庄、吴天官、吴乐官、吴孝银、吴绍钦、吴丽云、吴振华、吴振龙、吴德顺、郑树、郑水秀、郑自客、郑时才。

二〇〇七年十二月（丁亥年）。第四排32块碑。

奉缘贰仟元信士芳名：

郑时寿、郑灼金、郑宝发、郑秀容、郑建宁、郑康营、郑鑅、郑家全、钟志坦、钟育虹、余秀娟、余宝平、余学强、余明海、刘小明、刘宜兴、刘琴、刘章文、方财喜、方贤云、方中祥、卢明柱、卢万银、卢丽清、江敬铭、江常柱、江顺、杨为俊、杨成豪、杨祖尧、杨耀华、张水仙、张永斌、张如珠、张红红、张珍全、张坚、张国忠、张遵耀、施丽云、施孝宁、施巧明、施细弟、唐英枝、唐兴国、唐女士、张荣、蔡金福、蔡程兴、蔡乾宝、翁长敏、翁其荣、翁振发、翁瑞英、翁建华、董齐团、张梅、薛财春、薛曼芝、薛立耀、倪旭华、倪如娟、黄开慈、黄传华、黄孝瑞、黄季钦、黄杭、游国利、游妹妹、游恭善、姚春桂、俞云嘉、俞梅玉、谢旦红、谢春彪、高方杰、高铭、高炎宋、高剑飞、滕亚岚、于建军、严志春、冯立贵、许祖和、孙宝辉、孙金灼、孙斌、罗扬平、田萝钦、肖美桂、邵振强、周雨琼、卓光华、蒋连官、魏津津、邱朝旭、郭捷、郭成雄、郭成宏、郭青松、郭香能、郭瑞光、朱建福、朱艳霞、朱康升、朱秀、郭笠、邱飞、潘登、曾晨、曾昭棋、林玉松、郑义镇、江瑞华、张和弟、江金弟、刘锦星、董巧儿、林娟霞、林品朱、吴章强、朱晓毅、吴静、陈灿明、林明、林启财、翁吓宝、翁文发、陈玉钗、何旗、郑国锋、王瑞锦、王雅珍、张祥辉、黄健新、陈涌、周而义、林芳、范秀榕、林华情、林海明、林敦起、陈国强、陈美玉、陈桂培、陈华平、陈学清、陈亲来、陈金柱、陈锥、陈德国、陈崇杰、陈增云、林小钦、林木和、林凤龙、林孝明、林秀玉、林阿福、林进、林金溪、王永园、王燕明、聚丰纸业、明通油船、福远渔船。

二〇〇七年十二月（丁亥年）。第四排33块碑。

奉缘壹仟元以上壹仟伍佰元信士芳名：

李经华、李成永、李振熙、周长善、周裕桂、何女士、林楚、邱和民、邱华顺、朱文杰、毛胤成、田为桂、任称香、赵淑宝、刘美玲、刘凤佑、刘圣、杨融岚、潘金宝、蒋风华、郑剑萍、郑飞龙、郑棋、吴传兴、魏凤英、林锋、董细弟、陈学顺、郑珠、陈增弟、陈美爱、林雄、林小兰、林性禄、林拥斌、黄杭、刘井贞、吴翊杉、薛美珠、薛水华、薛妹妹、林莲玉、郑延钟、王琳丹、李德富、李义、黄康官、陈瑞钦、杨修玲、杨凤燕、李国云、盖天涛、刘德舜、郑金云、俞吓名、陈少文、陈文辉、林德华、王辉、王旭辉、李承讚、卢学杰、张清秀、张子昂、郑仁焜、郑仁华、郑仁敏、林金平、罗彪、陈杰亮、谢活明、陈和志、陈信铿、陈端建、陈春华、陈杏娇、林门郎、林金莺、刘玉花、刘国清、江典秀、李华、李伙仙、蔡义芳、蔡杏清、吴春明、张美珍、杨忠明、郑春福、黄宗光、曹锦彬、李婷、何琴、周庚、张子连、张晓、林清、陈华红、赖方英、伍爱珍、刘进强、林建玉、蔡乾宝、林秀云、周国平、林志兴、孙玉祥、马昌其、高诚兴、何集容、高天、何晓玲、陈纪宁、陈梅琼、陈纪鹏、林庆法、林智兴、林紫清、林云、刘义妹、林炎官、刘金雄、薛秀平、薛从宝、薛彩华、王丽娜、陈双金、陈文、沈锦云、李道强、周可君、黄方平、高扬学、韩祖利、张秋鸿、张忠榕、王升科、刘梅花、吴惠华、朱根平、高国水、俞文芳、杨道龙、林依文、陈东枝、陈帆、薛命贻、魏茂荣、杨场宝、张怀月、张怀政、张怀财、张怀国、黄以华、林文、占珠妹、林文钦、高彬、王志强、杨宗旺、高家莺、黄启豪、陈正和、薛财斌、郑赛玉、高纪平、何明、何松、何理平、黄祖增、陈云芳、薛来何、吕依振、卢兆才、吴外国仔、薛吓拐妹、足立树美子、福星群建材、连江敵明中学、刘凤官铭。

二〇〇七年十二月（丁亥年）。第四排34块碑。

奉缘壹仟元信士芳名：

林前尊、林惠明、林镇平、林敦强、林敦仁、林辉香、林华、林晓霞、林善富、林桂光、林振华、林淑芳、林英、林兴、林强、林贵、林泰华、林润、林暖英、陈少敏、陈飞霖、陈立霞、陈立桂、陈木伙、陈兰英、陈孔应、陈玉金、陈英、陈巧灵、陈庆春、陈水华、陈华荣、陈可明、陈礼松、陈先宝、陈成兰、陈法官、陈龙、陈发珍、陈秀燕、陈秀美、陈秀凤、陈学云、陈学财、陈学天、陈奋礼、陈灯茂、陈玫、陈远标、陈再樵、陈旺龙、陈育修、陈林晨、陈明全、陈明香、陈国富、陈国寿、陈旭、陈国霖、陈国生、陈国利、陈泽成、陈春英、陈春平、陈昭桉、陈妹妹、陈妹珠、陈恒、陈其忠、陈美洁、陈美利、陈信福、陈金珠、陈建民、陈建清、陈建林、陈建德、陈敏、陈剑峰、陈唐金、陈继斌、陈俤俤、陈祖家、陈统财、陈敦利、陈康银、陈庸钦、陈锋、陈桂树、陈峰云、陈道通、陈道楚、陈福官、陈家群、陈锦钗、陈喜旦、陈善姜、陈强、陈祥基、陈雅英、陈盛榕、陈增凤、陈锴武、陈鸿、陈康、陈瑜、陈雄、陈惠龙、陈航、陈燕芳、郑仁健、郑仁伍、郑仁华、郑月兰、郑长钦、郑兰英、郑存任、郑怀冰、陈滈、郑伯华、郑孝明、郑依珍、郑应义、郑秀钦、郑玉兰、郑振兴、郑振玉、郑添、郑丹、郑建海、郑建飞、郑建为、郑和平、郑章秋、郑艳金、郑国锋、郑维津、郑维伟、郑洪、郑美钿、郑锦德、郑善振、郑敏安、何文金、何文彬、何玉金、何吓寿、何心杰、何杰、何齐强、何齐钦、何传铭、何长发、何丽芳、何明华、何明琴、何珠云、何敏雄、何海、何祥春、何雅玉、何家焰、何善秀、何茂云、王小兰、王文华、王孔恒、王孔全、王兵、王为荣、王元官、王仲兴、王志坚、王华娟、王洁明、王贞亮、王远秋、王月仙、王平、王宝玉、王宝英、王依容、王则强、王克芬、王钦宾、王钦进、王昆山、王坤爱、王新、王丽萍、王坤才、王明生。

二〇〇七年十二月（丁亥年）。第五排57块碑。

奉缘壹仟元信士芳名：

王孟珍、王碧玉、王鹤成、张子钱、张仁桂、张元图、王玲、张见赛、张华钦、张为成、张光伟、张月耀、张玉英、张功亮、张秀玉、张怀康、张建、张秀冰、张学文、张君香、张春生、张晓平、张秉顺、张秉发、张美和、张雪冰、张新、张建华、张端帆、张乾官、张梅凤、张琴云、张斌、张颐、张筠、张宇、李小洪、李娟、李少晖、李元强、李光灿、李光东、李永辉、李在武、李志芳、李凤霞、李忠强、李品、李宝清、李保国、李学坦、李国云、李道强、李道飞、李敏蓉、李振南、李振齐、李晶、李振强、李振通、李美娟、李凌欧、李祖凯、李素萍、李宗辉、李朝勇、李秋英、李敏、李为泰、吴天官、吴天富、吴月灼、吴华端、吴良平、吴炎生、吴丽芳、吴明芳、吴征、吴家明、吴章干、吴翊强、吴修惠、吴德仁、吴超、吴亮、林默、林娟、刘大祥、李银、刘月仙、刘书发、刘巧精、刘代顺、刘光祥、刘后斌、刘行灵、刘庆喜、刘丽珍、刘颖、刘明生、刘明院、刘孟琴、刘晓晶、刘建忠、刘建海、刘美珍、刘秀明、刘莲玉、刘敏、刘章华、刘道雄、刘媄媄、刘德在、许长植、许华瑞、许金灿、许张福、许模强、周匡、周大更、周书惠、周宏建、周伟彬、周志强、周章坦、周新德、周永群、周继敏、周凯、江小钦、江文辉、江训明、江松峰、江明康、江德通、江燕鼎、江通辉、江木财、杨金、杨修松、杨建清、杨家建、杨长春、杨贵兴、杨丽强、杨广晃、杨宗林、杨方乐、杨彤、杨秀惠、施木珍、施幼琴、施克祥、施经强、施林辉、施秀芳、施绍鲁、施春龄、施洁、施祖健、施祖亮、施修惠、施梅金、施家强、施菊英、游小明、游天雄、游明星、曾昕、曾开坛、曾仕忠、曾昌敢、丁云兴、丁芳灵、丁实隆、丁金娇、丁碧云、丁惠容、倪斌、倪兴孔、倪华兴、倪朝山、倪建飞、卢娟华、卢统鸣、卢爱惠、卢统日、卢超杰、黄虹、

黄少杰、黄元祥、黄以华。

二〇〇七年十二月（丁亥年）。第五排58块碑。

奉缘壹仟元信士芳名：

黄东明、黄启棋、黄立红、黄启飞、黄华寿、黄依青、黄勤、黄举俤、黄晓升、黄珠云、黄霖飞、黄颖森、叶平佺、叶明龙、叶诚杰、叶福禄、黄辉、郭天真、郭玉官、郭华玉、郭成珠、郭春光、郭良富、郭祖荣、敦镇武、郭碧玉、高

龙、高子元、高兆苏、高兆炽、高兴文、高秀凤、高春钿、高炜宏、高瑞芳、高辉平、高健、方中祥、方仕华、方昌金、朱秀钦、朱鸣钟、朱建平、朱根平、朱继成、俞吓金、俞莹、俞炎春、俞晓涛、俞培龙、俞梅金、俞朝美、池文捷、池宝财、池枝雄、池锦莲、俞斌、卓龙东、卓永德、卓光华、卓雨晴、卓秋蓉、卓桂禄、赵如春、赵金俤、赵震领、蔡文、蔡民清、蔡丽明、蔡金娇、蔡银金、蔡爱平、翁可贵、翁国兴、翁铭源、翁荣芳、翁勇、翁祖英、翁爱国、翁霖银、魏名俊、魏可云、魏明敬、魏成族、魏成躬、魏谋风、翁彬、曹以强、曹东伟、曹巧莺、曹心灼、曹建辉、曹祥钦、董立开、董是富、董敬、董康、董须达、董淑金、梁德坤、梁爱玲、梁国华、梁依忠、梁雪英、姚全华、姚恭钿、姜华、姜国新、姜春霖、姜同明、姜钦贵、谢仁瑞、谢兰娇、谢贤昇、谢财发、谢章桂、姜清、潘仙兰、潘良友、潘君銮、唐子瑜、唐学程、唐芝銮、唐英书、蒋天访、蒋兰芳、余玲、余秀明、鲍英官、鲍云妹、薛升辉、薛经明、薛佩玲、薛春梅、欧茵茵、欧孝义、钟灵、钟绍文、沈依汉、沈明强、万锐昌、邓祥利、孙晶晶、洪本秋、官伯开、任官平、徐钦、徐秀珍、邱爱清、邹宗干、程爱香、宋子欧、念克美、韩国智、舒海洲、纪丽明、庄强、裘家琛、黎展麟、戴小红、夏宏、罗彪、陈毅、明环油船、明恒油船、明泰油船。

二〇〇七年十二月（丁亥年）。第五排59块碑。

公元二〇〇八年元月至十二月奉缘信士芳名：

观音涯重修记

观音涯为山竹山岩峰之一，又称一片瓦和飞檐岩，其巨石如檐横空而起，离地十余米，似巨瓦一片，崖壁苔痕斑驳，缝隙泄泉，树根盘错明朝前为上山转经处石檐，内供奉慈航大士亦为善信来山自然朝拜所昔时涯下以本为栈台供善男女朝拜，后历经更道改木栈台为石垒然台兴与道路相拥狭窄真凝，朝拜与登山者安全，今吾邑福建南少林药业有限公司钟厚泰信士慕，仙山灵气仰前后共慷慨捐人民币壹佰万元新建观音涯，朝拜台雕塑慈航观音石像，化环境修整涯周旧旅登道，为彰钟先生之无量功德爰勒石。

二〇〇八年三月（戊子年）铭碑在观音崖涯旁边。

南京市鼓楼区淇江路69号8幢信士，吴泉先生，为石竹山道院建设，奉缘人民币玖万元。

二〇〇八年十二月（戊子年）。第四排11块碑。

福建省融侨集团全体同仁，热心石竹山宗教事业，慷慨解囊，捐资人民币壹拾万元，以资石竹山道院修建。

二〇〇八年十二月（戊子年）。第六排27块碑。

福清市港头镇信士，王长林先生，为石竹山道院建设，奉缘人民币壹拾万元。

二〇〇八年十二月（戊子年）。第六排28块碑。

厦门市思明区仕御园16号信士，林继耀先生，为石竹山道院建设，奉缘人民币壹拾万元。

二〇〇八年十二月（戊子年）。第六排29块碑。

长乐市金峰镇华刘村里园里50号，刘凤官先生，为石竹山道院建设，捐缘人民币伍万元。

二〇〇八年十二月（戊子年）。第五排33块碑。

福清市融城镇水南祥和小区1—D沐恩信士，何松先生、黄碧玉女士，为石竹山道院建设，奉缘人民币伍万元。

二〇〇八年十二月（戊子年）。第五排34块碑。

福清市阳下镇溪头村214号沐恩信士，林宏杰先生、林玉梅女士，为石竹山道院建设，奉缘人民币伍万元。

二〇〇八年十二月（戊子年）。第五排35块碑。

平潭县城关镇瑞龙庄11号，吴平先生，为石竹山道院建设，乐捐人民币伍万元。

二〇〇八年十二月（戊子年）。第五排36块碑。

美国新泽西州么里斯镇市亚伦里8号邮区01960，张祥辉先生、李永娟女士，为石竹山道院建设，乐捐人民币陆万玖仟玖佰玖拾伍元。

二〇〇八年十二月（戊子年）。第五排38块碑。

福清市上迳镇南湾村30号信士，杨宗龙先生，为石竹山道教事业，慷慨解囊，乐施人民币贰拾万元。

二〇〇八年十二月（戊子年）。第七排2块碑。

福建龙翔中英文学校信士，周伟彬先生，为道院新建香游客中心，乐捐人民币伍拾万元。

二〇〇八年十二月（戊子年）。第七排3块碑。

福清市融城街道西门街28号信士，陈克福先生，为道院新建香游客中心，乐捐人民币壹拾万元。

二〇〇八年十二月（戊子年）。第七排4块碑。

福清宏信建设工程有限公司，周勋善先生，为石竹山道院建设，乐捐人民币壹拾伍万元。

二〇〇八年十二月（戊子年）。第七排5块碑。

福清市富豪花园，林华向先生，为石竹山道院新建香游客中心，捐资人民币壹拾万元。

二〇〇八年十二月（戊子年）。第七排6块碑。

福建迪鑫房地产开发有限公司，张春枝先生，为石竹山道院建设，乐捐人民币伍万元。

二〇〇八年十二月（戊子年）。第七排8块碑。

福清市双旌花园23号信士，吴国院先生，为石竹山道院建设，慷慨解囊，乐捐人民币壹拾万元。

二〇〇八年十二月（戊子年）。第七排10块碑。

长乐市信士，潘建华先生、陈秀宝女士，为石竹山道院建设，慷慨乐捐人民币伍万元。

二〇〇八年十二月（戊子年）。第七排12块碑。

福清市三山镇牛头村信士，魏成炳先生，为石竹山道院建设，慷慨乐捐人民币玖万元。

二〇〇八年十二月（戊子年）。第七排13块碑。

福清市清荣花园516号信士，郑金发先生，为石竹山道院建设，慷慨乐捐人民币伍万元。

二〇〇八年十二月（戊子年）。第七排14块碑。

福清市宏路街道宏路村宏真路10号信士，柳克诚、吕秀丽、柳颖明、柳麟信士，为石竹山道院建设，慷慨乐捐人民币伍万元。

二〇〇八年十二月（戊子年）。第七排55块碑。

公元二〇〇八年元月至十二月奉缘信士芳名：

（奉缘外币信士芳名，和34块碑部分信士芳名合一块碑）

陈其华叁佰美元。高云壹仟美元。薛龙贰万日元。王赛秋伍佰美元。陈修平贰仟美元。林月英肆万日元。黄信镇伍佰美元。陈起胜叁仟美元。薛炳麒捌万日元。郑义奇伍佰美元。薛炳凤贰万日元。林祖明壹拾万日元。王孟旺伍佰美元。林爱珍贰万日元。薛板俊贰拾万日元。陈愉伍佰美元。薛惠珍贰万日元。薛炳麟伍拾万日元。江旭壹仟美元。林谋珠贰万日元。陈文辉壹仟元坡币。

二〇〇八年十二月（戊子年）。第五排51块碑。

奉缘贰仟伍佰元至伍仟元信士芳名：

林程峰、池云标、刘修明、何捷、吴云彬、林定茂、余乃龙、余秀华、林孔贵、郑梅珠、张丽萍、方福平、林文斌、林安英、林赛娟、陈峰、邱明、王华忠、陈远琪、林懿、郑强、何修建、卢雄、魏云兴、吴学善、何平、李元强、薛家金、刘宏善、纪金华、李明、郑娟、陈梅琼、杨仁、薛爱明、周义雄、陈振钦、周兰、郑时才、邱和敏、余美行、何箐云、庄国平、李秀金、林亮、陈龙娥、高秀华、李登仁、赖方英、李新民、林琴琴、李国钦、李源清、陈健康、周云钦、陈本泉、何宝英、何丹华、陈清、陈庭钦、王坤官、陈勇、林彩霞、霍秀平、陈钟、江薇、王为忠、周园。

奉缘陆仟元至玖仟元信士芳名：

李光钦、周诚、陈润、陈建福、朱秀玲、林莹、林 武、王言平、杨图余、卢香秋、林长相、郑凯翔、施保全。

奉缘壹万元至肆万元信士芳名：

叶波、郑鸿、林家财、陈乃朝、刘福官、卓武、何瑞官、王德兴、陈纪宁、陈明春、林民官、翁勤光、林曦、谢建忠、黄建平、杨耀华、江伦奇、林正华、何万明、俞瑞芬、陈灿明、李小红、何财英、张晓华、郑振善、郑友、黄祖增、郑美华、潘爱娟、张浩栋。

二〇〇八年十二月（戊子年）。第五排52块碑。

奉缘壹万元至肆万元信士芳名：

林国辉、林德顺、魏成建、刘红妹、郑品云、周书惠、林心冬、张光辉、陆斌、李敏芬、纪传莺、陈三明、王世彪、张剑雄、林天金、唐健儿、陈孔育、陈群慧、郭荣、林水官、林燕滨、林德明、林孝龙、何友凯、陈玉珠、李振泰、丁芳灵、林爱娟、李永善、陈云、郑仁健、林瑞英、俞培龙、林木林、严爱明、杨永善、王传盛、林秀燕、郑明云、严永和、陈龙、杨估双、王宾英、吴强、郑明义、兰娇莺、魏学华。

奉缘壹仟元以上至贰仟元信士芳名：

朱康振、林友淦、曹依在、林尚善、刘天祥、陈赛仙、郭振玲、蔡其忠、陈雪春、张秋江、林国泰、林锦云、陈以峰、林明霞、张定铂、陈军、张嚇贵、吴傳兴、林玉清、何华英、高杨龙、张伙俤、陈勇、王道声、陈家勤、陈益平、潘富平、施斌、林今城、林同平、张巧锺、王仁官、江文锦、谢财华、陈声如、叶诚杰、陈秀腾、邱丽娇、郑灼金、王坤爱、王开科、柯俊华、林朝进、王孟锦、吴平、王明芳、严宝康、陈孝金、林少雄、陈绕建、董天喜、林豪英、严增明、林玉昆、陈振康、曹建峰、张木霖、刘锦星、王命乐、翁武森、陈依强、周宏明、何嚇章、张忠、林世武、王玉华、陈玉风、方贤云、林绍鹤、张丽英、叶桐和、陈以峰、陈千尧、李敏通、施守贵、温美清、何明华、卓瑞玉、姜周宝、韩玲、翁雪勇、林辉渡、魏贵生、郑翠萍、林其秀、游霜铃、薛龙、林融春、何敦发、林永清、周廷辉、林朝进、方经彪、陈晓明、王兴东、林述油、林国、江通辉、潘翠羽、上海宝兔宾馆。

二〇〇八年十二月（戊子年）。第五排53块碑。

奉缘壹仟元以上贰仟元以下信士芳名：

潘建榕、杨美彩、林永强、高其振、林亨灿、李贤淮、王瑞明、陈秀钦、林光利、俞进喜、陈智乐、陈珠明、周敏慧、吴福金、张冬梅、王美鳳、陈丹、黄桂兰、王遠利、王丽萍、林峰、刘胜、林兆钦、郭振明、卢融、陈建峰、王依容、陈礼松、施邦、施孝宁、林莹、周躬清、陈仕宁、郑祖团、郑锦彩、裘家琛、谢章桂、陈丽英、王华强、施广伟、陈文辉、陈水华、李振传、赵淑莺、林雄、陈友华、郑云芳、林茂銮、倪碧玉、翁小斌、陈福明、詹莲珠、张晓培、黄丽宝、陈明雄、林立珠、郑武、林艳妮、李皇、王遠秋、林栋、莫明勇、陈宜、黄新海、黄毅、赵瑞钦、郑清、林艳娜、王昆强、吴云珍、林世旺、王钦进、徐震、卲振强、陈爱芳、王兵、陈国、高居腾、王民强、刘孟炎、高方杰、信建闽、林我兴、曹達、王坤官、赵志坚、周建发、杨增金、陈淑生、林强、陈美华、张聿炫、林春平、郭泽洲、董春和、杨炳祥、曾玉平、刘柄东、陈书仁、黄美娥、陈词建、陈雄、林依平、陈善嵩、王国珠、倪秉金、张新建、郑建宁、余宝平、李依尧、蔡建平、林心何、林香琴、郭剑标、林燕、李信垒、林金松、林瑜、陈国坦、庄强、林淦、黄赛珍、余秀明、薛红、李金平、林衍标、陈增官、黄友亮、高剑飞、吴健、姜国库、杨辉、陈强、陈雄、林光华、曹依奎、王美兰、李莉、蒋利寿、陈香英、翁振法、陈贻纯、陈为民、方淑珍、欧忠强、陈松、阮忠明、郑美艳、林彬、陈希、吴章金、蒋建福、倪必楠、陈峰、郑章秋、刘德在、陈本栋、林文宁、董承寿、陈朝明、张建、董锦秀、林玲、何心建、郑秀清、刘源、何玲、林

金漾。福建立恒涂料有限公司、

二〇〇八年十二月（戊子年）。第五排54块碑。

奉缘壹仟元以上至贰仟元以下信士芳名：

何奕华、何龙康、何玉明、孙孝锹、孙波、陈月雄、周茂平、吴华云、周友清、周芬、陈武装、陈吓千、陈文明、陈吉平、陈友发、宋美榕、陈玉英、曹燕婷、陈兰英、方兴俤、林增勤、林城金、林长宝、林汝平、林木枝、林泉兴、林峰、林震、林森、林鑫、林兵、魏名俊、林正雄、任芳、林武东、陈钦、林修宝、陈雪华、林行义、陈明惠、何齐快、何菁霞、何本水、何秀琼、何建金、何吓妹、王爱玉、陈能贻、王爱义、王妹云、王昌华、魏思敏、王美莺、陈兴灯、王开明、韩瑞珍、王亦龙、俞吓云、王永义、丁仁锦、李卿惠、李云萍、俞达明、谢云珍、俞秀琴、俞云敏、韩美珠、叶起霖、黄碧忠、许萍香、张振宇、池云莺、蔡民义、林美娘、梁诗用、梁志鹏、魏成标、魏巧珊、黄莉、包悦、何捷、黄清、王训泉、王斌、何平、何燕燕、韩强、王民强、钟前林、董家武、高忠和、翁裕祥、庄强、魏峰、郭起燊、郭董、欧阳云飞、欧阳品文。

奉缘壹仟元信士芳名：

林锋、林万圣、林义瑞、林飞勇、林水木、林顺、林文秀、林天金、林天龙、林天雄、林仁峰、林化德、林世旺、林世凤、林玉宝、林伟、林玉妹、林立长、林长松、林龙华、林永强、林远建、林礼强、林邦斌、林庆羽、林明、林庆月、林庆法、林依增、林依明、林依忠、林用官、林进惠、林吓梅、林仰武、林彬、林启群、林启富、林观宏、林阳明、林芦明、林尚品、林秀顺、林克肖、林茂强、林欣、林茂清、林同吉、林传钱、林宜栋、林宜振、林宜国、林宜飞、林美俤、林美莺、林云、林美钦、林美珠、林良平、林香平、林香朝、林春平、林建魁、林建秋、林建平、林芳、林建文、林金玉、林金龙、林金水、林金响、林金宋、林国炎、林国利、林国平、林述、林钰锟、林海英、林敏英、林孟准、林明俊、林星开、林轻韬、林卿兴、林银官、林香、林家珠、林家明、林惠玉。

二〇〇八年十二月（戊子年）。第五排56块碑。

公元二〇〇八年一月至四月奉缘信士芳名：

奉缘壹万元以上信士芳名：

何理平肆万元。刘凤官肆万元。杨宗旺叁万元。何松叁万元。陈文恩贰万元。周廷艳贰万元。卓祥伟壹万叁仟元。林文钦壹万零伍佰元。

奉缘壹万元信士芳名：

林曦、何财英、陈乃朝、谢建忠、张晓华、刘福官、黄建平、郑振善、卓武、杨耀华、郑友、何瑞官、江伦奇、黄祖增、王德兴、林正华、曾华銮、林依殿、魏孝栋、薛来何、阮丽珍、林松水、王品梅、郭念友。

奉缘陆仟元至捌仟元信士芳名：

施傅瑞、池开安、黄绳棋、王为茂、林志芳、郭国兴、施傅瑞、吴苏阳、何辰葆、林国建、吴自忠、柯金国、谢立慧。

奉缘肆仟元至伍仟元信士芳名：

何本珠、陈周兴、李振泰、王孙玲、林木松、林金平、曾美娇、何晓峰、林仰东、林泉清、郑维寿、罗彪、蔡文英、吴振龙、方裕平、林秀光、薛命贻、张依團、于建军、林烈强、凌钦、刘高峰、游天华、李明、薛财斌、蔡明、李学华、肖国富、陈雪春、冯文琛、陈明春、林华情、卢贤龙、谢立锋、李业坦、林今城、林祥、郑义镇、余幼珠、李秀华、林聪、浜神川小铃。

奉缘贰仟元以上至叁仟元信士芳名：

张永斌、林金溪、薛希瑞、陈新萍、吴家、余秀贵、翁旭、何玉明、姜永香、郑济琛、王忠良、蔡民清、陈道国、程高增、高存财、刘宏信、黄时桂、蔡家发、颜强、郑时寿、李光钦、林月香、余孔章、林银英、郑财才、吴翊杉、谢文玲、江训屏。

二〇〇八年十二月（戊子年）。第六排65块碑。

奉缘贰仟元以上至叁仟伍佰元信士芳名：

何名炎、何斋仁、林宜炎、林水钦、林来平、陈桂官、黄碧忠、李宗章、杨立新、林春、李强、李清、余美松、俞文芳、王钦玉、余乃龙、郑峰、陈哲材、陈香平、林国武、严宝康、曹立喜、张尖兵、陈友辉、张伙俤、林桂华、郑美官、高国斌、谢财华。

奉缘壹仟元以上至贰仟元信士芳名：

陈金柱、陈飞霖、陈尚龙、周而辉、周长善、周妹妹、周飞、杨忠明、何銶先、林庆全、林必琳、卢开财、丁碧云、黄韩平、王为荣、刘银彬、卓光华、方勇、张桂香、林新芳、陈洪辉、张建明、江敬登、王文端、余友珠、何文禄、林庆法、星碧海、李道强、林庚、林志良、林凯炬、陈永秀、薛理铭、黄碧华、何敦发、翁雪勇、叶钱姆、曾光清、何美朝、林国龙、陈代良、林倍實、王锦辉、缪玉仙、郑祯文、卢郑情、陈裕炎、陈惠珍、刘宏善、薛学钦、林诚坤、叶诚杰、郑康营、陈建钦、林绍鹤、池国爱、陈必勇、陈振康、陈斯明、林庆美 、王文华、林世青、陈吉平、谢瑞熊、吴华震、吴华云、莫敬銮、林宜国、江森发、邓祥利、林木和 、翁忠福、梁瑞勇、陈千尧、陈木花、张光辉、陈其发、吴华银、王建盛、陈木金、张其营、林诚官、吴宜良、陈秀云、陈坤官、曾昭棋、戴增锋、林美云、林春华、林文忠、何敬祥、黄孝瑞、何美光、李德华、林东吉、林春、林晖、林盛、林强、刘凯、潘林、高毅、邱明、明通油船、益和石材、福建恒杰塑业新材料有限公司。

二〇〇八年十二月（戊子年）。第六排66块碑。

奉缘壹仟元信士芳名：

陈建清、陈桂树、陈代英、陈信福、丁明昌、郑祖团、丁芳灵、詹长乐、林绍长、张梅、施修林、胡亨杨、林厚云、庄强、唐芝銮、林国平、陈道风、何明忠、林长栋、方财善、郑增宋、翁松光、吴章干、郭国金、张国和、杨實清、石圣铁、林远建、江燕平、施傅金、王征胜、何文金、林书明、郑奕银、施克伟、林森、翁其荣、林月雄、王元官、翁瑞英、余秀明、陈金郭、林文、陈华强、陈登辉、郭瑞光、陈述旺、林茂、梁依勇、何婷、丁雄生、陈道楚、陈秀美、王新、陈乃强、黄实雄、董是富、倪斌、陈美忠、陈绍春、周宏霖、倪炳辉、翁万贵、林仁海、陈人耀、陈瑶、高银、林今城、王国珠、旺和轮、吴勇、吴国、叶世勇、姜钦贵、陈群力、陈强、郑强、程振云、梁宣达、吴官乐、吴文庄、李吓强、刘明院、陈其忠、刘建忠、林贻珠、陈金华、阮丽珍、陈乃斌、林进、林阿福、林宜林、施德光、陈存官、邵振强、薛賓英、游标、林惠明、陈永祥、魏金华、程从强、张炎琴、丁祥猛、翁祖英、何文登、许传仰、郭爱瑞、林久滢、高国水、邹秋萍 、吴承德、陈国春、郑建方、王征平、郑宇捷、刘惠明、曾开谈、陈万里、郑东秋、薛立耀、林敦建、王钦进、陈祥基、林碧珍、林贻团、金祖国、林万强、陈梅灵、李新航、李银、李华、陈金龙、王桂英、王娟、张賓华、陈鸿、曾晨、郑振兴、王志强、刘书祥、林本飞、王玉松、毛晓玲、郑章秋、傅发仁、董行辉、黄丹英、王文清、林其兴、江其叶、裘焰锦、何兴基、何文彬、王永铨、郑天球、陈礼松、杨晖、俞峰、郑钧钧、陈雪玉、詹长贤、郑孝竹、陈绪亮、郑瑞芳、叶明龙、郑秀钦、李萌、翁忠强。

二〇〇八年十二月（戊子年）。第六排67块碑。

奉缘壹仟元信士芳名：

江文辉、李敏芬、何瑞金、黄群、林贵、毛祚鸿、陈賓官、李振仙、江小钦、杨斌、余賓平、余传勇、魏禄全、陈金玉、郑晨霞、郑青霞、郑友和、陈道瑞、吴诗梅、刘美琴、严盛龙、林金魁、陈梅松、陈善云、郭剑标、桂国妃、陈行、郑明义、陈锦云、林星文、柯顺江、林云、刘国河、陈敏、李忠、翁华康、林炎贵、戴伙金、朱斌、林盛平、陈爱平、方巧兰、江敬标、董秀云、陈心秋、陈恒敬、陈依位、杨修墀、吴博、林存雄、叶家云、汤文勋、林性喜、林宏辉、王賓龙、陈行武、陈华平、张建英、郑辉寿、翁金华、陈学捷、林朝木、林世铭、朱克惠、林赛娟、朱建福、林景福、朱建国、高子元、陈木发、蔡民义、方金水、陈文华、张铭春、郑德英、官王文、程建国、林义勇、李美千、高杨学、张永建、郑善振、林可栋、陈标、姚恭善、王为荣、何钦、郭国铨、郭兆雄、陈玉珍、王钦滨、王賓英、谢恰金、许长恩、魏学辉、严林淋、叶增英、周賓云、杨风平、陈诚、林依乐、刘增发、陈玉珠、林青、林颖、刘纪坤、林伟、翁彬、欧秋才、张賓英、陈光雄、朱淑熙、王文苗、黄东明、郭春光、王美仙、林森、明泰油船、明环油船、明恒油船、郑美胜、曹振明、欧阳丽华。

奉缘外币信士芳名：

郭升伙壹仟美元。高云壹仟美元。董圣辉陆佰美元。陈密松伍佰美元。

林航伍佰美元。高谷富玖万日元。王利壹万港元。林明叁仟港元。

王训强贰仟港元。

二〇〇八年十二月（戊子年）。第六排68块碑。

公元二〇〇九年元月至十二月奉缘信士芳名：

奉缘伍万元以上信士芳名：

长乐市猴屿乡猴屿村风头顶55号至56号美籍华人信士，郑孝好先生领男郑忠深先生，为石竹山道院建设，奉缘美元壹万元。

二〇〇九年十一月（己丑年）。第五排37块碑。

福清市三山镇坑边村西郭29号信士，翁华银先生，为石竹山道院建设，奉缘人民币壹拾万元。

二〇〇九年十一月（己丑年）。第五排39块碑。

平潭信士，吴泉先生，为石竹山道院建设，奉缘人民币陆万元。

二〇〇九年十一月（己丑年）。第五排40块碑。

福清市宏信建设工程有限公司信士，周勋善先生，为石竹山道院建设，奉缘人民币壹拾万元。

二〇〇九年十一月（己丑年）。第五排41块碑。

福清市江镜镇北翁村77号信士，何尔松先生，为石竹山道院建设，奉缘人民币壹拾万元。

公元二〇〇九年十一月（己丑年）。第五排42块碑。

平潭县潭城镇盛林庄52号信士，曾国任先生，为石竹山道院建设，奉缘人民币壹拾万元。

二〇〇九年十一月（己丑年）。第五排43块碑。

将乐县建隆矿业有限公司信士，郑建榕先生，为石竹山道院建设，奉缘人民币伍万元。

二〇〇九年十一月（己丑年）。第五排44块碑。

福清市江阴镇孙卓村信士，陈亚球先生，为石竹山道院建设，奉缘人民币伍万元。

公元二〇〇九年十一月（己丑年）。第五排45块碑。

福清市福中花园A5信士，游清和先生、游林明利先生，为石竹山道院建设，奉缘人民币伍万元。

二〇〇九年十一月（己丑年）。第五排46块碑。

福清市宏路镇新华村13号信士，王圣鑫先生，为石竹山道院建设，奉缘人民币伍万元。

二〇〇九年十一月（己丑年）。第五排47块碑。

西安市中隆机械化建设工程有限公司信士，吴平先生、王润秀女士，为石竹山道院建设，奉缘人民币伍万元。

二〇〇九年十一月（己丑年）。第五排48块碑。

闽侯县南通镇陈厝村洲尾17号（旅居澳大利亚）人士，卓金旺先生、陈瑞英女士，领合家男女子孙，为石竹山道院建设，慷慨解囊，捐资人民币伍万元。

二〇〇九年十一月（己丑年）。第七排16块碑。

公元二〇〇九年元月至十二月奉缘信士芳名：

奉缘壹万元以上信士芳名：

邹长生叁万叁仟元。陈金华叁万叁仟元。杨锦雄叁万元。周发康叁万元。刘啟源叁万元。杨宗旺叁万元。薛叶清贰万伍仟元。石立天贰万叁仟元。陈千尧贰万元。陈美玲贰万元。陈金郭贰万元。吴绍云贰万元。黄以贰万元。黄名章贰万元。刘福官贰万元。康丽华壹万伍仟元。魏传瑞贰万元。杨永豪壹万叁仟叁佰元。陈国华壹万叁仟叁佰元。郭念友壹万叁仟叁佰元。庄春勇壹万叁仟元。陈妙兴壹万叁仟元。杨爱香壹万贰仟元。朱秀琼壹万贰仟元。何瑞官壹万贰仟元。陈香金壹万贰仟元。郁苏萍壹万壹仟元。林云平壹万壹仟元。吴自东壹万零捌佰元。

奉缘壹万元信士芳名：

俞细货、俞裕明、杨爱香、何本珠、何文泰、陈家华、陈斯发、陈存明、陈松利、陈良裕、陈康、陈能依、陈军、陈峰、陈小佳、陈国强、陈小平、陈云芳、陈金灼、谢建忠、池开安、林云平、林天官、林金狮、林付斌、林平、林振声、林宗东、林明、林斯兰、林新、方昌义、郑义乐、郑述榕、任恢惠、韩国智、李金平、李妙玉、李云锋、王云、王美华、王国珠、王命玉、赵淑莺、熊云飞、卓武、倪章益、张浩栋、朱秀玲、翁祖强、翁祖淋、潘爱娟、蔡行专、严桂林、薛理强、薛来何、李业坦、陈梅琼。

奉缘柒仟元至捌仟元信士芳名：

明泰游船、叶武、何敬祥、林传乐、江典星、朱多玲。

奉缘伍仟元至陆仟元芳名：

郑时寿、林金祥、柯金国、谢立慧、吴苏阳、林爱云、林业宝、郑航、薛尾平、薛命盛、陈峰、陈木春、陈群宾、陈孔容、陈燕芳、陈学利、高存财、林忠、林显鸿、林森、林萤、林顺发。

二〇〇九年十一月(己丑年)。第六排58块碑。

奉缘肆仟元至伍仟元信士芳名：

林银恩、林祥、林术华、林泉清、林清和、林巧梅、林万钻、林斯法、林斌、林绍长、林智长、林木松、王为民、吴孝忠、魏孝栋、魏云兴、施全福、吴振龙、余孔章、邱童伟、曾穆华、于建军、李祖富、李诚棋、李振、郑祯文、郑本總、郑德亮、郑时才、凌钦、黄开林、黄文龙、张怀财、张定惠、卓剑威、林锦平、刘文忠、唐学友、徐婧辉、叶在盛、王雅云、郑小俤、王为茂、谢立锋、林宜劲、江瑞华。

奉缘叁仟元至肆仟以下信士芳名：

王钦玉、郑辉、潘爱用、潘爱民、潘爱亮、董敏云、郑淑武、郑玉珠、郑廷钟、郑国清、郑清华、翁其荣、陈水华、陈香平、陈新萍、陈思钦、陈国春、林圣杰、陈家州、余乃龙、余美松、林必琳、林玉发、林明宏、林春、林烈强、薛希瑞、薛凤琴、吴羽杉、吴爱莲、吴建立、吴国营、吴斌、王命金、王崧、王丽平、王坤官、李强、李心水、李康镇、林宗杰、高子星、高杨卿、刘宏信、郭联财、倪章益、林明俊、钟仁贵、叶美珠、张朝辉、张群、方云华、杨景华、何宗云、俞华、何宗宇、王叶沁、何本珠、王玉华、陈国贞、陈友厚、蔡仁天、杜榕青、邹连坡、卓天祥、黄桂兰、陈顺金、王丽玲、王雅云、王惠安、李克钦、庄建和、李学坦。

奉缘贰仟元以上至叁仟元以下信士芳名：

翁天华、林文捐、林长桂、董明辉、林发、赵源、余幼珠、严宝康、林龙响。

奉缘贰仟元芳名：

黄钧伟、黄建平、黄金全、黄卿根、李积国、李赛花、李雄、李钦如。

二〇〇九年十一月(己丑年)。第六排59块碑。

奉缘贰仟元信士芳名：

李世德、李登仁、李勤木、李芳、陈金柱、陈必勇、陈永秀、陈莹华、陈乃朝、陈欲兴、陈祥荣、陈哲村、陈标、陈亲来、陈其发、陈星滔、陈木花、陈钦芳、陈坤官、陈宜晶、陈颖、陈本琛、陈东文、陈财官、陈玉英、陈雄、陈航、陈道国、陈敏、陈强、陈桂光、魏平、魏孝瑞、庄强、林桂、林春、林大玉、林曦、林红妹、林顺发、林志炜、林宜国、林水钦、林世青、林庆忠、林盛梅、林瑞俊、林今城、林谦、林锦云、林锦、林玉明、林水木、林松光、林云华、林师官、林绍发、林志荣、林建成、林云强、林华钦、林燕贞、林茂、林金、林玉清、王凯炬、王春龙、王长善、王国标、王微华、王训泉、王命炎、王国辉、王玉芝、王孟星、王钦铃、王明生、王娟、王华珠、王桂云、雷世平、何美朝、何城坤、何梅清、何小琼、何建、钟宜俤、钟育辉、薛学钦、薛立耀、薛玮、刘世响、刘德明、刘义李、刘德纯、刘代建、刘美进、刘孟清、张英妹、张水仙、张中、张锦秀、张定汉、张秀开、江松峰、卢贤坤、杨何、杨其钦、杨修爱、杨灵燕、郭兆雄、郭国铨、郭海平、吴翊良、吴利坤、吴华银、吴丽芳、梁瑞勇、马秋华、邓祥利、郑云平、郑寿书、郑美雄、郑翠萍、郑镕、潘国郎、潘大钟、潘林、叶仁航、叶龙强、叶珠平、周茂平、周可君、余桂英、邱武钦、邱卫东、邱丽娇、滕亚岚、游遵文、蔡文清、鲍文婷、康承豪、严宝键、俞永忠、曹立喜、柯平、倪朝峰、赵小红、翁丽铃、方良贵、戴艳、谢财华、林正华、吴秉荣、郑捷、陈秀华、通达六八六轮船、连江启明中学。

二〇〇九年十一月（己丑年）。第六排60块碑。

奉缘壹仟元以上至贰仟元以下信士芳名：

林尚善、陈文辉、张敦雄、王强红、林喜龙、林我标、郑国生、方金凤、江德顺、潘炳光、王秋丰、陈占祥、陈雪玉、陈家豪、陈国强、王为荣、薛从宝、朱元木、黄国善、林锦峰、郑爱国、郑俤、陈清雄、林盛平、林锋、李道强、高杨学、陈守明、陈振官、林国贵、林容、陈金立、王美芳、刘财旺、刘金来、林庆全、林秀风、林木和、林忠、杨忠明、曾兆泉、陈尚宠、赵淑宝、李振传、李全钦、詹增英、李振和、李阿强、李增南、李善魁、李华、李银、李峰、李永辉、李宝发、李忠、李桂璋、李萌、李英玉、李在武、李阿俤、李钦、王梅、李道和、李磊、李振、李庚、李日满、李明、李金平、李振光、李秀如、李强、李道明、李振柱、李学坦、丁明昌、丁祥猛、丁祖魁、王志良、王英俤、王长明、王龙、王碧华、王文华、王增辉、王天珠、王学棋、王忠良、王旭钟、王文明、王征龙、王依媄、王为朝、王建红、王传祥、王国珠、王民强、王玉成、王飞琴、王长德、王玉珠、陈晓玲、陈行武、陈信贵、陈信安、陈存官、陈圣辉、陈代英、陈建清、陈强、陈华强、陈永城、陈秀美、陈绍春、陈人耀、陈建钦、陈福理、陈吉平、陈祥基、陈雄、陈学斌、陈水炎、陈秀玉、陈群力、陈保院、陈国清、陈同德、陈道瑞、陈其忠、陈行、陈祖家、陈文钦、陈辉文、陈千尧、陈学财。

二〇〇九年十一月（己丑年）。第六排61块碑。

奉缘壹仟元信士芳名：

陈书建、陈贤玉、陈云芳、陈再樵、陈标、陈春佑、陈敏云、陈祥勇、陈振祥、陈家灯、陈国应、陈宝顺、陈宋斌、陈兆斌、陈泷、陈学财、陈贵钦、陈亚青、陈兆峰、陈礼松、陈梅华、陈振奎、陈建俤、陈宜燕、陈灿、陈文革、陈

泽炜、陈谋钦、陈秀珠、陈丹丹、陈民强、陈晓玲、陈建荣、陈炳福、陈航、陈纪强、陈人金、陈凤官、陈汝珍、陈善响、陈茂贵、陈超、陈坚、陈瑜、陈瑶、林凤娟、林国平、林微女、林宜炎、林长福、林庆法、林诚坤、林哲生、林育林、林东、林清英、林连华、林木伙、林久滢、林怡团、林瑞斌、林兴华、林玉松、林礼明、林春、林显立、林飞凤、林建锋、林和平、林建栋、林锦良、林邦斌、林贻凯、林清华、林祥、林宜强、林宏辉、林玉英、林发明、林正华、林景福、林良官、林金妹、林美俤、林云清、林敏、林志芳、林镇平、林秀燕、林学仕、林义同、林丽玉、林道杰、林巧燕、林贻辉、林真、林晓东、林金莺、林枝尤、林门郎、林清榕、林英明、林春登、林秀慧、林卫光、林群、林碧英、林建栋、林民恩、林民捷、林国态、林云杰、林月华、林金秋、林永强、林清、林松、林盛、林榕、林捷、林丽、林珍、林兴、林彬、林天宇、林峰、林震、林筠、郑珠玉、郑祖团、郑和平、郑建宁、郑声莲、郑强、郑德英、郑爱金、郑玉俤、郑善振、郑品玉、郑振兴、郑国勇、郑祥铸、郑思平、郑玉勇、郑武、郑爱珠、郑麟辉、郑好俤、郑时才、郑瑞风、郑玉明、郑仁西、郑忠贵、郑善婴、郑昂、郑仁杰、郑丽平、郑美涛、郑福明、郑祖涛、郑秋官、郑金銮、薛爱明、林江国利。

二〇〇九年十一月(己丑年)。第六排62块碑。

奉缘壹仟元信士芳名：

薛命庄、薛晨华、方财喜、方贤云、方中祥、杨建清、杨修屏、杨图强、杨登官、杨鸿谋、杨方乐、方勇、杨凤平、杨图富、薛清英、薛家兴、薛理宁、肖尚官、欧忠强、何凤琴、何心文、杨晖、何文登、何文金、何文训、何德耀、何本朱、何进雄、何瑜、何超、何钦、何文禄、何明、何晨、何挺、周廷仕、周宏建、周可龙、周传发、周宏霖、周位彬、周长善、周峰、周玉瑞、周凯峰、周章棋、周凯、周银、张永斌、张秀开、张旗营、张凯清、张颖、张喜官、张宝美、张航玲、张君华、张健先、张凤龙、张铭辉、张建明、张旺妹、张兰英、张定汉、施友森、施玉清、施修林、施孟峰、施祖强、施宏贵、刘秉捷、刘明强、张月华、刘明院、刘义钦、刘克育、刘娇容、刘惠明、刘建忠、刘小明、刘妹仙、刘增龙、刘美玲、刘玉燕、刘光祥、刘明强、刘君洁、刘园俤、邵振强、邹良安、何建明、柯国乾、柯加忠、黄其清、黄丽宝、黄霖飞、黄祖发、黄纲吉、黄以华、黄惠萍、黄建茂、黄永辉、黄义龙、黄宏达、黄东明、黄柳婷、翁建雄、翁祖英、翁玉燕、翁光镜、翁振锋、翁景德、翁玉泳、翁瑞英、翁建、翁振发、翁文发、谢财利、郭成宝、郭玲清、江爱源、江敬登、江文辉、江乃仁、江训明、江典秀、卓光华、卓杏生、卓桂生、高春钿、高爱强、高淑金、高国水、高子元、高剑飞、高锦飞、高杨龙、高杨学、高方杰、余幼珠、余建兴、余宝平、余秀明、钟前林、钟福平、钟玉英、朱继成、朱建国、朱克惠、朱建福、朱凌君、曹明忠、严建容、严金来、严俊国、严成顺、严尊、吴传辉、吴炎生、吴春平、吴前杰、吴官乐、吴斌淋、吴文庄、吴天官。

二〇〇九年十一月（己丑年）。第六排63块碑。

奉缘壹仟元信士芳名：

吴少聪、吴建辉、吴华震、吴勇、倪春、倪杉、倪清、倪斌、倪容、倪政凤、曾瑜芳、曾照棋、曾而斌、曾华銮、曾晨、卢朱荣、卢红朱、俞水英、俞兆盛、俞吓名、邱恒象、邱海官、邱明、游天寿、游龙广、梁依勇、潘仙兰、潘云龙、沈木辉、商光辉、魏金水、魏小雁、祝宇宁、荀名红、徐秀珍、池依宝、池国爱、韩圣泰、韩祖利、韩宁、锦航兴、念宝杰、彭孝强、欧秋才、傅发明、傅建云、洪雄志、洪本秋、洪恩、桂国妃、纪明好、石圣铁、石国品、蔡传鹏、蔡文平、蔡建平、蔡美英、胡珊珊、胡国威、许夏燕、任云英、佳宝珍、庄武平、蒋永辉、董用官、赖方英、陈宋清、施玮冰、肖美俊、刘振俤、任官平、陈骏、叶建生、郭桂芳、江惠钦、郭起典、曹振明、谢景松、尤晨滨、薛炳麒、高谷富、高谷建、林锋云、林宗霖、余月宋、林明、陈金栋、欧阳学钢、欧阳学章。

二〇〇九年十一月（己丑年）。第六排64块碑。

公元二〇一〇年元月至十二月奉缘信士信士芳名：

奉缘伍万元以上信士芳名：

修建办公楼（香客中心）志记

石竹山道院是供奉何氏九仙君，深受海内外信士敬仰。现有信士慷慨捐资修建香客中心，此功德无量，爰铭碑以志不忘。

捐资者信士芳名如下：

平潭县南海乡北楼村，张珍全、吴美香夫妇领合家捐人民币壹佰万元。

福建嘉园房地产开发有限公司董事长林棋先生捐人民币壹佰万元。

厦门市恒熠纺织有限公司捐美元捌万捌仟贰佰伍拾元。

福清市玉屏街道西门陈克福、陈花芳夫妇捐人民币壹拾万元正。

河南省中岳秀峰房地产集团有限公司王命义（王铭仪）先生捐人民币伍拾万元。

福清市一拂街新世纪商展C座801室陈建安先生捐人民币贰拾万元。

长乐市金峰镇六林大享村信士林程斌先生捐人民币壹拾伍万元。

平潭县岚城乡中南村六楼自然村信士张遵辉先生，长乐市玉田镇桃源村信士郑江华先生共同捐人民叁拾玖万元。

平潭县流水镇新湖村草楼16号信士李宾国先生捐人民币贰拾叁万叁仟元。

二〇一〇年十二月（庚寅年）铭碑在香客中心一层。

福建省南少林药业有限公司信士钟厚泰先生，乐善好施，为石竹山道院紫云仙洞重新拓建，慷慨解囊，捐资人民币壹拾贰万元。

二〇一〇年十二月（庚寅年）。铭碑在紫云洞旁边。

福清市龙翔中英文学校董事长，周伟彬先生偕夫人王兰平女士，为石竹山道院建设，慷慨捐资人民币伍拾万元。

二〇一〇年十二月（庚寅年）。铭碑在长廊亭旁边。

福清市港头镇陈库金南村信士，韩国智先生，为石竹山道院建设，乐善好施人民币壹拾万元。

二〇一〇年十二月（庚寅年）。第三排22块碑。

福州市鼓楼区西江滨大道66号融侨锦江B二区二号楼3003室信士，魏伦宝先生，为石竹山道院建设，慷慨捐资人民币壹拾万元。

二〇一〇年十二月（庚寅年）。第四排9块碑。

日本神户市兵库区羽坂通三町目七番三号中国料理店芳仙阁信士，何晓峰先生，为石竹山道院建设。乐善好施人民币陆万元。

二〇一〇年十二月（庚寅年）。第五排49块碑。

河南省中岳秀峰房地产集团有限公司，王命义（王铭仪）先生，为石竹山道院兴建香客中心，慷慨解囊捐资人民币伍拾万元。

二〇一〇年十二月（庚寅年）。第五排50块碑。

香港荃湾万景峰一座21楼C室信士，陈声章先生，为石竹山道院修建，慷慨乐捐人民币壹拾万元。

二〇一〇年十二月（庚寅年）。第五排55块碑。

平潭县禄达远洋渔业有限公司，俞昌禄先生，为石竹山道院建设，慷慨解囊，捐资人民币陆万叁仟伍佰元。

二〇一〇年十二月（庚寅年）。第六排22块碑。

平潭县瑞龙庄门牌111号信士，吴平先生，为石竹山道院建设，乐善好施人民币伍万元。

二〇一〇年十二月（庚寅年）。第六排25块碑。

福清市三山镇坑边村西郭29号信士，翁华银先生、韩瑞英女士，为石竹山道院建设，慷慨捐献人民币壹拾万元。

二〇一〇年十二月（庚寅年）。第六排第30块碑。

福清市龙山街道玉峰村村南224号信士，陈旺兴先生，为石竹山道院建设，乐善好施人民币壹拾万元。

二〇一〇年十二月（庚寅年）。第六排第31块碑。

山东省融辰署业有限公司，陈能豪先生、林钦勇先生、王长珠先生、郑琛先生，为石竹山道院建设，合捐资人民币壹拾万元。

二〇一〇年十二月（庚寅年）。第六排32块碑。

福清市港头镇东光村十五队信士，王吓棋先生、俞宝玉女士，为石竹山道院建设，慷慨捐资人民币壹拾万元。

二〇一〇年十二月（庚寅年）。第六排33块碑。

福清市江镜镇玉桂村信士，郭士根先生，为石竹山道院建设，乐善好施人民币壹拾万元。

二〇一〇年十二月（庚寅年）。第六排34块碑。

平潭香客吴泉先生，为拓建石竹山道院，慷慨解囊，捐资人民币捌万元。

二〇一〇年十二月（庚寅年）。第六排35块碑。

平潭县潭城镇荷花庄207号信士，陈同和、周爱兰夫妇领子陈国强、媳周萍，为石竹山道院建设，慷慨捐资人民币伍万元。

二〇一〇年十二月（庚寅年）。第六排36块碑。

福清市音西街道下洋埔新村信士，叶贻峰先生，为石竹山道院建设，慷慨捐资人民币壹拾万元。

二〇一〇年十二月（庚寅年）。第六排37块碑。

福州市鼓楼区大儒世家卧琥5B1705号信士，朱秀玲女士，为石竹山道院建设，慷慨解囊，捐资人民币壹拾陆万柒仟壹佰。

二〇一〇年十二月（庚寅年）。第六排38块碑。

广东省甲子镇信士，刘建灏先生，为石竹山道院建设，慷慨捐资人民币伍万元。

二〇一〇年十二月（庚寅年）。第六排39块碑。

福清市阳下街道作坊村詹坝自然村13号信士，詹说官先生，为石竹山道院建设，慷慨捐资人民币伍万元。

二〇一〇年十二月（庚寅年）。第六排40块碑。

福清市玉屏街道幸福村北坪小区信士，何华玉女士，为石竹山道院拓建，乐善好施人民币伍万元。

二〇一〇年十二月（庚寅年）。第六排41块碑。

香港恒熠纺织有限公司、厦门市鹭江道280号1001室信士，薛斌先生，为石竹山道院建设，乐善好施人民币伍万元。

二〇一〇年十二月（庚寅年）。第六排42块碑。

福建融大建设工程有限公司信士，周勋善先生，为石竹山道院建设，慷慨解囊，捐资人民币贰拾万元。

二〇一〇年十二月（庚寅年）。第六排43块碑。

福清市龙田镇东营村下楼3号信士，余金发先生、余传明先生、余朱玉女士，为石竹山道院建设，慷慨捐资共人民币壹拾万元。

二〇一〇年十二月（庚寅年）。第六排44块碑。

将乐县万安矿业有限公司信士，郑建榕先生，为石竹山道院建设，慷慨解囊，捐资人民币陆万元。

二〇一〇年十二月（庚寅年）。第六排45块碑。

香港信士，林永彬先生，为石竹山道院建设，乐善好施，慷慨捐资人民币柒万伍仟元。

二〇一〇年十二月（庚寅年）。第六排46块碑。

公元二〇一〇年元月至十二月奉缘信士芳名：

奉缘壹万元以上信士芳名：

薛来何肆万元。黄祖增肆万元。潘爱玉壹万叁仟叁佰元。潘金宝壹万叁仟叁佰元。黄碧忠叁万伍仟捌佰元。杨贤龙叁万元。陈坤仁叁万元。柳兴礼叁万元。何瑞官贰万伍仟捌佰元。郑秀婷贰万元。刘铿铭贰万元。刘福官贰万元。林桂勇贰万元。林国耀贰万元。邹友云贰万元。张浩栋贰万元。游天华贰万元。陈峰壹万肆仟元。余生壹万肆仟元。陈千尧壹万叁仟元。陈金郭壹万叁仟元。林木松壹万贰仟元。邱国新壹万贰仟元。

奉缘壹万元信士芳名：

何敬祥、林健、李品发、何茂乐、林明、倪海光、何希敏、薛板进、倪秉基、何爱华、薛玉清、翁明敬、何星、薛文、翁恩来、张瑞明、吴苏阳、徐日剑、杨贤凤、张善平、吴恭兴、高学安、杨贤祥、张定汉、吴宜良、叶诚杰、陈家华、林君岳、黄兆劲、池开安、陈玉钦、林玉英、黄明盛、谢建忠、陈良兴、林正华、郑龙生、郭琪、陈林晨、林靖雄、郑小青、念宝杰、陈文炳、林礼文、郑爱金、魏明敬、陈宝团、林红玉、郑巧辉、董锦秀、陈贤贻、林云强、王秀珠、梁瑞勇、陈军、林华、李业坦、陈明芳、林祥镜、王国灵、何本朱、何爱英。

二〇一〇年十二月（庚寅年）。第六排47块碑。

奉缘陆仟元至捌仟元信士芳名：

鲍敏云、林守文、王友华、林凯翔、郑赛玉、林自东、林祥、何晓峰、谢立慧、郑国荣、林云强、曹德旺、陈广义、吴修雄、陈龙、吴为光、严宝康、郑惠玉、王金玉、魏孝栋。

奉缘肆仟元至伍仟元信士芳名：

林锦平、陈永江、林忠强、林销、陈智右、王为茂、李礼真、林文、李强、谢立峰、许媚、林烈强、李诚棋、高金钗、刘典莺、林泉清、李增源、郭振铃、倪时杰、林双、何鑫、翁宗光、黄毅、林述华、高子星、何美朝、王命亮、林美玲、张荣、王璐、王小明、陈强、张光勇、罗华、王为平、陈国辉、蔡孝胜、刘文义、郑碧云、陈梅英、郭鼎华、江瑞华、郑时才、陈祖福、俞云彬、郑时寿、郑灼金、陈国春、游礼强、余幼珠、施炳辉、陈木春、魏为国、林友清、薛爱明、陈细媄、余美松、黄建兵、杨宗旺、陈桂凤、欧玉贵、林建文、何兴基、林必淋、陈训国、邱童玲、林明才、林金祥、陈文宝、滕亚岚、林晓恩、林斯法、陈泽乐、林聪、林建升。

二〇一〇年十二月（庚寅年）。第六排48块碑。

奉缘贰仟元至叁仟元信士芳名：

王钦玉、陈炳恩、林水钦、吴翊杉、庄瑞明、潘传雨、陈永杭、林春、李祖富、王碧华、叶伦莺、陈国霖、林桂明、李强、林云平、刘宏信、陈建军、林晓辉、李爱珠、陈锦、刘凤榕、陈新、林雄、王惠金、林壹平、张文何、陈增惠、林斯銮、王命金、陈雪玉、张朝辉、陈茂桐、林金仙、郑章秋、郑玉堂、张国顺、陈敏、林水官、郑妹妹、陈文辉、张国辉、陈振华、林洪清、郑翔、陈明春、薛来峰、陈慈辉、林国风、施恭平、陈必勇、薛希瑞、陈强、林同平、潘林、陈祖凤、薛从宝、翁其荣、林学如、蒋文铸、陈吉平、何伟良、翁雪勇、林意雪、余美松、陈洪、何成同、翁宗光、林芳、方金凤、陈哲村、何华仁、林水兴、林美、方云华、陈木花、何敦发、林统旺、郭家雄、高玉伙、陈其发、陈发达、林诚坤、俞道建、于建军、陈学财、陈香平、林绍润、俞爱玉、赖方英、陈为荣、陈新萍、林鹏、邓小东、石瑞华、陈云霞。

二〇一〇年十二月（庚寅年）。第六排49块碑。

奉缘贰仟元信士芳名：

陈飞霖、陈祥华、魏明春、林孟准、林学铿、陈纲举、陈信福、林绍鹤、林今城、林茂强、陈渠、陈瑶、林春、林建玉、林瑞玉、陈坤官、王玉华、林妹妹、林玉云、林彩霞、陈祥盛、陈瑞琴、林峰、林李挺、林松正、陈赛仙、陈金柱、林兵、林崎峰、薛学钦、陈小鸽、陈章金、林庆全、林同茂、薛凤琴、陈榕青、陈永秀、林美俤、林瑜、薛立耀、陈桂善、陈照斌、林世清、林谦、薛学宁、陈建雄、王凯炬、林瑞坡、林风华、周善成、陈成、王泽文、林宜国、林玉发、周安平、陈庆林、王命增、林玉清、林华情、周茂平、林忠、王天珠、林木和、林利官、周为江、陈玉金、王长金、林彬水、林美、张平玲、陈细妹、王美仙、林晓东、林秀云、张灿远、陈克清、王述强、林显立、林金玉、张吓贵、陈起雄、王命森、林国城、林珠霞、张鼎祥、陈为康、王月英、林存官、林俤俤、张建、陈珠钦、姚恭善、林勇、林世龙、张丽华。

二〇一〇年十二月（庚寅年）。第六排50块碑。

奉缘贰仟元信士芳名：

张树沂、吴华震、杨天金、施中、张亦德、吴宜良、杨图余、潘富乐、谢和兴、吴云洲、杨运武、方金凤、谢瑞熊、吴建林、肖美佳、洪碧珠、谢贤昇、吴承平、黄宝章、郑文、李振泰、黄书洪、郑巧芳、李新兰、池莺俤、谢财华、郑

朱玉、李秋英、邓祥利、黄国善、郑忠良、李凌、余建忠、林木金、郑振兴、李巍、翁祖光、林金溪、郑声平、侯德建、翁瑞英、陈克河、郑云平、郭瑞光、肖乐平、刘明星、何龙琼、肖丽仙、郑晓恩、梁瑞勇、高明、陈美官、刘志宏、郭振闯、黄启容、刘美琴、郭恒斌、黄孝瑞、刘宏信、郭平妹、黄季斌、刘美芳、严延芳、鲍云妹、卢贤坤、杨融岚、许长植、林宝忠、连江县启明中学、恒杰塑业新材料有限公司。

奉缘壹仟元以上至壹仟伍佰元以下信士芳名：

王升科、曾而斌、刘明院、任芳、郑锦彩、毛祚鸿、谢利琴、王宗贵、刘国清、李善榕、黄明坚、陈金玉、林雅平、刘宝兴、林性庄、黄福官、林忠、郑春福、陈碧云、潘良珍、陈乐官、郑玉响、陈尚宠、蒋锦栋、陈美华、何学明。

二〇一〇年十二月（庚寅年）。第六排51块碑。

奉缘壹仟元以上至壹仟伍佰元以下信士芳名：

张伙俤、高杨学、陈齐新、陈惠龙、陈本泰、陈本楹、翁旭、郑远、林松正、周义雄、陈美珍、陈玮、陈遵珠、陈克仁、翁祖英、郑文、林雄、陈国贞、陈人耀、陈可淋、陈再樵、陈凤官、翁程财、郑明金、李振柱、翁宝琳、陈书福、陈礼松、陈利春、陈瀚燊、翁晓鑫、郑天福、陈学新、孙建敏、陈华强、陈秀玉、陈云清、陈祥康、翁小娟、郑建芳、陈灿珠、陈振官、陈其忠、陈仁瑞、陈顺标、陈强、翁文发、郑齐武、吴金堂、何香振、陈人斌、陈天赐、陈行武、陈建峰、翁松、郑声耀、郑子光、施祖月、陈存官、陈辉文、陈依元、陈伟、郑齐兴、郑国锋、蔡美英、陈永勇、陈祥辉、陈能贵、陈礼松、陈日华、郑用学、郑美钿、刘进利、赖金强、陈美玉、陈依忠、陈峰、陈齐姜、郑声龙、郑榕生、刘华、庄连和、陈香情、陈美娇、陈兆珍、陈芳、郑祖团、郑本国、杨祖俭、林道强、周宏明、李爱明、林彩平、林长枝、郑俤、江金平。

奉缘壹仟元信士芳名：

陈学斌、陈毅、陈宗斌、陈绍金、郑德成、郑金宝、陈建清、陈群力、陈汝金、陈雄、陈仁、陈小芳、郑建宁、郑凯莉、陈家群、陈凤娟、陈行、陈美珠、陈珠、陈婴妹、郑忠燕、郑梅英、陈桂树、陈辉、陈祥基、陈贵、陈冬竹、陈振奎、郑于捷、郑瑞凤、陈兵德、陈惠玉、陈桂官、陈颖、陈美华、陈丹丹、郑德亮、郑辉、陈燊、陈宁、陈国清、陈玉国、陈和平、陈梅玲、郑勇忠、郑秀钦、陈祥华、陈德明、陈明泰、陈强、陈上经、翁祖兴、郑武、郑雄、陈宋朝 、陈章华、陈济松、陈标、陈斌、翁瑞英、郑义明、郑秀芳。

二〇一〇年十二月（庚寅年）。第六排52块碑。

奉缘壹仟元信士芳名：

郑廷钟、施克祥、王文华、王秀贻、林依恋、林久瀅、林国华、林自奋、林述兴、林飞、郑剑辉、施修林、王坤爱、王丁国、林榕、林新光、林先铿、林成炎、林秋云、林常旺、丁芳灵、施金兰、王建辉、王富生、林清英、林贻松、林朝新、林水源、林静飞、林常耀、丁明昌、施孝宁、王秀珠、王民强、林强、林振力、林福仁、林银乐、林诗通、林伟、丁祥猛、施国桐、王孔信、王为福、林贻贵、林雪梅、林挺、林汉明、林瑞斌、林国峰、吴瑞平、施友斌、王星星、王晨、林东、林良开、林宏辉、林义相、林云钦、林连兵、吴学竹、施德利、王世彪、王美珍、林惠玉、林秀清、林久团、林财官、林满重、林捷、吴华德、钟云英、王千金、王朝源、林文、林玉松、林景福、林国同、林茂、许明灼、吴官乐、钟东风、王建珠、潘枫、林建明、林学建、林香玉、林基团、林江利、许青、吴英杰、钟志汉、王宽琴、潘秀平、林盛、林云、林在金、林华、林畅辉、许平发、吴文庄、钟绍文、王孔恒、潘玉衡、林国平、林玉峰、林凤、林春平、林金琴、何明云、吴良香、王炎明、王明、潘礼瑞、林晃、林升、林兴华、林万金、林星、何吓礼、吴国端、王兆焜、王秋云、严静甫、林金贵、林君太、林修宝、林雪云、林城、何传毅、吴义伟、王志良、王宝杰、严维兴、林桂兴、林孙敏、林顺、林宇、林群、何明华、吴寅、王征雄、王辉、林永棋、林行兴、林庆平、林月娇、林杨勋、林风妹、何心文、吴丽芳、王升、王立华、林华情、林银恩、林连平、林传华、林云平、林正杰、何萍、吴德英、王枝芳、王桂珍、林小琴、林桂华、林建山、林盛平、林智明、林光华、何崇奇、吴佩兰、王远秋、王华钦、林厚云、林宝英、林开华、林启灼、林学彩、林鸿、何超、施永峰、王秀英、王荣华、林孝发、林金响、林官永、林宏盛、林国香、林爱玉、何祥锋。

二〇一〇年十二月（庚寅年）。第六排53块碑。

奉缘壹仟元信士芳名：

何松、张本强、唐芝銮、魏志华、李秋仙、周继敏、方勇、刘挺、薛命霖、何建清、张梦婷、唐英汀、魏建通、李华钧、周宏霖、方中祥、刘锦勇、薛锦、何文登、张国荣、曾振宝、魏英、李柱巧、周廷任、方昇、刘美娇、何名立、张云水、曾昭棋、魏孝在、李强、周凯、方财喜、曹国英、谢美桃、何海、张君荘、曾兆泉、魏成躬、李香珠、周善君、项箴雄、曹祥宝、何文彬、张星登、曾晨、魏昌国、余秀明、周丛德、刘建平、曹达、谢文珠、何克荣、薛小明妹、谢达布行、张祖锦、曾昕、魏由霖、余元干、周长善、刘义妹、曹承清、谢财发、何平、江训明、黄春奇、颜强、蒋金营、周伟龙、刘建、曹本玉、柯加忠、何积国、江敬登、黄友清、李燕方、蒋必赋、周国平、刘秉捷、曹以城、柯世安、何世凤、江文静、黄学文、李积国、蒋祥官、周玉端、刘德诚、韩美珠、程晓龙、徐敦建、江燕鼎、黄建茂、李华、蒋学魁、周瑞玉、刘书祥、韩圣泰、高国水、郭华云、江炳海、黄灯、李善奇、肖兴龙、周华、刘文忠、韩立光、高玉林、郭成宏、江文辉、黄章学、李银、肖益兴、周凯峰、刘小明、韩圣竹、高耀明、郭董、江燕华、黄惠金、李双俤、肖元光、姜良盛、刘惠明、倪斌、高星亮、郭起钰、江国华、黄和明、李永辉、肖玉兰、任兴强、刘佃佃、倪周部、高剑飞、张永斌、赵志坚、黄建平、李乐乐、董诗平、任官平、刘淑贞、游建明、高祥清、张增荣、赵世勇、黄永辉、李海洪、董华、任祖火、刘雪云、游泉云、梁金旺、张月辉、赵林榕、黄雄、李济云、董文、方吓水、刘依淑、薛爱明、蔡金铸、张健、赵小春、黄少杰、李敏干、周峰、方子良、刘德云、薛红英、蔡行航。

二〇一〇年十二月（庚寅年）。第六排54块碑。

奉缘外币信士芳名：

余秀明、何荣合捐壹拾万港元。蒋金营、何晓峰合捐陆拾万日元。蒋必赋、高谷健合捐贰拾肆万日元。余元干、陈金郭合捐壹仟欧元。杨添俤、卢炎金、林斌合捐叁仟美元。蒋祥官、林梅玉合捐壹拾万日元。李香珠、林明合捐叁仟港元。杨毅、叶发灯、肖美桂合捐贰仟美元。杨美英、叶美珠、林伟荣合捐壹仟美元。杨广顶、樊金宝、候伟慈合捐壹仟美元。杨瑞英、连依顺、郑于忠合捐壹仟美元。杨修茂、官鲁建、郑美涛合捐壹仟美元。杨凤平、孙华钦、任晓辉合捐壹仟美元。蒋学魁、高谷富合捐捌万日元。凌梅娇、孙为文、曹振明合捐壹仟美元。肖兴龙、林月英合捐叁万日元。庄武平、孙为夏、张荣辉合捐壹仟美国元。肖益兴、林青合捐贰万日元。庄建兴、俞品、倪彩合捐壹仟美元。肖元光、庄标、余志伟、陈稻玲合捐伍佰美元。肖玉兰、朱明、俞忠义、林飞合捐伍佰美元。董诗平、朱建国、鲍金利、张宁合捐叁佰美元。董华、朱克惠、鲍木财、张秀琴合捐叁佰美元。董文、朱建福、齐白荣、倪周忠合捐叁佰美元。

奉缘美元贰佰元信士芳名：

蔡明清、朱建平、念保名、邱童伟、李秋仙、郭锦辉、杨耀华、冯忠钿、吕世华、雷旺华、李华钧、任琳、杨小强、冯刚、章振标、石志端、李柱巧、洪本明、杨鸿鉥、卢如彬、李强、周峰、沈运业、福星食品公司。

二〇一〇年十二月（庚寅年）。第六排55块碑。

公元二〇一一年元月至十二月奉缘信士芳名：

奉缘伍万元以上信士芳名：

平潭县潭城镇盛林庄九一六环岛旁、平潭海峡大酒店信士，薛财斌先生，为石竹山道院建设，乐善好施人民币陆万伍仟元。

二〇一一年十二月（辛卯年）。第七排9块碑。

福清市龙田镇信士，何荣为石竹山道院建设，乐善好施港元壹拾万元。

二〇一一年十二月（辛卯年）。第七排11块碑。

平潭县苏澳镇五一村康安信士，吴翊强先生，为石竹山道院建设，慷慨捐资人民币伍万元。

二〇一一年十二月（辛卯年）。第七排15块碑。

湖南省湘乡市望春门状元坊47号信士，李林森先生，为石竹山道院建设，慷慨捐资人民币伍万元。

二〇一一年十二月（辛卯年）。第七排17块碑。

福清市音西街道融西路66号信士，林钦先生，为石竹山道院建设，乐善好施

人民币伍万元。

二〇一一年十二月（辛卯年）。第七排18块碑。

福清市宏路街道宏路村洋中厝12号信士，黄书康先生，为石竹山道院建设，奉缘人民币伍万元。

二〇一一年十二月（辛卯年）。第七排19块碑。

福州市五一北路中建新村二号楼302室信士，林珠英女士，为石竹山道院建设，慷慨捐资人民币陆万元。

二〇一一年十二月（辛卯年）。第七排20块碑。

广州市天河天科路一号天翔花园人颐居201室信士，翁华银先生、韩瑞英女士，为石竹山道院建设，慷慨捐资人民币柒万元。

二〇一一年十二月（辛卯年）。第七排21块碑。

三明市将乐县矿业有限公司，郑建榕、林文斌先生，为石竹山道院建设，乐善好施人民币柒万元。

二〇一一年十二月（辛卯年）。第七排22块碑。

福清市港头镇新村南路19号信士，王秀琴女士，为石竹山道院建设，乐捐人民币伍万元。

二〇一一年十二月（辛卯年）。第七排23块碑。

福清市龙田镇玉瑶村翁厝43号信士，翁建法先生、陈月云女士，为石竹山道院建设，慷慨捐资人民币壹拾万元。

二〇一一年十二月（辛卯年）。第七排24块碑。

福州市晋安区大名城15号1101室信士，李晓光、郑铿烽先生，为石竹山道院建设，乐善好施人民币伍万元。

二〇一一年十二月（辛卯年）。第七排25块碑。

福清市海口镇北店村233号信士，林清玉先生，为石竹山道院建设，慷慨捐资人民币伍万元。

二〇一一年十二月（辛卯年）。第七排26块碑。

福州市马尾区亭江镇西边村信士，王孔雄、郑依镁夫妇，为石竹山道院建设，乐善好施人民币伍万元。

二〇一一年十二月（辛卯年）。第七排27块碑。

福清市城头镇梁厝村信士，梁瑞勇先生，为石竹山道院建设，慷慨捐资人民币伍万贰仟元。

二〇一一年十二月（辛卯年）。第七排28块碑。

山西省仁德信房地产开发有限公司、祖籍福清市龙田镇龙前路395号信士，何、萍先生，为石竹山道院建设，慷慨捐资人民币壹拾万元。

二〇一一年十二月（辛卯年）。第七排29块碑。

南平市丽景水岸水南街480号D座2502室信士，林章磊、朱秀琼夫妇，为石竹山道院建设，乐善好施人民币陆万贰仟陆佰元。

二〇一一年十二月（辛卯年）。第七排30块碑。

福州市大儒世家卧珑5B1705单元信士，朱秀玲女士，为石竹山道院建设，乐善好施人民币伍万零伍拾元。

二〇一一年十二月（辛卯年）。第七排31块碑。

福清市高山镇上街174号信士，翁其桂先生领子翁祖发、翁祖安先生，为石竹山道院建设，合家捐资人民币壹拾叁万元。

二〇一一年十二月（辛卯年）。第七排32块碑。

印度尼西亚三宝龙华联钢铁三星塑料厂信士，吴孝忠先生领子吴章诚、吴章刚、吴章良，为石竹山道院建设，合家捐资人民币伍万元。

二〇一一年十二月（辛卯年）。第七排33块碑。

重庆市融恒置业有限公司股东信士，林增官、俞章金、黄顺卫、张洪飞先生，为石竹山道院建设，乐善好施人民币贰拾万元。

二〇一一年十二月（辛卯年）。第七排34块碑。

印度尼西亚三宝龙，侨贤陈自钰先生，为石竹山道院灵秀亭重新装修。乐善好施人民币柒万元。

二〇一一年十二月（辛卯年）。第七排35块碑。

福清市音西街道音西村453号信士，董维生先生，为石竹山道院建设，慷慨捐资人民币陆万元。

二〇一一年十二月（辛卯年）。第七排36块碑。

福清市阳下街道作坊村詹坝自然村信士，詹说官先生，为石竹山道院建设，慷慨捐资人民币贰拾万元。

二〇一一年十二月（辛卯年）。第七排37块碑。

福清市龙田镇信士，何荣先生，为石竹山道院建设，慷慨捐资港元壹拾万元。

二〇一一年十二月（辛卯年）。第七排38块碑。

长乐市金峰镇胪东二路弘鑫大厦A座205室信士，郑财杰先生，为石竹山道院建设，慷慨捐资人民币伍万元。

二〇一一年十二月（辛卯年）。第七排39块碑。

福清市音西街道祥辉花园四排五座信士，王赞强先生，为石竹山道院建设，慷慨捐资日元壹佰万元。

二〇一一年十二月（辛卯年）。第七排40块碑。

福清市小北新村屏东路25号信士，何晓峰先生，为石竹山道院建设，乐善好施捐资日元壹佰壹拾壹万元。

二〇一一年十二月（辛卯年）。第七排41块碑。

福清市宏路街道下洋村22号信士，唐才林先生，为石竹山道院建设，乐善好施人民币壹拾万元。

二〇一一年十二月（辛卯年）。第七排42块碑。

长乐市航城街道锦匯三期1号楼1605室信士，陈文慧、黄秀珍夫妇，为石竹山道院建设，乐善好施人民币壹拾万元。

二〇一一年十二月（辛卯年）。第七排43块碑。

福州市台江区茶亭街双福花园六楼802室信士，陈武先生，为石竹山道院建设，慷慨捐资人民币壹拾万元。

二〇一一年十二月（辛卯年）。第七排44块碑。

长乐市金峰镇信士，林顺官先生，为石竹山道院建设，乐善好施人民币伍万。

二〇一一年十二月（辛卯年）。第七排45块碑。

福清市龙田镇赤坑村233号信士，孙宝辉、孙爱平、孙晓忠、林明辉先生，为本道院建设，乐善好施人民币壹拾万零肆仟元。

二〇一一年十二月（辛卯年）。第七排46块碑。

福清市小北新村屏东路二十五号信士，何晓峰先生，为石竹山道院建设，慷慨奉献日元壹佰万。

二〇一一年十二月（辛卯年）。第七排47块碑。

福清市音西街道祥辉花园四排五座信士，王赞强先生，为石竹山道院建设，乐善好施日元壹佰万。

二〇一一年十二月（辛卯年）。第七排48块碑。

福清市新厝镇棉亭村158号，郭有为先生，为石竹山道院建设，乐善好施人民币伍万元。

二〇一一年十二月（辛卯年）。第七排54块碑。

公元二〇一一年元月至十二月奉缘信士芳名：

奉缘壹万元以上信士芳名：

郑美强肆万元。潘受平叁万叁仟叁佰元。潘传希叁万叁仟元。陈顺强叁万元。薛来何叁万元。周伟彬叁万元。张青叁万元。何瑞官叁万元。何珠叁万仔元。林明利叁万元。林程斌叁万元。林秉团叁万元。林登发贰万元。林丽琼贰万元。林永彬贰万元。林飞贰万元。黄孝瑞贰万元。黄碧忠贰万元。何红平贰万元。俞云强贰万元。陈凤英贰万元。陈亮贰万元。施生清贰万元。董飞贰万元。蒋宝钦壹万叁仟叁佰元。邵振强壹万叁仟元。陈香平壹万叁仟元。李业坦壹万叁仟元。庄小玲、何玉、王梅合捐壹万叁仟元。陈美娜壹万贰仟元。庄小华壹万贰仟元。叶能光壹万壹仟元。陈兴旺壹万壹仟元。郑凯翔壹万壹仟元。吴少玲壹万零叁佰元。

奉缘壹万元信士信士芳名：

何本珠、李礼周、李金平、林莹、林建华、林家香、林后义、林文、林国生、林宗东、林婷、林强、林炜、林启连、林向晖、俞水恩、郑时才、郑振善、郑明、郑坚、陈青、陈国经、陈梅琼、陈国贞、陈莲、陈乃源、陈奎亥、陈友钦、陈传勤、陈章钦、陈金郭、陈秀英、陈文、高哲武、俞华光、余孔斌、杨光勇、池开安、谢建忠、谢贤昇、薛家理、薛理强、薛开洋、倪秉仁、卢建华、郭友庆、张浩栋、李德康、刘仁灯、蔡依秋、何伙云、何义、何传兴、刘国平、王秉恩、魏成炳、卢贤文。

奉缘捌仟元至玖仟元信士信士芳名：

黄建宾、严宝康、王友华、郑善榕、高爱珠、明泰油船、明环油船、明通油船、明瑞油船、明祥油船。

奉缘陆仟元至柒仟元信士芳名：

林必琳、林金祥、魏建通、陈国春、何导辉、黄碧忠、黄绳棋、高诚玉、黄启亮、郑妹妹、邹炎妹、余幼珠、谢立慧、李雪英、郑传福、鲍建开、薛雄、林群、王晖、魏孝栋、郭木金、陈忠章。

二〇一一年十二月（辛卯年）。第七排61块碑。

奉缘伍仟元至伍仟伍佰元信士芳名：

陈永传、陈玉印、张桂官、郑时寿、翁瑞英、翁裕兆、林意雪、林木枝、林木松、林仁娇、林宗秀、林梅玉、林雄、林龙祥、林鹏、林显立、林玉松、林木和、林锦平、林祥、林泉清、林阳明、林生明、余美祥、施建文、施祖峰、杨宗旺、杨祖鹰、杨新宇、何锋平、何茂发、何敏、陈能雄、陈杰、陈建其、陈躬云、陈永杭、陈昌慈、陈美娇、陈秀珠、陈曾旺、陈茂游、叶小斌、王天珠、王长焰、王书强、王吉文、王美云、王征、王文勇、王真、徐敦建、柯金国、高国水、刘章斌、刘国兴、郭进贵、薛立耀、薛小林、江国金、施建明、李宝顺、李诚棋、郑娟、郑爱英、张学松、张丽华、罗家安、卢明忠、黄启舜、潘国淦、谢明辉、长丰号冷冻船。

奉缘肆仟元至伍仟元信士芳名：

陈雅英、刘进滔、吴瑞平、张遵耀、张树沂、唐英汀、谢立锋、韩圣春、王玉华、陈素贞、翁曦、高兴、郑义镇、陈明雄、王永国、吴秉英、陈江建。

奉缘叁仟元至叁仟伍佰元信士芳名：

林祥忠、方金凤、林茂、王世美、陈增惠、郑品芳、林来辉、林翠、张伙俤、陈学财、陈斯发、陈华和、陈新萍、陈仁耀、陈洪、陈哲村、陈明潮、陈思坦、陈惠龙、陈云、陈雪春、陈敬、陈善为、陈月平、陈晖、陈发达、翁武飚、翁其荣、李玉珍、李振勋、李元钗、李德富、曾光清、曾美云、林春、林美凤、林诚坤、林传乐、林明、林传宁、林水钦、林烈强、林崇国、林锦云、林建云、林为用、林明越、林枝龙、林建标、林国峰、林仁玉、何美朝、何光荣、杨立新、王为茂、王钦玉、王小清、王子华、王依容、陈德贵、叶武、叶雪娟、叶妹妹、叶雄鹏、谢淑芳、曾爱铭、梁依锦、卓桂亮、施宏贵、高裕、董发官、余乃龙、余

成航、蔡忠其、刘宏信、刘高强。

二〇一一年十二月（辛卯年）。第七排62块碑。

奉缘叁仟元信士芳名：

刘守明、倪水英、李淑英、黄为来、肖乐平、姚恭善、吴雪香、吴艳云、柯文彬、郑平、薛偕平、钟忠义、邱童伟、林 锋、陈秀杰、吴寅、周宏明、福建恒杰塑业新材料有限公司。

奉缘贰仟元以上至贰仟伍佰元信士芳名：

陈丹青、林和荣、韩孝仁、唐芝銮、陈国星、陈文辉、刘明星、林庆法、江华、陈渠、陈美萍、林一顺。

奉缘贰仟元信士芳名：

林桂华、林厚云、林友惠、林程峰、林诗通、林绍鹤、林朝、林秉通、林曦、林黎演、林忠、林春、林文忠、林武、林依媄、林雪云、林庆全、林正雄、林榕霞、林美俤、林世青、林飞、林天然、林宜国、林玉琼、林锦旺、林今城、林如行、林财、林桂勇、林广航、林振康、林瑞英、林唐友、林霞莲、林祥全、林瑞安、林立齐、林文强、林美娇、林锦、林金溪、林飞龙、林孟金、邱童玲、周善君、周秀云、周善成、周祖强、周茂平、周洁、蔡玉玲、蔡木生、蔡明清、孙建敏、郑建宁、郑秀芳、郑用官、郑俤、郑猷秋、郑朱玉、郑昆立、郑文、郑建芳、郑剑华、郑师基、郑明义、张定汉、张永斌、张吓贵、张中、张茂智、张子苏、张遵耀、余秀明、余建忠、陈千尧、陈建龙、陈永秀、陈金柱、陈云芳、陈章华、陈必勇、陈辉、陈一平、陈飞霖、陈吉平、陈木花、陈其忠、陈其发、陈仁、陈人英、陈光灼、陈国霖、陈坤官、陈依针、陈燕玉、陈文茂、陈华明、陈长润、陈丹丹、陈志潮、陈平、陈兴旺、王国珠、王明生、王凯炬、王瑞明、王清南、王荣福、王赛容、王命增、王秀花、王钦义、王华钦、翁彪、翁云英、毛祚鸿、江训明、江秀琴、王玲英、李永辉、李善炳、李赛花、李礼周、吴天官、吴春资、吴振龙、吴华振、吴小英、吴振光、吴丽芳、吴忠莺、吴承德、叶仁航、叶桐和、何敦发、何明华、何善华、何吓金、何德云、何伟良、何名立、何燕燕、何敬祥。

二〇一一年十二月（辛卯年）。第七排63块碑。

奉缘贰仟元信士芳名：

何雪钦、何文英、何传铭、何密英、何国华、何美朝、陈明春、薛西瑞、薛学钦、薛立光、薛从宝、薛依珠、薛贻栋、薛命茂、兰海虹、郭后璋、郭国铨、郭振铃、郭木金、俞昌禄、俞龙、刘常敏、刘书祥、刘建忠、刘建江、刘贵金、刘腾华、雷世平、方贤云、卢贤坤、傅发明、何桂雄、邓祥利、魏学辉、梁乐勇、潘建锋、潘林、卢建虹、潘雪云、高芳如、高忠彬、曾昭棋、丁玉龙、肖美雄、朱立英、钟育珲、黄心钟、黄晓曦、黄宏达、黄国善、黄惠彬、范光盛、洪书清、洪本秋、夏积雄、唐英书、赵小青、倪必贤、施联耀、施凯、韩美珠、季一鸣、林明霞、刘明院、陈世辉、陈秋、谢财华、黄宗光、陈庸兴、陈绍长、刘孟琴、施书安、连江启明中学、福州市盛钊鑫贸易有限公司。

奉缘壹仟元以上至壹仟伍佰元信士芳名：

郑德英、郑德亮、郑德香、郑见始、李晶、李巧云、李思卓、林强、林金响、林世平、林师宏、林云珠、何文登、卢燕彬、任德平、陈尚宠、陈金松、王为荣、王秋云、王有杰、魏世勇、魏华琴、张国旺、曾而斌、吴光、赵保贵、吴碧珍、李为义、张永健、陈敦鑑、陈宝章、林云福、林和平、林成东、林桂玉、林妹、黄子铭、翁训清、陈美华、李健诚、高新、郭国兴、周祥棋、郑庆云、董美成、林秉师、林长枝、李道强、高杨学、江春旺、方海燕、张丽垚、林华情、陈官祥、王木荣、陈振官、施淡金、刘国强、庄家金、朱康振。

奉缘壹仟元信士芳名：

林吴英、林贤敏、林东、林振、林良光、林学永、林贞鹰、林修文、林福仁、林孝明、林美清、林盛、林国平、林强、林清英、林玉莺、林圣凯。

二〇一一年十二月（辛卯年）。第七排64块碑。

奉缘壹仟元信士芳名：

林宝娟、林飞云、林贤标、林发、林秀芳、林图强、林峰、林玉城、林炳生、林子愉、林丽清、林小玲、林贻松、林义勇、林敏、林庆平、林国利、林长兴、林秀芳、林玉英、林文、林万金、林依交、林德兴、林登官、林盛平、林昌恒、

林榕、林国华、林增炎、林莺清、林斌、林秋华、林性飞、林克惠、林景福、林枝官、林华、林宏盛、林尚善、林祥剑、林修宝、林敦尧、林其忠、林世章、林学义、林万春、林碧英、林新、林光华、林清、林自强、林永强、林先强、林双、林祖兴、林官风、林丹、林旭峰、林命立、林修安、林淑荣、林亨武、林元生、林吓俤、林孔强、林信华、林心贵、林谋惠、林友惠、林友福、林光峰、林升、林长国、林常如、林建平、林润平、林凤、林勇、林其春、林金梅、林善文、林太成、林金顺、林华珍、林美娘、林岥、林永利、林美英、林华钦、林麟、林芳、林文光、林秉清、林星友、林珠英、林文仁、林孝明、林孝发、林清英、陈德明、陈桂树、陈家群、陈建清、陈永康、陈武利、陈学锦、陈群力、陈金华、陈惠玉、陈瑶、陈明、陈华强、陈人斌、陈金平、陈存官、陈诗锦、陈祖凤、陈美玉、陈勇、陈清雄、陈专旺、陈秋生、陈强、陈雄、陈龙、陈航生、陈赛兰、陈国清、陈雪金、陈学彬、陈上泉、陈彩端、陈明泰、陈峰、陈建官、陈桂官、陈辉文、陈惠、陈斌、陈凯华、陈爱忠、陈孔松、陈朝祥、陈秀霞、陈明健、陈碧华、陈金国、陈华洪、陈惠祥、陈恒、陈茂贵、陈国坦、陈起旦、陈航斌、陈书贵、陈韵意、陈香明、陈检、陈财、陈颖、陈进、陈友福、陈水华、陈寿官、陈秀云、陈蓉、陈淑生、陈治良、陈更生、陈秀燕、陈美云、陈渡纬、陈陆纬、陈威、陈永勇、陈秀玉、陈文贵、陈孔应、陈凯杰、陈祥宙、陈浩、陈秀、陈恒威、陈克仁、陈木金、陈长顺、陈德顺、陈齐友、陈秀珠、陈羽、陈宗明、陈美英、陈春福、陈椿、陈芸、任淑珠、任官平、陈台惠、郑力、郑进平、郑德成、郑明敏、郑振兴、郑春福、郑章秋、郑祖团。

二〇一一年十二月（辛卯年）。第七排65块碑。

奉缘壹仟元信士芳名：

郑忠燕、郑日文、郑魁、郑榕华、郑于捷、郑火福、郑兆棋、郑艳超、郑和平、郑德雄、郑钦明、郑祖钊、郑麟辉、郑善梅、郑义明、郑华、郑惠明、郑梅英、郑建宁、郑光玲、郑本庆、郑淑章、郑显杰、郑建珍、郑爱钦、郑振潮、郑新金、郑建国、郑佰文、郑于斌、郑明琴、郑燕云、倪斌、倪帆、倪政仁、郑宝明、丁芳灵、丁明昌、丁玉莲、丁爱钦、丁祥孟、丁祖善、刘文兰、刘宏信、刘涵升、刘义妹、刘惠明、刘宝泉、刘平、刘秀珍、刘小明、刘梅香、刘孟品、刘国宝、刘小文、刘玉珠、刘萍、刘美凤、刘进锦、刘文兴、陆清玉、俞裕茂、俞昌平、俞建德、俞德庚、俞振健、俞兆华、俞瑞英、王志良、王永达、王春光、王碧华、王文华、王世彪、王丹芸、王美珍、王怀珍、王述强、王天珠、王远秋、王天清、王征辉、王杨芳、王玉芝、王庆益、王建群、王龙官、王国珠、王建芳、王品香、王小兰、王和平、王枕帆、王民强、王礼珍、王建平、王雄、王而泉、王娟、王志良、薛爱林、薛杰俤、薛财良、薛理春、薛香玉、薛贞盛、薛由禹、庄强、庄武平、庄建兴、庄瑞标、王德金、郭国平、郭钦、郭建、郭家雄、郭永春、郭成宏、郭锦辉、翁旭、翁友善、翁祖英、翁道云、翁其强、翁玉荣、关建富、黄建茂、黄友清、黄学文、黄忠健、黄福官、黄盛、黄杭、黄章腾、黄启飞、黄爱俤、黄国堂、黄其清、黄以华、翁文兴、翁建平、董志英、董其文、董孝永、翁建辉、池灼金、池金宝、李振泰、李吓强、李善榕、李芳、李群、李华、李银、李通、李典龙、李诗开、李香珠、李济清、李龙平、李弥洪、李和明、李美乐、李金萍、何心建、何心文、何钦、何宏忠、何佰朝、何建清、何文彬、何海、何华龙、何剑、何明、何贤峰、何莉、何祥锋、何文光、庄连和、周宏栋、周延仕、周飞、周宏霖、周慧林、周可龙、周明、周凯峰、周峰、何杰、周华、游建明、游依强、李美干、肖兴龙、肖娇仙、何明琴、高永平、高毅、高华官。

二〇一一年十二月（辛卯年）。第七排66块碑。

奉缘壹仟元信士芳名：

高杨龙、高娟英、高剑飞、高合、高云顺、欧忠强、吴文庄、吴官乐、吴学振、吴忠杰、吴修豪、吴良清、吴良香、吴书光、吴秀清、吴品芸、吴泉能、吴文魁、吴秀莲、高小文、刘依星、候铭惠、徐春华、程晓龙、谢财发、谢章伟、徐福顺、邓小东、张鼎祥、张建、张奋生、张剑雄、张章燕、张章龙、张章良、张建乐、张秀珍、张璠、张君盛、张天秀、张寿强、张宝珠、张玉俤、张财福、张坚云、张鸿、张武、谢和兴、韩圣平、韩圣泰、韩祥勇、韩宁、赵朝仁、赵志坚、高爱建、曾开谈、曾晨、兰祖国、施修林、施金平、施友龙、施木生、施金兰、施莺、施绍南、施恭平、施孟锋、施述康、姜赵斌、梁金旺、梁惠珍、吕开铭、杨樱、杨斌、杨修加、杨亦平、欧阳学科、杨运福、杨金、杨迎新、杨凤平、杨宝清、杨建光、杨庆、杨武、杨荣、杨辉、江敬登、江爱源、江文锦、江振贤、杨融岚、罗学勇、钟绍文、钟初科、钟秉刚、许明官、方勇、方裕金、方金水、方中祥、柳克龙、朱在伟、朱建福、朱建国、朱建平、念莲珠、余宝平、余长和、余振春、曹振明、曹立喜、曹华贞、曹恬、曹依庆、曹衣金、潘飞日、潘建清、潘家兴、潘金宝、伊丽荣、孙平学、孙木康、孙木坤、余乃国、时韶红、严严品、卢丽清、卢如彬、魏成躬、魏星、魏玉英、魏吓珠、蔡海强、蔡道铨、蔡道金、蔡民清、蔡民德、鲍泰华、鲍建成、邹元品、邹丽珍、洪玲娜、洪峰、康建伟、卓冰贞、石玲丹、蒋华实、蒋成勋、叶立淦、姚共、潘建武、卓光华、姚炎明、袁意讽、叶日用、蔡文平、叶明龙。

奉缘外币信士芳名：

王孟华叁仟美元。张子灿贰仟美元。王海文贰仟美元。冯振妥贰仟美元。张元坚壹仟伍佰美元。高珠英壹仟美元。陈其良壹仟美元。曹振明壹仟美元。卢学杰壹仟美元。陈锥伍佰美元。曹玉云伍佰美元。卓桂国伍佰美元。林和容伍佰美元。王经盛伍佰美元。林凤金贰佰美元。郭国兴贰佰美元。杨光顺贰佰美元。高谷辉和贰拾万日元。林娟霞壹拾陆万日元。

二〇一一年十二月（辛卯年）。第七排67块碑。

奉缘外币信士芳名：

高谷建壹拾贰万日元。李锋云壹拾万日元。平岡美惠捐陆万日元。林月英肆万日元。

林品朱叁万日元。李玲云、高谷富、林谋珠、水越英子各捐贰万日元。

二〇一一年十二月（辛卯年）。第七排68块碑。

公元二〇一二年元月至十二月奉缘信士芳名：

奉缘伍万元以上信士芳名：

扩建观音厅前殿：

众信士与观音大士济世之怀颇有默契，欣逢观音厅扩建胜缘，概然乐捐巨资。布施功德凌然不朽，乃立丰碑，永贻诸后。芳名如下：

福建省南少林药业有限公司钟厚泰先生捐人民币捌拾万元。

福清市立西街道清泽花园G楼陈能依先生捐人民币壹佰万元。

福清市宏路街道宏路桥头别墅花园313号陈敬先生捐人民币伍拾万元。

福清市城头镇凤屿村陈祥贵先生慷慨捐资人民币叁拾万元。

福清市上迳镇南湾村七号杨宗旺先生捐人民币贰拾万元。

平潭县流水镇大埕村大厝底自然村丁玉平先生捐人民币贰拾万元。

公元二〇一二年十二月（壬辰年）。铭碑在观音厅前方。

福清市城关信士，何理平先生，为石竹山道院建设，积德善举，捐人民币壹拾伍万元。

二〇一二年十二月（壬辰年）。第三排41块碑。

福州市台江区元洪锦江一期2号楼1603室信士，何旗先生、何锦先生，为观音厅花框贴金，乐善好施人民币壹拾万元。

二〇一二年十二月（壬辰年）。第三排42块碑。

广东省广州市天河区飞天科路天翔花园天颐居201室信士，翁华银先生、韩瑞英女士，为石竹山道院建设，积德乐捐人民币壹拾伍万元。

二〇一二年十二月（壬辰年）。第三排43块碑。

平潭县岚城乡信士，吴章平（吴敏）先生，为石竹山道院建设，乐善好施人民币壹拾万元。

二〇一二年十二月（壬辰年）。第三排44块碑。

平潭县白青乡国彩村531号信士，吴泉先生，为石竹山道院建设，乐善好施人民币壹拾万元。

二〇一二年十二月（壬辰年）。第三排45块碑。

福州市亭江镇西边村新村30号信士，冯振航先生，为石竹山道院建设，乐善好施人民币壹拾万元。

二〇一二年十二月（壬辰年）。第三排46块碑。

福州市晋安区六一北路115号万嘉生鲜超市信士，杨场宝先生、张怀月女士，为石竹山道院建设，乐善好施人民币陆万伍仟元。

二〇一二年十二月（壬辰年）。第三排47块碑。

福清市江镜镇酒店村中富278号信士，何本珠女士，为石竹山道院建设，乐善好施人民币陆万叁仟伍佰元。

二〇一二年十二月（壬辰年）。第三排48块碑。

福州市鼓楼区大儒世家卧号5B1705单元信士，朱秀玲女士，为石竹山道院建设，慷慨乐捐人民币伍万柒仟陆佰元。

二〇一二年十二月（壬辰年）。第三排49块碑。

贵州省六盘水旗盛煤焦化有限公司信士，潘受平先生，为石竹山道院建设，乐善好施人民币陆万元。

二〇一二年十二月（壬辰年）。第三排50块碑。

福州市台江区工业路庭芳苑17号楼506室信士，林正雄先生，为石竹山道院建设，慷慨乐善好施人民币伍万元。

二〇一二年十二月（壬辰年）。第三排51块碑。

平潭县城关镇海锦嘉园9号楼703室信士，施建华先生，为石竹山道院建设，乐善好施人民币伍万元。

二〇一二年十二月（壬辰年）。第三排52块碑。

福清市海口镇牛宅村142号信士，林海华先生，为石竹山道院建设，慷慨乐捐人民币伍万元。

二〇一二年十二月（壬辰年）。第三排53块碑。

福清市东门北路环球别墅6室信士，翁铭源先生，为石竹山道院建设，乐捐人民币伍万元。

二〇一二年十二月（壬辰年）。第三排54块碑。

香港信士，林永彬先生，为石竹山道院建设，善举乐捐人民币壹拾万元。

二〇一二年十二月（壬辰年）。第三排55块碑。

福清市镜洋镇镜洋村北张212号信士，江则彬先生，为石竹山道院建设，慷慨捐资人民币壹拾万元。

二〇一二年十一月（壬辰年）。第三排56块碑。

平潭县流水镇信士，林勇仁先生、陈绍金先生、林德明先生，为石竹山道院建设，乐善好施人民币陲万元。

二〇一二年十二月（壬辰年）。第三排57块碑。

上海市信士，王强先生偕夫人徐桂香女士，为石竹山道院建设，乐善好施人民币伍万元。

二〇一二年十二月（壬辰年）。第三排58块碑。

福建省龙海市东山村12组159号信士，吴元福先生，为石竹山道院建设，慷慨乐施人民币伍万元。

二〇一二年十二月（壬辰年）。第三排59块碑。

福清市龙山街道玉峰村南87号信士，陈佑峰先生、王英女士，为石竹山道院建设，乐善好施人民币伍万元。

二〇一二年十一月（壬辰年）。第三排60块碑。

平潭县城关镇瑞龙庄111号信士，吴平先生，为石竹山道院建设，乐善好施人民币伍万元。

二〇一二年十一月（壬辰年）。第六排56块碑。

福清市城关镇福中花园A一5信士，林锦先生，为石竹山道院建设，乐善好施人民币伍万元。

二〇一二年十一月（壬辰年）。第六排第57块碑。

山西省宏能投资有限公司，董事长何荣先生，为石竹山道院举办第三届梦文化节，乐善好施人民币壹佰万元。

二〇一二年十一月（壬辰年）。第七排第49块碑。

福州市马尾区亭江镇长安村浦里埕七号信士，林欣先生，还愿答谢何氏九仙君，乐施人民币壹拾万元。

二〇一二年十二月（壬辰年）。第七排50块碑。

福州市马尾区亭江镇长安村浦里埕七号信士，林陈美雅女士，还愿答谢何氏九仙君，乐施人民币陆万元。

二〇一二年十二月（壬辰年）。第七排51块碑。

福清市凯景集团慈善基金，为石竹山道院举办第三届梦文化节，慷慨捐资人民币壹佰万元。

二〇一二年十二月（壬辰年）。第七排52块碑。

福建省美俩儿学校，为石竹山道院举办第三届梦文化节，慷慨捐资人民币伍万元。

二〇一二年十二月（壬辰年）。第七排53块碑。

长乐市潭头港旅美纽约，仙君分炉殿弟子，陈碧玉携子刘进光、刘进辉、刘进煌、女儿刘淑莺，为石竹山道院建设，合家乐捐人民币捌万元。

二〇一二年十二月（壬辰年）。第七排56块碑。

印度尼西亚泗水市信士，吴金强先生、陈宝梅女士，为石竹山道院建设，乐善好施人民币壹拾万元。

二〇一二年十二月（壬辰年）。第七排57块碑。

福清市玉屏街道玉斗园19号信士，陈强先生，为石竹山道院建设，乐善好施人民币陆万元。

二〇一二年十二月（壬辰年）。第七排58块碑。

美国纽约市信士，黄宏标、刘淑娟、黄河、黄霖，为石竹山道院建设，乐施美元壹万元正。

二〇一二年十二月（壬辰年）。第七排59块碑。

平潭县南海乡陈厝村岑兜3号信士，林谋坚先生、陈圣雄先生、林雄先生、李振忠先生，为石竹山道院建设，慷慨捐资人民币伍万元。

二〇一二年十二月（壬辰年）。第七排60块碑。

公元二〇一二年元月至十二月奉缘信士芳名：

奉缘壹万元以上信士芳名：

林云平、林芝羽合捐肆万元。王小农肆万贰仟捌佰元。陈建辉叁万捌仟元。林春平叁万叁仟元。陈凯华叁万元。陈给金叁万元。郑良官叁万元。薛理和叁万元。林衡、曹琛森合捐叁万元。俞兆品贰万贰仟元。高存财贰万元。黄孝瑞贰万元。赖方英贰万元。卢贤坤贰万元。俞裕华贰万元。施友福贰万元。施文玉贰万元。施艳艳贰万元。张明忠贰万元。陈纪鹏贰万元。陈振春贰万元。王世均贰万元。林传寿贰万元。林振声贰万元。何晓峰贰万元。文莉贰万元。俞吓名壹万陆仟元。林春壹万伍仟元。陈武装壹万肆仟元。陈文美壹万叁仟叁佰元。陈香平壹万叁仟元。陈明春壹万叁仟元。何敏、吴起玲合捐壹万贰仟陆佰元。陈碧忠壹万贰仟壹佰元。林锋壹万贰仟元。李业坦壹万贰仟元。翁祖光壹万贰仟元。郑凯翔壹万贰仟元。李晓光壹万壹仟元。

奉缘壹万元信士芳名：

吴苏阳、郑凯玲、陈义铿、陈爱玲、陈国经、陈文、陈武、陈斌、陈云芳、陈乃雄、陈汶国、陈良芳、陈永杭、陈兴顺、陈君、陈文恩、陈本泰、陈凌曦、陈文炳、陈美玲、陈正和、陈三明、陈友齐、陈瑞佺、陈金郭、俞大金、俞达新、俞兆明、刘钦、刘明清、郑时才、郑昌盛、郑德钦、郑彩媚、郑峰、郑平、郑星、郑兆通、余香玉、余美松、林锦平、林明、林城、林谋平、林新、林明敏、林文、

林瑜、林克文、林炳生、林学锦、林文进、林登强、林良奇、林新建、林波、林照燕、薛文雄、薛野、薛祥宝、薛春玉、薛玉清、谢建忠、谢雪钦、池开安、黄芳玉、叶永福、李建飞、李金平、周而雄、周孙利、周芸玲、何瑞官、何锦心、何金炎、何凤英、高芝魁、王开明、王建盛、王征辉、王小文、杨红、凌其福、吴章茂、吴建辉、张浩栋、魏平、翁其荣、方晓峰、江声春、施腾、魏建通。

二〇一二年十二月（壬辰年）。第三排65块碑。

奉缘捌仟元至玖仟元信士芳名：

黄建宾、林密、徐家国、吴自东、王世美、陈宗清、林桂华。

奉缘陆仟元至柒仟元信士芳名：

严宝康、林金祥、曹文彬、陈玉莲、魏兴、王积文、郑铃铃、张孝谋、黄留明、倪秉金、王小青、林衡、林鹏、林寒、林泉清、林同平、谢立惠、谢立锋、张鼎祥、张于朝、柯俊敏、柯金国、李紫琼、游天华、魏孝栋、郑文、董华、刘宏信、陈建福、陈能松、江瑞华、郑妹妹、黄国浩、台湾省泰山天招堂。

奉缘肆仟元以上至伍仟元信士芳名：

徐永生、翁其荣、翁明太、陈国霖、陈珠明、陈洪、陈秀珍、陈小明、陈祥云、陈爱明、陈胜、陈力、林瑞光、林兰、林必琳、林木松、林依勇、林显立、林祥、林巧梅、林木和、林玉松、林烈强、林琴、林莹、林传忠、林国生、林一奇、林平、吴怡静、吴学彬、吴忠俤、郑时寿、郑昌标、郑爱金、何清宋、何善强、何希仁、何云、黄文龙、黄静、黄仁枝、郭云、郭金贵、郭小凤、薛立耀、薛克强、王玲英、刘章斌、张纬平、张俊娥、张秀开、张妹、张康雄、张双妹、刘丽月、雷旺华、梁乐金、严章平、严尊、曾照棋、刘祥林、刘明亮、何飞、余木宋、叶明龙、叶伦莺、袁永莲、倪时国、杨财旺、董家敦、施雅瑞、李诚棋、李礼周、李强、董云燕、周宏明、林鹰、蔡振煜、任官平、王为茂、林强、林金妹、郭国铨、陈梅琼、陈涵德、倪秀明、洪书清、游琳、林品英、郑春财、谢财华、郑金兰、陈学财、林信保、长乐市益和磨具石材贸易有限公司、福州市盛钊鑫贸易有限公司。

二〇一二年十二月（壬辰年）。第三排66块碑。

奉缘叁仟元至叁仟伍佰元信士芳名：

余生、林海杰、林来辉、林文海、林立魁、潘宝光、林华情、林木霞、魏华云、魏学辉、魏家和、王述强、王国珠、王春光、王钦玉、王莉莉、王瑞玉、韩宁、庄强、梁瑞勇、薛守光、薛文波、薛泉明、林国捷、林忠、林诚坤、林能祥、林晖、林强、林求云、林晃、林正华、林燕芳、林金龙、林云贺、林宗华、林明俊、林述月、林朱官、林幼俤、林剑锋、林良官、余美兴、余优珠、余乃龙、俞华、陈周春、陈惠龙、陈彩峰、陈新萍、陈发水、陈勇、陈学英、陈晓东、陈治华、陈建莺、曾光清、何勇、何善和、林水钦、郑清华、郑秀芳、郑俤、郑晶、余孔明、邓祥利、刘心一、刘宏信、刘国兴、黄小青、黄良官、张华英、张朝淦、张文祥、潘林、潘月华、叶妹妹、叶武、念丽英、念鹰、李益华、李富铭、李友云、李振强、方金凤、方玉辉、姚恭善、姚春桂、杨忠、俞道建、江薇、廖水官、高仁强、周书鸿、倪秉炎、齐向荣、滕亚岚、许飞宇、翁月琴、邱尔侦、陈文辉、李在明、郑猷秋、陈苏、陈金柱、林宝娟、王忠良、郑赛玉、陈龙、陈强、福建恒杰塑业新材料有限公司。

奉缘贰仟元至贰仟伍佰元信士芳名：

李善魁、郑义明、余朱玉、刘明院、杨小娟、陈国雄、陈水华、陈千尧、陈颖、陈必勇、陈益平、陈乃朝、陈辉、陈永秀、陈家群、陈荣艾、陈飞霖、陈吉平、陈祖家、陈传奇、陈建钦、陈道德、陈航榕、陈道国、陈其忠、陈玉金、陈丽香、陈坤官、陈以杰、陈永光、陈燕、陈义英、陈美琴、陈厚华、陈邦亮、陈龙、叶仁航、叶小斌、林本勇、林春、林绍鹤、林允惠、林庆全、林强、林水兴、林玉城、林宜国、林聪。

二〇一二年十二月（壬辰年）。第三排67块碑。

奉缘贰仟元信士芳名：

林学如、林今城、林莺清、林建、林真、林立英、林小梅、林谋芳、林明玉、林娟、林莹、林惠明、林香翰、林云、林勇、林泉奇、林孙伟、林飞荣、林民强、林坤清、林祥金、林民荣、林雪云、林依恰、林斯佳、林品旺、林友惠、黄学文、黄国善、余秀明、余柱灿、余月珠、余幼珠、余爱明、余贤滔、余金明、余

玉娟、欧忠强、李礼周、李芳、李善琴、李吓明、李振泰、李赛华、李振波、欧春官、李志平、李秀剑、李昌壮、李雄、何文锦、何明华、何伟良、何名立、何明才、何云妹、何爱金、何美朝、张秀钦、张永军、张吓贵、张燕春、张炎琴、张荣、张若兰、张中、张尊彬、吴振强、吴华振、吴细妹、吴文辉、郑勤英、郑育铮、郑翠萍、郑炜、郑云晴、郑兆通、郑天华、郑秀芳、郑振朝、郑秋桐、郑武、王长水、王凯炬、王文华、王征辉、王钦太、王玉华、王淋、王丽钦、王昌枝、王成鑫、周清钦、周善成、周伟忠、周洁、周裕华、薛学钦、薛尾姑、郑朱玉、雷世平、倪帆、傅发明、傅发仁、曾春木、曾美云、刘书祥、刘惠明、刘义旺、刘文刚、施宏贵、江永寿、施孝明、肖发龙、肖琴琴、翁曦、翁小斌、翁武仁、翁明泰、翁智超、翁雪辉、黄其清、邓小东、卢建红、高爱珠、高香、付发用、曹达、曹以亮、曹丽莺、曹立喜、钟彩慧、钟育珲、鲍丹容、徐叶婷、姜玉山、丁玉龙、翁瑞、严延芳、谢财发、梁乐勇、庄武平、俞大金、董正惠、董雪娟、夏积雄、孙建敏、孙侃、何传铭、曾在锋、吴秉荣、郭亦平妹。连江县启明中学、新加坡水江庙进香团。

奉缘壹仟伍佰元至贰仟以下信士芳名：

陈朝霞、江敬登、刘明星、郑时茂、林建平、林绍长、陈庸兴、郑德英、倪时国、李学旦、陈章华、陈尚宠、陈力福、陈鑫、陈霞、庄宁华、周飞。

二〇一二年十二月（壬辰年）。第三排68块碑。

奉缘壹仟元以上至壹仟伍佰元以下信士芳名：

周祥、曾而斌、林贻团、林佑鸿、林福仁、林红玉、林国平、林福娇、林庚、曹爱芳、王香金、王林、何行同、叶美珠、叶锋、魏华、杨迎云、陈艳玲、陈金玉、吴碧贞、林能荣、林鑫信、林霞、薛吓宝、陈铭超、林秀龙、林祥峰、张依俤、高林峰、蒋伙英、邵忠平、郑延忠、王为福、王传盛、林庆法、林同贵、林高杨、林长枝、林香玉、李道强、李哲霖、曹建春、高杨学、陈礼坚、陈美华、陈国贞、王惠珍、刘潮坚、施孝宁、谢文珠、林德华、林正松、林瑞玉、施金兰、陈茂贵、李竹兰、王良生、陈周胜、柯林伟、陈世用、程宁驱、黄宝官、郑享平、吴秋共、陈贤能、陈本雄、庄龙。

奉缘壹仟元信士芳名：

翁旭、翁文发、翁武诚、翁宗朝、翁岩松、翁武铃、翁文兴、翁斌良、翁宗耀、陈慧、陈绍茂、陈波、陈剑芳、陈华强、陈瑶、陈金平、陈起旦、陈人斌、陈金平、陈人耀、陈建清、陈桂树、陈锬、陈存官、陈国亮、陈文、陈文琴、陈梁、陈曦、陈祥基、陈桂官、陈学斌、陈辉文、陈遵燕、陈国清、陈星、陈小兰、陈礼松、陈航生、陈成有、陈顺达、陈龙、陈永吹、陈爱民、陈兵德、陈存贤、陈峰、陈雄、陈振太、陈继传、陈爱忠、陈伍妹、陈忠、陈崇锋、陈行武、陈继雄、陈再樵、陈瑞平、陈明、陈建河、陈淑英、陈昌增、陈金灼、陈尚泽、陈能华、陈善煦、陈哲陆、陈顺玉、陈美福、陈和平、陈威、陈金官、陈宝林、陈赛仙、陈景洪、陈强、陈长顺、陈飞、陈宗斌、陈兆珍、陈遵其、陈家城、陈其发、陈丽娟、陈美萍、陈梅灵、陈禹、陈克荣、陈德英、陈风光、陈永勇、陈文忠。

二〇一二年十二月（壬辰年）。第三排69块碑。

奉缘壹仟元信士芳名：

陈茂秋、陈安俤、陈苏林、陈灿尧、陈秀萍、陈丹丹、陈云枝、陈志义、陈梅影、陈武铿、陈芳、方水珍、方美恩、方财喜、方勇、方裕平、林银恩、林程峰、林清、林国平、林金俤、林金泉、林茂、林友惠、林盛、林万金、林东、林敏、林金建、林修方、林成水、林立容、林世雄、林孙洪、林文浩、林文忠、林文明、林美俤、林其坤、林贻波、林贻松、林德兴、林振良、林悠、林依交、林世明、林年发、林玉枝、林学清、林榕、林财武、林莹、林命立、林义暖、林福、林用用、林增炎、林文生、林发、林昌恒、林健平、林钟、林燕鸣、林航、林盛平、林建霖、林武、林金波、林朝霖、林永义、林光华、林启武、林丹青、林学行、林进、林斌、林传真、林香华、林国建、林勇泉、林美官、林辉义、林吓金、林香安、林文春、林庆球、林修宝、林前兵、林文龄、林月华、林瑜、林自强、林金响、林学彩、林钦鲁、林学凌、林立振、林从峰、林兆钦、林贤明、林春平、林国春、林增银、林炎贵、林乃康、林辉祥、林颖、林道杰、林榕志、林经、林勤、林国峰、林惠娟、林仙强、林平、林仙隆、林金玉、林诗通、林明宏、林宏盛、林朝李、林珠妹、林顺、林镇益、林友福、林建华、林秀发、林东风、林灼仙、林美娘、林峰、林瑞宝、林长旺、林其春、林惠玉、林苏明、林芳、林文信、林锦、林振忠、林世章、林忠清、林祖耀、刘文兰、刘华金、刘义妹、刘鋆、刘

小娟、刘用勇、刘建忠、刘建平、刘小明、刘锦勇、刘龙清、刘敏、刘腾华、刘远、刘琴、刘敬、刘飞、杨樱、杨香水、杨遵祥、杨凤平、杨图余、杨家斌、杨广秀、杨宝清、杨紫琴、杨利雄、杨波、余吓俤、余志军、余建兴、余美淋、余枝忠、余美行、余云英、余洪华、余美玲、余婷、李雪梅、李吓强、李作仲、李春峰、李金标、李捷、李礼杰、李元勇、李振柱。

二〇一二年十二月（壬辰年）。第三排70块碑。

奉缘壹仟元信士芳名：

李华钧、李国林、林学坦、李友谊、李银、李美干、李碧莲、李济祥、李华、李文、李程、丁明昌、丁芳灵、丁祥猛、丁芳灵、郑明义、郑泉俤、郑祖团、郑祖杰、郑建宁、郑兴旺、郑日生、郑春福、郑声斌、郑勤春、郑美华、郑振兴、郑明云、郑惠玉、郑魁、郑忠燕、郑宝金、郑美莺、郑珠莲、郑仁建、郑惠訇、郑金仁、郑辉、郑青怡、郑婉珍、郑明芳、郑升阳、郑金桂、郑宝宁、郑宝玉、郑新、郑仁胜、郑晨霞、郑礼清、郑建珍、郑爱玉、郑孝兴、郑秀官、郑用官、蔡文平、蔡晓霞、蔡和利、肖兴龙、何百朝、何心文、何珠金、何明、何兰基、何文登、何文彬、何敬祥、何瑞兰、何希光、何玉清、何斌、何华珍、何明兴、何建清、何明琴、吴家仁、吴文庄、吴继春、吴建、吴官乐、吴忠杰、吴华淋、吴连金、吴良清、吴良香、吴发兴、吴金京、吴文魁、吴其舜、吴益新、吴瑞平、吴修何、郭珠宋、郭家雄、郭成园、郭建、郭永华、梁晋玮、梁宣达、梁乐华、薛美珠、薛爱明、薛立清、薛立光、薛家财、薛财良、薛丽丽、薛香云、薛有彬、王爱忠、王海宾、王天财、王为双、王发新、王钦进、王永在、王世彪、王银官、王训康、王祯铨、王孔恒、王孔耀、王炜毅、王美云、王建红、王良友、王朝熹、王海红、王秀玲、王瑞英、王振贺、王金泉、王化霖、王海煜、王秀清、王为杰、王东锋、王国富、王传增、王丽华、王孔成、王命生、施孟峰、施克祥、施友云、施友龙、施修林、施剑烽、施木生、施孟峰、施木娇、张永贵、张功亮、张春艳、张鼎勇、张金利、张汶煜、张国和、张明福、张细钿、张珍平、张聿炫、张航、张嘉鸿、张喜梅、张经彩、张克清、张敬富、张明端、黄承强、黄建茂、黄谢勇、黄良官、黄宏权、黄启璇、黄玉珠、黄新峰、黄永辉、黄玉英、黄群、倪金标、倪立贤、倪英达、倪必楠、魏明敬、魏丽云、魏小斌、魏成躬、魏明良、魏丽娟、柯世安。

二〇一二年十二月（壬辰年）。第三排71块碑。

奉缘壹仟元信士芳名：

周延仕、周善君、周而辉、周长善、周宏霖、周伟龙、周伟民、周明、周强、周浩、项葳雄、钟振良、钟初科、钟金英、叶伦凤、叶聿辉、叶桐和、叶明龙、叶文祥、叶永福、谢淑芳、谢娇利、谢依兴、高雪华、高国水、高国荣、高杨龙、高之栩、高剑飞、高榕梅、高子元、高红梅、高怀祥、高源、俞明兴、俞昌平、俞家响、凌梅娇、凌钦、刘友星、候善宝、阮丽珍、邵振强、傅梅、韩圣平、韩圣泰、韩圣竹、韩孝丽、韩祥勇、韩玲、程晓龙、兰祖国、兰林莹、曾晨、曾清、纪建雄、纪明号、彭福金、石鼎富、石立新、石启英、卓云森、卓周雄、程顺忠、莫明勇、朱成利、朱克惠、朱建福、朱建国、朱在惠、朱建才、朱根平、朱伟英、朱文杰、官玉仙、孙而斌、孙兰芳、江发兴、江飞云、宋质玉、庄武平、庄建兴、庄连和、毛丽萍、章振标、章福英、罗杨平、罗家安、蔄明红、徐春华、徐小明、任秀玉、董子侗、董欣宪、念其汉、戴艳、郁苏萍、邱卫东、姚恭钿、姚荷清、潘云华、曹华林、曹祥云、严起标、严贵明、赵志坚、赵小红、欧坤安、欧赛仁、姜良钦、姜红、卢晶、卢振匀、苏秋水、蒋香泉、邹燕波、游天荣、游建东、马玉贞、马晓晴。

奉缘外币信士芳名：

王新亮伍万港元。王宽娟、曹振明各捐壹仟美元。杨修雯玖佰美元。郑敏星、林木宁、林世福、林双和、林依华、张春艳、刘雪梅、陈响各捐伍佰美元。王立伟、郑美珠、林美钦、林加峰各捐叁佰美元。杨波贰佰美元。翁祖彬贰拾万日元。高谷健壹拾捌万日元。李吓琴壹拾万日元。林光雄伍万日元。林娟霞肆万日元。平周美惠、高谷富各叁万日元。水越英子、高谷龙、高谷各捐贰万日元。

二〇一二年十二月（壬辰年）。第三排72块碑。

公元二〇一三年元月至十二月奉缘信士芳名：

奉缘伍万元以上信士芳名：

福州市鼓楼区江宾大道融侨锦江D区一号楼1402室信士，朱明先生偕夫人林娜女士领长女朱逸云合家，为石竹山道院建设，乐善好施人民币壹拾伍万元。

二〇一三年十二月（癸巳年）第三排61块碑。

平潭县恒利渔业有限公司信士，张水明先生，为石竹山道院建设，慷慨乐捐人民币伍万元。

二〇一三年十二月（癸巳年）第三排62块碑。

平潭县下屿村信士，施建华先生、施育彰先生，为石竹山道院建设，乐善好施人民币共伍万元。

二〇一三年十二月（癸巳年）第三排63块碑。

福州市仓山区江南水都杰座七号楼202室信士，俞瑞兰女士，为石竹山道院建设，乐善好施人民币贰拾万元。

二〇一三年十二月（癸巳年）第三排64块碑。

福清市江镜镇林厝村小定房121号信士，李爱明先生偕夫人何尤珠女士，为石竹山道院建设，善捐人民币壹拾万元。

二〇一三年十二月（癸巳年）第四排46块碑。

福清市江镜镇林厝村119号信士，林爱国先生。为石竹山道院建设，慷慨捐人民币壹拾万元。

二〇一三年十二月（癸巳年）第四排47块碑。

福清市福中花园A一5信士，林明利先生，为石竹山道院建设，乐善好施人民币壹拾万元。

二〇一三年十二月（癸巳年）第四排48块碑。

福清市三山镇坑边村西郭29号信士，翁华银先生，为石竹山道院建设，乐善好施人民币叁拾万元。

二〇一三年十二月（癸巳年）第四排49块碑。

平潭县白青乡信士，吴泉先生，为石竹山道院建设，乐善好施人民币伍拾万元。

二〇一三年十二月（癸巳年）第四排50块碑。

福州市台江区鳌兴路283号水岸华庭六座306室信士，陈飞霖先生，为石竹山道院建设，慷慨捐人民币伍万元。

二〇一三年十二月（癸巳年）第四排51块碑。

平潭县西航西路和园一号楼三单元信士，吴章金先生，为石竹山道院建设，乐善好施人民币壹拾万元。

二〇一三年十二月（癸巳年）第四排52块碑。

福州市鼓楼区西环北路60号融侨三区九号203室信士，林绍康先生，为石竹山道院建设，乐善好施人民币壹拾万元。

二〇一三年十二月（癸巳年）第四排53块碑。

福清市港头镇东光村东207号信士，王钦伙、王雪云夫妇领长子王冬、媳林宏滨、女儿王青青合家，为石竹山道院建设，乐善好施人民币壹拾万元。

二〇一三年十二月（癸巳年）第四排54块碑。

福清市玉屏街道融西路201—3座信士，林海宁先生，为石竹山道院建设，慷慨解囊人民币伍万元。

二〇一三年十二月（癸巳年）第四排55块碑。

福清市三山镇下桥北亭自然村信士，俞玉金、叶品玉夫妇领长子俞松章合家，为石竹山道院建设，乐善好施人民币壹拾万零叁佰元。

二〇一三年十二月（癸巳年）第四排56块碑。

福清市江阴镇庄前村岭下自然村八号信士，王小文先生，为石竹山道院建设，乐善好施人民币伍万元。

二〇一三年十二月（癸巳年）第四排57块碑。

福州市仓山区江南水都丽岛一号楼信士，林波先生偕夫人林莹女士，为石竹山道院建设，乐善好施人民币伍万元。

二〇一三年十二月（癸巳年）第四排58块碑。

福州市台江区国货西路148号亚华大厦八层413号信士，陈义侠先生领长子陈群友，为石竹山道院建设，乐善好施人民币壹拾万元。

二〇一三年十二月（癸巳年）第四排59块碑。

将乐县矿业有限公司信士，郑建榕先生、林文斌先生，为石竹山道院建设，慷慨捐人民币伍万元。

二〇一三年十二月（癸巳年）第四排60块碑。

平潭县潭城镇城南新庄104号信士，张遵斌先生，为石竹山道院建设，乐善好施人民币伍万元。

二〇一三年十二月（癸巳年）第四排61块碑。

平潭县岚城乡中南村云楼自然村51号信士，张遵辉先生，为石竹山道院建设，乐善好施人民币伍万元。

二〇一三年十二月（癸巳年）第四排62块碑。

长乐市潭头镇潭头村上坪30号信士，刘宜遵、鲍福金夫妇领长子刘增坚、次子刘增民合家，为石竹山道院建设，乐善好施人民币壹拾万元。

二〇一三年十二月（癸巳年）第四排63块碑。

福清市龙田镇福芦花园119号E信士，林明光先生，为石竹山道院建设，乐善好施人民币伍万元。

二〇一三年十二月（癸巳年）第四排64块碑。

福清市上迳镇隆裕食品开发有限公司、南湾村30号信士，杨宗龙先生，为石竹山道院建设，乐善好施捐人民币伍拾万元。

二〇一三年十二月（癸巳年）第四排65块碑。

香港沙田新城市广场第三期红棉阁10楼F室信士，黄啟豪先生，为石竹山道院建设，慷慨善举捐人民币陆万陆仟捌佰元。

二〇一三年十二月（癸巳年）第四排69块碑。

福清市江镜镇酒店村中富278号信士，何本珠女士，为石竹山道院建设，乐善好施人民币伍万伍仟元。

二〇一三年十二月（癸巳年）第四排70块碑。

福州市鼓楼区大儒世家卧琥5B1705单元信士，朱秀玲女士，为石竹山道院建设，乐善好施人民币壹拾叁万零玖佰元。

二〇一三年十二月（癸巳年）第四排71块碑。

福清市城头镇梁厝村272号信士，梁瑞勇先生，为石竹山道院建设，乐善好施人民币柒万肆仟元。

二〇一三年十二月（癸巳年）第四排72块碑。

公元二〇一三年元月至十二月奉缘信士芳名：

奉缘壹万元以上信士芳名：

王源喜叁万元。魏小斌叁万元。杨长桂叁万元。陈建议叁万元。林永彬叁万元。黄祖增叁万元。黄国官叁万元。施修叁万元。施云贰万伍仟元。林云平贰万贰仟元。林传生贰万元。林云平贰万元。林金来贰万元。林世源贰万元。黄述和贰万元。吴云芳贰万元。薛来何贰万元。薛义英贰万元。薛有源贰万元。卢建华贰万元。郑凯翔贰万元。吴强贰万元。蒋宝良壹万捌仟捌佰元。张云芳壹万柒仟元。柯金国壹万陆仟元。郑建壹万伍仟元。翁如春壹万伍仟元。陈香平壹万伍仟元。林枝光壹万叁仟贰佰元。谢立峰壹万贰仟元。李业坦壹万贰仟元。林爱美壹万贰仟元。俞道建壹万贰仟。吴丽云壹万贰元。何惠芳壹万壹仟元。吴清宋壹万壹仟元。

奉缘壹万元信士芳名：

郑承源、郑铿烽、郑明、郑文财、何伟良、何天龙、何锋立、何义、何瑞官、何其淦、陈云芳、陈庸春、陈立新、陈凤宝、陈良芳、陈永杭、陈林江、陈龙生、陈晓明、陈仁暖、陈秀英、陈纪鹏、陈启文、陈旺凤、陈永镜、陈更生、林信义、林绍鹤、林锦平、林秀琴、林性毅、林秀凤、林新、林祥、林钦、林仙官、林新民、林国生、林幼美、林增生、林如风、朱立财、杨勇、杨攸坦、张怀财、张孝仁、谢建忠、魏孟泉、李晓光、李爽、李作仲、柯德官、王雅金、王建盛、王征勇、王朝淦、王淑芳、倪政仁、周荣、黄仁清、黄小青、黄雯、余美松、吴家、吴振强、薛之雄、田高峰丁、张惠容、俞瑞香、陈凯华、闽丰油一号。

奉缘捌仟元至玖仟元信士芳名：

郑妹妹、黄棋嵩、魏建通、王小青、江西省永修轮船有限公司、林金祥、林鹏、郭云妹。

奉缘伍仟元以上至柒仟以下信士芳名：

郑秀平、严宝康、王友怀、王雅云、林正雄、林月娇、林谋贵、魏孝栋、刘章斌、李元钗、黄绳平、余幼珠、何华仁、滕亚岚、程飞。

二〇一三年十二月（癸巳年）第四排73块碑。

奉缘伍仟元信士芳名：

李英、陈永崔、陈晓春、陈明春、陈曾凤、陈财、陈金郭、庄瑞明、闽泰冷、翁其荣、郑时寿、郑义镇、郑云英、张梅凤、张述琴、张子高、游天强、杨宗旺、杨贤明、游建明、吴怡静、吴启源、陈千尧、林必琳、林木松、林贻团、林木和、林玉松、林文、林吕明、林烈强、林炳生、林莹、林惠芬、林泉清、任仁忠、何兴、何丹华、何锋平、何美朝、何海芳、何洪英、魏静华、郭金贵、雷旺华、曹飞、余建忠、余升、朱昭敏、王孟锦、高源、蔡友泉、倪孟旺、滕亚东、施祖枝、薛命营、薛命盛、田美清、林依秀、林述月、林光。

奉缘叁仟元以上至肆仟元信士芳名：

王为茂、蔡文平、陈梅琼、陈人金、陈水华、陈秋云、林惠玉、林建平、林琴、康承豪、郭平华、兰海铨、高明、郑和良、吴德顺、吴宜良、李赛花、李礼、周何海、林绍长、谢财华、王世美、林诚坤、陈美华、陈良、陈凌峰、陈文辉、林文海、林来辉、潘爱玉、林忠、王德发、林仁玉、潘文、陈克清。

奉缘叁仟元信士芳名：

李宗章、李为仰、李德建、陈立忠、陈益平、陈传本、陈国春、陈而清、陈辉、陈洪、陈新萍、陈瑞平、陈腾强、陈金水、陈龙娇、陈行富、陈云平、陈丽娟、陈秋、陈顺金、陈庄玉、陈书林、陈祥华、陈人耀、陈其发、施秀钦、施宏贵、施家海、何秀云、何勇、何成坤、何明金、何兴基、游遵兴、郭建、郑章秋、郑俤、郑时才、郑成恩、郑凯莉、郑建宁、雷世平、池开安、林小玲、林水钦、林莺清、林龙光、林本勇、林竹灵、林祥容、林霞莲、林清霞、林爱芳、林永利、林茂强、林程峰、刘书祥、刘学勇、江苇第、周而辉、周孙华、徐宝顺、于建军、余乃龙。

二〇一三年十二月（癸巳年）第四排74块碑。

奉缘贰仟元以上至叁仟元信士芳名：

邓祥利、王钦玉、王勇、王亨林、王为荣、兰惠真、曾昭棋、卢木水、曹振明、石广福、石银祥、方金凤、叶武、丁祖魁、丁祖善、官晖、薛万东、薛红钦、薛媛、莫敬銮、黄身志、吴丽芳、杨小强、钟兆祥、钟厚贵、陈秋、张淑华、周学明、毛祚鸿、林宗雄、陈章华、何希恩、黄增官、周宏明、周玉桂、林绍长、林有惠、刘明院、刘明星、福州市永利福超市有限公司、福建恒杰塑业新材料有限公司。

奉缘贰仟元信士芳名：

吴秉荣、吴华震、吴章茂、余圣新、余生、余月珠、余爱明、余炎平、王娟、王明生、王长水、王丽芳、王述强、王凯炬、王吓铁、王剑锦、王斌、王命炎、王碧琴、王命生、王玉华、王美秀、王昌枝、王爱娇、王顺金、王国珠、王碧平、刘妹仙、刘金来、刘烟云、刘国辉、刘建忠、刘惠明、刘清风、刘莺方、刘绍锋、林梅、林宝英、林发、林强、林本凤、林云珠、林水兴、林文华、林伟光、林宜

国、林斌、林世明、林文忠、林今城、林宜炎、林文、林世青、林天宁、林勇、林吓确、林凤娟、林美俤、林英、林梨、林学永、林世章、林长浩、林枝华、林代武、林庆全、林仁娇、林金溪、林福、林孔贵、林茂凤、林诗通、林友惠、林桂华、振洋盛、俞昌平、俞航、何郭发、何影、何文金、何明华、何爱珍、何妹妹、何云妹、何尔明、何传铭、叶仁航、叶小斌、叶龙强、叶伦莺、陈金柱、陈齐友、陈乃朝、陈必勇、陈文钦、陈其忠、陈国雄、陈国亮、陈传奇、陈慧龙、陈祖家、陈学财、陈颖、陈炜、陈华银、陈玉珠、陈永秀、陈秋明、陈仁、陈宇、陈玉明、陈科云、陈庸良、陈祥端、陈国金、陈樑、陈胜、陈碧云、陈昌友、陈人瑞、唐英汀、郭婕、郭爱瑞、郭瑞坤、郭国铨、郭小明、郭平华。

二〇一三年十二月（癸巳年）第四排75块碑。

奉缘贰仟元信士芳名：

郭明珠、魏华云、薛守光、薛学钦、薛祥康、薛来美、李文、李善槐、李振泰、李朝勇、李东魁、李志平、李光众、周茂平、周可君、周玉端、周善成、周伟龙、张永军、张吓贵、张滢、张贤玉、张静莹、张水仙、张中、张华英、倪时国、倪碧金、倪小兰、倪政团、念吓辉、念秀华、念家秀、念鹰、卢贤坤、郑春端、郑朱玉、郑子展、郑炎清、郑灼金、郑礼云、郑爱珠、郑伟杰、郑希勇、郑真珠、郑宇冬、郑美琴、郑梅英、兰祖国、莫明勇、樊云珠、孙建敏、梁乐勇、夏晓武、姚恭钿、丁玉龙、夏积雄、高云华、高发金、高鸿溪、杨爱香、杨希德、赵秀歌、詹贤根、翁玉福、施泌炜、施恭才、蔡道铨、严安、蒋学财、黄燊、黄秀珠、黄以玉、黄国善、鲍文婷、蔡雪芳、姜爱金、朱文杰、侯道平、海润六六七七船、连江县启明中学、福清市镜洋一宏路亿童幼儿园。

奉缘壹仟元以上至贰仟元以下信士芳名：

吴翊朽、张伙俤、严增明、游通泽、林鸟命、韩炳芳、林文娟、林宜赠、林如斌、林海英、林观宏、林际雨、林聪、林云、何必文、卓光华、施修林、吴建勇、翁守访、陈尚宠、陈宝官、郭瑞平、曾而斌、王荣玉、俞建新、谢学善、郑锦秀、周清钦、刘国清、张旭翔、张国英、吴琴珍、王绳师、李学坦、谢娇利、陈金华、陈书健、陈春宝、林佰响、刘宏信、卓金旺、谢金忠、李道强、郑福福、郑志方、曹建春、高杨学、陈文辉、王维秀、王爱仙、白长福、郭永春、李永庆、林福仁、林共秀、林捷、陈国清、刘炳武、陈庸兴、陈金翠、陈良金、陈建华、王永国、林桂华、郭振铃、郭振武、郭芃辰、郭鼎、郭洪琴、郭家雄。

二〇一三年十二月（癸巳年）第四排76块碑。

奉缘壹仟元信士芳名：

薛丽丽、薛静凡、薛立光、薛立清、薛财良、薛爱明、薛岚峰、林琴、林从辉、林从峰、林天铨、林宏盛、林厚云、林舟、林奕韬、林清英、林吓金、林孝明、林孝发、林贻贵、林礼永、林美英、林芳、林茂、林盛、林学奇、林庆法、林秋淋、林国平、林强、林月雄、林国太、林可怡、林燕滨、林德华、林莉、林增宋、林美俤、林金信、林能俊、李贻波、林贻松、林晶、林美贞、林增银、林成炎、林本国、林美芳、林依交、林世群、林国彬、林云芳、林仕郎、林雅英、林新峰、林国平、林远志、林勇泉、林庆平、林永利、林金官、林香平、林朝春、林香华、林学武、林珠恩、林榕、林在武、林景福、林世强、林梅、林宗勇、林朝芬、林登平、林增炎、林杰、林斌、林正华、林美娘、林自强、林棋莲、林辉、林礼章、林传明、林秀平、林勤勤、林雪云、林茂寿、林莲娇、林美鹅、林泽宇、林美宋、林永华、林国建、林文福、林明玉、林朝芬、林燕芳、林双、林仙强、林良春、林心财、林其恒、林仁金、林我建、林建斌、林光华、林朝李、林太良、林智明、林财兴、林尚良、林鸿杰、林少英、林长栋、林思平、林祖耀、毛桂英、毛仙英、翁祖英、翁缘清、翁旭、翁长敏、翁振国、翁瑞英、翁海岚、翁雪英、肖乐平、肖美榕、肖兴龙、陈义、陈通云、陈寿芳、陈瑶、陈康华、陈华强、陈传生、陈人斌、陈义暖、陈金平、陈钦、陈全平、陈开俊、陈祖凤、陈剑芳、陈存官、陈晓龙、陈文、陈明、陈国斌、陈金淦、陈性泉、陈本鹤、陈秋开、陈文琴、陈桂官、陈雪容、陈满容、陈庸潮、陈祥基、陈铨、陈躬珠、陈成有、陈道德、陈学斌、陈木花、陈杨禄、陈秀花、陈声章、陈颖、陈奇、陈国仕、陈峰、陈国强、陈辉文、陈隽逸 、陈建官、陈永光、陈礼松、陈凯生、陈秋光、陈友水、陈上经、陈传开、陈仁宾、陈玉清、陈宗坚 、陈和平、陈岩、陈国安。

二〇一三年十二月（癸巳年）第四排77块碑。

奉缘壹仟元信士芳名：

陈乃红、陈国贞、陈桂树、陈云霞、陈儒明、陈文淋、陈忠星、陈烟俤、陈

如冰、陈义铭、陈晓烨、陈宋斌、陈兆珍、陈大春、陈丽华、陈守敬、陈瑞珠、陈珍、陈孔星、陈真、陈金和、陈华洪、陈瑛、陈恭凤、陈龙、陈康勋、陈武义、陈雪云、陈淑生、陈淑明、陈忠、陈丹丹、陈爱琴、陈玉珠、陈强、陈志强、陈兴辉、陈妍、陈杰能、陈主官、陈海英、陈有珠、陈德江、陈香英、陈国水、陈建民、何其唯、何文禄、何松、何明、何文登、何名立、何文彬、何祥锋、何敬祥、何明兴、何敏、何武明、何明琴、许瑞花、许惠、余美清、余达新、余志军、余学锦、余秀明、余美玲、柯秋官、柯世凤、柯宝妹、柯国康、刘文兰、刘鋆、刘孟鸿、刘孔齐、刘秀观、刘兰珠、刘小明、刘金玉、刘肇惠、刘桂云、刘增龙、刘宜秀、刘美华、刘秉仁、刘宜进、刘建忠、刘东、刘健、刘华、李作仲、李芳、李阿强、李高文、李礼杰、李银、李华、李勇、李振柱、李燕英、李钢、李晶、李富铭、李登福、李翠铃、李振传、李贤淮、李华钧、李宝珍、李明海、李通、李子信、李英豪、李全官、李文清、李兹财、李辉明、李光荣、李明杰、李则彬、李凌欧、李剑、李聪妹、李建康、郑国进、郑爱英、郑于捷、郑淑章、郑明兰、郑文兴、郑祖团、郑用学、郑剑辉、郑德榕、郑猷秋、郑春福、郑桂芳、郑昌盛、郑忠燕、郑振兴、郑勤英、郑美华、郑安、郑杰、郑辉、郑金佺、郑于斌、郑木书、郑庭钟、郑烜丹、郑巧官、郑爱玉、郑霖、郑国平、郑浩峰、郑秀清、郑辉盛、郑昌善、郑祖根、郑鸿珍、郑依福、郑伯文、郑金富、郑仁健、郑家伟、郑武、郑义明、郑其庚、郑孝春、郑时敏、郑用官、王绪家、王志良、王秀容、王钦凤、王爱珠、王长宝、王为双、王玉芝、王玲英、王世彪、王妹妹、王闽河、王燕珍、王曦薇、王文伟、王令永 、王新天、王命凯、王渊发。

二〇一三年十二月（癸巳年）第四排78块碑。

奉缘壹仟元信士芳名：

王圣春、王秀云、王娟、王敏、王标、王华钦、王文平、王小兰、王燕萍、王民强、王美芳、王爱萍、王吓珠、王孙德、王孟俊、唐英书、唐枝銮、方美恩、唐亨屹、方财喜、方勇、方中祥、方雨菲、方兰金、张永斌、张善平、张玲、张勇、张道泉、张鸿、张辰、张建、张鼎祥、张建乐、张璠、张剑凌、张君浓、张星强、张立、张伟敏、张震、张美芳、江训明、江发兴、江敬登、江航、江祥丰、吴天官、吴琴、吴官乐、吴修坦、吴文庄、吴良清、吴良香、吴国兴、吴自祥、吴登隆、吴健、吴春官、吴友龙、吴爱华、吴仁立、吴前强、吴红艳、吴惠华、吴用官、吴爱英、吴学强、吴阳阳、徐家立、徐家蔚、徐春华、徐小萍、高彪、高成玉、高国水、高剑飞、高毅、高子元、高杨龙、高合官、高传桂、庄强、庄昌财、庄武平、庄印同、庄建兴、丁明昌、丁祥猛、丁友桐、蔡和利、蔡建辉、蔡秀贞、黄毅、黄以澄、黄学文、黄天阳、黄宝英、黄玉兴、黄爱俤、黄啓明、黄开木、黄美平、黄灯、黄亚铃、黄永辉、黄静、黄依光、黄章腾、黄秀凤、杨庆福、杨立、杨忠炎、杨凤平、杨勇、杨建福、杨方乐、杨宝清、杨明兰、杨添俤、杨樱、杨休墀、杨榕川、叶光提、叶春榕、叶永福、叶月香、叶同和、叶青、叶振典、叶善龙、董正惠、董新财、董敏强、董增杰、罗彪、罗玉业、周廷仕、周彩强、周孙茂、周裕瑞、周凯、周善君、周飞、周宝春、周宏霖、周国锋、周华盛、周峰、周徽徽、周珠珠、周明、周正泽、周沐、程婷婷、程斌、谢财发、谢文辉、谢俊钢、谢章伟、谢利琴、郝德成、卓杰、卓维新、程建国、曾开淡、曾兆泉、曾华茂、曾穆华、邓小东、卓云森、卓兆平、桌春玉、卓光进、戴艳、戴文英、傅发明、施瑞生、施依松、施孟英、施金兰、施生平、施文玉、施丽云、施孝宁、施恭时、施书强 、卢海婷、卢珠英、卢克铭。

二〇一三年十二月（癸巳年）第四排79块碑。

奉缘壹仟元信士芳名：

卢云勇、孙而勇、孙法连、潘建武、潘巧玲、潘显勇、蒋开锋、蒋金灿、赵浓、赵淑思、赵惠光、赵小春、朱克惠、朱建福、朱建国、朱石书、朱继成、朱金星、朱艳霞、邹景、姚恭标、冯春美、冯赛兵、童玉信、任官平、单章明、魏雅月、魏成躬、俞秀华、韩圣泰、韩祥勇、韩宁、超淑彬、汪婉客、严永和、严孙文、严俊国、兰林灯、连旺秋、游凯、游建明、倪小花、倪锦丹、倪兵、石玲丹、覃万宝、莫雪平、洪书清、梁宣达、钟初料、纪建雄、宋木林、萨红玉、张见赛、姆汇洋、船务有限公司、华建一号船华建107船、华建109船、锦航船务有限公司、广西翔浩贸易有限公司。

奉缘外币信士芳名：

蔡民德贰仟伍佰美元。林银乐壹玖佰美元。郑立群壹仟美元。江典辉壹仟美元。吴建立、郑长就、陈建旺、冯振键、董巧玲各捐伍佰美元。邹文雅肆佰美元。郑美义叁佰美元。邹学煖贰佰美元。余月宗叁仟柒佰美元。谢旦红叁仟港元。李

云英壹万日元。林清贰万日元。

二〇一三年十二月（癸巳年）第四排80块碑。

公元二〇一四年元月至十二月奉缘信士芳名：

奉缘伍万元以上信士芳名：

朝辉阁重修记（素菜馆）

石竹山道院朝辉阁始建于公元一九八六年，内有素菜馆、客堂、书画展厅、道众膳房、观景台等，其中二屋会厅，承蒙旅居印度尼西亚侨贤高仁福先生偕眷王雅珍夫人领合家慷慨解囊捐缘人民币壹拾万元，其积善之家功德无量，再勒石以志不忘！

中华九仙祈灵如响福佑全球，香游客日益剧增，石竹山道院朝辉阁原有的规模和设施而不能满足现代的需求，经多方商议兹定于二〇一二年择吉重修建。众善信发心响应慷慨解囊，捐资芳名：

香港恒熠纺织有限公司信士薛斌先生捐人民币贰佰叁拾万元。

福清市宏路街道宏路村下洋信士唐才利先生捐人民币壹佰叁拾万元。

福清市龙田镇上一村信士施文义领长子施章峰捐人民币壹佰万元。

信士朱寿延先生捐人民币壹佰万元。

福清清荣房地产有限公司信士黄忠辉先生捐人民币伍拾万元。

恒昌（東埔寨）商贸集团有限公司捐人民币叁拾万元。

福清市港头镇鑫享建材公司信士王其桃先生捐人民币贰拾壹万元。

福清市卓越路协作花园C座信士杨融志先生捐人民币壹拾万元。

福清市阳下街道奎领路31—3号信士陈剑辉吴顺妹夫妇捐人民币壹拾万元。

福清市虎溪花园57号信士陈克福共捐资人民币叁拾万元。

福清市龙田镇下溪村三号信士林勇林海霞夫妇捐人民币壹佰万元。

在众善信热心资助重建石竹山道院朝辉阁于公元二〇一三年十二月俊工，其气势恢宏，美轮美奂。为彰众善信之功德无量爰铭碑以记。

公元二〇一四年六月（甲午年）。铭碑在观景台旁边。

山西省汾阳市华鑫酒业有限公司信士，杨宗旺先生，为石竹山道院建设，慷慨乐捐人民币伍拾万元。

二〇一四年十二月（甲午年）第四排66块碑。

福清市宏路街道桥头花园313号信士，陈敬先生，为石竹山道院建设，乐善好施人民币壹拾万元。

二〇一四年十二月（甲午年）第四排67块碑。

内蒙古呼和浩特市经济技术开发区信士，李建平先生，为石竹山道院建设，乐善好施捐人民币壹拾万元。

二〇一四年十二月（甲午年）第四排68块碑。

平潭县前进村信士，林雄先生，为石竹山道院建设，乐善好施人民币伍万元。

二〇一四年十二月（甲午年）第四排81块碑。

福建省厦门市俊埔4号信士，叶秀春先生，为石竹山道院建设，乐善好施人民币伍万元。

二〇一四年十二月（甲午年）第四排82块碑。

福清市高山镇西江村信士，林学孟先生，为石竹山道院建设，乐善好施人民币伍万元。

二〇一四年十二月（甲午年）第五排60块碑。

平潭县海峡大酒店信士，薛财斌先生，为石竹山道院建设，慷慨乐捐人民币陆万元。

二〇一四年十二月（甲午年）第五排61块碑。

上海市松江区文诚路二百弄2号1303室信士，孙侃先生，为石竹山道院建设，乐善好施人民币捌万捌仟元。

二〇一四年十二月（甲午年）第五排62块碑。

南平市水南街480号丽景水岸D座2502室信士，朱秀琼女士，为石竹山道院

建设，乐善好施人民币伍万贰仟伍佰元。

二〇一四年十二月（甲午年）第五排63块碑。

平潭县流水镇新湖村草楼16号信士，李宝国先生，为石竹山道院建设，慷慨乐捐乐人民币柒万伍仟柒佰元。

二〇一四年十二月（甲午年）第五排64块碑。

福州市鼓楼区梅亭路136号大儒世家卧琥5B1705单元信士，朱秀玲女士，为石竹山道院建设，乐善好施人民币玖万捌仟伍佰元。

二〇一四年十二月（甲午年）第五排65块碑。

平潭县下屿村现居平潭城关镇信士，施建华先生，为石竹山道院建设，乐善好施人民币伍万元。

二〇一四年十二月（甲午年）第五排66块碑。

福清市镜洋镇墩头村上里14号信士，陈周兴先生，为石竹山道院建设，乐善好施人民币伍万元。

二〇一四年十二月（甲午年）第五排67块碑。

福清市龙山街道竹溪路19号信士，吴章祥先生领长子吴傳忠先生，为石竹山道院建设，乐善好施人民币伍万元。

二〇一四年十二月（甲午年）第五排68块碑。

福州市台江区群众东路99号元一花园元禧A楼15室信士，邓杨峰先生，为石竹山道院建设，乐善好施人民币伍万元。

二〇一四年十二月（甲午年）第五排69块碑。

广州市天河区天科路10号天翔花园天颐居201室信士，翁华银先生偕夫人韩瑞英女士，为石竹山道院建设，乐善好施人民币壹拾万元。

二〇一四年十二月（甲午年）第五排70块碑。

平潭县白青乡国彩村信士，吴泉先生，为石竹山道院建设，乐善好施人民币叁拾万元。

二〇一四年十二月（甲午年）第五排71块碑。

福州市台江区鳌兴路283号水岸华庭6座3061室信士，陈飞霖先生，为石竹山道院建设，乐善好施人民币伍万元。

二〇一四年十二月（甲午年）第五排72块碑。

福清市音西街道清辉小区福塘路沿街25号信士，庄彬春先生，为石竹山道院建设，乐善好施人民币叁拾万元。

二〇一四年十二月（甲午年）第五排73块碑。

福清市阳下街道作坊村詹观13号信士，詹说官先生，为石竹山道院建设，乐善好施人民币贰拾万元。

二〇一四年十二月（甲午年）第五排74块碑。

福清市港头镇东光村207号信士，王钦伙先生偕夫人王雪云女士领子王冬冬、婿林宏滨、女儿王青青，为石竹山道院建设，乐善好施人民币壹拾万元。

二〇一四年十二月（甲午年）第五排75块碑。

福清市龙山街道玉峰村南87号信士，陈佑峰先生偕夫人王英女士，为石竹山道院建设，乐善好施人民币伍万元。

二〇一四年十二月（甲午年）第五排76块碑。

福州市仓山区盖山镇齐安路756号信士，周训财先生，为石竹山道院建设，乐善好施人民币壹拾万元。

二〇一四年十二月（甲午年）第五排77块碑。

宁德市美福嘉园B区承建胜利的信士，林金福先生、周学勤先生、王勇捷先生，为石竹山道院建设，乐善好施人民币共计叁拾万元。

二〇一四年十二月（甲午年）第五排78块碑。

福清市龙田镇西亭村河南239号信士，李贵先生，为石竹山道院建设，乐善好施人民币贰拾万元。

二〇一四年十二月（甲午年）第五排79块碑。

福清市上迳镇南湾村前院，林现居澳大利亚信士，叶伟峰先生偕夫人叶燕女士，为石竹山道院建设，乐善好施人民币壹拾万元。

二〇一四年十二月（甲午年）第五排80块碑。

福清市龙江街道锦绣家园2号楼1001室信士，何明钦先生偕夫人李雪钦女士，为石竹山道院建设，乐善好施人民币伍万元。

二〇一四年十二月（甲午年）第五排81块碑。

福州市马尾区琅岐镇凤窝村凤新路309号信士，朱秉仁先生偕夫人陈红花女士，为石竹山道院建设，乐善好施人民币叁拾万元。

二〇一四年十二月（甲午年）第五排82块碑。

印度尼西亚雅加达三宝龙信士，吴孝忠先生领子吴章诚先生、吴章刚先生、吴章良先生，为石竹山道院建设，乐善好施人民币伍万元。

二〇一四年十二月（甲午年）第五排83块碑。

福清市龙江街道苍下村西129号信士，林钦旺先生领子林德淋先生，为石竹山道院建设，乐善好施人民币壹拾壹万元。

二〇一四年十二月（甲午年）第五排84块碑。

福建融大建设工程有限公司，周勋善先生，为石竹山道院建设，乐善好施人民币壹拾万元。

二〇一四年十二月（甲午年）第五排85块碑。

福清市江镜镇酒店村中富村278号信士，何本珠先生、何华仁先生、何伟良先生，为石竹山道院建设，乐善好施人民币伍万捌仟元。

二〇一四年十二月（甲午年）第五排86块碑。

公元二〇一四年元月至十二月奉缘信士芳名：

奉缘壹万元以上信士芳名：

刘明院叁万陆仟叁佰元。陈书根叁万叁仟叁佰元。林秀娟叁万元。陈剑文叁万元。陈灼官叁万元。黄棋嵩贰万贰仟元。林强贰万贰仟元。倪小兰贰万壹仟贰佰元。吴家贰万元。吴怡静贰万。林辉锋贰万元。林云强贰万元。林诚贰万元。陈祖如贰万元。陈金宝贰万元。陈永杭贰万元。俞洪福贰万元。薛来何贰万元。余金发贰万元。王金炎贰万元。何瑞官贰万元。纪智贰万元。谢财华壹万玖仟捌佰元。曹代华壹万柒仟伍佰元。黄碧云壹万伍仟元。林文壹万伍仟元。陈凯华壹万贰仟元。陈金郭壹万贰仟元。李业坦壹万贰仟元。叶翠平壹万壹仟元。叶桐和壹万壹仟元。刘宏信壹万壹仟元。王为杰壹万壹仟元。

奉缘壹万元信士芳名：

薛洪平、程兴月、陈云芳、陈惠清、陈良芳、陈庆国、陈信雄、陈 刚、陈淑生、陈友钦、郑长辉、郑昌盛、郑晓兵、郑昌善、郑年慎、潘受平、黄木珠、林锦平、林祥、林莹、林道兴、林文、林海、林春、林峰、林后义、林健、林宗东、林斌、施经强、俞林平、俞朱官、柯金国、柯金佺、王小明、王修贵、王立华、施宝贵、王吓棋、王远俊、王长仁、梁玉嵘、吴章金、吴茂平、吴炎明、张敏、张行虹、郭昇、余美松、周荣、周瑞玉、谢吉林、李毅、李瑞娇、廖水官、游遵兴、方福平、高友兴、高仁茂、池家雄、叶能光、陈武装、池开安、魏建通、闽丰油一号船。

奉缘捌仟元至玖仟元信士芳名：

林美金、明祥、明瑞、明晟、明通船、林必琳、林正雄、林炳生、林绍炎、王小清、何文实、陈国春、余幼珠。

新志

奉缘伍仟元以上至陆仟伍佰元以下信士芳名：

陈航、严宝康、陈昌栋、郑金兰、谢立锋、谢立慧、刘章斌、余炎冰、林泉清、林业宝、林桂华、林鹏、林坚、李礼、周施明、王晖、郑清华、魏孝栋、蔡文平、林云平、蔡海玲、高纯财、高榕梅、何敦发、台北松山慈惠堂。

二〇一四年十二月（甲午年）第五排87块碑。

奉缘伍仟元信士芳名：

林武飞、林福仁、林金祥、林文忠、林玉松、林木和、林世明、林莺清、林国增、林玉发、林天炎、林蔚蔓、林香娇、林贞、黄文龙、黄鑫、李诚棋、陈爱岚、陈本泰、陈庆安、陈淑生、陈娜娜、陈丽娟、王为茂、王义强、王命炎、王杨芳、王国平、郑时寿、郑辉华、雷世平、赵志良、施建文、潘锦春、翁其荣、郑武、薛立耀、薛从飞、薛银英、薛红英、余建忠、郭金贵、康丽华、张祖琴、郭秀容、杨炎琴、周洪生、周伟忠、冯先生、石玉妹、邓锦雄、江典键、谢秀钦、颜海英、莫明泉 、闽泰冷船、林聪、李学坦。

奉缘肆仟元信士芳名：

林友惠、林庆全、潘宝针、唐枝銮、郑翠萍、陈千尧、陈道国、陈杏娇、魏学辉、何美朝、何华珍、李赛花、王明生、王文华、刘书祥、梁瑞勇、王玉华、郑键彬、叶美珠、吴群、郑义镇、叶雄贵、林诚坤、刘增雄、刘进发、肖燕花。

奉缘叁仟元至叁仟伍佰元信士芳名：

林来辉、林文海、王吉文、游婷渟、陈来妹、郑义侠、林仁玉、林军、郑俤、潘林、雷旺华、王事起、曾莺娇、周宏明、周松强、吴丽芳、吴爱光、吴丽云、吴静娴、吴自宜、陈水华、陈圣龙、陈孔钦、陈宝英、陈新萍、陈依云、陈惠龙、陈瑞平、陈木香、陈文山、陈德渠、唐英书、潘富乐、潘芸、郭和平、郭芳平、郭振烺、余美兴、余乃龙、余丽娟、曾光清、曾绍棋、俞华、何勇、滕亚岚、林梅、林水钦、林性涛、林月娇、林丽、林根力、林际雨、林雄楚、林晓东、林挺进、林长文、林雪娇、林美玉、张善敏、张星登、张明勋、张中、张云锦、郑能具、郑小珠、郑育铮、郑木书、郑祖根、郑时才、刘必兰、刘惠明、方德龙、方昌金、方兰金、王积雄、王钦玉、王斌、王成涛、江发兴、谢乌仔、严松青、朱建平、谢志祥、姜月娇、秦妹货、卢名秋、念鹰、高方亮、蒋荣、游雁、香港有隆船务有限公司、泉州东海孙林芳、甫新港奉天宫、松鑫五号货船、福州市永利福超市有限公司。

二〇一四年十二月（甲午年）第五排88块碑。

奉缘贰仟以上至叁仟元信士芳名：

陈信光、陈庸兴、陈国斌、倪时国、林世华、陈文辉、林永兴、张伙俤、高玉伙、林岚、福建恒杰塑业新材料有限公司。

奉缘贰仟元信士芳名：

翁瑞英、翁松、翁丽铃、翁武坪、柯秋官、李晶、李善魁、李通、李全、李露华、李振柱、李善琴、李志平、李宝仙、高毅、高忠信、高婷、王国珠、王丽钦、王征国、王敏、王祥福、王述强、王可斌、王敬祥、王凯炬、林增银、林厚云、林忠、林绍鹤、林水兴、林国仁、林仁玉、林琴、林发、林贤标、林伟民、林敦基、林宜国、林今城、林程峰、林莲珠、林正杰、林秋萍、林武奇、林文、林瑞官、林其、林香、林吓确、林佑鸿、林莹、林喜、林佃官、林雪玉、林强、林平、王长仁、萨红玉、丁芳灵、董顺明、杨樱、杨文武、杨炎俤、杨喜德、杨记星、杨明峰、郑德英、郑浩峰、郑应周、郑春湍、郑真珠、郑章秋、郑于展、郑朱玉、郑小琴、郑建云、郑巧官、郑伟杰、何文金、何小立、何明华、何华亮、何明才、何心和、何晓峰、何祥锋、唐英汀、叶仁航、陈金柱、陈必勇、陈旺风、陈辉、陈佑峰、陈乃朝、陈梅英、陈益平、陈人耀、陈国雄、陈国亮、陈亮、陈宇翔、陈道德、陈学财、陈洪、陈经春、陈锦香、陈隽逸、陈胜希、陈斌、陈敏、陈保灼、陈芳、陈宇翔、陈丽明、陈雪乐、陈东生、陈秀燕、陈海官、陈训强、陈雪金、陈雪云、陈宝来、陈彬、陈兴宋、张其云、张志勋、张树沂、张永军、刘孟品、刘华金、刘建平、刘云梅、刘进颐、任德金、任巧珠、周善成、周明、郭振铃、郭国平、施友学、施宏贵、施传秀、施雅瑞、施雅云、康承豪、吴佩兰、吴华震、吴建勇、吴云彬、薛守光、薛丽丽、薛理强、薛福坤、薛财良、薛媛、佘月珠、佘生、佘艳英、庄瑞明、黄建茂、念吓辉、卢贤坤、黄贵端、兰祖国、纪建雄、肖发龙、毛祚鸿、俞昌平、俞华钦、倪如娟、邓祥利、钟育珲、曹振明、江兴、潘伟、潘礼明。

二〇一四年十二月（甲午年）第五排89块碑。

奉缘壹仟伍佰元至贰仟元信士芳名：

潘家兴、池福、严云兴、苏珠琴、魏秋英、赵金俤、许永发、洪本秋、曾凌红、韩孝茂、夏晓武、许立尧、高启宁、林能俊、周而辉、郑猷秋、陈良、林明霞、林永斌、林绍长、陈祖凤、陈以德、陈香平、陈义、陈友厚、陈尚宠、陈芳、李晶、李礼杰、王吓梅、林文钦、林云珠、林尚品、林求云、林承辉、林庆云、林太利、卢振匀、倪小花、何心文、何文禄、薛学龙、薛自文、卓维新、余爱明、施修林、郑雨婷、郑友、丁桂瑞、赵叔宝、吴秀玉、黄珠娇、黄建平、刘兰青。海润六六七七船、福州市金山银海大酒楼、香港三玄宫。

奉缘壹仟元以上至壹仟伍佰元以下信士芳名：

程顺玉、陈永官、吴宝松、罗清松、陈汝金、陈国平、张兴兵、谢昊燊、陈建华、王世美、郑传淋、陈树青、郑美官、林庆法、林峰、林尊佑、李道强、曹立春、陈礼坚、郭国平、高杨学、王全官、丁明昌、张秀钦、郑金旺、陈诚英、谢义、陈奋梓、陈国清、林清康、翁霞云、刘文兰、刘孟鸿、刘鋆、刘进平、刘心平、刘小明、刘燕梅、刘宜唐、刘灵羽、刘国宝、刘唐英、刘桂珍、吴健、吴昌宝、吴文庄、吴官乐、吴爱华、吴家仁、吴传国、吴良香、吴良清、吴丽生、吴泉能、吴剑、吴惠基、吴仲响、吴捷捷、吴碧玉、薛子祥、薛来峰、薛珠香、薛立光、薛峰、薛光妹、薛金文、薛敏、薛英、薛吓国、薛由强、林吓金、林义勇、林美英、林东、林瑞清、林谋金、薛立清、林义乐、林建武、林清英、林香淋、林孝明、林孝发、林美钗、林强、林国平、林德华、林庆福、林礼豪、林宝娟、林万金、林心宝、林其坤、林瑞龙、林宜团、林立爱、林盛、林万良、林良春、林贻波、林鸿、林晖、林新。

二〇一四年十二月（甲午年）第五排90块碑。

奉缘壹仟元信士芳名：

林悠、林桂英、林东燕、林学茂、林振良、林彩霞、林汉炜、林登官、林海明、林德明、林恩龙、林旺、林红英、林文、林武新、林国平、林如斌、林燕燕、林昌恒、林苏明、林增炎、林盛平、林昭、林秋淋、林学耀、林宏祥、林统、林广茂、林真、林玉芝、林勇泉、林鸿华、林自强、林信保、林珠莲、林瑞钦、林钦、林文宇、林爱宋、林好金、林芳、林国春、林公瑞、林仙强、林仙隆、林信平、林滔、林源、林丽琴、林凤、林银恩、林朝芳、林玉琰、林春琴、林华、林玉贵、林述月、林发忠、林琴、林爱容、林程福、林茂凤、林秀珠、林昌进、林修楷、林益强、林鸿英、林康、林旭峰、林天富、林增龙、林程亮、林兆金、林美捷、林美娘、游国富、林秉谷、游振珠、陈依灿、陈瑞云、陈建璋、陈辉、陈星、陈瑞发、陈冰德、陈金平、陈香英、陈能泉、陈祥魁、陈章华、陈燕州、陈展辉、陈龙、陈华强、陈友发、陈亮、陈木伙、陈百官、陈本鹤、陈文琴、游书平、陈桂官、陈桂香、陈圣贵、陈祥瑞、陈碧英、陈祥基、陈娟、陈起平、陈道琴、陈道金、陈祖家、陈学斌、陈其忠、陈国艳、陈学旺、陈锦豪、陈礼松、陈贵术、陈木斌、陈春华、陈辉文、陈秀辉、陈坤官、陈峰、陈义团、陈光、陈航生、陈克文、陈木花、陈其发、陈文新、陈宝玉、陈喜俤、陈木雪、陈身重、陈玉国、陈学勇、陈玉珠、陈秀珠、陈义铭、陈云玉、陈唐金、陈香响、陈本灿、陈国金、陈行武、陈云贞、陈锦秋、陈莺、陈宝官、陈云霞、陈海霞、陈琳琳、陈宽芳、陈孔明、陈平、陈泉、陈云榕、陈章照、陈旺凤、陈文龙、陈锦荣、陈美惠、陈长莺、陈治华、陈书装、陈昌航、陈成有、陈和平、陈妹妹、陈育、陈志勇、陈声豪、陈钟、陈丹丹、陈桂镐、陈斌、陈朝厚、马晓晴、郭奕银、郭华、郭建、郭家雄、郭爱金、郭连钦、郭天明、郭起燕、郭良鸿、郭春光、郭朝春、柯宝妹、柯开荣、柯加忠、柯国康、郑爱英、郑怡锋、郑于捷、郑爱忠、郑宝岭、郑云芳、郑祖团、郑淑章、郑用学、郑建宁、郑春、郑立雄、郑忠燕、郑兴凤、郑明敏、郑明俤、郑义明、郑评云、郑伯文、郑春福、郑声龙、郑平、郑忠明、郑云国、郑卫华。

二〇一四年十二月（甲午年）第五排91块碑。

奉缘壹仟元信士芳名：

郑云波、郑吓芳、郑国庆、郑显敬、郑以兴、何影、何齐快、何挺、何龙康、何良彬、何德兴、何明、何建清、何文登、何名立、何文彬、何武、何松、何秀文、何光荣、何秀梅、何博文、何晨、何希恩、何玉明、何敬祥、何云珠、何好宋、何立、何明琴、江训明、江玲、江礼雪、江玉珍、张永斌、张栩、张春、张建、张吓贵、张建乐、张子花、张好珠、张善平、张宝水、张朱菊、张冰、张丽

芬、张定汉、施友斌、施瑞生、施金兰、施祖联、施秀钦、施宇泽、施宾、施孟峰、施孝宁、施强、施菊英、韩金明、韩圣泰、韩美和、韩祥勇、韩宁、韩圣竹、王志良、王秀武、王荣、王天珠、王仁富、王碧华、王为双、王云诚、王金朝、王长兴、王远秋、王美珍、王杰、王铭芳、王绪家、王世彪、王秋萍、王月儿、王孙德、王炳恩、王兵、庄强、庄世云、庄奋财、庄武平、庄云本、庄奋财、吴国忠、翁旭、翁文发、翁良、翁守访、翁祖英、翁长敏、翁佳丽、翁赛芳、翁国兴、翁其熙、谢学玲、谢娇利、谢志明、谢章伟、谢和兴、谢平琼、谢师、潘建荣、谢利琴、潘孝团、潘爱玉、潘依妹、潘金宝、杨月华、杨天庭、杨宝清、杨长标、杨梅英、杨航玲、杨金玉、杨修墀、杨金华、杨迎新、李为仰、李芳、李振强、李宗平、李华、李文、李振泰、李书泉、李小会、李洪英、李平玉、李泉明、李智、李振富、李振芝、李邱三、李坤英、李雄、李四俤、李国平、李长荣、李国宝、项箴雄、徐秀珍、徐春华、孙振玉、孙建敏、戴洪、戴艳、戴木泉、董正惠、董天喜、董建波、董冬清、董欣宪、姚瑞妹、姚恭善、程顺忠、程从国、钟厚贵、钟秉刚、余建兴、余志军、余美棋、余华、余玉娟、余美玲、周峰、周廷仕、周凯、周安平、周善君、周飞、周茂平、周生、周宏霖、周伟龙、周明、黄树敏、周发雄、黄学文、黄建雄、黄学灯、黄群、黄小平、黄新文、黄祥富、黄娇平、黄舒诚、黄题龙、黄东明、肖兴龙、肖碧强、肖玲、倪文、倪德华、倪法坤、倪秀芳、倪必楠、倪培芳、蒋端芬、蔡学建、蔡丽强、丁祥猛、丁妹云、倪水英、丁玉明、丁爱玉、丁健、方勇、方春玉、方中祥、曾开谈、曾华茂、倪建华、傅发明。

二〇一四年十二月（甲午年）第五排92块碑。

奉缘壹仟元信士芳名：

傅发仁、梁宣达、梁启星、梁金福、高爱珠、高剑飞、高国荣、杨龙、高美惠、高杨贵、高倩云、魏文荣、魏瑞珠、魏荣芬、魏成躬、魏雪强、曹斯佳、曹爱明、曹本玉、曹建、曹祥枝、俞兆文、俞孝建、朱文杰、朱建国、朱建福、朱克惠、赵淑莺、赵小青、赵志坚、卢克铭、卢金皇、卢本荣、卢丽清、卢金星、卢杨忠、卢开顺、胡昌炳、叶光庆、叶观花、叶永福、叶瑞富、任官平、卓春明、卓国雄、毛熔龙、许小华、柳忠棋、齐向荣、康承豪、念宝珠、夏贤瑞、田良榕、冯卿民、香港道教联合会。

奉缘外币信士芳名：

林滔壹仟叁佰美元。刘天官、张锦艳、林传坦、朱丰各捐壹仟美元。林倍平、林源、曹达各捐陆佰美元。郭起勇、杨洪美元伍佰美元。郑振霖、陈琼各捐叁佰美元。杨波贰佰美元。周晖伍佰欧元。余月宋壹万零柒佰港元。方钦雄陆仟元台币。林美贞伍仟元台币。薛炳麒贰拾万日元。高谷富壹拾伍万日元。薛板俊、林娟霞、高谷辉和各捐壹拾万日元。林月英捌万日元。平冈美惠陆万日元。林光义、吴紫英各捐伍万日元。林光雄肆万日元。水越英子、林淑珠、林光栋、陈秀英各捐贰万日元。

二〇一四年十二月（甲午年）第五排93块碑。

公元二〇一五年元月至十二月奉缘信士芳名：

奉缘伍万元以上信士芳名：

平潭县流水镇新湖村草楼16号信士，李宝国先生，为石竹山道院建设，乐善好施人民币贰拾万元。

二〇一五年十二月（乙未年）。第五排94块碑。

福州市鼓楼区梅亭路136号大儒世家卧琥5B1705单元信士，朱秀玲女士，为石竹山道院建设，乐善好施人民币玖万叁仟贰佰元。

二〇一五年十二月（乙未年）。第五排95块碑。

南平市水南街480号丽景水岸D2502室信士，朱秀琼女士，为石竹山道院建设，慷慨乐捐人民币伍万零贰佰元。

二〇一五年十二月（乙未年）。第五排96块碑。

平潭综合实验区霞屿村信士，施建华先生、施育彰先生，为石竹山道院建设，乐善好施捐人民币伍万元。

二〇一五年十二月（乙未年）。第五排97块碑。

福清市三山镇楼下村上魏58—2号信士，俞瑞兰女士，为石竹山道院建设，

慷慨乐捐人民币伍万元。

二〇一五年十二月（乙未年）。第五排98块碑。

福清市港头镇东光村东207号信士，王钦伙、王雪云夫妇领长子王冬冬、女婿余锦、女儿王吓晶、女婿林宏宝、女儿王清清，同为石竹山道院建设，乐善好施人民币壹拾万元。

二〇一五年十二月（乙未年）。第六排69块碑。

福清市福中花园A一5座信士，林明利先生、林爱梅女士夫妇，为石竹山道院建设，慷慨乐捐人民币壹拾万元。

二〇一五年十二月（乙未年）。第六排70块碑。

平潭县白青乡国彩村531号信士，吴泉先生，为石竹山道院建设，乐善好施人民币叁拾万元。

二〇一五年十二月（乙未年）。第六排71块碑。

广州市行盛玻璃幕墙工程有限公司信士，翁华银先生、韩瑞英女士夫妇，为石竹山道院建设，乐善好施人民币伍万元。

二〇一五年十二月（乙未年）。第六排72块碑。

福州市台江区水岸庭六座306号信士，陈飞霖先生，为石竹山道院建设，慷慨乐捐人民币伍万元。

二〇一五年十二月（乙未年）。第六排73块碑。

山东省潍坊市鑫耀商贸有限公司信士，林海先生、陈雪锦先生，为石竹山道院建设，乐善好施人民币伍拾万元。

二〇一五年十二月（乙未年）。第六排74块碑。

福清市城头镇梁厝村信士，梁瑞勇先生，为石竹山道院建设，乐善好施人民币伍万肆仟元。

二〇一五年十二月（乙未年）。第六排75块碑。

福清市龙田镇山前村信士，林存立先生，为石竹山道院建设，乐善好施捐人民币伍万元。

二〇一五年十二月（乙未年）。第六排76块碑。

福清市渔溪镇后朋村上山东海126号信士，杨后干、林云芳夫妇，为石竹山道院建设，慷慨乐善人民币壹拾万元。

二〇一五年十二月（乙未年）。第六排77块碑。

内蒙古包头市融茂房地产开发有限公司信士，詹说官先生，为石竹山道院建设，乐善好施人民币贰万元。

二〇一五年十二月（乙未年）。第六排78块碑。

福清市三山镇前庄村110号现居印度尼西亚雅加达市信士，王承淋先生，为石竹山道院建设，慷慨捐人民币伍万元。

二〇一五年十二月（乙未年）。第六排79块碑。

香港沙田新城广场第三期红棉阁10F室、深圳市龙岗宝龙工业区翠龙路12号信士，黄啟豪先生，为石竹山道院建设，乐善好施人民币陆万元。

二〇一五年十二月（乙未年）。第六排80块碑。

福清市渔溪镇八一五路472至474号信士，郑年进先生领子郑康荣、女儿郑秀钦，为石竹山道院建设，乐善好施人民币伍万元。

二〇一五年十二月（乙未年）。第六排81块碑。

福清市龙田镇后面村134号信士，林峰先生、郑少英女士，为石竹山道院建设，乐善好施人民币伍万元。

二〇一五年十二月（乙未年）。第六排82块碑。

平潭县流水镇大埕村大厝低自然村信士，丁玉平先生，为石竹山道院建设，慷慨乐捐人民币壹拾万元。

二〇一五年十二月（乙未年）。第六排83块碑。

长乐市猴屿张家村信士，张君佐先生，为石竹山道院建设，乐善好施人民币伍万元。

二〇一五年十二月（乙未年）。第六排84块碑。

福清市上迳镇工业小区、福州金顶味食品有限公司信士，刘文杰先生、刘晓娜女士，为石竹山道院建设，乐善好施人民币伍万元。

二〇一五年十二月（乙未年）。第六排85块碑。

福清市龙山街道玉峰村南87号信士，陈佑峰先生、王英女士夫妇，为石竹山道院建设，乐善好施，捐资人民币伍万元。

二〇一五年十二月（乙未年）。第六排86块碑。

福州市长乐区潭头镇克凤村明秋12号信士，陈双金女士领众信士，为石竹山道院建设，一九九七年至二〇一五年合捐缘叁拾捌万人民币。

二〇一五年十二月（乙未年）。第六排95块碑。

香港沙田新城广场第三期红棉阁10F室、祖籍福清上迳上涨村信士，黄啟豪先生，领合家为石竹山道院建设，一九九七年至二〇一四年计捐缘壹拾壹万陆仟元人民币。

二〇一五年十二月（乙未年）。第六排96块碑。

福清市龙田镇积库路福芦社区后弄龙飞路001号信士，薛章炎先生，为石竹山道院建设，一九九七年至二〇一五年计捐资柒万人民币。

二〇一五年十二月（乙未年）。第六排97块碑。

福清市龙田镇三村龙达路32号信士，何希斌先生，为石竹山道院建设，一九九七年至二〇一五年计捐资陆万伍仟元人民币。

二〇一五年十二月（乙未年）。第六排98块碑。

福州市台江区台江路109号元洪锦江花园二号楼1502号、祖籍福清港头梓园村信士，王其光先生，为石竹山道院建设一九九七年至二〇一五年计捐缘伍拾伍万伍仟伍佰元人民币。

二〇一五年十二月（乙未年）。第六排99块碑。

公元二〇一五年元月至十二月奉缘信士芳名：

奉缘壹万元以上信士芳名：

薛来何肆万元。倪章益肆万元。陈晓明肆万元。林锦平叁万元。林红玉叁万元。林勤叁万元。林崇叁万元。陈书标叁万元。陈美芳叁万元。何瑞官叁万元。韩美珠叁万元。吴怡静叁万元。郑凯翔贰万元。郑应义贰万元。何众金贰万元。潘受平贰万元。俞道建贰万元。薛财斌贰万元。陈雪玉贰万元。陈金铠贰万元。陈本楹贰万元。刘宜达贰万元。何希照贰万元。周建飞贰万元。吴孝忠贰万元。王小明贰万元。王命亮贰万元。张峻贰万元。杨耀庭贰万元。翁绳同贰万元。林衡贰万元。林世国贰万元。李业坦壹万陆仟元。黄以强壹万伍仟元。陈玉印壹万叁仟叁佰元。陈永强壹万叁仟元。陈千尧壹万壹仟元。魏孝栋壹万壹仟元。郑艳壹万壹仟元。叶桐壹万壹仟元。卢先生壹万壹仟元。徐东强壹万零伍佰元。林性禄壹万零伍佰元。余传勇壹万零壹佰元。渔船号金源星16、洛河16、聚福星、聚金源、金旺源、金兴源、新秋河、新星河、新银河、金富源、金祥源、金吉源共捐壹万捌仟元。

奉缘壹万元信士芳名：

林云、林礼华、林锦祥、林云强、林新、林国平、林霞莲、林春、林道兴、林祥、林国生、林友和、林莹、林啟通、林小波、陈纪仇、陈云芳、陈杰、陈文、陈建华、陈国春、陈德祥、陈友齐、陈昇恒、陈美娇、王征勇、王建坚、张依赐、张浩栋、张天光、李秀珠、李秀珍、李国林、王长旺、李宗珠、李国生、李雄、洪毓声、余传明、余美松、余贤安、王远俊、薛加平、魏禄全、俞林平、俞瑞香、柯金国、陆建山、吴章金、郭金贵、倪秉仁、倪颖、刘锦星、刘嵩、黄爱华、游立昱、冯振妥、蔡立贵、任飞、何荔红、何瑞发、谢雪钦、许圣烨、郑思全、潘

郑鹤、钦闽丰舱船有限公司。

奉缘捌仟元以上至玖仟元信士芳名：

王小农、王友华、王小青、魏建通。

二〇一五年十二月（乙未年）。第六排87块碑。

奉缘陆仟元至柒仟元信士芳名：

连依顺、游天华、柯炳生、李礼周、陈雄、林傅乐、王晖、王玉华、谢立惠、谢财华、林鹏、林仁玉、林碧英、林同吉、余幼珠、余炎冰、江华、蔡桂秋、俞华、詹坚铿、陈严栋、张天俊。

奉缘伍仟元信士芳名：

周宏明、郑时寿、郑明义、郑昌善、俞和莺、吴融生、翁其荣、李诚棋、李品发、林文、林木松、林政雄、林必琳、林小玲、林城、林烈强、林木和、林玉松、林木英、林成浩、林道杰、林泉清、林祥、林友木、林银恩、张敦芸、张仁贵、张家豪、游建明、陈淑生、陈建英、陈天赐、陈平、陈春杰、陈敏丽、陈华和、陈丽洪、陈玉金、陈建明、陈晓乐、刘兰青、刘用熙、王文华、王贤玉、王云、王玲英、施宏贵、薛立耀、薛友华、何铭官、何庆金、余建忠、余朱玉、余梅、朱小凤、兰爱铨、黄文龙、杨宗旺、杨锦雄、高存勇、魏学辉、李炳安、香港长福海运。

奉缘叁仟元至肆仟元信士芳名：

何美朝、毛祚鸿、陈宝坤、陈依针、高银水、吴群、傅仁杰、鲍文斌、张树沂、林瑜涵、李加群、郑义镇、郑维海、陈尚宠、王钦玉、刘国清、方金凤、刘明院、刘明星、陈文辉、林桂富、叶诚海、林友惠、林泰乐、林成平、林锋、林诚坤、林文海、林木金、林国捷、林莹、林武旗、林孔伟、林财兴、林小华、林斌、林双、林佳平、林宝钗、林溶萍、林正雄、林捷、余生、余乃龙、陈水华、陈瑜、陈友发、陈孔钦、陈新萍、陈国仕、陈文、陈发清、陈再樵、陈本莺、陈瑞英、陈拓、陈伦东、陈躬燕、江华、王贞侃、王钦锋、王品梅、俞昌平、石立宪、何勇、何名立、雷世平、杨庆福、杨立、杨耀华、薛圣庄、薛瑛。

二〇一五年十二月（乙未年）。第六排88块碑。

奉缘叁仟元信士芳名：

池开安、谢建忠、何文英、潘宝针、潘林、郑宜、郑敏湍、郑力、高建松、曾光清、吴学振、翁玉福、翁程、柯美莺、方昌金、頼美珠、程敏鹊、严碧金、黄碧忠、黄建文、黄树敏、黄啟舜、肖孝惠、蔡昌福、张弘、宏运油2号船、福建恒杰塑业新村料有公司。

奉缘贰仟元以上至叁仟元以下信士芳名：

郑仁新、陈庸兴、林鹰、林锋、张秀钦、李善槐、张航灯、林聪、李学坦、王世美、郑德英、王惠珍、陈华。

奉缘贰仟元信士芳名：

翁瑞英、翁木林、翁榕、翁凯熙、翁仁春、陈赛芳、陈一栋、陈金柱、陈永秀、陈代勇、陈必勇、陈人耀、陈毅、陈展辉、陈伟、陈雨龙、陈国雄、陈国亮、陈国斌、陈惠龙、陈祥瑞、陈道德、陈赛芳、陈祖家、陈洪、陈学财、陈龙生、陈铣、陈传坦、陈旭、陈春茂、陈梅英、陈祥魁、陈其发、陈书贵、陈依兴、陈小麟、陈兴光、陈友琦、陈苏、陈依林、高毅、高明、庄武平、庄强、孙建敏、俞兆华、俞品、俞秀萍、吴天官、吴海明、吴佩兰、吴孝清、吴则标、刘文兴、刘斌斌、刘建忠、刘华金、刘书祥、刘惠明、刘宏信、吴美芳、蔡海玲、林敦华、林公瑞、林庆全、林健风、林玉芳、林仁娇、林忠、林莲娇、林照臻、林绍鹤、林美平、林品芳、林建平、林发、林宜国、林程峰、林今城、林荣雄、林吓确、林征、林武新、林福、林其、林新明、林幼美、林谦、林昌平、林芳、林善珠、林玉平、林太利、林财、林凤、林国春、林相钦、康承豪、王友木、王绪家、王为茂、王永佺、王德春、王命炎、王述强、王贵、王华钦、王兵、王燕娟、王美芳、王云平、王天珠、王孟锦、何文金、何敦发、何柠檬、何超、何文实、何小明、何海、何云妹、何光春。

二〇一五年十二月（乙未年）。第六排89块碑。

奉缘贰仟元信士芳名：

周莲娟、周玉端、周生、刘海兵、黄冬冬、曾赛凤、曾昭棋、张吓贵、张永军、张中、张俤俤、张雪仙、张盛、倪时国、倪华兴、欧阳晶、余月珠、余爱明、余长和、丁祥龙、曹康金、宁进东、卢贤坤、卢金钗、王钦玉、刘国清、严秀平、严北街、严宝康、郑章秋、郑俤、郑昌盛、郑春福、郑于展、郑榕、兰祖国、傅发明、傅发仁、江敬登、江振贤、江敬标、江申美、李金平、李基斌、李立伟、李济循、李赛花、李成剑、李新兰、李志平、李泉、于建军、薛财良、薛理强、薛文灿、薛万东、蒋金梭、徐孝标、莫明勇、潘雪云、柯立锋、卓月燕、钟育珲、鲍宇轩、杨玉明、唐枝豪、洪本明、庄昌明、叶欣怡、郭亦平妹、上海市海易昌食品冻厂、海润九三六三号船。

奉缘壹仟元以上至贰仟元以下信士芳名：

黄国善、姜宝英、谢财华、潘爱玉、魏子云、林美、陈善英、吴建林、林桂华、林水兴、林旺、林心昌、林水、林宝娟、陈华珠、陈义、陈传奇、陈汉明、陈春凯、陈永传、何心文、何敏、蔡东芳、薛金义、连依金、黄珊珊、黄霖飞、施修林、曾而斌、周长瑞、卓进武、卓光华、刘善云、李雅爱、郑宝珠、何万秀、李宝林、陈本爱、黄明坚、邓宁舒、张伙俤、施生团、杨鸿和、郑义明、林述娇、林世彪、林瑞香、黄钦秀、陈雪客、陈美华、陈礼坚、陈秋娟、李道强、施孝宗、周东、王云燕、余林官、叶云升、叶云海、何希凤、何文光、何桂雄、何良彬、何秀美、何兴基、何百朝、何明、何文登、何建清、何敬祥、何文彬、何祖金、广州市丽莉鞋业。

二〇一五年十二月（乙未年）。第六排90块碑。

奉缘壹仟元信士芳名：

何杰、林美英、林清、林瑞灿、林雅英、林庆法、林厚云、林美华、林有响、林松、林锋、林其桓、林细金、林祥银、林义勇、林震、林云珠、林孝明、林义乐、林孝发、林清英、林棋通、林秉谷、林东、林文浩、林勋、林鸿、林文钦、林强、林桂英、林万金、林明官、林尾俤、林荣、林德华、林能俊、林飞云、林增银、林贴铨、林星友、林伟、林贻团、林承阳、林万良、林存、林文依、林长浩、林行和、林行述、林振良、林航、林昌恒、林我明、林学富、林晨、林传宁、林如斌、林国平、林婷、林建、林永强、林敏慈、林好金、林针、林新锋、林建斌、林佳英、林盛平、林希云、林生明、林贞敏、林海钦、林观宏、林海英、林铮、林国友、林增炎、林官风、林朝灵、林木华、林金明、林晓康、林清爱、林金秋、林兆麟、林岚、林国峰、林秋淋、林祥建、林正昌、林自强、林振明、林诗清、林文潘、林支锋、林英、林昆明、林国春、林鸿英、林建清、林意雪、林悦山、林以成、林志财、林辉强、林国英、林木同、林瑜、林腾、林爱梅、林康、林我松、林振信、林国泰、林荣东、林超、林丽云、林坤官、林学宁、林学在、林绍炎、林承强、林仙隆、林仙强、林婉玉、林龙、林炳生、林友明、林秀兰、林敏芳、林天姿、林学尧、林国荣、林金龙、林秀晃、林茂风、林其辉、林凤、林伟胜、林长文、林杰、林谋惠、林圣龙、刘孟鸿、刘孟平、刘若剑、刘义钦、刘文兰、刘金来、刘辉、刘章斌、刘小明、刘明胜、刘泽斌、刘金春、刘锦勇、刘心芳、刘榕振、刘云光、刘春、谢可兴、谢章伟、谢元朝、谢和兴、谢可宝、谢财明、郑用官、郑于捷、郑玉兰、郑宝宁、郑淑章、郑祖团、郑应周、郑梅英、郑建宁、郑建锦、郑春林、郑忠燕、郑月莲。

二〇一五年十二月（乙未年）。第六排91块碑。

奉缘壹仟元信士芳名：

郑佰文、郑长钦、郑英、郑炎清、郑勤英、郑飞燕、郑碧月、郑峰、郑云、郑惠金、郑明敏、郑财官、郑明云、郑品芳、郑仁胜、郑金宝、郑芳芳、郑齐群、郑承明、郑明俤、郑时才、郑善勇、郑仁健、郑真珠、郑孝荣、郑昌盛、郑勤连、郑妹妹、郑振兴、郑建和、王建明、王钦义、王羽、王小强、王爱珠、王加贵、王国珠、王碧华、王坤爱、王晓敏、王心琛、王为双、王为荣、王爱钦、王丽芳、王世彪、王吓洪、王文棋、王文城、王远秋、王清荣、王维秀、王雪梅、王桂英、王捷凡、王孟佺、王月儿、王占宝、王鑫东、严青兰、严月林、严俊国、江敬斌、江训明、江通侃、江小钦、江敬励、江锦、江能鸿、陈云霞、陈宗斌、陈兆珍、陈代强、陈宇、陈其忠、陈建璋、陈庸春、陈燕德、陈金平、陈义侠、陈祥乐、陈华强、陈辉、陈开俊、陈存官、陈龙、陈美容、陈本勇、陈云、陈强、陈世旺、陈桂官、陈文琴、陈本鹤、陈学旺、陈学斌、陈良芳、陈真藩、陈金茂、陈荣华、陈道爱、陈道琴、陈礼松、陈春华、陈奋梓、陈国清、陈友梁、陈木雪、陈伟、陈登魁、陈炎发、陈孔榕、陈其发、陈其水、陈美官、陈剑新、陈琳、陈辉

文、陈昌航、陈秀云、陈峰、陈秀珍、陈剑芳、陈航生、陈福俤、陈秀辉、陈榕、陈瑞土、陈敏芳、陈道通、陈铭超、陈贤龙、陈友珠、陈钟官、陈建瑞、陈忠辉、陈飞燕、陈文钦、陈灏、陈梅芳、陈斯奇、陈学财、陈彩玉、陈丽芳、陈建云、陈英、陈云娟、陈明铃、陈国封、陈梅凤、陈如、陈太雄、陈明华、陈正海、陈玉珠、陈风官、陈询、陈美金、陈汉祥、陈龙平、陈丹丹、陈保兴、陈宋斌、陈瑶、陈国平、余秀明、余志军、余建兴、余元干、余祥、余孔命、余访、余代伟、庄强、庄品玉、庄瑞林、庄光惠、吴晓俏、吴瑞明、吴官乐。

二〇一五年十二月（乙未年）。第六排92块碑。

奉缘壹仟元信士芳名：

吴文庄、吴修雄、吴建、吴修锋、吴丽芳、吴良香、吴康基、吴修栋、吴学强、吴瑞月、吴华德、吴启忠、吴宝妹、吴昌财、朱赛容、朱根平、朱建国、朱兰秀、朱继成、朱淑熙、张栩、张滢、张鸿、张建、张其晃、张祺、张平、张丽丽、张余诚、张泉俤、张子莊、张祖锦、张桂香、张剑雄、张赛赛、张航泉、张正泉、钟厚贵、高雪钦、高婷、高秉钦、高国水、高永福、高云华、张南京妹、高剑飞、高杨龙、高孔旭、游遵兴、游天珠、游国能、游书平、游瑞兰、游建东、钟必勤、李华钧、李振强、李芳、李艳、李银、李忠、李华、李加河、李振泰、李洪进、李仁华、李贤乐、李金发、李礼杰、李礼贵、李贤明、李梅洪、李心标、李秀如、李华琴、李振柱、李凤妹、李德兴、李晓冬、卓长安、卓维新、卓光俊、周寒冰、周国锋、周廷仕、周蓉、周美芬、周峰、周凯、周善君、周飞、周而辉、周宏霖、周裕强、周伟龙、周孙茂、周恭风、周泉金、黄永辉、黄桂兰、黄学文、黄建茂、黄建彬、黄当镆、黄行飞、黄灯、黄东东、黄吓金、黄春锋、黄小平、黄书明、黄云凤、郭云生、郭建、郭晨曦、郭敏燊、郭金希、潘明权、潘礼源、潘春波、连永群、韩金朋、韩燕、韩宁、韩祥勇、郭啟尼、韩金云、丁明昌、丁祥猛、丁祥永、丁祖义、许桂生、许子湘、许青、许夏燕、丁春国、连敏、侯传森、许美钦、许祖和、许飞宇、薛爱民、薛美珠、薛秋宁、薛学龙、薛丽丽、薛敏、薛国仁、曾华茂、曾开谈、曾铬、曾国云、曾兆泉、曾穆华、曾昕、曾美容、董正惠、董明云、董天喜、董平、董晓婷、施家春、施小明、施纬、施绍鲁、施洪钦、施玉珠、姚文新、姚启斌、姚恭善、姚恭标、姚恭钿、翁绍斌、翁吓婆、叶贤文、叶雄平、叶丽榕、叶用、叶永福、叶秉庚。

二〇一五年十二月（乙未年）。第六排93块碑。

奉缘壹仟元信士芳名：

叶敬兰、叶素婷、叶世华、魏孝义、魏友志、魏传群、魏爱玲、魏义啟、魏成躬、蔡用泰、蔡美英、蔡莲官、蔡泉龙、肖云钦、肖发龙、肖兴龙、倪明新、倪运寿、倪水英、赵瑞琴、赵小青、赵秋凤、石志端、程莺娇、曹国英、曹振明、曹达、曹元河、曹立容、曹桂芳、曹颖欣、俞建新、俞济福、俞娟、俞忠义、俞大兵、夏登峰、夏晓武、卢丽清、卢尧铭、卢振钧、詹炳忠、任朝奋、任官平、邹宗仪、邹连煜、杨群、杨樱、杨凤平、杨宝清、杨方乐、杨艳、杨建金、杨瑞英、杨图康、杨佑宏、兰成妹、萨红云、官天明、官鲁建、方昌文、方仁凤、方香玉、方忠祥、方明达、方勇、蒋志坚、蒋胜利、蒋华实、念其太、田述钦、田继彬、孙文澄、冯满香、纪建雄、唐英书、梁宜达、徐春华、瞿宜传、瞿宜国、柯秋官、柯春发、柯加忠、项箴雄、邓祥利、童玉信、威龙86号船、台湾省益麟企业有限公司、福建润料医疗器械有限公司。

奉缘外币信士芳名：

黄祖增伍仟壹佰美元。郑榕贰仟美元。王秀武壹仟叁佰美元。陈普俤、潘依妹、曹振明各捐壹仟美元。郑秀钦、邱吉以、林炜各捐伍佰美元。林年团、阮明钦、陈旭、陈琼各捐叁佰美元。林武祥叁拾万日元。高谷健壹拾万日元。佐藤昇捐伍万日元。增成秀英、刘喜端各捐叁万日元。李锋贰万日元。孙礼仁陆仟元台币。王增云壹万港元。

二〇一五年十二月（乙未年）。第六排94块碑。

公元一九九七年至二〇一五年（乙未年）奉缘信士芳名：（补铭碑）

奉缘伍仟元以上信士芳名：

陈圣娟叁万伍仟元。陈庄明叁万贰仟元。海口开发公司贰万壹仟元。刘福官贰万元。

翁妹妹壹万叁仟元。陈文明壹万零叁佰元。王朝淦壹万元。李云辉壹万元、木原爱子壹万元。翁瑞英壹万港元。何亮玖仟元。林茂强捌仟元。林保明染仟壹佰元。

林明利柒仟元。薛正银陆仟叁佰元。黄季斌陆仟元。薛苑蒲陆仟元。薛金陆仟元。林桂英陆仟元。薛祥平伍仟元。吴振光伍仟元。周伟彬伍仟元。张和伍仟元。

奉缘叁仟元以上至伍仟元以下信士芳名：

林为财、林海滨、郑义乐、薛有弟、王品英、魏公平、陈秀玉。

奉缘叁仟元信士芳名：

何宗疆、何宗清、何兴、陈美芳、陈双金、陈秀玉、林城坤、林木枝、林代、薛祥平、薛茂福、薛茂忠、吴明祥、高文、何文光、杨宗旺、邱明、魏公平、余元干、王海玲、谢忠。

奉缘贰仟元信士芳名：

陈庄明、陈洋端、施瑞玉、施家瑞、林仁官、林辉峰、刘云锋、李如俤、郭贤盛、吴振光、严盛龙、孙维忠、郭镇礼、何辉、翁祖光。

奉缘壹仟元以上至贰仟元信士芳名：

吴章强、柳民源、魏炎梅、王命云、吴君山、王尧美、陈森贤、郭婕、林明、黄玉明、林玉清、林金灼、林尚好、林兴华、林兴国、林高凯、林绍长、林营官、林海棠、林玉官。

二〇一五年十二月（乙未年）。第六排100块碑。

捐缘壹仟元信士芳名：

林木金、林庆保、林俨儒、林海官、林圣训、林在平、林为灯、林武、林秉跃、林凤萍、刘勇、刘福官、刘德、陈金利、陈巧勇、陈朝捷、陈文辉、陈福清、陈时干、陈钦芳、陈学全、陈仙玉、陈毅、陈圣杰、陈财兴、吴炎淦、吴振笔、何芳、何国贵、何希建、何希恩、何荣、何希勇、何雪龙、何莹、何木水、游景、游梅珍、薛正兴、薛华英、薛凤琴、薛兴、翁如星、翁财福、余贤煌、余孔喜、余仁雄、王志强、王志龙、王元明、王孝茂、王成康、王瑞锦、王海燕、王春松、倪春发、倪亚俤、倪秉雄、张莺浩、张丽云、张必进、郑水秀、郑昌明、郑卫东、颜海英、高居盛、钟厚尧、周遵文、邱恒珠、李炎官、梁艺、鑫冶金、杨孝仙、郭振礼、蔡林生、施林顺。

二〇一五年十二月（乙未年）。第六排101块碑。

公元二〇一六元月至十二月年（丙申年）奉缘信士芳名：

奉缘伍万元信士芳名：

福清市港头镇芦华村石埕下沐恩信士，余长炎先生，奉缘人民币壹拾万元，为道院修建。

二〇一六年十二月（丙申年）。第七排1块碑。

福清市龙田镇上一村，施文义、施丽钦伉俪，为石竹山道院建设，慷慨捐缘壹佰万元人民币。

二〇一六年十二月（丙申年）。第八排南面2块碑。

福清市福塘路福中花园A一5号，林明利先生，为石竹山道院建设，慷慨捐缘壹拾壹万元人民币。

二〇一六年十二月（丙申年）。第八排南面3块碑。

福州市金山风荷苑一号楼、祖籍平潭县，薛朱何先生，为石竹山道院建设，慷慨捐缘壹拾万元人民币。

二〇一六年十二月（丙申年）。第八排南面4块碑。

平潭县流水镇大埕村大厝底，丁玉平先生，为石竹山道院建设，慷慨捐缘壹拾万元人民币。

二〇一六年十二月（丙申年）。第八排南面5块碑。

福清市高山镇后安村北安177号，陈庆安、魏玉琴伉俪，为石竹山道院建设，慷慨捐缘壹拾万元人民币。

二〇一六年十二月（丙申年）。第八排南面6块碑。

福清市镜洋镇琯口村新村33号，陈文炳先生，为石竹山道院建设，慷慨捐缘

壹拾万元人民币。

二〇一六年十二月（丙申年）。第八排南面7块碑。

厦门外贸大厦奔马实业有限公司，王命亮、陈婉霞伉俪，为石竹山道院建设，慷慨捐缘捌万元人民币。

二〇一六年十二月（丙申年）。第八排南面8块碑。

平潭县潭城镇桂山庄5弄12号，高建兰先生，为石竹山道院建设，慷慨捐缘伍万叁仟元人民币。

二〇一六年十二月（丙申年）。第八排南面9块碑。

福清市镜洋镇波兰村张桥头，张必进、陈文清伉俪，为石竹山道院建设，慷慨捐缘伍万元人民币。

二〇一六年十二月（丙申年）。第八排南面10块碑。

广州行盛集团、福清市三山镇坑边村西部29号，翁华银先生、翁华才先生、韩瑞英信士，为石竹山道院建设，慷慨捐缘伍万元人民币。

二〇一六年十二月（丙申年）。第八排南面11块碑。

公元二〇一六年元月至十二月（丙申年）奉缘信士芳名：

奉缘壹万元以上信士芳名：

黄小玉伍仟美元。林强弟叁万元。林杰叁万元。林国生叁万元。何文光贰万伍仟元。黄家贰万叁仟元。陈成贰万元。陈向辉贰万元。陈传坦贰万元。陈凤金贰万元。林绍银贰万元。林华平贰万元。余月宋贰万元。刘华金贰万元。郑小琴贰万元。高长江贰万元。韩金福贰万元。张明忠贰万元。

蔡乐乐贰万元。吴泉贰万元。林伟民壹万捌仟玖佰。林祥壹万伍仟元。陈学英壹万伍仟元。陈云芳壹万伍仟元。何其朝壹万伍仟元。何兴壹万伍仟元。郑立群壹万叁仟元。王东红壹万贰仟元。李业坦壹万贰仟元。中洲企业群壹万壹仟贰佰元。魏孝栋壹万壹仟元。陈凯华壹万壹仟元。林庞清壹万零伍佰元。曹嵩平壹万零肆佰元。

奉缘壹万元信士芳名：

王东红、王建勇、王为杰、王钦太、王辉、王朝淦、王梓翔、王命炎、陈云芳、陈惠美、陈德徵、陈桂婷、陈金郭、陈传通、陈剑耀、陈立豪、陈峰、陈小琴、薛友华、薛祥平、薛朱兴、郑真珠、郑福宋、郑建宁、郑勤健、张述琴、张怀财、张浩栋、张永建、林锦平、林新、林立爱、林道兴、林城、林秀伟、翁瑞英。

二〇一六年十二月（丙申年）。第六排102块碑。

奉缘壹万元信士芳名：

翁其荣、吴春霖、吴孝忠、杨宗龙、杨宗旺、俞云英、俞道建、余元干、余美松、李银、李碧英、游国龙、周祖强、肖厚勇、叶淋、朱在明、倪秉仁、蔡立贵、魏传熙、颜经锋、刘军、陈千尧、王秀武、陈先生、黄天喜、王友华、王小清、金宝慈善总会、闽丰油1号。

奉缘陆仟元以上至捌仟元以下信士芳名：

林炳生、陈再金、扬英莊、林莺花、林昭、张述雄、林华洪、谢立锋、谢立慧、郑建春、王晖、林辉渡、任德全、林仁玉、何本朱、厨柜公司、江洋船务有限公司。

奉缘伍仟元至陆仟元以下信士芳名：

高谷富、高谷健、林娟霞、张定汉、李礼周、林智兴、黄舒诚、黄春满、何本朱、何天龙、何伟良、郑时寿、郑爱金、郑昌善、薛金兵、薛财斌、薛立耀、薛立光、薛万东、周宏明、周勋义、王文辉、王扬芳、张冬平、张怀月、林正雄、林捷、林伟华、林承光、林秀清、林述华、林辉、林木和、林玉松、林必琳、林木松、林文俤、林长武、刘章斌、刘高强、陈小明、陈玉英、陈丽娟、陈国强、陈强、陈通国、庄志爱、庄小琳、郭金贵、余朝、高文贞、施克同、丁强、欧忠强、颜海英、纪在武、卓剑威、叶华财、吴怡静、高长江、明泰冷、翁妹妹、平岡美惠、高谷辉和。

奉缘肆仟元至伍仟元以下信士芳名：

潘爱玉、施永坡、陈宋清、卓惠芳、曹嵩平、吴翊彬、林聪、林建华、林昌平、林茂强、林子岩、黄国善、朱秀琼、卢贤坤、俞瑞英、严灵惠、陈赛芳、李善琴、游国福、王玉华、毛沉、何美朝、倪秉雄太极拳队、郑氏兄弟姐妹。

奉缘叁仟元以上至肆仟元以下芳名：

陈建辉、郑义镇、刘明星、刘明院、林小华、潘爱民、潘爱亮。

二〇一六年十二月（丙申年）。第六排103块碑。

奉缘叁仟元以上至肆仟元以下信士芳名：

杨独锋、林明才、林绍长、林峰、施艳槐、林光雄、李玲云。

奉缘叁仟元信士芳名：

林贻团、林孔勇、林剑华、林秀云、林良官、林水钦、林鑫、林锦祥、林桂华、林鸿涛、林竹灵、林春强、林瑞仁、黄柳婷、黄事长、黄进玉、张中、陈新萍、陈庸云、陈德胜、陈钰、陈宝坤、陈国、陈宇、陈名潮、陈文辉、陈自斌、陈清、陈和玉、陈兵、陈秀芳、陈旺龙、陈秀云、张遵斌、张俊标、张榕、郑美娟、郑飞、郑子焰、余学明、余乃龙、余乃武、俞昌平、俞幼珠、徐永兴、薛妹妹、薛谋雄、何锋立、何梅英、柯俊颐、施宏贵、施友信、魏建通、魏学辉、魏顺清、魏谋荷、潘芸、潘林、吴玲玲、吴天彪、王传斌、王承旺、王建明、王钦玉、王敬祥、李登斌、曾光清、邱诚鑫、游建明、卢杨忠、杨安、雷世平、高梅琴、詹训亮、翁敬团、任巧珠、郑传福、谢碧芸、霍氏寿光房地产发展有限公司、恒杰公司。

奉缘贰仟元以上至叁仟元以下信士芳名：

黄青锋、张赛彬、严秀峰、林孜、魏福兴、陈秀玉、陈章华、林仙建、严宝康、官挺、李善魁、龚荣武、林诚坤、何文实、陈雨龙、林谋旺、刘国清、林爱兰、林宝中、林孝明、施家财、陈秋、曹立喜、林发。

奉缘贰仟元信士芳名：

郑荣、郑俤、郑邦平、郑敏、郑爱文、郑春福、林衡、林仰星、林德宇、林今城、林程峰、林星友、林泰乐、林泰华、林生、林淑香、林庆全、林天金、林银官、林国容、林雅英、林厚春、林华英、林明凤、林美平、林远朝、林吓确、林云福、林水兴、林春、林祥明、林宜国、林花、林茂、林强、林浩、林茂火、林文明、林文忠、林张钦、林义暖、林意雪、林同平、林为玉、林谦、林东、林丽荘、陈惠玉、陈训贵、陈少清、陈祖家、陈明春、陈美芳、陈庆强、陈必勇、陈福平、陈惠龙、陈庆安、陈洪、陈文辉、陈建璋、陈赛英、陈木伙、陈文德。

二〇一六年十二月（丙申年）。第六排104块碑。

奉缘贰仟元信士芳名：

陈依顺、陈道德、陈小龙、陈德英、陈龙生、陈益平、陈玉、陈必豪、陈祥瑞、陈挺、陈月云、陈学财、陈林晨、郭吓新、郭国铨、李积兴、李志平、李立伟、李啟珍、李赛花、吴宜良、吴佩兰、吴海明、吴明祥、吴章金、吴振光、吴章荘、何敦发、何齐旺、何培龙、何名立、何亮、何敬祥、何文禄、何鍊田、黄芳玉、黄季斌、黄明钟、黄贵端、黄莉、黄群、黄珠娇、黄诗斌、刘道淋、刘文兴、刘莺方、刘惠明、刘谦、刘国清、刘信仪、刘云凤、刘书祥、蔡正烧、蔡海玲、蔡金衔、蔡道铨、王国珠、王为茂、王淋、王秀妹、王斌、王嘉俊、王孔亮、王泽宇、王永铨、王木炎、王华钦、王明生、王训珠、汪闽、张鼎祥、张永辉、张吓光、谢和兴、谢如英、余文萍、余爱明、余幼珠、余先生、余月珠、徐意凡、杨秀莲、杨文、杨庆福、翁建平、翁瑞英、翁祖英、庄周明、庄珠妹、兰海铨、兰祖国、薛理强、薛学贵、薛立耀、薛李宁、周建如、周飞、周峰、郭秀莺、郭振铃、魏文泉、倪时国、严华文、程艳、潘海光、卢扬忠、毛祚鸿、朱文杰、游遵兴、江丽珠、丁芳灵、高新晃、郑小云、念婷、曹振明、夏碧红、赵志坚、颜玉华、唐支銮、姚弓善、施恭平、钟兆星、凤进、郭亦平妹 、南宵越塘境、上海海易品公司、波士顿厨柜公司。

奉缘壹仟元以上至贰仟元以下信士芳名：

张伙俤、林清英、谢财华、彭永安、郑天水、薛有彬、吴秉荣、薛家顺、黄新海、林航、林朝芬、林哲生、林忠、林凤娇、林文钦、林丽莉、曾昭棋、曾在

国、曾而斌、刘红卫、陈锦德、何心文、施修林、周而辉、张乐群、叶美珠、王建明、朱风顺、池元玉、黄明云、魏金玉、林保明、唐英书、郑晓芳、吴国准、杨梅英、郑义明、江锦平、周凤英、林旺、林伟民、陈孔玉、张伙俤、林国英、林友惠、郭有法、林光义、翁玉平、李锋云、蔡世超、陈强、张美珍、陈宋清、陈金辉、水越英子。

二〇一六年十二月（丙申年）。第六排105块碑。

奉缘壹仟元以上至贰仟元以下信士芳名：

林长枝、林富玉、陈标、陈龙平、陈美华、陈礼坚、王茂宏、王孙英、叶永福、薛学龙、黄建春、刘金乐、高杨学、施孝宁、刘颖、林云钦。

奉缘壹仟元信士芳名：

林建生、林立、林秋淋、林友泉、林福、林圣飞、林炳耀、林如斌、林美妹、林盛惠、林香玉、林盛平、林世福、林在武、林增宋、林茂风、林正兰、林同贵、林德华、林武、林学莺、林财、林宜艳、林义勇、林雨露、林伟民、林瑞灿、林光华、林美娟、林国平、林辉、林曦、林礼建、林辉、林宝英、林丽珠、林香珍、林传剑、林国华、林心奇、林国忠、林国勇、林其春、林寿泉、林灼亮、林登官、林秀娟、林娜云、林娟、林思恩、林文秀、林瑞香、林建春、林卫鼎、林以响、林铭官、林宜源、林家如、林宜建、林泰乐、林宜炎、林学永、林春、林万冲、林春、林梅霞、林雄、林恺君、林翔宇、林春、林国香、林荣、林万金、林国荣、林玉芳、林韵、林美英、林新锋、林秉文、林尾俤、林茂荣、林燕鸣、林厚云、林桂英、林明华、林万铨、林丽琴、林武新、林祖耀、林伍五、林辉峰、林少真、林春平、林美眉、林宜孟、林斌、林岚、林桂华、林素梅、林诚坤、林莲娇、林仁娇、林希珠、林仙强、林仙隆、林其寿、林昌恒、林其俊、林棋通、林竹灵、林玉枝、林国峰、林强、林泽方、林云玲、林麟、林克肖、林学勇、林自强、林光雨、林依凯、林晓锋、林嗜、林明利、林小英、林鹰、林伟、林国友、林星友、林传宁、林锋、林春平、林美贞、林学金、黄书康、黄毅、黄芳、黄舒城、黄建茂、黄金春、黄东东、黄林立、黄维栋、黄兆标、黄丽芳、黄时钦、黄啟飞、黄国鼎、黄学文、黄晓敏、陈述旺、陈赛芳、陈天清、陈启雄、陈启雄、陈国清、陈津、陈然、陈劼、陈鲁榕、陈存锋、陈美容、陈亮、陈明真、陈秀玉、陈安、陈宝珠、陈明毅、陈楚云、陈乃盛、陈居炳、陈人耀。

二〇一六年十二月（丙申年）。第六排106块碑。

奉缘壹仟元信士芳名：

陈木花、陈秀云、陈剑新、陈春华、陈品官、陈珠英、陈秀珍、陈夏、陈兆明、陈天赐、陈文贵、陈于真、陈宝恩、陈满容、陈国銮、陈水平、陈艳明、陈依林、陈增、陈永杭、陈康俤、陈礼松、陈礼松、陈金水、陈云杰、陈本勇、陈伟、陈梅芳、陈书林、陈关应、陈龙城、陈桂官、陈敦义、陈白官、陈国清、陈祥贵、陈玉彪、陈航生、陈国亮、陈秀辉、陈本鹤、陈国仕、陈展辉、陈泽玲、陈清、陈金柱、陈龙、陈华强、陈振华、陈克利、陈武清、陈美芳、陈孝春、陈周春、陈梁、陈远琦、陈继雄、陈力海、陈良芳、陈红红、陈剑清、陈通云、陈海明、陈泽成、陈开俊、陈乃斌、陈建明、陈祺钦、陈福清、陈光辉、陈剑芳、陈忠辉、陈朝光、陈洪宝、陈祖家、陈春霜、陈炎生、陈道琴、陈清、陈友珠、陈清、陈其忠、陈灿舜、陈道爱、陈飞强、陈爱琴、陈信武、陈辉文、陈信存、陈玉珠、陈正珍、陈祥基、陈春、陈春茂、陈文琴、陈秀琴、吴芷泺、吴国明、吴良香、吴耀华、吴官乐、吴修锋、吴秀英、吴天官、吴学梅、吴梅玉、吴振龙、吴美宋、吴玲、吴梅华、吴健、吴金荣、吴爱英、吴传平、王闽俊、王碧华、王小清、王建明、王为朝、王依容、王孔基、王祯铨、王明、王西真、王命建、王玉萍、王根俤、王勇、王洪、王羽、王文其、王闽旭、王建峰、王世彪、王征国、王铭栋、王辉、王钦和、王丁义、王命昌、王为双、王命贤、王承祥、王玲英、王昌俤、王清、王绪家、王玉芝、何仁赛、何建清、何守金、何德、何惠、何良彬、何明金、何文彬、何曦、何锋立、何可俤、何克义、何丽云、何卫华、何文登、何冠佫、何芳、何勇行、柯金华、柯官俤、柯加忠、柯秋官、余孔锋、余华昌、余秀明、余美辉、余志军、余华光、余美玲、徐春华、徐敦建、徐家立、俞裕平、俞华琴、俞齐发、俞优珠、刘志文、刘孟鸿、刘章斌、刘莺金、刘琼、刘争仁、王沈依平。

二〇一六年十二月（丙申年）。第六排107块碑。

奉缘壹仟元信士芳名：

刘福官、刘锦、刘明生、刘婉珍、刘义妹、刘小明、刘晗昕、刘增湘、刘代

炳、刘春娇、刘建忠、刘旭晓、刘明清、刘少禹、刘存忠、刘美健、刘辉、刘文兰、刘文珍、刘常华、刘云珍、曾能杰、肖嘉、肖孝伟、肖发龙、肖兴龙、倪时云、倪运寿、倪仁光、倪吓俤、倪秉雄、倪耀、庄武平、庄强、庄鸿、高孔旭、高毅、高诚玉、高杨龙、高爱珠、高国荣、高剑飞、高金华、高月平、高国水、高天官、高珠英、李成钊、李细妹、李雅爱、李忠、李芳、李宗斌、李智、李华、李玲、李心斌、李学坦、李文静、李文珍、李铭、李贵闽、李四俤、李振强、李礼杰、李礼贵、李昌利、李益华、李伟、李金辉、李振泰、李祖良、李晶、李金桂、李富铭、李玉荣、邹品玉、邹连煜、郑维芳、郑美营、郑真珠、郑志强、郑晨霞、郑美英、郑春瑞、郑用官、郑建宁、郑培进、郑雨晴、郑妹妹、郑振兴、郑明敏、郑明俤、郑祖团、郑敏、郑爱玉、郑玉枝、郑昌明、郑惠、郑昆华、郑敏梅、郑秀钦、郑香清、郑细猴、郑玉金、郑廷锺、郑志武、郑仁胜、郑龙燕、郑勤英、郑行、郑永发、郑巧燕、周伟龙、周凯、周宏霖、周宏明、周遵强、周恭风、周碧香、周华、周延仕、周位清、周伟龙、周晖、周伟光、周善君、蔡文和、蔡秀虹、蔡爱华、蔡荣铁、蔡志强、施传珠、施恭玲、施家和、施瑞玉、施孝引、施中兴、施金平、施秀平、施秀珠、施金兰、施琳、施榕婷、施友斌、施恭平、施祖月、施祖卫、薛偕顺、薛行茂、薛朝辉、薛正银、薛航、薛爱明、薛秀光、薛财良、薛瑞云、薛红玉、薛金文、薛丽丽、薛由斌、薛文灿、薛华英、张禹航、张明思、张明辉、张子容、张发盛、张月水、张秀华、张元晶、张建、张兰金、张明勋、张群、张子庄、张滢、张海英、张秀钦。

二〇一六年十二月（丙申年）。第六排108块碑。

奉缘壹仟元信士芳名：

张永斌、张敦亮、张秀钦、张福星、张鸿、张克清、张晨、翁长敏、翁才福、翁守坊、翁祖福、翁祥仁、翁绍斌、翁力、翁兴生、翁秀清、赵明通、赵锋、赵瑞珠、杨鸿和、杨英惠、杨宝清、杨樱、杨忠炎、杨丽云、杨修雅、杨图振、杨凤平、杨立、杨玉明、杨融岚、杨淳喻、杨方乐、杨丽云、朱源坤、朱建国、游天强、游国龙、曹孟、曹灵银、曹国英、曹可秀、曹锦华、曹立斌、曹达、叶广西、叶敏、叶光伙、叶贤文、叶光铿、叶慈红、潘金宝、潘云冰、潘秀芳、潘晓强、蒋成坚、蒋开锋、蒋灵霞、蒋荣财、魏运青、魏宏力、魏传标、魏成躬、魏中人、魏诺、魏立顺、韩圣泰、韩宁、韩祥勇、卢克铭、卢振匀、卢燕钦、郭雄、郭建、郭为成、郭玲清、任官平、任仁忠、任飞、江训明、江敬登、江典淦、姚弓标、姚恭钿、严孙佃、严忠、严学炜、谢元朝、谢燕芳、谢旦红、丁明昌、丁春国、丁祥猛、丁芳灵、许新光、许美芳、许子湘、方兰金、方中祥、方忠明、方霖、孙爱雄、孙爱珠、洪书俞、洪恩、游书平、游伟、唐英书、唐支辉、唐方垒、钟厚贵、钟雄、董国怀、董正惠、童玉信、章文华、程从国、柳民源、纪建雄、姜平俤、莫美琴、念其勇、官诗钟、卓维新、雷鎏、兰木桂、池定春、梁宣达、鲍木松、佐昇、傅发明、欧阳秋彬、阜山新鑫达针纺、马尾区恒康中医堂、山东省锦冠冶金科技有限公司。

二〇一六年十二月（丙申年）。第六排109块碑。

公元二〇一七年元月至十二月（丁酉年）奉缘信士芳名：

奉缘伍万元以上信士芳名：

香港薄扶林道89号宝翠园5座35G，鲍建成先生，为海峡道学院建设，慷慨乐捐壹佰万元人民币。

公元二〇一七年十二月（丁酉年）。第八排南面12块碑。

香港薄扶林道89号宝翠园5座35G，鲍建成先生，为石竹山道院建设，慷慨捐缘捌拾万元人民币。

公元二〇一七年十二月（丁酉年）。第八排南面13块碑。

福清市三山镇虎邱村，何宗鸿先生，为石竹山道院建设，慷慨捐缘伍拾万元人民币。

公元二〇一七年十二月（丁酉年）。第八排南面14块碑。

福清市港头镇东光村，王钦伙先生，为石竹山道院建设，慷慨捐缘贰拾万元人民币。

公元二〇一七年十二月（丁酉年）。第八排南面15块碑。

福清市城头镇后俸村村东297号，张爱勇先生，为石竹山道院建设，慷慨捐缘壹拾万元人民币。

公元二〇一七年十二月（丁酉年）。第八排南面16块碑。

福清市虎溪花园57号、祖籍福清市江阴镇，陈克福先生，为石竹山道院建设，慷慨捐缘壹拾万元人民币。

公元二〇一七年十二月（丁酉年）。第八排南面17块碑。

福清市三山镇泽朗村，郭长琛先生，为石竹山道院建设，慷慨捐缘壹拾万元人民币。

公元二〇一七年十二月（丁酉年）。第八排南面18块碑。

湖南贵道市、居加拿大多伦多44号、祖籍福清龙田镇，薛吓堂先生，为石竹山道院建设，慷慨捐缘壹拾万元人民币。

公元二〇一七年十二月（丁酉年）。第八排南面19块碑。

长乐市金峰镇仙高村七连42号，李清先生，为石竹山道院建设，慷慨捐缘壹拾万元人民币。

公元二〇一七年十二月（丁酉年）。第八排南面20块碑。

福清市龙旺名城7号楼一八〇一室、福州市鼓楼区香榭丽都14A，薛水华先生，为石竹山道院建设，慷慨捐缘壹拾万元人民币。

公元二〇一七年十二月（丁酉年）。第八排南面21块碑。

长乐市金峰镇首台村南陈，陈晓明先生，为石竹山道院建设，慷慨捐缘柒万元人民币。

公元二〇一七年十二月（丁酉年）。第八排南面22块碑。

福清市龙田镇三村九队，何希敢先生，为石竹山道院建设，慷慨捐缘陆万元人民币。

公元二〇一七年十二月（丁酉年）。第八排南面23块碑。

福州市台江区鳌兴路283号水岸华庭60号三〇六座，陈飞霖、林莲娇伉俪，为石竹山道院建设，慷慨捐缘伍万伍仟元人民币。

公元二〇一七年十二月（丁酉年）。第八排南面24块碑。

福清市三山镇沁前村，游书行、王瑜冰伉俪，为石竹山道院建设，慷慨捐缘伍万元人民币。

公元二〇一七年十二月（丁酉年）。第八排南面25块碑。

福清市港头镇占阳村八扇，何文光先生领女婿余元干先生，为石竹山道院建设，慷慨捐缘伍万元人民币。

公元二〇一七年十二月（丁酉年）。第八排南面26块碑。

福清市音西街道林中村638号，董性忠、姚义云伉俪，为石竹山道院建设，慷慨捐缘伍万元人民币。

公元二〇一七年十二月（丁酉年）。第八排南面27块碑。

福清市三山镇北陈村大厝111号，俞道建先生，为石竹山道院建设，捐缘伍万元人民币。

公元二〇一七年十二月（丁酉年）。第八排南面28块碑。

福州市福马路418号日出印象10号楼八〇七室、祖籍福清，王巧琴女士，为石竹山道院建设，慷慨捐缘伍万元人民币。

公元二〇一七年十二月（丁酉年）。第八排南面29块碑。

福清市镜洋镇波兰村张桥头自然村，张必进先生，为石竹山道院建设，慷慨捐缘伍万元人民币。

公元二〇一七年十二月（丁酉年）。第八排南面30块碑。

福州市鼓楼区温泉路温泉苑35号5座一〇一室，张水明先生，为石竹山道院建设，慷慨捐缘伍万元人民币。20块。

公元二〇一七年十二月（丁酉年）。第八排南面31块碑。

平潭县苏沃镇紫霞村，林修建先生，为石竹山道院建设，慷慨捐缘伍万元人民币。

公元二〇一七年十二月（丁酉年）。第八排32块碑。

福清市龙田镇东施村，施吓强先生，为石竹山道院建设，慷慨捐缘伍万元人民币。

公元二〇一七年十二月（丁酉年）。第八排南面33块碑。

平潭县岚城乡霞屿村新村、居福州台江区，施孝全先生，为石竹山道院建设，慷慨捐缘伍万元人民币。

公元二〇一七年十二月（丁酉年）。第八排南面34块碑。

公元二〇一七年十二月（丁酉年）奉缘信士芳名：

奉缘叁万元以上信士芳名：

朱秀琼肆万元，南平市水南街480号丽景北岸D井二五〇二室。

陈春宝叁万叁仟元，长乐市江田友爱下荣园常春专用车公司。

郑宽伟叁万叁仟元，长乐市古槐镇龙田大队井南64号。

翁铭源叁万元，福清市东门街环球别墅B6。

陈金郭叁万元，西班牙马拉加本纳玛德娜霍莉街118—120号。

魏福顺叁万元，福州市台江区学军路广德小区1座八〇二室。

阮忠杰叁万元，西安市临潼区利华商贸有限公司。

二〇一七年十二月（丁酉年）第八排北面1块碑。

奉缘壹万元以上信士芳名：

何瑞官叁万元，福清市江镜镇南华村。

欧阳学忠贰万伍仟元，长乐市金色海岸10号楼903号。

陈保岚肆仟美元，长乐市潭头镇泽里村。

邹宗录叁仟美元、英文。林城贰万元。林鹏贰万元。林绍鹤贰万元。林金珠贰万元。林强贰万元。林锦云贰万元。林上锦贰万元。林祥贰万元。林衡贰万元。林芳贰万元。陈立豪贰万元。陈秀玉贰万元。陈玉英贰万元。王友贰万木元。王远俊贰万元。王天开贰万元。韩美珠贰万元。何捷贰万元。薛祥平贰万元。方福平贰万元。郑敏贰万元。刘秀惠贰万元。任仁忠贰万元。念其善贰万元。林霞莲壹万柒仟元。卢秋云贰仟美元。曾璟壹万叁仟元。莫明勇壹万叁仟元。

二〇一七年十二月（丁酉年）第八排北面2块碑。

奉缘壹万元以上信士芳名：

早岛妙听壹万贰仟元。御宝前壹拾陆万日元。陈旺龙壹万壹仟元。刘建忠壹万壹仟元。

魏孝栋壹万壹仟元。郑真珠壹万壹仟元。刘文娟壹万零叁佰元。方昌文壹万零叁佰元。

王秀武壹仟叁佰美元。

奉缘壹万元信士芳名：

陈国经、陈庄明、陈友齐、陈春官、陈兵俤、陈剑耀、陈兵俤、陈仁秀、郭金贵、郭昇谋、何兴、何荔红、何文光、何文英、柯金国、李勤云、李业坦、林春、林青、林伟、林传庚、林国珠、林金平、林木和、林武茂、林宗秀、潘福平、潘受平、王辉、王建盛、王坤爱、王命金、王钦风 、王钦和、王肖琴、王月英、游书龙。

二〇一七年十二月（丁酉年）第八排北面3块碑。

奉缘壹万元信士芳名：

曾光清、陈凯华、冯贵、高福俤、黄依明、江秋玉、康允章、林杰、林立纯、林晓静、林友武、林宗东、刘艳芳、莫义道、倪颖、施圣兴、施守贵、田小芳、翁太杰、翁雨春、吴美宋、徐敦新、徐允玲、许心书、薛伟、薛金兵、严小金、叶榕平、余美松、余元干、俞梅钦、张怀财、张君基、张述琴、张祖琴、郑斌、郑明城、郑忠燕、周学友、卓兴官、卓杏生、闽丰油1号、高谷健壹拾伍万日元。

奉缘柒仟元以上至玖仟元以下信士芳名：

陈千尧、翁瑞英、王财子、林炳生、联建新苑C标段、螺洲新城A标段、梅峰小学中标。

二〇一七年十二月（丁酉年）第八排北面4块碑。

奉缘柒仟元以上至玖仟元以下信士芳名：

林斯财、林枝游、毛沉、韩圣平、王小清、王友华、杨庆福、余美捷。

奉缘伍仟元以上至柒仟元以下信士芳名：

林仁娇、陈绪福、郑丽英、丁玉平、林琴、谢立锋、谢立慧、林伟民、林仁玉、王晖、王玉华、何万昌、周凯峰、刘善云、余生、潘文天、陈强、吴飞龙、刘兰清、陈文辉、吴翊杉。

奉缘伍仟元信士芳名：

林坤清、林桂美、林立英、林木松、林榕萍、林泉清、林天官、林必琳、林幼美、林勇、林如贵、林文乐、林长武、林莺清、陈小春、陈灿明、陈秀芳、陈瑞龙、陈秀琴、陈瑞平、陈凤、陈祥香、陈飞霖、陈晓杰、陈丽娟、陈丽平、吴瑞平、吴怡静、吴孝忠、庄志爱、王文华、王梓翔、王钦炎、黄文龙、施宏贵。

二〇一七年十二月（丁酉年）第八排北面5块碑。

奉缘伍仟元信士芳名：

施恭平、翁其荣、翁妹妹、何玉泉、何文景、魏建通、魏敏、薛立耀、薛松、薛永昌、余学明、余乃龙、余元干、余建忠、周玉端、周宏明、周志发、张凤贵、刘敏、刘宏信、赵兰妹、曾继祥、郭婷婷、严国真、韩祥勇、韩宁、游国龙、蔡海玲、高小华、高新晃、黄家国、黄锡诚、卓剑威、李礼周、李振铭、覃万宝、乔秀美、叶立敏、郑智莺。

奉缘肆仟元以上至伍仟元以下信士芳名：

郑妹妹、严秀峰、林聪、钟兆星、王述强、倪时国、潘林、潘宝针、林诚坤、林榕、林学如、林明利、陈美芳、余生、丁芳灵、吴群、吴瑞明、翁小华、何美朝、杨斌、刘进强、林美钦、郑义镇、刘明院、刘明星、谢中华、王钦玉、谢财华、何武强、林华洪、陈文龙、林炜。

二〇一七年十二月（丁酉年）第八排北面6块碑。

奉缘叁仟元以上至肆仟元以下信士芳名：

林珍、林国豪、王爱春、郭起勇、陈依灿、叶家全、潘爱娟、潘长海、高爱凤、林来辉、李立伟、郑丽琴、高谷富、陈友金、李玲云、福建恒杰塑业新材料有限公司。

奉缘叁仟元信士芳名：

陈保刚、陈龙娇、陈远秋、陈明航、陈金和、陈利春、陈義、陈美容、陈勇、陈新萍、陈文辉、陈乃银、陈星安、陈木添、陈承兴、陈三明、陈力海、郑时才、郑航飞、郑炳周、郑时孝、郑贵勇、郑俤、郑小珠、郑辉龙、潘木火、潘爱玉、江乃兆、江能鸿、何福、何伟良、何天龙、何华仁、何长发、余幼珠、余乃武、余家、黄书康、黄芳玉、黄建雄、刘爱国、刘元新、刘永辉、刘依国、刘毅、刘谦、董天喜、董正惠、谢和兴、谢建忠、程华、林良官、林金祥、林建平、林玉莺、林世福、林义、林顺、林海钦、林辉生。

二〇一七年十二月（丁酉年）第八排南面7块碑。

奉缘叁仟元信士芳名：

林从强、林峰、林勤、吴一山、吴明祥、张功雄、张菁、张俊伟、李勤云、李玉琴、蔡海玲、蔡文清、施克伟、施友信、曹达、梁金栋、曾光清、姚弓善、严秀平、肖美貌、魏学辉、池开安、毛祚鸿、任巧珠、倪举凌、卓月燕、周建如、陈友金。

奉缘叁仟元以下至贰仟元信士芳名：

陈月华、潘爱民、刘华金、李秋仙、郑妹妹、翁亦钟、蔡正烧、刘惠明、林学坦、林勇彬、施金南、陈美华、陈龙平、林秀霞、郑辉、林孝明。

奉缘贰仟元信士芳名：

林桂宇、林杨国、林妹仔、林源浩、林贻贞、林性德、林梅珠、林茂风、林

云凤、林心忠、林立爱、林绍长、林秋凤、林强、林宝容、林丰、林雪明、林庆全、林锦、林今城、林美娇、林世武、林追、林程峰、林发。

二〇一七年十二月（丁酉年）第八排北面8块碑。

奉缘贰仟元信士芳名：

林礼建、林爱珠、林芳、林强、林明、林武、林同平、林章晓、林谦、林雄锋、林雅英、林忠、林茂强、林吓确、林烈兵、林世春、林水兴、林海滨、林建升、林国宁、林孜、林海鸿、林淑香、林希珠、林凤、林宜国、林祥明、林锋、林贻团、陈发团、陈良利、陈桂官、陈诗锦、陈香淦、陈书林、陈连发、陈美榕、陈碧琴、陈绪团、陈礼松、陈美玲、陈宝来、陈美云、陈永秀、陈平、陈必勇、陈梅英、陈明春、陈祖钿、陈金柱、陈鑫、陈惠龙、陈龙、陈亦宝、陈文辉、陈英、陈祖家、陈贤龙、陈纪瑜、陈道德、陈水莲、陈益平、陈乃源、陈小丹、陈洪、陈秀云、陈水华、陈梅英、陈章华、陈建莺、高光顺、高爱建、郑昌善、郑国英、郑国锋、郑于展、郑德英、郑锋、郑时寿、郑章秋、郑春福、郑则船、郑捷、何文金、何敦发、何万昌、何丽明、何彩琴、何文光、何秀兰。

二〇一七年十二月（丁酉年）第八排北面9块碑。

奉缘贰仟元信士芳名：

何名立、何文禄、何亮、柯金佺、周梅、周凤英、周敏、周恭风、周宝云、王成康、王秀珠、王淋、王命忠、王水华、王煌、王清、王晶、王茂宏、王武、王家钦、杨斌、杨小妹、杨祖耀、黄华、黄绳棋、黄华、黄晓曦、黄胜良、黄国善、刘义旺、刘书祥、刘孟鸿、刘华金、刘洪路、张敦亮、张秀钦、张洪云、张秀华、张中、张武镇、张朝辉、张乐群、余月珠、余幼珠、余爱明、余品芳、俞培爱、俞昌平、徐家立、李美魁、李煌、李国平、李积兴、李本龙、李志平、李赛花、李思卓、吴文魁、吴仁官、吴斌、施瑞玉、施秀钦、翁秀美、翁绳章、翁绳乐、庄鸿、庄武平、严孙佃、严航、魏田发、魏忠燕、魏瑞珠、蒋永宏、蒋城官、薛理斌、薛男女、薛子祥、蔡文和、蔡海玲、曹依永、曹振明、谢孝芳、谢庆辉、谢和妹、游建明、游胜、唐惠清、唐枝銮、倪秉育、郭亦平妹。

二〇一七年十二月（丁酉年）第八排北面10块碑。

奉缘贰仟元信士芳名：

袁思光、钟育珲、胡珠妹、任伦辉、梁瑞勇、邱存仁、洪建勋、毛祚鸿、卢福荣、傅玲峰、潘国太、兰祖国、姜细妹、朱文杰、姚文武、叶小斌、石秀玉、海云闽3999船主、海云闽9363船主、上海海易品冷冻食品、福清市海歌塑钢门窗有限公司。

奉缘壹仟伍佰元至贰仟元以下信士芳名：

薛学贵、吴秉荣、蔡正烧、陈兰斯、谢吓姆、叶桐和、林爱兰、林能俊、林德华、王训俊、郑岩云、何心文、余少清、张其云、董正惠、陈金茂、陈为鼎、陈尚宠、陈天清、陈蔚、林文钦、林盛平、林千、林秀莲、林尚好、林光秋、林高扬、林秀金、游天华、施修林、江锦平、郭联武、欧玉贵、郑凌宇、郑麟、郑秋芳、郑长就、曾而斌、王丁义、俞滦、吴修雄、李光航、福州世纪金福广场大酒楼。

二〇一七年十二月（丁酉年）第八排北面11块碑。

奉缘壹仟元以上至壹仟伍佰元以下信士芳名：

林仁珠、王祺祺、蔡长洲、郭啟尼、张旭飞、蒋宝良、陈宝章、陈利邦、陈彦丹、叶家全、林国强、周可龙、魏华爱、郑猷秋、郑义明、陈大妹、陈萍、林桂华、林国生、薛秀钦、林飞、余月宋、游天珠、林长枝、林仙建、曹连春、文彬花、吴绍钦、高杨学、陈国水、陈德华、林桂英、林忠、郑能英、郑妹妹、郑敬平、林勇彬、张辉、周伟光、林增水、梅花镇海滨制冷公司。

二〇一七年十二月（丁酉年）第八排北面12块碑。

奉缘壹仟元信士芳名：

李忠、李英、李益华、李大生、李礼杰、李金平、李吓强、李品莲、李晨光、李光勋、李振柱、李永辉、李乃忠、李贻耕、李振泰、李锦、李善榕、李国强、李光、李华、李银、李道强、李诗凯、李瑞方、李闽锋、李作云、李登辉、李国华、李巧燕、李隆德、李富铭、黄传华、黄碧霞、黄崇琳、黄昌朝、黄武明、黄董董、黄建茂、黄鑫、黄小平、黄明勇、黄国鼎、黄代禄、黄起亮、黄兆标、黄增宋、黄光辉、黄金海、黄家平、黄丽宝、黄金海、黄建文、黄苏弘、黄苏亭、

黄静、黄学文、黄章谊、林强、林云、林友谊、林爱珠、林木兴、林喜、林孝先、林永强、林玉芳、林章立、林其坤、林国英、林祖耀、林木兴、林国华、林小玲、林道仁、林道华、林厚云、林尾俤、林丽香、林金平、林新锋、林荣、林玉芳、林哲生、林齐华、林小兰。

二〇一七年十二月（丁酉年）第八排北面13块碑。

奉缘壹仟元信士芳名：

林秀华、林飞萍、林雅英、林宏盛、林万金、林秀华、林万冲、林宝钦、林江泉、林清英、林心柏、林学耀、林彤、林晨伟、林同贵、林义勇、林德华、林本盛、林华、林仁兴、林武、林晨辉、林喜生、林文、林伟华、林敏、林国、林心文、林云平、林榕、林斌、林同金、林云平、林天福、林秋金、林建农、林宝英、林天凤、林心奇、林传好、林程斌、林程涛、林程星、林旺、林依恰、林祥、林程福、林传惠、林晓枫、林敏良、林世英、林成志、林敏芳、林登官、林春官、林珠容、林赛英、林光华、林国平、林元利、林瑞灿、林美珠、林祥明、林昭、林珠英、林贻辉、林源、林钦标、林棋通、林自强、林诚坤、林浩翔、林云玲、林义、林素梅、林东、林昌恒、林传宁、林晶、林旺、林明、林玉芳、林勇、林恒培、林海、林伟民、林友响、林春平、林飞龙、林小玲、林从峰、林美娘、陈建梁、陈树青、陈安。

二〇一七年十二月（丁酉年）第八排北面14块碑。

奉缘壹仟元信士芳名：

陈宁、陈泽贵、陈燕云、陈文钦、陈字旺、陈天津、陈天嗄、陈章国、陈茜、陈锋、陈桂镐、陈贻勇、陈文清、陈明星、陈群、陈存官、陈毅怀、陈国清、陈家细、陈本勇、陈家殷、陈家灯、陈而稀、陈昌航、陈国封、陈国良、陈展辉、陈新波、陈昌航、陈镜、陈香娇、陈宝坤、陈宝光、陈萍、陈秀惠、陈苏、陈爱英、陈春华、陈祥基、陈桂明、陈航生、陈栩、陈永秀、陈其忠、陈品观、陈秀琛、陈义齐、陈孝春、陈华强、陈禕頡、陈本盛、陈鑫、陈孔哲、陈铭志、陈振华、陈庸春、陈美荣、陈力福、陈香仙、陈齐友、陈文龙、陈坤华、陈良芳、陈海明、陈开俊、陈双平、陈福平、陈和玉、陈溪弟、陈兵德、陈亦贵、陈朝光、陈吓云、陈福太、陈宝员、陈福清、陈剑芳、陈光辉、陈华、陈坚、陈阿里、陈儒明、陈玉燕、陈贤寿、陈训雄、陈良仁、陈厚如、陈明锋、陈龙、陈文斌、陈增生、陈珠银、陈飞强、陈斌、陈圣菊。

二〇一七年十二月（丁酉年）第八排北面15块碑。

奉缘壹仟元信士芳名：

陈辉文、陈国平、陈朝生、陈道琴、陈友梁、陈能云、陈海英、陈道爱、陈明泰、陈奋翔、陈碧珠、陈婉芳、陈学忠、陈雪云、陈柳燃、陈国清、陈启雄、陈水华、陈木苑、陈人耀、陈雪花、陈秀玉、陈奋荆、陈雪金、陈静、陈建璋、陈兆登、陈赛芳、陈昌友、陈丹丹、陈辉、陈剑平、陈旺、陈成、陈雨鸿、陈四秀、陈文琴、陈友开、陈爱忠、陈彩锋、陈上彬、陈波、许长炮、许子湘、许泉、许全群、薛偕顺、薛朝辉、薛鸿志、薛家顺、薛行清、薛祥平、薛玉官、薛爱明、薛有彬、薛希香、薛由斌、薛来钦、薛丽丽、薛金文、高国炽、高春钿、高爱珠、高国荣、高毅、高杨龙、高天炜、郑小敏、郑建、郑振兴、郑明义、郑明敏、郑明俤、郑依标、郑建宁、郑巧贤、郑用官、郑妹英、郑庆安、郑祥华、郑梁、郑建宁、郑东凯、郑健、郑小永、郑魁、郑义镇、郑用学、郑华斌、郑仁胜、郑春俤、郑秋桐、郑孝珠、郑麟、薛吓猴妹。

二〇一七年十二月（丁酉年）第八排北面16块碑。

奉缘壹仟元信士芳名：

郑玉英、郑惠、郑光喜、郑志明、郑业斌、郑力、郑友、郑燕、郑灼金、郑龙燕、郑春湍、郑梅玉、郑飚、郑晓君、郑宝珠、郑红西、郑宇捷、郑时雨、杨乃梅、杨昱、杨斌、杨建清、杨明玉、杨修墀、杨宝清、杨修雅、杨贤林、杨鸿和、杨樱、杨凤平、杨莹、杨东辉、杨素玲、杨鸿程、杨方乐、余生、余秀明、余学明、余晓峰、余吓珠、余宝平、余长芳、余玉清、余美玲、俞琨、俞传灿、俞世楷、俞玉清、俞华、徐春华、徐家平、张彤、张建乐、张如辉、张永斌、张德利、张云芳、张子莊、张建、张芷戈、张燕峰、张君法、张鸿、张吓贵、张礼旺、张礼盛、张霞、张俊霖、张子泰、叶丽榕、叶龙强、叶禹禄、谢莹、谢贤昇、谢和兴、谢晓英、何文彬、何惠、何齐快、何锋立、何海、何东文、何善华、何可俤、何義、何丽平、何世勇、何建清、何仁龙、何晓艳、何文登、何明、何祥锋、柯秋官、柯加忠。

二〇一七年十二月（丁酉年）第八排北面17块碑。

奉缘壹仟元信士芳名：

吴振龙、吴自宜、吴爱国、吴美钗、吴修锋、吴福金、吴德奇、吴宗锋、吴伟帆、吴官乐、吴展红、吴茹、吴炎淦、吴义菁、吴振光、吴光武、吴学强、吴碧杭、吴秋云、吴健、吴爰英、王孝茂、王旺星、王命建、王朝兵、王国珠、王命玉、王国珠、王晓新、王玉玉、王秀明、王基光、王为忠、王承祥、王丁为、王英、王文生、王命炎、王建明、王天珠、王樟新、王碧华、王莹、王珠英、王栋乐、王月儿、王心琛、王世彪、王承灯、王建峰、王瑞美、王木顺、王学海、王文基、王依梅、王瑞英、王闽映、王羽、王晶、王训俊、王训铨、王平、王希、王兴汉、王品英、周勋贞、周德云、周峰、周凯、周华、周廷仕、周忠妹、周飞、周宏霖、周伟龙、周遵强、周宏明、周恭风、周同生、周善君、刘云珍、刘飞、刘道淋、刘辉、刘常敏、刘子雄、刘美华、刘美凤、刘必平、刘立恩、刘小源、刘进瑾、刘传清、刘小明、刘义妹。

二〇一七年十二月（丁酉年）第八排北面18块碑。

奉缘壹仟元信士芳名：

刘谊挺、刘娇明、刘文义、刘孟珠、刘用新、刘福官、刘国清、刘君洁、刘辉、刘佳乐、刘东原、方亮、方裕文、方良贵、方仕华、方志新、方中祥、方连营、方秀珍、傅发明、傅发红、丁春国、丁来兴、丁明昌、丁于芹、丁祥猛、曹国英、曹以城、曹达、高和平、高华官、高剑飞、高之栩、高美娇、高凌莹、高国水、高炜宏、卢克铭、卢振匀、卢扬金、卢敏清、卢振华、游书行、游书平、游秀琴、游建明、游天强、游素芳、施恭玲、施家瑞、施孝宁、施瑞玉、施琴妹、施辰、施兰芳、倪耀、倪亦俤、倪朝文、倪荣光、倪建平、倪培芳、倪斌、翁美金、翁绍斌、翁吓婆、翁瑞英、翁玉娘、翁劭荷、翁启术、翁祖英、翁玉福、魏孙华、魏成躬、魏运青、魏由信、庄强、庄光惠、庄淳钰、庄茂、庄后建、庄延波、姚恭标、姚泉英、姚启斌、蔡秀虹、蔡莲官、蔡银福、蔡立福、蔡裕安、蔡民德、姜秋萍、姜美金、江训明、江敬登、江春旺。

二〇一七年十二月（丁酉年）第八排北面19块碑。

奉缘壹仟元信士芳名：

江瑞云、江华、钟厚贵、钟雄、钟风平、钟兴文、金番琴、金仁安、金盛达、詹说官、詹礼彬、詹礼权、梁云、梁春香、潘富乐、潘芸、潘自香、潘宝针、潘雅涓、潘杭、潘丽玉、潘凤英、曾华茂、曾在国、曾开淡、曾昭棋、曾本东、曾国瑞、曾国泉、严玉华、严由生、严延芳、严玲龙、肖发龙、肖兴龙、程从国、程庆敢、赵瑞珠、赵志坚、孙为春、孙礼仁、洪琴弟、洪恩、卓维新、卓有、邱华丽、邱志光、韩金云、韩宁、韩圣泰、韩祥勇、郭孝荣、郭良义、郭建、朱源坤、朱建国、毛祖银、湖木水、邓理国、石倩、戴艳、纪建雄、廖增福、缪和和、童玉信、董增杰、唐建华、邵斌、袁辉、瞿宜传、任官平、蒋开锋、候德城、念巧玉、欧阳和玉、福清市惠和易科医院宏路门诊部、鸣家商贸上海有限公司。

二〇一七年十二月（丁酉年）第八排北面20块碑。

公元二〇一八年元月至十二月（戊戌年）奉缘信士芳名：

奉缘伍万元以上信士芳名：

福清市东张镇道桥村东门182号，倪政美、蒋丽平伉俪，为海峡道学院建设，慷慨乐捐伍拾万元人民币。

二〇一八年十二月（戊戌年）。第八排南面35块碑。

福州市鼓楼区梅亭路136号大儒世家卧琥5B一七〇五室，朱秀玲女士，为石竹山道院建设，慷慨捐缘叁拾柒万捌仟元人民币。

二〇一八年十二月（戊戌年）。第八排南面36块碑。

福州市长乐区金峰镇潭头厚东村众信士，为石竹山道院紫云洞建设，紫云亭合捐叁拾贰万元人民币。

二〇一八年十二月（戊戌年）。第八排南面37块碑。

平潭县白青乡伯国彩村，吴泉先生，为石竹山道院建设，慷慨捐缘叁拾万元人民币。

二〇一八年十二月（戊戌年）。第八排南面38块碑。

深圳市龙岗云龙工业城翠龙路12号、居香港沙田新界、祖籍福清上迳，黄启豪先生领合家，为石竹山道院建设，慷慨捐缘壹拾捌万元人民币。

二〇一八年十二月（戊戌年）。第八排南面39块碑。

平潭县流水镇新湖村草楼16号，李宝国先生，为石竹山道院建设，慷慨捐缘壹拾柒万壹仟元人民币。

二〇一八年十二月（戊戌年）。第八排南面40块碑。

福清市城头镇梁厝村，梁瑞勇先生，为石竹山道院建设，慷慨捐缘壹拾柒万壹仟元人民币。

二〇一八年十二月（戊戌年）。第八排南面41块碑。

福州市长乐区玉田镇玉田村新厝下1号，郑朝武、高小红伉俪，为石竹山道院建设，慷慨捐缘壹拾陆万叁仟元人民币。

二〇一八年十二月（戊戌年）。第八排南面42块碑。

福州市长乐区潭头镇克凤村明秋12号信士，陈双金女士领众信士等，为石竹山道院建设，合捐壹拾壹万捌仟元人民币。

二〇一八年十二月（戊戌年）。第八排南面43块碑。

福州市仓山区南江滨大道世欧上江城B区11号楼一八〇三室，刘宜达先生，为石竹山道院建设，慷慨捐缘壹拾壹万元人民币。

二〇一八年十二月（戊戌年）。第八排南面44块碑。

福建迪鑫房地产开发有限公司，曾爱珠信士，为石竹山道院建设，慷慨捐缘壹拾万元人民币。

二〇一八年十二月（戊戌年）。第八排南面45块碑。

福清市宏路街道石门村榕达路6号，颜华锋先生，为石竹山道院建设，慷慨捐缘壹拾万元人民币。

二〇一八年十二月（戊戌年）。第八排南面46块碑。

福清市镜洋镇西山村，卓杏生先生，为石竹山道院建设，慷慨捐缘壹拾万元人民币。

二〇一八年十二月（戊戌年）。第八排南面47块碑。

福清市龙田镇赤坑村83号，孙则太先生为石竹山道院建设，慷慨捐缘壹拾万元人民币。

二〇一八年十二月（戊戌年）。第八排南面48块碑。

福建保达实业集团平潭股份有限公司，陈飞霖先生，为石竹山道院建设，慷慨捐缘壹拾万元人民币。

二〇一八年十二月（戊戌年）。第八排南面49块碑。

平潭县霞屿村城关海锦，施建华先生领男施育彰，为石竹山道院建设，慷慨捐缘壹拾万元人民币。

二〇一八年十二月（戊戌年）。第八排南面50块碑。

厦门市海沧二路427号信海花园五〇一室，林锋、倪小兰伉俪领合家，为石竹山道院建设，慷慨捐缘玖万壹仟元人民币。

二〇一八年十二月（戊戌年）。第八排南面51块碑。

日本国道观早岛妙听道长，为石竹山道院建设，慷慨捐缘玖万元人民币。

二〇一八年十二月（戊戌年）。第八排南面52块碑。

江苏省无锡市惠山区前州镇新三州特钢有限公司，郑凯翔先生 为石竹山道院建设，慷慨捐缘捌万叁仟元人民币。

二〇一八年十二月（戊戌年）。第八排南面53块碑。

福清市龙田镇东营村小宗兜1号，余学明、余文萍信士，为石竹山道院建设，

慷慨捐缘捌万壹仟元人民币。

二〇一八年十二月（戊戌年）。第八排南面54块碑。

福清市江镜镇南华村后巷1号，何瑞官先生，为石竹山道院建设，慷慨捐缘捌万元人民币。

二〇一八年十二月（戊戌年）。第八排南面55块碑。

福清市龙田镇积库村福庐社区龙飞路241号，施圣兴先生，为石竹山道院建设，慷慨捐缘人民币捌万元人民币。

二〇一八年十二月（戊戌年）。第八排南面56块碑。

福清市产塘街18号楼三〇二室，陈圣娟信士，为石竹山道院建设，慷慨捐缘陆万陆仟元人民币。

二〇一八年十二月（戊戌年）。第八排南面57块碑。

福州市晋安区满洋路76号三盛中央公园1栋一〇四室，杨场宝先生，为石竹山道院建设，慷慨捐缘伍万陆仟元人民币。

二〇一八年十二月（戊戌年）。第八排南面58块碑。

平潭县潭城镇海坛金座9号楼七〇二室，林健先生，为石竹山道院建设，慷慨捐缘伍万肆仟元人民币。

二〇一八年十二月（戊戌年）。第八排南面59块碑。

福清市江镜镇酒店村中富278号，何本朱先生，为石竹山道院建设，慷慨捐缘伍万壹仟元人民币。

二〇一八年十二月（戊戌年）。第八排南面60块碑。

平潭县埔东20号，潘芸信士，为石竹山道院建设，慷慨捐缘伍万元人民币。

二〇一八年十二月（戊戌年）。第八排南面61块碑。

福清市东张镇，谢威嘉信士（原名吴云霞），为石竹山道院建设，慷慨捐缘伍万元人民币。

二〇一八年十二月（戊戌年）。第八排南面62块碑。

广州行盛集团公司，翁华银、韩瑞英伉俪，为石竹山道院建设，慷慨捐缘伍万元人民币。

二〇一八年十二月（戊戌年）。第八排南面63块碑。

福清市阳下街道油楼村64号，林华云信士，为石竹山道院建设，慷慨捐缘伍万元人民币。

二〇一八年十二月（戊戌年）。第八排南面64块碑。

福清市融西路201—3号，林海洪先生，为石竹山道院建设，慷慨捐缘伍万元人民币。

二〇一八年十二月（戊戌年）。第八排南面65块碑。

福清市融城镇木会亭巷14号，周玉珠女士，为石竹山道院建设，慷慨捐缘伍万元人民币。

二〇一八年十二月（戊戌年）。第八排南面66块碑。

福州市江南水都丽岛1号楼八〇二室居澳大利亚，付波先生、林莹女女士，为石竹山道院建设，慷慨捐缘伍万元人民币。

二〇一八年十二月（戊戌年）。第八排南面67块碑。

福州市长乐区潭头镇二刘村溪新村81号 刘德榕先生 为石竹山道院建设，慷慨捐缘伍万元人民币。

二〇一八年十二月（戊戌年）。第八排南面68块碑。

公元二〇一八年元月至十二月（戊戌年）奉缘信士芳名：

奉缘叁万元以上信士芳名：

陈挺伍仟美元，福州市晋安区福马路名城花园25号七〇九室。

潘受平叁万叁仟元，贵州省六盘水水城县老鹰山镇。

王坤杰叁万元，福州市晋安区三角池路63号嘉源苑3号八〇五室。

陈绍全叁万元，平潭县流水镇南松村南庄。

陈雪玉叁万元，长乐区江田镇友爱村友爱花园三〇四室。

郑忠燕叁万元，福州市鼓楼区古田支路176号中城都市花园2号楼一六〇三室。

林宗秀叁万元，福清市产塘街6号楼四〇一室。

林经叁万元，福清市江阴镇浔头村379号。

二〇一八年十二月（戊戌年）。第八排北面21块碑。

奉缘壹万元以上信士芳名：

陈凯明贰万捌仟元，福州市台江区江滨中大道116号君临闽江7号一一〇三室。

丁玉平贰万柒仟元，平潭县流水镇大埕村。

黄祖增贰万叁仟元，福清市利桥官井兜，印尼万隆。

林泉金贰万元。林绍长贰万元。林谋贵贰万元。林传庚贰万元。林上锦贰万元。林华卒贰万元。林长兴贰万元。陈佑义贰万元。陈永杭贰万元。陈家宇贰万元。陈庸云贰万 元。余云英贰万元。余元干贰万元。何希珠贰万元。郭可发贰万元。薛玉清贰万元。冯小芳贰万元。卓兴官贰万元。薛伟贰万元。妙普贰万元。王秀武贰仟陆佰美元。周宏明壹万柒仟元。冯小玲壹万陆仟元。林滔壹万伍仟元。薛学强壹万叁仟元。高谷健贰拾万日元。冯振妥贰仟美元。陈旺龙壹万叁仟元。魏孝栋壹万叁仟元。陈平壹万贰仟元。

二〇一八年十二月（戊戌年）。第八排北面22块碑。

奉缘壹万元以上信士芳名：

陈再世壹万壹仟元。李馨菲贰仟美元。林命立壹仟捌佰美元 高谷富壹拾伍万日元。陈晓军陆万元台币。

奉缘壹万元信士芳名：

陈云武、陈良芳、陈云发、陈淑明、陈淑生、陈依苏、陈明春、陈升、陈敦珠、陈葆勇、陈培栋、何锋立、何文光、何明、何小云、何敏、何兴、何捷、王辉、王建圣、王命炎、王天开、王丁标、林幼美、林存平、林城、林茂强、林振莲、林绍鹤、林春、林爱珠、林津、林天福、林云生、林约民、林丽月、林锦云、林传庚、林锦平。

二〇一八年十二月（戊戌年）。第八排北面23块碑。

奉缘壹万元信士芳名：

林炳生、林文宾、林学彬、林诚坤、林双、林华娟、林文忠、郑城福、郑华琴、郑时才、郑晓兵、郑珠钦、黄为良、黄依明、翁建宁、郭建、余秀琴、俞全、俞龙文、俞尾金、姚雄、卓忠凤、周伟忠、庄木贵、薛金兵、薛华英、薛理杰、施龙、施家瑞、施婷婷、柯金国、朱秀琼、郑铭祥、李为平、李景忠、李业坦、李孔华、池周、高梅琴、张述琴、张冬平、杨星、贾春兰、魏炎梅、吴斌、郭金贵、林伟民、邱叶冰、董菊珠、闽丰油1号、福州公司平潭公司金源号。

二〇一八年十二月（戊戌年）。第八排北面24块碑。

奉缘壹万元信士芳名：

金谷食品福州有限公司、贵州隆昌房地产开发有限公司 。

奉缘柒仟元以上至捌仟元信士芳名：

王友华、王小清、王瑞周、郑兴建、何诗、陈碧珠、陈增良、翁妹妹、郑妹妹。

奉缘陆仟元以上至柒仟元信士芳名：

何惠、余尧元、刘爱芳、林云彬、潘爱民、刘善云、金主席、陈凯华、潘爱亮、林长永、曹振明、林娟霞。霍氏寿光房地产发展有限公司。

奉缘伍仟元以上至陆仟元信士芳名：

林祥、林依恰、林丹旭、林仁玉、林淑香、谢立锋、谢立慧、黄家国、鲍文

斌、王晖、钟兆星、潘宝玉、魏建通、施克伟、曹魁、杨珠、李赛花、陈文辉、陈树青、严增明、福清市宏路倪秉雄太极拳队。

二〇一八年十二月（戊戌年）。第八排北面25块碑。

奉缘伍仟元信士芳名：

林秀云、林风平、林必淋、林游霞、林国宝、林木和、林玉松、林勇、林彩凤、林水宋、林洪、林延、林玉山、林尚善、林依平、林承光、林木松、林锦标、林莺清、林长武、林明利、陈国经、陈小春、陈琪萍、陈兴发、陈金忠、陈明锋、陈秀琼、陈瑞平、陈于光、陈梅芳、陈美玉、陈丽娟、陈文辉、陈吓惠、陈香英、陈碧华、陈亮、陈友琦、陈清霞、吴怡静、王梓翔、王文华、王杨芳、王喆、王秀钦、翁程财、翁其荣、翁曦、薛家顺、薛仰钧、薛立耀、刘善官、刘营官、周华、郑时寿、谢琴、谢和兴、谢木义、李剑雄、李华仔、李运玲、李灯、李礼周、张怀月、张建乐、杨宗旺、杨宗龙、何天龙、柯明棋、邱明雄、邱明、黄建文、黄毅、周传云、余建忠、张中、潘为华、石玉妹、曾昭棋。

二〇一八年十二月（戊戌年）。第八排北面26块碑。

奉缘伍仟元信士芳名：

杨庆福、高友兴、高国水、许国忠、江华、方光明、方晨昱、卓剑威、施宏贵、卢义、兴旺帮。

奉缘肆仟元信士芳名：

严金康、张善平、张建华、陈文龙、陈成华、陈桂官、陈秀玉、林庆全、林友平、何万昌、何敦发、何美朝、姚弓善、刘书祥、刘宏信、高建兰、李善琴、王命炎、福建恒杰塑业新材料有限公司。

奉缘叁仟元以上至肆仟元信士芳名：

刘明院、刘明星、郑义镇、何武强、肖和、施小青、林剑、林炜、郭振国、杨祖鹰、黄美雅、李义霞、陈伟勋、林明才、王立锯、黄伟、郭敦志、郑俤、高谷辉和。

奉缘叁仟元信士芳名：

陈星安、陈和平、陈武、陈钦忠、陈林晨、陈峰飞、陈毅、陈英、陈国恩、陈惠林。

二〇一八年十二月（戊戌年）。第八排北面27块碑。

奉缘叁仟元信士芳名：

陈千尧、陈美容、陈君立、陈新萍、陈赛芳、潘林、戴玉、何玉钦、何建忠、何文禄、何晓燕、余乃武、余乃龙、余美松、余朝、余幼珠、余友珠、余生、余英、俞华、俞鹏举、俞玉清、郑力、郑飞、郑小芳、郑真珠、郑斌、刘敏、刘丽华、林述月、林小光、林振乐、林水钦、林良官、林庆法、林金祥、林玉钱、林宜帅、林金响、林瑞连、林玉莺、林伟民、林信保、林华、林世福、林世芳、林娟、林小英、林强、林杰、林兆咸、林云、蔡文清、李宗章、李妮霞、李宝国、李振柱、李湧浩、卢大铭、周明兴、周云钦、周建如、杨剑锋、赵美文、黄书康、黄旺苏、黄宝亮、王钦玉、王述强、王友木、施友信、施美爱、蒋荣、吴明祥、薛秀珍、薛文生、曾光清、张浩栋、谢碧芳、廖水官、肖美貌、郭忠峰、曹秋官、蔡文清、梁凯、念家雯。

二〇一八年十二月（戊戌年）。第八排北面28块碑。

奉缘贰仟元以上至叁仟元以下信士芳名：

黄钟铃、林聪、林新斌、张秀钦、翁明贤、张贵梅、林云钦、叶家全、陈友厚、王天旭、陈金柱、陈明春、陈龙平、施永晨、吴昭颖、张乐群、李善魁、郑春福、卢扬忠、施永坡、秀珍、陈国水、梁尧英、施金泉。

奉缘贰仟元信士芳名：

林忠、林美英、林平、林敬、林斌、林清英、林雅英、林宏盛、林银恩、林桂英、林云芳、林吓确、林兴平、林祖善、林文、林远隆、林若彬、林泽忠、林荣雄、林颖玲、林茂凤、林香凤、林心柏、林在安、林朝芬、林际雨、林今城、林尔文、林德党、林玉国、林绍长、林发、林锦、林程峰、林同平、林捷、林芳、林义暖、林水官、林莲珠、林祥、林承国、林钦标、林能龙、林能应、林谦、林雅珠、林宜孟、林秀云、林美娘。

二〇一八年十二月（戊戌年）。第八排北面29块碑。

奉缘贰仟元信士芳名：

林兴、林昌连、林宜国、林胎团、林梅芳、林绍彰、李文清、陈小丹、陈小兰、陈鑫、陈力奇、陈必勇、陈文龙、陈星、陈海明、陈开俊、陈承兴、陈梅华、陈贤龙、陈惠龙、陈辉文、陈国强、陈道德、陈淑英、陈依忠、陈依庚、陈文浦、陈国清、陈学连、陈爱珠、陈爱忠、陈书林、陈礼岁、陈美华、陈秋芳、陈尚泽、陈航英、陈永秀、陈依义、陈人耀、陈彩峰、陈道瑞、陈六俤、陈伟、陈坤官、陈洪、陈福英、陈香英、陈秀云、陈雪娟、陈雪云、陈宋清、陈友生、陈本勇、陈美芳、陈明惠、陈伟、陈富、郭联武、郑成源、郑晓兵、郑小琴、郑忠明、郑德英、郑用官、郑建宁、郑财船、郑嘉雯、郑用学、郑梅玉、郑燕金、郑修茂、郑金兰、郑一鹤、郑娟、何燕燕、何文金、何明、何斌锋、何艳芳、何曦、何心和、何伟良、何小琼、何国云、何心文、何名立、何德兴、何晓艳、郭亦平妹。

二〇一八年十二月（戊戌年）。第八排北面30块碑。

奉缘贰仟元信士芳名：

何亮、王鑫、王钦和、王强平、王建钦、王为茂、王命金、王命玉、王荣福、王文贺、王文炳、王文其、王家钦、王杨兴、王扬芳、王泉英、张萍、张吓贵、张淑华、张尊斌、张鼎祥、张喜官、张聿炫、俞昌平、李芳、李立伟、李汝灿、李志平、李立忠、李积兴、庄发凤、魏成躬、唐支辉、董巧儿、童玉信、谢和兵、赵承爱、严其秋、严玉春、严孙佃、薛偕顺、薛理建、薛晖、朱文杰、刘华金、刘明、刘惠明、刘义旺、刘元新、刘福官、刘金来、刘婷、刘春辉、刘少禹、刘常敏、刘孟鸿、余爱明、余生、俞云英、徐娟、江海涛、吴海明、吴宜良、吴秉荣、吴瑞明、吴强、吴修雄、吴克峰、周峰、周勇、周旭成、李罡、黄建茂、黄群、黄立喜、黄国善、黄青锋、欧忠强、卢振匀、施传民、施春春、施瑞玉、魏小津、魏谋荷、魏文荣、魏忠燕、谢和林、谢旦红、翁祖盛、翁贵。

二〇一八年十二月（戊戌年）。第八排北面31块碑。

奉缘贰仟元信士芳名：

翁秀斌、许泉 、游天强、梁宣达、梁丽芹、肖声生、罗坤明、罗惠栋、杨鸿和、叶小斌、高孔旭 、曾华茂、曾昭棋、柯德官、钟必勤、倪伟平、安敏、鸣家商贸上海有限公司。平潭口海火锅店。

奉缘壹仟伍佰元至贰仟元以下信士芳名：

郑坤、林建明、林增勤、刘爱芳、张元敏、陈建锋、王秀武、林叶伟、林玉国、李成剑、吴秉荣、卢贤坤、严秀梅、杨明云、庄融峰、薛松、张文耀、吴福金、曾而斌、陈玉、陈其忠、陈诸峰、陈宝光、陈尚宠、陈剑、卓进武、曹国英、林同贵、林晓东、林珠仙、林锋、郑邦寿、卓尔群、周淑芳、江华、荘慧、黄锦辉、施修林、施德光、薛金文、李雅爱、张学义、张瑞杰、何敏、严学炜、福清市龙腾米业有限公司广州丽莉鞋业公司。

二〇一八年十二月（戊戌年）。第八排北面32块碑。

奉缘壹仟元以下至壹仟伍佰元以下信士芳名：

郑秉金、陈辉、陈喜俤、王国康、王瑞洪、翁秀清、邹文清、谢忠华、潘爱亮、潘爱玉、刘春昂、郑清华、李锦、施宇泽、林玉訇、林秀玉、林德官、林春喜、柯天辉、蒋伙英、王世美、陈彩霞、陈萍、张学仁、张伙俤、郑义明、薛爱明、刘有忠、程焰辉、林云珠、王命棋、林能俊、林仙建、林金炎、林友美、张家友、翁明兴、刘明院、孙发连、林金史、林广颐、郭小文、李礼杰、王孙德、杨丽云 、陈德华、陈峰、薛贤春、黄艳红、陈绪兴。

奉缘壹仟元信士芳名：

李艳、李宗杉、李国平、李大生、李尾兴、李强、李小迈、李振强、李武、李辉、李国强、李禹官、李学坦、李秀英、李诗凯、李天水、李勤鹏、李俊远、李勤云、李依庆、李道强、李银、李华、李伟、李锦杭。

二〇一八年十二月（戊戌年）。第八排北面33块碑。

奉缘壹仟元信士芳名：

李丹丹、李振泰、李金妹、李国林、李新兰、李华钧、李祖康、李龙泉、李述奇、李思卓、李富洺、李登福、黄碧霞、黄亮、黄舒诚、黄季魁、黄敏龙、黄洪云、黄绳生、黄美花、黄建文、黄建武、黄星、黄依芳、黄锦玉、黄丽宝、

黄兆标、黄国鼎、黄福辉、黄雅琴、黄启飞、黄霖、黄友仁、黄学文、黄岩声、黄霖飞、林国荣、林荣、林辉、林翔宇、林万冲、林琴、林宗旺、林雅英、林宝康、林万金、林树安、林荣、林新锋、林瑜、林萍、林莉、林尾俤、林善恩、林我明、林春、林厚云、林翔宗、林立龙、林爱珠、林辉、林书文、林孝先、林波、林明玉、林永强、林夏冰、林武奇、林辉、林祖耀、林国平、林水钦、林道仁、林道华、林立齐、林孝发、林珠云、林金木、林孝月、林小锋、林清钧、林安康、林武、林性凤、林若欣、林泉福、林巧玲、林同金、林城、林盛平。

二〇一八年十二月（戊戌年）。第八排北面34块碑。

奉缘壹仟元信士芳名：

林义勇、林谋旺、林谋清、林信宝、林德华、林忠、林我建、林溢周、林仁兴、林金华、林天金、林世英、林世荣、林兴华、林太良、林建明、林其春、林登官、林德立、林健锋、林共秀、林云钗、林衡、林清、林祥建、林明芳、林太宝、林秀平、林振仕、林锦云、林国灼、林重、林金生、林依芳、林月珠、林国平、林金德、林良光、林光华、林瑞灿、林海、林成、林文广、林兴姆、林钟、林传钱、林珠英、林剑星、林程涛、林程星、林容、林挺延、林程月、林依恰、林峰、林健坚、林好金、林金佃、林照燕、林海、林淑香、林祥明、林国、林小英、林云、林仁娇、林诚坤、林浩翔、林惠通、林广、林爱梅、林东、林瑞云、林文明、林剑、林程斌、林昌恒、林兆光、林其俊、林文忠、林自强、林棋通、林传宁、林晟、林文、林旺、林丽丽、林双、林仙强、林春平。

二〇一八年十二月（戊戌年）。第八排后面35块碑。

奉缘壹仟元信士芳名：

林建兴、林新梅、陈旺、陈孝龙、陈孝春、陈星、陈行云、陈孔育、陈明潮、陈文淋、陈训美、陈庆娟、陈曾钦、陈芸、陈梅英、陈振英、陈力超、陈华强、陈朝云、陈孔哲、陈周春、陈力福、陈力海、陈剑清、陈明泰、陈凌、陈海明、陈小英、陈之仁、陈家增、陈宝员、陈光辉、陈福清、陈行艳、陈剑芳、陈忠辉、陈朝光、陈雪洪、陈瑶、陈运财、陈梅清、陈大伟、陈兵德、陈哲发、陈承康、陈飞强、陈品英、陈常廉、陈道琴、陈宇捷、陈龙、陈晖、陈辉、陈学平、陈玉章、陈标、陈贤寿、陈盈朵、陈国清、陈必章、陈嘉颖、陈智超、陈道爱、陈来福、陈云、陈伟彬、陈身重、陈祥、陈敦义、陈文锦、陈琳、陈传奇、陈群、陈梅芳、陈存官、陈祥、陈泽贵、陈翔龙、陈本梅、陈慈赛、陈孔榕、陈礼松、陈祥基、陈哲祥、陈秀华、陈斌、陈苏、陈国兴、陈敏勇、陈增国。

二〇一八年十二月（戊戌年）。第八排北面36块碑。

奉缘壹仟元信士芳名：

陈建忠、陈雪官、陈学旺、陈展辉、陈国封、陈俊俤、陈玉珠、陈斌、陈夏懿、陈润祥、陈品官、陈有泉、陈宝来、陈官俤、陈惠兰、陈春华、陈如栋、陈为华、陈澜浩、陈美容、陈云兴、陈凯明、陈金武、陈飞霖、陈天官、陈义侠、陈榕乐、陈国清、陈力、陈丹丹、陈建璋、陈章华、陈毅、陈友宝、陈再樵、陈庆荣、陈主印、陈建峰、陈辉、陈天清、陈定坚、陈起威、陈宝珠、陈水华、陈明生、陈建华、陈春、陈文琴、陈文义、陈肖平、陈宗周、陈淑娇、陈有美、陈敏俊、陈秀芳、陈燕青、陈航生、陈丽英、陈伟伟、陈雅云、陈斌、陈婉芳、陈文辉、陈文强、陈崇巧、王旺星、王允强、王国珠、王德玉、王传明、王钦和、王元焰、王鼎、王晓健、王秀明、王基康、王雄彬、王丁义、王庆灿、王承祥、王朝文、王建明、王荣、王彬、王言美、王占宝、王财荣、王千金、王银雪、王玉亭。

二〇一八年十二月（戊戌年）。第八排北面37块碑。

奉缘壹仟元信士芳名：

王文其、王秦凯、王庆益、王利国、王爱华、王扬芳、王月儿、王心琛、王龙英、王世彪、王碧华、王少勤、王秀芳、王荣、王海霞、郑金顺、薛文英、薛华静、薛书华、薛金兵、薛朝辉、薛洪芳、薛吓皮、薛祥平、薛强、薛天扬、薛命银、薛右斌、薛理云、薛丽丽、薛来美、薛理强、薛美珠、薛彦明、薛豪、薛男、薛典森、高和平、高金华、高金青、高金平、高江青、高剑飞、高毅、高国荣、高建松、高彬俤、高兆帜、高春钿、高友香、高仁发、郑善明、郑诒娟、郑昌明、郑捷升、郑昌善、郑兆坤、郑瑞凤、郑明敏、郑振兴、郑云云、郑祖田、郑宝平、郑声宝、郑明俤、郑能巨、郑和顺、郑春湍、郑德船、郑则船、郑显镛、郑玉悌、郑建斌、郑守志、郑德成、郑文枭、郑铭、郑建容、郑仁健、郑航飞、郑艳芳、郑秀清、郑龙燕、郑魁、郑真珠、郑平华、郑泽枝、郑春镇、郑惠、王

沈金官。

二〇一八年十二月（戊戌年）。第八排北面38块碑。

奉缘壹仟元信士芳名：

郑时茂、杨健、杨素琼、杨忠龙、杨新乾、杨方乐、杨雪花、杨修墀、杨波、杨凤平、杨樱、杨祖耀、杨宝清、杨碧妹、余美辉、余美雄、余生、余代伟、余何保、余好英、余志军、余明香、余建兴、余月珠、俞幼玉、俞兆华、徐春华、张永斌、张秀杰、张述光、张行文、张家洲、张本海、张立杰、张平弟、张瑞杰、张默女、张建乐、张航平、张光辉、张依碧、张季瑜、张豪、张鸿、张建、张子庄、张栩、何秀珍、何文金、何伟、何爱琴、何芳、何文彬、何宝英、何可俤、何守金、何香玉、何彩翠、何基朝、何嘉光、何美基、何立基、何必基、何齐快、何心乐、何天龙、何福、何文登、何建清、何仁岁、何敬祥、何锦源、何兴、何亮、何莉莉、柯金龙、柯加忠、柯俊熙、吴文彪、吴小文、吴文庄、吴健、吴晨辉、吴振光、吴振龙、吴为英、吴秀钦、吴泽奇、吴修锋、吴天官。

二〇一八年十二月（戊戌年）。第八排北面39块碑。

奉缘壹仟元信士芳名：

吴金松、吴华彪、吴承骏、吴丽平、吴官乐、吴黎东、周凯、周发雄、周凡、周英、周学勤、周清钦、周而成、周伟龙、周恭凤、周明、周宏霖、周遵强、周其响、周廷仕、周建斌、周善君、刘美锦、刘日平、刘自平、刘文兰、刘瑞英、刘瑛、刘锦发、刘建忠、刘金云、刘玉林、刘香明、刘传清、刘小明、刘翠华、刘丽芳、刘用新、刘辉、刘文义、刘金乐、刘云梅、刘永天、方秀萍、方星、方美恩、方良贵、方睿哲、方冠翊、魏瑞钦、魏学辉、魏成宝、魏成躬、魏成图、魏传群、魏运清、魏良龙、梁珍珍、梁美珍、梁健、梁晖、郭婕、郭孝荣、郭廷文、郭琴妹、郭美珠、郭国平、郭后璋、郭香珠、郭开华、郭丽芳、丁明昌、丁春国、丁祥猛、施孟峰、施美乐、施凯、施孝林、施传珠、施恭兴、施菊英、施传沐、施文贵、施兰芳、施美爱、翁财福、翁财亮、翁吓婆、翁瑞英、翁明龙。

二〇一八年十二月（戊戌年）。第八排北面40块碑。

奉缘壹仟元信士芳名：

翁武坪、翁祖英、翁冬旭、翁财福、江训明、江兆帅、江春旺、江华、江美青、江瑞云、江敬登、江如曦、江航、蔡立福、蔡秀虹、钟厚贵、钟宇洋、钟风平、潘芸、潘建华、潘爱珠、潘君真、严国华、严圣贵、严康斌、严俊、严玉春、严华、严成堂、倪红、倪耀、倪建平、倪明华、倪政凯、倪爱平、倪斌、倪水英、倪远寿、倪培芳、倪小花、程从国、程子云、程宏志、庄强、庄武平、庄清官、庄将荣、庄印同、庄建兴、庄锦祥、庄武平、董淑应、董增杰、曹建春、曹立锦、曹祥铨、曹振琴、曹达、尚兴龙、尚龙弟、邓祥利、邓秀云、赵子松、赵瑞珠、赵振建、鲍木松、鲍依娇、谢建忠、谢瑞金、韩胜勇、韩信用、韩国华、韩祥勇、韩圣泰、韩宁、卢成康、卢克铭、卢振匀、姚恭明、姚启斌、姚弓善、汤飞春、卓周雄、卓维新、卓建福、朱宗霖、朱建国、朱继成、洪图、洪恩。

二〇一八年十二月（戊戌年）。第八排北面41块碑。

奉缘壹仟元信士芳名：

洪本明、曾兆泉、曾昕、曾穆华、叶龙强、叶榕欣、叶桐和、叶丽珍、叶琼曦、叶雄国、叶依娇、叶晓雯、蔡文和、蔡为生、许文生、许子湘、许尚春、许智勇、许浑雄、邱童玲、邱志光、苏本泽、游宝英、游峰、游能平、游天华、游天强、游天珠、游通检、游书平、蒋开锋、蒋建清、将依国、连秀丹、连晓翔、兰海铨、兰祖国、戴绍昌、汤明珠、袁辉、毛丽平、孙茂盛、罗彪、傅发明、龚建平、肖国清、任官平、池开安、姜金城、肖结、胡木水、欧茵茵、福州真亿公司加湖南步步连锁超市、福清市美豪家具有限公司、中州梦乡阁群、鸣家商贸上海有限公司。

二〇一八年十二月（戊戌年）。第八排北面42块碑。

公元二〇一九年元月至十二月（己亥年）奉缘信士芳名：

奉缘伍万元以上信士芳名：

王孝茂信士宏路大埔人，福建省茂华投资有限公司董事长，凭承济世利人之优良传统热心教育事业，自二〇一二年至二〇一八年，乐捐福建省石竹慈善基金会，少数民族与贫困地区建校善款肆仟肆佰贰拾万元人民币。为彰其善举功德爰勒石记之。

二〇一九年十二月（己亥年）。第八排南面1块碑。

张遵辉、郑江华信士，为石竹山道院建设，慷慨捐缘叁拾叁万人民币。

二〇一九年十二月（己亥年）。第八排南面69块碑。

福清市城头镇梁厝村271号，梁瑞勇先生，为石竹山道院建设，慷慨捐缘贰拾伍万贰仟元人民币。

二〇一九年十二月（己亥年）。第八排南面70块碑。

福清市龙田镇西坑村，薛水华先生，为石竹山道院建设，慷慨捐缘贰拾万元人民币。

二〇一九年十二月（己亥年）。第八排71块碑。

福清市龙田镇西坑村，薛斌先生，为石竹山道院建设，慷慨捐缘贰拾万元人民币。

二〇一九年十二月（己亥年）。第八排南面72块碑。

福清市龙田镇西坑村，薛伟先生，为石竹山道院建设，慷慨捐缘贰拾万元人民币。

二〇一九年十二月（己亥年）。第八排南面73块碑。

信士，周发康先生，为石竹山道院建设，慷慨捐缘壹拾捌万元人民币。

二〇一九年十二月（己亥年）。第八排南面74块碑。

厦门中联永亨建设集团有限公司福州分公司、林锦兵先生、林锦昌先生，为石竹山道院建设，慷慨捐缘壹拾伍万元人民币。

二〇一九年十二月（己亥年）。第八排南面75块碑。

福州市台江区宁化路1号吉水苑4号楼604室，李恭金先生，为石竹山道院建设，慷慨捐缘壹拾伍万元人民币。

二〇一九年十二月（己亥年）。第八排南面76块碑。

长乐区潭头镇克凤明秋村，陈双金等信士，为石竹山道院建设，慷慨捐缘壹拾肆万叁仟元人民币。

二〇一九年十二月（己亥年）。第八排南面77块碑。

贵州省六盘水市旗盛煤焦化有限责任公司，潘受平先生，领男潘永城，为石竹山道院建设，慷慨捐缘壹拾叁万叁仟元人民币。

二〇一九年十二月（己亥年）。第八排南面78块碑。

平潭中楼乡盐田村骑龙穴村77号，林春兴先生，为石竹山道院建设，慷慨捐缘壹拾万元人民币。

二〇一九年十二月（己亥年）。第八排南面79块碑。

福清市龙田镇玉丰村上塘124号-2，倪秉松、何雅珠信士，为石竹山道院建设，慷慨捐缘壹拾万元人民币。

二〇一九年十二月（己亥年）。第八排南面80块碑。

平潭县城关海景嘉园，施建华先生，为石竹山道院建设，慷慨捐缘壹拾万元人民币。

二〇一九年十二月（己亥年）。第八排南面81块碑。

平潭县白青乡国彩村、吴泉先生、为石竹山道院建设慷慨捐缘壹拾万元人民币。

二〇一九年十二月（己亥年）。第八排82块碑。

福清市港头镇占阳村北扇，林雅妹女士，为石竹山道院建设，慷慨捐缘伍万元人民币。

二〇一九年十二月（己亥年）。第南面排83块碑。

福州市福马路418号日出印象十号楼八〇七室，王巧琴女士，为石竹山道院建设，慷慨捐缘伍万元人民币。

二〇一九年十二月（己亥年）。第八排南面84块碑。

平潭平原镇东梧凤村25号，游雄先生，为石竹山道院建设，慷慨捐缘壹拾万元人民币。

二〇一九年十二月（己亥年）。第八排南面85块碑。

平潭县流水镇山门前村100号，陈秀玉女士，为石竹山道院建设，慷慨捐缘壹拾万元人民币。

二〇一九年十二月（己亥年）。第八排南面86块碑。

福建中交能源有限公司，郑孝松先生，为石竹山道院建设，慷慨捐缘壹拾万元人民币。

二〇一九年十二月（己亥年）。第八排南面87块碑。

福清市港头镇占阳村185号，何文光先生，为石竹山道院建设，慷慨捐缘柒万捌仟元人民币。

二〇一九年十二月（己亥年）。第八排南面88块碑。

福清市港头镇芦华村18号，余元干、何裕珍信士，为石竹山道院建设，慷慨捐缘柒万元人民币。

二〇一九年十二月（己亥年）。第八排南面89块碑。

福清市上迳镇洋中村、香港沙田新界从炭坳背湾街14—24号金豪，黄启豪先生，为石竹山道院建设，慷慨捐缘陆万元人民币。

二〇一九年十二月（己亥年）。第南面排90块碑。

广州市天河区江景新城龙熹山E1-C栋-1802，翁华银、韩瑞英伉俪，为石竹山道院建设，慷慨捐缘伍万元人民币。

二〇一九年十二月（己亥年）。第八排南面91块碑。

保达实业集团（平潭）股份有限公司，陈飞霖先生，为石竹山道院建设，慷慨捐缘伍万元人民币。

二〇一九年十二月（己亥年）。第八排南面92块碑。

福清市一都镇一都村赤山小区125号，方福明、何雪云伉俪，为石竹山道院建设，慷慨捐缘伍万元人民币。

二〇一九年十二月（己亥年）。第八排南面93块碑。

福州市马尾区亭江镇东岐村三家巷21号，黄启新先生，为石竹山道院建设，慷慨捐缘伍万元人民币。

二〇一九年十二月（己亥年）。第八排南面94块碑。

龙田镇南山村铃兜206号（福清市旺坤福生鲜超市），郑晓兵先生，为石竹山道院建设，慷慨捐缘伍万元人民币。

二〇一九年十二月（己亥年）。第八排南面95块碑。

平潭县敖东镇苍海上厝137—1号，魏为国先生，为石竹山道院建设，慷慨捐缘伍万元人民币。

二〇一九年十二月（己亥年）。第八排南面96块碑。

福州市仓山区城门镇樟岚村龙湖境，许桂忠先生，为石竹山道院建设，慷慨捐缘伍万元人民币。

二〇一九年十二月（己亥年）。第八排南面97块碑。

福清市清展路福中花园A—5号，林明利、林爱梅伉俪，为石竹山道院建设，慷慨捐缘伍万贰仟元人民币。

二〇一九年十二月（己亥年）。第八排南面98块碑。

福清市音西镇珠山菜安村25号，池声煌、谢美珍伉俪，领男池定森、媳程文其，为石竹山道院建设，慷慨捐缘伍万元人民币。

二〇一九年十二月（己亥年）。第八排南面99块碑。

公元二〇一九年元月至十二月（己亥年）奉缘信士芳名：

奉缘叁万元以上信士芳名：

郑朝武、高小红伉俪肆万元，长乐区玉田镇玉田村新厝下1号。

潘爱玉信士，叁万伍仟元，长乐区古槐镇华元村。

张旭飞信士，叁万叁仟元，长乐区古槐镇洋下村。

余学明、余文萍信士，叁万贰仟元，福清市龙田镇东营村下楼105号。

陈增珠信士，叁万元，长乐区潭头镇菊潭村解放路81号。

陈章华、陈惠芳伉俪叁万元，福州市鼓楼区卫前街11号冠城大通首玺3号楼1413单元。

二〇一九年十二月（己亥年）。第八排北面43块碑。

奉缘贰万元以上信士芳名：

林堰信士，叁万元，福州市鼓楼区水部社区闽都嘉源1座一四〇七室。

张如金信士，叁万元，福清市龙田镇龙锦路939号。

郑斌信士，叁万元，福清市龙田镇。

余学明、余美清信士，叁万元，福清市龙田镇东营村小宗兜1号。

薛松贰万陆仟元。林伟民贰万肆仟元。陈旺龙贰万叁仟元。林绍长贰万元。

林华卒贰万元。林远朝贰万元。林雅珠贰万元。林新贰万元。林振声贰万元。

薛天平贰万元。薛从和贰万元。吴章义贰万元。何吓明贰万元。何贤平贰万元。

杨场宝贰万元。陈圣娟贰万元。陈太顺贰万元。陈小杰贰万元。陈天赐贰万元。

陈香平贰万元。张述琴贰万元。张元坚贰万元。周炳鉴贰万元。刘敦明贰万元。

黄钊贰万元。钟祥霖贰万元。卓清贰万元。占礼福贰万元。

二〇一九年十二月（己亥年）。第八排北面44块碑。

奉缘壹万元以上信士芳名：

韩孝煌贰万元。郑伟亮贰万元。冯立好贰万元。蒋丽平贰万元。欧阳学忠贰万元。

平潭县金源海运有限公司贰万元。平潭县万达海运有限公司贰万元。闽丰油壹号福建闽丰轮船有限公司贰万元。余美松壹万柒仟元。何本朱壹万陆仟元。林茂强壹万陆仟元。周宏明壹万伍仟元。丁玉平壹万伍仟元。张鼎祥壹万伍仟元。李礼周壹万伍仟元。何锋立壹万叁仟元。黄书康壹万贰仟元。林祥壹万贰仟元。薛金兵壹万贰仟元。韩宁壹万贰仟元。何兴壹万贰仟元。薛学强壹万壹仟元。陈冰壹万壹仟元。

奉缘壹万元信士芳名：

林宠清、林爱英、林云辉、林立、林秋、林宗勇、林炳生、林建、林谋平、林国。

二〇一九年十二月（己亥年）。第八排北面45块碑。

奉缘壹万元信士芳名：

林谋生、林金祥、林锦平、林传庚、林官云、林恒、林工锦、林世钦、林文忠、林德强、林斌、林馨菲、林诚坤、林启强、林城、林春、陈仔仔、陈永捷、陈开俊、陈良芳、陈钰、陈星安、陈辉、陈明锋、陈梅清、陈梅华、陈庄明、陈正和、陈飞、陈永杭、陈金旺、陈奇、陈美娇、陈振良、陈友齐、陈光荣、陈婴妹、李为平、李善榕、李爽、李业坦、李雄、倪秉仁、周淑芳、余秀娟、刘瑛、刘宜达、刘增龙、曾台荣、曹秋官、蔡立贵、蔡妹妹、蔡芳铮。

二〇一九年十二月（己亥年）。第八排46块碑。

奉缘壹万元信士芳名：

侯方方、郑忠燕、薛亦和、潘芸、施友斌、施克威、施家瑞、王钦风、王建盛、王爱新、王命金、王文强、王丁林、王天开、王友明、王世美、王心琛、翁其荣、翁妹妹、翁其荣、翁齐淦、郑财船、郑龙燕、郑俊杰、郑铭祥、郑时才、郑七焕、吴云飞、吴玉平、何心明、何桂雄、江毅、卓兴官、黄赛兰、黄伙明、黄惠芳、柯金国、柯雪英、于桂英、薛立耀、陈梅钦、魏孝栋、朱秀琼、永修县、航运公司船号、明祥号、明瑞号、长乐宏顺型材有限公司、王秀武贰仟陆佰美元、施祖月壹仟柒佰美元。

二〇一九年十二月（己亥年）。第八排北面47块碑。

奉缘捌仟元以上至玖仟元信士芳名：

朱秀玲、林庆法、施金文、陈文辉、陈丽娟、陈强、陈英、陈凤珠、陈碧珠、刘建明、魏孝新、黄家国、郑兴建、郑赛玉、何本林、陈凯华、毛祚鸿、魏新俤、卢居士、卢学杰、卢秋云。

奉缘陆仟元至柒仟元信士芳名：

林爱钦、林艺、林追、林仁玉、林淑香、施金飞、罗小星、王小清、王晖、郑普潮、郑艳榕、陈和平、张美惠、李馨菲、余月珠、余朱玉、余可华、朱凤顺、谢立锋、谢立慧、曹建辉、卢振匀、蔡文清、钟兆星、韩圣平、张鹤华、叶家全、卢大铭、霍氏（寿光）房地产发展有限公司。

二〇一九年十二月（己亥年）。第八排北面48块碑。

奉缘伍仟元信士芳名：

林锋、林贻凤、林贻、林强、林书华、林勇、林木和、林玉松、林义、林经、林文、林国珠、林小兰、林峰、林木松、林小玲、林泉清、林文明、林述龙、林莺清、薛家顺、薛万东、施恭玲、施宏贵、施燕清、王梓翔、王长善、王文华、王利、王为荣、王命强、王天珠、翁芳、翁其蔚、郑本总、吴碧钦、吴斌、吴月莲、吴怡静、吴爱玉、何宝英、何玉泉、何飞、何小琴、何美朝、杨耀庭、杨庆福、杨宗旺、陈小春、陈友宝、陈斌、陈兰芳、陈凯明、陈文辉、陈斌、陈文琛、陈爱民、陈金旺、陈河英、陈明春、陈家铨、陈秀琼、陈华、陈瑞平、陈国平、陈赛芳、张怀财、李木增、李月华、叶阁珍、余华凯、余建忠、余海、余乃龙、余吓珠妹、刘用勇、刘明星、刘明院、刘宜津、刘华金、魏建通、魏忠燕、魏学辉、高至光、高长江、游强、黄以强、黄增宋、黄波、郭金贵、谢秀钦、曹嵩平、曹达、许成田、卓剑威、唐支銮、石瑞华、中洲梦乡阁群。

二〇一九年十二月（己亥年）。第八排北面49块碑。

奉缘肆仟元至五仟元以下信士芳名：

杨鸿和、林伍五、林昌美、林谋贵、林玉晨、施杰、王为茂、王命炎、王齐棋、郑忠云、吴美珍、何惠英、何文禄、陈玮、陈文龙、陈英、张瑞杰、李勤云、李祖珍、毛仙英、余朝、周伟龙、刘孟鸿、朱利叶斯、黄国善、郭亦平妹、曾昭棋、蔡海玲、洪雄志。

奉缘叁仟元以上至肆仟元以下信士芳名：

林晨、林建平、林民锋、林仁娇、林明才、林炜、林建明、林云忠、薛家顺、潘传希、王钦玉、郑义镇、郑时敏、郑妹妹、郑时寿、吴国玉、张依雪、张定铟、张玉娇、张荣、张朝辉、张壮、李善居、余小霞、周建如、刘锦里、刘武、高友兴、郭陈龙、谢和兴、曹鼎亮、董罗靓、台南八卦神农殿。

二〇一九年十二月（己亥年）。第八排北面50块碑。

奉缘叁仟元信士芳名：

林文钊、林小辉、林世福、林月萍、林颖玲、林玉莺、林芬、林锦云、林明秋、林贞、林泽钧、林美英、林若瑶、林贻团、潘林、王贤荣、王丁义、翁祖盛、翁国华、郑真珠、郑锦屏、郑于斌、郑娟、郑俤、郑力、郑龄、郑锦芳、吴怡静、吴学强、吴飞龙、何天龙、何心文、何文金、何建平、何梅兰、何美珠、何家兴、何晓燕、杨瑞梅、陈金郭、陈锦标、陈龙诚、陈瑞云、陈新萍、陈若雪、陈海明、陈金土、陈水华、陈千尧、李宝发、李俊、倪小花、叶惠萍、余乃玉、余优珠、刘丽平、高国水、游国龙、黄群、郭联武、谢建忠、卢振匀、丁玉兰、许长植、江能鸿、江峰、江振贤、池开安、江瑞华、严灵惠、严宝康、姚恒贵、赵金梅、滕木兰、丁芳灵、许泉、许子湘、欧玉贵。

二〇一九年十二月（己亥年）。第八北面排51块碑。

奉缘贰仟元以上至叁仟元以下信士芳名：

林长武、李善魁、林勇斌、林勇爱、林勇琴、林锦、林庆金、林淑香、林耀、林雁云、林发、林今城、林仰星、林时龙、林锦辉、林繁、林明芳、林秋仙、林贤魁、林碧容、林锦河、林日旺、林玉莺、林绍长、林绍鹤、林孝荣、林雅英、林吓确、林宗生、林子文、林明和、林友勇、林述月、林红英、林学益、林海滨、林雄锋、林金鹰、林强、林同平、林芳、林钦、林辉、林谦、林木金、林小英、林金鹰、林传忠、林传建、林祖捷、林飞娥、林丽丽、林衡、林妹、林木水、林宜国、林聪、林在安、林秋龙、林武、林茂凤、林盛平、薛有斌、薛素珍、薛朝

辉、潘自玲、吴小兰、何燕燕、陈铁妹、陈金生、陈金梅、陈金富、陈国清、陈国霖、陈金柱、陈兵、陈径春、陈周春、陈必勇、陈梅清。

二〇一九年十二月（己亥年）。第八排北面52块碑。

奉缘贰仟元以上至叁仟元以下信士芳名：

陈祖家、陈惠龙、陈友明、陈林彬、陈美芳、陈为凤、陈洵、陈治华、陈小丹、陈坤官、陈美玉、陈洪、陈起森、陈龙平、陈书林、陈宇翔、陈铭辉、陈立群、陈玉珠、陈心芝、陈靖瑶、陈鹏、陈大兴、陈道德、陈辉文、陈峰、陈秀云、陈香官、陈敦珠、陈义齐、陈瑞英、陈依玉、陈国封、陈淑月、陈芳、李华、李善魁、倪彬全、余幼珠、余爱明、周华、刘章斌、刘云锋、魏昌国、魏昌锋、游天华、郭金贵、蔡正烧、严秀峰、童玉信、冯邦金、倪秉雄宏路太极拳队。

二〇一九年十二月（己亥年）。第八排北面53块碑。

奉缘贰仟元信士芳名：

傅翔、施金兰、施飞鸿、施祖月、施圣兴、施凯、王西真、王命炎、王钦太、王钦和、王美平、王家钦、王文棋、王孟华、王纬兴、王梅英、王香仁、王友木、翁世彬、翁祖英、翁文兴、翁建宁、郑德英、郑成源、郑善勇、郑城官、郑坤、郑惠、郑春湍、郑应周、郑春福、郑飞、郑宝捷、郑于捷、郑大元、郑敏城、吴群、吴海明、吴佩兰、吴秉荣、吴文海、吴瑞平、吴云珍、吴福金、何平、何伟良、何琴、何曦、何希敢、何闽峰、何敦发、何玉兰、何玮容、何亮、杨来梅、杨丽云、陈诗妹、张忠、张吓贵、张定汉、张永松、张锦昌、张龙庆、张元晶、张贤喆、张尊斌、张炜惠、张萍、张宇、张永斌、李芳、李振强、李立伟、李学坦、李美容、李振强、李积兴、李文兰、李赛花、李锋云、倪时国。

二〇一九年十二月（己亥年）。第八排北面54块碑。

奉缘贰仟元信士芳名：

倪斌、倪政太、倪政莲、周峰、周旭、刘耀仁、刘琼、刘金乐、刘宏信、刘淑贞、刘惠明、刘进松、刘丽平、刘光辉、刘宏信、魏谋何、魏秋英、魏运清、魏成躬、高永平、高秀娇、高炳华、游建明、游香金、游遵兴、游凤凤、黄芳玉、黄碧霞、黄丽宝、黄惠芳、黄华妹、郭东升、谢丽云、谢容英、谢利琴、谢庆辉、谢木义、卢大铭、卢贤坤、蔡成金、钟育珲、江训明、唐必宇、方子欣、严学炜、董志豪、董振华、董锦秀、姚弓善、姚恭钿、姚恭标、姜细妹、苟涛、温美清、任伦辉、颜海英、夏晓武、夏晓武、石玉珠、柯天威、柯俊熙、方昌文、洪本秋、香港泓澄仙观。

奉缘壹仟元以上至贰仟以下信士芳名：

韩圣竹、林德华、林忠、林华洪、林文、林辉、林清、林同贵、林威、林培强。

二〇一九年十二月（己亥年）。第八排北面55块碑。

奉缘壹仟元以上至贰仟以下信士芳名：

林仙建、林勇斌、林勇爱、林文浩、林莲尤、薛学龙、薛祥强、潘洪清、王建明、王诗用、王征辉、翁祖福、郑发林、郑金兰、郑梅玉、郑传诚、郑永思、郑敏、吴小萍、吴翊杉、何文彬、何文英、何亭亭、杨忠龙、杨芬、杨建清、陈宇飞、陈小丹、陈美华、陈学旺、陈尚宠、陈贻忠、陈飞霖、陈学钦、陈喜俤、陈国水、陈莺、张宝钗、张伙俤、李昌珍、李勇、毛沉、叶桂英、叶家兴、周明兴、周伟光、周裕华、周碧林、魏华琼、高学钗、高云兰、高扬学、黄宝章、黄传华、谢财华、谢旦红、曾国英、曾尔斌、曹建春、卓志霖、庄万春、兰月桃、赵瑞珠、赵淑宝、连秀其、邹连波、龚荣武、庄炎群。

二〇一九年十二月（己亥年）。第八排北面56块碑。

奉缘壹仟元信士芳名：

林秀钦、林金标、毛熔龙、袁辉、林春、林厚云、林德发、林凤、林梅梅、林云福、林万金、林斯佳、林秉谷、林树安、林国荣、林妹妹、林茂、林能俊、林针、林惠燕、林清英、林新锋、林水钦、林幼美、林友勇、林宝英、林秀琴、林瑜、林起源、林厚英、林前兵、林明、林银恩、林东彪、林永强、林文汪、林海、林斯佳、林锋、林泽钧、林厚云、林孟金、林表、林春华、林华捷、林武奇、林爱珠、林珠英、林仁珠、林孝明、林孝发、林心春、林欧洋、林义勇、林友清、林文、林嘉亮、林天福、林颖玲、林瑜涵、林旭晖、林小青、林之龙、林秀莲、林安康、林健、林贻强、林旭鸿、林云平、林贻波、林仁兴、林如斌、林小岭、林凯、林志、林荣芽、林珠莲、林琼、林榕、林秋淋。

二〇一九年十二月（己亥年）。第八排北面57块碑。

奉缘壹仟元信士芳名：

林辉、林述师、林秀莲、林桂美、林辉、林宝英、林建安、林月英、林凤官、林丹、林良忠、林金武、林秋凤、林好金、林建平、林振干、林光华、林贞国、林业伟、林瑞灿、林以诺、林燕玉、林其思、林荣东、林诗利、林栋、林彤、林伟、林国楚、林宜仁、林芬、林其秀、林良云、林金菊、林钰玲、林莲英、林国忠、林振坤、林朱樵、林国金、林昭燕、林海、林银官、林程涛、林程星、林程月、林依恰、林锦云、林其通、林桂华、林昌恒、林迪、林素梅、林希珠、林雨、林自强、林宜孟、林迪绥、林其俊、林礼建、林美云、林希珠、林斌、林爱珍、林强、林珠英、林仁娇、林其俊、林鸿涛、林文忠、林钦、林雅珠、林诚坤、林洁翔、林露文、林金炎、林文斌、林立新、林岩、林祥明、林斌、林旺、林挺、林成伟、林海滨、林星友、林传宁、林志宏、林杰、林芳、林炬、林华碧、林道杰、林佳、林美娘、林其菁、林杰、林勇。

二〇一九年十二月（己亥年）。第八排北面58块碑。

奉缘壹仟元信士芳名：

林清、薛爱明、薛财良、薛尔钦、薛秀娟、薛行春、薛少明、薛偕顺、薛桦芳、薛正银、薛丽丽、薛由斌、薛守光、薛由云、薛小强、薛美珠、薛耕云、薛家财、薛金文、潘榕、潘晓强、潘船旺、潘鸿明、潘财美、潘建青、施友云、施平强、施秀珠、施友信、施腾、施唱榕、施敏海、施婷婷、施纾、施金平、施家明、施恩、施恭玲、施忠兴、施文生、施华、施家明、王言美、王谋明、王贵、王述强、王晨辉、王荣、王孙美、王羽、王雨升、王美芳、王永在、王玉婷、王文其、王铭洲、王秋萍、王秀玉、王杰、王春龙、王秀龙、王丁义、王志强、王国珠、王玲英、王珠云、王命昌、王国珠、王丽英、王碧华、王世彪、王靓影、王孔耀、王述强、王述琳、王孔容、王建忠、王孟铨、王月儿、王奇跃、王勇、王玉芝、王岩锋、王秀兰、王孔耀、王羽、王清士。

二〇一九年十二月（己亥年）。第八排北面59块碑。

奉缘壹仟元信士芳名：

王弈涵、王利国、王良群、王传明、王盛、王晖、王命泉、王旺星、王小强、王鹏飞、王钦国、王承祥、王文园、王征雄、王征胜、翁坚、翁武坪、翁玉礼、翁冬旭、翁祖贵、翁枫琳、翁翰彬、翁友善、翁吓婆、翁泉发、翁其勇、翁长华、翁明兴、翁龙云、翁曦、翁才福、翁华康、翁华健、翁祖玉、翁慧强、翁财福、郑于捷、郑善明、郑文国、郑玉兰、郑凌宇、郑昌善、郑峰、郑文、郑秀芳、郑月洋、郑明光、郑昌明、郑小丽、郑峰、郑育斌、郑代兴、郑正坚、郑祖团、郑振兴、郑明敏、郑明俤、郑新强、郑传生、郑宝平、郑志芳、郑宝官、郑勇忠、郑建宁、郑佳锬、郑嘉彬、郑勤龄、郑梅英、郑义明、郑爱华、郑慎、郑雪梅、郑翠育、郑茜琪、郑用学、郑锡恩、郑善榕、郑仁健、吴华勇、吴健、吴挂亮、吴文庄、吴梅芳、吴通云、吴声团、吴晨辉。

二〇一九年十二月（己亥年）。第九排北面1块碑。

奉缘壹仟元信士芳名：

吴绪平、吴清、吴明祥、吴峰峰、吴振光、吴官乐、吴俞峰、吴修锋、吴城伟、吴修梁、吴修建、吴天官、吴云彬、吴云洲、吴木吉、吴振龙、吴文珍、何心乐、何彩云、何惠珠、何名珠、何文景、何恒雯、何惠、何泉州、何美基、何基朝、何宗钦、何培林、何莹、何希灯、何建清、何文登、何明娇、何祥锋、何敬祥、何芊漩、何何婷、杨波、楊长銮、楊长程、杨乐、杨建兴、杨修墀、杨祖耀、杨迎新、杨樱、杨建明、杨丙云、杨登官、杨凤平、杨贤彪、杨祖耀、陈雄、陈章华、陈天清、陈飞强、陈锋、陈启雄、陈章华、陈毅、陈人耀、陈榕乐、陈瑞华、陈周全、陈艳娟、陈诗达、陈上经、陈明芳、陈香英、陈文山、陈彩英、陈章华、陈秀玉、陈依秀、陈梅清、陈登文、陈曾钦、陈瑶、陈华强、陈孔哲、陈力海、陈旺玉、陈华、陈婷婷。

二〇一九年十二月（己亥年）。第九排北面2块碑。

奉缘壹仟元信士芳名：

陈小妹、陈玉燕、陈兵德、陈祖钦、陈毅睿、陈和平、陈国良、陈严德、陈嘉伟、陈语茹、陈宁、陈梅华、陈毅洁、陈上经、陈浩、陈友龙、陈登文、陈训美、陈家明、陈声光、陈承兴、陈行云、陈炎金、陈宇育、陈香宋、陈振英、陈

家增、陈行义、陈福清、陈财贵、陈孝春、陈丽英、陈金华、陈孝龙、陈星、陈凌、陈凤宝、陈通云、陈丽钦、陈小延、陈孔育、陈榕、陈泽琛、陈庸春、陈兆明、陈懋圣、陈存官、陈天建、陈明星、陈義文、陈宝来、陈桂官、陈礼松、陈泽贵、陈宝光、陈祥基、陈展辉、陈春建、陈本院、陈文钦、陈春华、陈秀辉、陈苏、陈彪、陈书林、陈家蕊、陈喜乐、陈航生、陈招寿、陈兴姆、陈珠珠、陈美端、陈忠江、陈升官、陈金龙、陈文明、陈慧玲、陈莺、陈美芳、陈新官、陈李喜、陈水平、陈水华、陈章金、陈锦标。

二〇一九年十二月（己亥年）。第九排北面3块碑。

奉缘壹仟元信士芳名：

陈宜燕、陈凤官、陈燕、陈国强、陈贻纯、陈振海、陈航生、陈天清、陈树青、陈凤官、陈爽、陈文德、陈昌莺、陈成钢、陈惠平、陈金龙、陈学钗、陈东国、陈官俤、陈信铿、陈燕明、陈兴炎、陈欲杰、陈木斌、陈道爱、陈标、陈为荣、陈有泉、陈纪瑜、陈圣菊、陈秀玉、陈朝铨、陈学财、陈立、陈建民、陈人耀、陈耀南、陈秀珠、陈文琴、陈文清、陈林晨、陈兆珍、陈宋斌、陈代强、陈伟、陈露露、陈锦基、张德利、张定汉、张芳、张鸿、张在朝、张吓捷、张波、张国荣、张和、张中、张鼎祥、张辉、张明杭、张述云、张治勇、张建乐、张爱玉、张丹艳、张子喜、张述平、张子严、张子房、张海建、张建、张子荘、张志成、张长华、李勤腾、李锦、李国强、李诗凯、李承志、李学坦、李华、李银、李道强、李诗桢、李明锋、李宝钗、李香玲。

二〇一九年十二月（己亥年）。第九排北面4块碑。

奉缘壹仟元信士芳名：

李灼利、李清华、李述奇、李宗彬、李孟贵、李文清、李艳、李朝勇、李基明、李洪进、李雅爱、李武、李云标、李品连、李开华、李鸿仁、李吓俤、李礼杰、李昕健、李为利、李国林、李振泰、李光荣、李文杰、李振传、李则彬、李祖康、李美惠、李文杰、李龙泉、李登福、李华均、李富铭、倪炳星、倪朝贵、倪妹仔、倪红、倪吓俤、倪国华、倪友清、倪明华、倪强强、倪建平、倪剑强、倪学忠、倪运寿、倪惠凌、毛丽平、叶欣怡、叶美珠、叶龙强、叶灵珊、叶阁贵、叶明珠、叶文胜、叶云超、叶桐和、余彩英、余乃香、余香玉、余美玲、余雪云、余风姜、余长明、余文芳、余访、余丽琴、余支军、余美玲、俞道健、俞爱玉、俞兆华、俞道平、俞兆仁、俞华、俞昌平、俞贤明、俞美霞、俞传灿、徐小艳、徐春华、徐家立、徐小芳、周飞、周建斌、周微微、周宏霖。

二〇一九年十二月（己亥年）。第九排北面5块碑。

奉缘壹仟元信士芳名：

周遵强、周凤英、周来娇、周晓锋、周碧云、周兰英、周伟遵、周善君、周宗文、周飞鸣、周晋家、刘辉、刘道淋、刘美锦、刘用新、刘辉、刘孟花、刘孟珠、刘书祥、刘秀武、刘国清、刘文义、刘吓生、刘必平、刘美凤、刘一羽、刘义旺、刘建忠、刘义妹、刘瑞芳、刘子隆、刘传清、刘增勇、刘美莺、刘小明、刘建仕、刘翠华、刘进平、刘小忠、刘兰青、刘辉、刘耀智、刘日平、刘国彪、刘书祥、刘光明、刘辉、魏义启、魏由发、魏瑞钦、魏肇云、高国荣、高剑飞、高毅、高宇翔、高雄、高学铨、高晓芳、高金华、高金安、高长发、高洪旺、高世明、游书平、游智全、朱文杰、朱绍武、朱本存、朱在祥、朱国姿、朱绍武、黄萍红、黄建茂、黄少花、黄舒诚、黄辉、黄亮、黄辉、黄金海、黄木泉、黄美莲、黄金海、黄风生、黄啟飞、黄国鼎、黄雪贞、黄剑峰、黄学文、黄永辉。

二〇一九年十二月（己亥年）。第九排北面6块碑。

奉缘壹仟元信士芳名：

郭永仁、郭起新、郭起耕、郭小凤、郭恒东、郭奕银、郭琦、郭道安、郭孝荣、郭建、谢利兵、谢如玉、谢作峰、谢丽仙、谢基文、谢淑娟、曾开谈、曾华茂、曾辉、曾在国、曾爱铭、曹祥福、曹锦文、曹国英、曹立喜、卢珠英、卢克铭、卢统勇、蔡宏武、蔡少威、蔡行专、蔡立福、蔡瑛、蔡荣舜、蔡赛娥、梁宣达、梁辰晓、钟厚贵、钟厚实、雷赵宁、雷梦瑶、许深雄、丁明昌、丁祥猛、江敬登、江典淦、江依咪、江文锦、江德志、江金俤、肖兴龙、肖发龙、肖学耿、池良福、池明祥、池忠平、柯金娥、柯丽珠、邓玉英、邓祥利、侯善宝、将云端、蒋开锋、蒋燕柱、卓维新、卓建钗、卓代玉、卓宝龙、唐支辉、唐惠清、唐英汀、方霖、方良贵、方宁、方彦惠、方兰金、方琼、方春玉、严延锋、严小仙、严成堂、严天成、严华、董岩峰、董行飞。

二〇一九年十二月（己亥年）。第九排北面7块碑。

奉缘壹仟元信士芳名：

董正惠、董珠霞、董秋容、董增杰、董小燕、董崇琳、董志祥、董福金、庄武平、庄家英、庄强、孙礼仁、孙茂盛、姚启斌、兰文婷、兰金明、兰祖国、赵子松、连德利、邹秋萍、念影新、胡木水、商家枝、关清华、章宗开、汤飞东、官孙英、秦斌、程从国、冉小洪、覃发杰、敖隽岩、阮丽珍、冯晓星、莫秀英、莫义锋、任杨伟、任官平、颜友明、邱存金、邱明、石美芳、韩岳、韩圣用、罗金航。

二〇一九年十二月（己亥年）。第九排北面8块碑。

二〇二〇年一月至五月三十日（庚子年）奉缘信士芳名：

奉缘伍万元以上信士芳名：

福清市宏华石业有限公司，为石竹山道院道教文化事业，第六届梦文化节，奉缘壹拾万元人民币。

二〇二〇年五月（庚子年）第八排南面100块碑。

福市西门卓越协作花园C座，杨光勇、余华钦夫妇领女儿杨融芳，为石竹山道院建设奉缘壹拾万元人民。

二〇二〇年五月（庚子年）第八排南面101块碑。

信士，周发康先生，为竹山道院建设，奉缘壹拾万元人民币。

二〇二〇年五月（庚子年）。第八排南面102块碑。

贵州省六盘水市棋盛煤焦化有限责任公司，潘受平先生，为石竹山道院建设，奉缘陆万叁仟元人民币。

二〇二〇年五月（庚子年）。第八排南面103块碑。

长乐区松下镇松下村码头1号（公司、德溪大院），林锦平信士，为石竹山道院建设奉缘陆万元人民币。

二〇二〇年五月（庚子年）。第八排南面104块碑。

长乐区金峰镇华刘村里园里77号，刘明院先生、刘明星先生，为石竹山道院建设，奉缘伍万元人民币。

二〇二〇年五月（庚子年）。第八排南面105块碑。

二〇二〇年元月至五月三十日（庚子年）奉缘信士芳名：

奉缘壹万元以上信士芳名：

余明玲叁万叁仟元，福清市龙田镇东营村龙东北48号。

高炜宏、蒋燕嫣叁万元，福州市马尾区水岸君山悦龙台30座02室。

林游娟、余文萍合捐贰万元。周炳鉴贰万元。郑梅金贰万元。杨场宝贰万元。余月宋壹万玖仟元。周宏明壹万柒仟元。

奉缘壹万元信士芳名：

翁其荣、俞尾金、俞道建、何本朱、林必桂、林志锋、林城、林植生、林立、林金祥、林诚坤、吴斌、黄新贤、郑孝旺、李玲玲、何琴、何锋平、游香金。

二〇二〇年五月（庚子年）。第九排北面9块碑。

奉缘伍仟元信士芳名：

林必琳、林宗勇、林追、陈水华各捐捌仟元。柯著福、林木松、高雨、刘必平、陈瑜、陈康来、张怀财、魏克明、吴怡静、李朝勇、何飞、游木龙、郑时才、林晟。

奉缘叁仟元信士芳名：

张美珠、林达玉、何文实、陈伟勋、杨庆福、李瑞娇、林来辉、郑春霖、香港泓澄仙观各捐肆仟元。郑真珠、杨庆福、杨大寨、叶妹妹、谢和兴、唐秀芝、何天龙、何美朝、何伟良、何心文、余幼珠、王为茂、薛晖、翁祖盛、翁武坪、俞昌平、李聿照、李文清、江华、黄聿斌。

奉缘贰仟元信士芳名：

吴翊杉、陈春明、陈曾钦、陈力海、陈必勇、陈文龙、陈礼响、陈千尧、陈

华俊、陈友生、陈功良、陈赛芳、吴海明、吴佩兰、何燕燕、何文金、何文光、何超、蔡立贵、黄云娇、潘芸、施秀珠、谢丽云、张明义、余月珠、余孔明、郭亦平妹、丁芳灵、刘常敏、游建明、魏芳、魏成躬、卢振匀、李芳、李武、郑德英、郑灼金、郑龙燕、王小强、王钦太、王章海、林国华、林庆全、林建华、林小明、林义勇、林安、林昌莲、林强、林同平、林强、林德华、李宝华、王炳恩、林忠、林丽丽、许子湘、江常青、福清市龙滕米业有限公司。

奉缘壹仟元信士芳名：

陈桂华、林树安、林国荣、林万金、林茂、林云福、林祖耀、林寒婷、林辉、林荣、林秉谷、林宗毅、林礼泉、林玉美、林立齐、林谋凤、林渝涵、林天福、林孝明、林梅云、林东、林斯浩、林灵尊、林智明、林文钦、林棋通、林祖杰、倪涧钊、倪时国、方良贵、徐家立、杨艳、杨明华、李余明、李学垣、李韵航、刘用新、刘书祥、刘孟珠、郭勇志、陈伯训、陈存官、陈剑耀、陈宝钜、陈庆强、陈兵、陈华强、陈经春、陈鑫、陈能师、陈旺玉、陈旺龙、陈力福、陈小琴、陈天清、陈建璋、陈人耀、陈毅、陈飞霖、陈新泰、陈勇、陈秀琴、程良渟、毛丽平、詹贤贵、庄秀英、薛爱明、薛由斌、薛丽丽、薛明、翁友善、翁增淡、翁绍斌、翁世彬、黄惠彬、黄建茂、何恒雯、何文禄、余乃香、钟厚贵、赵瑞珠、戴君英、吴天官、吴金松、吴文彬、吴泰旺、吴健、吴瑞明、吴文庄、魏锋、魏德勤、魏华、丁明昌、丁春国、王美英、王秦凯、王玉婷、王明强、王国珠、王建明、周坚、周凡、周凯、周峰、周平安、周廷仕、潘玉环、潘金发、郑财船、郑宝珠、郑善明、郑惠、郑昆燕、郑祖团、张雅云、张君苗、张吓贵、张礼旺、张礼盛、张秋芳、张鸿、李振建、罗清源、吴云芳、肖兴龙、黄学文、林锋、张伙俤、江金俤、林孝发、刘爱国、刘孟鸿、吴典、陈亮、许泉、赵沐童、蔡冰精、刘书祥、张其荣、胡木水、李华（海顺轮、顺棋华、顺棋船）、福建省悦盛农牧有限公司、平潭海口火锅店。

二〇二〇年五月（庚子年）。第九排北面10块碑。

石竹山道院显镜宫信士奉缘芳名

道院东则显镜宫，诸善信乐善好施，为显镜宫建设奉缘仟元者芳名，泐碑在显镜宫碑廊，以志不忘。

二〇〇一年至二〇〇三年奉缘信士芳名：

陈友开陆仟元。曾见良叁仟伍佰元。王小梅贰仟元。何克晓壹仟贰佰元。刘明光壹仟元。吕秀丽壹仟元。

二〇〇四年奉缘信士芳名：

吴华锋叁仟元、美佛儿学校贰仟元。

显镜宫第1块碑。

美佛儿学校董事长，施守春先生，为石竹山道院显镜宫建设，乐善好施，捐缘贰万元人民币。

显镜宫第2块碑。

二〇〇五年奉缘信士芳名：

刘明光肆仟元。蔡月昌叁仟元。游天俤叁仟元。石竹山旅游开发公司贰仟元。真丰村委贰仟元。陈美珍壹仟捌佰元。

奉缘壹仟伍佰元信士芳名：

黄书康、张建兴、陈声光、郑代兴、郑代千、郭道安、郭克平。

奉缘壹仟元信士芳名：

俞玮、唐英灯、魏祥茂、陈友开、谢荣增、陈孔育、林章贵、吴自贵、郑代春、颜可祖、黄凤荣、俞韩恩、黄辅建、黄诗斌、陈绍章、翁赟、林品光、唐才文、林盛志、真丰老人会、宏路圣来寺。

显镜宫第3块碑。

二〇〇九年十二月(二〇〇五、二〇〇六、二〇〇七、二〇〇八年铭碑）奉缘信士芳名：

潘忠泉、林在忠各捐伍仟元。林在义贰仟伍佰元。林在忠、11万伏电力工程队、东张水库管理局各捐贰仟元。余传凭壹仟捌佰元。刘玉珠壹仟伍佰元。陈友开、

陈贤康、唐英慰、黄书康、廖长捷、何国兴各捐壹仟元。

二〇一〇年一月至十二月奉缘信士芳名：

奉缘壹仟元信士芳名：

黄诗斌、林民生、林斯文、翁红樱、许力华、曾见飞、何希源、陈友开、郑代兴。

显镜宫第4块碑。

二〇一一年六月至二〇一二年六月奉缘信士芳名：

钟厚峰贰万元。美佛儿学校叁仟元。黄书康贰仟伍佰元。谢荣增、郑代兴、吴自贵各捐壹仟伍佰元。郭道安、林茂强、陈声光、郭克平各捐壹仟元。

显镜宫第5块碑。

二〇一二年七月至二〇一三年五月奉缘信士芳名：

林茂强贰仟元。黄书康、刘启源、卓桂生、陈友开、吴金华、陈旺龙各捐壹仟元。

二〇一三年六月至二〇一四年五月奉缘信士芳名。

刘启源伍仟元、刘本聪贰仟元。林声兴、柳友发、陈友开、郑长华、李书福、张炎清、张建坤、林茂强、余友英、俞玮、林明利。

显镜宫第6块碑。

二〇一四年六月至二〇一五年五月奉缘信士芳名：

黄书康叁仟元。林茂强贰仟元、曾见飞壹仟元。

二〇一五年六月至二〇一六年五月奉缘信士芳名：

黄书康、林茂强、陈友开各捐叁仟元。冯维连、陈武、杨育仁、陈美芳、陈旺龙各捐壹仟元。

显镜宫第7块碑。

二〇一六年六月至二〇一七年五月奉缘信士芳名：

黄书康、陈旺龙、林茂强各捐贰仟元。陈友开壹仟元。

二〇一七年六月至二〇一八年五月奉缘信士芳名：

黄书康、陈旺龙、唐才文、林茂强各捐贰仟元。李我云、陈友开、刘启源各捐壹仟元。

显镜宫第8块碑。

二〇一八年六月至二〇一九年五月奉缘信士芳名：

黄书康贰仟伍佰元。陈旺龙、林茂强、中铁十二局福厦二标段二工区、三工区各捐贰仟元。郑代兴、吴金华、唐才文、陈友开、黄吓嫩、石香平、杨培华、陈绍福、宏路圣来庙各捐壹仟元。

显镜宫第9块碑。

二〇一九年奉缘信士（补铭碑）

宏路村村委会，二〇〇四年为石竹山道院显镜宫修路建设，捐缘陆万元人民币。

铭碑在显镜宫第10块碑。

美佛儿学校，陈友开先生，二〇一三年为石竹山道院显镜宫修路建设，乐善好施，慷慨捐缘肆拾元人民币。

显镜宫第11块碑。

二〇一九年六月至二〇一〇年五月奉缘信士芳名：

黄书康、唐才文、陈旺龙、郑训基、林茂强、美佛儿学校、中铁十二局福厦二标段三工区各贰仟元。二工区、郑代兴、宏路圣来庙、何明兴、张建松各捐壹仟元。

显镜宫第12块碑。

总附录

一、石竹山“祈梦习俗”申报“国遗”材料

（一）项目基本信息

<table>
<tr><td>项目名称</td><td colspan="2">祈梦习俗
（福清石竹山）</td><td>申报地区或单位</td><td>福建省福清市石竹山道院</td></tr>
<tr><td rowspan="9">列入地方名录情况</td><td rowspan="3">省级名录</td><td>名　称</td><td colspan="2">石竹山祈梦习俗（福清市）</td></tr>
<tr><td>类　别</td><td colspan="2">民　　俗</td></tr>
<tr><td>列入时间</td><td colspan="2">2009年6月</td></tr>
<tr><td rowspan="3">市级名录</td><td>名　称</td><td colspan="2"></td></tr>
<tr><td>类　别</td><td colspan="2"></td></tr>
<tr><td>列入时间</td><td colspan="2">（格式：xx年xx月）</td></tr>
<tr><td rowspan="3">县级名录</td><td>名　称</td><td colspan="2"></td></tr>
<tr><td>类　别</td><td colspan="2"></td></tr>
<tr><td>列入时间</td><td colspan="2">（格式：xx年xx月）</td></tr>
<tr><td>涉及民族</td><td colspan="4">（如涉及多个民族请列举，并根据相关度依次排序，将主要民族列在首位。）
汉族</td></tr>
<tr><td>是否多国共享</td><td colspan="4">（如是，填写已知的涉及国家或地区及项目名称。如项目名称与我国有别，请对应列出。）
否</td></tr>
<tr><td>基本内容</td><td colspan="4">祈梦习俗具体实践体现于：一要提供清幽静谧的祈梦场所梦坛，以供祈梦者安定情绪；二是通过道教仪式劝善惩恶的教化，使祈梦者涤瑕荡秽，反省自已；三是通过解梦，释解其精神困惑及痛苦，给予心理咨询及指导。
该遗产项目表现形式有上香、献供、祷告、求梦、祭拜等“五序仪俗”。并有：1.祈梦之前素斋数日，沐浴净身；2.祈梦前摒弃杂念.叙事诚实不欺瞒，以示对神诚敬之心；3.祈梦时先祷告范侯（即九仙之传梦判官）；4.问询是否留宿；5.示梦；6.解梦；7.圆梦等七道程序。每个环节都是一次心灵释放。
解梦者必须熟悉宗教民俗、社会人情、民生百业、诗文联对、阴阳五行等知识，以解签方式处理好象梦、直梦、反梦、诗词梦、字梦等解梦技能。有一整套约定俗成的解梦程式。当前传录以师带徒及自学相结合。</td></tr>
</table>

分布区域	石竹祈梦习俗传播于福州、莆田、泉州、厦门、漳州一带。 从石竹山分灵台湾的宫庙有：台南市下营北极玄天上帝庙、台湾省道教会、台湾无极三清总道院、台湾阿里山、台南雷恩行宫、台北新店广欣三元殿、台北县关渡圆梦仙境、台北市社子寻梦园、台北玄明宫、桃园县龙潭圆梦仙境、台中市三清一心道场、台中市玄一堂、高雄女娲圣宫、基隆市王天君殿、台南玄临宫、桃园县月老庙、新北市板桥区鲤鱼公庙等十七处宫庙。 同时，该习俗传播影响力远及日本，日本道观〈道〉家道学院本部，2017年也从石竹山分灵设祈梦坛。 此外，祈梦信众还分布于东南亚以及欧洲、美洲、澳洲、南非等有福建人聚居的国家和地区。
所在区域及其地理环境	唐圣历二年（699）析长乐县南乡置万安县，五代闽龙启元年（933）更名福清县。1949年后历属闽侯专区、晋江专区、莆田地区、福州市。1990年辙县设省辖县级福清市。 石竹山在福清城西10公里处，属闽中戴云山余脉西山山脉南段，主峰状元峰海拔534米，全山面积13.31平方公里。平均气温在19.7℃。 山上有胜景石竹山道院主神殿群（何氏九仙楼）、狮子岩等128处。道院九仙楼群一面依山、三面悬空，仙楼后群峰嵯峨，四周绿竹耸立，典雅清幽。仙楼外崖石上留有众多摩崖题刻，山上竹子与榕树为主要植物标志。山下原本为一条江水流绕而过，1958年倚江筑坝，兴建了石竹湖。通往石竹山有步行古道、新修上山公路及索道。山下有省道贯通厦门至福州，福清有高速公路、动车高铁贯通京沪及西南各地。
历史渊源	我国祈梦习俗有着很悠久的历史，根据《周礼》《春秋左传》等文献记载，周朝宫廷已有专职的占梦官。人们常通过占梦形式来解释社会人生，进行重大决策。这种占梦传统后来逐渐衰落，唯有民间与道教及民间信仰相融合渐成习俗。石竹山祈梦习俗可以追溯到五代梁朝的林炫光（一作林汝光，号玄晃）。唐中叶石竹山建灵宝观，九仙信仰纳入了道教灵宝派系统，祈梦与道教灵宝礼仪相结合，其后祈梦活动日益旺盛，形成了一套相对稳定的祈梦程式，这些程式一直沿用至今。 宋元以来，祈梦习俗成为一种独特的心理疏导和社会教化的有效形式。游客信众来此祈梦者络绎不绝，各种梦故事在民间广为流传。围绕祈梦与解梦而衍生了以九仙信仰为主题的接春活动，形成了独特的祈梦习俗文化。 石竹山祈梦习俗有较完整的传承机制，传承脉络清晰，有资料记载各代主持祈梦时间的传承者有明朝的何昇（1606–1638），清乾隆间的梦如大师（1736–1795），嘉庆间的聚德大师（1796–1820），道光间的一音大师（1821–1850），同光朝的瞻淇大师（1862–1905），四十年代的宝义大师（1903–？），四十年代至文革前曾耀宗（1940？ –1965？），何秋香（？ –1979），谢荣增（1956–）1979年至今。 明代《闽部疏》记载："福清县石竹山，亦有九仙灵迹，其山亦宏丽，在宏路驿大道旁，士人祈梦者，以秋游九鲤湖，以春祈石竹梦。"徐霞客在《石竹山游记》中说："闻宏路驿西十里，有石竹山，岩石最胜，为九仙祈梦所。"可见祈梦文化在民间影响深远。

主要传承人、传承群体	祈梦习俗传承群体由三部分成员组成。其中除主要传承人外，还有祈梦助理组和解梦组。祈梦助理组，负责祈梦宫庙场所管理及祭拜活动，其成员有郭道安、薛天顺、吴强兴、杨国才等人；解梦组负责解签圆梦，其成员有：俞韩恩、翁祖联、纪传灼、林秉顺、陈克康等人。 主要传承人谢荣增男,1956年8月出生,汉族，出生地福建省福清市，籍贯福建省连城，大专学历，现任全国政协委员，中国道教协会副会长、福建省道教协会会长，福建省石竹慈善基金会会长，福建省福清市石竹山道院管委会主任、住持，福建省福州于山九仙观管委会主任、住持等职务，21岁时入道，矢志不渝。他对道教理论与文化、石竹法派的理论与文化以及九仙信仰进行了深入的探究及整理。2009年6月祈梦信俗项目申报省级“非遗”获得成功。2011年其入选第二批省级非遗代表性传承人。在其不懈的努力下还恢复了一度中断的接春、祈梦等一系列民俗活动，并培训一批年经群体成员，使得祈梦信俗文化和当地的民俗活动得以传承、延续。其不仅在群体中传承技艺，更主要的是建立“祈梦习俗保护与传承中心”的机构，完善机构的管理制度及提高群体的专业知识和服务水平起主导作用。
主要特征	面对庞大的社会族群，不同的人群都会面临生存问题，集中体现于科考前程、商贩赢亏、婚姻生育、朋友交往、疾病安危、人生安全等方面，通过祈梦解梦的方式，解除担忧、困惑和恐惧，给以解决途径和精神慰藉，属我国古代科学精神和心理疗法的核心要素。 1.祈梦习俗是以“接春”为代表的祭典活动，蕴含着古代社会对农耕文化的重视和对生命的尊重，借新春之序，大地回春、万象更新，给人们注入新的期盼，并追求新的愿景。具有强烈的农耕文化特征。 2.祈梦习俗的实践以“解梦”为主要手段，广泛涉及心理医学、养生学、社会学等领域，在解签程序中以心理疏导为主，防范一切不可预测的灾难的发生，具有科学价值与特征。 3.祈梦习俗的实践过程，与道教灵宝科仪相结合，强调善恶有报，实际上也是一种道德教化过程。

重要价值	1.祈梦习俗历史悠久，它承载了中国古代医巫卜祭传统文化，是农耕社会文化的遗存，也是民族文化不可或缺的重要组成部分，具有历史文化价值。 2.祈梦习俗在实践过程中，引起许多文人墨客的雅兴，产生了不少脍炙人口的诗篇。在民间也产生许多生动的传说故事，具有一定的文学价值。 3.解梦过程中展现解签人妙语生花的语言艺术，相关的道教"接春"礼俗，所展示的清唱，念诵，唱腔、伴奏音乐及罡斗禹步，也融入了民间乐舞元素，具有一定的观赏和娱乐功能，具有艺术价值。 4.祈梦习俗对于梦的科学析解，是一种精神疏导，祈梦者将积压在心灵深处的许多郁结通过解梦而得到释放，可以缓解紧张、惊恐、愤怒、悲伤等情绪的蔓延，具有心理治疗的效果。此为我国早期心理疗法形态遗存，具有科学价值。 5.祈梦习俗对个人思想行为有反省作用，通过自悟或得到启示，达到人格的自我完善，对和谐社会的建构有一定积极的意义。具有潜移默化的社会功能和教育价值。
存续状况	早在民国时期，受战争及社会动乱的影响，祈梦的文化空间——石竹山道院已严重损坏，传承人亦流落他方；20世纪50年代以来，不当的政策宣传使祈梦习俗遭受到种种误解，被归为迷信活动加以排斥。1966年"文化大革命"期间，石竹山道院遭受严重破坏。传统节日和习俗被贴上"迷信"或"文化糟粕"标签而遭到批判和禁止。直至80年代国家改革开放政策出台，祈梦习俗才得以恢复。但随着老一辈人的离世，一些习俗技能逐渐失传。 祈梦习俗被列入省级"非遗"项目名录以来，祈梦活动得到良性发展，石竹山道院成立"祈梦习俗保护和传承小组"，并派送相关人员到海峡道教学院进修学习宗教学、民俗学、社会学、心理学等相关专业知识。提高专职从业人员的素质和服务水平，使"祈梦、解梦"有更加规范和符合科学要求。 随着石竹山旅游的开发，祈梦习俗已由原先的福州、莆田、泉州等地扩展台港澳地区及东南亚国家，每年"接春"仪式参加有上万人，而常年参与祈梦者有近十万人。
相关实物及文化场所	项目传承实践工具：筊杯、签筒、签诗、签谱；跪垫、草席、棕垫、梦枕等等； 经笈类：《签谱》《梦验录》《石竹法派早晚功课》；《道教各种经忏》； 书籍类：《石竹山志》《石竹山道院文丛》《石竹山宗教文化研究系列》《石竹山神话》《太上灵宝祈梦科仪》； 音像类：《中华梦乡石竹山》《人间仙境石竹山》《石竹山交响曲：祈梦——人在天地问》； 石竹祈梦习俗的核心区域是福清城西的石竹山道院，其范围包括仙君楼、祈梦洞、九仙洞、斗姆殿、观音堂、五显宫、辽天书院、万神殿等，占地面积30000平方米。

项目总体概况	祈梦习俗（福清） 福清县于五代闽龙启元年（933）建立。1990年辙县设福清市。石竹山在福清城西10公里处，山上有胜景石竹道院、狮子岩等128处。通往石竹山有步行古道、上山公路及索道。山下有省道通厦门至福州，近年有高速公路、高铁贯通南北各地。 祈梦习俗传播于福州、莆田、泉州、厦门、漳州一带。在台湾有分灵宫庙，该习俗传播影响力远及日本、东南亚以及与欧洲、美洲、澳洲、南非等有福建人聚居的国家和地区。 该习俗历史悠久，唐代祈梦与道教灵宝礼仪相结合，形成了一套完整的祈梦程式。宋元以来已成为一种独特的心理疏导和社会教化的有效形式。并具有传承机制与脉络，明清间其技臻于成熟，当代以来相传不绝如缕。 该项目实施时：一要提供清幽静谧的祈梦坛，以安定祈梦者情绪；二是通过仪式使祈梦者涤瑕荡秽，反省自已；三是通过解梦，释解其精神困惑及痛苦，给予心理咨询及指导。 该项目实施前要上香、献供、祷告、求梦、祭拜等。其进入祈梦前有素斋沐浴、摒弃杂念对神诚敬、向神祷告、留宿、示梦、解梦、圆梦等程序。解梦者处理好象梦、直梦、反梦、诗词梦、字梦等技能。 项目传承群体，除主要传承人外，还有祈梦助理组为祈梦创造环境条件；解梦组成员对祈梦人实施负责解签圆梦。 祈梦习俗以“解梦”手段为特征，通过对于梦的解释，解除担忧、困惑和恐惧，给以解决途径和精神慰藉，具有古代心理疗法特征。其所涉及心理医学、养生学、社会学等领域，具有科学表现特征。 该习俗承载了古代医巫卜祭历史文化，在历代流传过程中，所产生脍炙人口的诗篇、生动的民间故事，具有民间文学意义。解梦的生动语言，“接春”礼俗的唱腔、音乐及罡斗禹步，融入了民间乐舞元素，对了解传统文化有重要启示意义。 该项目对于梦的析解，是一种精神疏导，将积压在心灵深处的许多郁结，通过解梦而得到释放，可以缓解紧张、惊恐、愤怒、悲伤等情绪的蔓延，具有心理疗法功能；道教科仪有扬善惩恶的道德教化功能，对和谐社会的建构有一定积极作用。

（二）项目保护计划

已采取的保护措施与取得的保护成效	1.2008年10月，为了加强对祈梦习俗的学术研究，发掘其文化内涵，提升其学术地位，由石竹山道院、四川大学宗教与社会研究创新基地、厦门大学道学与传统文化研究中心联合发起主办“梦与中西文化学术研讨会”，有内地及港台学者近百人参加本次学术盛会，收到论文56篇，2009年由谢荣增任名誉主编，著名道教学专家詹石窗教授任主编，正式出版《梦与道：中华传统梦文化研究》论文集（上下册），由东方出版社出版发行。 2.2010年，搜集、整理、陈列原有保护成果，将过去发掘的文字、音像、实物搜集起来，分类整理，以专柜和专室予以归档、陈列。 3.2011年，石竹山道院成立“祈梦习俗保护与传承小组”，由谢荣增任组长，黄书康任副组长，小组成员林章贵、吴自贵、陈登平、冯晓星、周辉林、郑代兴、郭道安等9人，各有专职，负责“祈梦习俗保护与传承中心”相关事宜。 4.2013年开始，由项目传承小组每年举办一个月的“祈梦习俗文化传习班”，请省民宗厅领导和宗教专家讲课，引导和组织本地石竹山祈梦习俗人员，开展健康的习俗活动；培训祈梦习俗人才，传承原生态的习俗活动，使石竹祈梦习俗得以传承。 5.为了有效和更好保护及传承祈梦习俗，自2008年至2018年，石竹山道院已连续举办六届以祈梦为主题的文化节，并且被列入国台办对台重点规划文化交流项目之一。 6.2018年1月22日，国家宗教局批复同意海峡道教学院（筹）试招生，石竹山道院为更好的培养和提升祈梦习俗后续人才，选送6名年轻的人员到海峡道教学院学习。
五年保护计划主要内容	一、项目保护计划 1. 2020年，建立档案资料室，将所有相关记录、宣传品、记念品、研究资料、书刊杂志、零散文件归档，使档案资料管理制度化； 2. 2021年，邀请海内外专家学者20多人参加“接春”仪式，对祈梦文化进行文献搜寻和实地调查，指寻对文化遗产的挖掘整理，计划举办第三届石竹山梦文化论坛，编辑出版论文集； 3. 2022年，广泛搜集祈梦习俗资料，编辑出版祈梦文化专辑，影碟资料片，以通俗健康形式使祈梦习俗进校园，努力弘扬民族优秀传统文化。 二、保护计划措施 1. 2023年，建成石竹山“祈梦习俗保护和传承中心”，内设可供演出的舞台和600座的观众大厅，有项目展览室、档案资料室、会议室等完善设施，为祈梦习俗文化的展示，以及文化交流创造有利的条件。传承中心管理人员以传承群体为基础，并设立档案资料员、资料员和场所管理员，专门负责项目的具体事务工作。 2. 石竹山道院为该项目保护单位，有明确的责任制度，如管理人员，工资补贴、器材设备等方面的投入，应制定规则，专人管理、专款专用，以便管理。

五年计划预算编制情况					
预算项目名称	经费投入（万元）	依据说明	预期目标	资金来源（万元）	
				保护单位自　筹	地方（部门）投入
举办中华梦乡福清石竹山第七届、第八届、第九届梦文化节	1500	宣传材料制作交通费、住宿、餐费、团队人员费用，衣食住行费用	推动石竹山非物质文化遗产的整理与开发，打造特色旅游品牌	1200	300
将原有保护成果分类整理、归档、陈列，组织人员访求、搜集信俗的遗漏部分	50	史料文献收集复印打印费出版费	彻底摸清信俗家底并建档陈列，准确全面开展原生态习俗活动	30	20
建成民俗文化博览园	500	修葺、装修、物品陈列管理费	让更多人了解祈梦文化	300	200
召开全国性研讨会	30	交流活动、考察费用、会务费、材料费	出版论文集，提升其学术地位	30	
组织“梦回千年”活动	150	宣传材料制作交通费、住宿、餐费、团队人员费用，衣食住行费用	让世界了解中国文化	150	
保障措施	1. 石竹山道院于1988年被定为福建省宗教场所，祈梦习俗项目于2009年被列入省级“非遗”代表性名录，其单位及项目受国家政策保护。 2. 2011年，石竹山道院成立“祈梦习俗保护与传承小组”，并于2016年成立“祈梦习俗保护与传承中心”，该中心是实践祈梦习俗保护与传承活动的专设机构，省级代表性传承人谢荣增任主任，下设文办室、档案室、祭祀组和解梦组。体制完善，职责明确。 3. 该中心活动经费归道院统一预算和开支。经费来源于道院收入、社会集资和政策性政府拨款。每年划出预算经费30万元，能确保该项目传承活动的正常开展。				
备　注					

（三）传承人、传承群体同意申报及参与保护工作声明书

我们作为该遗产项目主要传承人（传承群体），同意该遗产项目申报国家级非物质文化遗产代表性项目，并同意（建议保护单位名称）作为项目保护单位，愿意共同参与该项目的申报以及今后的保护工作。

签名或盖章：个人签名并填写单位或住址，单位或群体盖章；须与前述“主要传承人、传承群体”对应。

1. 谢荣增　福清市石竹街道真丰村1号
2. 黄书康　福建省福州市福清市宏路街道洋中厝
3. 黄凤荣　福建省福州市福清市新厝镇界下村祥厝33号
4. 林章贵　福建省福州市福清市融城玉屏街道西大路天子弄11号
5. 郑代兴　福建省福州市福清市石竹街道真丰村石竹山1号
6. 郭道安　福建省福州市福清市阳下北林村209号
7. 吴自贵　福建省福州市福清市龙山街道玉塘村
8. 周辉林　四川省成都市大邑县三岔9组
9. 陈登平　福建省福州市福清市阳下街道北林村
10. 郭克平　福建省福州市福清市渔溪镇联华村西山13号-7
11. 冯晓星　福建省福州市连江县筱埕镇定海村甘棠路
12. 陈声光　福建省福州市福清市宏赂街道洋中厝1号
13. 江财旺　福建省福州市福清市三山镇江厝村159号-1
14. 吴可明　福建省福州市福清市镜洋镇东风村
15. 颜可祖　福清市阳下街道北林村
16. 薛天顺　福建省福州市福清市三山镇前薛村966号
17. 陈声惠　福建省福州市福清市北林村
18. 俞韩恩　福清市龙山街道塘头村195号
19. 唐才文　福建省福州市福清市宏路村南宅165号
20. 邱兴勇　福建省南平市建阳区麻沙镇黄坝洲农场外垱村
21. 林秉顺　福清市石竹街道真丰村16号
22. 翁祖联　福清市三山镇瑟江村洋中64号
23. 陈克康　福清市宏路街道宏路村146号
24. 纪传灼　福清市宏路街道周店村店仔街23号
25. 钟厚章　福清市石竹街道棋山村92号
26. 洪宝春　福清市石竹街道真丰村61号
27. 任聚德　福清石竹山道院
28. 郑秀坤　福清石竹山道院
29. 杨国才　福建省福州市福清市宏路石竹街道跃进村五里桥
30. 黄富斌　福清市宏路街道宏路村宏真路50号
31. 吴强兴　福建省福州市福清市音西镇玉塘村村南137—3号
32. 陈书钦　福清石竹山道院
33. 江　华　福清石竹山道院

年　月　日

二、人物索引

石竹做为一座道教名山，它与历代的文人墨客、道徒信众、四方游客必然结下不解之缘，山以人扬名，人以山留名。为了便于读者了解本《志》所提及的人物及文章、诗词作者，特录人物索引如次（按姓氏笔划为序）。

三画

马　铎（?–1423），明永乐年间长乐人。中进士第一名（状元）授翰林院修撰，博通经史，常代行翰林学士、国子监祭酒“仪礼”。曾代永乐帝“祭天”。故世称“一日君”。民间传说其名“马乐”。

马　欻，字季声，闽候人。天启癸亥（1632）著《下雉志》一卷。父马森，字孔养，明嘉靖乙未（1535）进士，历官至户部尚书。

四画

无　诸，战国时勾践的后代，秦末率众参加反秦斗争。秦亡，又帮刘邦灭楚。汉高祖五年（公元前202年）封无诸为闽越王，都城设在东冶（今福州）。

王世懋（1536–1588），字敬美，号麟洲。江苏太仓人。明代著名学者王世贞之弟。明嘉靖已未（1559）进士、授太常少卿，曾任福建提学副使。著有《名山游记》一文，记石竹山景物甚详。

王　恭，字安中，闽县人。家贫砍柴为生，因自号皆山樵者。善作诗，“援笔千言”。明永乐四年（1406）以儒士受推荐，参加修《永乐大典》。授翰林典籍。为“闽中十才子”之一，与林鸿友好。有《白云樵唱》诗集传世。

王　湛，明代闽县人，著有《王笠集》传世。

王锡侯，字康国，福清港头镇港头村人。明万历十七年（1589）进士，授顺德府推官。与叶向高相友善。有诗集传世。

王文杰（1911–1971），笔名“温洁”，福清瑶峰村人。1937年毕业于清华大学历史系，获“史学士”学位。先后执教于福清县立高级小学，福清初级中学，云南西南联合大学，福建协和大学和福建师范大学，任讲师、副教授，教授、历史系主任。著有《叶向高传》《福清名胜史话》和史学专著多集。

王应山，侯官县人，清道光九年（1829）修《闽大记）五十卷，《闽都记》

三十三卷。

王绍兰（1760–1835），浙江萧山人。清乾隆五十八年（1793）进士，任福建屏南县知县。历任惠安、闽县知县。升福州海防同知、福建巡抚。嘉庆二十二年（1817）罢职回乡，家居十八年，专心著述，成为经学专家，著有《许邦学庐存稿》等29种。

王允铨，男，1917年7月生，福清人，大专，中学二级教师，福清融光诗社社员。

王基财（1917–1985），福清港头镇白玉村人。1932年15岁南渡印尼，在泗水创业有成。1949年起，担任泗水道教古庙“凤德轩敬神社”主席。1960年代末，他和一批“三教”同仁以此为平台，将各地华人庙宇改为“三教庙宇”，从此得以合法存在。此后，王基财又领衔创立了培训华人庙宇教士“全印尼三教教士学院”，同时在东爪哇山城拉旺（LAWANG）购置地皮5万平米，发动信众，齐心协力，建成规模宏大的印尼三教总庙“碧云宫”。1985年3月15日王基财在印尼泗水家中往生，享年69岁，印尼三教会追认他为“全印尼三教之父”。

王钦辉，字敦正，1948年出生于印尼泗水，系已故“印尼三教之父”王基财正房长子。他因从小生活在“三教”光环之下，踏入商海同时，亦继承了父亲信仰宗教的衣钵。现任全印尼三教庙宇联合会总主席。

王其桃，男，笔名齐涛，1947年3月生，福清人。大学，福清市广播电台副台长、编辑。中华诗词学会会员，中国音乐文学会会员。福建音乐家协会会员。

王锦照，男，笔名景照，1938年11月生，福清人，新厝乡党委秘书，福建省民间文艺家协会会员，福清市民间文艺工作者协会理事。

毛祚华，男，笔名安兴华，1929年9月生，福清沙埔人。高中，福清市文联名誉主席,中国书画社书画研究员,福建老年书画艺术协会会员，中国摄影协会福建分会会员，福建省华侨摄影学会名誉理事，福建省、福州市新闻摄影学会会员，福清市政协书画室成员，融光诗社常务理事。

方渭川（1909–1991），本名友溶。福清人。幼读私塾，即习书法，自学成才。日习练字200，数十年无间断。毕生从事店员工作。1985,年福清书法协会礼聘其为协会顾问。

五画

史　浩（1106–1194），字直翁，浙江宁波人。宋绍兴五年（1135）进士，授

福清知县，升知福州。乾道九年（1173）以崇信军节度使开府仪同三司，累官至右相兼枢密使。任福清知县时，改石竹山灵宝观，扩建成石竹寺。

叶向高（1559–1627），字进卿，号台山，又号福庐山人。福清市港头镇后叶村人。明万历十一年（1583）进士。历任国子监司业、翰林院编修、南京礼，吏二部待郎，礼部尚书、东阁大学士、内阁首辅。工诗书，精棋艺，酷爱山水，卒赠太师，谥文忠。

冯晓星，道名：冯罗星，男，1975年7月23日出生，汉族，籍贯：福建连江，文化程度：初小。职称：中国正一派（初、升）授箓道士，1993年至今于福建省福清石竹山道院修道。现任福清市道教协会副秘书长，石竹山道院管委会成员，石竹山道院法务团高功，泗洲宫殿组组长。

六画

刘　安（约公元前180–122年），汉高祖刘邦孙，淮南王刘长子。汉文帝八年（前172年）袭封阜陵侯。十六年（前164年）改封淮南王（袭其父王位），汉武帝元狩六年（前122年）因谋反事发，自杀。

朱　熹（1130–1200），字元晦，号晦翁。祖籍江西，出生于福建尤溪。宋绍兴十七年（1148）中举，次年中进士，年仅十九。历任左迪功郎，同安主簿。乾道元年（1165）就试武学博士，淳熙五年（1178）知南康军，1187年乞归，改授朝奉郎、直宝文阁、历经江南东路转运使、漳州知州、潭州知州、荆湖南路按抚使、焕章阁待制。庆元六年三月九日卒于建阳考亭。朱熹致力深研理学，遂成名师。石竹山狮子岩“西山晚照”题刻，传为朱熹所书。

朱育平，男，1961年1月生，福建惠安人。大专，先后担任福清市委政策研究室干部,福建省地方志协会会员、福州市政策研究会理事、福州市历史学会会员、镜洋镇党委书记、福清市人大常委会副主任。

刘敬与，字邻初，福清人。雍正癸卯（1723）进士，官行人司。乾隆年间，与闽县谢道承同修《福建通志》七十八卷。

许　林，女，1973年2月生，福清人。中专，福清市融光诗社社员，福清“浪淘沙”文学社社员。

纪国灿（1941–2019），男，笔名凡夫，福清人。大学，二级编剧。中国戏剧家协会会员、福建分会会员，福清市文联秘书长、剧协主席。

江财旺，道名：江真旺，男，1976年12月17日出生，汉族，籍贯：福建福清，文化程度：职高。职称：中国正一派授箓道士，2011年至今于福建省福清石竹山道院修道。现任福清市道教协会理事，石竹山道院管委会成员，石竹山道院安全保卫组组长。

七画

李丑父，字良翁，号亭山。初名纲，字汝砺。莆田人。宋端平二年（1235）进士，授邵武军司户，历任福州、建宁通判，太学博士，太府寺丞，礼部员外郎，湖南提举。

李瑞英，女，1890年8月生，福清城头五龙村人。

严家梅，男，笔名贾枚、木文、西贝、古今、田由、辛笛，1943年5月生，福清人。中专。福清市文联副主席、美协主席、文学创作协会会长、市政协秘书长。

萧国梁，字挺之，永泰人，宋乾道二年（1166）状元。传说谶言："天宝石移，状元来期"，石竹山天宝石移动，"是年萧国梁果大魁天下"。

沈敬炌，浙江吴兴人。明万历年间曾任福建提学副使。万历廿九年（1601）建石竹寺文昌阁。

何　昇（1606–1638），泉州人。《福建通志》云：何昇幼不茹荤，年稍长，出家石竹山者六年。因母再嫁渔溪农家，则归而助后父耕田养母。又七、八年，崇祯戊寅年中秋日，在渔溪自垒土作一龛坐其中，嘱其母曰：吾将西归，死后当封土龛，至次年中秋开验，若肉身不坏，则为造庵奉吾像，若稍有坏，则掘一坎而葬吾骨。遂坐而化。乡人如其言，封之，至已卯中秋开视，宛然如生。乡人异之，为创庵焉。年才三十有三。僧向不识字，能作偈示众。

何世祺，字勉翼，福清龙田人。明嘉靖五年（1526）进士，任慈溪、归善两县知县，任官有建树，史称其有"政声"。归善县人称世棋为"贤令"。

何乔远，字稚孝，号匪莪，晋江人。万历丙戌（1586）进士，授刑部主事，改礼部郎中，光禄、太仆少卿，迁通政使、光禄卿，升户部待郎，与魏忠贤不合，辞职归。崇祯初（1627）起南京工部侍郎，兼署户部事，卒赠工部尚书。著有《闽书》五百一十卷。

何积桥，男，笔名小桥，何洁，1966年12月生。中专，教师，福清市融光诗社社员。

吴　兴，男，笔名山诰，1938年12月生，福清人。中专，副编审，中国影评学会会员、福建省电影协会会员、福清市文联副主席。

吴端升，男，笔名边箫，1918年11月生，福清人。大学。中学教师，中华诗词学会理事，当代环球诗纽约四海诗社、日本文化中心诗协名誉顾问。福清市融光诗社名誉社长。

吴从善，男，笔名吴萍，1911年生，福清人。教员、中华诗词学会会员、福清市融光诗社社员。

吴添运，男，福清上迳人，1927年4月生。福清民间文艺工作者协会会员。

吴自贵，道名：吴真贵，男，1960年8月13日出生，汉族，籍贯：福建福清，文化程度：初小。职称：中国正一派授箓道士，1981年至今于福建省福清石竹山道院修道。现任福清市道教协会理事，石竹山道院管委会成员，石竹山旅游索道部副经理。

张敦金，男，1942年8月生，福清人。中专，助理馆员、福清市文联委员、民间文艺工作者协会会员。

余胡兰，（1924–1992），另名乃炎，福清龙田东营村人。农民讲师，村敬老会会长。

余长通，男，曾担任福清市民政局地名办主任。

陈　省，字孔震，长乐人，嘉靖已未（1559）进士，历任金华推官，巡按御史，陕西、湖广巡抚，兵部侍郎兼右佥都御史。为张居正所推重。张居正卒后，陈省亦被罢官，归居武夷山。

陈介夫，明代闽县人，字伯儒，性旷达，精书画，好吟诗。著有《招隐楼稿》。

陈　遂，字子长，汉代杜陵人。宣帝（刘询）微时，与陈遂友善，常与博奕。宣帝登位授陈遂太原太守，元帝时（刘奭），官至廷尉。

陈文炅，字仲舍，福清人，清康熙五十九年（1720）举人。

陈若霖（1759–1832），字宗觐，一字望坡。闽县螺洲人。清乾隆丁未（1787）进士。历任庶吉士、刑部主事、员外郎、郎中，四川盐茶道、宁绍道，山东、湖北、四川按察使，四川布政使，湖广总督，工、刑二部尚书。道光十二年（1832）卒于归途天津舟中，年七十四岁。葬福州盖山，林则徐为其撰墓志铭。

陈宝琛（1848–1935），字伯潜，一字弢庵，号听水老人。闽县人。清同治七年（1868）进士。累官至内阁学士、礼部侍郎，封太傅（世称太子太师）。其间因甲午中法海战失败被降五级，家居二十年，兴办地方教育。晚年为清室“返宫派”首领。参加张勋复辟，“九一八”后，任伪满参议。

陈莲生（1917–2008），上海市人。生前曾任中国道教协会副会长、中国道教协会顾问、上海市道教协会会长、上海市道教协会名誉会长、上海城隍庙住持、上海市第七届政协委员、上海市第八届、第九届政协常委。有正一陈莲生，全真陈撄宁之说。

陈心节，男，1916年4生，读私整十年。中华诗词学会会员，福建诗词学会会员，福清市融光诗社常务理事、书法协会理事。

陈天麟，男，1942年3月生，福清人。高中，中学一级教师，福清华侨中学办公室副主任，福州市语文学会会员，福清市文联委员、语文学会理事、书法协会副主席。

陈　灵，女，笔名丁宁，1955年6月生，福清人。大专，福州市影评学会会员，福清市影评学会会员、摄影家协会会员。

陈茂桐，男，笔名散人，1931年3月生，福清人，大专。主治医师，福清市融光诗社社员、书法协会会员、美术协会会员，科协成员。

陈祥梁，男，笔名鬲舟，1947年8月生，福清人。大学、副教授，中华诗词学会会员、福建诗词学会会员、福清融光诗社理事。

陈朝琛，男，1925年10月生，大专，福州人。副主任医师，内科主任，中华诗词学会会员，福建诗词学会会员，福清融光诗社常务理事。

陈曾康，男，1928年8生，福清人，大专。中华诗词学会会员，中国楹联研究会常务理事，原福建省文学艺术工作者联合会会员。

陈宜坚（1923–1990），曾用笔名一肩、一见、余吾我，福清城头五龙人。高中毕业，终生执教。福建省民间文艺家协会会员、福清市民间文艺工作者协会会员。

陈观潮，福清人，厦门大学教授。

陈声光，道名：陈罗光，男，1968年11月7日出生，汉族，籍贯：福建福清，文化程度：初中。职称：中国正一派授箓道士，1985年至今于福建省福清石竹山道院修道。现任福清市道教协会理事，石竹山道院管委会成员，石竹山素菜馆馆长。

陈登平，道名：陈罗平，男，1974年3月14日出生，汉族，籍贯：福建福清，文化程度：初中。职称：中国正一派授箓道士，1995年至今于福建省福清石竹山道院修道。现任福清市政协委员，福清市道教协会常务理事，石竹山道院管委会成员，石竹山道院办公室、万神殿、接待组组长。

八画

林炫光，五代梁时福建邵武人。曾在石竹山炼丹，后献宅建仙井寺，又以产业献石竹山灵宝观。相传炼丹为乡人治病，丹成“骑白虎升天”，留有虎迹岩、丹井等遗迹。

林希逸，字肃翁，号竹溪，福清人。宋端平二年（1235）进士，历官翰林权直学士,兼崇政殿说书、直秘阁、知兴化军。景定中（1260–1264），官司农少卿，终中书舍人。一生深研理学，文天祥称其“言语文章足以诏令传后”。

林亦之（1205–1275），字学可，号月渔，福清海口人。一生执教，终身不仕。深研理学，兼工诗文。著名诗人刘克庄称其“诗绝高妙，绝类唐人。”世称“月渔先生”。卒赐迪功郎，谥文介。

林有台，字尚琼，福清海口镇人。明万历廿六年（1547）进士，授萧山知县，历任湖广监察御史、大理寺丞。史称其为官“矢勤矢慎，不遗余力”。

林古度（?–1666），字茂之，福清人，生活在明末清初。善诗文，名重一时，但不求仕进。游学金陵，与曹学佺、王士祯友好。晚年穷困，双目失明，生活悲凉。康熙丙午（1666）卒，年八十余。家贫无力营葬，闽人周亮工代办丧事，葬南京钟山。

林　鸿（约1368–1400），字子羽、福清市宏街（横街）人。十五岁即能文，以才人荐授将乐县儒学训导。三十岁升礼部精膳司员外郎，才名动京师。年未满四十即辞归，长居福州，为“闽中十才子”之冠。有《鸣盛集》四卷传世。

林泉生，字清源，永太人。元天历间（1328–1329）进士，授福清州同知，至正九年（1349）升福清知州，历官翰林待制、福建行省郎中、翰林院直学士、知制诰。著有《春秋论断》《觉是集》传世。

林文芳，男，笔名远方，白帆，1963年9月生，福清人，大专。先后担任宏路镇党委副书记、龙田镇党委书记、福清市委宣传部部长、长乐县市委书记、福建省厅级干部。中华诗词学会会员、福清市文联副秘书长。

林世芳，男，1947年7月生，福清人。大专，讲师，福清市融光诗社社员、文学创作协会会员、剧协会员、影评学会会员。

林茂清，男，笔名海风，1960年6月生，福清海口人。大专，先后担任市府办科长、主任、福清市政府副市长、市人大副主任。

林宏铭，男，1937年1月生，福清人。大专，教师，中华诗词学会会员，福建影评学会会员，福州市影评学会会员，福清市影评学会理事、融光诗社理事、文学创作协会会员。

林学杜，男，笔名逸甫，1920年9月生，福清海口人。大学，中学一级教师，福建诗词学会会员，福清市融光诗社副社长、书法协会会员。

林厚耀，男，1933年8月生，福清人，大学，记者。福州市新闻协会理事，福建省新闻协会会员。

林垂齐，男，笔名文川，1927年8月生，福清人。大学，馆员，福清市融光诗社社员。

林浴生，男，字仲廉，自号“三余斋主”。1950年3月生。中专，福清市文化局局长，福清市文联副主席、融光诗社副社长、书法协会副会长、文学创作协会理事。

林微润，男，1933年生，福清镜洋金井人。南京军区师级专业作家。中国散文诗学会会员，福建省作家协会理事。

林　萌，男，笔名铁崖，1951年2月生，福清人。大专，助理馆员，福建省民间文艺家协会会员，福州市作家协会会员，民间文学家协会理事，福清市民间文艺工作者协会副会长兼秘书长。

林良民，福清人，2012年华中师范大学文学院民俗学在读硕士。

林章贵，道名：林大贵，男，1963年2月22日出生，汉族，籍贯：福建福清，文化程度：高中。职称：中国正一派授箓道士，1985年至今于福建省福清石竹山道院修道。现任福清市政协委员，福清市道教协会常务理事，石竹山道院管委会成员，财务部出纳，石竹山道院法务团高功。

杨能璋，男，笔名履原，1922年4月生，福清人。高中，中华诗词学会会员、福建诗词学会会员，上海中华书法协会会员，福清市融光诗社秘书长。

郑善夫（1485–1523），字继之，号少谷。闽县人。明弘治十八年（1505）进士，历任户部主事、礼部员外郎、南京吏部郎中。三次出仕，两次罢官。嘉靖初（1519）因谏阻武宗出游，被廷杖，辞职归。1523年游武夷山遇风雪，绝粮死，年仅三十九岁。工诗，善画，著有《经世要录》《少谷山人集》。

郑敬平，曾担任福清县政府秘书科长、福清县侨乡建设投资公司副总经理、福清市文联副主席、福州市作协副主席，著有文学作品12部，其中包括石竹山道院文丛3部：《石竹山神话》《六十六个梦》《接春》。2019年被福清市委宣传部、福清市社科联聘为首批社科专家库专家。

郑仲俊，男，笔名乃佳，1912年3月生，福清人。大学，中学教师，中华诗

词学会、福建诗词学会会员，福清融光诗社副社长。

郑利忠，男，笔名如剑，1953年3月生，福建屏南人。高中，福清港头镇党委书记，中华诗词学会、福建诗词学会会员，福建省直机关中青年书画协会会员，东方文化艺术联谊会会员，福清市融光诗社副社长。

郑年钗，男，1926年4月生，福清人。大学，中学二级教师，福清融光诗社社员。

郑宗华，男，笔名隽华，1918 年生，福清人。中专，教师。

郑树坚，男，笔名士肩，1952年10月生，福清人。大专，中学政工处副主任，讲师，中华诗词学会会员，福州市影评学会会员，福清融光诗社理事。

郑斌生，男，笔名纪晴，1953年5月生，福清人。中专，医师，中华诗词学会会员，福建诗词学会会员，福清融光诗杜常务理事。

郑梦周，男，笔名宁久，1918年5月生，福清人。大学，中学四级教师，中华诗词学会会员，福清融光诗社理事。

郑添恩，男，1925年12月生，福清人，大专。教师，福州市华侨文史学会会员，福清市民间文艺工作者协会会员。

郑代兴，道名：郑罗兴，男，1969年11月11日出生，汉族，福建福清人，文化程度：初中。职称：中国正一派授箓道士，1988年至今于福建省福清石竹山道院修道。现任福清市道教协会理事，石竹山道院管委会成员，石竹山道院法务团高功。

周亮工（1612–1672），字元亮，一字缄斋，栎园。河南祥符人。明崇祯十三年（1640）进士，任山东潍县令，浙江道侍御史。入清后，历任两淮盐法道，淮阳海防兵备道，福建按察使、布政使、副都御史、户部、吏部侍郎，以及山东青州海防道、江南江安督粮道等官。《闽小记》是周任官福建所杂记当地风物之作。

周宏发，男，笔名弘法，1925年5月生，福清人，高中。中华诗词学会会员，福建省诗词学会、作家协会、戏剧家协会、民间文艺家协会会员，福清市民间文艺工作者协会会员。

周元敬，男，1941年6月生，笔名谷泉，福清城关人。高中，石竹寺管理组副组长。

周辉林，道名：周罗林，男，1977年1月4日出生，汉族，籍贯：四川大邑，文化程度：大专。职称：中国正一派（初、升）授箓道士，2000年至今于福建省福清石竹山道院修道。现任福州市道教协会理事，石竹山道院管委会成员，石竹山道院狮岩堂宫殿组组长。

九画

南居益（?–1643），字思受，号二大。陕西渭南人。万历戊戌（1598）进士。历任副都御史、福建巡抚、工部尚书、总督河道。任福建巡抚时，筑城镇海，抵抗荷兰入侵，擒获海盗师商文津。福建人民立碑平远台，以纪其功。崇祯十六年（1643）李自成攻入渭南，不降，绝食死。

施　鹏，字祖鲲，号云逸。福清龙田人。明万历三十八年（1610）进士。授温州府学教授，历任国子监助教、户部主事、员外郎、温州知府、福建布政使。

施鸿保（?–1871），字可斋，浙江钱塘人。生年不详。道光四年中秀才后，屡试不第。遂到江西、福建等地作幕宾。同治十年年七十余卒。《闽杂记》是作者在福建费时十二年所撰。

施兆昂，字颙昆，福清龙田人。少敏慧，九岁即嗜奇书，才名大噪。明万历四十七年（1619年）进士，授翰林院庶吉士。工诗赋，尤精书画。曾撰有《石竹纪胜》，惜已失传。唯存诗一首。晚年创家庙，修族谱，置祭田，皆亲自经营，以致积劳成疾卒。著作有《西江集》《不其草》《天尺楼稿》等。

施德政，明代江苏太仓人，官至都督，曾游石竹山，留有诗作传世。

施友锟，男，1919年2月生，福清人。大学，教师，福清融光诗社社员。

施如海，男，1960年1月生，福清人。大学，音西镇党委书记。福清市文学创作协会会员。

施修藩，男，笔名秋帆，福清人。大学，教师，福清市融光诗社社员。

施效人，男，笔名翊之，1914年7月生，福清人，大学教师。全国高等院校文字改革学会顾问，福建省世界语协会理事，福建省语文学会理事。

倪鉴章，男，笔名朝秀，1910年5月生，福清人。大学，教师，中华诗词学会会员。

倪政美，男，笔名学振，1918年2月生，福清人。高中，中国书画社会员。

倪政秋，笔名落拓生，男，福清东张人，1925年生，东张老体协书画小组副组长。融光诗社社员。

俞达珠，曾先后担任福清县人民法院副院长、文化局局长、司法局局长等职，上世纪80年代起痴情福清本土文史研究，著有《古岩斋丛稿》等5部，汇集、点校、重刊或主编福清地方志12部，是福清著名文史专家、福清市首批社科专家库专家。

俞韩恩，道名：俞大德，男，1950年4月16日出生，汉族，籍贯：福建福清，文化程度：初中。职称：中国正一派授箓道士，周易研究师。1984年至今于福建省福清石竹山道院修道。2011年退休，自愿留住道院，曾任石竹山道院管委会成员，接待组组长。现任福清市道教协会副会长。

十画

夏　晋，字志翰，号椒园。清康熙癸卯（1663）举人，庚戌（1670）进士。时值“三藩”叛乱，迫夏晋出任伪职，并拘其家属要挟。夏晋不为所动，平叛后，授诸城知县，未赴任卒。

袁志鸿，1955年4月20日生，江苏句容人。研究生学历。现任北京东岳庙住持、庙务民主管理委员会主任，北京市道教协会副会长，中国道教协会副会长。兼职北京市政协委员兼市政协民族与宗教委员会副主任，北京海外联谊会第八届理事；中国宗教学会理事、中国传记文学学会理事、中国傩戏学研究会会员。曾任中华全国青年联合会委员、中央国家机关青年联合会委员。著有《道教神仙故事》《当代道教人物》《凝眸云水》，与他人合作《道教宫观文化》等。

顾大典，浙江吴江县人。明隆庆（1567–1572）进士，曾任福建提学副使。工书画，善诗。又是明代著名戏剧家，创作有《青衫记传奇》等戏文，著有《闽游草》等诗文传世。

郭造卿，字建初，福清县泽朗人，明嘉靖年间（1522–1566），游学江、浙、苏、杭一带。戚继光来福建剿倭时，礼请造卿为幕僚，为抗倭出谋献策。后随戚继光往蓟门。在蓟著有《燕史》《永平志》及诗文百余万字。

郭道安，道名：郭罗安，男，1959年12月23日出生，汉族，籍贯：福建福清，文化程度：初小。职称：中国正一派授箓道士，1982年至今于福建省福清石竹山道院修道。现任福清市道教协会常务理事，石竹山道院管委会成员，，石竹山道院法务团高功，主神殿堂组组长。

郭克平，道名：郭罗平，男，1963年6月20日出生，汉族，籍贯：福建福清，文化程度：初中。职称：中国正一派授箓道士，1985年至今于福建省福清石竹山道院修道。现任福清市道教协会理事，石竹山道院管委会成员，石竹山道院法务团高功。

郭成辉，男，笔名辛辉、心灵，1956年10月生，福清人。湖南扬帆作者协会会员，福清市文联委员、文学创作协会会员、摄影协会会员。

唐英杰，男，1912年生，笔名哉中，黄浦军校毕业，福清人。现住台湾省南投市。

徐霞客（1586–1641），名弘祖、字振之，号霞客。江苏江阴人。明末地理学家、旅行家，22岁开始游名山大川，经十七省，历时廿八年，写成《徐霞客游记》。明泰昌元年（1620年）农历六月初十日，徐霞客到石竹山，留有游记，记述石竹山名胜景观。

徐　熥（1580–1637），字惟和，一字慢亭，闽县人。明万历庚子（1600）举人，有才名，诗歌以词采著称。撰有福清女词人《陈金凤传》。著有《慢亭诗集》传世。

徐鲤九，本名徵祥，笔名"鲤九"，福建省仙游县人。早年留学日本，曾在国民军中任参谋。民国时曾任两任县长。1942年修《九鲤湖志》，五十年代初逝世。

徐　㶿，字惟起，一字兴公，闽县人，徐熥弟。明万历间（约1605年）诸生。著名诗人。一生好交游，与曹学佺同为闽中诗坛领袖。一生以布衣终。家存书七万卷，著《徐氏家存书目》四卷。

徐超墀，男，1927年9月生，福州人。高中，中华诗词学会、福建诗词学会会员，福清市融光诗社副社长。

十一画

黄仲昭（1435–1508），原名潜，以字行，莆田市下皋村人。明成化丙戌（1466）进士，官翰林院庶吉士、编修，因上《谏元宵烟诗》,触怒皇帝，受廷杖，贬湖南湘潭知县，改南京大理寺评事，后升江西提学佥事，于正德丙辰（1496）辞职归，1508年卒。在家著有《八闽通志》等。

黄书康，道名：黄大康，男，1964年2月27日出生，汉族，籍贯：福建福清，文化程度：初中。职称：中国正一派（初、升）授箓道士，1986年10月至今于福建省福清石竹山道院修道。现任福清市人大代表，福建省道教协会副秘书长，福州市道教协会副会长，福清市道教协会副会长，海峡道教学院副院长，石竹山道院管委会副主任，于山九仙观管委会副主任，石竹山旅游索道董事长。

黄凤荣，男，1963年5月17日出生，汉族，籍贯：福建福清，文化程度：高中。职称：中国正一派授箓道士，1981年至今于福建省福清石竹山道院修道。现任福清市政协委员，福州市道教协会副秘书长，福清市道教协会秘书长，石竹山道院管委会成员，石竹山道院法务团高功。

黄以庚，男，1930年12生，福清磨石人。初中，中华诗词学会、福建诗词学

会会员，福清市融光诗社社长。

黄敦辉，男，笔名文军，1921年4月生，福州人，高中。中华诗词学会会员，福建诗词学会会员。

黄诗宗，男，1942年10月生，高中、福清人。石竹寺职工。

萨镇冰（1859–1952），蒙古族后裔，出生于福建闽县。11岁考入马尾船政局学堂，1877年入英国皇家海军学院。1880年回国任天津水师学堂教习。此后历任海军统制，授海军上将，海军总长，代理国务总理、福建省长。1949年后任全国政协委员、中央军委委员，1952年4月卒。

诸　偁，字杨伯，浙江秀水人。明正德丁丑（1517）进士，授福建佥事，总理顿理。史称“顿政以举”。

傅汝舟，本名舟，字木虚，号丁戊山人、磊老。明代侯官县人。一生好炼丹，并工诗，有《傅山人集》传世。

十二画

董应举（1543–1625），字见龙，号崇相，福建闽县龙塘（今属连江县）人。明万历廿六年（1598）进士，历任广州府教授，南京国子博士，吏部主事、考功员外郎，南京大理寺丞，累官至工部侍郎。天启初罢官居武夷。崇祯初复官。应举好学，善古文，居官慷慨任事。卒年八十三，著有《崇相集》。

董性俊，男，笔名心圳，1949年9月生，福清人。大学，记者，福州市新闻协会会员。

董立安，男，笔名会平，1962年2月生，福清人。高中、职工。

谢肇淛，字在杭，长乐人。万历壬辰（1592）进士，授湖州、东昌推言官，进南京刑部主事，兵、工二部员外郎，云南参政、广西石布政使，善治水，任官所到处，多兴修水利。著有方志《方广岩志》等传世。

谢荣增，道名:谢大增，男，1956年8月15日出生，汉族，籍贯：福建连城，出生地：福建福清，文化程度：大专，职称：中国正一派（初、升、加）授箓道士，高级周易研究师，非物质文化遗产石竹山‘祈梦习俗’传承人。1977年8月至今于福建省福清石竹山道院修道。现任十三届全国政协委员，中国道教协会副会长，福建省道教协会会长，海峡道教学院院长，《海峡道教》杂志社社长，福建省石竹慈善基金会会长，四川大学老子研究院副理事长，福州市道教协会会长，福清市道教协会会长，福建省石竹山道院主任、住持，福建福州于山九仙观主任、住持。

十三画

詹石窗，哲学博士，曾任厦门大学哲学系主任、厦门大学人文学院副院长等职；现任四川大学文科杰出教授、四川大学老子研究院院长、教育部人文社会科学重点研究基地四川大学道教与宗教文化研究所教授委员会主席、博士生导师，国家社会科学基金项目学科评审专家，中国道教学院研究生导师、海峡道教学院名誉院长等职）

詹训楷，男，笔名擎天，1920年7月生，福清人。大专，教师。中华诗词学会会员，福清市融光诗社理事。

詹贤炯，男，1940年10月生，福清人，大专，高级教师。中华诗词学会会员，福清市融光诗社社员。

十四画

谭昌言，浙江嘉兴人。明万历辛丑（1601）进士，授翰林院庶吉士，以佥事领福建提学道。主考时，严以拒贿，不受私托，有私书投托者，原封退还，深受闽中士子称颂。

廖长征，男，1951年2月生，福清人。高中，文化站负责人。

十六画

薛敬孟，字子熙，福清化南（今港头一带）人。明崇祯年间（1627–1644）贡生。一生唯读书赋诗为乐，著有《击铁集》传世。因其子薛牧任湖南辰溪知县，为官“慈仁”，朝廷赠敬孟“文林郎”。

薛文栋，男，笔名酒夫，1943年12月生，福清高山人。大专，讲师，全国中师书法研究会常务理事，中国当代书画学会会员，福建省书法家协会会员，福清市书协会长。

十八画

魏名庆，男，笔名铭磬，1947年1月生，福清人。大专，中学一级教师，中国环境文学研究会会员，福州市作家协会会员、语文教学研究会会员。

石竹山风景区导游图

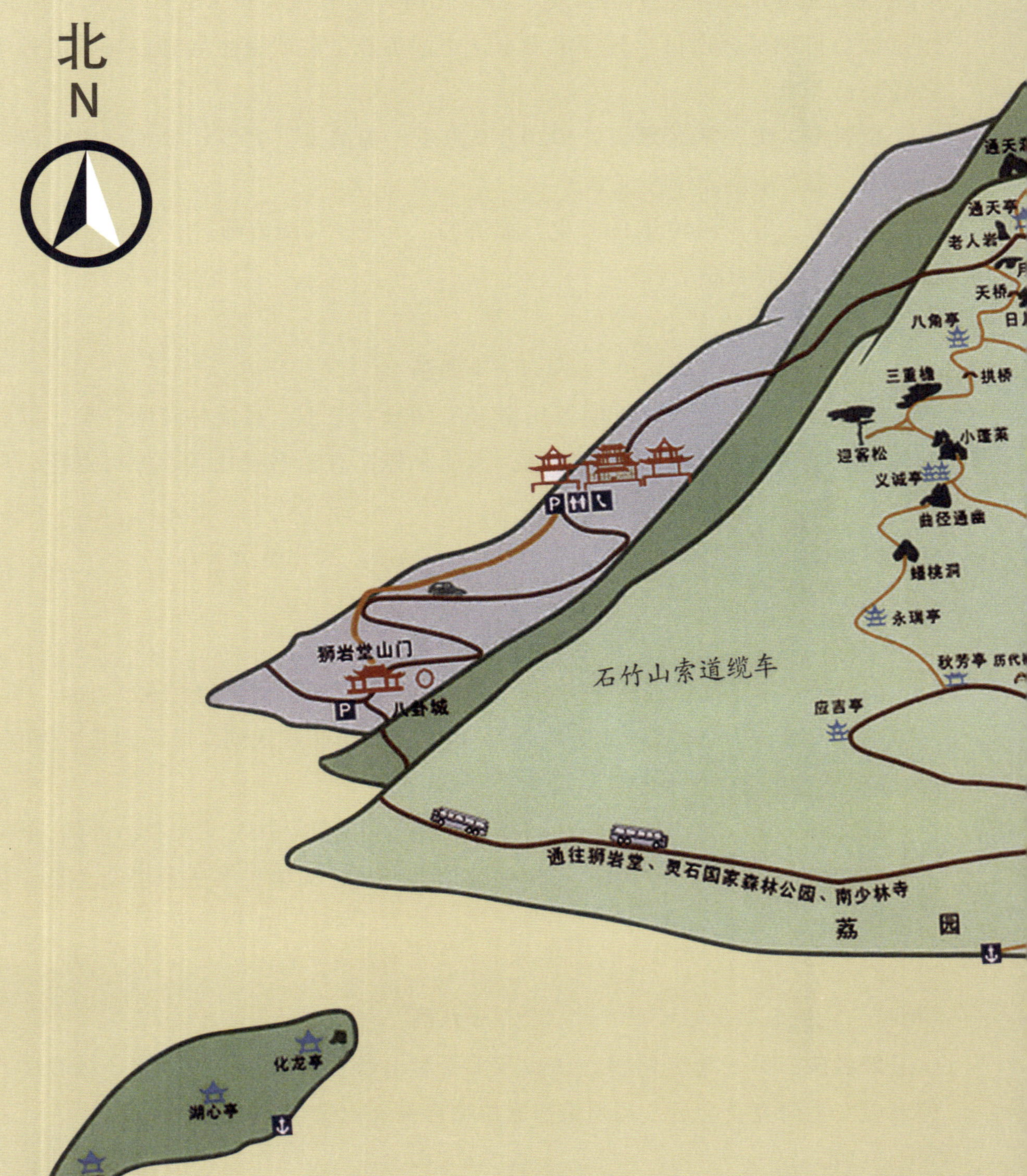

北
N
通天亭
老人岩
天桥
八角亭
三重楼
拱桥
迎客松
小蓬莱
义诚亭
曲径通幽
蟠桃洞
永瑞亭
秋芳亭
应吉亭
狮岩堂山门
八卦城
石竹山索道缆车
通往狮岩堂、灵石国家森林公园、南少林寺
荔园
化龙亭
湖心亭
湖光亭

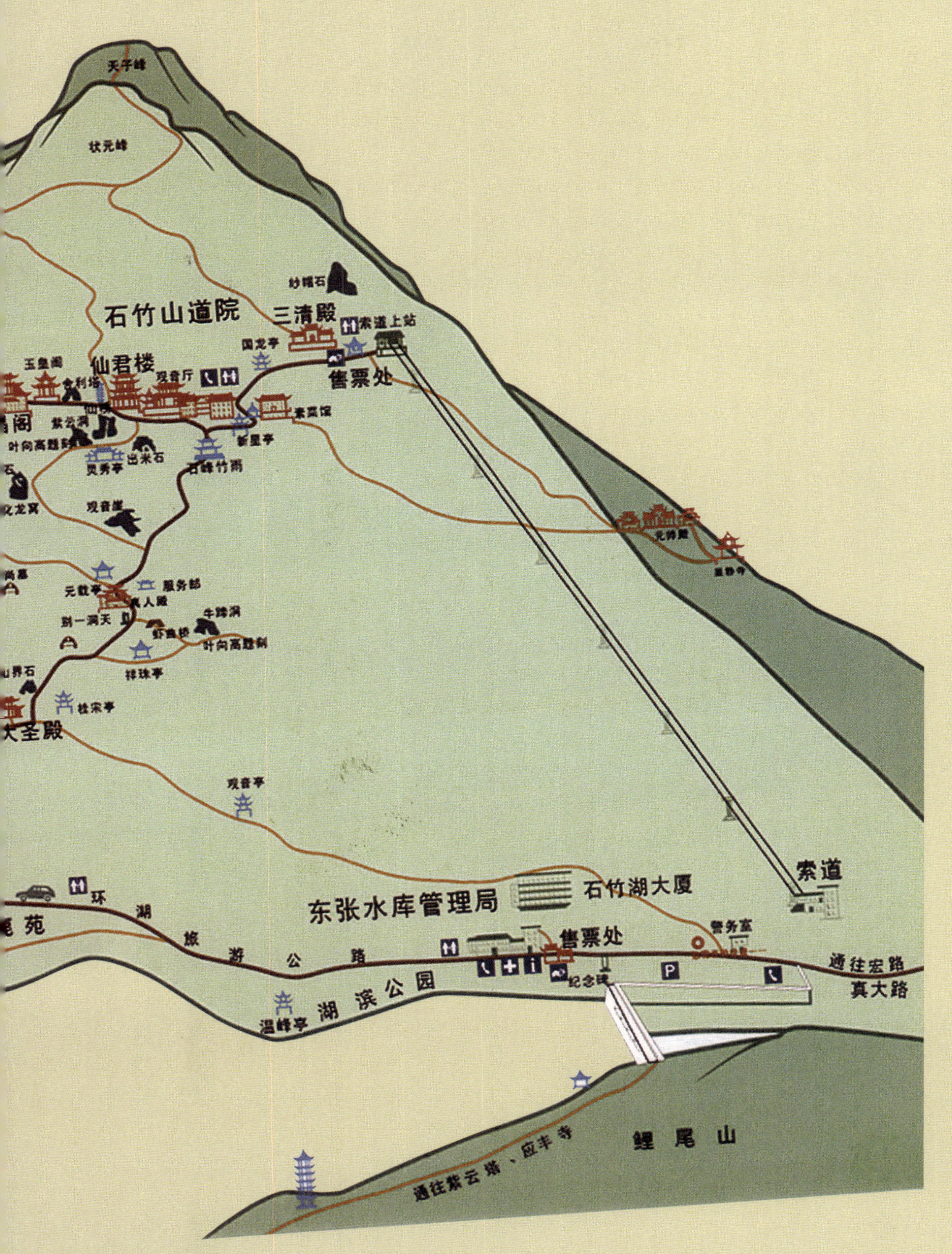
天子峰
状元峰
妙帽石
石竹山道院
三清殿
索道上站
国龙亭
售票处
玉皇阁
仙君楼
观音厅
舍利塔
紫云洞
叶向高题刻
素菜馆
新星亭
灵秀亭
出米石
石峰竹雨
观音崖
元裁亭
服务部
真人殿
牛蹄洞
别一洞天
虾蟆桥
叶向高题刻
祥珠亭
桂宋亭
大圣殿
观音亭
索道
石竹湖大厦
东张水库管理局
环湖旅游公路
售票处
警务室
纪念碑
通往宏路
真大路
湖滨公园
温峰亭
鲤尾山
通往紫云塔、应丰寺